에듀윌과 함께 시작하면,
당신도 합격할 수 있습니다!

어릴 적 꿈이었던 군인이 되기 위해
일찌감치 진로 선택을 한 고등학교 졸업생

대학에 입학하여 학군단의 일원이 되고자
바쁜 시간을 쪼개며 시험을 준비하는 대학생

군인의 명예와 사명감을 지키기 위해
군 복무생활과 병행하며 부사관을 준비하는 현역군인

누구나 합격할 수 있습니다.
이루겠다는 '목표' 하나면 충분합니다.

마지막 페이지를 덮으면,

**에듀윌과 함께
군 간부 합격이 시작됩니다.**

ROTC·학사장교/부사관 교육 1위

누적 판매량 15만 부 돌파
베스트셀러 1위 677회 달성

학사장교·항공준사관·부사관 통합 기본서

* 에듀윌 군 간부 교재 누적 판매량 합산 기준 (2016년 8월 25일~2024년 10월 31일)
* 온라인서점(YES24) 주별/월별 베스트셀러 합산 기준 (2016년 10월 4주~2024년 12월 ROTC·학사장교/육군부사관/공군부사관/해군부사관 교재)
* YES24 국내도서 해당 분야 월별, 주별 베스트 기준

에듀윌 군 간부

Why 에듀윌
학사장교·항공준사관·부사관

ROTC/남녀 부사관 분야 베스트셀러 1위!

최고의 콘텐츠로 수많은 수험생의 선택을 받은
에듀윌 군 간부 교재

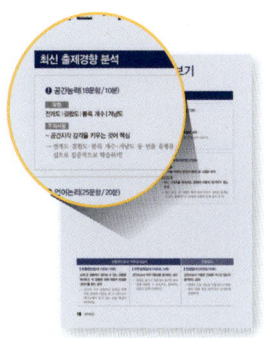

기출부터 면접까지 단 한 권으로 끝!

과목별 최신 출제경향과 기출유형을 분석·반영
인성검사 문항 및 면접 대표 질문에 대한 답변 TIP 수록

합격을 위한 부가자료

저자 직강! 교재 연계 전 강좌 무료 +
특별부록(PDF) 제공

* YES24 국내도서 해당 분야 월별, 주별 베스트 기준

ROTC·학사장교/부사관 교육 1위

에듀윌이 제공하는
학사장교·부사관 무료 혜택

01 교재 연계 강의 무료

교재 연계 강의 무료특강
학사장교·항공준사관·부사관 통합 기본서 핵심 무료특강(17강)

교재 연계 강의 바로가기

※ 무료 특강 이벤트는 예고 없이 변동 또는 종료 될 수 있습니다.

02 교재 연계 부가학습자료 무료

다운로드 방법

STEP 1	STEP 2	STEP 3
에듀윌 도서몰(book.eduwill.net) 로그인	도서자료실 → 부가학습자료 클릭	[학사장교·항공준사관·부사관 통합 기본서] 검색

- 하단 제공 파일 리스트
  - 특강연계 KIDA 핵심문항 N제(PDF)
  - 매일 20문제 5일 완성 연습노트(PDF)
  - 부사관(육·해군·해병대·특전사) 가이드(PDF)
  - ROTC 가이드(PDF)
  - 흐름잡는 한국사 연표(PDF)
  - 근현대사 완전 정복 요약집(PDF)

• 2023, 2022 대한민국 브랜드만족도 ROTC·학사장교/부사관 교육 1위 (한경비즈니스)

ENERGY

시작하라.

그 자체가 천재성이고,
힘이며, 마력이다.

— 요한 볼프강 폰 괴테(Johann Wolfgang von Goethe)

최신판

에듀윌
학사장교·항공준사관·부사관
통합 기본서

ROTC·학사장교·준사관·부사관 소개

1 ROTC

- **정의**: ROTC(학군사관)는 전국의 학군단이 설치된 대학교의 학생 중에서 우수자를 선발하여 2년간 군사 교육을 실시하고 졸업과 동시에 장교로 임관하는 제도로, 대학 전공 학문은 물론 군사 지식을 갖춘 문무를 겸비한 장교를 양성하는 과정이다.
- **혜택**
  - 각계각층의 ROTC 선후배 인적 네트워크 형성 가능
  - 해외 탐방을 통한 글로벌 리더로 성장 가능
  - 대학별 우수 후보생 장학금, ROTC 중앙회 장학금, 군장학금 등의 장학 혜택

2 학사장교

- **정의**: 학사장교(학사사관)는 대한민국 국군의 중요 장교 과정 중 하나로, 다양한 전공분야의 전문지식을 갖춘 장교 획득을 위하여 4년제 이상 대학 졸업 후 일정 기간의 군사교육을 이수한 후 장교로 임관하는 제도이다.
- **혜택**
  - 대학교 재학 중에는 학업에만 전념 가능
  - 본인 희망 시 복무 연장 및 장기 복무 가능
  - 군 복무 복지 혜택
  - 전역 시 일반 취업 알선

3 회전익 항공기 조종 준사관

- **정의**: 회전익 항공기 조종 준사관은 군에서 헬리콥터를 조종하며 항공작전의 핵심 역할을 수행하는 전문 간부로, 준위 계급으로 임관하여 고도의 조종 기술과 군사 작전 능력을 갖춘 항공 전문가로 활동한다. 항공 조종에 필요한 교육과 훈련을 이수하며, 군 내 항공작전의 효율성을 높이는 임무를 담당하고 있다.
- **혜택**
  - 전문 조종 훈련 제공: 군에서 체계적인 항공 조종 교육과 실습 제공
  - 장기 복무 기회: 안정적인 군 복무와 연금 혜택 제공
  - 경력 개발 가능성: 민간 항공사로의 전환에 유리한 조종 경력과 기술 확보
  - 직업 안정성: 항공 전문가로 군 내 주요 임무에 참여하며 지속적인 전문성 강화

4 육·해·공군 부사관

- **정의**: 부사관은 군대의 중간 관리자 계급으로, 병사와 장교 사이에서 군 조직의 원활한 운영을 담당하며 병력 지휘, 행정 업무, 전문 기술 운용 등 다양한 역할을 수행하는 군 간부이다.
- **혜택**
  - 지휘 및 관리 능력 향상: 군 복무 중 다양한 지휘 경험 제공
  - 학업 및 자기 개발 지원: 군 내 교육 및 학비 지원 프로그램 참여 가능
  - 장기 복무 혜택: 일정 근속 이후 군 내 복지 및 연금 혜택

최근 변경된 선발방식

1 육군

구분	최근 변경된 선발 방식
ROTC	필기평가 미실시 ⇒ 대학성적으로 대체
학사장교	AI면접 미실시 / 면접평가 배점 조정: AI면접(10점)+대면면접(40점) ⇒ 대면면접(50점)
항공준사관	• 영어성적 배점기준조정 | 구분	~에서	~으로
---	---	---
TOEIC	400점 ~ 850점	700점 ~ 955점
NEW TEPS	167점 ~ 336점	264점 ~ 437점
TOEFL	40점 ~ 99점	79점 ~ 112점	 • AI면접 미실시 / 면접평가 배점 조정: AI면접(10점)+대면면접(40점) ⇒ 대면면접(50점)
부사관	필기평가 미실시 ⇒ 직무수행능력평가로 병합

2 해군

구분	최근 변경된 선발 방식
ROTC	필기시험 미실시 ⇒ 대학성적으로 대체
학사장교	• 간부 필기시험 인증제 시행 적용(인증기간: 2년) • 가산점 1차 선발 시 반영 ⇒ 가산점 최종 선발 시 반영
부사관	필기시험 미실시 ⇒ 고교성적 / 출결현황으로 대체

3 공군

구분	최근 변경된 선발 방식

ROTC	• 간부 필기시험 인증제 시행
	• 1차 전형 선발 적용사항 개선
	  – 기존: 종합성적(필기시험+가점) ⇒ 변경: 필기시험 40점 이상시 전원 합격
	• 신체검사 시행방식 변경
	  – 기존: 항공우주의료원 선발 신체검사 ⇒ 변경: 지원자 개별 신체검사

학사장교	• 간부 필기시험 인증제 유효기간 변경
	  – 기존: 1년 ⇒ 변경: 2년
	• 가점반영 서류 제출대상 변경
	  – 기존: 특별 / 일반전형 지원자 ⇒ 변경: 일반전형 지원자

부사관	• 간부 필기시험 인증제 유효기간 변경
	  – 기존 : 1년 ⇒ 변경: 2년
	• 간부 필기시험 인증방법 변경
	  – 기존: 시험인증서 제출 ⇒ 변경: 미제출

4 해병대

구분	최근 변경된 선발 방식
ROTC	별도 선발(평가) 미실시 / 전산 추첨 선발
부사관	• 필기시험 미실시 ⇒ 고교성적 / 출결현황으로 대체 • 면접평가 방법 개선: 대면면접 ⇒ 집단면접 + 개별 대면 면접 • 국민체력인증100 평가 배점 조정: 참가증(불합격) ⇒ 참가증(점수제/0점)

육군 학사장교 선발절차

1 모집 일정

※ 2024년 기준

구분	인터넷 지원서 접수	1차평가		2차평가							최종 합격자 발표
		필기평가	합격자 발표	서류접수	신원조사	인성검사	신체검사		면접평가		
							군병원	민간병원	AI면접	대면면접	
전반기	3.4.~ 3.29.	4.13.	4.25.	5.1.~ 5.17.			5.13.~ 5.17.	5.13.~ 5.31.	7.1.~ 7.11.	7.22.~ 8.9.	8.22.
후반기	11.8.~ 12.6.	12.7.	최종 선발시 점수공개	12.9.~25.1.3.			12.9.~ 12.20.	12.9.~ 12.24.	미실시	25.1.20.~ 1.24.	25.2.6.

2 지원자격

❶ 임관일 기준 만 20세 이상 29세 이하인 사람
  • 단, 제대 군인의 응시 연령은 군 복무 기간을 합산하여 적용
  • 박사 학위 수료자의 경우 임관일 기준 만 31세까지 지원 가능
  • 제대군인의 응시 연령 상한 연장

복무기간	1년 미만	1년 이상 2년 미만	2년 이상
연장연령	1세	2세	3세

❷ 학사: 4년제 대학 졸업자 또는 해당연도 졸업예정자
❸ 학사예비: 수업연한 4년제인 국내 대학교 1~3학년에 재학 중인 자

3 선발 요소 및 배점

구분	계	평가항목 / 점수						기타	
		필기평가	면접평가	체력평가	대학성적	잠재역량	한국사 (가점)	신체검사	신원조회
배점	120점 (가점포함)	15점	50점	20점	25점	5점	5점	합·불	적·부

4 세부 평가방법

❶ 필기평가(15점)

구분	1교시				2교시		3교시
	지적능력 평가				자질·상황판단능력 평가		인성검사
내용	공간능력	지각속도	언어논리	자료해석	직무성격검사	상황판단검사	복무적합도 검사
문항 수	18문항	30문항	25문항	20문항	180문항	15문항	567문항
평가시간	10분	3분	20분	25분	30분	20분	30분

❷ 면접평가(50점)

구분	대면면접	
	1면접(개인발표/집단토론)	2면접(개별)
평가 요소	• 군 기본자세 • 리더십 / 상황판단 • 국가관 / 안보관 • 표현력 / 논리성 • 이해력 / 판단력	인성, 자질평가 ※ 인성검사 결과 참조
배점	50점	합·불

❸ 체력평가(20점): 『국민체력 100』 인증서 반영

구분	1~3급	1종목 불합격	2종목 불합격	3종목 불합격	4종목 불합격
배점	20	18	16	14	불합격

❹ 대학성적/수능(내신)점수(25점)

구분	1학년	2학년	3학년	4학년/졸업생
대학성적	7.5점(30%)	10점(40%)	12.5점(50%)	15점(60%)
수능(내신)성적	17.5점(70%)	15점(60%)	12.5점(50%)	10점(40%)

• 대학성적 점수부여 방식: 대학 전체 학기 총 합계 백분위 성적 반영

구분	90 이상	90 미만~ 85 이상	85 미만~ 80 이상	80 미만~ 75 이상	75 미만~ 70 이상	70 미만
배점(%)	100	95	90	85	80	불합격

• 수능성적 점수부여 방식: 3과목(국·영·수) 각 등급 점수부여 후 합산평균 반영

등급	1	2	3	4	5	6	7	8	9
배점(%)	100	95	90	85	80	75	70	65	60

※ 대학수학능력시험 성적이 없는 지원자는 내신성적(1~3학년, 국·영·수 3과목)을 반영
※ 내신성적 증명서를 제출한 지원자는 고교 내신성적(1~3학년, 국·영·수 3과목)을 반영하며, 대학수학능력시험 성적과 고교 내신성적이 없는 지원자는 필기평가 결과를 환산하여 반영

❺ 잠재역량(5점): 각 분야별 자격증 등 증빙서류
※ 동종 자격증 다수 제출 시 최상위 자격 1개만 인정

❻ 한국사능력검정 결과 가점반영(5점)

구분	심화 등급			기본 등급			미제출
	1급	2급	3급	4급	5급	6급	
배점(%)	5점(100%)			4.5점(90%)	4점(80%)	3.5점(70%)	0점

※ 유효기간: 없음(취득일자 관계없이 인증서 전부 유효)

❼ 신체검사(합·불)
- 질병 및 심신장애에 의한 신체등위 합격기준: 1, 2, 3급
  (단, 재검은 1회에 한하며, 재검 대상자는 군 병원이 요구하는 일자에 재검을 실시해야 하며, 재검 미실시자와 재검결과 불합격자 및 재검자는 불합격 처리)
- 신장과 체중에 의한 신체등위 합격기준: 1, 2급

❽ 신원조사: 『군인사법』 제10조 2항의 "장교 임용 결격사유"에 대해 확인

해군 학사장교 선발절차

1 모집 일정

※ 2024년 기준

구분	지원접수	필기고사	1차 합격자 발표	AI온라인 면접	신체(인성)검사 / 면접	최종 합격자 발표
전반기	3.11.~4.3.	4.20.	5.14.	5.16.~5.24.	6.3.~6.28. (지역별 1~2일 소요)	8.8.
후반기	9.9.~10.3.	10.26.	11.12.	11.14.~11.22.	11.25.~12.31. (지역별 1~2일 소요)	2025.2.13.

2 지원자격

❶ 임관일 기준 만 20세 이상 29세 이하인 사람
  - 단, 제대 군인의 응시 연령은 군 복무 기간을 합산하여 적용
  - 박사 학위 수료자의 경우 임관일 기준 만 31세까지 지원 가능
  - 제대군인의 응시 연령 상한 연장

복무기간	1년 미만	1년 이상 2년 미만	2년 이상
지원 상한 연령	만 30세까지	만 31세 까지	만 32세까지

❷ 학사학위 취득(예정)자 또는 이와 동등 이상의 학력 소지자
  - 졸업예정자는 지원서 접수 시 졸업예정증명서 제출 후 입영 시까지 졸업 학위 취득 시 입영 가능
  - 교육부 인정학위(독학사, 방송통신대, 사이버대, 학점은행제 등) 지원 가능

❸ 해군건강관리 규정 의거 신체등급 3급 이상

3 선발 요소 및 배점

계	1차 전형			2차 전형			가산점
	필기시험		소계	신체/인성검사	면접 *AI면접 20% 반영	신원조사	
	간부선발도구 (필기평가)	한국사능력검정					
480점	210점	20점	230점	합·불	200점	활용	50점

4 1차 선발

❶ 필기평가

구분	소계	지적능력 평가				상황판단능력 평가	직무성격 검사
내용		언어논리	자료해석	지각속도	공간능력	상황판단 검사	직무성격 검사
문항수		25문항	20문항	30문항	18문항	15문항	180문항
배점	210점	68점	68점	16점	16점	42점	면접 참고
평가시간		20분	25분	3분	10분	20분	30분

※ 종합성적이 총점의 50% 미만 또는 언어논리, 자료해석 과목 중 1개 이상 성적이 30% 미만자, 지원자격 미달자(연령, 학위, 전공 등)는 불합격
※ 필기시험(KIDA 간부선발도구/210점) 인증제 적용: 인증기간 2년
 - 지원서 작성 시 '과거시험 활용 동의' 체크 후 주민등록번호 입력 후 필기시험 점수 조회 및 활용 가능

❷ 한국사능력검정시험 결과 반영

구분	심화 등급			기본 등급			미제출
	1급	2급	3급	4급	5급	6급	
배점	20점	18점	16점	14점	12점	10점	0점

* 인증서 유효기간 제한 없음

5 2차 선발

❶ 합격기준: 종합판정 결과 3등급 이상
  • 재검대상자는 군 병원이 요구하는 일자에 재검을 실시해야 하며, 재검 미실시자는 불합격

❷ 면접평가(AI면접+대면면접): 200점
  • AI 온라인면접: 40점(미응시자 0점)
  • 대면면접: 200점을 160점으로 환산하여 적용

구분	계	군인기본자세	문제해결능력	적응력	국가관, 안보관, 역사관
배점	200점	30점	50점	60점	60점
평가중점		• 태도(10점) • 발성발음 /외적자세(20점)	• 표현력/논리성(40점) • 창의성(10점)	• 목적의식(20점) • 리더십/학교생활(25점) • 해군지식/병과 일반지식(15점)	• 국가관/역사관(40점) • 안보관(20점)

※ 면접평가 불참자 및 점수 과락자는 불합격 처리

❸ 인성검사: MMPI-II 인성검사지를 이용한 검사

❹ 신원조사: 합·불 (군인사법 10조의 임용결격사유, 이중국적, 범죄사실 등 확인)

공군 학사장교 선발절차

1 모집 일정

※ 2024년 기준

구분	지원접수	필기평가	1차 합격자 발표	신체검사 서류제출	AI면접 / 화상면접	신원조사	2차 합격자 발표	최종합격
전반기	3.4.~4.5.	4.27.	5.31.	6.3.~6.21.	6.17.~6.21.	6.3.~7.9.	7.26.	8.30.
후반기	9.2.~10.4.	11.2.	12.6.	12.9.~12.20.	12.16.~25.1.3.	12.9.~25.1.13.	25.1.24.	25.2.28.

2 지원자격

❶ 임관일 기준 만 20세~29세 대한민국 남녀
- 5급 공개경쟁 채용시험 합격자 및 박사학위과정 수료자(만 29세 한)
- 공인회계사 실무수습 후 공인회계사 등록을 한 자(만 29세 한)
- 제대군인의 응시연령 상한 연장

복무기간	1년 미만	1년 이상 2년 미만	2년 이상
합산나이	1세	2세	3세

❷ 국내·외 대학(4년제) 학사학위 취득(예정)자 또는 이와 동등 이상의 학력 소지자
- 졸업 예정자는 입영일 까지 졸업 및 학위 취득 서류 제출 시 최종합격

❸ 교육부 인정학위(독학사, 방송통신대, 사이버 대, 학점은행제 등) 지원가능
- 입영일까지 학위 취득 불가시 최종 불합격

3 선발 요소 및 배점

구분	1차 전형	2차 전형				최종 선발 위원회
	필기평가	신체검사	면접	신원조사	결격사유	
배점	100점	합·불	화상(20점) AI(5점)	적·부	적·부	1,2차 전형결과 종합선발

4 1차 선발[필기평가]

❶ 필기평가

구분	1교시				2교시	
	지적능력 평가				상황판단평가	직무성격검사
내용	언어논리	자료해석	공간능력	지각속도	상황판단평가	직무성격검사
문항수	25문항	20문항	18문항	30문항	15문항	180문항
배점	30점	30점	10점	10점	20점	면접자료
평가시간	20분	25분	10분	3분	20분	30분

※ 간부 필기시험 인증제: 공군 간부 전형을 위한 필기시험(KIDA 간부선발도구)에 응시하여 합격한 경우, 본인 희망 시 2년 이내 공군 전형에 지원 시 KIDA시험 면제 적용

5 2차 선발[신체검사 / 면접 / 가산점]

❶ 신체검사: 합 / 불

❷ 면 접(화상면접 20점 + AI면접 5점)

구분	핵심가치	국가관	리더십	품성	표현력	태도 예절	성장환경
요소	도전 헌신 전문성 팀워크	안보의식 역사/ 시민의식	결단/추진력 솔선수범	성실성 도덕성	논리성 자신감	예의/ 바른자세	취미/ 특기 활동
배점	6점	3점	3점	3점	3점	1점	1점

❸ 가산점 적용 : 2차전형 점수에 가점 부여
- 국민체력인증제 가점: 10점(종목별 획득점수 총점 ÷ 4)
- 공인영어성적 가점[TOEIC기준]: 5점 ~ 15점

영어점수	700~749점	750~799점	800~849점	850~899점	900~949점	950점 이상
가점	5점	7점	9점	11점	13점	15점

- 한국사능력검정시험 가점: 20점

구분	1급	2급	3급	4급	5급	6급
배점	20점	18점	16점	14점	12점	10점

6 최종 선발

- 1,2차 전형결과 / 신원조사, 결격사유 조회결과 종합 선발심의를 통해 최종 선발

해병대 학사장교 선발절차

1 모집 일정

※ 2024년 기준

구분	지원접수	필기평가	합격자 발표	면접/신체/인성검사	신원조사	최종합격자 발표
전반기	3.4.~5.17.	5.25.	5.31.	6.3.~6.14.	6.3.~6.14.	8.16.
후반기	9.2.~10.18.	11.2.	11.15.	11.18.	11.18.~11.29.	25.1.24.

2 지원자격

❶ 임관일 기준 만 20세~29세 대한민국 남녀
- 제대군인의 응시연령 상한 연장

복무기간	1년 미만	1년 이상 ~ 2년 미만	2년 이상
합산나이	1세	2세	3세

❷ 임관일 기준 4년제 대학 졸업(예정)자 또는 법령에 따라 같은 수준의 학력에 있다고 인정된 사람

❸ 사상이 건전하고 품행이 단정하며 체력이 강건한 사람

❹ 군인사법 제10조 "임용결격사유"에 해당되지 않는 사람

3 선발 요소 및 배점

구분	계	1차 선발		2차 선발		
		간부선발도구	한국사능력검정	면접평가	체력평가	신체·인성검사
배점	200점	90점	10점	60점	40점 (국민체력인증100)	합·불

4 1차 선발

❶ KIDA 간부선발도구

배점	인지능력 적성검사				상황판단 검사	직무성격 검사
	언어논리	자료해석	지각속도	공간지각		
100점	30점	30점	10점	10점	20점	면접참고

※ 필기평가 점수 결과를 90점으로 환산 적용
※ 언어논리, 자료해석 중 1개 과목 이상 성적이 30% 미만 일 경우 불합격

❷ 한국사능력검정시험 결과 반영

구분	심화 등급			기본 등급			6급 미만	
	1급	2급	3급	4급	5급	6급	시험응시	미응시
배점	10점			9점	8점	7점	3점	0점

※ 필기평가일 기준 4년 이내에 취득한 자격증만 인정

5 2차 선발

❶ 면접평가

구분	소계	군인정신	인성	기본지식	성장환경	잠재역량
배점	60점	항목별 [수(12), 우(10), 미(8), 양(6), 가(4)]				

※ 신분별 집단 내 상대평가 등급 적용에 따른 차등점수 부여
→ A등급: 10%(60점) / B등급: 30%(58점) / C등급: 30%(56점) / D등급: 20%(54점) / E등급: 10%(52점)

❷ 체력평가: 『국민체력 100』 체력인증서 제출

구분	1등급	2등급	3등급	3등급 미만
점수	40점	30점	20점	불합격

※ 인증서 유효기간: 2차 전형 종료일 기준 6개월 이내

❸ 신체검사: 해군 건강관리 규정 적용 / 3급 이상 합격

❹ 인성검사: MMPI-Ⅱ 인성검사지를 이용한 검사

❺ AI면접: 평가 배점에 반영되지 않으나 참고자료로 활용

❻ 가산점: 1·2차 총점의 최대 10%까지 적용

❼ 신원조회: 합·불(군인사법 10조의 임용결격사유, 이중국적, 범죄사실 등 확인)

❽ 최종선발심의: 1·2차 합산점수 서열을 통한 최종선발 심의

항공준사관 선발절차

1 모집 일정

※ 2025년 기준

구분	지원접수	1차 평가		
		평가계획 공고	필기평가	1차 합격자 발표
일정	24.11.25.~12.17.	12.26.	25.1.4.	25.1.27.

구분	2차 평가					최종합격자 발표
	복수국적 / 자격증 검증	신원조사 / 인성검사	서류제출	신체검사	면접평가	
일정	1.31.~2.14.	1.31.~2.5.	1.31.~2.7.	2.3.~2.7.	3.4.~3.7.	3.31.

2 지원자격

❶ 임관일 기준 만 20세~50세

❷ 고등학교 이상 졸업자, 이와 같은 수준 이상의 학력이 있다고 교육부 장관이 인정하는 자

❸ 군인사법 제10조 "임용결격사유"에 해당되지 않는 사람

❹ 병역 미필자, 예비역 및 현역(간부/병, 타군) 구분 없이 남녀 지원 가능

3 선발 요소 및 배점

구분	계	1차 평가(45)			2차 평가(75)					
		간부선발도구	한국사	영어	체력검정	자격증	면접평가	신체검사	신원조사	
배점	100점	*(20)점	5점	20점	20점	5점	50점	합·불	최종 선발시 결정

* 간부선발도구(필기평가)는 1차 평가에만 반영하고 2차 평가에서는 미적용

4 1차 평가

❶ KIDA 간부선발도구(20점)

배점	인지능력 적성검사				상황판단 검사	직무성격 검사
	언어논리	자료해석	지각속도	공간지각		
20점	5.7점	5.7점	2.3점	2.3점	4.0점	면접참고

※ 종합점수(5개 과목) 40%(8점) 미만인 자는 불합격

❷ 한국사능력검정(5점)

구분	심화 등급			기본 등급			미제출
	1급	2급	3급	4급	5급	6급	
배점	5점			4.5점	4점	3.5점	0점

※ 필기평가일 기준 4년 이내에 취득한 자격증만 인정

❸ 공인영어성적(20점)

구분	1등급	2등급	3등급	4등급	5등급	6등급
배점	20점	19점	18점	17점	16점	지원불가
TOEIC	955점 이상	954~910점	909~855점	854~795점	794~700점	699점 이하
NEWTEPS	437점 이상	436~379점	378~339점	338~306점	305~264점	263점 이하
TOEFL	112점 이상	111~106점	105~99점	98~90점	89~79점	78점 이하

※ 영어성적은 정기시험 점수만 인정됨(외국시험성적, 특별 / 출장시험은 인정하지 않음)
※ 영어성적은 만 2년 이내이므로 사전 고득점 점수 확인 후 해당점수 입력
※ 토익 699점, 텝스 263점, 토플 78점 이하인 자 / 성적 미입력자는 필기시험에 응시할 수 없음

5 2차 평가

❶ 체력검정(20점) : 『국민체력인증센터 인증서』 제출

구분	만점	1종목 불합격	2종목 불합격	3종목 불합격	4종목 불합격
점수	20점	18점	16점	14점	불합격

※ 3등급 이상은 만점으로 처리, 1~2등급은 최종 심의 간 긍정적으로 평가
※ 3등급 미만은 건강체력 4개 항목 중 불합격 항목 수에 따라 감점처리

❷ 자격증(5점)

구분	기술사, 기능장	기사	산업기사	기능사	없음
배점	5	4.25	3.5	2.75	1.2
종목	• 조종사 면장 • 항공기관기술사 • 항공기체기술사 * 경량/초경량 면장 제외	• 항공기사 • 항공정비사 • 항공공장정비사 • 헬기정비사1급	• 항공산업기사 • 헬기정비사2급	• 항공장비정비 • 항공기관정비 • 항공기체정비 • 항공전자정비 • 항공무선통신사 • 헬기정비사 3급	-

※ 본인에게 유리한 1개 자격증만 적용

❸ 면접평가(50점)

구분	계	1면접(AI면접)	2면접(토론면접)	3면접(개별면접)
배점	50점	10점	40점	합·불
항목		윤리의식, 공감적소통, 회복탄력성, 솔선수범, 적극적인 임무수행	군 기본자세, 국가관/안보관, 리더쉽/상황판단, 표현력/논리성, 이해력/판단력	인성검사 내용을 기초로 검증, 인성/자질평가

❹ 한국사 / 영어 점수: 1차 평가에서 획득한 점수를 2차 평가에도 동일한 점수 반영

공군 부사관 선발절차

1 모집 일정

※ 2024년 기준

구분	지원접수	1차 전형			2차 전형		
		필기시험	합격자발표	서류제출	AI면접	신체검사/면접	합격자발표
249기	23.12.11.~12.29.	24.1.20.	2.16.	3.4.~3.11.	3.4.~3.15.	3.4.~3.15.	4.26.
250기	4.8.~4.26.	5.18.	6.21.	6.24.~7.1.	7.1.~7.12.	7.1.~7.12.	8.23.
251기	8.5.~8.23.	9.28.	10.25.	10.25.~11.7.	11.4.~11.8.	11.11.~11.15.	12.27.

2 지원자격

❶ 임관일 기준 만 20세~29세 대한민국 남, 여
  • 제대군인의 응시연령 상한 연장

복무기간	1년 미만	1년 이상 ~ 2년 미만	2년 이상
합산나이	1세	2세	3세

❷ 고등학교 이상 졸업자, 이와 같은 수준 이상의 학력이 있다고 교육부 장관이 인정하는 자

❸ 중학교 졸업자는 「국가기술자격법」에 따른 자격증 소지자는 지원 가능

❹ 군인사법 제10조 "임용결격사유"에 해당되지 않는 사람

3 선발 요소 및 배점

총점	1차 전형			신원조사	2차 전형			최종선발위원회
	일반전형	특별전형			신체검사	면 접		
		I	II			일반전형	특별전형	
125점 (가점별도)	100점 (필기시험)	모집분야별 별도기준	서류심사		합·불	화상(20점) AI(5점)	합·불	종합심사

4 세부 평가방법

❶ 필기평가

구분	KIDA 간부선발도구									총계
	1교시(13:15~15:20)					2교시(15:35~16:45)			
	언어논리	자료해석	공간능력	지각속도	소계	상황판단	직무성격	소계	
문항수	25문항	20문항	18문항	30문항	93문항	15문항	180문항	195문항	288문항
배점	30점	30점	10점	10점	80점	20점	면접자료	20점	100점

❷ 자격증 / 영어 / 한국사능력검정시험 / 국민체력인증 가점 반영

• 공인영어성적 가점(TOEIC기준): 5점 ~ 15점

영어점수	470~509	510~549	550~589	590~629	630~669	670~709	710~749	750~789	790~829	830이상
가점	1점	2점	3점	4점	5점	6점	7점	8점	9점	10점

• 한국사능력검정시험 가점: 20점

구분	6급	5급	4급	3급	2급	1급
배점	5점	6점	7점	8점	9점	10점

• 국민체력인증 가점: 10점(종목별 획득점수 총점 ÷ 4)

❸ 면접평가(AI면접 + 화상면접)

• AI(인공지능)면접 결과는 2차 전형(화상면접)과 병행하여 점수(5점)가 반영되며, 공군 사정에 따라 면접일정이 조정 또는 변경될 수 있음.

• 화상면접(20점): 국가관, 리더십, 품성, 표현력, 공군 핵심가치 등 평가
  ※ 부적합 판정기준: 평가항목 중 1개 항목이라도 "0"점 부여 시, 면접관(3명) 총점 평균 "10점" 미만 시

구성 & 활용

교재 따라가기

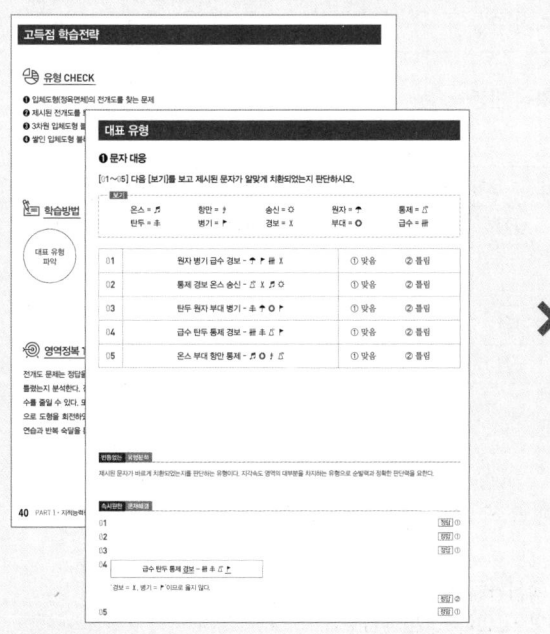

고득점 학습 전략 및 대표 유형

유형 체크, 영역 정복 팁 등 고득점을 위한 학습 전략을 확인하고, 영역별 3~5개의 대표 유형 문제를 통해 실제 시험에서 해당 유형이 어떤 식으로 출제되는지 확인할 수 있도록 하였다.

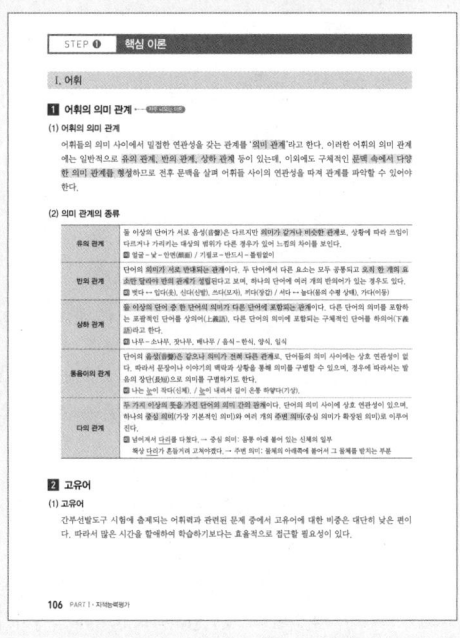

핵심 이론

핵심 이론을 영역별 특성에 맞게 구성하여 기본 개념 학습에 도움이 될 수 있도록 하였다.

! 이 책에서만 볼 수 있어요

**[PREVIEW]
최신 기출유형 분석 & 실력점검**

최근 출제된 기출유형을 살펴봄으로써 최신 출제 경향을 파악할 수 있다. 또한, 최신 기출유형을 활용한 실력점검 TEST를 수록하여 학습 시작 전 자신의 실력을 확인할 수 있도록 하였다.

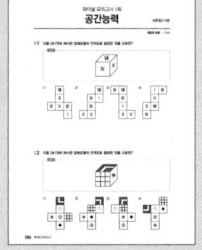

파이널 모의고사 총 5회

실제 시험에서는 문제 풀이뿐만 아니라 시간 관리도 매우 중요하다. 실제 필기평가와 동일하게 구성한 파이널 모의고사 5회분을 OMR 카드(별도 수록)에 표시하며 풀어 봄으로써 시간 관리 등 실전과 같은 환경에서 최종 연습을 할 수 있도록 하였다.

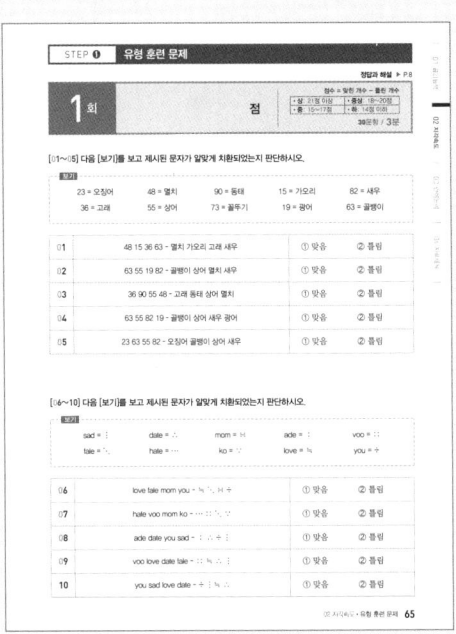

유형 훈련 문제
영역별로 빈출 유형에 해당하는 문제를 풀어 봄으로써 유형 연습이 가능하도록 하였다.

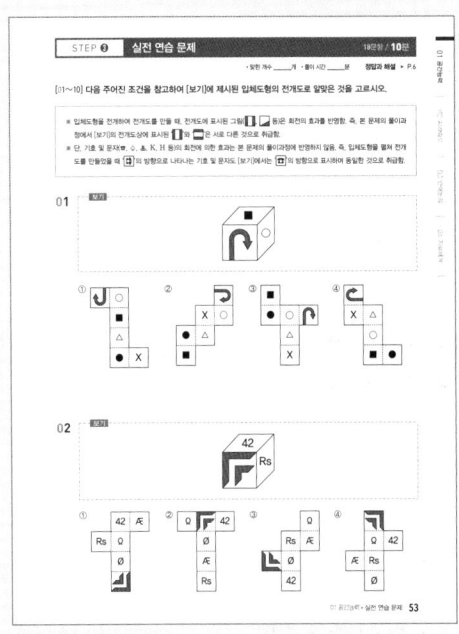

실전 연습 문제
유형 훈련에 이어 실전과 동일한 구성의 문제 풀이를 통해 실전 감각을 향상시킬 수 있도록 하였다.

➕ PLUS

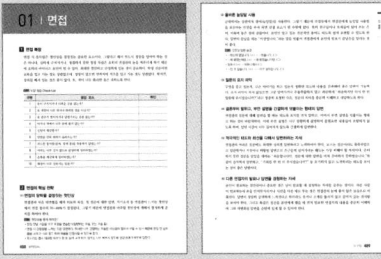

[SPECIAL] 면접
면접을 위한 핵심 전략 및 최근 기출 면접 질문을 통해 학사장교·항공준사관·부사관 통합 기본서 한 권으로 2차 평가까지 대비할 수 있도록 하였다.

차례

ROTC·학사장교·준사관·부사관

ROTC · 학사장교 · 준사관 · 부사관 소개	4
최근 변경된 선발방식	6
학사장교 선발절차(육군/해군/공군/해병대)	8
항공준사관 선발절차	17
공군 부사관 선발절차	20
PREVIEW 최신 기출유형 TEST	26

PART I 지적능력평가

01 공간능력

대표 유형	41
STEP ❶ 핵심 이론	46
STEP ❷ 유형 훈련 문제	49
STEP ❸ 실전 연습 문제	53

02 지각속도

대표 유형	63
STEP ❶ 유형 훈련 문제	65
STEP ❷ 실전 연습 문제	95

03 언어논리

대표 유형	99
STEP ❶ 핵심 이론	106
STEP ❷ 유형 훈련 문제	167
STEP ❸ 실전 연습 문제	171

04 자료해석

대표 유형	187
STEP ❶ 핵심 이론	192
STEP ❷ 유형 훈련 문제	218
STEP ❸ 실전 연습 문제	224

PART II 직무성격검사 | 상황판단검사 | 인성검사

01 직무성격검사 236

02 상황판단검사 244

03 인성검사 264

파이널 모의고사		
	1회	286
	2회	324
	3회	366
	4회	404
	5회	444

* 공간능력, 지각속도, 언어논리, 자료해석 영역으로 구성

SPECIAL 면접 488

| 책속의 책 | 정답과 해설

최신 기출유형 미리보기

최신 출제경향 분석

❶ 공간능력(18문항/10분)

유형
전개도 | 결합도 | 블록 개수 | 정면도·측면도·평면도

주의사항
- 공간지각 감각을 키우는 것이 핵심
- 2017년 시험부터 지도 유형 미출제
→ 최근에는 지도 유형이 출제되지 않고 다양한 도형 문항만 출제되고 있으므로 빈출 유형을 중심으로 집중적으로 학습하기!

❷ 지각속도(30문항/3분)

유형
문자 대응 | 문자 찾기

주의사항
- 틀리면 감점 있는 유일한 과목
- 2017년 시험부터 지도 유형 미출제
- [육군] 난해한 문자가 포함된 문항 출제
→ 꾸준한 문항풀이를 통해 감각 익히기!

❸ 언어논리(25문항/20분)

유형
어휘 | 의미 | 어문 규정 | 문법 | 독해 | 논리

주의사항
- 문학 작품, 신문 기사 등 다양한 소재의 제시문 출제
- 점점 어려워지는 추세
→ 매일매일 어휘를 암기 및 독해 문항풀이로 기본기 쌓기!

❹ 자료해석(20문항/25분)

유형
수열 | 응용수리 | 통계 | 도수 분포표 | 표·그래프 해석

주의사항
- 업무와 연관성이 높은 상황제시형 문항 출제
- 표나 그래프를 해석하는 문항의 비중이 증가하고 있는 추세
→ 단순 계산, 표·그래프 해석 외에 추리가 필요한 문항들도 다수 출제되므로 다양한 유형의 문항 풀어보기!

직무성격검사/상황판단검사

직무성격검사(180문항/30분)
군인으로서 직무 적합성을 평가하는 검사
→ 특별한 정답은 없으나 일관성이 없으면 불리하게 작용할 수 있으므로, 솔직하고 일관성 있게 답변하기!

상황판단검사(15문항/20분)
실제 군 생활에서 일어날 수 있는 상황을 제시하고 각 상황에 대해 어떻게 반응할 것인지를 묻는 검사
→ 너무 동떨어진 응답을 하게 되면 합격에 지장을 줄 수 있으므로 제시문에서 묻는 바를 확실히 파악하기!

인성검사

인성검사(338문항/50분)
군인으로서 적합한 인성을 지니고 있는지 평가하는 검사
→ 면접의 기초 자료로 사용되므로 면접에서 답할 말을 생각하며 솔직하게 답변하기!

학사장교·준사관·부사관 통합 기본서 | 실력점검

최신 기출유형
TEST

공간능력, 지각속도, 언어논리, 자료해석

1 | 공간능력

4문항 / **2분**

※ 입체도형을 전개하여 전개도를 만들 때, 전개도에 표시된 그림(예: ▯, ◪ 등)은 회전의 효과를 반영함. 즉, 본 문제의 풀이 과정에서 [보기]의 전개도상에 표시된 '▯'와 '◪'은 서로 다른 것으로 취급함.

※ 단, 기호 및 문자(예: ☎, ♤, ♣, K, H)의 회전에 의한 효과는 본 문제의 풀이과정에 반영하지 않음. 즉, 입체도형을 펼쳐 전개도를 만들었을 때 '📳'의 방향으로 나타나는 기호 및 문자도 [보기]에서는 '☎'의 방향으로 표시하며 동일한 것으로 취급함.

01 다음 입체도형의 전개도로 알맞은 것을 고르면?

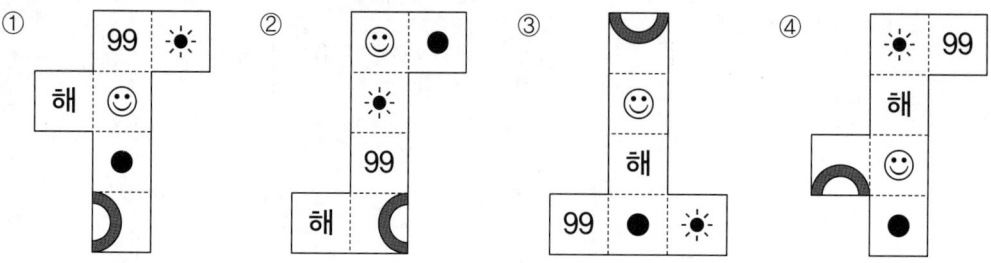

02 다음 전개도로 만든 입체도형에 해당하는 것을 고르면?

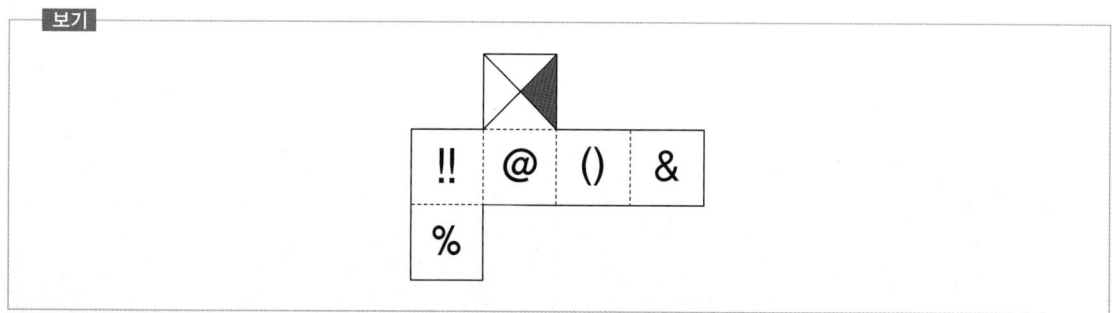

① 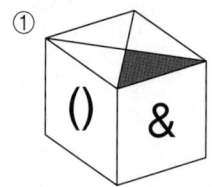 ② 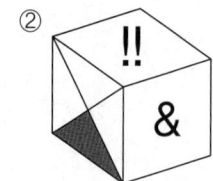 ③ 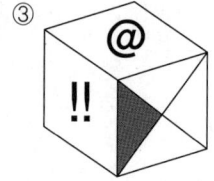 ④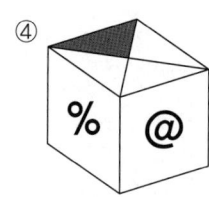

03 아래에 제시된 그림과 같이 쌓기 위해 필요한 블록의 수를 고르면?

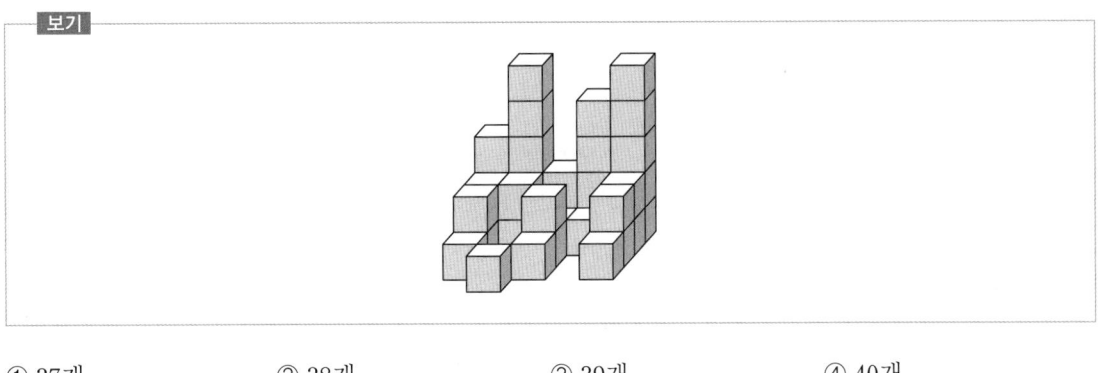

① 37개　　② 38개　　③ 39개　　④ 40개

04 다음 제시된 블록을 화살표 방향에서 바라볼 때의 모양을 고르면?

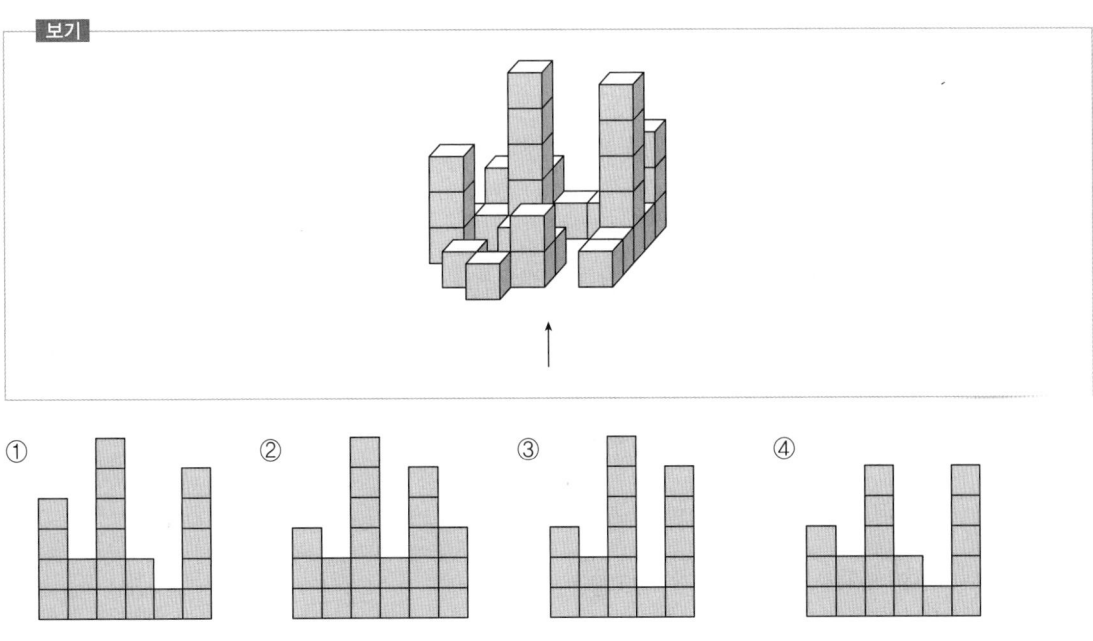

2 | 지각속도

5문항 / **30초**

[01~05] 다음 [보기]를 보고 제시된 문자가 알맞게 치환되었는지 판단하시오.

보기

| 가지 = Aa | 양배추 = Gg | 오이 = Nn | 샐러리 = Qq | 고추 = Oo |
| 깻잎 = Pp | 상추 = Ss | 당근 = Xx | 케일 = Zz | 피망 = Tt |

01	상추 가지 케일 당근 − Ss Aa Zz Xx	① 맞음	② 틀림
02	고추 상추 피망 양배추 − Oo Ss Tt Gg	① 맞음	② 틀림
03	당근 케일 깻잎 샐러리 − Xx Zz Pp Oo	① 맞음	② 틀림
04	오이 고추 양배추 피망 − Nn Oo Ss Tt	① 맞음	② 틀림
05	가지 오이 고추 상추 − Aa Nn Oo Ss	① 맞음	② 틀림

[06~10] 왼쪽의 숫자, 문자, 기호가 옆의 [보기]에서 몇 번 제시되는지 고르시오.

		보기	①	②	③	④
06	ㄹ	실패를 두려워하지 마세요. 실패는 성공으로 가는 길에 놓인 장애물일 뿐입니다.	7	8	9	10
07	◎	○◎☆◉★☆▼★◎○●○●▼◎●▼★○●◎○★▼☆ ◎▽▼▲△■◆▼□◇▼◎◆□▼●○★☆▲△	5	6	7	8
08	7	17950721661219712065370523054 75	4	5	6	7
09	ㅎ	ㅎㄱㄹㅎㄴㅇㅎㄹㄷㅊㅎㅅㅂㅈㅎㅋㅎㅌ	3	4	5	6
10	e	Belive you can and you're halfway there.	5	6	7	8

3 | 언어논리

4문항 / 3분 30초

01 다음 글에 대한 이해로 적절하지 <u>않은</u> 것을 고르면?

> 요즘 많은 사람들은 스마트폰을 손에서 내려놓지 못하는 모습을 자주 볼 수 있다. 디지털 기기가 일상과 삶에 깊숙이 통합된 사회에서, 스마트폰을 잘 다루지 못하거나 그 사용에 익숙지 않은 세대는 디지털 격차로 인한 불편함을 느낄 수 있다. 다양한 SNS 플랫폼으로 새로운 자극을 원하는 사람들이 신선한 자극에 흥미를 느끼며 스마트폰 사용 시간이 늘어났고, 많은 이들이 스마트폰에 점점 의존하게 되었다. 그러나 스마트폰을 과도하게 사용하게 되면 중독의 위험에 처할 수 있다. 스마트폰, 게임, 약물, 알코올 등의 행동은 뇌의 보상 시스템을 자극하고, 이 자극이 반복될수록 처음과 같은 만족감을 얻기 위해 더 강한 자극을 추구하게 된다. 이를 피하기 위해서는 스마트폰 사용을 점진적으로 줄이고, 디지털 기기에서 벗어나 자연 속에서 산책을 하거나 운동을 통해 새로운 보상 시스템을 자극하는 것이 중요하다. 이를 통해 스마트폰 의존에서 벗어나 보다 건강한 삶을 영위할 수 있을 것이다.

① 스마트폰이 익숙하지 않은 세대는 소외감을 느낄 수 있다.
② 스마트폰 중독도 게임 중독, 약물 중독과 마찬가지로 위험성이 비슷하다.
③ 스마트폰에 점점 더 강한 자극을 추구하게 된다면 스마트폰 중독이라고 볼 수 있다.
④ 스마트폰 의존에서 벗어나기 위해서는 단번에 스마트폰 사용을 제한해 자극을 준다.
⑤ 새로운 보상 시스템 체계로 자극한다면 스마트폰 의존에서 벗어날 수 있다.

02 다음 글의 논지 전개 방식에 대한 설명으로 적절한 것을 고르면?

> 최근 지구 온난화가 가속화되면서 환경 보호의 필요성이 더욱 커지고 있다. 그럼 지구 온난화의 주요 원인은 무엇일까? 가장 큰 원인 중 하나는 온실가스의 배출이다. 산업 혁명 이후 인간 활동으로 인해 대기 중 온실가스 농도가 급격히 증가했으며, 특히 화석 연료의 사용이 주요 원인으로 지목되고 있다. 자동차, 발전소, 공장 등에서 발생하는 이산화탄소는 대기 중에 오랫동안 머무르며 지구 온도를 상승시킨다. 그 결과, 극지방의 빙하가 녹고 해수면이 상승하는 등의 환경 변화가 일어나고 있다. 이러한 문제를 해결하기 위해서는 화석 연료의 사용을 줄이고, 재생 가능 에너지를 활용하는 것이 중요하다. 또한, 나무를 심는 등의 탄소 흡수 활동도 온실가스 배출을 줄이는 데 큰 도움이 될 수 있다. 이와 함께, 정부와 기업은 친환경 기술 개발과 정책을 적극적으로 추진해야 한다.

① 중심 화제를 구체적인 예시를 통해 설명한다.
② 중심 화제에 대한 개념을 정의하며 특성을 분석한다.
③ 중심 화제에 원인을 찾아 이를 토대로 해결방안을 모색한다.
④ 중심 화제와 비슷한 대상을 비교하며 특징을 부각시키고 있다.
⑤ 중심 화제에 대한 전문가의 견해를 제시해 상반된 입장을 설명한다.

03 다음 문장 [가]~[라]를 논리적인 순서에 맞게 배열한 것을 고르면?

> [가] 코딩이란 컴퓨터가 이해할 수 있는 명령어를 작성하여 프로그램으로 만드는 과정으로, 다양한 프로그래밍 언어를 사용하여 특정 작업을 자동화하거나, 문제를 해결하는 데 필요한 알고리즘을 설계하고 구현한다.
>
> [나] 코딩에 대한 관심은 최근 몇 년 사이 급격히 증가하고 있다. 코딩은 단순한 IT 전공자뿐만 아니라 다양한 분야에서 활용되고 있으며, 이를 배우는 사람들의 수가 급증하고 있다. 특히, 교육 분야에서도 코딩 교육의 점차 중요성이 강조되고 있다.
>
> [다] 코딩을 처음 접하는 사람에게는 학습이 어려울 수 있고, 실수나 오류를 찾고 해결하는 데 시간과 노력이 많이 든다. 하지만 이를 극복하기 위해서 꾸준한 연습과 실습을 한다면 점차 익숙해지면서 문제 해결 능력도 향상된다. 앞으로는 모든 연령대와 배경을 가진 사람들이 코딩을 배울 수 있는 환경이 만들어지지 않을까하는 기대가 된다.
>
> [라] 코딩의 미래는 어떤 모습일까? 코딩의 미래는 단순한 기술을 넘어서 빅데이터, 사물인터넷 등 다양한 분야에서 코딩을 활용한 혁신적인 기술들이 발전할 것이다. 코딩은 현대 사회에서 모든 산업과 사회 전반에 걸쳐 혁신을 이끄는 중요한 역할을 할 것으로 예상된다.

① [가] - [라] - [나] - [다]
② [가] - [라] - [다] - [나]
③ [나] - [가] - [다] - [라]
④ [나] - [가] - [라] - [다]
⑤ [나] - [다] - [가] - [라]

04 다음 글의 주제로 가장 적절한 것을 고르면?

> 환경호르몬은 일상에서 자주 접하는 화학물질로, 미세한 양에도 인간의 호르몬 시스템에 영향을 미쳐 건강 문제를 일으킬 수 있다. 대표적으로 플라스틱 제품, 화장품, 세제, 농약 등에 포함된 화학물질들이 환경호르몬의 주요 원인으로 알려져 있다. 특히 환경호르몬은 생식계, 면역계, 신경계 등 다양한 생리적 시스템에 영향을 미치며, 장기적인 노출이 심각한 질병을 유발할 수 있다. 최근 연구에 따르면, 환경호르몬은 아동과 태아에게 더 큰 영향을 미칠 수 있으며, 이는 성장 과정에서의 발달 장애나 성격 변화, 심지어는 비만과 같은 대사질환으로도 이어질 수 있다. 이에 따라, 환경호르몬에 대한 연구와 노출을 줄이기 위한 규제 강화가 필요하다는 목소리가 커지고 있다.

① 환경호르몬의 주요 원인과 종류
② 환경호르몬이 인간의 생리적 기능에 미치는 영향
③ 환경호르몬의 발생 과정과 예방 방법
④ 환경호르몬의 규제와 정책적 대응
⑤ 환경호르몬의 장기적인 노출로 인한 질병 유형

4 | 자료해석

4문항 / **5분**

01 다음은 민숙이의 국어 시험 점수와 5명의 학생의 국어 시험 점수를 비교한 것이다. 민숙이의 국어 시험 점수가 72점이었을 때, 민숙이를 포함한 6명의 국어 시험 점수의 평균을 고르면?

구분	찬영	순희	남수	효연	재희
점수 차	+2	-4	-8	-5	-3

※(점수 차)=(해당 학생의 점수)-(민숙이의 점수)

① 62점 ② 65점
③ 67점 ④ 69점

02 군용품을 납품하는 ○○공장에서 45,000개의 군용 방한복을 생산하여 품질검사를 실시한 결과, 불량품의 최소 비율은 2.5%이었고, 최대 비율은 3.5%이었다. 이 때, 불량품 개수의 최댓값은 A, 최솟값은 B라고 할 때, (A-B)의 값을 고르면?

① 100 ② 250
③ 400 ④ 450

03 다음 [표]는 A, B, C 세 도시의 녹지 공원 현황을 나타낸 자료이다. 이를 바탕으로 C도시의 전체 면적으로 옳은 것을 고르면?

[표] A, B, C 세 도시의 녹지 공원 현황

(단위 : 만 km^2)

구분	A도시	B도시	C도시
녹지 공원 면적	48		
비율(%)	30	17.5	16
전체 면적	160	320	

※ A, B, C 세 도시의 녹지 공원 면적의 비는 6:7:9 이다.

※ (비율)(%) = $\frac{(녹지\ 공원\ 면적)}{(전체\ 면적)} \times 100$

① 450,000km^2
② 4,500,000km^2
③ 500,000km^2
④ 5,000,000km^2

04 어느 방송국에서 주말 프로그램 편성을 위한 전화 설문 조사를 실시한 결과, 전체 응답자 50명 중에서 주말에 가요 프로그램을 보는 학생은 27명, 스포츠 중계를 보는 학생은 22명, 둘 다 보지 않는 학생은 8명이었다. 가요 프로그램이나 스포츠 중계 중에서 한 가지만을 보는 학생은 몇 명인지 고르면?

① 7명
② 15명
③ 35명
④ 42명

영역별 실력점검표

영역	맞힌 개수	정답률	나의 취약 영역
공간능력	/4	%	
지각속도	/10	%	
언어논리	/4	%	
자료해석	/4	%	
합계	/17	%	

실력점검 학습 플랜

5일 학습	10일 학습	14일 학습	21일 학습	30일 학습
시간 내 16개 이상 정답	시간 내 14~15개 정답	시간 내 12~13개 정답	시간 내 10~11개 정답	10개 미만 정답

학습 방법

16개 이상 정답	이미 상당한 실력의 소유자입니다. 시간에 맞춘 문제 풀이 위주의 학습을 하고, 사소한 실수를 줄이는 데 집중하세요. 본 최신 기출유형 테스트에는 언어논리의 심화된 어법이나 어휘가 출제되지 않았습니다. 고득점을 위해 보충 학습을 진행하세요.
14~15개 정답	어느 정도 실력을 갖고 있는 사람입니다. 단시간에 전체적인 내용을 숙지하고, 자신의 취약 영역에 시간을 들여 집중적으로 학습한 후, 실제 시험과 같이 제한 시간을 두고 문제 풀이 위주의 학습을 진행하세요. 또한, 본 최신 기출유형 테스트에는 언어논리의 심화된 어법이나 어휘가 출제되지 않았습니다. 고득점을 위해 보충 학습을 진행하세요.
10~13개 정답	안정적인 합격권에 들기 위해 기본 학습과 실전 연습에 동일한 비율로 시간을 배분해야 합니다. 제공되는 강의를 들으며 기본 실력을 다지고, 실전과 같이 제한 시간을 두고 문제 풀이 연습을 진행하세요. 공간능력과 지각속도는 반복해서 많은 문제를 풀면 실력이 증가하는 영역이지만, 언어논리와 자료해석은 기초를 다지지 않으면 결코 쉽지 않은 영역입니다. 최소한 본 기본서에 있는 내용은 모두 숙지하고 시험장에 들어갈 수 있도록 학습하세요.
10개 미만 정답	시작이 반이라는 생각으로, 장시간 동안 꼼꼼히 학습하는 것을 추천합니다. 강의와 함께 3회독을 목표로 반복 학습하세요. 문제 풀이와 시간 단축에 집중하기보다 유형 연습에 집중해서 학습하시고, 틀린 문제나 모르는 문제는 반드시 복습해야 합니다. 공간능력과 지각속도는 반복해서 많은 문제를 풀면 실력이 늘어나는 영역이지만, 언어논리와 자료해석은 기초를 꼭 다져야 하는 영역입니다. 최소한 본 기본서에 있는 내용은 모두 숙지하고 시험장에 들어갈 수 있도록 학습하세요.

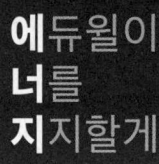

ENERGY

네가 세상에서 보고자 하는 변화가 있다면,
네 스스로 그 변화가 되어라.

- 마하트마 간디(Mahatma Gandhi)

PART

I

지적능력평가

- 01 공간능력
- 02 지각속도
- 03 언어논리
- 04 자료해석

01 | 공간능력

고득점 학습전략

🥧 유형 CHECK

❶ 입체도형(정육면체)의 전개도를 찾는 문제
❷ 제시된 전개도를 보고 결합된 입체도형(정육면체)을 찾는 문제
❸ 3차원 입체도형 블록을 쌓아두고 개수를 파악하는 문제
❹ 쌓인 입체도형 블록과 일치하는 겨냥도(정면, 측면, 평면)를 찾는 문제

📝 학습방법

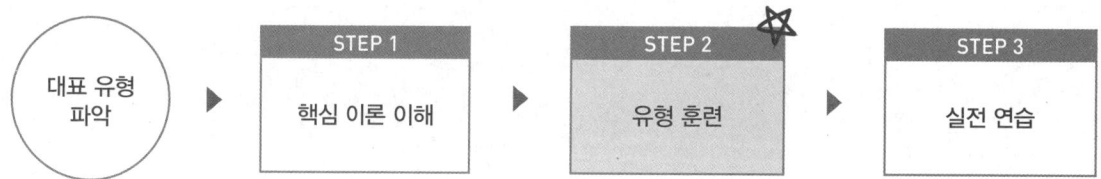

🎯 영역정복 TIP

전개도 문제는 정답을 맞히는 것보다 풀이 과정을 이해하는 데 초점을 맞춰야 한다. 먼저, 문제를 풀어보고 틀렸을 경우 왜 틀렸는지 분석한다. 전개도가 올바르게 조립되지 않는 이유(면의 연결오류, 위치 오류 등)를 명확하게 파악하면 비슷한 실수를 줄일 수 있다. 또한 각 면이 어떤 면과 연결이 되어야 하는지를 기억하고 예측하는 연습을 해야 한다. 특정 면을 기준으로 도형을 회전하였을 때 나머지 면들의 위치가 어떻게 변하는지 예측해 보는 것도 좋은 방법이다. 공간능력은 충분한 연습과 반복 숙달을 통해 공간감각을 키워야 좋은 성적을 거둘 수 있다.

대표 유형

❶ 전개도 찾기

※ 입체도형을 전개하여 전개도를 만들 때, 전개도에 표시된 그림(예: ▮, ◩ 등)은 회전의 효과를 반영함. 즉, 본 문제의 풀이 과정에서 [보기]의 전개도상에 표시된 '▮'와 '▭'은 서로 다른 것으로 취급함.

※ 단, 기호 및 문자(예: ☎, ♧, ♨, K, H)의 회전에 의한 효과는 본 문제의 풀이과정에 반영하지 않음. 즉, 입체도형을 펼쳐 전개도를 만들었을 때에 '🔄'의 방향으로 나타나는 기호 및 문자도 [보기]에서는 '☎'의 방향으로 표시하며 동일한 것으로 취급함.

다음 [보기]에 제시된 입체도형의 전개도로 알맞은 것을 고르면?

① 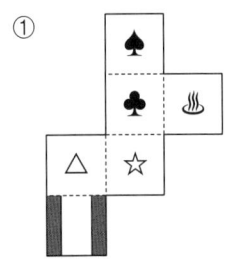 ② 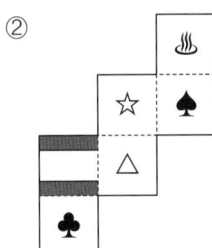 ③ 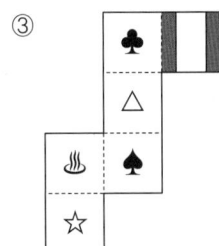 ④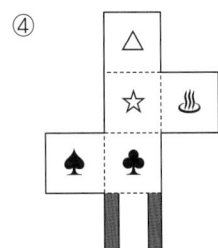

빈틈없는 유형분석

전개도 문제는 2016년부터 새롭게 출제된 유형이다. 간부선발도구 시험에 출제되었으므로 충분한 연습을 통해 대비해야 한다. 문제를 해결하기 위해서는 먼저 전개도의 구성 원리를 이해하는 것이 중요하다. 따라서 전개도를 조립하여 입체도형으로 표현했을 때 인접한 면에 있는 그림을 잘 살펴야 하며, 회전 효과를 반영하는 그림을 중심으로 주변 그림의 위치를 확인해야 한다.

속시원한 문제해결

[보기]에 제시된 전개도의 꼭짓점 ②~③을 잇는 선에 맞닿은 두 면과 꼭짓점 ③~④를 잇는 선에 맞닿은 두 면, 꼭짓점 ③~⑤를 잇는 선에 맞닿은 두 면을 전개도에서 찾으면 다음과 같다.

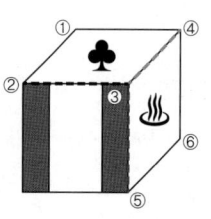 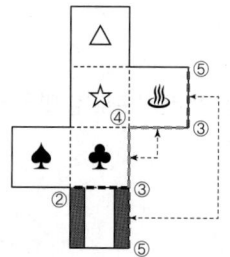

정답 ④

❷ 결합도 찾기

※ 전개도를 접을 때 전개도상의 그림, 기호, 문자가 입체도형의 겉면에 표시되는 방향으로 접음.
※ 전개도를 접어 입체도형을 만들 때, 전개도에 표시된 그림(예 ▯, ◢ 등)은 회전의 효과를 반영함. 즉, 본 문제의 풀이과정에서 [보기]의 전개도상에 표시된 '▯'와 '◢'은 서로 다른 것으로 취급함.
※ 단, 기호 및 문자(예 ☏, ♤, ♨, K, H)의 회전에 의한 효과는 본 문제의 풀이과정에 반영하지 않음. 즉, 전개도를 접어 입체도형을 만들었을 때 '📞'의 방향으로 나타나는 기호 및 문자도 [보기]에서는 '☎'의 방향으로 표시하며 동일한 것으로 취급함.

다음 [보기]에 제시된 전개도로 만든 입체도형에 해당하는 것을 고르면?

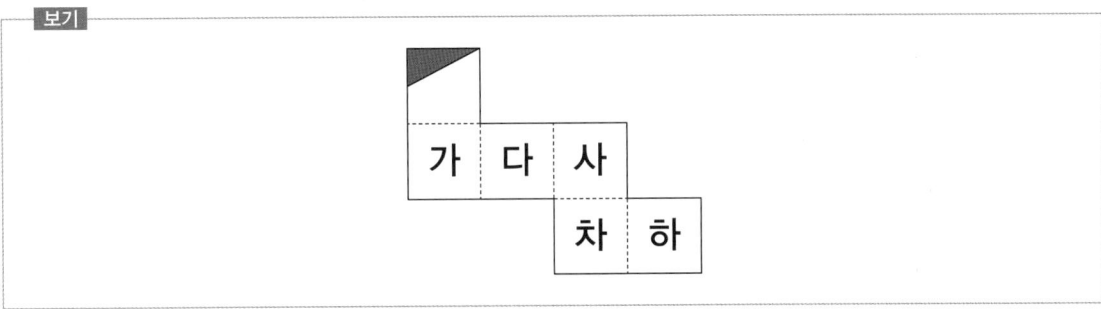

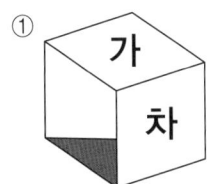  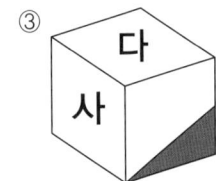 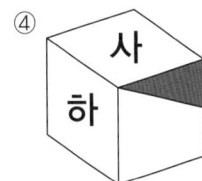

빈틈없는 유형분석

입체도형이 아닌 전개도를 먼저 제시하고 그 전개도에 해당하는 결합도를 찾는 문제이다. 따라서 제시된 전개도를 접었을 때 면의 기호나 문자, 도형의 방향에 주의하여 어떤 면과 어떤 면이 만나게 되는지를 확인해야 한다.

속시원한 문제해결

[보기]에 제시된 전개도의 꼭짓점 ①~②를 잇는 선에 맞닿은 두 면과 꼭짓점 ②~③을 잇는 선에 맞닿은 두 면, 꼭짓점 ②~⑥을 잇는 선에 맞닿은 두 면을 입체도형에서 찾으면 다음과 같다.

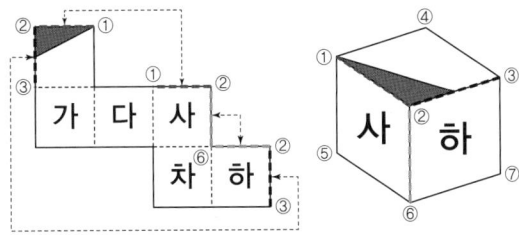

정답 ②

❸ 블록 개수 세기

다음 [보기]에 제시된 그림과 같이 쌓기 위해 필요한 블록의 개수를 고르면?

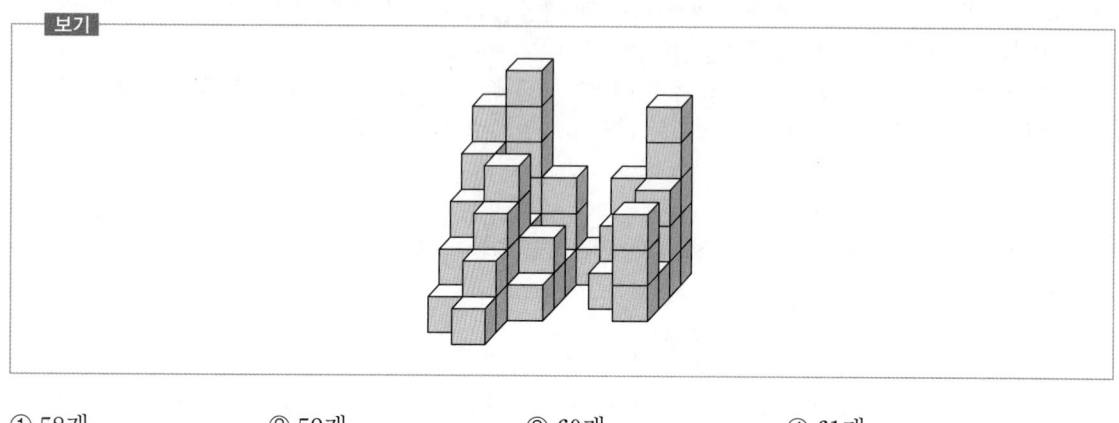

① 58개　　② 59개　　③ 60개　　④ 61개

빈틈없는 유형분석

정육면체의 입체도형 블록이 쌓인 개수를 파악하는 공간능력 유형 중 하나이다. 30~60개 정도의 많은 블록들을 빠짐없이 세는 것이 중요하며, 블록과 블록 사이사이에 빠진 부분을 입체적으로 연상하여 개수를 셀 수 있어야 한다. 즉 블록은 원근법에 의해 뒤 블록이 작아 보이지만 모양과 크기가 모두 동일한 정육면체이며, 실제 개수에만 집중해서 계산해야 한다.

속시원한 문제해결

좌측 열부터 우측으로 개수를 더해 가면, 15+18+7+1+6+12=59(개)이다.

정답 ②

❹ 정면도·측면도·평면도 찾기

다음 [보기]에 제시된 블록을 화살표 방향에서 바라볼 때의 모양을 고르면?

보기

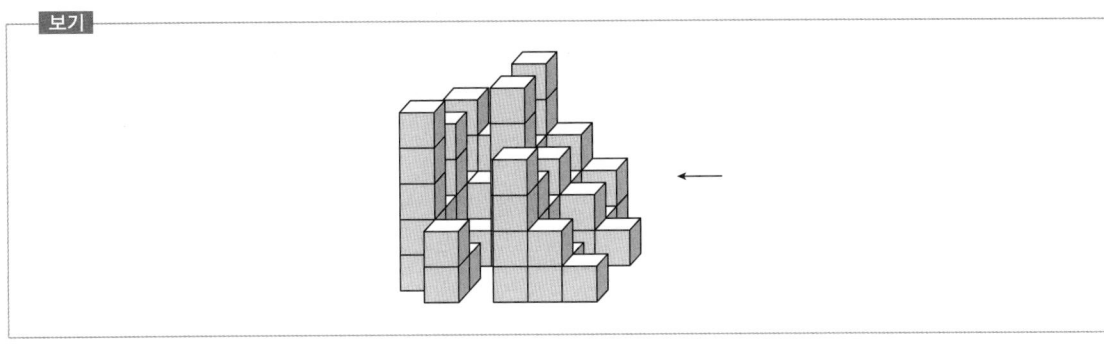

① 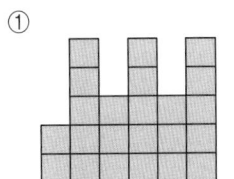   ② 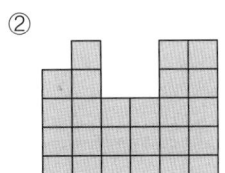   ③ 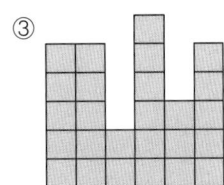   ④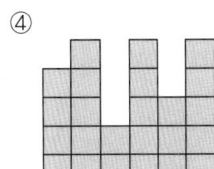

빈틈없는 유형분석

3차원의 쌓여 있는 블록들을 화살표 방향에서 정면으로 바라보았을 때의 2차원 평면도를 찾아내는 공간능력 유형 중 하나이다. 3차원의 블록을 2차원의 평면으로 전환하는 사고력이 필요하며, 평면으로 전환했을 때 앞 열과 뒤 열이 겹치는 블록을 찾아내는 것이 무엇보다 중요하다. 정면/측면 또는 평면으로 바라보는 방향이 제시되기 때문에 다양한 유형의 문제를 익히면 실수를 줄일 수 있다.

속시원한 문제해결

좌측 열부터 우측으로 층수를 세어 보면, 4-5-2-5-3-5이므로 ④와 일치한다.

정답 ④

| STEP ❶ | 핵심 이론 |

I. 전개도 유형 공략법

공간능력은 문제에 제시된 입체도형을 통해 상하, 좌우, 전후의 공간 관계나 공간 위치를 파악하는 능력을 평가하기 위한 영역이다. 2016년부터 새로 추가된 유형으로, 입체도형을 통해 3차원적인 도형의 모양을 머릿속으로 연상하여 도형의 개수와 단면도, 전개도 등을 정확히 추론해야 한다.

1 입체도형의 전개도·결합도 찾기

입체도형의 전개도를 찾기 위해서는 전개도가 구성되는 원리를 이해하는 것이 가장 중요하다. 전개도의 핵심은 모서리 연결과 그림의 방향, 이 두 가지이다. 입체도형을 펼쳤을 때 면과 면이 맞닿는 선이 분리되는 지점을 연상할 수 있어야 한다.

※ 전개도를 접을 때 전개도상의 그림, 기호, 문자가 입체도형의 겉면에 표시되는 방향으로 접음.
※ 입체도형을 전개하여 전개도를 만들 때, 전개도에 표시된 그림(■, ◪ 등)은 회전의 효과를 반영함. 즉, 본 문제의 풀이과정에서 [보기]의 전개도상에 표시된 '■'와 '▭'은 서로 다른 것으로 취급함.
※ 단, 기호 및 문자(☎, ♤, ♨, K, H 등)의 회전에 의한 효과는 본 문제의 풀이과정에 반영하지 않음. 즉, 입체도형을 펼쳐 전개도를 만들었을 때 '➎'의 방향으로 나타나는 기호 및 문자도 [보기]에서는 '☎' 방향으로 표시하며 동일한 것으로 취급함.

제시된 입체도형의 ①, ②, ③에 해당하는 각각의 면을 전개도에서 찾으면 된다.

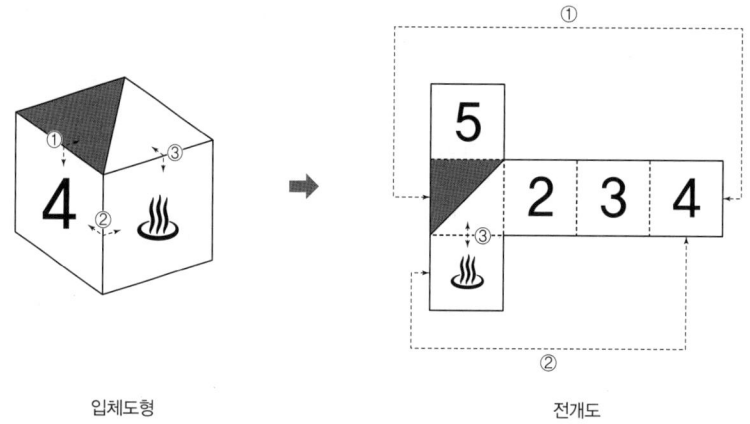

입체도형   전개도

2 입체도형의 전개도 유형(총 11가지)

(1)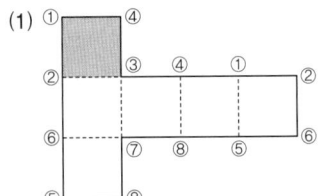

(2)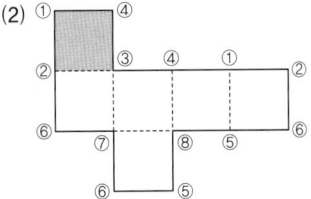

(3)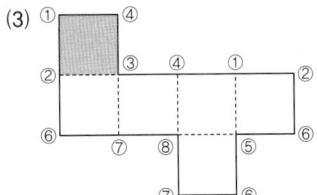

(4)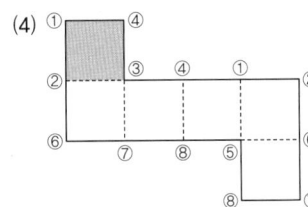

(5)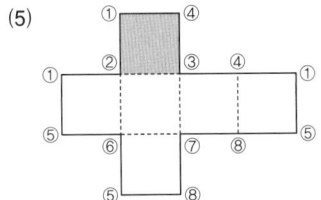

(6)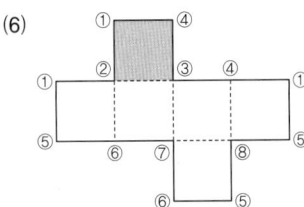

(7)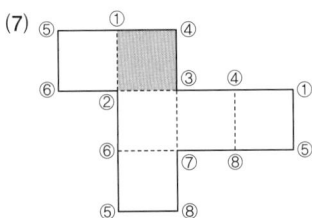

(8)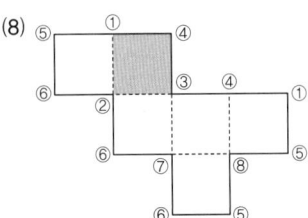

(9)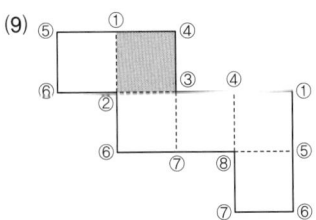

(10)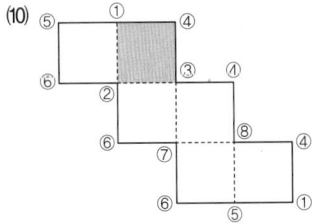

(11)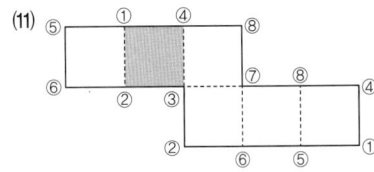

Ⅱ. 블록 유형 공략법

블록 유형은 쌓여 있는 블록의 개수를 파악하거나 쌓여 있는 블록의 정면도, 측면도 등 공간 위치를 파악하는 능력을 평가하기 위한 영역이다. 입체도형의 3차원적인 모양을 머릿속으로 연상하여 단면도 등을 정확히 추론해야 한다.

1 쌓인 블록의 개수 파악하기

쌓인 블록을 보고 개수를 파악하는 유형으로, 보이는 블록 외에 하단에 놓여 보이지 않는 블록의 개수까지 유추하여 총개수를 파악해야 하기 때문에 자칫 개수를 놓치는 실수를 범할 수 있다. 이러한 실수를 하지 않기 위해서는 본인만의 규칙을 정하여 개수를 세는 것이 중요하다.

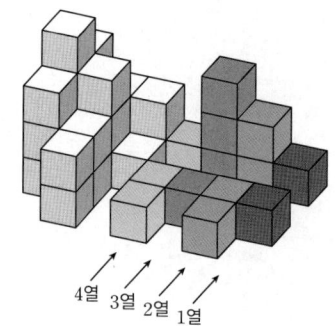

위의 그림과 같이 오른쪽에서 왼쪽 또는 왼쪽에서 오른쪽으로 규칙을 정하여 개수를 세면 실수할 확률이 적다. 또는 층마다 개수를 순차적으로 세는 방법도 있다. 본인에게 맞는 방법을 선택하도록 한다.

2 정면도·측면도 파악하기

정면도·측면도를 파악할 때는 바라보는 방향의 왼쪽 또는 오른쪽에서부터 쌓인 블록의 층수를 세어 선택지와 비교하여 찾는 것이 가장 빠른 방법이다.

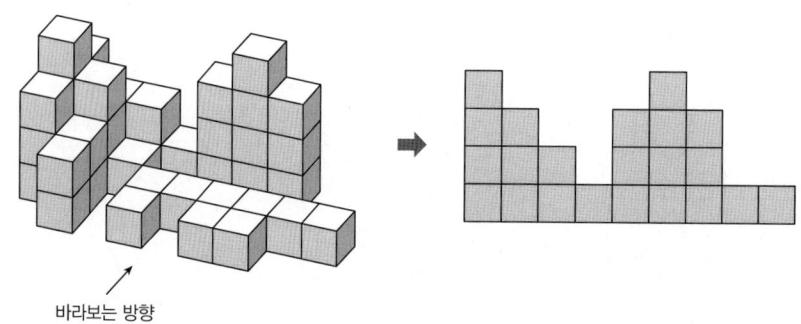

제시된 그림을 바라보는 방향의 왼쪽부터 개수를 파악하면, 4-3-2-1-3-4-3-1-1이다. 같은 방법으로 선택지와 대조하면 쉽게 정답을 찾을 수 있다.

STEP ❷ 유형 훈련 문제

정답과 해설 ▶ P.5

[01~02] 다음 주어진 조건을 참고하여 [보기]에 제시된 입체도형의 전개도로 알맞은 것을 고르시오.

※ 입체도형을 전개하여 전개도를 만들 때, 전개도에 표시된 그림(■, ◢ 등)은 회전의 효과를 반영함. 즉, 본 문제의 풀이과 정에서 [보기]의 전개도상에 표시된 '■'와 '■'은 서로 다른 것으로 취급함.

※ 단, 기호 및 문자(☎, ♤, ♨, K, H 등)의 회전에 의한 효과는 본 문제의 풀이과정에 반영하지 않음. 즉, 입체도형을 펼쳐 전개 도를 만들었을 때 '♪'의 방향으로 나타나는 기호 및 문자도 [보기]에서는 '☎'의 방향으로 표시하며 동일한 것으로 취급함.

01

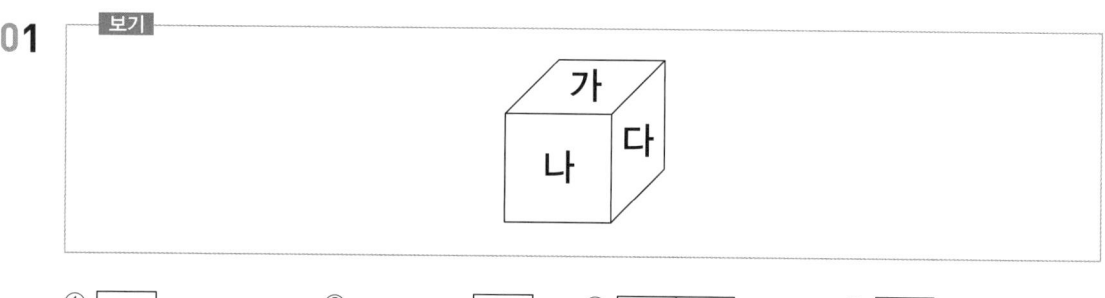

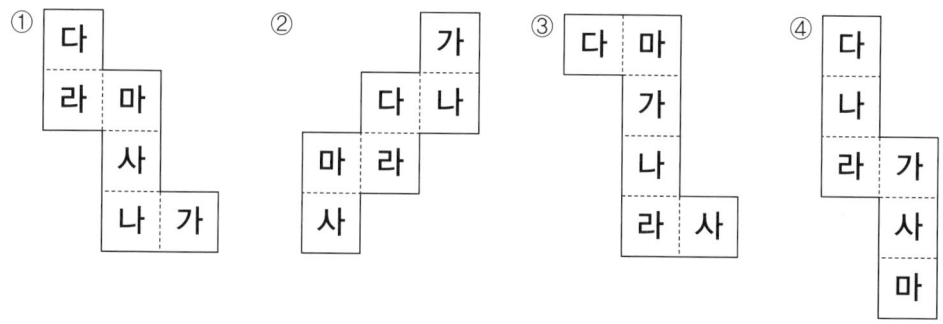

02

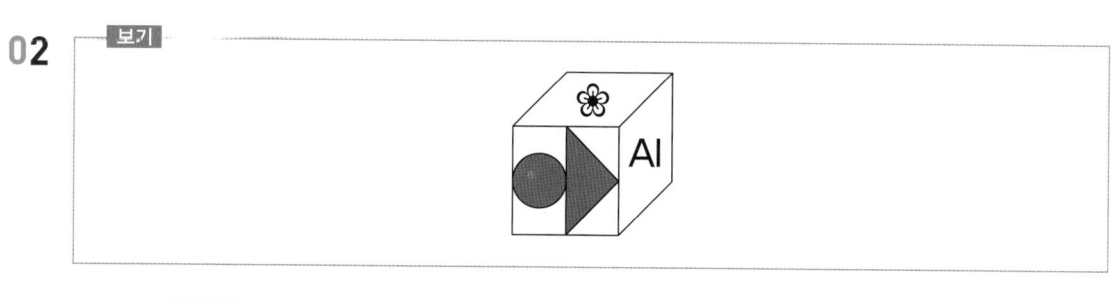

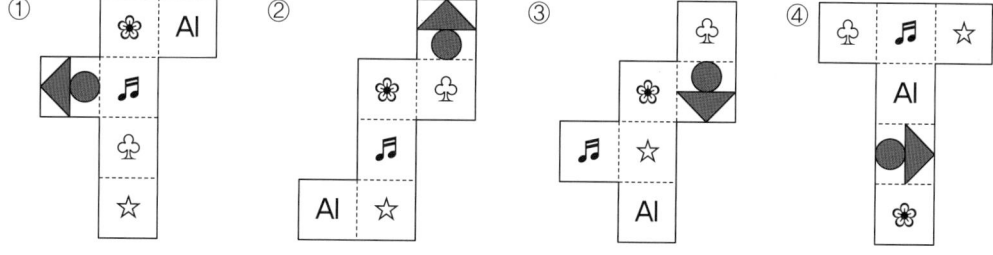

[03~04] 다음 주어진 조건을 참고하여 [보기]에 제시된 전개도로 만든 입체도형에 해당하는 것을 고르시오.

※ 전개도를 접을 때 전개도상의 그림, 기호, 문자가 입체도형의 겉면에 표시되는 방향으로 접음.
※ 전개도를 접어 입체도형을 만들 때, 전개도에 표시된 그림(예 ■, ◨ 등)은 회전의 효과를 반영함. 즉, 본 문제의 풀이과정에서 [보기]의 전개도상에 표시된 '■'와 '◨'은 서로 다른 것으로 취급함.
※ 단, 기호 및 문자(예 ☎, ♤, ♨, K, H)의 회전에 의한 효과는 본 문제의 풀이과정에 반영하지 않음. 즉, 전개도를 접어 입체도형을 만들었을 때 '▷'의 방향으로 나타나는 기호 및 문자도 [보기]에서는 '☎'의 방향으로 표시하며 동일한 것으로 취급함.

03

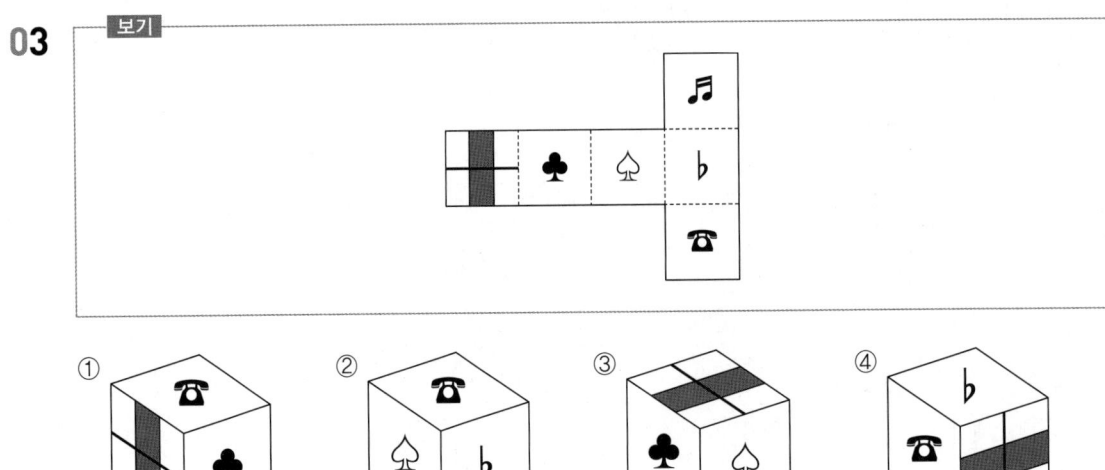

04

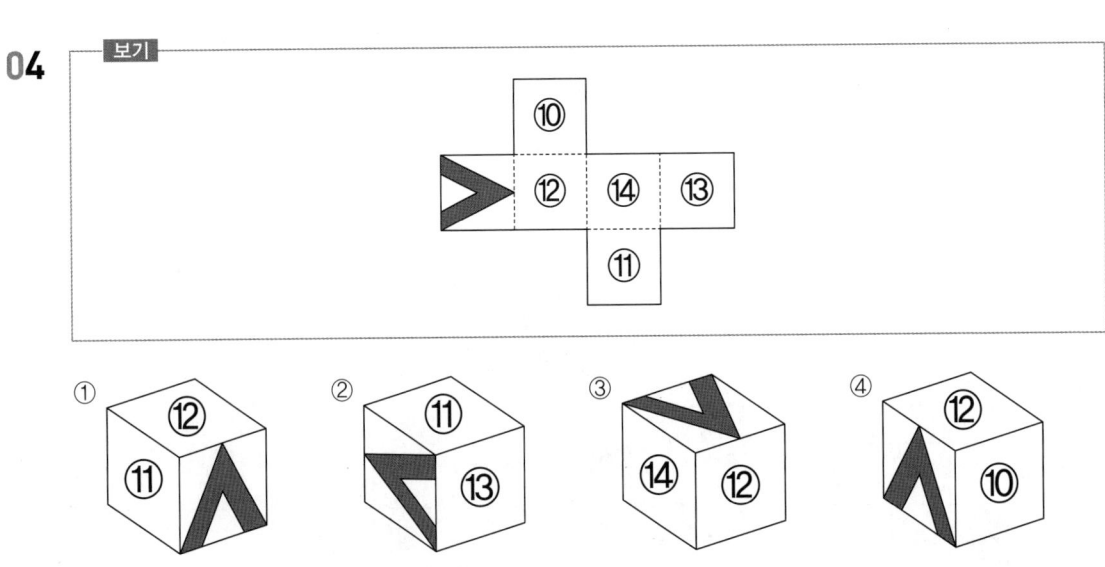

[05~06] 다음 [보기]에 제시된 그림과 같이 쌓기 위해 필요한 블록의 개수를 고르시오.

05

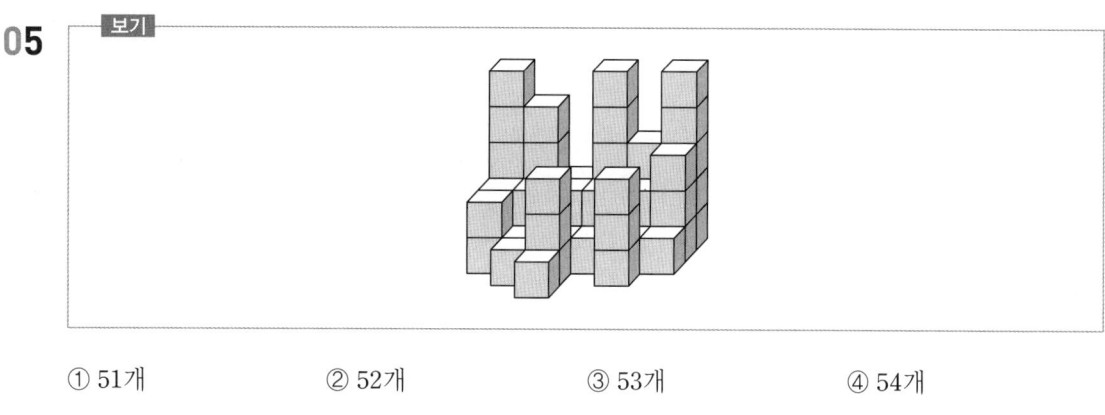

① 51개　　② 52개　　③ 53개　　④ 54개

06

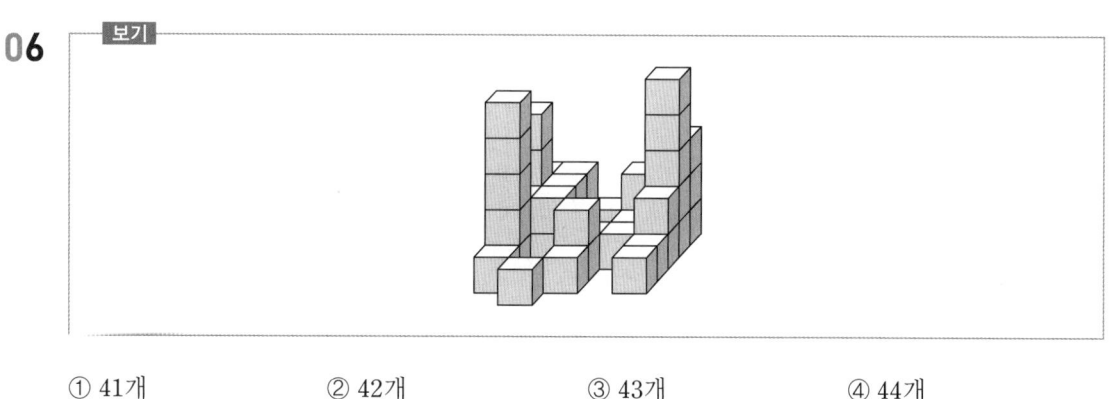

① 41개　　② 42개　　③ 43개　　④ 44개

[07~08] 다음 [보기]에 제시된 블록을 화살표 방향에서 바라볼 때의 모양을 고르시오.

07

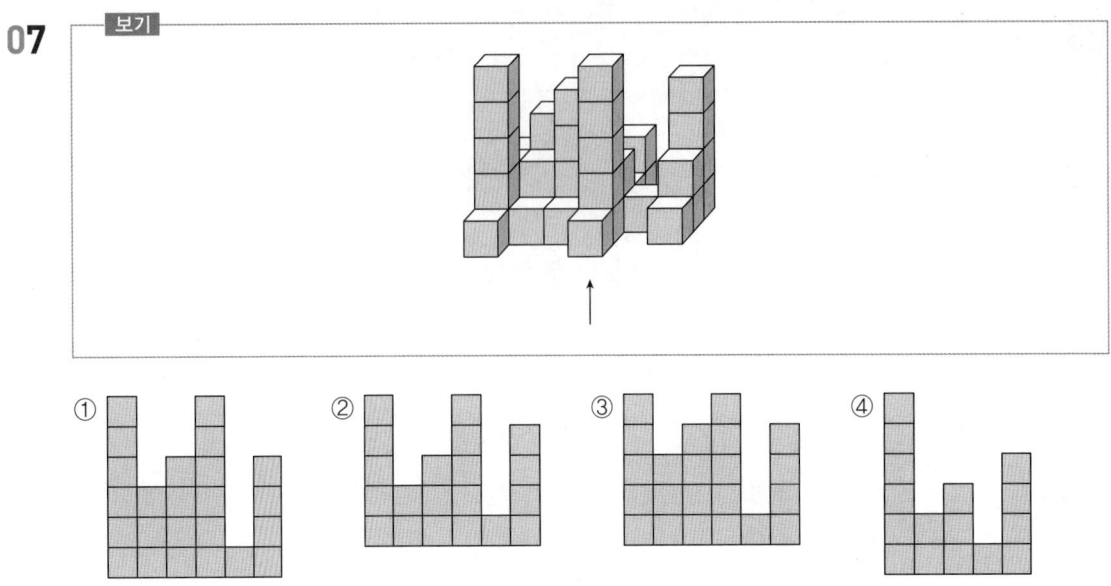

08

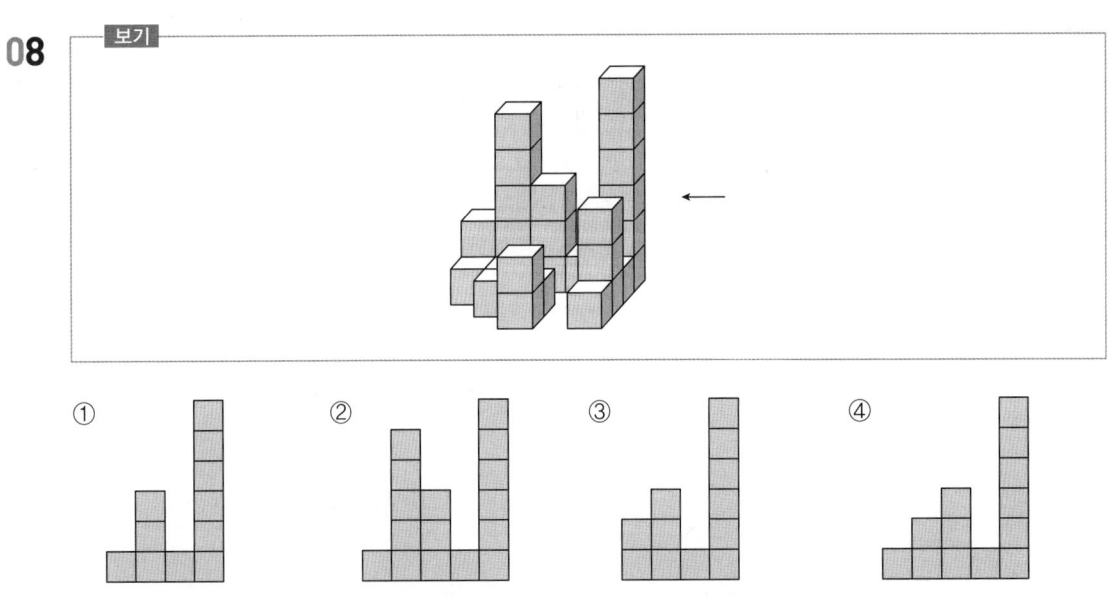

STEP ❸ 실전 연습 문제

18문항 / **10분**

• 맞힌 개수 _____ 개 • 풀이 시간 _____ 분   **정답과 해설** ▶ P.6

[01~10] 다음 주어진 조건을 참고하여 [보기]에 제시된 입체도형의 전개도로 알맞은 것을 고르시오.

※ 입체도형을 전개하여 전개도를 만들 때, 전개도에 표시된 그림(▮, ◩ 등)은 회전의 효과를 반영함. 즉, 본 문제의 풀이과정에서 [보기]의 전개도상에 표시된 '▮'와 '◩'은 서로 다른 것으로 취급함.

※ 단, 기호 및 문자(☎, ♤, ♨, K, H 등)의 회전에 의한 효과는 본 문제의 풀이과정에 반영하지 않음. 즉, 입체도형을 펼쳐 전개도를 만들었을 때 '📳'의 방향으로 나타나는 기호 및 문자도 [보기]에서는 '☎'의 방향으로 표시하며 동일한 것으로 취급함.

01

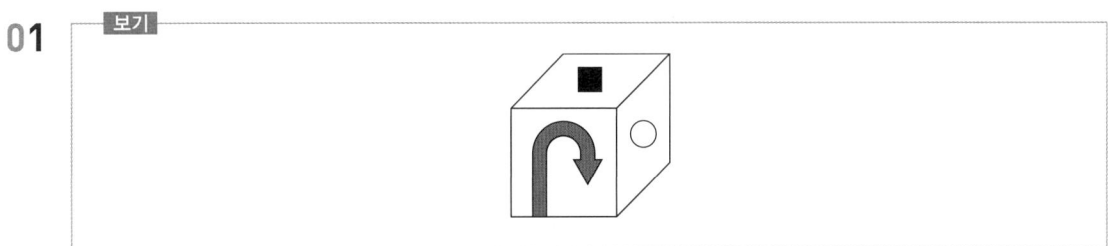

02

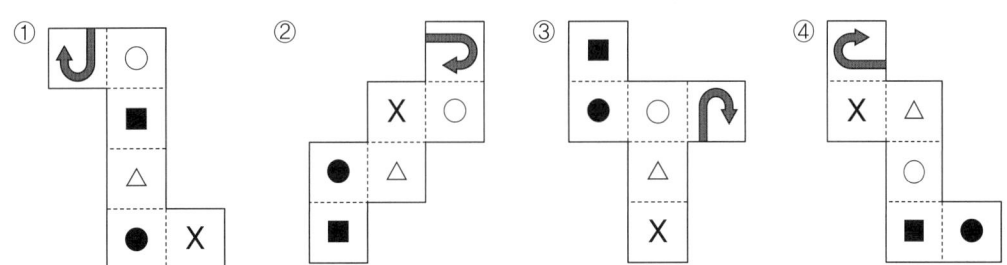

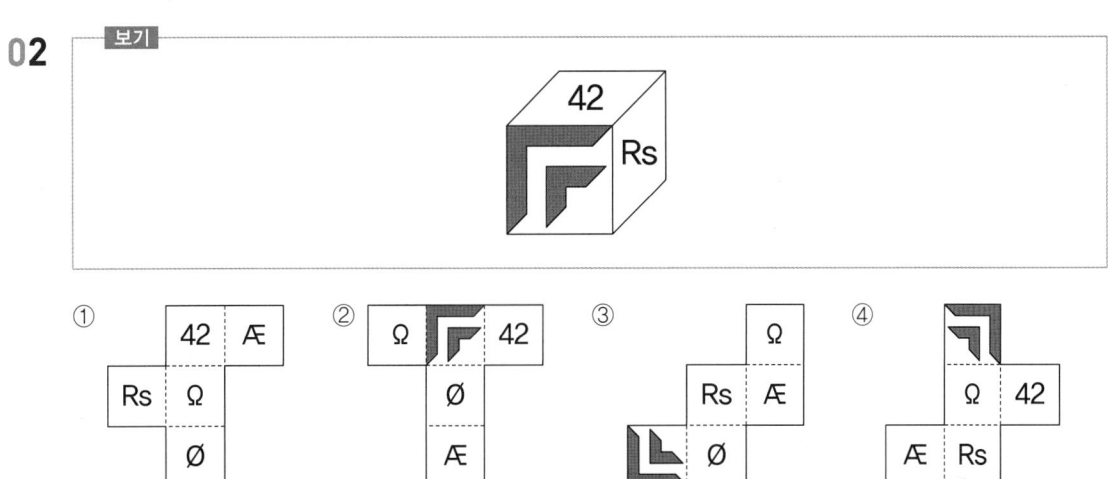

03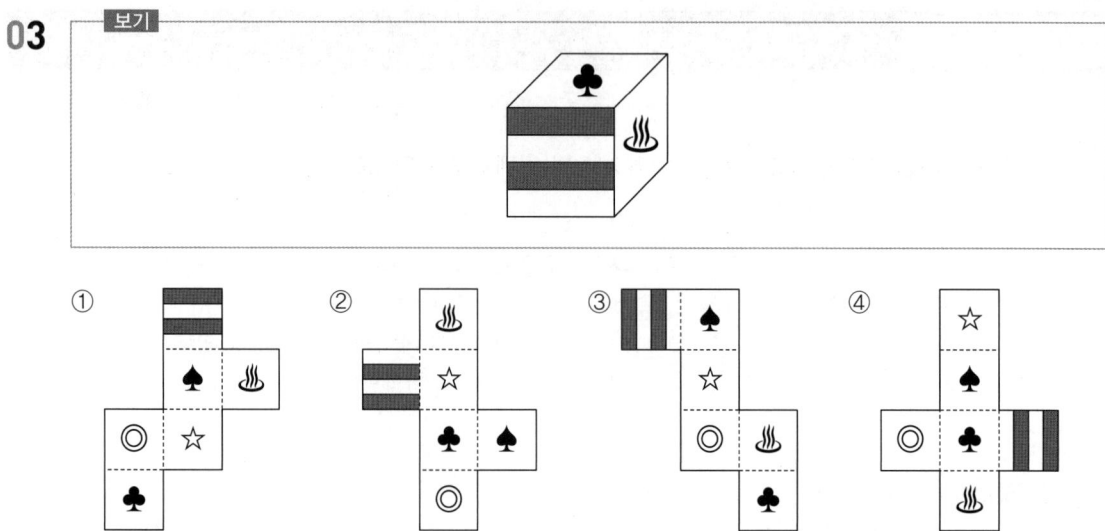

04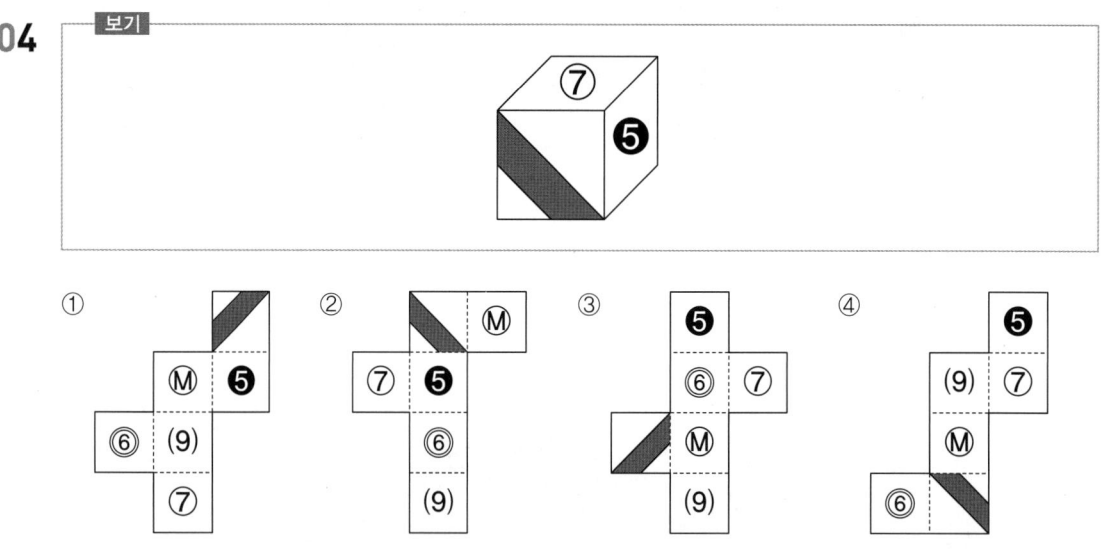

05

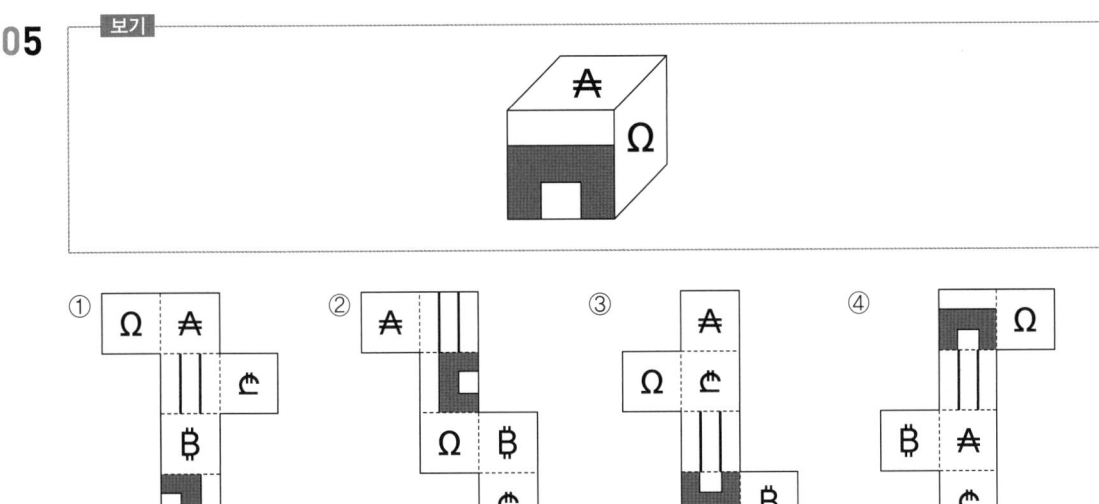

[06~10] 다음 주어진 조건을 참고하여 [보기]에 제시된 전개도로 만든 입체도형에 해당하는 것을 고르시오.

※ 전개도를 접을 때 전개도상의 그림, 기호, 문자가 입체도형의 겉면에 표시되는 방향으로 접음.
※ 전개도를 접어 입체도형을 만들 때, 전개도에 표시된 그림(예 ▯, ◿ 등)은 회전의 효과를 반영함. 즉, 본 문제의 풀이과정에서 [보기]의 전개도상에 표시된 '▯'와 '◻'은 서로 다른 것으로 취급함.
※ 단, 기호 및 문자(예 ☎, ♨, 𓇢, K, H)의 회전에 의한 효과는 본 문제의 풀이과정에 반영하지 않음. 즉, 전개도를 접어 입체도형을 만들었을 때 '🕿'의 방향으로 나타나는 기호 및 문자도 [보기]에서는 '☎'의 방향으로 표시하며 동일한 것으로 취급함.

06

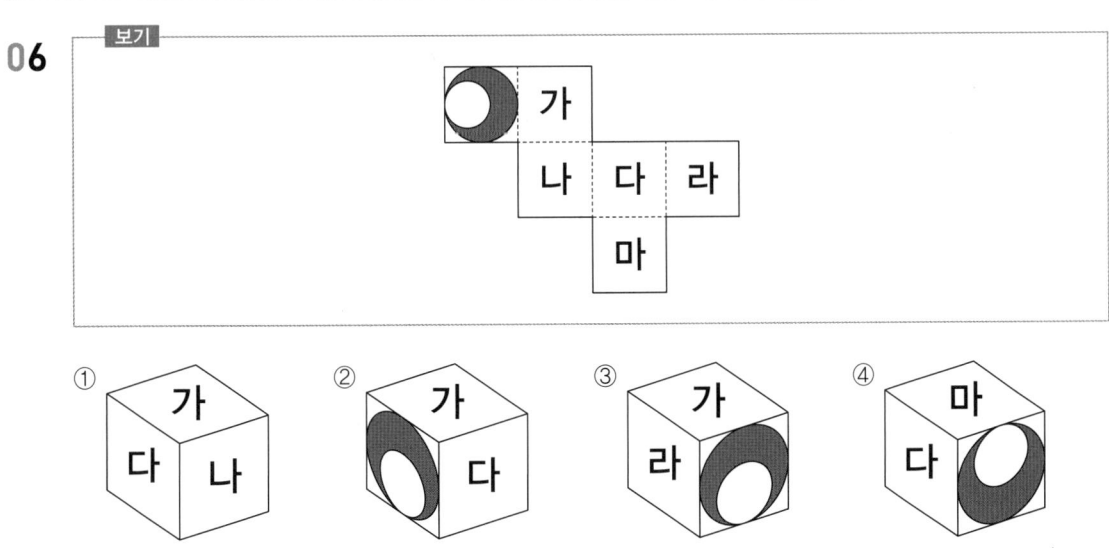

07 보기

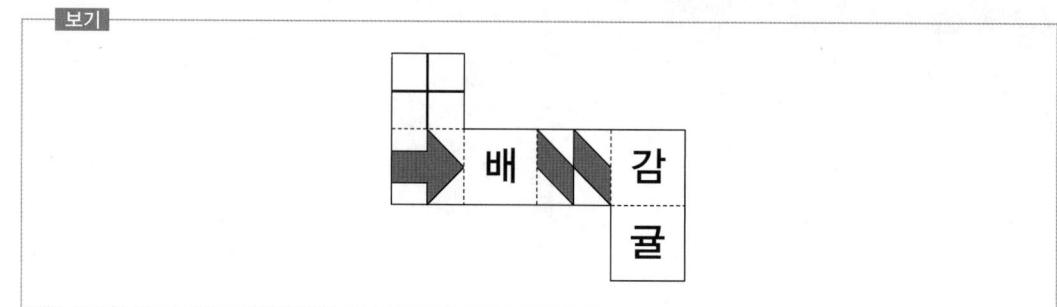

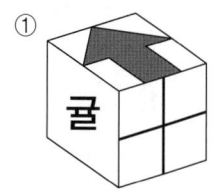 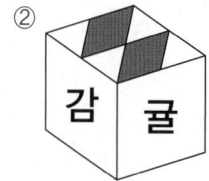  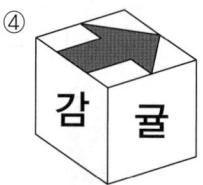

08 보기

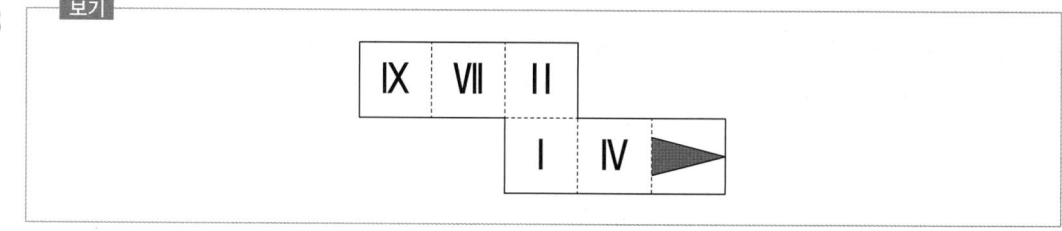

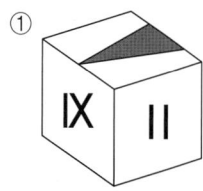 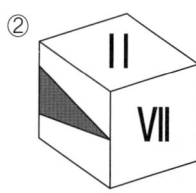 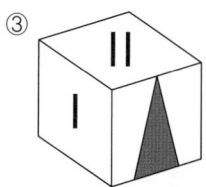 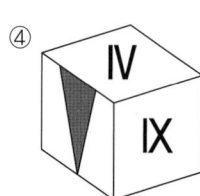

09 보기

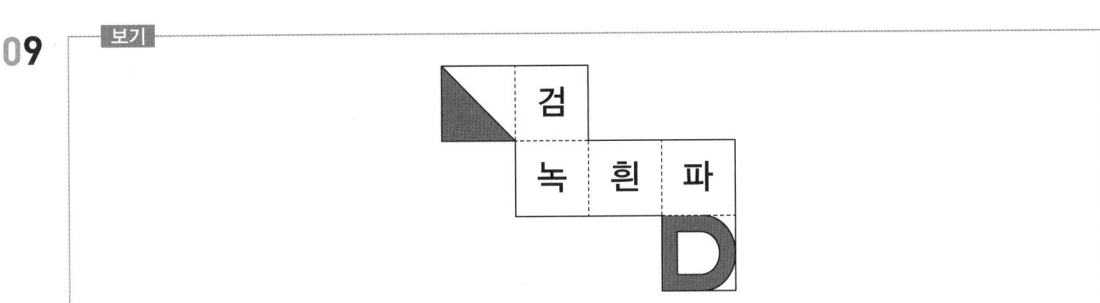

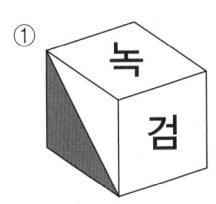 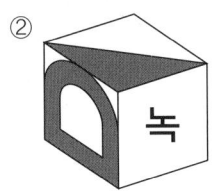 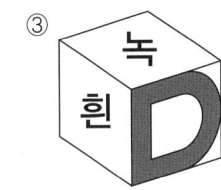 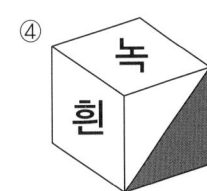

10 보기

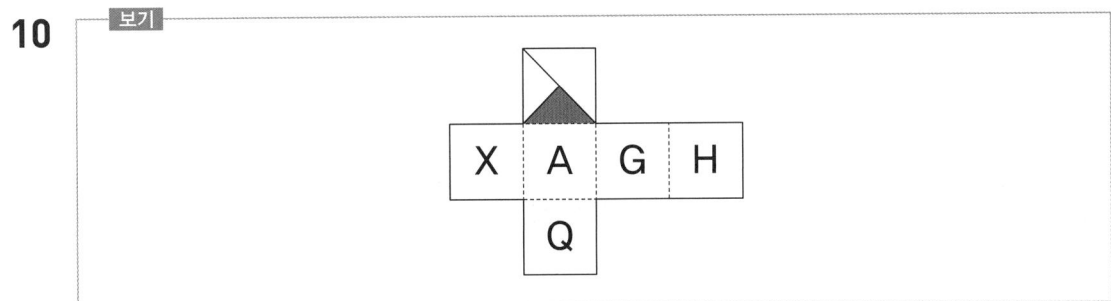

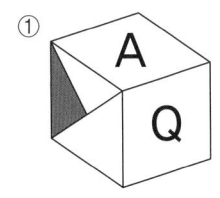 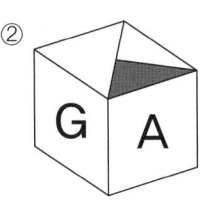 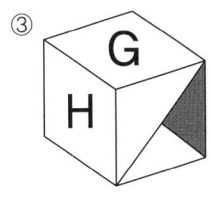 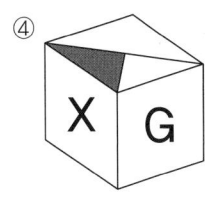

11 다음 [보기]에 제시된 그림과 같이 쌓기 위해 필요한 블록의 수를 고르면?

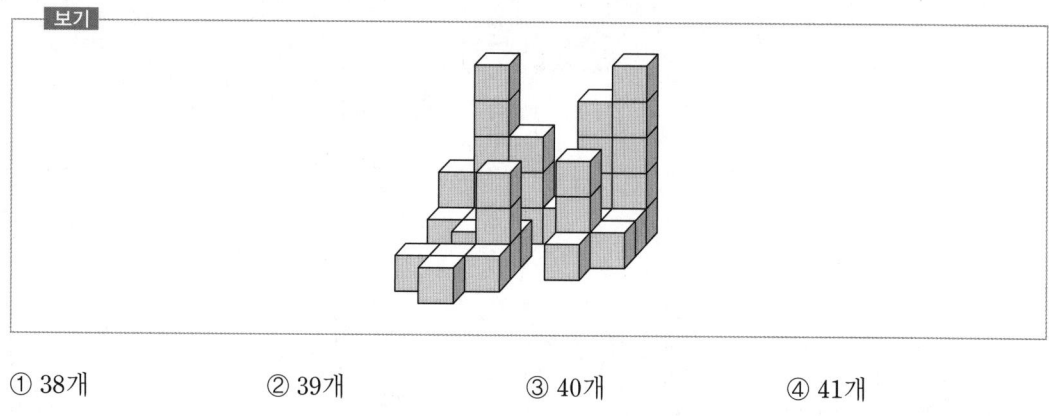

① 38개　　　② 39개　　　③ 40개　　　④ 41개

12 다음 [보기]에 제시된 그림과 같이 쌓기 위해 필요한 블록의 수를 고르면?

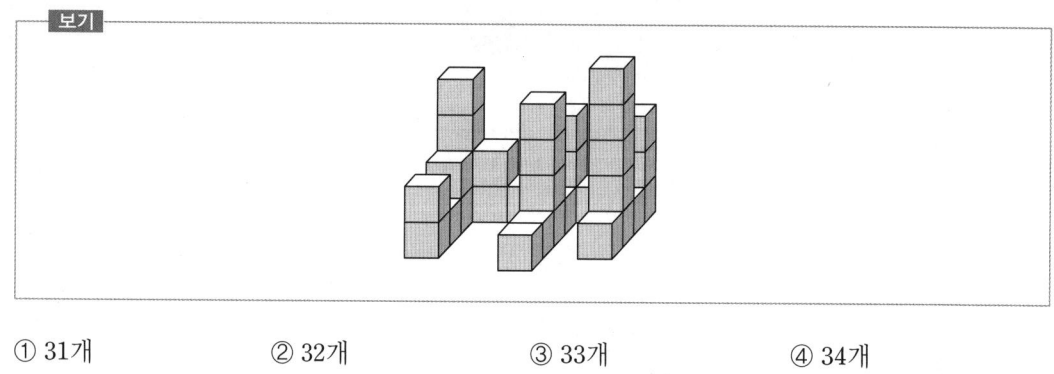

① 31개　　　② 32개　　　③ 33개　　　④ 34개

13 다음 [보기]에 제시된 그림과 같이 쌓기 위해 필요한 블록의 개수를 고르면?

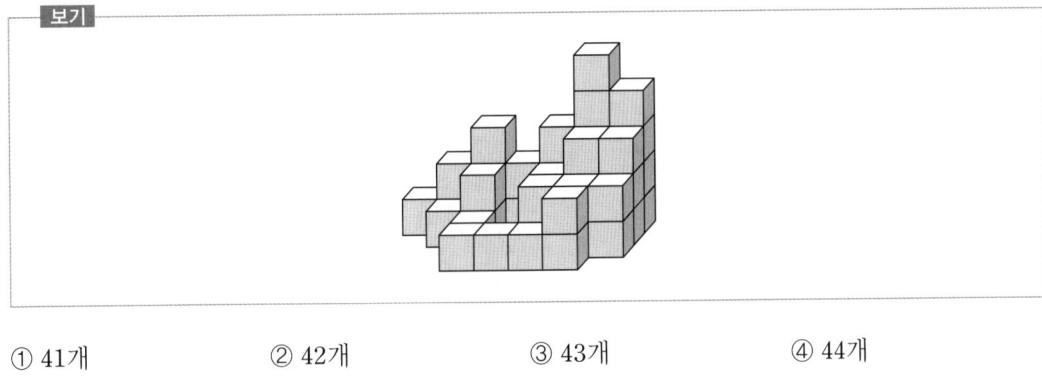

① 41개   ② 42개   ③ 43개   ④ 44개

14 다음 [보기]에 제시된 그림과 같이 쌓기 위해 필요한 블록의 개수를 고르면?

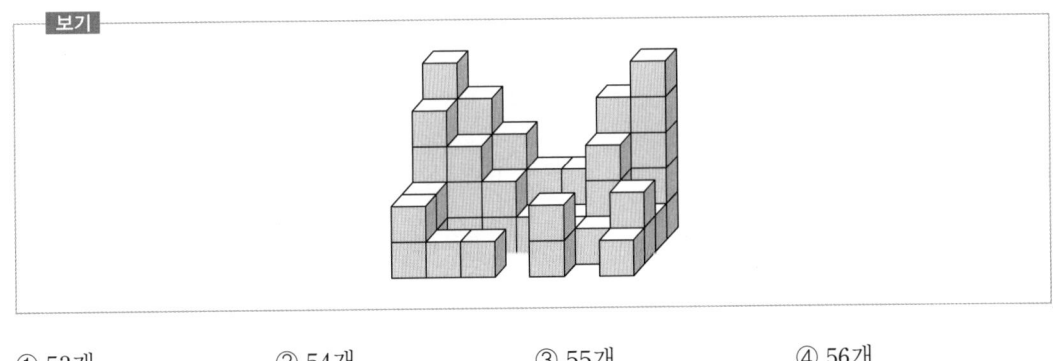

① 53개   ② 54개   ③ 55개   ④ 56개

15 다음 [보기]에 제시된 블록을 화살표 방향에서 바라볼 때의 모양을 고르면?

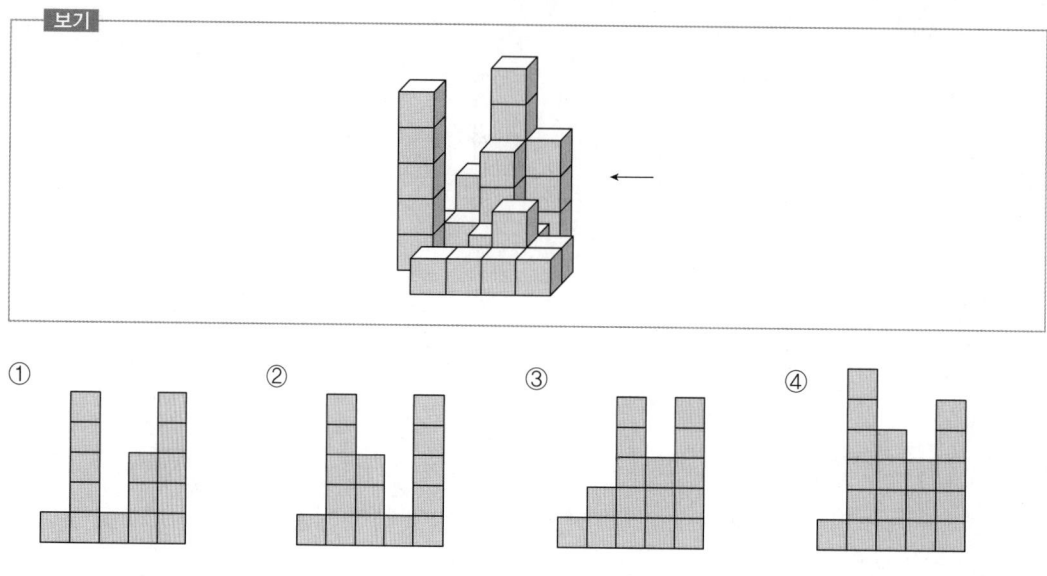

16 다음 [보기]에 제시된 블록을 화살표 방향에서 바라볼 때의 모양을 고르면?

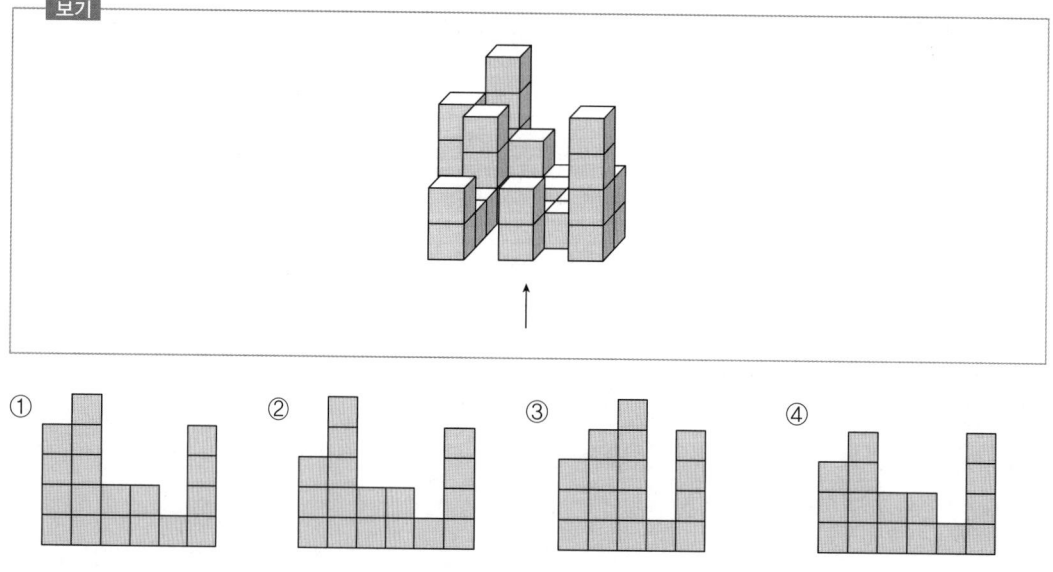

17 다음 [보기]에 제시된 블록을 화살표 방향에서 바라볼 때의 모양을 고르면?

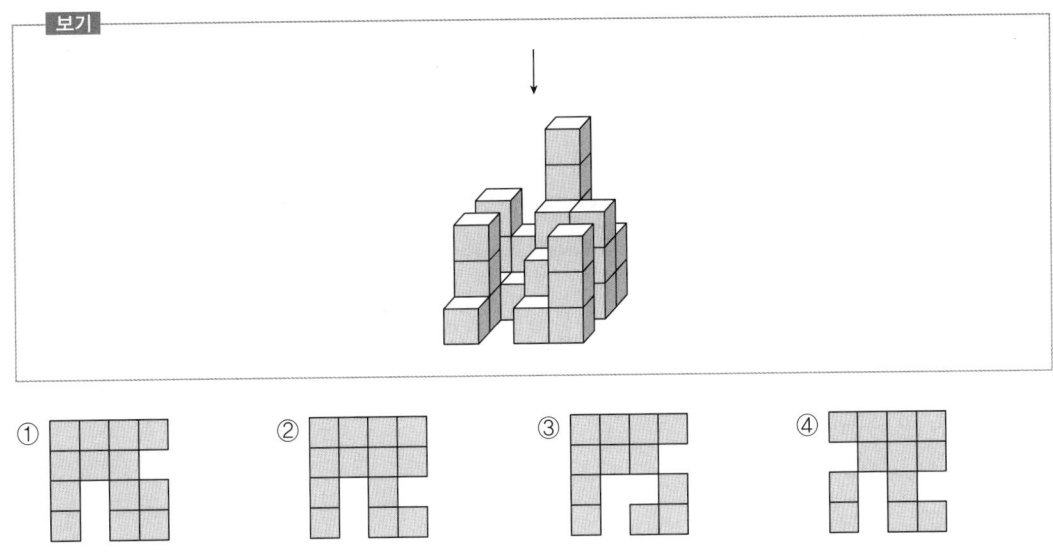

18 다음 [보기]에 제시된 블록을 화살표 방향에서 바라볼 때의 모양을 고르면?

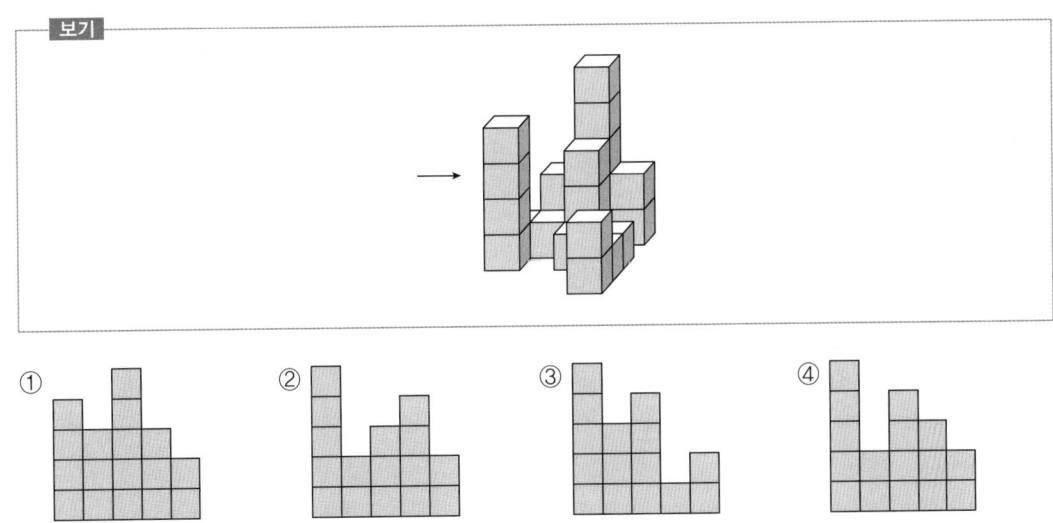

02 | 지각속도

고득점 학습전략

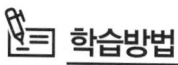 유형 CHECK

❶ 제시된 문자가 알맞게 치환되었는지 판단하기
❷ 특정 문자가 제시된 횟수 세기

학습방법

영역정복 TIP

지각속도는 짧은 시간에 많은 문제를 정확하게 푸는 것이 중요하기 때문에 비슷한 유형의 문제를 반복해서 풀어보며 문제 풀이에 익숙해지는 것이 중요하다. 쉬운 문제부터 시작해서 난이도를 높이며 복잡한 기호가 나오는 문제를 푸는 식으로 연습을 하는 것이 좋다. 또한 타이머를 설정하여 제한된 시간 안에 푸는 연습을 하는 것이 바람직하다. 지각속도 과목은 총 30문항을 3분 안에 최대한 많이 해결하는 것이 목표이므로, 연습 시에는 5문항씩 끊어서 타이머를 30초로 맞추고 푸는 연습을 하는 것도 좋은 방법이다.

※ 정답과 해설 뒤에 있는 OMR카드를 활용하여 직접 마킹하면서 연습해 볼 수 있습니다.

대표 유형

❶ 문자 대응

[01~05] 다음 [보기]를 보고 제시된 문자가 알맞게 치환되었는지 판단하시오.

[보기]

| 온스 = ♫ | 항만 = ♯ | 송신 = ☼ | 원자 = ☂ | 통제 = 🝪 |
| 탄두 = ⨱ | 병기 = ▶ | 경보 = ✂ | 부대 = ❁ | 급수 = ⊞ |

01	원자 병기 급수 경보 - ☂ ▶ ⊞ ✂	① 맞음	② 틀림
02	통제 경보 온스 송신 - 🝪 ✂ ♫ ☼	① 맞음	② 틀림
03	탄두 원자 부대 병기 - ⨱ ☂ ❁ ▶	① 맞음	② 틀림
04	급수 탄두 통제 경보 - ⊞ ⨱ 🝪 ▶	① 맞음	② 틀림
05	온스 부대 항만 통제 - ♫ ❁ ♯ 🝪	① 맞음	② 틀림

빈틈없는 유형분석

제시된 문자가 바르게 치환되었는지를 판단하는 유형이다. 지각속도 영역의 대부분을 차지하는 유형으로 순발력과 정확한 판단력을 요한다.

속시원한 문제해결

01 정답 ①
02 정답 ①
03 정답 ①
04 　급수 탄두 통제 <u>경보</u> - ⊞ ⨱ 🝪 <u>▶</u>

'경보 = ✂, 병기 = ▶'이므로 옳지 않다.

정답 ②

05 정답 ①

↑ 1점 더 올리기

5문항을 한 세트로 30초(1문항당 6초) 시간을 재고 반복 풀이하여 5문항 중 4문항 이상 맞히는 연습을 한다.

❷ 문자 찾기

[01~05] 왼쪽의 숫자, 문자, 기호가 [보기]에서 몇 번 제시되는지 고르시오.

		보기	①	②	③	④
01	介	各干介巨巾乞介犬京告古介孔圭干克匈休肴介干克介巾乞告古干克匈介各休肴	5	6	7	8
02	o	To love and be loved is to feel the sun from both sides	3	4	5	6
03	ㅇ	인생은 한 권의 책과 유사하다. 미련한 사람은 훌쩍훌쩍 읽어버리지만 현명한 사람은 정성들여 읽는다	11	12	13	14
04	5	7863551584853215853154548558413484133548658846555476558874258455456855132854652 25	23	24	25	26
05	ㅏ	감이나 고욤은 열매 달린 가지를 두들겨 따야 이듬해에 햇가지가 잘 자라고 열매가 많이 달린다	12	13	14	15

빈틈없는 유형분석

문자군, 문장, 숫자 중 특정한 수·문자의 개수를 빠르게 세어 표시하는 유형이다. '문자 대응' 유형처럼 순발력과 정확한 판단을 요한다.

속시원한 문제해결

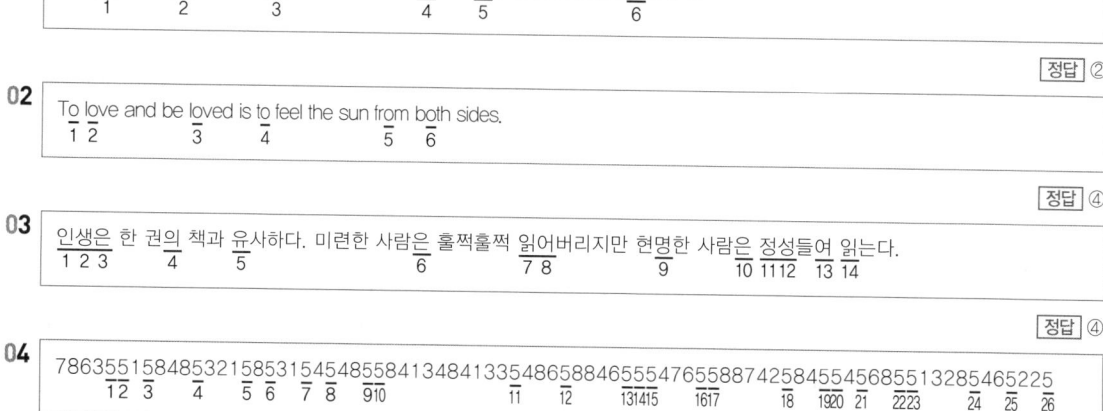

STEP ❶ 유형 훈련 문제

정답과 해설 ▶ P.8

1회 점

점수 = 맞힌 개수 − 틀린 개수
- **상**: 21점 이상 • **중상**: 18~20점
- **중**: 15~17점   • **하**: 14점 이하

30문항 / 3분

[01~05] 다음 [보기]를 보고 제시된 문자가 알맞게 치환되었는지 판단하시오.

보기

| 23 = 오징어 | 48 = 멸치 | 90 = 동태 | 15 = 가오리 | 82 = 새우 |
| 36 = 고래 | 55 = 상어 | 73 = 꼴뚜기 | 19 = 광어 | 63 = 골뱅이 |

01	48 15 36 63 - 멸치 가오리 고래 새우	① 맞음	② 틀림
02	63 55 19 82 - 골뱅이 상어 멸치 새우	① 맞음	② 틀림
03	36 90 55 48 - 고래 동태 상어 멸치	① 맞음	② 틀림
04	63 55 82 19 - 골뱅이 상어 새우 광어	① 맞음	② 틀림
05	23 63 55 82 - 오징어 골뱅이 상어 새우	① 맞음	② 틀림

[06~10] 다음 [보기]를 보고 제시된 문자가 알맞게 치환되었는지 판단하시오.

보기

| sad = ∶ | date = ∴ | mom = ÷ | ade = ∶ | voo = ∷ |
| fale = ∵ | hate = ⋯ | ko = ∵ | love = ≒ | you = ÷ |

06	love fale mom you - ≒ ∵ ÷ ÷	① 맞음	② 틀림
07	hate voo mom ko - ⋯ ∷ ∵ ∵	① 맞음	② 틀림
08	ade date you sad - ∶ ∴ ÷ ∶	① 맞음	② 틀림
09	voo love date fale - ∷ ≒ ∴ ∶	① 맞음	② 틀림
10	you sad love date - ÷ ∶ ≒ ∴	① 맞음	② 틀림

[11~15] 다음 [보기]를 보고 제시된 문자가 알맞게 치환되었는지 판단하시오.

보기

| 78 = Dp | 04 = MW | 13 = kV | 24 = mV | 35 = mW |
| 64 = nV | 80 = μV | 97 = Pts | 41 = Rs | 56 = pV |

11	13 64 41 56 - kV nV Rs pV	① 맞음	② 틀림
12	35 78 24 80 - mW Dp mV pV	① 맞음	② 틀림
13	41 04 97 24 - Rs MW Pts mV	① 맞음	② 틀림
14	80 64 41 04 - μV nV Rs MW	① 맞음	② 틀림
15	97 13 56 78 - Pts kV pV Dp	① 맞음	② 틀림

[16~20] 다음 [보기]를 보고 제시된 문자가 알맞게 치환되었는지 판단하시오.

보기

| ⑦ = ii | ② = viii | ⑧ = v | ⑥ = i | ③ = vii |
| ⑤ = vi | ④ = iii | ① = iv | ⑨ = xii | ⑩ = VIII |

16	③ ⑤ ⑨ ⑩ - vii iii xii VIII	① 맞음	② 틀림
17	① ⑦ ⑥ ⑤ - iv ii i iv	① 맞음	② 틀림
18	⑩ ④ ⑥ ③ - VIII iii vi vii	① 맞음	② 틀림
19	⑦ ⑨ ② ① - ii xii viii iv	① 맞음	② 틀림
20	⑨ ⑤ ③ ② - xii vi vii viii	① 맞음	② 틀림

[21~25] 다음 [보기]를 보고 제시된 문자가 알맞게 치환되었는지 판단하시오.

보기

き = 357	せ = 962	わ = 218	や = 476
み = 596	ひ = 693	に = 152	ち = 780

21	せ ひ や ち - 962 693 476 780	① 맞음	② 틀림
22	み ち わ き - 596 780 218 357	① 맞음	② 틀림
23	に せ み や - 152 962 596 476	① 맞음	② 틀림
24	ち わ ひ き - 152 218 693 357	① 맞음	② 틀림
25	み ひ に や - 596 962 152 476	① 맞음	② 틀림

[26~30] 왼쪽의 숫자, 문자, 기호가 [보기]에서 몇 번 제시되는지 고르시오.

		보기	①	②	③	④
26	◐	◐◑●◐◑◐●◑◐◑◐●◐◑●◐◑◐●◐◑◐◐◑●◐◑◐●◑◐●◐◑◐●◑◐	7	8	9	10
27	🔒	✂✉☎📖🔒☎✉✏📖✂🔒📖🔒✂✉✏☎📖✏☎✉	5	6	7	8
28	ㄷ	남들이 당신을 어찌 생각할지 너무 걱정하지 마라. 그들은 그렇게 당신에 대해 많이 생각하지 않는다	5	6	7	8
29	(9)	(9)(1)(5)(6)(2)(1)(4)(6)(5)(5)(9)(1)(4)(6)(9)(5)(1)(2)(1)(9)(5)(1)(6)(2)(1)(9)(6)(2)(5)(4)(5)(2)(9)(4)(6)(2)(4)(5)(4)(5)	5	6	7	8
30	✹	ʦɡɯɰɐ✹ʄʊɲʄɐɪɰʤ✹ʊɐɫɯʦɐʄɛɯɰɯɰɐʄɐʊɰɽɐʄʄɯɲ✹ʄɐɰʊʄɐ✹ʊɐɫɯʦʄɯɲʄɲɰɐɪɐʄɯɲ	7	8	9	10

2회

점수 = 맞힌 개수 - 틀린 개수
- 상: 21점 이상   • 중상: 18~20점
- 중: 15~17점   • 하: 14점 이하

30문항 / 3분

[01~05] 다음 [보기]를 보고 제시된 문자가 알맞게 치환되었는지 판단하시오.

보기

| 서울 = 닪 | 연세 = 달 | 고려 = 담 | 국민 = 닸 | 수원 = 댄 |
| 동국 = 닷 | 부산 = 닶 | 인하 = 댁 | 한양 = 덖 | 경희 = 덴 |

01	연세 인하 서울 한양 - 달 댁 닷 덖	① 맞음	② 틀림
02	부산 경희 국민 동국 - 닶 덴 닸 닶	① 맞음	② 틀림
03	한양 연세 수원 부산 - 덖 달 댄 닶	① 맞음	② 틀림
04	서울 인하 경희 고려 - 닪 댁 덴 담	① 맞음	② 틀림
05	경희 고려 서울 부산 - 덴 달 닪 닶	① 맞음	② 틀림

[06~10] 다음 [보기]를 보고 제시된 문자가 알맞게 치환되었는지 판단하시오.

보기

| 5a6 = ㅂㅈ | 4d8 = ㄴㅇ | 8d9 = ㄷㄹ | 1s5 = ㄱㅅ | 2d5 = ㅍㅇ |
| 3f6 = ㅅㄷ | 6d7 = ㅈㄹ | 9d7 = ㅎㅂ | 0d5 = ㄹㅎ | 7w8 = ㅁㄴ |

06	7w8 1s5 5a6 9d7 - ㅁㄴ ㄱㅅ ㅈㅂ ㅎㅂ	① 맞음	② 틀림
07	4d8 0d5 6d7 2d5 - ㄴㅇ ㄹㅎ ㅇㄹ ㅍㅇ	① 맞음	② 틀림
08	0d5 4d8 7w8 3f6 - ㄹㅎ ㄴㅇ ㅁㄴ ㅅㄷ	① 맞음	② 틀림
09	5a6 6d7 2d5 4d8 - ㅂㅈ ㅈㄹ ㅍㅇ ㄴㅇ	① 맞음	② 틀림
10	2d5 0d5 4d8 7w8 - ㅍㅇ ㄹㅎ ㄴㅇ ㄷㄹ	① 맞음	② 틀림

[11~15] 다음 [보기]를 보고 제시된 문자가 알맞게 치환되었는지 판단하시오.

보기

| 오븐 = AP | 모자 = BX | 식탁 = HK | 냉장고 = NG |
| 싱크대 = CJ | 공룡 = SW | 화장실 = DZ | 장난감 = MV |

11	오븐 모자 싱크대 장난감 - AP BX CJ MV	① 맞음	② 틀림
12	식탁 냉장고 공룡 모자 - HK NG SW DZ	① 맞음	② 틀림
13	공룡 화장실 장난감 오븐 - SW DZ MV AP	① 맞음	② 틀림
14	모자 식탁 냉장고 화장실 - BX HK NG DZ	① 맞음	② 틀림
15	장난감 오븐 식탁 싱크대 - MV AP BX CJ	① 맞음	② 틀림

[16~20] 다음 [보기]를 보고 제시된 문자가 알맞게 치환되었는지 판단하시오.

보기

| ◆ = 回 | △ = 化 | ◐ = 子 | ◫ = 合 | ⊖ = 品 |
| ◔ = 平 | ■ = 巴 | ◑ = 寸 | ▲ = 天 | ⊜ = 什 |

16	■ ◫ △ ▲ - 巴 合 化 天	① 맞음	② 틀림
17	◐ ▲ ◆ ◔ - 子 天 回 平	① 맞음	② 틀림
18	◑ ⊖ ◔ ◫ - 寸 品 平 合	① 맞음	② 틀림
19	△ ⊖ ■ ⊜ - 化 品 巴 寸	① 맞음	② 틀림
20	◑ ◆ ◐ ⊖ - 寸 回 平 品	① 맞음	② 틀림

[21~25] 다음 [보기]를 보고 제시된 문자가 알맞게 치환되었는지 판단하시오.

보기				
알 = ア	돌 = キ	말 = ク	랄 = カ	헐 = オ
풀 = ウ	욜 = ㅐ	설 = シ	벌 = ネ	촐 = ル

21	풀 설 알 벌 - ウ シ ア ネ	① 맞음	② 틀림
22	말 욜 헐 설 - ク ㅐ オ ア	① 맞음	② 틀림
23	벌 돌 랄 촐 - ネ キ カ ル	① 맞음	② 틀림
24	헐 욜 촐 알 - オ ㅐ ル シ	① 맞음	② 틀림
25	설 돌 랄 풀 - シ キ カ ウ	① 맞음	② 틀림

[26~30] 왼쪽의 숫자, 문자, 기호가 옆의 [보기]에서 몇 번 제시되는지 고르시오.

		보기	①	②	③	④
26	ㄱ	국군은 국가의 안전보장과 국토방위의 신성한 의무를 수행함을 사명으로 한다.	7	8	9	10
27	←	↑↓←↓↙↗↘↗↙↖↓↑→←↙→↑↖→↓↑↙↖ ↖←↓↑→←↑↓←→→↑↓↖←↓↗↙	7	8	9	10
28	Q	ASQRGQBMKIQQLILEQTQFPUEDSQNMOPQA	5	6	7	8
29	ㅇ	동해물과 백두산이 마르고 닳도록 하느님이 보우하사 우리나라 만세 무궁화 삼천리 화려강산	4	5	6	7
30	3	10203040503607080903101112131415163812	5	6	7	8

3회

점수 = 맞힌 개수 - 틀린 개수
- 상: 21점 이상
- 중상: 18~20점
- 중: 15~17점
- 하: 14점 이하

30문항 / 3분

[01~05] 다음 [보기]를 보고 제시된 문자가 알맞게 치환되었는지 판단하시오.

보기

| 강아지 = wie | 호랑이 = ang | 뱀 = jar | 기린 = bir | 말 = kor |
| 고양이 = bcd | 토끼 = hir | 사자 = qjs | 코끼리 = sfb | 돼지 = mxz |

01	토끼 사자 기린 강아지 - hir qjs bir wie	① 맞음	② 틀림
02	호랑이 말 고양이 코끼리 - ang kor bcd sfb	① 맞음	② 틀림
03	돼지 뱀 기린 고양이 - mxz jar bir hir	① 맞음	② 틀림
04	사자 강아지 말 뱀 - qjs wie mxz jar	① 맞음	② 틀림
05	말 고양이 코끼리 호랑이 - kor bcd sfb ang	① 맞음	② 틀림

[06~10] 다음 [보기]를 보고 제시된 문자가 알맞게 치환되었는지 판단하시오.

보기

| (代) = BB | (有) = MM | (小) = GG | (自) = TT | (協) = OO |
| (水) = SS | (二) = DD | (勞) = XX | (四) = YY | (十) = AA |

06	(二) (協) (代) (四) - DD OO BB YY	① 맞음	② 틀림
07	(十) (水) (自) (勞) - AA SS TT XX	① 맞음	② 틀림
08	(四) (有) (協) (水) - YY MM OO SS	① 맞음	② 틀림
09	(小) (代) (四) (二) - GG BB YY DD	① 맞음	② 틀림
10	(自) (水) (四) (二) - TT SS YY XX	① 맞음	② 틀림

[11~15] 다음 [보기]를 보고 제시된 문자가 알맞게 치환되었는지 판단하시오.

보기

| 260 = ■ | 501 = ♤ | 792 = ◀ | 130 = ▧ | 872 = ♣ |
| 349 = ◆ | 482 = ♧ | 007 = ♠ | 675 = ◉ | 940 = ♡ |

11	260 007 130 349 - ■ ♠ ▧ ♧	① 맞음	② 틀림
12	482 872 349 940 - ♧ ♣ ◆ ♡	① 맞음	② 틀림
13	675 501 007 349 - ◉ ♤ ♠ ◆	① 맞음	② 틀림
14	792 675 260 872 - ◀ ◉ ■ ♠	① 맞음	② 틀림
15	940 501 130 349 - ♡ ◀ ▧ ◆	① 맞음	② 틀림

[16~20] 다음 [보기]를 보고 제시된 문자가 알맞게 치환되었는지 판단하시오.

보기

| ↗ = № | ↔ = ㎘ | ↓ = ㎠ | ↘ = ㎏ | ⇌ = cal |
| ⇛ = ㎽ | ∪ = ℓ | ∟ = a.m. | ↑ = ㎜² | ↕ = ㎧² |

16	∪ ↘ ⇛ ∟ - ℓ ㎏ ㎽ a.m.	① 맞음	② 틀림
17	↕ ∪ ⇌ ↗ - ㎧² ℓ cal №	① 맞음	② 틀림
18	↓ ↗ ⇌ ∟ - ㎠ № cal a.m.	① 맞음	② 틀림
19	↘ ↓ ↑ ⇛ - ㎏ ㎠ ㎧² ㎽	① 맞음	② 틀림
20	⇌ ∪ ↕ ↓ - cal ℓ ㎧² ㎠	① 맞음	② 틀림

[21~25] 다음 [보기]를 보고 제시된 문자가 알맞게 치환되었는지 판단하시오.

> **보기**
>
> AS = ZA   DF = XS   GH = CD   JK = VF   ZX = BG
> CV = NH   BN = MJ   OP = LO   YU = KI   RT = JU

21	AS DF YU JK - ZA XS KI VF	① 맞음	② 틀림
22	GH OP ZX BN - CD LO BG MJ	① 맞음	② 틀림
23	RT CV GH YU - JU NH ZA KI	① 맞음	② 틀림
24	DF AS JK ZX - XS ZA VF BG	① 맞음	② 틀림
25	GH BN OP CV - CD MJ LO JU	① 맞음	② 틀림

[26~30] 왼쪽의 숫자, 문자, 기호가 [보기]에서 몇 번 제시되는지 고르시오.

		보기	①	②	③	④
26	カ	あべねごゑカヅずでべごゑカでべねでべカねごゑでカべねカごゑでべ	2	3	4	5
27	33	3315645231345313513133331315431333138313335 3230333584133215853358132333581564515834432 34582151465	6	7	8	9
28	ㅎ	장교는 전투부대를 지휘하거나 직접 그 지휘를 보좌하는 전투병과 장교와 기술적으로나 행정적으로 지휘관을 보좌하는 행정장교로 구분된다	5	6	7	8
29	【	【■◎≡★】※♂※【★≡♂♀【■※■≡≡◆】♀◆【★≡♂※§≡♂【≒】】】【★≡◆≡∠♀♂※≡【★♀■※≡★≡★】◎	6	7	8	9
30	E	DEGHIEJACJEKCJOEPRQVETSBCEJCEJRQEGHD	6	7	8	9

4회 점

점수 = 맞힌 개수 − 틀린 개수
- 상: 21점 이상
- 중상: 18~20점
- 중: 15~17점
- 하: 14점 이하

30문항 / 3분

[01~05] 다음 [보기]를 보고 제시된 문자가 알맞게 치환되었는지 판단하시오.

보기

aa = 기억   ⊠ = 웃음   ∇ = 슬픔   ⇨ = 환희   Φ = 절망
⊥ = 기쁨   ⌛ = 우울   ❋ = 극복   ♯ = 떨림   ⨅ = 기대

01	⊥ ❋ ⨅ aa − 기쁨 극복 기대 기억	① 맞음	② 틀림
02	∇ Φ ❋ ⊠ − 슬픔 절망 극복 웃음	① 맞음	② 틀림
03	aa ♯ ∇ ⨅ − 기억 떨림 슬픔 기억	① 맞음	② 틀림
04	♯ ⇨ ⊥ Φ − 떨림 기대 기쁨 절망	① 맞음	② 틀림
05	Φ aa ⇨ ⌛ − 절망 기억 환희 웃음	① 맞음	② 틀림

[06~10] 다음 [보기]를 보고 제시된 문자가 알맞게 치환되었는지 판단하시오.

보기

0 = ←   1 = →   2 = ↑   3 = ↓   4 = ⇐
5 = ⇑   6 = ☉   7 = ↰   8 = ⚓   9 = ⚒

06	9 5 1 3 − ⚒ ↑ → ↓	① 맞음	② 틀림
07	0 7 4 6 − ← ↰ ⇐ →	① 맞음	② 틀림
08	9 2 8 6 − ⚒ ↑ ⚓ ⇑	① 맞음	② 틀림
09	3 9 0 4 − ↓ ⚒ ← ⇐	① 맞음	② 틀림
10	5 4 6 7 − ⇑ ⇐ ☉ ↰	① 맞음	② 틀림

[11~15] 다음 [보기]를 보고 제시된 문자가 알맞게 치환되었는지 판단하시오.

보기

| dTa = 학 | sRa = 핥 | jWa = 핼 | qRa = 헛 | uDa = 현 |
| tHa = 훑 | fQa = 홧 | vCa = 혼 | nXa = 훙 | mGa = 흽 |

11	uDa fQa nXa dTa - 현 홧 훙 학	① 맞음	② 틀림
12	fQa qRa tHa mGa - 홧 헛 훑 핼	① 맞음	② 틀림
13	dTa sRa mGa jWa - 학 핥 흽 핼	① 맞음	② 틀림
14	nXa fQa uDa vCa - 훙 홧 현 훙	① 맞음	② 틀림
15	sRa mGa tHa nXa - 핥 흽 훑 훙	① 맞음	② 틀림

[16~20] 다음 [보기]를 보고 제시된 문자가 알맞게 치환되었는지 판단하시오.

보기

| 사자 = 佳 | 기린 = 可 | 토끼 = 各 | 강아지 = 奸 | 돼지 = 艮 |
| 고양이 = 甘 | 오리 = 匣 | 코끼리 = 崗 | 하마 = 江 | 원숭이 = 介 |

16	오리 강아지 고양이 돼지 - 匣 奸 甘 艮	① 맞음	② 틀림
17	코끼리 기린 원숭이 사자 - 崗 可 介 佳	① 맞음	② 틀림
18	사자 하마 오리 강아지 - 佳 江 匣 奸	① 맞음	② 틀림
19	하마 토끼 원숭이 오리 - 江 各 介 匣	① 맞음	② 틀림
20	강아지 기린 돼지 고양이 - 奸 可 艮 甘	① 맞음	② 틀림

[21~25] 다음 [보기]를 보고 제시된 문자가 알맞게 치환되었는지 판단하시오.

보기

※ = ☽   ☆ = ✂   ❀ = 🔔   ♦ = 🖥   ✹ = 💻
🐚 = ⌛   ♱ = 🖱   ✧ = ✉   ❄ = ✏   ♥ = 📄

21	♱ ※ ♥ ※ - 🖱 ✏ 📄 ✂	① 맞음	② 틀림
22	✹ 🐚 ♦ ※ - 💻 ⌛ 🖥 ✏	① 맞음	② 틀림
23	※ ✧ ♥ ♱ - ✏ ✉ 📄 🖱	① 맞음	② 틀림
24	♥ ※ ♦ 🐚 - 📄 ☽ 🖥 🖱	① 맞음	② 틀림
25	✧ ☆ ✹ ♱ - ✉ ✂ 💻 🖱	① 맞음	② 틀림

[26~30] 왼쪽의 숫자, 문자, 기호가 옆의 [보기]에서 몇 번 제시되는지 고르시오.

		보기	①	②	③	④
26	24	07246985244102413562410478512406715150241347807248936	5	6	7	8
27	キ	ヰキバグツクカキグトスズヶキキンヰバキグゲヨツゲグ＝ツウォカキグゲ	6	7	8	9
28	ㄹ	배움은 우연히 얻어지는 것이 아니라 열성을 다해 갈구하고 부지런히 집중해야 얻을 수 있는 것이다.	5	6	7	8
29	(w)	(i)(a)(w)(d)(z)(b)(y)(e)(w)(f)(v)(g)(s)(w)(h)(p)(m)(n)(j)(k)(e)(o)(w)(c)(p)(f)(v)(i)(w)(a)(m)(n)(b)(y)	3	4	5	6
30	☽	◉☽◆◐◐●◆◐◆◐◉●◐◆●◐◐●◆◐◐◉●◐◆◆◐◆◐◉	4	5	6	7

5회

점수 = 맞힌 개수 − 틀린 개수
- 상: 21점 이상
- 중상: 18~20점
- 중: 15~17점
- 하: 14점 이하

30문항 / 3분

[01~05] 다음 [보기]를 보고 제시된 문자가 알맞게 치환되었는지 판단하시오.

보기

Ⓜ = ─	Ⓩ = ═	Ⓠ = ≡	Ⓑ = ≣	Ⓣ = ≡≡
Ⓐ = ∥	Ⓤ = ≫	Ⓔ = ≧	Ⓗ = ≪	Ⓙ = ≻

01	Ⓔ Ⓗ Ⓜ Ⓙ - ≧ ≪ ─ ═	① 맞음	② 틀림
02	Ⓙ Ⓣ Ⓤ Ⓗ - ≻ ≡≡ ≫ ≪	① 맞음	② 틀림
03	Ⓤ Ⓑ Ⓐ Ⓗ - ≫ ≣ ∥ ≪	① 맞음	② 틀림
04	Ⓔ Ⓩ Ⓙ Ⓐ - ≧ ═ ≻ ∥	① 맞음	② 틀림
05	Ⓣ Ⓐ Ⓠ Ⓤ - ≡≡ ∥ ≡ ≫	① 맞음	② 틀림

[06~10] 다음 [보기]를 보고 제시된 문자가 알맞게 치환되었는지 판단하시오.

보기

♂ = a8w	∞ = q0y	℃ = p1k	£ = f4s	≒ = c7a
※ = z3h	÷ = k5n	¥ = e8w	§ = s7g	± = w2t

06	£ ※ § ± - f4s z3h s7g w2t	① 맞음	② 틀림
07	§ ÷ ± ♂ - s7g k5n w2t a8w	① 맞음	② 틀림
08	≒ ※ ± ℃ - c7a z3h w2t e8w	① 맞음	② 틀림
09	£ ∞ ± ♂ - s7g q0y w2t a8w	① 맞음	② 틀림
10	¥ ≒ ∞ ♂ - e8w c7a p1k a8w	① 맞음	② 틀림

[11~15] 다음 [보기]를 보고 제시된 문자가 알맞게 치환되었는지 판단하시오.

보기

455 = 특	100 = 월	264 = 갑	675 = 전	910 = 예
349 = 변	502 = 끝	471 = 속	704 = 복	860 = 동

11	264 349 704 455 - 갑 변 복 특	① 맞음	② 틀림
12	910 502 675 100 - 예 끝 복 월	① 맞음	② 틀림
13	704 100 675 349 - 복 월 전 예	① 맞음	② 틀림
14	860 471 675 455 - 동 속 전 특	① 맞음	② 틀림
15	471 910 349 860 - 속 예 변 동	① 맞음	② 틀림

[16~20] 다음 [보기]를 보고 제시된 문자가 알맞게 치환되었는지 판단하시오.

보기

◆ = ↑	◐ = →	◆ = ↧	● = ↧	■ = ↦
◆ = ▷	◣ = ◁	◣ = ↑	◆ = ▶	◎ = ↘

16	◐ ◣ ◎ ◐ - ↧ ↑ ↘ ↧	① 맞음	② 틀림
17	◣ ◐ ◆ ◐ - ↑ → ▶ →	① 맞음	② 틀림
18	◆ ◆ ◣ ◐ - ↧ ▶ ◁ ↧	① 맞음	② 틀림
19	■ ◆ ◆ ◣ - ↦ ▷ ▶ ↑	① 맞음	② 틀림
20	◆ ◐ ◣ ◎ - ↧ → ↧ ↘	① 맞음	② 틀림

[21~25] 다음 [보기]를 보고 제시된 문자가 알맞게 치환되었는지 판단하시오.

> **보기**
>
> (1)(10) = 11   (11)(2) = 13   (12)(3) = 15   (5)(14) = 19   (4)(13) = 17
> (6)(15) = 21   (9)(1) = 10   (6)(8) = 14   (14)(4) = 18   (11)(13) = 24

21	(1)(10) (11)(13) (4)(13) (14)(4) - 11 24 17 18	① 맞음	② 틀림
22	(9)(1) (5)(14) (12)(3) (11)(2) - 10 19 15 13	① 맞음	② 틀림
23	(12)(3) (6)(8) (1)(10) (5)(14) - 15 14 10 19	① 맞음	② 틀림
24	(14)(4) (11)(2) (6)(15) (11)(13) - 18 13 21 24	① 맞음	② 틀림
25	(4)(13) (6)(15) (6)(8) (9)(1) - 17 21 14 11	① 맞음	② 틀림

[26~30] 왼쪽의 숫자, 문자, 기호가 [보기]에서 몇 번 제시되는지 고르시오.

		보기	①	②	③	④
26	㉗	㈜㉗♡▫♣®Ⅲ◁▫㉗◇○☆㈜▫Ⅲ㉗◁♣®▫♣®㉗Ⅲ◁Ⅲ▫Ⅲ㉗㉗◁♣㈜♡	5	6	7	8
27	⊠	⇧⊠▲⚐⊠⇦⊽⊋⇩⊠⊽⊃⇐⇧⚐⊠⊽⇦⬈⬅⬇⊠⊽⇱⚐⊠⇲⇘⊽⊠⊽⊃⊠⬅	5	6	7	8
28	오	자존심은 오전에는 풍요, 오후에는 가난, 밤에는 악명과 함께 한다	10	11	12	13
29	e	Great hopes make great men	4	5	6	7
30	4	8963431544313584731354321343663413134314584 31321658434235415431543	13	14	15	16

6회

점수 = 맞힌 개수 − 틀린 개수
- 상: 21점 이상
- 중상: 18~20점
- 중: 15~17점
- 하: 14점 이하

30문항 / 3분

[01~05] 다음 [보기]를 보고 제시된 문자가 알맞게 치환되었는지 판단하시오.

보기

| Light = ⇌ | Major = ↕ | Naval = ↳ | Orbit = ⇔ | Press = ⇕ |
| Radal = ⤳ | Short = ⇧ | Target = ⬌ | Unit = ⬇ | Vice = ▷ |

01	Orbit Short Press Light - ⇔ ⇧ ⇕ ⇌	① 맞음	② 틀림
02	Vice Naval Radal Orbit - ▷ ↳ ⤳ ⇕	① 맞음	② 틀림
03	Target Press Light Naval - ⬌ ⇕ ⇌ ↳	① 맞음	② 틀림
04	Radal Unit Major Vice - ⤳ ⬇ ↕ ▷	① 맞음	② 틀림
05	Major Unit Short Orbit - ↕ ⬇ ⇧ ⇔	① 맞음	② 틀림

[06~10] 다음 [보기]를 보고 제시된 문자가 알맞게 치환되었는지 판단하시오.

보기

| cal = 관 | kcal = 글 | pF = 범 | nF = 예 |
| mg = 참 | Hz = 표 | km = 접 | pV = 약 |

06	cal kcal nF km - 관 글 예 접	① 맞음	② 틀림
07	pV mg km Hz - 약 참 접 표	① 맞음	② 틀림
08	nF cal pF mg - 예 관 범 참	① 맞음	② 틀림
09	pF kcal pV nF - 범 참 약 예	① 맞음	② 틀림
10	km pF Hz pV - 접 범 표 약	① 맞음	② 틀림

[11~15] 다음 [보기]를 보고 제시된 문자가 알맞게 치환되었는지 판단하시오.

보기

| cover = ≪ | claim = ∈ | cause = ⊇ | check = ≫ | chief = ∋ |
| carry = ⊆ | catch = ∪ | crack = ⊂ | count = ⊃ | clean = ∩ |

번호	문제	정답
11	catch chief cover crack - ∪ ∋ ≪ ⊂	① 맞음
12	count carry cause claim - ⊃ ⊆ ⊇ ∈	① 맞음
13	clean cause chief catch - ∩ ⊃ ∋ ∪	② 틀림
14	check cover carry count - ≫ ≪ ∪ ⊃	② 틀림
15	crack claim check clean - ⊂ ∈ ≫ ∩	① 맞음

[16~20] 다음 [보기]를 보고 제시된 문자가 알맞게 치환되었는지 판단하시오.

보기

| 귤 = 19 | 딸기 = 14 | 체리 = 12 | 사과 = 15 |
| 유자 = 71 | 석류 = 41 | 키위 = 16 | 배 = 18 |

번호	문제	정답
16	귤 키위 딸기 배 - 19 16 14 18	① 맞음
17	체리 유자 사과 석류 - 12 71 15 16	② 틀림
18	사과 석류 귤 유자 - 15 41 19 41	② 틀림
19	키위 배 석류 딸기 - 16 18 71 14	② 틀림
20	딸기 귤 사과 체리 - 14 19 15 18	② 틀림

[21~25] 다음 [보기]를 보고 제시된 문자가 알맞게 치환되었는지 판단하시오.

보기

| ㅁㄴ = ☀ | ㅂㅈ = ☺ | ㅅㄱ = ☂ | ㅎㅇ = △ | ㄴㅎ = ♋ |
| ㅋㅊ = ☆ | ㄱㄹ = ☉ | ㅍㄴ = ☢ | ㅈㅅ = ☻ | ㄷㅂ = ♆ |

21	ㅅㄱ ㅋㅊ ㅈㅅ ㄴㅎ - ☂ ☆ ☻ ♋	① 맞음	② 틀림
22	ㄷㅂ ㅂㅈ ㅍㄴ ㅎㅇ - ♆ ☺ ☢ ♋	① 맞음	② 틀림
23	ㅍㄴ ㅋㅊ ㅎㅇ ㄱㄹ - ☢ ☆ △ ☉	① 맞음	② 틀림
24	ㅈㅅ ㄱㄹ ㄷㅂ ㅋㅊ - ☻ ☉ ♆ ☆	① 맞음	② 틀림
25	ㅎㅇ ㅂㅈ ㅋㅊ ㄴㅎ - △ ☺ ☆ ♋	① 맞음	② 틀림

[26~30] 왼쪽의 숫자, 문자, 기호가 옆의 [보기]에서 몇 번 제시되는지 표시하시오.

		보기	①	②	③	④
26	◨	◨◤◥◨◧◩◨◤◥◨◨◧◩◨◤◥◨◥◧◩◨◤◥◨	5	6	7	8
27	ㅎ	교육이 한 인간을 양성하기 시작할 때의 방향이 훗날 그의 삶을 결정할 것이다.	3	4	5	6
28	ズ	グゲテズツクト スズズペカキグゲテズゴデサュギン ヰバゲズヨラ	4	5	6	7
29	⑩	⑭⑩⑪⑳⑫⑬⑩⑮⑳⑯⑭⑪⑬⑩⑮⑳⑫⑩⑯⑰⑬⑮⑳⑩⑲⑱⑩⑬⑮	6	7	8	9
30	e	The only thing we have to fear itself	5	6	7	8

7회

점수 = 맞힌 개수 − 틀린 개수
- 상: 21점 이상
- 중상: 18~20점
- 중: 15~17점
- 하: 14점 이하

30문항 / 3분

정답과 해설 ▶ P.17

[01~05] 다음 [보기]를 보고 제시된 문자가 알맞게 치환되었는지 판단하시오.

보기

1@ = 곪	5* = 겐	2) = 넓	9! = 댜	5+ = 빨
6~ = 얍	3, = 줌	7^ = 퀭	0% = 팻	4$ = 흉

01	7^ 5+ 1@ 0% - 퀭 빨 곪 팻	① 맞음	② 틀림
02	1@ 2) 6~ 4$ - 곪 넓 얍 흉	① 맞음	② 틀림
03	9! 3, 5+ 2) - 댜 줌 빨 넓	① 맞음	② 틀림
04	4$ 2) 6~ 7^ - 흉 넓 얍 팻	① 맞음	② 틀림
05	0% 9! 5* 1@ - 팻 댜 겐 곪	① 맞음	② 틀림

[06~10] 다음 [보기]를 보고 제시된 문자가 알맞게 치환되었는지 판단하시오.

보기

qw = ɢ	uy = ɐ	kd = ʄ	bd = ɵ	ve = ɣ
xt = ɡ	zo = Œ	ph = ɰ	cq = ʧ	jg = Ɵ

06	qw jg ve zo - ɢ Ɵ ɣ Œ	① 맞음	② 틀림
07	zo ph cq xt - Œ ɰ ʧ ɡ	① 맞음	② 틀림
08	kd xt cq ve - ʄ ɡ ʧ ɣ	① 맞음	② 틀림
09	jg qw ph xt - Ɵ ɢ ʧ ɡ	① 맞음	② 틀림
10	ve cq uy zo - ɣ ʧ ɐ ɰ	① 맞음	② 틀림

[11~15] 다음 [보기]를 보고 제시된 문자가 알맞게 치환되었는지 판단하시오.

> **보기**
>
> 광주 = AS5e   대구 = WS3e   경기 = US1e   서울 = TS7e   제주 = BS8e
> 대전 = MS6e   부산 = VS9e   전주 = ZS0e   세종 = HS2e   울산 = OS4e

11	부산 세종 울산 전주 - VS9e HS2e OS4e US1e	① 맞음	② 틀림
12	서울 광주 세종 대구 - TS7e AS5e BS8e WS3e	① 맞음	② 틀림
13	제주 부산 서울 울산 - BS8e VS9e TS7e OS4e	① 맞음	② 틀림
14	전주 대전 서울 울산 - ZS0e MS6e TS7e OS4e	① 맞음	② 틀림
15	경기 광주 부산 제주 - US1e AS5e VS9e BS8e	① 맞음	② 틀림

[16~20] 다음 [보기]를 보고 제시된 문자가 알맞게 치환되었는지 판단하시오.

> **보기**
>
> 巳 = 20.   幺 = 11.   父 = 4.   鼠 = 8.   齒 = 17.
> 儿 = 15.   土 = 2.   寸 = 7.   弓 = 14.   彡 = 1.

16	齒 巳 寸 幺 - 17. 20. 7. 11.	① 맞음	② 틀림
17	弓 彡 幺 儿 - 14. 1. 11. 15.	① 맞음	② 틀림
18	父 鼠 土 巳 - 4. 8. 7. 20.	① 맞음	② 틀림
19	彡 寸 儿 齒 - 1. 7. 15. 17.	① 맞음	② 틀림
20	鼠 巳 弓 幺 - 8. 20. 14. 11.	① 맞음	② 틀림

[21~25] 다음 [보기]를 보고 제시된 문자가 알맞게 치환되었는지 판단하시오.

21	📂 ▭ 🔒 ⌨ - 📄 💾 ⚑ 🖱	① 맞음	② 틀림
22	🖱 📱 ✒ ▭ - 💻 ⏳ ⚑ ⏰	① 맞음	② 틀림
23	🔒 ⌨ 📱 📄 - ⏰ 💻 📂 ⏳	① 맞음	② 틀림
24	✒ 🔒 📱 📂 - ⚑ ⏰ 📄 📄	① 맞음	② 틀림
25	⌨ ▭ 📂 📱 - 🖱 💾 📄 📄	① 맞음	② 틀림

[26~30] 왼쪽의 숫자, 문자, 기호가 [보기]에서 몇 번 제시되는지 고르시오.

		보기	①	②	③	④
26	★	☆★☆☆★☆★☆★☆★☆★☆★☆★★☆★☆★★☆ ☆★☆★☆★☆★★☆☆	11	12	13	14
27	✠	✠✞✣✠✞✠✠✠✞✠✣✞✡✠✣✠✞✠✠✞✣✠✠ ✠✠✞✣✣✠✠✠✣✠✠✠✞✣✞✡	7	8	9	10
28	o	Forgiveness is almost a selfish act because of its immense benefits to the one who forgives	5	6	7	8
29	ㅈ	적을 기만하기 위하여 조작된 정보자료 또는 실제로는 존재하지 않는 허위정보자료	10	11	12	13
30	i	i'm too busy acting like i'm not naive. i've seen it all, i was here first	7	8	9	10

8회 점

점수 = 맞힌 개수 − 틀린 개수
- 상: 21점 이상
- 중상: 18~20점
- 중: 15~17점
- 하: 14점 이하

30문항 / 3분

[01~05] 다음 [보기]를 보고 제시된 문자가 알맞게 치환되었는지 판단하시오.

보기

| (a) = 얼굴 | (f) = 마음 | (v) = 호수 | (w) = 구름 |
| (z) = 저녁 | (y) = 달 | (n) = 꽃 | (k) = 바람 |

01	(n) (v) (z) (a) - 꽃 호수 저녁 얼굴	① 맞음	② 틀림
02	(w) (k) (f) (v) - 구름 바람 마음 호수	① 맞음	② 틀림
03	(y) (z) (w) (k) - 달 저녁 구름 바람	① 맞음	② 틀림
04	(f) (y) (v) (w) - 마음 달 호수 바람	① 맞음	② 틀림
05	(z) (a) (f) (k) - 저녁 꽃 마음 바람	① 맞음	② 틀림

[06~10] 다음 [보기]를 보고 제시된 문자가 알맞게 치환되었는지 판단하시오.

보기

| 可 = 𝄞𝄞 | 刊 = 𝄢𝄢 | 奸 = ♪♪ | 呵 = ♫♫ |
| 柬 = ♩♩ | 甘 = ♪♪ | 侃 = ♭♭ | 坎 = ♯♯ |

06	坎 甘 呵 侃 - ♯♯ ♪♪ ♫♫ ♭♭	① 맞음	② 틀림
07	柬 刊 甘 坎 - ♩♩ 𝄢𝄢 ♪♪ ♭♭	① 맞음	② 틀림
08	可 刊 奸 柬 - 𝄞𝄞 𝄢𝄢 ♪♪ ♩♩	① 맞음	② 틀림
09	呵 刊 柬 坎 - ♫♫ ♪♪ ♩♩ ♯♯	① 맞음	② 틀림
10	甘 奸 呵 可 - ♪♪ ♪♪ ♫♫ 𝄞𝄞	① 맞음	② 틀림

[11~15] 다음 [보기]를 보고 제시된 문자가 알맞게 치환되었는지 판단하시오.

보기

joy = ㄓ	fox = ㄱ	her = ㄴ	kid = ㄥ
our = ㅏ	run = ㅓ	cap = ㅗ	boy = ㅜ

11	our run fox boy - ㅏ ㅓ ㅗ ㅜ	① 맞음	② 틀림
12	joy kid boy fox - ㄓ ㄥ ㅜ ㄱ	① 맞음	② 틀림
13	our her cap boy - ㅏ ㄴ ㅗ ㄥ	① 맞음	② 틀림
14	run boy her joy - ㅓ ㅜ ㄴ ㄓ	① 맞음	② 틀림
15	boy cap run our - ㅜ ㄱ ㅓ ㅏ	① 맞음	② 틀림

[16~20] 다음 [보기]를 보고 제시된 문자가 알맞게 치환되었는지 판단하시오.

보기

■ = 5!7L	☽ = 1$2B	▷ = 6#9J	♧ = 3*2H	♥ = 2$5N
◎ = 8&2F	◀ = 0%1G	☾ = 7!4R	♡ = 4^7V	♣ = 9#4C

16	♡ ◎ ☽ ♥ - 4^7V 8&2F 1$2B 2$5N	① 맞음	② 틀림
17	◀ ♣ ▷ ☽ - 0%1G 3*2H 4^7V 7!4R	① 맞음	② 틀림
18	♥ ■ ♡ ◎ - 2$5N 5!7L 4^7V 8&2F	① 맞음	② 틀림
19	☾ ■ ♣ ▷ - 7!4R 5!7L 9#4C 3*2H	① 맞음	② 틀림
20	♣ ☽ ♧ ◀ - 9#4C 7!4R 3*2H 0%1G	① 맞음	② 틀림

[21~25] 다음 [보기]를 보고 제시된 문자가 알맞게 치환되었는지 판단하시오.

보기
♫ = ✕   ♩ = ∧   ♪ = ⋩   # = θ   𝄞 = ʮ
♪ = ⌇   ≡ = ○   " = ⁄   ♮ = ∥∥   ♭ = ⌐

21	♪ ♩ ♮ 𝄞 - ⌇ ⋩ ∥∥ ʮ	① 맞음	② 틀림
22	♫ ♩ ♮ ♪ - ✕ ∧ ∥∥ ○	① 맞음	② 틀림
23	𝄞 " ♩ ♭ - ʮ ⁄ ⋩ ⌐	① 맞음	② 틀림
24	♩ # ♫ ♭ - ∧ θ ✕ ⌐	① 맞음	② 틀림
25	♩ 𝄞 ≡ " - ⋩ ʮ ∧ ⁄	① 맞음	② 틀림

[26~30] 쪽의 숫자, 문자, 기호가 옆의 [보기]에서 몇 번 제시되는지 고르시오.

		보기	①	②	③	④
26	악	앗앞아악앝앟악악앝앞앗악악앋압앗악악앝앟악앞암악앝앞안앗악앋압앗	3	4	5	6
27	t	twinkle twinkle little star how I wonder what you are	5	6	7	8
28	ず	ねなずさぼろやずねなずさぼろやさぼろねなずさぼろやぼろや	4	5	6	7
29	ㅇ	아름다운 이 땅에 금수강산에 단군할아버지가 터 잡으시고	6	7	8	9
30	9	0204095060708090405060930102090807050102906 00012	3	4	5	6

9회

점수 = 맞힌 개수 − 틀린 개수
- 상: 21점 이상
- 중상: 18~20점
- 중: 15~17점
- 하: 14점 이하

30문항 / 3분

점

[01~05] 다음 [보기]를 보고 제시된 문자가 알맞게 치환되었는지 판단하시오.

> **보기**
>
> 5 = 🕮 7 = ☑☑ 8 = 🗔 9 = 🗔🗔 0 = 🗔🗔
> 1 = 🗔🗔 3 = ⊠ 2 = ⬜⬜ 4 = ▦ 6 = 🗔🗔

01	3 4 5 0 - ⊠ ▦ 🕮 🗔🗔	① 맞음	② 틀림
02	4 1 8 6 - ▦ 🗔🗔 🗔 🗔🗔	① 맞음	② 틀림
03	8 7 4 1 - 🗔 ☑☑ ▦ 🗔🗔	① 맞음	② 틀림
04	0 5 6 3 - 🗔🗔 🕮 🗔🗔 ⊠	① 맞음	② 틀림
05	9 5 4 7 - 🗔🗔 🕮 🗔 ☑☑	① 맞음	② 틀림

[06~10] 다음 [보기]를 보고 제시된 문자가 알맞게 치환되었는지 판단하시오.

> **보기**
>
> 하늘 = ⓤ 바다 = ⓢ 구름 = ⓩ 비 = ⓕ 땅 = ⓑ
> 산 = ⓞ 별 = ⓐ 계곡 = ⓟ 달 = ⓧ 호수 = ⓦ

06	바다 산 달 구름 - ⓢ ⓞ ⓧ ⓩ	① 맞음	② 틀림
07	호수 바다 땅 별 - ⓕ ⓢ ⓑ ⓐ	① 맞음	② 틀림
08	비 별 호수 하늘 - ⓕ ⓐ ⓦ ⓤ	① 맞음	② 틀림
09	달 산 계곡 땅 - ⓧ ⓞ ⓟ ⓑ	① 맞음	② 틀림
10	계곡 바다 땅 별 - ⓟ ⓢ ⓑ ⓐ	① 맞음	② 틀림

[11~15] 다음 [보기]를 보고 제시된 문자가 알맞게 치환되었는지 판단하시오.

> **보기**
> UIO = 123　　QWE = 234　　XSW = 345　　VAE = 456　　POI = 567
> JHG = 678　　NBV = 789　　ASD = 890　　CDF = 901　　KJH = 012

11	KJH QWE CDF UIO - 012 234 901 789	① 맞음	② 틀림
12	VAE QWE ASD POI - 456 234 890 012	① 맞음	② 틀림
13	QWE JHG XSW CDF - 234 678 345 901	① 맞음	② 틀림
14	POI XSW VAE JHG - 567 345 456 678	① 맞음	② 틀림
15	JHG UIO XSW POI - 678 123 345 567	① 맞음	② 틀림

[16~20] 다음 [보기]를 보고 제시된 문자가 알맞게 치환되었는지 판단하시오.

> **보기**
> ㄲ = 경찰　　ㅍ = 군인　　ㄹ = 교사　　ㅛ = 의사　　ㄱ = 가수
> ㄹ = 판사　　ㅎ = 간호사　　ㄷ = 화가　　ㅅ = 소방관　　ㅎ = 탐험가

16	ㄷㄲㅅㄱ - 화가 경찰 소방관 가수	① 맞음	② 틀림
17	ㅎㅍㅛㄹ - 탐험가 군인 의사 판사	① 맞음	② 틀림
18	ㅅㅎㅛㄱ - 소방관 간호사 의사 가수	① 맞음	② 틀림
19	ㄹㅎㄲㄷ - 교사 탐험가 경찰 화가	① 맞음	② 틀림
20	ㅛㄹㅅㄱ - 의사 판사 소방관 교사	① 맞음	② 틀림

[21~25] 다음 [보기]를 보고 제시된 문자가 알맞게 치환되었는지 판단하시오.

> **보기**
>
> ♉♊ = 1   ♌♍ = 2   ♏♐ = 3   ♒♓ = 4
> ♎♑ = 5   ♋✓ = 6   ♎♑ = 7   ♈♈ = 8

21	♉♊ ♋✓ ♏♐ ♈♈ - 1 6 4 8	① 맞음	② 틀림
22	♎♑ ♋✓ ♏♐ ♒♓ - 5 6 3 4	① 맞음	② 틀림
23	♈♈ ♎♑ ♌♍ ♉♊ - 8 7 2 1	① 맞음	② 틀림
24	♎♑ ♌♍ ♎♑ ♒♓ - 5 2 7 4	① 맞음	② 틀림
25	♏♐ ♈♈ ♌♍ ♎♑ - 3 8 6 5	① 맞음	② 틀림

[26~30] 왼쪽의 숫자, 문자, 기호가 [보기]에서 몇 번 제시되는지 고르시오.

		보기	①	②	③	④
26	Ƀ	႘ℨẆ₩ℨѠŁℶℬƐƱႽ₩ℬ≺ᴍƁƁℨ०Ł ℬ₩ℨ०≺ᴍℨ०≺₩ℨ०Ʊ०ƱƁ≺ᴍ	5	6	7	8
27	부	명문부미범문변범변문변범부보문미범북문부부보부북보말미범목문반문목문반부보범문반문변	4	5	6	7
28	ㅎ	목로하노하애라우하이나오후아루아르하이허이니지아러햐피어재호려더나햐혀하뱌여	10	11	12	13
29	✡	∽♋∘✡♯♌♯✡♯✡□◿♯⊔⊨♯✡♋∘♋∘✡□◿∘✦□◿♯⊔⊨♯♌♯✡♯✡♋♯✡∘∘♯⊔	8	9	10	11
30	ㄹ	공들여 가꾸지 않고 버려 둔 곡식이 잘 되는 일이 없듯이 사람을 바르게 잘 이끌어야 한다	6	7	8	9

10회

점수 = 맞힌 개수 − 틀린 개수
- **상**: 21점 이상
- **중상**: 18~20점
- **중**: 15~17점
- **하**: 14점 이하

30문항 / 3분

[01~05] 다음 [보기]를 보고 제시된 문자가 알맞게 치환되었는지 판단하시오.

> **보기**
>
> 침투 = ∈   무장 = ⊆   훈련 = ⊂   경계 = ⊃
> 계획 = ∪   태세 = ∩   방위 = ∧   차단 = ∨

01	계획 태세 방위 훈련 − ∪ ∩ ∧ ⊂	① 맞음	② 틀림
02	태세 침투 경계 무장 − ∩ ∈ ∨ ⊆	① 맞음	② 틀림
03	방위 무장 차단 계획 − ∧ ⊆ ∨ ∈	① 맞음	② 틀림
04	경계 방위 계획 차단 − ⊃ ∧ ∪ ∨	① 맞음	② 틀림
05	차단 계획 침투 태세 − ∨ ∪ ∈ ⊃	① 맞음	② 틀림

[06~10] 다음 [보기]를 보고 제시된 문자가 알맞게 치환되었는지 판단하시오.

> **보기**
>
> 뉴델리 = (11)   말레 = (13)   네피도 = (15)   마나마 = (18)   하노이 = (12)
> 리야드 = (19)   앙카라 = (17)   바쿠 = (14)   마닐라 = (16)   카불 = (20)

06	리야드 하노이 앙카라 네피도 − (19) (12) (14) (15)	① 맞음	② 틀림
07	뉴델리 바쿠 카불 말레 − (11) (16) (20) (13)	① 맞음	② 틀림
08	마나마 앙카라 하노이 뉴델리 − (18) (17) (12) (11)	① 맞음	② 틀림
09	카불 바쿠 말레 마닐라 − (20) (14) (13) (12)	① 맞음	② 틀림
10	하노이 네피도 리야드 마나마 − (12) (15) (19) (18)	① 맞음	② 틀림

[11~15] 다음 [보기]를 보고 제시된 문자가 알맞게 치환되었는지 판단하시오.

> **보기**
> 仃 = 문어　　仪 = 기린　　仫 = 늑대　　把 = 타조　　仺 = 치타
> 仈 = 펭귄　　仦 = 토끼　　伖 = 공작　　伂 = 사슴　　伐 = 돼지

11	仃 仈 仫 伖 - 문어 펭귄 늑대 공작	① 맞음	② 틀림
12	伂 仦 把 仪 - 사슴 토끼 타조 공작	① 맞음	② 틀림
13	伐 伖 仪 仺 - 돼지 공작 기린 치타	① 맞음	② 틀림
14	把 仈 仃 仺 - 타조 토끼 문어 치타	① 맞음	② 틀림
15	仫 仦 伂 伐 - 늑대 토끼 사슴 돼지	① 맞음	② 틀림

[16~20] 다음 [보기]를 보고 제시된 문자가 알맞게 치환되었는지 판단하시오.

> **보기**
> 의사 = ∴　　검사 = :　　기자 = ∷　　교수 = ⊓
> 배우 = ⊔　　약사 = ⊕　　판사 = ⊘　　강사 = ⊞

16	강사 판사 약사 배우 - ⊞ ⊘ ⊕ ⊔	① 맞음	② 틀림
17	기자 의사 검사 교수 - ∷ ⊞ : ⊓	① 맞음	② 틀림
18	판사 검사 의사 약사 - ⊘ ⊓ ∴ ⊕	① 맞음	② 틀림
19	약사 판사 배우 강사 - ⊕ ⊘ ⊔ ⊞	① 맞음	② 틀림
20	교수 강사 판사 기자 - ⊓ ⊞ ⊘ ⊔	① 맞음	② 틀림

[21~25] 다음 [보기]를 보고 제시된 문자가 알맞게 치환되었는지 판단하시오.

> **보기**
>
> XII = ha   V = kcal   X = kΩ   VIII = nW   iii = cm²
> i = GHz   xi = mol   II = nF   vi = ns   IX = dℓ

21	VIII IX XII II – nW dℓ ha nF	① 맞음	② 틀림
22	vi V iii XII – ns kcal cm² nF	① 맞음	② 틀림
23	IX i vi V – dℓ GHz ns kcal	① 맞음	② 틀림
24	iii VIII XII X – cm² dℓ ha kΩ	① 맞음	② 틀림
25	II X IX i – nF kΩ dℓ GHz	① 맞음	② 틀림

[26~30] 왼쪽의 숫자, 문자, 기호가 옆의 [보기]에서 몇 번 제시되는지 고르시오.

		보기	①	②	③	④
26	♥	♠▶♣♥♣♠▶▶▷♡♣♥♣♥♣♠▶♣♥♠♣♠▶ ▷♡♥♣♣♠◀♣♥♣♠♠	5	6	7	8
27	e	Well done is better than well said.	3	4	5	6
28	7	71526740686912345772646895749249724071234576 8976	6	7	8	9
29	ㅅ	이 세상에 기쁜 일만 있다면 용기도 인내도 배울 수 없을 것이다.	3	4	5	6
30	工	干可工干可伽干工干可伽干弋巳可干可匣人工干可匣 疳甘可工朵刀彳可疳	3	4	5	6

STEP ❷ 실전 연습 문제

30문항 / **3분**

• 맞힌 개수 _____ 개 • 풀이 시간 _____ 분   **정답과 해설** ▶ P.24

[01~05] 다음 [보기]를 보고 제시된 문자가 알맞게 치환되었는지 판단하시오.

> **보기**
> 그리스 = ƀ   스위스 = ʌ   덴마크 = ʊ   영국 = ᴘ   러시아 = ɿ
> 모나코 = ʅ   독일 = ᴠ̌   이탈리아 = ¶   체코 = ㅋ   폴란드 = Ð

01	모나코 영국 스위스 폴란드 - ʅ ᴘ ʌ Ð	① 맞음	② 틀림
02	러시아 독일 체코 그리스 - ɿ ᴠ̌ ㅋ ᴠ̌	① 맞음	② 틀림
03	폴란드 모나코 덴마크 이탈리아 - Ð ƀ ʊ ¶	① 맞음	② 틀림
04	그리스 이탈리아 러시아 독일 - ƀ ¶ ɿ ʊ	① 맞음	② 틀림
05	영국 모나코 덴마크 폴란드 - ᴘ ʅ ʊ Ð	① 맞음	② 틀림

[06~10] 다음 [보기]를 보고 제시된 문자가 알맞게 치환되었는지 판단하시오.

> **보기**
> ∅ = AA   △ = KK   ▽ = CC   ∈ = LL
> ⊇ = FF   ∑ = DD   ∓ = GG   ⱨ = XX

06	∓ △ ∑ ⊇ - GG CC DD FF	① 맞음	② 틀림
07	∅ ∑ ▽ ⱨ - KK DD CC XX	① 맞음	② 틀림
08	⊇ △ ∓ ∈ - FF KK GG LL	① 맞음	② 틀림
09	ⱨ ∈ ⊇ ∅ - XX LL FF AA	① 맞음	② 틀림
10	∑ △ ▽ ∓ - DD KK AA GG	① 맞음	② 틀림

[11~15] 다음 [보기]를 보고 제시된 문자가 알맞게 치환되었는지 판단하시오.

보기

Ⓣ = $　　　　Ⓜ = #　　　　Ⓨ = &　　　　Ⓧ = ×
Ⓩ = @　　　　Ⓛ = !　　　　Ⓢ = %　　　　ⓐ = ^

11	Ⓣ Ⓛ ⓐ Ⓨ - $! ^ #	① 맞음	② 틀림
12	Ⓩ Ⓜ Ⓨ Ⓢ - @ # & %	① 맞음	② 틀림
13	Ⓢ Ⓩ Ⓧ ⓐ - % @ × ^	① 맞음	② 틀림
14	Ⓛ Ⓨ Ⓣ Ⓧ - ! & % ×	① 맞음	② 틀림
15	Ⓨ ⓐ Ⓜ Ⓩ - & ! # @	① 맞음	② 틀림

[16~20] 다음 [보기]를 보고 제시된 문자가 알맞게 치환되었는지 판단하시오.

보기

곪 = 1$B　　　　곰 = 3%D　　　　곳 = 6*B　　　　공 = 9@H
곬 = 7^W　　　　골 = 2#K　　　　곧 = 8※U　　　　곱 = 5!P

16	곧 곪 곰 곱 - 8※U 1$B 3%D 5!P	① 맞음	② 틀림
17	골 곬 공 곳 - 2#K 7^W 9@H 6*B	① 맞음	② 틀림
18	곳 곰 곱 골 - 6*B 3%D 5!P 2#K	① 맞음	② 틀림
19	곪 골 곧 곬 - 1$B 2#K 8※U 9@H	① 맞음	② 틀림
20	곬 공 곳 곰 - 7^W 9@H 6*B 3%D	① 맞음	② 틀림

[21~25] 다음 [보기]를 보고 제시된 문자가 알맞게 치환되었는지 판단하시오.

보기			
↔ = ₱	⊘ = ৪	⊟ = K	⊠ = €
© = Ŧ	✪ = £	¤ = ₫	⊕ = ₪

21	↔ ⊟ ⊘ © ✪ - ₱ K ৪ Ŧ £	① 맞음	② 틀림
22	⊘ ⊠ ↔ ⊟ ¤ - ৪ € ₱ Ŧ ₫	① 맞음	② 틀림
23	⊟ ⊕ © ⊘ ⊠ - K ₪ Ŧ ৪ €	① 맞음	② 틀림
24	⊠ ¤ ✪ ⊟ ↔ - € ₪ £ K ₱	① 맞음	② 틀림
25	© ✪ ¤ ⊕ ⊘ - Ŧ £ ₫ ₪ K	① 맞음	② 틀림

[26~30] 왼쪽의 숫자, 문자, 기호가 [보기]에서 몇 번 제시되는지 고르시오.

		보기	①	②	③	④
26	5	0217136586701913563891741813 0215804716538521141653657	4	5	6	7
27	□	⋇□⇑+⇙⇑□৪⋇⋇□V⋇⇑∠⊙⋈⇖⊢⋇⊦ ⇑Ŧ≈□□⋈⊢⊢⇖⋇≲□⇑V⋇⇑∠⊙□⋇ ⋇□⋇≈⊙৪⋇⋇	8	9	10	11
28	ㄷ	절대 어제를 후회하지 마라. 인생은 오늘의 ㅏ 안에 있고 내일은 스스로 만드는 것이다	2	3	4	5
29	ぬ	ぬねなずさぼろやぬずねなずさぼろやさぼろやぬねな ずさぼろやぬねろやぬぬねな	4	5	6	7
30	n	In prosperity our friends know us; in adversity we know our friends	5	6	7	8

03 | 언어논리

고득점 학습전략

유형 CHECK

❶ 고유어, 한자어, 한자 성어, 속담, 관용구 등의 어휘 문제
❷ 단어의 문맥상 의미 및 의미 관계 파악 등의 의미 문제
❸ 표준어, 표준 발음법, 한글 맞춤법, 띄어쓰기, 외래어 표기법 등의 어문 규정 문제
❹ 잘못된 문장, 높임법 등의 문법 문제
❺ 주제 찾기, 내용 일치, 내용 전개 방식, 추론, 문단 배열 등의 독해 문제
❻ 논리 구조, 논리적 오류, 논증, 논리 퀴즈 등의 논리 문제

학습방법

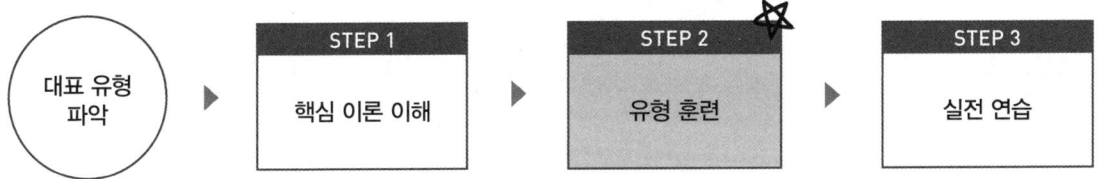

대표 유형 파악 ▶ STEP 1 핵심 이론 이해 ▶ STEP 2 유형 훈련 ▶ STEP 3 실전 연습

영역정복 TIP

언어논리는 내용의 범위가 방대하고 암기해야 할 부분도 있어 시간을 가장 많이 할애해야 하는 과목이다. 우선, 필수 어휘와 자주 출제되는 한자성어, 속담, 관용구 등을 예문과 함께 암기하며 어휘력을 강화해야 한다. 문법 학습에서는 표준어와 맞춤법 규정을 확실히 이해하고 기출 문제를 반복 풀이하며 약점을 보완한다. 논리적 사고력을 키우기 위해서는 문장 배열 문제와 추론 문제를 꾸준히 연습하고, 오답 원인을 분석하며 논리적 근거를 찾는 습관을 들이는 것이 중요하다. 독해력은 긴 지문을 빠르게 읽고 핵심 정보를 파악하는 연습을 통해 향상되기 때문에 문제 풀이 과정에서 시간 관리 능력을 기르고, 기출 문제를 활용해 출제 경향에 익숙해지며 실전 감각을 키우는 것이 중요하다. 또한, 오답 노트를 제작해 반복 학습하고, 모의고사를 실제 시험처럼 풀어보며 최종적으로 학습 내용을 정리하는 것이 필요하다.

대표 유형

❶ 고유어, 한자어, 한자 성어, 속담, 관용구 등의 어휘 문제

다음 중 한자 성어와 속담이 잘못 연결된 것을 고르면?

① 상궁지조(傷弓之鳥) – 당겨 놓은 화살을 놓을 수 없다
② 낭중취물(囊中取物) – 식은 죽 먹기
③ 당구풍월(堂狗風月) – 산 까마귀 염불한다
④ 동족상잔(同族相殘) – 갈치가 갈치 꼬리 문다
⑤ 함흥차사(咸興差使) – 강원도 포수

빈틈없는 유형분석

한자 성어, 속담이 각각 출제되는 경우도 있고, 위와 같이 한자 성어와 속담이 연결형 문제로 출제될 수도 있다. 결국 한자 성어와 속담을 알고 있어야만 풀 수 있는 문제이다. 출제 빈도가 높은 한자 성어와 속담 위주로 공부를 해서 정리를 해야 한다. 그리고 암기를 해서 자신의 것으로 삼아야 문제를 풀 때 더 쉽게 접근할 수 있다.

속시원한 문제해결

'상궁지조(傷弓之鳥)'는 '한 번 화살에 맞은 새는 구부러진 나무만 보아도 놀란다는 뜻으로, 한 번 혼이 난 일로 늘 의심과 두려운 마음을 품는 것을 이르는 말.'을 뜻하는 한자 성어이다. '어떤 사물에 몹시 놀란 사람은 비슷한 사물만 보아도 겁을 냄을 이르는 말.'을 뜻하는 속담 '자라 보고 놀란 가슴 솥뚜껑 보고 놀란다'와 뜻이 통한다. '당겨 놓은 화살을 놓을 수 없다'는 '이미 만반의 준비를 갖추고 시작한 일을 도중에 그만두어서는 안 된다는 말.'을 뜻하는 속담이다.
② 낭중취물(囊中取物): 주머니 속에서 물건을 꺼내듯이 아주 손쉽게 얻을 수 있음을 이르는 말. =식은 죽 먹기
③ 당구풍월(堂狗風月): 서당개 삼 년이면 풍월을 읊는다는 뜻. 그 분야에 대하여 경험과 지식이 전혀 없는 사람이라도 오래 있으면 얼마간의 경험과 지식을 가짐을 이르는 말. =산 까마귀 염불한다(산에 있는 까마귀가 산에 있는 절에서 염불하는 것을 하도 많이 보고 들어서 염불하는 흉내를 낸다는 뜻.)
④ 동족상잔(同族相殘): 같은 겨레끼리 서로 싸우고 죽임. =갈치가 갈치 꼬리 문다(같은 족속이나 같은 처지에 있는 무리들이 돕기는커녕 서로 모함하거나 해치는 것을 비유적으로 이르는 말.)
⑤ 함흥차사(咸興差使): 심부름을 가서 오지 아니하거나 늦게 온 사람. =강원도 포수

정답 ①

❷ 단어의 문맥상 의미 및 의미 관계 파악 등의 의미 문제

다음 [보기]를 바탕으로 밑줄 친 부분이 ㉠에 해당되지 않는 것을 고르면?

> **보기**
>
> 두 개 이상의 단어가 우연히 소리만 같을 뿐 전혀 다른 뜻으로 사용되는 경우에 이 단어들을 ㉠동음이의어라 하고, 하나의 단어가 두 가지 이상의 관련된 의미로 쓰이는 단어를 다의어라고 한다.

① 철수는 형에게 편지를 <u>쓰고</u> 있다.
  날씨가 추워서 머리에 모자를 <u>썼다</u>.
② 상대편에게 먼저 한 골을 <u>먹었다</u>.
  김이 습기를 <u>먹어</u> 눅눅해졌다.
③ 가루약을 물에 <u>타서</u> 먹었다.
  오늘은 버스를 <u>타고</u> 학교에 다녀왔다.
④ 지나가는 영희를 큰 소리로 <u>불렀다</u>.
  아침부터 계속 음식을 먹었더니 배가 <u>불렀다</u>.
⑤ 임신 후 오 개월부터는 배가 눈에 띄게 불러 왔다.
  <u>배</u> 한 척이 바다 한가운데 떠 있다.

빈틈없는 유형분석

해당 문제는 동음이의어, 다의어, 유의어, 반의어에 대한 개념을 알면 쉽게 풀 수 있는 유형의 문제이다. 반드시 단어의 의미 관계에 대한 개념을 숙지해야 한다.

속시원한 문제해결

'골을 먹었다'의 '먹다'는 '구기 경기에서 점수를 잃다.'의 뜻으로 쓰였고, '습기를 먹어'의 '먹다'는 '물이나 습기 따위를 빨아들이다.'의 뜻으로 쓰였다. 원래 '먹다'는 사람이 음식물을 먹는 행위(음식물 등을 입을 통하여 배에 들여보내는 것)에서 비롯되었지만, 그 의미가 확장되어 사물을 흡수하는 것이나, 축구 경기 등에서 공이 골대에 들어가게 되어 점수를 잃는 것, 이득 따위를 취하는 것에까지 확대된 양상으로 나타나고 있다. 그러므로 이 둘은 다의 관계이다.
① '편지를 쓰고'의 '쓰다'는 '붓, 펜, 연필과 같이 선을 그을 수 있는 도구로 종이 따위에 획을 그어서 일정한 글자의 모양이 이루어지게 하다.'는 뜻이고, '모자를 썼다'의 '쓰다'는 '모자 따위를 머리에 얹어 덮다.'는 뜻으로 서로 의미적 연관성이 없는 동음이의 관계이다.
③ '물에 타서'의 '타다'는 '다량의 액체에 소량의 액체나 가루 따위를 넣어 섞다.'의 뜻이고, '버스를 타고'의 '타다'는 '탈것이나 짐승의 등 따위에 몸을 얹다.'는 뜻으로 서로 의미적 연관성이 없는 동음이의 관계이다.
④ '큰 소리로 불렀다'의 '부르다'는 '말이나 행동 따위로 다른 사람의 주의를 끌거나 오라고 하다.'의 뜻이고, '배가 불렀다'의 '부르다'는 '먹은 것이 많아 속이 꽉 찬 느낌이 들다.'는 뜻으로 서로 의미적 연관성이 없는 동음이의 관계이다.
⑤ 앞 문장의 '배'는 사람 신체에 해당하는 여성의 몸에서 아이가 드는 부분을 의미하고, 뒤 문장의 '배'는 사람이나 짐 따위를 싣고 물 위로 떠다니도록 나무나 쇠 따위로 만든 물건을 의미하므로 서로 의미적 연관성이 없는 동음이의 관계이다.

정답 ②

❸ 표준어, 표준 발음법, 한글 맞춤법, 띄어쓰기, 외래어 표기법 등의 어문 규정 문제

다음 밑줄 친 단어 중 단어의 표기가 잘못된 것을 고르면?

① 시험에서 좋은 결과를 얻기 <u>바라</u>.
② 사람을 <u>괄시</u>하는 태도는 인간 존엄성을 해치는 행동이다.
③ 지나치게 <u>치고받는</u> 싸움은 갈등을 더욱 악화시킨다.
④ 그 문제는 구렁이가 <u>똬리</u>를 틀 듯이 점점 복잡해졌다.
⑤ <u>택도 없는</u> 소리는 사람들의 신뢰를 잃는다.

빈틈없는 유형분석

언어논리의 대표적 유형인 맞춤법, 표준어, 외래어, 로마자와 관련된 문제이다. 대표적으로 나오는 유형의 단어들이 많이 나오기 때문에 대표적인 예들을 잘 알고 있어야 한다. 맞춤법, 표준어, 외래어, 로마자는 문법을 기초로 하면 더 잘 풀 수 있고 더 이해하기가 쉽기 때문에 문법을 꼼꼼하게 학습할 필요가 있다.

속시원한 문제해결

이치에 닿지 아니하거나 그럴 만한 근거가 없다는 뜻의 단어는 '턱없다'이므로 '턱도 없는 소리'로 표기하는 것이 옳다.
① '바라다'는 생각한 대로 이루어지기를 원한다는 뜻의 말이고, '바래다'는 볕이나 습기를 받아 색이 변하다를 의미한다.
② '괄시'는 업신여겨 하찮게 대한다는 뜻으로, '괄새'로 쓰는 경우나 있으나 '괄시'만 표준어로 삼는다.
③ '치고받다'는 서로 다투거나 때리면서 싸운다는 의미이다.
④ '똬리'는 둥글게 빙빙 틀어 놓은 모양을 일컫는다.

정답 ⑤

❹ 잘못된 문장, 높임법 등의 문법 문제

다음 중 언어 예절이 올바른 것을 고르면?

① 할머니께서 네 방으로 오라고 하셨어.
② 아버지께서 제게 시간을 여쭈어 보셨어요.
③ 지금부터 총장님의 말씀이 계시겠습니다.
④ 고객님이 주문하신 자몽차 나오셨습니다.
⑤ (조부모님께 세배하며) 만수무강하십시오.

빈틈없는 유형분석

간부선발도구 시험에서 출제 빈도가 높은 유형이다. 언어 예절과 높임법은 어법을 묻는 내용이 많다. 반드시 직접 높임, 간접 높임, 상대 높임에 대한 개념 숙지가 필요하며, 일상생활에서 잘못 사용하는 높임 표현에 대해서도 정리가 필요하다. 또한 압존법에 대한 개념도 숙지하여 문제를 풀 때 맞혀야 할 필수 문제 유형이 된다.

속시원한 문제해결

'오다'의 주체는 '너'이고, '하다'의 주체는 '할머니'이므로 주체높임 선어말 어미 '-시-'는 '하다'의 어간에 붙여야 하므로 ①은 올바른 문장이다. 만약, '오다'에 '-시-'를 넣어 '오시라고'라고 표현하면 '너'를 높이는 경우가 되므로 잘못된 표현이 된다.
② '여쭙다'는 '묻다'의 높임말로 객체높임(부사어나 목적어의 대상)에 사용한다. 그런데 객체는 '제'이고 주체는 '아버지'이기 때문에 객체높임이 아닌 주체높임을 사용해야 한다. → 아버지께서 제게 시간을 물어 보셨어요.
③ '말씀'은 직접 높임의 대상이 될 수 없다. '계시다'는 직접 높임에, '있으시다'는 간접 높임에 사용한다. → 지금부터 총장님의 말씀이 있으시겠습니다.
④ 문장에서의 주체는 '자몽차'로, '상품'이나 '가격'을 높이는 것은 잘못이다. → 고객님이 주문하신 자몽차 나왔습니다.
⑤ '만수무강하십시오.'라고 말하는 것은 나이 드신 분들께 벌써 죽음을 염려할 만큼 나이가 들었다는 서글픔을 느끼게 할 수 있으므로 적절하지 않은 인사말이다. 따라서 말없이 그냥 절을 하는 것이 공손한 인사법이다. 세배는 원칙적으로 절하는 것 자체가 인사이므로 다른 말을 할 필요가 없으며, 어른의 덕담이 있기를 기다리는 것이 우리나라의 전통 예절이다. 세배할 때는 절하는 것 자체가 인사이기 때문에 "새해 복 많이 받으십시오."와 같은 인사말은 없어도 되고, 윗사람에게 명령하는 표현은 적절하지 않다. 그냥 공손히 절만 하고 어른의 덕담이 있기를 기다리는 것이 올바른 예법이다.

정답 ①

❺ 주제 찾기, 내용 일치, 내용 전개 방식, 추론, 문단 배열 등의 독해 문제

다음 글에 나타난 필자의 태도로 가장 적절한 것을 고르면?

> 이제 천릿길을 오면서 날마다 수없이 많은 수레를 보았으나, 앞 수레와 뒤 수레가 언제나 한 자국을 도는 것이다. 그러므로 애쓰지 않고도 같이 되는 것을 '일철(一轍)'이라 하고, 뒤에서 앞을 가리켜 전철(前轍)이라 한다. 성문 턱 수레바퀴 자국이 움푹 패어서 홈통을 이루니, 이는 이른바 '상문지궤(城門之軌)'라는 것이다. 우리나라에도 전혀 수레가 없음은 아니나 그 바퀴가 온전히 둥글지 못하고, 바퀴 자국이 틀에 들지 않으니, 이는 수레가 없음과 마찬가지이다. 그런데 사람들이 늘 하는 말에 "우리나라는 길이 험해서 수레를 쓸 수 없다." 하니, 이 무슨 말인가? 나라에서 수레를 쓰지 않으니까 길이 닦이지 않을 뿐이다. 만일 수레가 다니게 된다면 길은 절로 닦이게 될 테니 어찌하여 길거리의 좁음과 산길의 험준함을 걱정하리오? 『중용(中庸)』에 이르기를 "배와 수레가 이르는 곳, 서리와 이슬이 내리는 곳."이라 하였으니, 이는 수레가 어떠한 먼 곳이라도 이를 수 있다고 하는 말이다.

① 말보다는 실행을 강조하고 있다.
② 일상의 고정 관념을 깨뜨리고 있다.
③ 억압적 현실과 대립하고 있다.
④ 이상과 다른 현실적 문제로 고뇌하고 있다.
⑤ 다른 권위자의 의견을 비판하면서 자신의 주장을 펼치고 있다.

빈틈없는 | 유형분석

비문학 독해 문제는 주제 찾기, 제목 찾기, 빈칸 넣기, 문장 배열, 일치성 문제, 통일성 문제, 글쓴이의 태도 등 그 문제 유형이 정해져 있다. 따라서 글의 핵심을 파악하는 연습을 많이 하고 문제마다 푸는 팁을 익혀서 실력을 향상시키면 비문학 독해 문제는 쉽게 해결할 수 있다. 꾸준한 반복 숙달이 요구되는 문제 유형이나.

속시원한 | 문제해결

제시문은 조선시대 수레 제도의 문제점을 비판하면서 "우리나라는 길이 험해서 수레를 쓸 수 없다."와 같은 고정 관념과 편견에서 벗어나 물자의 원활한 보급을 위해 수레의 규격을 통일하여 적극적으로 수레를 이용할 것을 주장한 글이다. 따라서 필자는 일상의 고정 관념을 깨트리는 태도를 나타내고 있으므로 ②가 가장 적절하다.
① 필자는 "우리나라는 길이 험해서 수레를 쓸 수 없다."라는 사람들의 말을 부정하고 있는데, 이는 말만 하고 실행을 하지 않는 것은 아니므로 말보다 실행을 강조한다는 내용은 적절하지 않다.
③ 억압적 현실은 제시문을 통해 확인할 수 없는 내용이므로 적절하지 않다.
④ 필자는 현실적으로도 고정 관념에서 벗어나면 우리나라에서도 수레를 사용하는 것이 가능하다는 주장을 하고 있으므로 이상과 다른 현실적 문제로 고뇌하고 있다는 내용은 적절하지 않다.
⑤ 『중용(中庸)』의 말을 인용하고 있기는 하나 필자의 주장을 강조하기 위한 근거로 사용하고 있으며, 다른 권위자의 의견을 비판한 내용은 제시문을 통해 확인할 수 없으므로 적절하지 않다.

정답 ②

❻ 논리 구조, 논리적 오류, 논증, 논리 퀴즈 등의 논리 문제

● 다음 글을 읽고 ㉠과 같은 논리적 오류를 범하고 있는 것을 고르면?

> 고유한 것을 내세움으로써 식민주의 사관을 극복할 수 있다고 믿는 주장은 최근에 이르러서 그 극단에 이른 듯한 인상을 주고 있다. 가령 『삼국유사(三國遺事)』에 나오는 단군(檀君)의 건국에 관한 기록은 신화가 아니라 사실이라고 주장하는 따위가 그러하다. ㉠만일 단군의 이야기를 신화라고 한다면 그것은 곧 식민주의 사관의 영향이라고 몰아세우는 것이다. 그러니까 환웅(桓雄)이 하늘에서 내려왔다든가, 혹은 곰이 여자로 변하여 환웅과 결혼해서 단군을 낳았다든가 하는 이야기를 신화라고 해서는 안 된다는 것이다.

① 그는 어제 약속 시간을 두 시간이나 어겼어. 그것으로 보아 그는 항상 지각만 하는 사람일 거야.
② 담배는 폐암의 원인이다. 따라서 담배를 피우는 것은 폐암에 걸리고 싶어 하는 것이다.
③ 나의 주장은 정의에 입각한 것입니다. 그러므로 나의 주장에 반대하는 사람은 불의의 편에 손을 드는 것입니다.
④ 우리나라 축구팀의 선수들은 각각 뛰어난 개인기를 가지고 있다. 그러므로 우리나라 축구팀은 매우 뛰어난 팀이다.
⑤ 그는 훌륭한 군인이 결코 아닙니다. 왜냐하면 그는 중학교 때 학교 성적이 엉망이기 때문입니다.

빈틈없는 유형분석

논리적 오류 유형 문제는 논리적 과정이 올바르지 못하여 생기는 잘못된 추리나 판단이 있는 문장을 찾는 문제이다. 대표적인 유형들은 동정에 호소하는 오류, 대중에 호소하는 오류, 성급한 일반화 오류, 흑백 사고의 오류, 무지에 호소하는 오류, 원천 봉쇄의 오류 등이 있다. 개념만 명확하게 알고 있으면 나오는 문장의 예는 정해진 유형의 문제라 어렵지 않게 해결할 수 있다.

속시원한 문제해결

제시문에서는 단군의 이야기를 신화라고 해서는 안 된다는 결론을 내리기 위해 논리상 맞지 않는 식민사관의 논리를 근거로 사용함으로써 반론을 미리 봉쇄하고 있으므로 반론을 미리 봉쇄하여 자신이 원하는 답변만을 구하는 '원천 봉쇄의 오류(우물 안에 독 뿌리기 오류)'가 나타나고 있다. ③의 경우 자신의 주장이 정의에 입각한 것이라는 결론을 내리기 위해 반론을 미리 봉쇄하고 있으므로 '원천 봉쇄의 오류(우물 안에 독 뿌리기 오류)'에 해당한다.
① 자신이 경험한 하나의 사례를 바탕으로 일반화한 것이므로 '성급한 일반화의 오류'에 해당한다.
② 의도하지 않은 행위의 결과를 의도가 있었다고 판단한 것이므로 '의도 확대의 오류'에 해당한다.
④ 우리나라 축구 선수 개개인의 역량을 바탕으로 팀에 대한 평가를 하고 있으므로 '합성의 오류(결합의 오류)'에 해당한다.
  • 합성의 오류(결합의 오류): 부분의 속성이 곧 전체의 속성이라고, 또는 부분이 옳으면 전체도 옳다고 주장하는 데서 나타나는 오류
  • 분할의 오류(분해의 오류): 전체가 어떤 성질을 가지고 있기 때문에 그 부분도 그와 같은 성질을 가지고 있다고 추론하는 데서 나타나는 오류
⑤ 상대방이 주장하는 내용을 반박하는 것이 아니라 그 말을 하는 사람의 개인적인 부분을 트집 잡아 그의 주장을 비판하고 있으므로 '인신공격의 오류'에 해당한다.

정답 ③

● 다음 제시된 명제가 모두 참이라고 할 때, 항상 옳은 것을 고르면?

- 모든 사람이 축구 또는 야구를 좋아한다.
- 축구를 좋아하는 사람은 배구를 좋아하지 않는다.
- 야구를 좋아하는 사람은 농구를 좋아하지 않는다.
- 축구를 좋아하는 사람은 족구를 좋아하지 않는다.
- 야구를 좋아하는 사람은 축구를 좋아하지 않는다.

① 배구 또는 족구를 좋아하는 사람은 모두 축구를 좋아하지 않는다.
② 농구를 좋아하는 사람은 야구도 좋아한다.
③ 축구를 좋아하는 사람은 야구도 좋아한다.
④ 배구를 좋아하는 사람은 축구도 좋아한다.
⑤ 족구를 좋아하지 않는 사람은 축구를 좋아한다.

빈틈없는 유형분석

이 문제는 명제에 대한 문제로, 'P→Q'이면 '~Q→~P'로 치환하고 'P→~Q'이면 'Q→~P'로 치환하는 공식을 적용하여 문제를 풀 수 있는데, 여기에서 '~'는 'NOT(아니다)'라는 의미이다. 이러한 유형의 문제는 간부선발도구 시험에 간혹 출제되는 문제이므로 해당 공식을 적용하여 풀 수 있어야 한다.

속시원한 문제해결

두 번째 명제와 네 번째 명제인 '축구를 좋아하는 사람은 배구를 좋아하지 않는다.'와 '축구를 좋아하는 사람은 족구를 좋아하지 않는다.'를 치환하면 '배구 또는 족구를 좋아하는 사람은 축구를 좋아하지 않는다.'라는 명제가 도출되므로 항상 옳은 명제는 ①이 될 수 있다.
② 세 번째 명제를 치환하면 '농구를 좋아하는 사람은 야구를 좋아하지 않는다.'를 도출할 수 있으므로 적절하지 않다.
③ 다섯 번째 명제를 치환하면 '축구를 좋아하는 사람은 야구를 좋아하지 않는다.'를 도출할 수 있으므로 적절하지 않다.
⑤ 명제 문제에서 'P→Q'가 성립한다고 해서 'Q→P'도 성립하는 것은 아니다. 네 번째 명제를 치환하면 '족구를 좋아하는 사람은 축구를 좋아하지 않는다.'만을 도출할 수 있으므로 적절하지 않다.

정답 ①

| STEP ❶ | 핵심 이론 |

I. 어휘

1 어휘의 의미 관계 ㆍ— 자주 나오는 이론

(1) 어휘의 의미 관계

어휘들의 의미 사이에서 밀접한 연관성을 갖는 관계를 '의미 관계'라고 한다. 이러한 어휘의 의미 관계에는 일반적으로 유의 관계, 반의 관계, 상하 관계 등이 있는데, 이외에도 구체적인 문맥 속에서 다양한 의미 관계를 형성하므로 전후 문맥을 살펴 어휘들 사이의 연관성을 따져 관계를 파악할 수 있어야 한다.

(2) 의미 관계의 종류

유의 관계	둘 이상의 단어가 서로 음성(音聲)은 다르지만 의미가 같거나 비슷한 관계로, 상황에 따라 쓰임이 다르거나 가리키는 대상의 범위가 다른 경우가 있어 느낌의 차이를 보인다. 예 얼굴 – 낯 – 안면(顔面) / 기필코 – 반드시 – 틀림없이
반의 관계	단어의 의미가 서로 반대되는 관계이다. 두 단어에서 다른 요소는 모두 공통되고 오직 한 개의 요소만 달라야 반의 관계가 성립된다고 보며, 하나의 단어에 여러 개의 반의어가 있는 경우도 있다. 예 벗다 ↔ 입다(옷), 신다(신발), 쓰다(모자), 끼다(장갑) / 서다 ↔ 눕다(몸의 수평 상태), 가다(이동)
상하 관계	둘 이상의 단어 중 한 단어의 의미가 다른 단어에 포함되는 관계이다. 다른 단어의 의미를 포함하는 포괄적인 단어를 상의어(上義語), 다른 단어의 의미에 포함되는 구체적인 단어를 하의어(下義語)라고 한다. 예 나무 – 소나무, 잣나무, 배나무 / 음식 – 한식, 양식, 일식
동음이의 관계	단어의 음성(音聲)은 같으나 의미가 전혀 다른 관계로, 단어들의 의미 사이에는 상호 연관성이 없다. 따라서 문장이나 이야기의 맥락과 상황을 통해 의미를 구별할 수 있으며, 경우에 따라서는 발음의 장단(長短)으로 의미를 구별하기도 한다. 예 나는 눈이 작다(신체). / 눈이 내려서 길이 온통 하얗다(기상).
다의 관계	두 가지 이상의 뜻을 가진 단어의 의미 간의 관계이다. 단어의 의미 사이에 상호 연관성이 있으며, 하나의 중심 의미(가장 기본적인 의미)와 여러 개의 주변 의미(중심 의미가 확장된 의미)로 이루어진다. 예 넘어져서 다리를 다쳤다. → 중심 의미: 몸통 아래 붙어 있는 신체의 일부 　　책상 다리가 흔들거려 고쳐야겠다. → 주변 의미: 물체의 아래쪽에 붙어서 그 물체를 받치는 부분

2 고유어

(1) 고유어

간부선발도구 시험에 출제되는 어휘력과 관련된 문제 중에서 고유어에 대한 비중은 대단히 낮은 편이다. 따라서 많은 시간을 할애하여 학습하기보다는 효율적으로 접근할 필요성이 있다.

고유어는 외래어나 한자어에 상대되는 '순우리말'이라고 부르는 단어들로, 은연중에 사용하고 있지만 정확한 뜻을 알지 못하는 경우가 많다. 따라서 기본적인 어휘들을 학습한 후에, 글을 읽거나 문제를 풀면서 처음 보거나 정확한 뜻을 알기 어려운 어휘들 위주로 차근히 정리해 나가는 방법을 추천한다. 또한 무조건 많이 암기하는 것보다는 문맥상에서 어떻게 사용되는지를 파악할 수 있을 정도로 정리하는 것이 좋다. 실제 출제되었던 고유어 문제를 살펴 보면, 단순히 뜻을 물어보는 문제보다는 문맥상에서 그 의미를 유추하는 유형이 많았고 전체적으로 어려운 편은 아니었다.

> **하나 더 알아보기! 고유어 학습**
>
> 간부선발도구 시험에서 고유어 문제는 '표준어' 혹은 '한글 맞춤법'과 관련된 단어들이 출제되는 경향이 있다. 따라서 시간적 여유가 된다면 '표준어', '한글 맞춤법' 부분을 학습할 때 정확한 뜻을 알아 두는 것이 고득점의 한 방법이 될 수 있을 것이다.

(2) 빈출 고유어

고유어	의미
게저분하다	너절하고 지저분하다.
곰살궂다	태도나 성질이 부드럽고 친절하다. / 꼼꼼하고 자세하다.
곰상스럽다	성질이나 행동이 싹싹하고 부드러운 데가 있다.
당차다	나이나 몸집에 비하여 마음가짐이나 하는 짓이 야무지고 올차다.
든직하다	사람됨이 경솔하지 않고 무게가 있다. 뼌 붓날다: 말이나 하는 짓 따위가 붓이 나는 것처럼 가볍게 들뜨다.
미쁘다	믿음성이 있다. 윤 미덥다
미욱하다	하는 짓이나 됨됨이가 매우 어리석고 미련하다.
사분사분하다	성질이나 마음씨 따위가 부드럽고 너그럽다.
숫되다	순진하고 어수룩하다.
숫접다	순박하고 진실하다.
스스럽다	서로 사귀는 정분이 그리 두텁지 않아 조심스럽다.
악지	잘 안될 일을 무리하게 해내려는 고집
애면글면	몹시 힘에 겨운 일을 이루려고 갖은 애를 쓰는 모양
알개	야살스러운 짓을 하는 아이
얄망궂다	성질이나 태도가 괴상하고 까다로워 얄미운 데가 있다.
어기차다	한번 마음먹은 뜻을 굽히지 아니하고, 성질이 매우 굳세다.
어깃장	짐짓 어기대는 행동
의뭉하다	겉으로는 어리석은 것처럼 보이면서 속으로는 엉큼하다.
주변	일을 주선하거나 변통함. 또는 그런 재주 윤 두름손
주접	여러 가지 이유로 생물체가 제대로 자라지 못하고 쇠하여지는 일 또는 그런 상태 / 옷차림이나 몸치레가 초라하고 너절한 것
중절대다	수다스럽게 중얼거리다.
추레하다	겉모양이 깨끗하지 못하고 생기가 없다. / 태도 따위가 너절하고 고상하지 못하다.
튼실하다	튼튼하고 실하다.

푼더분하다	생김새가 두툼하고 탐스럽다.
푼푼하다	모자람이 없이 넉넉하다.
호도깝스럽다	말이나 행동이 조급하고 경망스러운 데가 있다.

(3) 암기하면 좋은 고유어

① 바람

동풍	서풍	남풍	북풍
샛바람	갈바람, 하늬바람	마파람	된바람

② 날짜

1일	10일	15일	20일	30일
삭(朔)	순(旬)	망(望)	념(念)	회(晦)
매달 음력 초하룻날	열흘	보름	스무날	그믐날

③ 나이

10세	충년(沖年)	열 살 안팎의 어린 나이
15세	지학(志學)	학문에 뜻을 둠 / 열다섯 살
20세	약관(弱冠, 남)	스무 살을 달리 이르는 말 / 젊은 나이
	방년(芳年, 여)	이십 세 전후의 한창 젊은 꽃다운 나이
30세	이립(而立)	서른 살을 달리 이르는 말
40세	불혹(不惑)	미혹되지 아니함 / 마흔 살을 달리 이르는 말
50세	지천명(知天命)	하늘의 뜻을 앎 / 쉰 살을 달리 이르는 말
60세	이순(耳順)	예순 살을 달리 이르는 말
61세	환갑(還甲) 화갑(華甲) 회갑(回甲)	육십갑자의 '갑'으로 되돌아온다는 뜻으로, 예순한 살을 이르는 말
70세	종심(從心) 고희(古稀) 희수(稀壽)	일흔 살을 달리 이르는 말
77세	희수(喜壽)	나이 일흔일곱 살을 달리 이르는 말

3 한자어

(1) 한자어

한자어는 '중국에서 쓰이는 것을 그대로 가져와 발음만 한국식으로 한 것'과 '중국에서는 쓰이지 않지만 한국에서 만들어 낸 것', '일본에서 만들어 낸 것'으로 구분할 수 있다. 이 중 한국에서 쓰이는 한자어는 대체로 2음절이 일반적이며 그다음으로 단음절, 3음절어가 많다. 한자어는 경어법이 크게 작용해 고유어와 한자어가 공존하는 경우에는 높이는 말로 한자어가 선택되는 것이 일반적이다. 또한 한자어는 고유어와 외래어, 특히 한자어와 한자어 사이에서 유의 관계가 두드러지게 나타난다. 그래서 한자어의 문제 유형은 유의 관계에 해당하는 한자어들을 제시한 후 그 뜻을 구분하거나, 고유어와의 연결이 바른 것 등을 찾는 문제가 출제되는 편이다. 그러므로 평소에 유사한 의미를 지닌 한자어들을 구분하여 정리해 두는 것이 필요하다.

한자어는 우리말의 60% 이상을 차지할 정도로 비중이 높으므로 단순히 암기하기보다는 실생활에 많이 사용되는 단어 위주로 접근하는 것이 좋다. 그리고 문맥상의 의미를 물어보는 경우가 많으므로 한자어 자체에 대해 너무 많은 부담감을 느낄 필요는 없다. 더욱이 간부선발도구 시험에서는 한글과 병기하여 한자어를 제시하므로 정확한 한문 표기까지 학습하지 않아도 된다.

하나 더 알아보기! 한자어 학습

한자어를 익히기 위해서는 신문 읽기가 도움이 된다. 신문은 가장 대중적인 교양 매체이므로 기사문이나 사설 칼럼 등에 쓰인 단어들 중에서 모르는 어휘가 나올 때마다 찾아보는 것이 좋고, 면접을 위해 '국방일보'를 읽는 것도 좋은 방법이다.

(2) 빈출 한자어

한자어	의미
간과(看過)	큰 관심 없이 대강 보아 넘김
갈망(渴望)	간절히 바람
감격(感激)	마음에 깊이 느끼어 크게 감동함. 또는 그 감동
감명(感銘)	감격하여 마음에 깊이 새김. 또는 그 새겨진 느낌
감화(感化)	좋은 영향을 받아 생각이나 감정이 바람직하게 변화함
개작(改作)	작품이나 원고 따위를 고쳐 다시 지음. 또는 그렇게 한 작품
개정(改正)	주로 문서의 내용 따위를 고쳐 바르게 함
개편(改編)	책이나 과정 따위를 고쳐 다시 엮음 / 조직 따위를 고쳐 편성함
격려(激勵)	용기나 의욕이 솟아나도록 북돋워 줌
경시(輕視)	대수롭지 않게 보거나 업신여김
고집(固執)	자기의 의견을 바꾸거나 고치지 않고 굳게 버팀. 또는 그렇게 버티는 성미
교정(矯正)	틀어지거나 잘못된 것을 바로잡음
구별(區別)	성질이나 종류에 따라 차이가 남. 또는 성질이나 종류에 따라 갈라놓음
근간(根幹)	사물의 바탕이나 중심이 되는 중요한 것
근본(根本)	사물의 본질이나 본바탕
근원(根源)	사물이 비롯되는 근본이나 원인
동경(憧憬)	어떤 것을 간절히 그리워하여 그것만을 생각함
몰각(沒覺)	깨달아 인식하지 못함
배려(配慮)	도와주거나 보살펴 주려고 마음을 씀
분별(分別)	서로 다른 일이나 사물을 구별하여 가름
수정(修正)	바로잡아 고침
식별(識別)	분별하여 알아봄

아집(我執)	자기중심의 좁은 생각에 집착하여 다른 사람의 의견이나 입장을 고려하지 아니하고 자기만을 내세우는 것
염려(念慮)	앞일에 대하여 여러 가지로 마음을 써서 걱정함. 또는 그런 걱정
정정(訂正)	글자나 글 따위의 잘못을 고쳐서 바로잡음
지향(志向)	어떤 목표로 뜻이 쏠리어 향함. 또는 그 방향이나 그쪽으로 쏠리는 의지
확집(確執)	자기의 의견을 굳이 고집하여 양보하지 아니함

4 속담

(1) 속담

속담은 예로부터 전해지는 조상들의 지혜가 담긴 표현으로, 대개 문장의 형태로 표현되고 일상에 필요한 교훈 혹은 풍자의 내용을 담고 있다. 그리고 직접적인 의미 전달보다는 비유적인 표현으로 의미를 전달한다. 속담은 특정한 역사적 사례를 묘사하거나 일상에서 자주 일어나는 사례를 묘사한 것으로 나누어진다. 그래서 속담에는 실제 역사적 인물이나 문학 작품의 인물, 역사적 사실을 알려 주는 지역이나 벼슬 이름 등이 등장한다. 예를 들어 '변학도 잔치에 이도령의 밥상'이라든가, '조자룡이 헌 칼 쓰듯', '평안 감사도 저 싫으면 그만' 등의 속담이 이에 해당한다. 따라서 문학 작품이나 역사적 사실과 관련된 글을 제시하고 그와 의미가 통하는 속담을 고르라는 문제 유형이 출제되기도 한다. 아울러 기본적인 의미를 물어보는 경우도 있으며, 특히 한자 성어와 의미가 통하는 속담을 연결하라는 문제가 출제되기도 하므로 유사한 쌍은 정리해 두는 것이 좋다.

(2) 빈출 속담

속담	의미
가는 말이 고와야 오는 말이 곱다.	자기가 남에게 말이나 행동을 좋게 하여야 남도 자기에게 좋게 한다는 말
군말이 많으면 쓸 말이 적다.	하지 않아도 될 말을 이것저것 많이 늘어놓으면 그만큼 쓸 말은 적어지게 됨을 경계하여 이르는 말
기둥에도 귀가 있다.	기둥에도 듣는 귀가 있어서 몰래 한 말도 다 알게 된다는 뜻으로, 어떤 환경에서나 말을 함부로 하지 말고 조심하여야 함을 비유적으로 이르는 말
낮말은 새가 듣고 밤말은 쥐가 듣는다.	아무도 안 듣는 데서라도 말조심해야 한다는 말
말 많은 집은 장맛도 쓰다.	집안에 잔말이 많으면 살림이 잘 안된다는 말
말 한마디에 천 냥 빚도 갚는다.	말만 잘하면 어려운 일이나 불가능해 보이는 일도 해결할 수 있다는 말
발 없는 말이 천 리 간다.	말을 함부로 하지 말아야 함을 비유적으로 이르는 말
범도 제 말하면 온다.	'다른 사람에 관한 이야기를 하는데 공교롭게 그 사람이 나타나는 경우'를 이르는 말로, 당사자가 없다고 함부로 흉보아서는 안 된다는 말
일 잘하는 아들 낳지 말고 말 잘하는 아들 낳으라.	말을 잘하면 남들과 사귀면서 살아가는 데 유리함을 이르는 말
입찬소리는 무덤 앞에 가서 하라.	자기를 자랑하며 장담하는 것은 죽고 나서야 하라는 뜻으로, 쓸데없는 장담을 하지 말라는 말
잠자코 있는 것이 무식을 면한다.	아무 말도 하지 않고 가만히 있으면 무식이 드러나지 않으므로, 잘 알지도 못하면서 괜히 섣불리 나서지 말라는 말

정들었다고 정말 말라.	아무리 가깝고 다정한 사이라도 서로에게 해서는 안 될 말은 절대로 나누지 말아야 한다는 말
존대하고 뺨 맞지 않는다.	누구한테나 겸손한 태도로 공대하면 남에게 봉변하지 않는다는 말

5 한자 성어

(1) 한자 성어

속담과 마찬가지로 단순히 뜻풀이를 묻거나 특정 상황에 적용하는 문제 유형이 출제되는 편이다. 고난도로 나올 경우에는 대체 가능한 한자 성어를 고르거나 유사한 뜻을 지닌 속담을 고르는 문제 유형도 보이고 있다. 그러므로 한자 성어의 뜻을 암기하는 것도 중요하지만 비슷한 뜻을 가진 성어나 반대되는 뜻의 성어를 함께 알아 두는 것이 필요하고, 관련 속담이나 어휘 등을 정리해 두는 것이 좋다.

(2) 빈출 한자 성어

한자 성어	의미
거안사위(居安思危)	편안할 때도 위태로울 때의 일을 생각하라는 뜻
견강부회(牽强附會)	이치에 맞지 않는 말을 억지로 끌어 붙여 자기에게 유리하게 함
결초보은(結草報恩)	죽은 뒤에라도 은혜를 잊지 않고 갚음을 이르는 말
누란지세(累卵之勢)	층층이 쌓아 놓은 알의 형세라는 뜻으로, 몹시 위태로운 형세를 비유적으로 이르는 말
단기지계(斷機之戒)	학문을 중도에서 그만두면 짜던 베의 날을 끊는 것처럼 아무 쓸모 없음을 경계한 말
동병상련(同病相憐)	같은 병을 앓는 사람끼리 서로 가엾게 여긴다는 뜻으로, 어려운 처지에 있는 사람끼리 서로 가엾게 여김을 이르는 말
동상이몽(同床異夢)	같은 자리에 자면서 다른 꿈을 꾼다는 뜻으로, 겉으로는 같이 행동하면서도 속으로는 각각 딴생각을 하고 있음을 이르는 말
막역지간(莫逆之間)	서로 거스르지 않는 사이라는 뜻으로, 허물이 없는 아주 친한 사이를 이르는 말
맥수지탄(麥秀之嘆)	고국의 멸망을 한탄함을 이르는 말
면종복배(面從腹背)	겉으로는 복종하는 체하면서 내심으로는 배반함
물심일여(物心一如)	사물과 마음이 구분 없이 하나의 근본으로 통합됨
방약무인(傍若無人)	곁에 사람이 없는 것처럼 아무 거리낌 없이 함부로 말하고 행동하는 태도가 있음
사면초가(四面楚歌)	아무에게도 도움을 받지 못하는, 외롭고 곤란한 지경에 빠진 형편을 이르는 말
사상누각(砂上樓閣)	모래 위에 세운 누각이라는 뜻으로, 기초가 튼튼하지 못하여 오래 견디지 못할 일이나 물건을 이르는 말
상전벽해(桑田碧海)	뽕나무밭이 변하여 푸른 바다가 된다는 뜻으로, 세상일의 변천이 심함을 비유적으로 이르는 말
수구초심(首丘初心)	여우가 죽을 때에 머리를 자기가 살던 굴 쪽으로 둔다는 뜻으로, 고향을 그리워하는 마음을 이르는 말
식소사번(食少事煩)	먹을 것은 적은데 할 일은 많음
연목구어(緣木求魚)	나무에 올라가서 물고기를 구한다는 뜻으로, 도저히 불가능한 일을 굳이 하려 함을 비유적으로 이르는 말
오매불망(寤寐不忘)	자나 깨나 잊지 못함

이구동성(異口同聲)	입은 다르나 목소리는 같다는 뜻으로, 여러 사람의 말이 한결같음을 이르는 말
좌정관천(坐井觀天)	우물 속에 앉아서 하늘을 본다는 뜻으로, 사람의 견문(見聞)이 매우 좁음을 이르는 말
중구난방(衆口難防)	뭇사람의 말을 막기가 어렵다는 뜻으로, 막기 어려울 정도로 여럿이 마구 지껄임을 이르는 말
창해일속(滄海一粟)	넓고 큰 바닷속의 좁쌀 한 알이라는 뜻으로, 아주 많거나 넓은 것 가운데 있는 매우 하찮고 작은 것을 이르는 말
학수고대(鶴首苦待)	학의 목처럼 목을 길게 빼고 간절히 기다림
호사토읍(狐死兎泣)	여우의 죽음에 토끼가 슬피 운다는 뜻으로, 같은 무리의 불행을 슬퍼함을 비유적으로 이르는 말

6 관용어

(1) 관용어

관용어는 영어의 숙어와 같은 것으로, 의미나 구조가 관습상 굳어져 특별한 뜻을 지닌 것을 말한다. 그러므로 단어 개개의 의미는 크게 중요하지 않으며, 하나의 단어처럼 쓰이므로 중간에 다른 성분이 들어오기 힘들고, 들어온다면 더 이상 관용 표현으로서의 기능을 수행하지 못한다. 속담과 더불어 일상 용어보다 표현 효과가 크며 의사소통에 있어서 효율성을 가져온다. 또한 그 나라의 전통적인 관습이나 역사적 유래와 관련을 맺으므로 그 언어권의 사람이 아니라면 이해하는 데 어려움이 따를 수 있다. 관용어는 그 의미를 명확하게 알고 있고, 이를 적절하게 사용할 수 있는가를 묻는 문제 유형이 출제되는 편이다. 우리나라의 관용어는 신체와 관련된 용어가 많고, 자주 출제되므로 이를 바탕으로 정리하는 것이 도움이 된다.

(2) 빈출 관용어

① 손과 관련된 관용어

관용어	의미
손가락질(을) 하다.	다른 사람을 얕보거나 흉보다. 예 다른 사람을 손가락질하기 전에 자기 자신을 되돌아보라.
손바닥(을) 뒤집듯	① 태도를 갑자기 또는 노골적으로 바꾸기를 아주 쉽게 　　예 그는 말을 손바닥 뒤집듯이 해서 믿을 수가 없다. ② 일하기를 매우 쉽게 　　예 너의 능력으로는 그 일도 손바닥 뒤집듯 할 수 있을 거야.
손발(이) 맞다.	함께 일을 하는 데에 마음이나 의견, 행동 방식 따위가 서로 맞다. 예 시어머니와 며느리가 손발이 맞아 집안이 화목하다.
손에 걸리다.	① 손아귀에 잡혀 들다. 　　예 그놈이 내 손에 걸리는 날에는 가만두지 않겠다. ② 너무 흔하여 어디나 다 있다. 　　예 돈을 흥청망청 쓰는 저 집은 돈이 손에 걸리나 보다.
손에 땀을 쥐다.	아슬아슬하여 마음이 조마조마하도록 몹시 애달다. 예 결승전은 관중들의 손에 땀을 쥐게 하였다.
손에 잡히다.	마음이 차분해져 일할 마음이 내키고 능률이 나다. 예 그녀 생각에 책이 손에 잡히지 않는다.

손(을) 끊다.	교제나 거래 따위를 중단하다. 예 나쁜 친구들과 손을 끊어라.
손을 놓다.	하던 일을 그만두거나 잠시 멈추다. 예 내가 잠시 손을 놓은 사이에 일이 오랫동안 늦어졌다.
손(을) 떼다.	하던 일을 그만두다. 예 이제 그 일에서 나는 손을 뗐다.
손(을) 벌리다.	무엇을 달라고 요구하거나 구걸하다. 예 아무리 동생이지만 계속해서 손을 벌리는 데 두 손 들었다.
손(을) 뻗치다.	① 이제까지 하지 아니하던 일까지 활동 범위를 넓히다. 　　예 대기업들이 온갖 사업에 손을 뻗쳤다. ② 적극적인 도움, 요구, 침략, 간섭 따위의 행위가 멀리까지 미치게 하다. 　　예 마침 외가에서 도움의 손을 뻗쳤다.
손(을) 씻다.	부정적인 일이나 찜찜한 일에 대하여 관계를 청산하다. 예 그는 종교에 귀의한 뒤로 범죄 조직에서 손을 씻고 착실히 살았다.
손을 (맞)잡다.	서로 뜻을 같이 하여 긴밀하게 협력하다. 예 경찰과 교사들은 손을 맞잡고 학원 폭력을 줄이기로 했다.
손(이) 달리다.	일손이 모자라다. 예 농번기가 되면 농촌에 손이 달린다.
손(이) 뜨다.	일하는 동작이 매우 굼뜨다. 예 너처럼 손이 뜬 사람은 처음 봤다.
손(이) 크다.	씀씀이가 후하고 크다. 예 손이 큰 어머니는 언제나 음식을 푸짐하게 차리곤 하셨다.

② 발에 관련된 관용어

관용어	의미
발 디딜 틈도 없다.	부작거리어 혼란스럽다. 예 발 디딜 틈도 없는 만원 버스
발바닥에 흙 안 묻히고 살다.	수고함이 없이 가만히 앉아서 편하게 살다. 예 물려받은 재산으로 그는 발바닥에 흙 안 묻히고 살고 있다.
발바닥에 불이 일다.	부리나케 여기저기 돌아다니다. 예 그녀는 여행 준비로 요즘 발바닥에 불이 일 정도로 바쁘게 다닌다.
발 벗고 나서다.	적극적으로 나서다. 예 그는 자신이 옳다고 생각하는 일이라면 항상 발 벗고 나서는 사람이다.
발에 채다.	여기저기 흔하게 널려 있다. 예 요즘에는 발에 채는 것이 여관이요, 호텔이다.
발등(을) 찍히다.	남에게 배신을 당하다. 예 그는 굳게 믿었던 친구에게 결국 발등을 찍히고 말았다.
발목(을) 잡히다.	어떤 일에 꽉 잡혀서 벗어나지 못하다. 예 남의 일에 발목을 잡혀서 내 일은 전혀 못하고 있다.
발(을) 끊다.	오가지 않거나 관계를 끊다. 예 박씨 그 사람, 몇 해 전에 한 번 다녀간 뒤로 발을 뚝 끊었어요.
발(이) 넓다.	사귀어 아는 사람이 많아 활동하는 범위가 넓다. 예 그 사람은 발이 넓어 네가 도움을 받을 수 있을 거야.
발(이) 묶이다.	몸을 움직일 수 없거나 활동할 수 없는 형편이 되다. 예 갑작스러운 태풍으로 등산객들이 발이 묶였다.
발이 손이 되도록 빌다.	손만으로는 부족하여 발까지 동원할 정도로 간절히 빌다. 예 어머니는 철없는 아들을 한 번만 용서해 달라고 선생님께 발이 손이 되도록 빌었다.
발이 저리다.	지은 죄가 있어 마음이 조마조마하거나 편안치 아니하다. 예 제 발이 저리니까 입만 열면 변명이구나.

II. 어문규정

1 표준어 · 자주 나오는 이론

표준어가 어려운 이유는 암기해야 할 분량이 많고, 매해 개정되기 때문이다. 하지만 간부선발도구 시험에서는 기본 항목을 바탕으로 선택지가 구성되는 경우가 많으니, 일단 이를 중심으로 학습하는 것이 좋다. 교재에서는 지금까지 많이 출제된 영역인 제1항~제13항 중 필수 항과 제26항 복수 표준어를 수록해 놓았다. 나머지 항에서 문제가 출제되지 않은 것은 아니므로, 시간적 여유가 있다면 전체 내용을 숙지하는 것이 바람직하다.

※ 표준어 규정은 총 26항으로, 국립국어원 '어문 규정집'에서 자세한 내용을 확인할 수 있다.

(1) 주요 표준어 규정

① 제1절 자음

[제3항] 다음 단어들은 거센소리를 가진 형태를 표준어로 삼는다.

○	×	비고
끄나풀	끄나불	
나팔-꽃	나발-꽃	
녘	녁	동~, 들~, 새벽~, 동틀 ~.
부엌	부억	
살-쾡이	삵-괭이	
칸	간	① ~막이, 빈~, 방 한~ ② '초가삼간, 윗간'의 경우에는 '간'임
털어-먹다	떨어-먹다	재물을 다 없애다.

[제5항] 어원에서 멀어진 형태로 굳어져서 널리 쓰이는 것은, 그것을 표준어로 삼는다.

○	×	비고
강낭-콩	강남-콩	
고삿	고샅	① 고샅 → 고삿: 초가지붕을 일 때 쓰는 새끼 ② 고샅: 시골 마을의 좁은 골목길 겉~, 속~
사글-세	삭월-세	'월세'는 표준어임
울력-성당	위력-성당	떼를 지어서 으르고 협박하는 일

[제6항] 다음 단어들은 의미를 구별함이 없이, 한 가지 형태만을 표준어로 삼는다.

O	×	비고
돌	돐	생일, 주기
둘-째	두-째	'제2, 두 개째'의 뜻
셋-째	세-째	'제3, 세 개째'의 뜻
넷-째	네-째	'제4, 네 개째'의 뜻
빌리다	빌다	① 빌려 주다, 빌려 오다. ② '용서를 빌다'는 '빌다'임

다만, '둘째'는 십 단위 이상의 서수사에 쓰일 때에 '두째'로 한다.

O	×	비고
열두-째		열두 개째의 뜻은 '열둘째'로
스물두-째		스물두 개째의 뜻은 '스물둘째'로

참고 '열두째'와 '열둘째'

열두째(관형사, 수사): 순서가 열두 번째가 되는 차례 **예** 영수는 반에서 열두째로 크다.
열둘째(명사): 맨 앞에서부터 세어 열두 개째가 됨을 이르는 말 **예** 귤을 열둘째 먹었다.

[제7항] 수컷을 이르는 접두사는 '수-'로 통일한다.

O	×	비고
수-꿩	수-퀑/숫-꿩	'장끼'도 표준어임 ※ '퀑'은 '꿩'의 잘못된 표현
수-나사	숫-나사	
수-놈	숫-놈	
수-사돈	숫-사돈	
수-소	숫-소	'황소'도 표준어임
수-은행나무	숫-은행나무	

다만 1. 다음 단어에서는 접두사 다음에서 나는 거센소리를 인정한다. 접두사 '암-'이 결합되는 경우에도 이에 준한다.

O	×	O	×
수-캉아지	숫-강아지	수-탕나귀	숫-당나귀
수-캐	숫-개	수-톨쩌귀	숫-돌쩌귀
수-컷	숫-것	수-퇘지	숫-돼지
수-키와	숫-기와	수-평아리	숫-병아리
수-탉	숫-닭		

다만 2. **다음 단어의 접두사는 '숫-'으로 한다.** 예 숫-양, 숫-염소, 숫-쥐

> 참고 접두사 '수-', '암-'과 결합하여 거센소리를 인정하는 경우는 '다만 1'에만 해당하므로, 다음의 단어는 헷갈리지 않도록 주의한다. 예 수코양이(×) → 수고양이(○), 수펄(×) → 수벌(○)

② 제2절 모음

[**제8항**] 양성 모음이 음성 모음으로 바뀌어 굳어진 다음 단어는 음성 모음 형태를 표준어로 삼는다.

○	×	비고
깡충-깡충	깡총-깡총	큰말은 '껑충껑충'임
-둥이	-동이	← 童-이. 귀-, 막-, 선-, 쌍-, 검-, 바람-, 흰-
발가-숭이	발가-송이	센말은 '빨가숭이', 큰말은 '벌거숭이, 뻘거숭이'임
보퉁이	보통이	
봉죽	봉족	← 奉足. ~꾼, ~ 들다.
뻗정-다리	뻗장-다리	
아서, 아서라	앗아, 앗아라	하지 말라고 금지하는 말
오뚝-이	오똑-이	부사도 '오뚝-이'임
주추	주초	← 柱礎. 주춧-돌

다만, 어원 의식이 강하게 작용하는 다음 단어에서는 양성 모음 형태를 그대로 표준어로 삼는다.

예 부조(扶助)(○)/부주(×), 사돈(査頓)(○)/사둔(×), 삼촌(三寸)(○)/삼춘(×)

[**제9항**] 'ㅣ' 역행 동화 현상에 의한 발음은 원칙적으로 표준 발음으로 인정하지 아니하되, 다만 다음 단어들은 그러한 동화가 적용된 형태를 표준어로 삼는다.

예 -내기(○)/-나기(×), 냄비(○)/남비(×), 동댕이-치다(○)/동당이-치다(×)

[붙임 1] 다음 단어는 'ㅣ' 역행 동화가 일어나지 아니한 형태를 표준어로 삼는다.

예 아지랑이(○)/아지랭이(×)

[붙임 2] 기술자에게는 '-장이', 그 외에는 '-쟁이'가 붙는 형태를 표준어로 삼는다.

○	×	비고
미장이	미쟁이	
유기장이	유기쟁이	
멋쟁이	멋장이	
소금쟁이	소금장이	
담쟁이-덩굴	담장이-덩굴	
골목쟁이	골목장이	
발목쟁이	발목장이	

참고1 **'점쟁이'와 '환쟁이'**

점을 치는 사람은 '점쟁이', 그림을 그리는 사람을 낮잡아 이르는 말에는 '환쟁이'가 있다. 이들은 수공업적인 기술자가 아니기 때문에 '점쟁이', '환쟁이'를 표준어로 삼는다.

참고2 **'양복장이'와 '양복쟁이', '갓장이'와 '갓쟁이'**

'양복장이'와 '양복쟁이'는 모두 표준어이다. '양복장이'는 양복을 만드는 일을 직업으로 삼는 사람을 뜻하는 말이고, '양복쟁이'는 양복을 입은 사람을 낮잡아 일컫는 말이다. 그리고 '갓장이'와 '갓쟁이' 역시 모두 표준어로, '갓장이'는 갓을 만드는 것을 직업으로 삼는 사람을 뜻하고, '갓쟁이'는 갓을 쓴 사람을 낮잡아 이르는 말로 쓰인다.

[**제12항**] '웃-' 및 '윗-'은 명사 '위'에 맞추어 '윗-'으로 통일한다.

  예) 윗-넓이(○)/웃-넓이(×), 윗-눈썹(○)/웃-눈썹(×), 윗-니(○)/웃-니(×), 윗-당줄(○)/웃-당줄(×), 윗-동아리(○)/웃-동아리(×)

다만 1. 된소리나 거센소리 앞에서는 '위-'로 한다.

  예) 위-짝(○)/웃-짝(×), 위-쪽(○)/웃-쪽(×), 위-채(○)/웃-채(×), 위-층(○)/웃-층(×)

다만 2. '아래, 위'의 대립이 없는 단어는 '웃-'으로 발음되는 형태를 표준어로 삼는다.

  예) 웃-국(○)/윗-국(×), 웃-기(○)/윗-기(×), 웃-돈(○)/윗-돈(×), 웃-비(○)/윗-비(×), 웃-어른(○)/윗-어른(×), 웃-옷(○)/윗-옷(×)

참고1 **'위'와 '윗'과 '웃'**
- 위: 거센소리, 된소리 앞 예) 위팔(거센소리), 위층(거센소리)
- 윗: 위, 아래 구분 ○ 예) 윗니(아랫니○), 윗도리(아랫도리○)
- 웃: 위, 아래 구분 × 예) 웃어른(아랫어른×)

참고2 **'웃옷'과 '윗옷'**

'웃옷'은 그 뜻이 '맨 겉에 입는 옷'이므로 '아래옷'과 대립하지 않고, '겉옷의 안쪽에 몸에 직접 닿게 입는 옷'이라는 뜻을 나타내는 '속옷'과 대립한다. 그러므로 위와 아래의 대립이 없는 말로 다루어서 '웃옷'을 표준어로 삼는다. 한편, '윗도리에 입는 옷'이라는 의미로 쓰이는 '윗옷'은 '아래에 입는 옷'인 '아래옷'과 위와 아래로 대립하므로, '윗옷'을 표준어로 삼는다. 정리하면 '웃옷'은 '속옷'과 대립적으로 쓰이고, '윗옷'은 '아래옷'과 대립하여 쓰이는 말이다.

[**제13항**] 한자 '구(句)'가 붙어서 이루어진 단어는 '귀'로 읽는 것을 인정하지 아니하고, '구'로 통일한다.

○	×	비고
구법(句法)	귀법	
구절(句節)	귀절	
구점(句點)	귀점	
결구(結句)	결귀	
경구(警句)	경귀	
경인구(警人句)	경인귀	
난구(難句)	난귀	
단구(短句)	단귀	
단명구(短命句)	단명귀	

대구(對句)	대귀	~법(對句法)
문구(文句)	문귀	
성구(成句)	성귀	~어(成句語)
시구(詩句)	시귀	
어구(語句)	어귀	
연구(聯句)	연귀	
인용구(引用句)	인용귀	
결구(絕句)	결귀	

다만, 다음 단어는 '귀'로 발음되는 형태를 표준어로 삼는다.
예 귀-글(○)/구-글(×), 글-귀(○)/글-구(×)

③ 제5절 복수 표준어

[**제26항**] 한 가지 의미를 나타내는 형태 몇 가지가 널리 쓰이며 표준어 규정에 맞으면, 그 모두를 표준어로 삼는다.

○	비고
가는-허리/잔-허리	
가락-엿/가래-엿	
가뭄/가물	
가엾다/가엽다	가엾어/가여워, 가엾은/가여운
감감-무소식/감감-소식	
개수-통/설거지-통	'설겆다'는 '설거지하다'로
개숫-물/설거지-물	
갱-엿/검은-엿	
-거리다/-대다	가물-, 출렁-
거위-배/횟-배	
것/해	내 ~, 네 ~, 뉘 ~
게을러-빠지다/게을러-터지다	
고깃-간/푸줏-간	'고깃-관, 푸줏-관, 다림-방'은 비표준어임
곰곰/곰곰-이	
관계-없다/상관-없다	
교정-보다/준-보다	
구들-재/구재	
귀퉁-머리/귀퉁-배기	'귀퉁이'의 비어임
극성-떨다/극성-부리다	

기세-부리다/기세-피우다	
기승-떨다/기승-부리다	
깃-저고리/배내-옷/배냇-저고리	
꼬까/때때/고까	~신, ~옷
꼬리-별/살-별	
꽃-도미/붉-돔	
나귀/당-나귀	
날-걸/세-뿔	윷판의 쨀밭 다음의 셋째 밭
내리-글씨/세로-글씨	
넝쿨/덩굴	'덩쿨'은 비표준어임
녘/쪽	동~, 서~
눈-대중/눈-어림/눈-짐작	
느리-광이/느림-보/늘-보	
늦-모/마냥-모	← 만이앙-모
다기-지다/다기-차다	
다달-이/매-달	
-다마다/-고말고	
다박-나룻/다박-수염	
닭의-장/닭-장	
댓-돌/툇-돌	
덧-창/겉-창	
독장-치다/독판-치다	
동자-기둥/쪼구미	
돼지-감자/뚱딴지	
되우/된통/되게	
두동-무니/두동-사니	윷놀이에서, 두 동이 한데 어울려 가는 말
뒷-갈망/뒷-감당	
뒷-말/뒷-소리	
들락-거리다/들랑-거리다	
들락-날락/들랑-날랑	
딴-전/딴-청	
땅-콩/호-콩	
땔-감/땔-거리	
-뜨리다/-트리다	깨-, 떨어-, 쏟-
뜬-것/뜬-귀신	
마룻-줄/용총-줄	돛대에 매어 놓은 줄. '이어줄'은 비표준어임
마-파람/앞-바람	

만장-판/만장-중(滿場中)	
만큼/만치	
말-동무/말-벗	
매-갈이/매-조미	
매-통/목-매	
먹-새/먹음-새	'먹음-먹이'는 비표준어임
멀찌감치/멀찌가니/멀찍-이	
멱통/산-멱/산-멱통	
면-치레/외면-치레	
모-내다/모-심다	모-내기, 모-심기
모쪼록/아무쪼록	
목판-되/목-되	
목화-씨/면화-씨	
무심-결/무심-중	
물-봉숭아/물-봉선화	
물-부리/빨-부리	
물-심부름/물-시중	
물추리-나무/물추리-막대	
물-타작/진-타작	
민둥-산/벌거숭이-산	
밑-층/아래-층	
바깥-벽/밭-벽	
바른/오른[右]	~손, ~쪽, ~편
발-모가지/발-목쟁이	'발목'의 비속어임
버들-강아지/버들-개지	
벌레/버러지	'벌거지, 벌러지'는 비표준어임
변덕-스럽다/변덕-맞다	
보-조개/볼-우물	
보통-내기/여간-내기/예사-내기	'행-내기'는 비표준어임
볼-따구니/볼-통이/볼-때기	'볼'의 비속어임
부침개-질/부침-질/지짐-질	'부치개-질'은 비표준어임
불똥-앉다/등화-지다/등화-앉다	
불-사르다/사르다	
비발/비용(費用)	
뾰두라지/뾰루지	
살-쾡이/삵	삵-피
삽살-개/삽사리	

상두-꾼/상여-꾼	'상도-꾼, 향도-꾼'은 비표준어임
상-씨름/소-걸이	
생/새앙/생강	
생-뿔/새앙-뿔/생강-뿔	'쇠뿔'의 형용
생-철/양-철	① '서양철'은 비표준어임 ② '生鐵'은 '무쇠'임
서럽다/섧다	'설다'는 비표준어임
서방-질/화냥-질	
성글다/성기다	
-(으)세요/-(으)셔요	
송이/송이-버섯	
수수-깡/수숫-대	
술-안주/안주	
-스레하다/-스름하다	거무-, 발그-
시늉-말/흉내-말	
시새/세사(細沙)	
신/신발	
신주-보/독보(櫝褓)	
심술-꾸러기/심술-쟁이	
씁쓰레-하다/씁쓰름-하다	
아귀-세다/아귀-차다	
아래-위/위-아래	
아무튼/어떻든/어쨌든/하여튼/여하튼	
앉음-새/앉음-앉음	
알은-척/알은-체	
애-갈이/애벌-갈이	
애꾸눈-이/외눈-박이	'외대-박이, 외눈-퉁이'는 비표준어임
양념-감/양념-거리	
어금버금-하다/어금지금-하다	
어기여차/어여차	
어림-잡다/어림-치다	
어이-없다/어처구니-없다	
어저께/어제	
언덕-바지/언덕-배기	
얼렁-뚱땅/엄벙-뗑	
여왕-벌/장수-벌	
여쭈다/여쭙다	
여태/입때	'여직'은 비표준어임
여태-껏/이제-껏/입때-껏	'여직-껏'은 비표준어임

	역성-들다/역성-하다	'편역-들다'는 비표준어임
	연-달다/잇-달다	
	엿-가락/엿-가래	
	엿-기름/엿-길금	
	엿-반대기/엿-자박	
	오사리-잡놈/오색-잡놈	'오합-잡놈'은 비표준어임
	옥수수/강냉이	~떡, ~묵, ~밥, ~튀김
	왕골-기직/왕골-자리	
	외겹-실/외올-실/홑-실	'홑겹-실, 올-실'은 비표준어임
	외손-잡이/한손-잡이	
	욕심-꾸러기/욕심-쟁이	
	우레/천둥	우렛-소리, 천둥-소리
	우지/울-보	
	을러-대다/을러-메다	
	의심-스럽다/의심-쩍다	
	-이에요/-이어요	① 받침이 있는 인명 　ㄱ. 영숙이+이에요 = 영숙이이에요 → 영숙이예요 　ㄴ. 영숙이+이어요 = 영숙이이어요 → 영숙이여요 　ㄷ. 김영숙+이에요 = 김영숙이에요 ② 받침이 없는 인명 　ㄱ. 철수+이에요 = 철수이에요 → 철수예요 　ㄴ. 철수+이어요 = 철수이어요 → 철수여요 ③ 받침이 있는 명사 　ㄱ. 장남+이에요 = 장남이에요 　ㄴ. 장남+이어요 = 장남이어요 ④ 받침이 없는 명사 　ㄱ. 손자+이에요 = 손자이에요 → 손자예요 　ㄴ. 손자+이어요 = 손자이어요 → 손자여요 ⑤ 아니다 　ㄱ. 아니-ㅣ-에요 = 아니에요(→ 아녜요) 　ㄴ. 아니-+-어요 = 아니어요(→ 아녀요) ※ '아니여요/아니예요'는 틀린 말이다.
	이틀-거리/당-고금	학질의 일종임
	일일-이/하나-하나	
	일찌감치/일찌거니	
	입찬-말/입찬-소리	
	자리-옷/잠-옷	
	자물-쇠/자물-통	
	장가-가다/장가-들다	'서방-가다'는 비표준어임
	재롱-떨다/재롱-부리다	
	제-가끔/제-각기	

좀-처럼/좀-체	'좀-체로, 좀-해선, 좀-해'는 비표준어임
줄-꾼/줄-잡이	
중신/중매	
짚-단/짚-뭇	
쪽/편	오른~, 왼~
차차/차츰	
책-씻이/책-거리	
척/체	모르는 ~, 잘난 ~
천연덕-스럽다/천연-스럽다	
철-따구니/철-딱서니/철-딱지	'철-때기'는 비표준어임
추어-올리다/추어-주다*	
축-가다/축-나다	
침-놓다/침-주다	
통-꼭지/통-젖	통에 붙은 손잡이
파자-쟁이/해자-쟁이	점치는 이
편지-투/편지-틀	
한턱-내다/한턱-하다	
해웃-값/해웃-돈	'해우-차'는 비표준어임
혼자-되다/홀로-되다	
흠-가다/흠-나다/흠-지다	

＊2018년 10월 16일 개정으로 인해 '추어올리다, 추켜올리다, 치켜올리다, 추켜세우다, 치켜세우다'의 구분이 깔끔하게 정리되었다.
　① 〈칭찬/옷/신체의 일부〉는 모두 사용이 가능하다.
　② 〈물건〉은 '올리다'가 맞다. 예 바지를 추어올리다. 치맛자락을 추켜올리다.
　③ 〈옷깃〉은 '세우다'가 맞다. 예 옷깃을 추켜세우다/치켜세우다.

(2) 추가 표준어

① 추가 표준어1: 2011년 8월 31일 개정

㉠ 복수 표준어: 현재 표준어와 같은 뜻을 가진 표준어로 인정한 것

추가된 표준어	현재 표준어	추가된 표준어	현재 표준어
간지럽히다	간질이다	세간살이	세간
남사스럽다	남우세스럽다	쌉싸름하다	쌉싸래하다
등물	목물	토란대	고운대
맨날	만날	허접쓰레기	허섭스레기
묫자리	묏자리	흙담	토담
복숭아뼈	복사뼈		

ⓒ 별도 표준어: 현재 표준어와는 별도의 표준어로 추가 인정된 것

추가된 표준어	현재 표준어	뜻 차이
~길래	~기에	~길래: '~기에'의 구어적 표현
개발새발	괴발개발	• 개발새발: 개의 발과 새의 발 • 괴발개발: 고양이의 발과 개의 발
나래	날개	나래: '날개'의 문학적 표현
내음	냄새	내음: 향기롭거나 나쁘지 않은 냄새로 제한됨
눈꼬리	눈초리	• 눈꼬리: 눈의 귀 쪽으로 째진 부분 • 눈초리: 어떤 대상을 바라볼 때 눈에 나타나는 표정 예 매서운 눈초리
떨구다	떨어뜨리다	떨구다: '시선을 아래로 향하다.'라는 뜻이 있음
뜨락	뜰	뜨락: 추상적 공간을 비유하는 뜻이 있음
먹거리	먹을거리	• 먹거리: 사람이 살아가기 위하여 먹는 온갖 것 • 먹을거리: 먹을 수 있거나 먹을 만한 음식 또는 식품
메꾸다	메우다	메꾸다: '무료한 시간을 적당히 또는 그럭저럭 흘러가게 하다.'라는 뜻이 있음
손주	손자(孫子)	• 손주: 손자와 손녀를 아울러 이르는 말 • 손자: 아들의 아들. 또는 딸의 아들
어리숙하다	어수룩하다	• 어리숙하다: '어리석음'의 뜻이 강함 • 어수룩하다: '순박함/순진함'의 뜻이 강함
연신	연방	• 연신: 반복성을 강조 • 연방: 연속성을 강조
횡하니	횡허케	횡허케: '횡하니'의 예스러운 표현
걸리적거리다	거치적거리다	자음 또는 모음의 차이로 인한 어감 및 뜻 차이 존재
끄적거리다	끼적거리다	
두리뭉실하다	두루뭉술하다	
맨숭맨숭/ 맹숭맹숭	맨송맨송	
바둥바둥	바동바동	
새초롬하다	새치름하다	
아웅다웅	아옹다옹	
야멸차다	야멸치다	
오손도손	오순도순	
찌뿌둥하다	찌뿌듯하다	
추근거리다	치근거리다	

ⓒ 복수 표준형: 두 가지 표기를 모두 표준어로 인정한 것 예 태껸/택견, 품세/품새, 자장면/짜장면

② **추가 표준어2: 2014년 12월 15일 개정**
  ㉠ 복수 표준어: 현재 표준어와 같은 뜻을 가진 표준어로 인정한 것

추가된 표준어	현재 표준어	추가된 표준어	현재 표준어
구안와사	구안괘사	삐지다	삐치다
굽신*	굽실	초장초	작장초
눈두덩이	눈두덩		

* '굽신'이 표준어로 인정됨에 따라 '굽신거리다, 굽신대다, 굽신하다, 굽신굽신, 굽신굽신하다' 등도 표준어로 함께 인정됨

  ㉡ 별도 표준어: 현재 표준어와는 별도의 표준어로 추가 인정된 것

추가된 표준어	현재 표준어	뜻 차이
개기다	개개다	• 개기다: (속되게) 명령이나 지시를 따르지 않고 버티거나 반항함 • 개개다: 성가시게 달라붙어 손해를 끼침 예 능력도 없는 나에게 개길거야?
꼬시다	꾀다	• 꼬시다: '꾀다'를 속되게 이르는 말 • 꾀다: 그럴듯한 말이나 행동으로 남을 속이거나 부추겨서 자기 생각대로 끌다.
놀잇감	장난감	• 놀잇감: 놀이 또는 아동 교육 현장 따위에서 활용되는 물건이나 재료 • 장난감: 아이들이 가지고 노는 여러 가지 물건
딴지	딴죽	• 딴지: (주로 '걸다, 놓다'와 함께 쓰여) 일이 순순히 진행되지 못하도록 훼방을 놓거나 어기대는 것 • 딴죽: 이미 동의하거나 약속한 일에 대하여 딴전 부리는 것을 비유적으로 이르는 말
사그라들다	사그라지다	• 사그라들다: 삭아서 없어져 가다. • 사그라지다: 삭아서 없어지다.
섬찟*	섬뜩	• 섬찟: 갑자기 소름이 끼치도록 무시무시하고 끔찍한 느낌이 드는 모양 • 섬뜩: 갑자기 소름이 끼치도록 무섭고 끔찍한 느낌이 드는 모양

속앓이	속병	• 속앓이: ① 속이 아픈 병, 또는 속에 병이 생겨 아파하는 일
		  ② 겉으로 드러내지 못하고 속으로 걱정하거나 괴로워하는 일
		• 속병: ① 몸속의 병을 통틀어 이르는 말
		  ② '위장병'을 일상적으로 이르는 말
		  ③ 화가 나거나 속이 상하여 생긴 마음의 심한 아픔

허접하다	허접스럽다	• 허접하다: 허름하고 잡스럽다. • 허접스럽다: 허름하고 잡스러운 느낌이 있다.

* '섬찟'이 표준어로 인정됨에 따라 '섬찟하다, 섬찟섬찟, 섬찟섬찟하다' 등도 표준어로 함께 인정됨

③ **추가 표준어3: 2015년 12월 14일 개정**
  ㉠ 복수 표준어: 현재 표준어와 같은 뜻을 가진 표준어로 인정한 것

추가된 표준어	현재 표준어	추가된 표준어	현재 표준어
마실*	마을	찰지다	차지다
이쁘다	예쁘다	-고프다	-고 싶다

* '이웃에 놀러 다니는 일'의 의미에 한하여 표준어로 인정함. '여러 집이 모여 사는 곳'의 의미로 쓰인 '마실'은 비표준어임
  '마실꾼, 마실방, 마실돌이, 밤마실'도 표준어로 인정함

ⓒ 별도 표준어: 현재 표준어와는 별도의 표준어로 추가 인정된 것

추가된 표준어	현재 표준어	뜻 차이
꼬리연	가오리연	• 꼬리연: 긴 꼬리를 단 연 예 행사가 끝날 때까지 하늘을 수놓았던 대형 꼬리연도 비상을 꿈꾸듯 끊임없이 창공을 향해 날아올랐다. • 가오리연: 가오리 모양으로 만들어 꼬리를 길게 단 연. 띄우면 오르면서 머리가 아래위로 흔들린다.
의론	의논	• 의론(議論): 어떤 사안에 대하여 각자의 의견을 제기함. 또는 그런 의견('의론되다, 의론하다'도 표준어로 인정함) 예 이러니저러니 의론이 분분하다. • 의논(議論): 어떤 일에 대하여 서로 의견을 주고받음 예 그녀는 나와 의논도 없이 결정했다.
이크	이키	• 이크: 당황하거나 놀랐을 때 내는 소리. '이키'보다 큰 느낌 예 이크, 이거 큰일 났구나 싶어 허겁지겁 뛰어갔다. • 이키: 당황하거나 놀랐을 때 내는 소리. '이끼'보다 거센 느낌
잎새	잎사귀	• 잎새: 나무의 잎사귀. 주로 문학적 표현에 쓰인다. 예 잎새가 몇 개 남지 않은 나무들이 창문 위로 뻗어올라 있었다. • 잎사귀: 낱낱의 잎(주로 넓적한 잎을 이름)
푸르르다	푸르다	• 푸르르다: '푸르다'를 강조할 때 이르는 말 예 겨우내 찌푸리고 있던 잿빛 하늘이 푸르르게 맑아 오고 어디선지도 모르게 흙냄새가 뭉클하니 풍겨 오는 듯한 순간 벌써 봄이 온 것을 느낀다. • 푸르다: 맑은 가을 하늘이나 깊은 바다, 풀의 빛깔과 같이 밝고 선명하다('푸르다'는 '러 불규칙'이고, '푸르르다'는 '으 불규칙 용언'으로 분류함). 예 비 갠 뒤에는 하늘이 더 푸르러 보인다.

ⓒ 복수 표준형: 두 가지 표기를 모두 표준어로 인정한 것

추가된 표준어	현재 표준어	뜻 차이

말아
말아라
말아요
	마
	마라
	마요
		'말다'에 명령형 어미 '-아', '-아라', '-아요' 등이 결합할 때는 어간 끝의 'ㄹ'이 탈락하기도 하고 탈락하지 않기도 함
		예 내가 하는 말 농담으로 듣지 마/말아.
		  애야, 아무리 바빠도 제사는 잊지 마라/말아라.
		  아유, 말도 마요/말아요.

노랗네
동그랗네
조그맣네
⋮
	노라네
	동그라네
	조그마네
	⋮
		• 'ㅎ 불규칙 용언'이 어미 '-네'와 결합할 때는 어간 끝의 'ㅎ'이 탈락하기도 하고 탈락하지 않기도 함
		• '그렇다, 노랗다, 동그랗다, 뿌옇다, 어떻다, 조그맣다, 커다랗다' 등 모든 'ㅎ 불규칙 용언'의 활용형에 적용됨
		예 생각보다 훨씬 노랗네/노라네.
		  이 빵은 동그랗네/동그라네.
		  건물이 아주 조그맣네/조그마네.

④ 추가 표준어4: 2016년 12월 27일 개정
  ㉠ 별도 표준어: 현재 표준어와는 별도의 표준어가 추가 인정된 것

추가된 표준어	현재 표준어	뜻 차이
걸판지다	거방지다	• 걸판지다 ① 매우 푸지다. 　예 술상이 걸판지다. 　　마침 눈먼 돈이 생긴 것도 있으니 오늘 저녁은 내가 걸판지게 사지. ② 동작이나 모양이 크고 어수선하다. 　예 싸움판은 자못 걸판져서 구경거리였다. 　　소리판은 옛날이 걸판지고 소리할 맛이 났었지. • 거방지다 ① 몸집이 크다. ② 하는 짓이 점잖고 무게가 있다. ③ =걸판지다[01]
겉울음	건울음	• 겉울음 ① 드러내 놓고 우는 울음 　예 꼭꼭 참고만 있다 보면 간혹 속울음이 겉울음으로 터질 때가 있다. ② 마음에도 없이 겉으로만 우는 울음 　예 눈물도 안 나면서 슬픈 척 겉울음 울지 마. • 강울음(=건울음): 눈물 없이 우는 울음, 또는 억지로 우는 울음
까탈스럽다	까다롭다	• 까탈스럽다 ① 조건, 규정 따위가 복잡하고 엄격하여 적응하거나 적용하기에 어려운 데가 있다. '가탈스럽다[01]'보다 센 느낌을 준다. 　예 까탈스러운 공정을 거치다/규정을 까탈스럽게 정하다/가스레인지에 길들여진 현대인들에게 지루하고 까탈스러운 숯 굽기 작업은 쓸데없는 시간 낭비로 비칠 수도 있겠다. ② 성미나 취향 따위가 원만하지 않고 별스러워 맞춰 주기에 어려운 데가 있다. '가탈스럽다[02]'보다 센 느낌을 준다. 　예 까탈스러운 입맛/성격이 까탈스럽다/딸아이는 사 준 옷이 맘에 안든다고 까탈스럽게 굴었다. 　※ 같은 계열의 '가탈스럽다'도 표준어로 인정함 • 까다롭다 ① 조건 따위가 복잡하거나 엄격하여 다루기에 순탄하지 않다. ② 성미나 취향 따위가 원만하지 않고 별스럽게 까탈이 많다.
실뭉치	실몽당이	• 실뭉치: 실을 한데 뭉치거나 감은 덩이 　예 뒤엉킨 실뭉치/실뭉치를 풀다/그의 머릿속은 엉클어진 실뭉치같이 갈피를 못 잡고 있었다. • 실몽당이: 실을 풀기 좋게 공 모양으로 감은 뭉치

ⓒ 복수 표준형: 두 가지 표기를 모두 표준어로 인정한 것

추가된 표준어	현재 표준어	뜻 차이
엘랑	에는	• 표준어 규정 제25항에서 '에는'의 비표준형으로 규정해 온 '엘랑'을 표준형으로 인정함 • '엘랑' 외에도 'ㄹ랑'에 조사 또는 어미가 결합한 '에설랑, 설랑, -고설랑, -어설랑, -질랑'도 표준형으로 인정함 • '엘랑, -고설랑' 등은 단순한 조사/어미 결합형이므로 사전 표제어로는 다루지 않음 예 서울엘랑 가지를 마오. 　　교실에설랑 떠들지 마라. 　　나를 앞에 앉혀놓고설랑 자기 아들 자랑만 하더라.
주책이다	주책없다	• 표준어 규정 제25항에 따라 '주책없다'의 비표준형으로 규정해 온 '주책이다'를 표준형으로 인정함 • '주책이다'는 '일정한 줏대가 없이 되는대로 하는 짓'을 뜻하는 '주책'에 서술격조사 '이다'가 붙은 말로 봄 • '주책이다'는 단순한 명사+조사 결합형이므로 사전 표제어로는 다루지 않음 예 이제 와서 오래 전에 헤어진 그녀를 떠올리는 나 자신을 보며 '나도 참 주책이군' 하는 생각이 들었다.

⑤ 추가 표준어5: 2017년 사전 주요 개정 내용
　㉠ 표제어 추가 및 뜻풀이 수정

표제항	수정 전	수정 후
여쭤보다, 여쭈어보다		• 표제어 추가 '물어보다'의 높임말: '여쭈어보다', '여쭈어보다'의 준말: '여쭤보다'
상, 하	의존 명사와 접미사로 기능	접미사로만 기능
으로써		• 뜻풀이 추가 (주로 '-ㅁ/-음' 뒤에 붙어) 어떤 일의 이유를 나타내는 격 조사. 예 감금죄는 다른 사람의 신체적 활동의 자유를 제한함으로써 성립하는 범죄이다.
드리다	'주다'의 높임말	• 뜻풀이 수정 ※ 보조 용언 '-주다'와 결합한 단어가 사전에 등재되어 있는 경우, 이에 대응하는 '-드리다'가 합성어로 등재되지 않았더라도 앞말에 붙여 쓴다.
이보십시오*		• 표제어 추가 듣는 이를 부를 때 쓰는 감탄사. 합쇼할 자리에 쓴다. 예 이보십시오! 여긴 제자린데요.
미망인	아직 따라 죽지 못한 사람이란 뜻으로, 남편이 죽고 홀로 남은 여자를 이르는 말	• 뜻풀이 수정 남편을 여읜 여자 ※ 아직 따라 죽지 못한 사람이란 뜻으로, 다른 사람이 당사자를 미망인이라고 부르는 것은 실례가 된다.

＊ '이보십시오'의 표제어 추가에 따라 '이보세요', '이보쇼', '이보시게', '이봅시오', '이봐요' 등도 함께 등재됨
※ '-너라'가 명령을 나타내는 종결 어미로 인정됨으로써 '-너라' 불규칙이 사라짐

ⓛ 품사 수정

표제항	수정 전	수정 후
잘생기다	형용사	동사
잘나다	형용사	동사
못나다	형용사	동사
낡다[01]	형용사	동사
못생기다	형용사	동사
빠지다[02]	보조 형용사	보조 동사
생기다	보조 형용사	보조 동사
터지다	보조 형용사	보조 동사

※ 형용사의 어간에 '-었-'이 결합하면 '과거'의 의미가 드러나는데, 위 용언들은 '현재 상태'의 의미를 드러내기 때문에 품사를 '동사'로 수정함

ⓒ 발음 수정

표제항	수정 전	수정 후
관건[02]	[관건]	[관건/관껀]
불법[01]	[불법]	[불법/불뻡]
강약	[강약]	[강약/강냑]
교과[01]	[교:과]	[교:과/교:꽈]
반값	[반:갑]	[반:갑/반:깝]
분수[06]	[분쑤]	[분쑤/분수]
안간힘	[안깐힘]	[안깐힘/안간힘]
인기척	[인끼척]	[인끼척/인기척]
점수[06]	[점쑤]	[점쑤/점수]
함수[04]	[함:쑤]	[함:쑤/함:수]
효과[01]	[효:과]	[효:과/효:꽈]
감언이설	[가먼니설]	[가먼니설/가머니설]
괴담이설	[괴:담니설/궤:담니설]	[괴:담니설/궤:다미설]
밤이슬	[밤니슬]	[밤니슬/바미슬]
연이율	[연니율]	[연니율/여니율]
영영[01]	[영:영]	[영:영/영:녕]
의기양양	[의:기양양]	[의:기양양/의:기양냥]
순이익	[순니익]	[순니익/수니익]

⑥ 추가 표준어6: 2018년 사전 주요 개정 내용

표제항	뜻풀이 수정 전	뜻풀이 수정 후
꺼림직이	『북한어』'꺼림칙이'의 북한어	꺼림칙이
꺼림직하다	① 꺼림칙하다. ② 『북한어』'꺼림칙하다'의 북한어	꺼림칙하다.
꺼림칙스럽다	보기에 거리끼어 언짢은 데가 있다.	보기에 꺼림칙한 데가 있다.
꺼림칙이	매우 꺼림하게	마음에 걸려서 언짢고 싶은 느낌이 있게 ≒ 꺼림직이
꺼림칙하다	매우 꺼림하다. ≒ 께름칙하다.	마음에 걸려서 언짢고 싶은 느낌이 있다. ≒ 꺼림직하다.
꺼림하다	마음에 걸려 언짢은 느낌이 있다. ≒ 께름하다.	마음에 걸려서 언짢은 느낌이 있다.
께름직하다	① 꺼림칙하다. ② 『북한어』조금 께름하다.	께름칙하다.
께름칙하다	꺼림칙하다.	마음에 걸려서 언짢고 싫은 느낌이 꽤 있다. ≒ 께름직하다.
께름하다	꺼림하다.	마음에 걸려서 언짢은 느낌이 꽤 있다.
추어올리다	① 위로 끌어 올리다. ② 실제보다 높여 칭찬하다. ≒추어주다.	① 옷이나 물건, 신체 일부 따위를 위로 가뜬하게 올리다. ≒ 추켜올리다[01], 치켜올리다[01] ② 실제보다 과장되게 칭찬하다. 　　≒ 추어주다, 추켜올리다[02], 치켜올리다[02]
추켜세우다	• ① 위로 치올리어 세우다. ② 치켜세우다[02] • ① 『북한어』잘 안되고 있는 일을 잘되는 상태로 올려세우다. ② 『북한어』'추어올리다[02]'의 북한어	① 치켜세우다[01] ② 치켜세우다[02] ③ 『북한어』잘 안되고 있는 일을 잘되는 상태로 올려세우다.
추켜올리다	① 옷이나 물건, 신체 일부 따위를 위로 가뜬하게 올리다. ② 실제보다 과장되게 칭찬하다.	① 추어올리다[01] ② 추어올리다[02]
치켜세우다	① 옷깃이나 눈썹 따위를 위쪽으로 올리다. ② 정도 이상으로 크게 칭찬하다.	① 옷깃이나 신체 일부 따위를 위로 가뜬하게 올려 세우다. ≒ 추켜세우다[01] ② 정도 이상으로 크게 칭찬하다. 　　≒ 추켜세우다[02]
치켜올리다	『북한어』 ① '추켜올리다[01]'의 북한어 ② '추어올리다'의 북한어	① 추어올리다[01] ② 추어올리다[02]

⑦ 추가 표준어7: 2019년 사전 주요 개정 내용

표제항	수정 전	수정 후	비고
까다롭다	까다-롭다	까다롭다	표제어 수정
꿈같다	① 세월이 덧없이 빠르다. ② 【…이】 덧없고 허무하다.	① 세월이 덧없이 빠르다. ② 【…이】 덧없고 허무하다. ③ 매우 좋아서 현실이 아닌 것 같다.	뜻풀이 추가
-디⁰⁷	(일부 형용사 어간 뒤에 붙어)	(일부 용언의 어간 뒤에 붙어)	문법 정보 수정
막⁰⁷	(일부 동사 앞에 붙어) '주저 없이', '함부로'의 뜻을 더하는 접두사 예 막가다, 막거르다, 막보다, 막살다*		뜻풀이 삭제
무단⁰²	無斷	無斷/無端	원어 수정
보편	두루 널리 미침.	모든 것에 두루 미치거나 통함. 또는 그런 것. 「비슷한말」 일반⁰²(一般) 「반대말」 특수⁰²(特殊)	뜻풀이 수정
복어	-	䱡魚	원어 수정
비견하다	낮고 못할 것이 없이 정도가 서로 비슷하게 하다. 앞서거나 뒤서지 않고 어깨를 나란히 한다는 뜻에서 나온 말이다.	서로 비슷한 위치에서 견주다. 또는 견주어지다.	뜻풀이 수정
비견하다	【…에/에게】 【…과】	【(…을) …과】 【(…을) …에】	문형 정보 수정
아⁰⁹	(사람이나 동물 따위를 나타내는 받침 있는 체언 뒤에 붙어)	(받침 있는 체언 뒤에 붙어)	문법 정보 수정
애태우다	애타다.		뜻풀이 삭제
야¹²	(사람이나 동물 따위를 나타내는 받침 없는 체언 뒤에 붙어)	(받침 없는 체언 뒤에 붙어)	문법 정보 수정
유도장애	유도^장애	유도^장해	표제어 수정
이시여	(사람이나 동물 따위를 나타내는 받침 있는 체언 뒤에 붙어)	(받침 있는 체언 뒤에 붙어)	문법 정보 수정

* '막가다, 막거르다, 막보다, 막살다' 등은 이제 파생어가 아니라 합성어로 판단해야 한다.

⑧ 추가 표준어8: 2020년 1, 2분기 사전 주요 개정 내용

표제항	수정 전	수정 후	비고
강[21]	(몇몇 명사 앞에 붙어) '억지스러운'의 뜻을 더하는 접두사	① (몇몇 명사 앞에 붙어) '억지스러운'의 뜻을 더하는 접두사 ② (몇몇 동사 또는 형용사 앞에 붙어) '몹시'의 뜻을 더하는 접두사 예 강마르다/강밭다/강파리하다	• 뜻풀이 추가 • 용례 수정
순환	順煥	順換	원어 수정
신춘	겨울을 보내고 맞이하는 첫봄=새봄	① 겨울을 보내고 맞이하는 첫봄=새봄 ② 새로 시작되는 해=새해	뜻풀이 추가
연도[01]	사무나 회계 결산 따위의 처리를 위하여 편의상 구분한 일 년 동안의 기간. 또는 앞의 말에 해당하는 그해	① 사무나 회계 결산 따위의 처리를 위하여 편의상 구분한 일 년 동안의 기간. 또는 앞의 말에 해당하는 그해 ② (흔히 일부 명사 뒤에 쓰여) 앞말이 이루어진 특정한 해의 뜻을 나타내는 말 예 1차 연도/졸업 연도/제작 연도	뜻풀이 추가
특정하다	「형용사」 (주로 '특정한' 꼴로 쓰여) 특별히 정하여져 있다.	[Ⅰ] 「형용사」 (주로 '특정한' 꼴로 쓰여) 특별히 정하여져 있다. [Ⅱ] 「동사」 【…을】 구체적으로 명확히 지정하다.	뜻풀이 추가

2 표준 발음법

표준 발음법은 간부선발도구 시험에서 자주 출제되는 문제 유형은 아니다. 하지만 규정들을 알아 두면 문제에 적용하기 가장 쉬운 어문 규정임과 동시에 다른 문법적인 요소들을 이해하기 위한 기본적인 지식이 될 수 있으므로, 정리하는 것을 추천한다.

(1) 표준 발음법

[제1항] 표준 발음법은 표준어의 실제 발음을 따르되, 국어의 전통성과 합리성을 고려하여 정함을 원칙으로 한다.

(2) 자음과 모음

[제2항] 표준어의 자음은 다음 19개로 한다. : ㄱ, ㄲ, ㄴ, ㄷ, ㄸ, ㄹ, ㅁ, ㅂ, ㅃ, ㅅ, ㅆ, ㅇ, ㅈ, ㅉ, ㅊ, ㅋ, ㅌ, ㅍ, ㅎ

[제3항] 표준어의 모음은 다음 21개로 한다.: ㅏ, ㅐ, ㅑ, ㅒ, ㅓ, ㅔ, ㅕ, ㅖ, ㅗ, ㅘ, ㅙ, ㅚ, ㅛ, ㅜ, ㅝ, ㅞ, ㅟ, ㅠ, ㅡ, ㅢ, ㅣ

> **참고** 사전 순서를 찾는 문제가 출제된 적이 있다. 자음과 모음의 순서는 필히 암기해 두는 것이 좋다.

[제4항] 'ㅏ, ㅐ, ㅓ, ㅔ, ㅗ, ㅚ, ㅜ, ㅟ, ㅡ, ㅣ'는 단모음으로 발음한다.
[붙임] 'ㅚ, ㅟ'는 이중 모음으로 발음할 수 있다. 예 금괴[금괴/금궤]

[제5항] '<u>ㅑ, ㅒ, ㅕ, ㅖ, ㅘ, ㅙ, ㅛ, ㅝ, ㅞ, ㅠ, ㅢ'는 이중 모음으로 발음한다.</u>
다만 1. 용언의 활용형에 나타나는 '져, 쪄, 쳐'는 [저, 쩌, 처]로 발음한다. 예 가지어→가져[가저]
다만 2. '예, 례' 이외의 'ㅖ'는 [ㅔ]로도 발음한다. 예 지혜[지혜/지헤], 혜택[혜:택/헤:택]
다만 3. 자음을 첫소리로 가지고 있는 음절의 'ㅢ'는 [ㅣ]로 발음한다. 예 늴리리[닐리리], 무늬[무니]
다만 4. 단어의 첫음절 이외의 '의'는 [ㅣ], 조사 '의'는 [ㅔ]로 발음함도 허용한다. 예 주의[주의/주이]

> **참고** '의' 발음
> • 자음 + 'ㅢ': [ㅣ]
> • 의: ┌ 단어의 첫 음절인 경우: [ㅢ]
>   ├ 단어의 첫 음절이 아닌 경우: [ㅢ/ㅣ]
>   └ 조사: [ㅢ/ㅔ]

(3) 음의 길이

[제6항] 모음의 장단을 구별하여 발음하되, 단어의 첫음절에서만 긴소리가 나타나는 것을 원칙으로 한다.
예 눈보라[눈:보라] / 말씨[말:씨] / 밤나무[밤:나무] / 많다[만:타] / 멀리[멀:리] / 벌리다[벌:리다] / 첫눈[천눈] / 참말[참말] / 쌍동밤[쌍동밤] / 수많이[수:마니] / 눈멀다[눈멀다] / 떠벌리다[떠벌리다]

다만, 합성어의 경우에는 둘째 음절 이하에서도 분명한 긴소리를 인정한다.
예 반신반의[반:신바:늬 / 반:신바:니] / 재삼재사[재:삼재:사]

[붙임] 용언의 단음절 어간에 어미 '-아/-어'가 결합되어 한 음절로 축약되는 경우에도 긴소리로 발음한다.
예 보아 → 봐[봐:] / 기어 → 겨[겨:] / 되어 → 돼[돼:] / 두어 → 둬[둬:] / 하여 → 해[해:]

다만, '오아 → 와, 지어 → 져, 찌어 → 쪄, 치어 → 쳐' 등은 긴소리로 발음하지 않는다.

(4) 받침의 발음

① 음절의 끝소리 규칙

[제8항] 받침소리로는 'ㄱ, ㄴ, ㄷ, ㄹ, ㅁ, ㅂ, ㅇ'의 7개 자음만 발음한다.

> **참고** 음절의 끝소리 규칙
> • 제8항은 학교 문법에서 '음절의 끝소리 규칙' 혹은 '대표음 법칙'이라고 부르는 규정이다.
> • 국어에서는 모든 자음을 받침으로 쓸 수 있지만, 발음은 7개의 자음으로만 한다.

[제9항] 받침 'ㄲ, ㅋ', 'ㅅ, ㅆ, ㅈ, ㅊ, ㅌ', 'ㅍ'은 어말 또는 자음 앞에서 각각 대표음 [ㄱ, ㄷ, ㅂ]으로 발음한다.
예 닦다[닥따], 키읔[키윽], 옷[옫], 있다[읻따], 젖[젇], 쫓다[쫃따], 솥[솓], 앞[압]

[제10항] 겹받침 'ㄳ', 'ㄵ', 'ㄼ, ㄽ, ㄾ', 'ㅄ'은 어말 또는 자음 앞에서 각각 [ㄱ, ㄴ, ㄹ, ㅂ]으로 발음한다.
예 넋[넉], 앉다[안따], 여덟[여덜], 외곬[외골], 핥다[할따], 없다[업:따]

다만, '밟-'은 자음 앞에서 [밥]으로 발음하고, '넓-'은 다음과 같은 경우에 [넙]으로 발음한다.
예 밟다[밥:따], 밟소[밥:쏘], 밟지[밥:찌], 밟는[밥:는 → 밤:는], 밟게[밥:께], 밟고[밥:꼬], 넓-죽하다[넙쭈카다], 넓-둥글다[넙뚱글다]

[제11항] 겹받침 'ㄺ, ㄻ, ㄿ'은 어말 또는 자음 앞에서 각각 [ㄱ, ㅁ, ㅂ]으로 발음한다.
예 닭[닥], 흙과[흑꽈], 맑다[막따], 늙지[늑찌], 삶[삼:], 젊다[점:따], 읊고[읍꼬], 읊다[읍따]

다만, 용언의 어간 말음 'ㄺ'은 'ㄱ' 앞에서 [ㄹ]로 발음한다.
예 맑게[말께], 묽고[물꼬], 얽거나[얼꺼나]

참고 겹받침의 발음
① 대부분의 겹받침은 앞의 자음이 발음된다. 예 ㄳ→ㄱ, ㄵ→ㄴ, ㄼ/ㄽ/ㄾ→ㄹ
② 예외
- 앞 또는 뒤가 발음되는 경우
  - ㄺ ┬ 대부분 'ㄱ'으로 발음 예 닭[닥], 맑다[막따]
       └ 용언의 활용형에서 뒤에 오는 어미가 'ㄱ'이면 'ㄹ'로 발음
          예 맑고[말꼬]
  - ㄼ ┬ 대부분 'ㄹ'로 발음 예 넓다[널따]
       └ '밟다'와 그 활용형, '넓-'으로 시작되는 복합어는 예외적으로 'ㅂ'으로 발음 예 밟다[밥따], 넓-죽하다[넙쭈카다], 넓-둥글다[넙뚱글다]
- 뒤가 발음되는 경우
  - ㄿ: 'ㅍ'이 남지만, 음절의 끝소리 규칙으로 인해 'ㅂ'으로 발음 예 읊다[읍따]
  - ㄻ: 'ㅁ'으로 발음 예 삶[삼]

[제12항] 받침 'ㅎ'의 발음은 다음과 같다.
1. 'ㅎ(ㄶ, ㅀ)' 뒤에 'ㄱ, ㄷ, ㅈ'이 결합되는 경우에는, 뒤 음절 첫소리와 합쳐서 [ㅋ, ㅌ, ㅊ]으로 발음한다. 예 놓고[노코], 좋던[조:턴], 쌓지[싸치], 많고[만:코], 않던[안턴], 닳지[달치]

 [붙임 1] 받침 'ㄱ(ㄺ), ㄷ, ㅂ(ㄼ), ㅈ(ㄵ)'이 뒤 음절 첫소리 'ㅎ'과 결합되는 경우에도, 역시 두 음을 합쳐서 [ㅋ, ㅌ, ㅍ, ㅊ]으로 발음한다. 예 각하[가카], 먹히다[머키다]

 [붙임 2] 규정에 따라 'ㄷ'으로 발음되는 'ㅅ, ㅈ, ㅊ, ㅌ'의 경우에도 이에 준한다.
   예 옷 한 벌[오탄벌]

2. 'ㅎ(ㄶ, ㅀ)' 뒤에 'ㅅ'이 결합되는 경우에는, 'ㅅ'을 [ㅆ]으로 발음한다.
 예 닿소[다쏘], 많소[만:쏘], 싫소[실쏘]

3. 'ㅎ' 뒤에 'ㄴ'이 결합되는 경우에는, [ㄴ]으로 발음한다. 예 놓는[논는], 쌓네[싼네]

 [붙임] 'ㄶ, ㅀ' 뒤에 'ㄴ'이 결합되는 경우에는, 'ㅎ'을 발음하지 않는다. 예 않네[안네], 않는[안는]

4. 'ㅎ(ㄶ, ㅀ)' 뒤에 모음으로 시작된 어미나 접미사가 결합되는 경우에는, 'ㅎ'을 발음하지 않는다.
 예 낳은[나은], 놓아[노아], 쌓이다[싸이다], 많아[마:나], 않은[아는], 닳아[다라]

> **참고** 'ㅎ'의 발음
> ① ㄱ, ㄷ, ㅂ, ㅈ + ㅎ = ㅋ, ㅌ, ㅍ, ㅊ(자음축약)
> ② 받침 ㅎ + ㅅ = ㄷ + ㅆ(음절의 끝소리 규칙 + 된소리되기)
> ③ 받침 ㅎ + 'ㄴ'으로 시작되는 어미 = ㄴ(←ㄷ) + ㄴ(음절의 끝소리 규칙 + 비음화)
> ④ 받침 ㅎ + 모음으로 시작되는 어미나 접미사(형식 형태소) = ㅎ 탈락

② 연음 현상

[제13항] 홑받침이나 쌍받침이 모음으로 시작된 조사나 어미, 접미사와 결합되는 경우에는, 제 음가대로 뒤 음절 첫소리로 옮겨 발음한다.
  예 깎아[까까], 옷이[오시], 있어[이써], 낮이[나지], 꽃을[꼬츨], 밭에[바테], 앞으로[아프로]

[제14항] 겹받침이 모음으로 시작된 조사나 어미, 접미사와 결합되는 경우에는, 뒤엣것만을 뒤 음절 첫소리로 옮겨 발음한다.(이 경우 'ㅅ'은 된소리로 발음함)
  예 넋이[넉씨], 앉아[안자], 닭을[달글], 젊어[절머], 곬이[골씨], 핥아[할타], 없어[업ː써]

[제15항] 받침 뒤에 모음 'ㅏ, ㅓ, ㅗ, ㅜ, ㅟ' 들로 시작되는 실질 형태소가 연결되는 경우에는, 대표음으로 바꾸어서 뒤 음절 첫소리로 옮겨 발음한다.
  예 밭 아래[바다래], 늪 앞[느밥], 젖어미[저더미], 맛없다[마덥따], 겉옷[거돋], 헛웃음[허두슴], 꽃위[꼬뒤]
  다만, '맛있다, 멋있다'는 [마싣따], [머싣따]로도 발음할 수 있다.
  [붙임] 겹받침의 경우에는, 그중 하나만을 옮겨 발음한다.
  예 넋 없다[너겁따], 닭 앞에[다가페], 값어치[가버치]*, 값있는[가빈는]
  * 값어치의 '-어치'는 접미사임에도 불구하고 연음이 되지 않고 겹받침 중 하나가 탈락한다는 점에서 예외적이다. 현재의 국어사전에서는 '-어치'를 접미사로 규정하지만, 역사적으로 보면 실질 형태소로 기능했을 가능성이 크다. 이런 이유로 '값어치'에서는 연음이 일어나지 않는 것으로 보인다.

> **하나 더 알아보기! 연음 법칙**
>
> 연음 법칙이란 자음으로 끝나는 음절에 모음으로 시작되는 형식 형태소가 이어질 때 앞 음절의 끝소리가 뒤 음절의 첫소리가 되는 음운 규칙을 말한다.
> 제13항과 제14항은 뒤에 오는 '모음으로 시작된 조사나 어미, 접미사', 즉 형식 형태소가 오면 받침 혹은 겹받침의 경우 뒤의 자음이 뒤로 옮겨 발음됨을 뜻하는 규정이다. 여기서 형식 형태소란 의미가 없는 형태소로 조사인 '이', 어미 '-어/-아' 등을 의미한다. 예를 들어 '옷이'에서 '이'는 형식 형태소이므로 받침인 'ㅅ'이 그대로 옮겨 [오시]로 발음되는 것이다.
> 제15항은 실질 형태소, 즉 의미가 있는 형태소가 올 경우에는 대표음으로 바꾸어 뒤로 옮긴다는 것으로, '겉옷'의 경우 '옷'이 의미가 있는 단어이므로 '겉'의 'ㅌ'을 그대로 옮겨 발음하면 안 된다. 'ㅌ'을 대표음인 'ㄷ'으로 바꾸어 옮겨야 하므로 [거돋]으로 발음해야 한다(= 실질 형태소). 여기서 실수하지 말아야 하는 것은 '옷'의 'ㅅ'도 잊지 말고 대표음화하여 'ㄷ'으로 바꿔 주어야 한다는 것이다.

[제16항] 한글 자모의 이름은 그 받침소리를 연음하되, 'ㄷ, ㅈ, ㅊ, ㅋ, ㅌ, ㅍ, ㅎ'의 경우에는 특별히 다음과 같이 발음한다.
  예 디귿이[디그시], 디귿을[디그슬], 디귿에[디그세], 지읒이[지으시], 지읒을[지으슬], 지읒에[지으세], 치읓이[치으시], 치읓을[치으슬], 치읓에[치으세], 키읔이[키으기], 키읔을[키으글], 키읔에[키으게], 티읕이[티으시], 티읕을[티으슬], 티읕에[티으세], 피읖이[피으비], 피읖을[피으블], 피읖에[피으베], 히읗이[히으시], 히읗을[히으슬], 히읗에[히으세]

(5) 음의 동화

① 구개음화 현상

[제17항] 받침 'ㄷ, ㅌ(ㄾ)'이 조사나 접미사의 모음 'ㅣ'와 결합되는 경우에는, [ㅈ, ㅊ]으로 바꾸어서 뒤 음절 첫소리로 옮겨 발음한다.

　　예 곧이듣다[고지듣따], 굳이[구지], 미닫이[미:다지], 땀받이[땀바지], 밭이[바치], 벼훑이[벼훌치]

　　[붙임] 'ㄷ' 뒤에 접미사 '히'가 결합되어 '티'를 이루는 것은 [치]로 발음한다.

　　예 굳히다[구치다], 닫히다[다치다], 묻히다[무치다]

> **참고 구개음화**
> 제17항은 학교 문법에서 '구개음화'로 부르는 규정으로, 'ㄷ, ㅌ + ㅣ = ㅈ, ㅊ'이 되는 현상을 말한다. 여기서 잊지 말아야 할 것은 'ㅣ' 모음이 형식 형태소여야 한다는 것과 단일어와 합성어에서는 일어나지 않는다는 것이다. '잔디'의 경우 'ㄷ'과 'ㅣ'가 만나는 것은 같지만 구개음화는 일어나지 않는다.

② 자음동화 현상

[제18항] 받침 'ㄱ(ㄲ, ㅋ, ㄳ, ㄺ), ㄷ(ㅅ, ㅆ, ㅈ, ㅊ, ㅌ, ㅎ), ㅂ(ㅍ, ㄼ, ㄿ, ㅄ)'은 'ㄴ, ㅁ' 앞에서 [ㅇ, ㄴ, ㅁ]으로 발음한다.

　　예 먹는[멍는], 국물[궁물], 몫몫이[몽목씨], 맞는[만는], 쫓는[쫀는], 앞마당[암마당], 밟는[밤:는]

　　[붙임] 두 단어를 이어서 한 마디로 발음하는 경우에도 이와 같다.

　　예 책 넣는다[챙넌는다], 흙 말리다[흥말리다]

[제19항] <u>받침 'ㅁ, ㅇ' 뒤에 연결되는 'ㄹ'은 [ㄴ]으로 발음한다.</u>

　　예 담력[담:녁], 침략[침:냑], 강릉[강능], 항로[항:노], 대통령[대:통녕]

　　[붙임] 받침 'ㄱ, ㅂ' 뒤에 연결되는 'ㄹ'도 [ㄴ]으로 발음한다.

　　예 막론[막논 → 망논], 석류[석뉴 → 성뉴], 협력[협녁 → 혐녁], 법리[법니 → 범니]

> **참고 비음화**
> 제18항과 제19항은 비음화에 대한 규정이다. 비음화는 자음동화의 하나로, 비음이 아닌 음이 비음을 만나 비음으로 바뀌는 현상을 말한다. 여기서 비음은 'ㅇ, ㄴ, ㅁ'을 이른다.
> ① ㄱ, ㄷ, ㅂ + ㄴ, ㅁ = ㅇ, ㄴ, ㅁ + ㄴ, ㅁ
> ② ㅁ, ㅇ + ㄹ = ㅁ, ㅇ + ㄴ
> ③ ㄱ, ㅂ + ㄹ = ㅇ, ㅁ + ㄴ

[제20항] 'ㄴ'은 'ㄹ'의 앞이나 뒤에서 [ㄹ]로 발음한다.

　　예 난로[날:로], 신라[실라], 대관령[대:괄령], 줄넘기[줄럼끼], 할는지[할른지]

　　[붙임] 첫소리 'ㄴ'이 'ㅀ', 'ㄾ' 뒤에 연결되는 경우에도 이에 준한다.

　　예 닳는[달른], 뚫는[뚤른], 핥네[할레]

　　다만, 다음과 같은 단어들은 'ㄹ'을 [ㄴ]으로 발음한다.

　　예 의견란[의:견난], 임진란[임:진난], 생산량[생산냥], 결단력[결딴녁], 공권력[공꿘녁], 동원령[동:원녕], 상견례[상견녜], 횡단로[횡단노], 이원론[이:원논], 입원료[이붠뇨], 구근류[구근뉴]

> **참고 유음화**
> 제20항은 유음화에 대한 규정이다. 유음화는 일정한 음운론적 환경에서 'ㄴ'이 유음 'ㄹ'의 영향 때문에 유음 'ㄹ'로 동화되는 현상을 말하는데, 필수적 현상이 아닌 수의적 현상으로 예외가 있으므로 꼭 확인하도록 하자. 더불어 국어에서는 자음 중 비음(ㅇ, ㄴ, ㅁ) 및 유음(ㄹ)과 모음을 아울러 '울림소리'라고 부른다.

[제22항] 다음과 같은 용언의 어미는 [어]로 발음함을 원칙으로 하되, [여]로 발음함도 허용한다.
예 되어[되어/되여], 피어[피어/피여]
[붙임] '이오, 아니오'도 이에 준하여 [이요, 아니요]로 발음함을 허용한다.

(6) 경음화

[제23항] 받침 'ㄱ(ㄲ, ㅋ, ㄳ, ㄺ), ㄷ(ㅅ, ㅆ, ㅈ, ㅊ, ㅌ), ㅂ(ㅍ, ㄼ, ㄿ, ㅄ)' 뒤에 연결되는 'ㄱ, ㄷ, ㅂ, ㅅ, ㅈ'은 된소리로 발음한다.
예 국밥[국빱], 깎다[깍따], 넋받이[넉빠지], 닭장[닥짱], 뻗대다[뻗때다], 옷고름[옫꼬름], 있던[읻떤], 꽂고[꼳꼬], 꽃다발[꼳따발], 덮개[덥깨], 옆집[엽찝], 넓죽하다[넙쭈카다], 읊조리다[읍쪼리다], 값지다[갑찌다]

[제24항] 어간 받침 'ㄴ(ㄵ), ㅁ(ㄻ)' 뒤에 결합되는 어미의 첫소리 'ㄱ, ㄷ, ㅅ, ㅈ'은 된소리로 발음한다.
예 신고[신:꼬], 껴안다[껴안따], 앉고[안꼬], 얹다[언따], 삼고[삼:꼬], 더듬지[더듬찌], 닮고[담:꼬], 젊지[점:찌]
다만, 피동, 사동의 접미사 '-기-'는 된소리로 발음하지 않는다.
예 안기다[안기다], 감기다[감기다]

[제25항] 어간 받침 'ㄼ, ㄾ' 뒤에 결합되는 어미의 첫소리 'ㄱ, ㄷ, ㅅ, ㅈ'은 된소리로 발음한다.
예 넓게[널께], 핥다[할따], 훑소[훌쏘], 떫지[떨:찌]

[제26항] 한자어에서 'ㄹ' 받침 뒤에 연결되는 'ㄷ, ㅅ, ㅈ'은 된소리로 발음한다.
예 갈등[갈뜽], 말살[말쌀], 갈증[갈쯩], 몰상식[몰쌍식]
다만, 같은 한자가 겹쳐진 단어의 경우에는 된소리로 발음하지 않는다.
예 허허실실[허허실실](虛虛實實), 절절-하다[절절하다](切切-)

[제27항] 관형사형 '-(으)ㄹ' 뒤에 연결되는 'ㄱ, ㄷ, ㅂ, ㅅ, ㅈ'은 된소리로 발음한다. 예 할 것을[할꺼슬]
다만, 끊어서 말할 적에는 예사소리로 발음한다.
[붙임] '-(으)ㄹ'로 시작되는 어미의 경우에도 이에 준한다. 예 할걸[할껄], 할밖에[할빠께]

[제28항] 표기상으로는 사이시옷이 없더라도, 관형격 기능을 지니는 사이시옷이 있어야 할(휴지가 성립되는) 합성어의 경우에는, 뒤 단어의 첫소리 'ㄱ, ㄷ, ㅂ, ㅅ, ㅈ'을 된소리로 발음한다.
예 문-고리[문꼬리], 눈-동자[눈똥자], 신-바람[신빠람], 산-새[산쌔], 손-재주[손째주], 길-가[길까]

참고 경음화와 사잇소리 현상

경음화	사잇소리 현상
• 안울림소리 + 안울림소리 • 어간 받침 'ㄴ, ㅁ'(겹받침, 홑받침) + 안울림소리 • 어간 받침(겹받침), 한자어, 관형사형 'ㄹ' + 안울림소리 • 필수적 현상에 해당함	• 울림소리(모음) + 안울림 예사소리 • 반드시 합성어에서만 일어남 • 수의적 현상에 해당함

(7) 음의 첨가

[제29항] 합성어 및 파생어에서, 앞 단어나 접두사의 끝이 자음이고 뒤 단어나 접미사의 첫음절이 '이, 야, 여, 요, 유'인 경우에는, 'ㄴ' 음을 첨가하여 [니, 냐, 녀, 뇨, 뉴]로 발음한다.

> 예 솜-이불[솜ː니불], 홑-이불[혼니불], 막-일[망닐], 삯-일[상닐], 신-여성[신녀성], 직행열차[지캥녈차], 늑막염[능망념], 식용유[시굥뉴], 백분-율[백뿐뉼]

다만, 다음과 같은 말들은 'ㄴ' 음을 첨가하여 발음하되, 표기대로 발음할 수 있다.

> 예 이죽-이죽[이중니죽/이주기죽], 야금-야금[야금냐금/야그먀금], 검열[검ː녈/거ː멸], 욜랑-욜랑[욜랑 놀랑/욜랑욜랑], 금융[금늉/그뮹]

[붙임 1] 'ㄹ' 받침 뒤에 첨가되는 'ㄴ' 음은 [ㄹ]로 발음한다. 예 들-일[들ː릴], 물-약[물략]

[붙임 2] 두 단어를 이어서 한 마디로 발음하는 경우에도 이에 준한다.

> 예 한 일[한닐], 옷 입다[온닙따], 서른여섯[서른녀섣], 먹은 엿[머근녇], 잘 입다[잘립따]

다만, 다음과 같은 단어에서는 'ㄴ(ㄹ)' 음을 첨가하여 발음하지 않는다.

> 예 6·25[유기오], 3·1절[사밀쩔], 송별-연[송ː벼련], 등-용문[등용문]

참고 'ㄴ' 첨가

합성어, 파생어(받침○) + 'ㅣ' 모음 계열(이, 야, 여, 요, 유) → [니, 냐, 녀, 뇨, 뉴]

※ 'ㄴ' 첨가 현상은 한자어의 경우, 예외가 많으므로 각각 사전에 등재된 발음을 확인해야 한다.

> 예 몰인정[모린정], 독약[도갹], 한국인[한ː구긴]

참고 소리의 첨가가 일어나지 않는 단어

간부선발도구 시험에서는 사전을 확인해야 할 정도의 단어는 출제된 적이 없지만 소리의 첨가가 일어나지 않는 단어들을 정리하면 다음과 같다.

> 예 금연[그ː면], 담임[다밈], 굴욕[구룍], 선열[서녈], 촬영[촤령], 탈영[타령], 활용[화룡], 월요일[워료일], 분열[부녈]

[제30항] 사이시옷이 붙은 단어는 다음과 같이 발음한다.

1. 'ㄱ, ㄷ, ㅂ, ㅅ, ㅈ'으로 시작하는 단어 앞에 사이시옷이 올 때는 이들 자음만을 된소리로 발음하는 것을 원칙으로 하되, 사이시옷을 [ㄷ]으로 발음하는 것도 허용한다.

   > 예 냇가[내ː까/낻ː까], 샛길[새ː낄/샏ː낄]

2. 사이시옷 뒤에 'ㄴ, ㅁ'이 결합되는 경우에는 [ㄴ]으로 발음한다. 예 콧날[콛날 → 콘날]

3. 사이시옷 뒤에 '이' 음이 결합되는 경우에는 [ㄴㄴ]으로 발음한다.

   > 예 베갯잇[베갣닏 → 베갠닏], 깻잎[깯닙 → 깬닙]

참고 사이시옷의 발음

① 명사와 명사 사이에 된소리가 날 경우 발음이 2개 인정됨 예 냇가[내까/낻까]
② 사이시옷 + ㄴ, ㅁ = ㅅ → ㄴ 예 아랫니[아랜니]
③ 사이시옷 + 이 = ㄴ + ㄴ 예 나뭇잎[나문닙]

사잇소리 현상으로 인한 '사이시옷' 표기에 대한 규정은 한글 맞춤법 제30항에서 좀 더 자세히 학습할 수 있다.

3 한글 맞춤법 · 자주 나오는 이론

(1) 소리에 관한 것

① 된소리

[제5항] 한 단어 안에서 뚜렷한 까닭 없이 나는 된소리는 다음 음절의 첫소리를 된소리로 적는다.
1. 두 모음 사이에서 나는 된소리 예 소쩍새, 어깨, 오빠, 으뜸, 아끼다, 기쁘다, 깨끗하다
2. 'ㄴ, ㄹ, ㅁ, ㅇ' 받침 뒤에서 나는 된소리 예 산뜻하다, 잔뜩, 살짝, 훨씬, 담뿍, 움찔, 몽땅

다만, 'ㄱ, ㅂ' 받침 뒤에서 나는 된소리는, 같은 음절이나 비슷한 음절이 겹쳐 나는 경우가 아니면 된소리로 적지 아니한다. 예 국수, 깍두기, 딱지, 색시, 싹둑, 법석, 갑자기, 몹시

> **참고** 제5항과 제13항
> '다만'에서 말한 '같은 음절이나 비슷한 음절이 겹쳐 나는 경우'는 뒤의 제13항에서 확인할 수 있다. 이를 제외하고는 된소리로 적지 않는다.

② 구개음화

[제6항] 'ㄷ, ㅌ' 받침 뒤에 종속적 관계를 가진 '-이(-)'나 '-히-'가 올 적에는 그 'ㄷ, ㅌ'이 'ㅈ, ㅊ'으로 소리 나더라도 'ㄷ, ㅌ'으로 적는다. 예 마지(×) → 맏이(○), 해도지(×) → 해돋이(○), 끄치(×) → 끝이(○), 구지(×) → 굳이(○), 가치(×) → 같이(○)

> **참고** 표준 발음법의 표기
> '표준 발음법에 규정된 발음'은 표기에 반영되지 않는다. '표준 발음법'은 어디까지나 '발음'이며, 절대 표기가 될 수 없다는 것이다. 물론 '발음'과 '표기'가 일치하는, 소리 나는 대로 적는 것도 있지만 그렇지 않은 경우가 더 많다. 그러므로 '구개음화, 비음화, 유음화' 등은 표기에 반영되지 않음을 기억해야 한다.

③ 'ㄷ' 소리 받침

[제7항] 'ㄷ' 소리로 나는 받침 중에서 'ㄷ'으로 적을 근거가 없는 것은 'ㅅ'으로 적는다.
예 덧저고리, 돗자리, 엇셈, 웃어른, 핫옷, 무릇, 사뭇, 얼핏, 자칫하면, 뭇[衆], 옛, 첫, 헛

④ 모음

[제8항] '계, 례, 몌, 폐, 혜'의 'ㅖ'는 'ㅔ'로 소리 나는 경우가 있더라도 'ㅖ'로 적는다.
예 계수(桂樹), 혜택(惠澤), 사례(謝禮), 계집, 연몌(連袂), 핑계, 폐품(廢品), 계시다

다만, 다음 말은 본음대로 적는다.
예 게송(偈頌), 게시판(揭示板), 휴게실(休憩室)

⑤ 두음 법칙

[제10항] 한자음 '녀, 뇨, 뉴, 니'가 단어 첫머리에 올 적에는, 두음 법칙에 따라 '여, 요, 유, 이'로 적는다.
예 여자(女子), 유대(紐帶), 연세(年歲), 이토(泥土), 요소(尿素), 익명(匿名)

다만, 다음과 같은 의존 명사에서는 '냐, 녀' 음을 인정한다.
예 냥(兩), 냥쭝(兩-), 년(年)

[붙임 1] 단어의 첫머리 이외의 경우에는 본음대로 적는다.
예 남녀(男女), 당뇨(糖尿), 결뉴(結紐), 은닉(隱匿)

[붙임 2] 접두사처럼 쓰이는 한자가 붙어서 된 말이나 합성어에서, 뒷말의 첫소리가 'ㄴ' 소리로 나더라도 두음 법칙에 따라 적는다.

예 신여성(新女性), 공염불(空念佛), 남존여비(男尊女卑)

[붙임 3] 둘 이상의 단어로 이루어진 고유 명사를 붙여 쓰는 경우에도 붙임 2에 준하여 적는다.
예 한국여자대학, 대한요소비료회사

> **참고 1** '年'과 '年度'
> '년, 년도'가 의존명사라면 '연'과 '연도'는 명사이다.
> 예 연 강수량, 생산 연도(명사) / 일 년, 2020년도(의존명사)

> **참고 2** '신년도'와 '구년도'
> '신년도'와 '구년도'는 발음이 [신년도], [구:년도]이며 '신년-도', '구년-도'로 분석되는 구조이므로 두음 법칙이 적용되지 않는다.

[**제11항**] 한자음 '랴, 려, 례, 료, 류, 리'가 단어의 첫머리에 올 적에는, 두음 법칙에 따라 '야, 여, 예, 요, 유, 이'로 적는다. 예 양심(良心), 용궁(龍宮), 역사(歷史), 유행(流行), 예의(禮儀), 이발(理髮)
다만, 모음이나 'ㄴ' 받침 뒤에 이어지는 '렬, 률'은 '열, 율'로 적는다. 예 나열(羅列), 백분율(百分率)

[**제12항**] 한자음 '라, 래, 로, 뢰, 루, 르'가 단어의 첫머리에 올 적에는, 두음 법칙에 따라 '나, 내, 노, 뇌, 누, 느'로 적는다.
예 낙원(樂園), 뇌성(雷聲), 내일(來日)

[붙임 1] 단어의 첫머리 이외의 경우에는 본음대로 적는다.
예 쾌락(快樂), 극락(極樂), 거래(去來), 왕래(往來)

[붙임 2] 접두사처럼 쓰이는 한자가 붙어서 된 단어는 뒷말을 두음 법칙에 따라 적는다.
예 내내월(來來月), 상노인(上老人), 중노동(重勞動), 비논리적(非論理的)

> **하나 더 알아보기! 두음 법칙**
> 두음 법칙은 한자음 'ㄴ' 혹은 'ㄹ'이 두음에 올 경우 발음하기 어려우므로 발음하기 쉽도록 고친 것을 표기에 반영한 것이다.
> ① 두음이 아닐 경우에는 본음대로 적는다. 예 광한루(廣寒樓)(○)/광한누(×), 냉랭(冷冷)하다(○)/냉냉하다(×)
> ② 파생어의 경우 어근이 독립된 단어로 쓰일 경우에는 첫머리가 아닐 경우에도 두음 법칙을 적용한다.
>   예 신여성(新女性): '신+여성'(○)/신녀성(×), 공염불(空念佛): '공+염불'(○)/공념불(×)
> ③ 합성어의 경우 각 어근의 첫 음을 모두 두음으로 적용한다.
>   예 남존여비(男尊女卑): '남존+여비'(○)/남존녀비(×), 사상누각(沙上樓閣): '사상+누각'(○)/사상루각(×)
> ④ '고유어, 외래어 + 한자어'의 구성일 경우 한자음을 하나의 어근으로 파악하여 두음 법칙을 적용한다.
>   반면에 '한자어 + 한자어'의 구성일 경우 단일어로 보아 두음 법칙을 적용하지 않는다.
>   정리하면, '한자어 + 란(欄), 량(量), 룡(龍), 릉(陵)'이고, '고유어, 외래어 + 난(欄), 양(量), 용(龍), 능(陵)'이다.
>   예 독자란(讀者欄), 노동량(勞動量), 쌍룡(雙龍), 왕릉(王陵)/가십난, 구름양, 아기용, 아기능
> ⑤ 예외적 두음 법칙
>   • 모음이나 'ㄴ' 받침 뒤에 이어지는 '렬/률'은 '열/율'로 적는다. 예 비율, 실패율, 백분율
>   • 의존 명사는 그 의존성을 고려하여 두음 법칙을 적용하지 않는다. 예 년, 냥
>   • 관습적으로 발음이 굳어진 경우 그대로 적는다. 예 연연불망, 유유상종, 누누이, 미-립자, 소-립자, 수류탄, 파렴치

⑥ 겹쳐 나는 소리

[**제13항**] 한 단어 안에서 같은 음절이나 비슷한 음절이 겹쳐 나는 부분은 같은 글자로 적는다.
예 딱딱(○)/딱닥(×), 쌕쌕(○)/쌕색(×), 꼿꼿하다(○)/꼿곳하다(×), 똑딱똑딱(○)/똑닥똑닥(×), 쓱싹쓱싹(○)/쓱삭쓱삭(×), 연연불망(戀戀不忘)(○)/연련불망(×), 씁쓸하다(○)/씁슬하다(×)

(2) 형태에 관한 것

① 어간과 어미

[제15항] 용언의 어간과 어미는 구별하여 적는다.

예 먹다/먹고/먹어/먹으니, 신다/신고/신어/신으니

[붙임 1] 두 개의 용언이 어울려 한 개의 용언이 될 적에, 앞말의 본뜻이 유지되고 있는 것은 그 원형을 밝히어 적고, 그 본뜻에서 멀어진 것은 밝히어 적지 아니한다.
(1) 앞말의 본뜻이 유지되고 있는 것 예 넘어지다, 늘어나다, 돌아가다, 엎어지다, 흩어지다
(2) 본뜻에서 멀어진 것 예 드러나다, 사라지다, 쓰러지다

[붙임 2] 종결형에서 사용되는 어미 '-오'는 '요'로 소리 나는 경우가 있더라도 그 원형을 밝혀 '오'로 적는다. 예 이것은 책이오(○)/이것은 책이요(×)

[붙임 3] 연결형에서 사용되는 '이요'는 '이요'로 적는다. 예 이것은 책이요, 저것은 붓이요, 또 저것은 먹이다(○)/이것은 책이오, 저것은 붓이오, 또 저것은 먹이다(×)

[제16항] 어간의 끝음절 모음이 'ㅏ, ㅗ'일 때에는 어미를 '-아'로 적고, 그 밖의 모음일 때에는 '-어'로 적는다.
1. '-아'로 적는 경우 예 나아/나아도/나아서, 보아/보아도/보아서
2. '-어'로 적는 경우 예 개어/개어도/개어서, 되어/되어도/되어서

[제17항] 어미 뒤에 덧붙는 조사 '요'는 '요'로 적는다. 예 읽어/읽어요, 참으리/참으리요, 좋지/좋지요

[주요] 제18항은 '불규칙 용언'에 대한 규정이다. 간부선발도구 시험에서도 '불규칙 용언'에 대한 문제가 출제된 적이 있으므로 살펴보아야 한다. 다만 확인해야 할 것은 한글 맞춤법과 학교 문법에서의 차이(한글 맞춤법에서는 'ㄹ' 탈락과 '으' 탈락을 불규칙으로, 학교 문법에서는 규칙으로 보고 있다.)인데, '언어'와 관련된 시험에서는 그 기준을 학교 문법으로 하고 있으므로 본 교재에 정리된 표는 학교 문법을 기준으로 했음을 밝힌다.

1. 규칙 활용: 용언의 활용에서 대부분의 용언은 어간이나 어미의 기본 형태가 유지되거나 달라진다 해도 그 현상을 일정한 규칙으로 설명할 수 있다. 이를 규칙 활용이라 하고, 이러한 용언을 규칙 용언이라 한다.

종류	내용(조건)	용례
'ㄹ' 탈락	어간의 'ㄹ' 받침이 'ㄴ, ㅂ, ㅅ' 및 '-(으)오, -(으)ㄹ' 앞에서 탈락	현재 관형사형 어미: 동사 + '-는'/ 형용사 + '-(으)ㄴ' 날(동사)+는 → 나는(날으는 ×), 팔(동사)+는 → 파는(팔으는 ×), 거칠(형용사)+(으)ㄴ → 거친(거칠은 ×)
'ㅡ' 탈락	모음으로 시작하는 어미 '-어/-아' 앞에서 어간의 'ㅡ'가 탈락	바쁘+아 → 바빠, 담그+아 → 담가(담궈 ×), 치르+어 → 치러(치뤄 ×)

2. 불규칙 활용: 일부의 용언은 어간과 어미의 기본 형태가 유지되지 않을뿐더러 그 현상을 일정한 규칙으로 설명할 수 없다. 이를 불규칙 활용이라 하고, 이러한 용언을 불규칙 용언이라 한다.

• 어간이 바뀌는 경우

종류	내용(조건)	용례	규칙 활용 예
'ㅅ' 불규칙	어간의 끝소리 'ㅅ'이 모음 어미 앞에서 탈락	잇+어 → 이어, 짓+어 → 지어, 붓+어 → 부어, 낫(勝,癒)+아 → 나아	벗어, 씻어
'ㄷ' 불규칙	어간의 끝소리 'ㄷ'이 모음 어미 앞에서 'ㄹ'로 변함	듣+어 → 들어, 걷(步)+어 → 걸어, 묻(問)+어 → 물어, 깨닫+아 → 깨달아, 싣(載)+어 → 실어	묻어(埋), 얻어
'ㅂ' 불규칙	어간의 끝소리 'ㅂ'이 모음 어미 앞에서 '오/우'로 변함	• 곱+아 → 고와, 돕+아 → 도와 • 눕+어 → 누워, 줍+어 → 주워, 덥+어 → 더워, 사납+아 → 사나워	잡아, 뽑아
'르' 불규칙	어간의 끝소리 'ㅡ'가 탈락하면서 'ㄹ'이 덧생김. '르'가 모음 어미 앞에서 'ㄹㄹ'로 변함	흐르+어 → 흘러, 이르+어 → 일러(謂,早), 빠르+아 → 빨라, 부르+어 → 불러	따라, 치러
'우' 불규칙	어간의 끝소리 '우'가 모음 어미 앞에서 탈락	푸+어 → 퍼	주어, 누어

• 어미가 바뀌는 경우

종류	내용(조건)	용례	규칙 활용 예
'여' 불규칙	'하-' 뒤에 오는 어미 '-아/-어'가 '-여'로 변함	공부하+어 → 공부하여, '하다'와 '-하다'가 붙는 모든 용언	파+아 → 파
'러' 불규칙	어간이 '르'로 끝나는 일부 용언에서 어미 '-어'가 '러'로 변함	이르(至)+어 → 이르러, 누르(黃)+어 → 누르러, 노르+어 → 노르러, 푸르+어 → 푸르러	치르+어 → 치러

• 어간과 어미가 바뀌는 경우

종류	내용(조건)	용례	규칙 활용 예
'ㅎ' 불규칙	'ㅎ'으로 끝나는 어간에 '-아/-어'가 오면 어간의 일부인 'ㅎ'이 없어지고 어미도 변함	하얗+아서 → 하애서, 파랗+아 → 파래	좋+아서 → 좋아서

형용사는 '좋다'를 제외하면 모두 'ㅎ' 불규칙 용언이다. '개정 표준어'로 인해 종결 어미 '-네, -니, -냐'가 붙으면 '하얗네/하야네, 하얗니/하야니, 하얗냐/하야냐'의 형태도 모두 인정되었다.

[주요] 제22항은 사동과 피동 접미사에 대한 규정이다. 관련된 문법 지식과 함께 정리하는 것을 권한다.

1. 사동 표현
   (1) 주동 표현과 사동 표현의 개념
      • 주동 표현: 주어가 동작을 직접 하는 것을 표현한 것 **예** 동생이 책을 읽었다.
      • 사동 표현: 주어가 남에게 동작을 하도록 시키는 것을 표현한 것 **예** 선생님께서 동생에게 책을 읽혔다.
   (2) 사동문을 만드는 방법
      ㉠ 파생적 사동문: 사동 접미사가 결합한 파생어를 통한 사동문이다. 용언의 어간에 사동 접미사인 '-이-, -히-, -리-, -기-, -우-, -구-, -추-, -으키-, -이키-, -애-'와 결합하거나 혹은 '-시키(다)'와 결합하여 만들어진다.

예 동생이(주어) 옷을(목적어) 입었다.(주동: 입-+-었-+-다)

　　　엄마가(새로운 주어) 동생에게(부사어) 옷을(목적어) 입혔다.(사동: 입-+-히-+-었-+-다)
　ⓒ 통사적 사동문: '-게 하다'와 결합하여 만드는 사동문이다.
　　예 아이가 밥을 먹었다. → 엄마가 아이에게 밥을 먹게 하다.
(3) 파생적 사동문과 통사적 사동문의 의미 차이
　ⓐ 어머니가 아이에게 밥을 먹였다: '어머니가 아이에게 직접 밥을 먹였다.'와 '어머니가 아이에게 밥을 먹도록 시켰다'라는 직접과 간접의 의미 모두를 담고 있다. 즉 중의적 표현이 된다.
　ⓑ 어머니가 아이에게 밥을 먹게 했다: '어머니가 아이에게 밥을 먹도록 시켰다'는 간접 의미만 나타낸다.
(4) 잘못된 사동 표현
　사동의 의미가 없는데도 사동 접사를 사용하거나, '-하다'를 쓸 수 있는 곳에 '-시키다'를 사용하여 사동형을 만드는 것을 '잘못된 사동 표현' 혹은 '지나친 사동 표현'이라고 한다.
　예 친구를 소개시켜 줄게(×) → 친구를 소개해 줄게(○)
　　잘못된 제도는 반드시 개선시켜야 한다.(×) → 잘못된 제도는 반드시 개선해야 한다.(○)

2. 피동 표현
(1) 능동 표현과 피동 표현의 개념
　• 능동 표현: 주어가 동작을 자기 힘으로 하는 것을 표현한 것 예 경찰이 도둑을 잡다.
　• 피동 표현: 주어가 다른 주체에 의해 동작을 당하는 것을 표현한 것 예 도둑이 경찰에게 잡히다.
(2) 피동문을 만드는 방법
　ⓐ 파생적 피동문: 피동 접미사가 결합한 파생어를 통한 피동문이다. 용언의 어간에 피동 접미사인 '-이-, -히-, -리-, -기-'와 결합하거나 혹은 '-되(다)'와 결합하여 만들어진다.
　　예 고양이가(주어) 쥐를(목적어) 잡았다.(능동사: 잡-+-았-+-다)

　　　쥐가(주어) 고양이에게(부사어) 잡혔다.(피동사: 잡-+-히-+-었-+-다)
　ⓑ 통사적 피동문: '-어/-아지다, -게 되다'와 결합하여 만드는 피동문이다.
　　　예 아이가 종소리를 들었다 → 종소리가 아이에게 들려지다/들게 되다
(3) 피동 표현의 의미
　피동 표현은 다른 주체에게 어떤 행동을 당한다는 일반적 의미 외에도 다음과 같은 의도적 표현을 나타내기도 한다.
　ⓐ 책임 회피 예 철수가 그릇을 깼다. → 엄마, 그릇이 깨졌어요.
　ⓑ 정중한 표현 예 전화를 잘못 거셨습니다. → 전화가 잘못 걸렸습니다.
(4) 잘못된 피동 표현(이중 피동)
　피동문을 만들 때 파생적이든 통사적이든 하나의 방법만 사용해야 하지만, 이를 두 번 결합하여 만드는 경우를 이른다. '이중 피동'은 국어에서 잘못된 표현에 속하므로 수정해야 할 사항이다.
　예 문제가 잘 안 풀려진다[피동 접사 '-리-'+ 통사 '-어지(다)'의 결합](×) → 문제가 잘 안 풀린다(○)
　　쓰여진[피동 접사 '-이-'+통사 '-어지(다)'의 결합] 문구가 맘에 든다(×) → 쓰인 문구가 맘에 든다(○)

3. 주요 체크
    (1) '-이-, -히-, -리-, -기-'는 사동 접사와 피동 접사 모두 사용되는데, 이를 간단하게 구분하는 방법은 '목적어'이다. 사동사는 목적어를 필요로 하지만, 피동사는 그렇지 않으므로 예시문에서 목적어를 필요로 한다면 사동 접사로 파악하면 된다.
    (2) 피동문에서는 '이중 피동'이 잘못된 표현이지만, 사동문에서는 '-이우-'형에 한하여 인정된다. '-이우-'는 사동 접미사 '-이-'와 '-우-'의 결합으로 '재우다, 태우다, 세우다' 등으로 활용 가능하며, 잘못된 표현이 아니다.

② 합성어 및 접두사가 붙은 말

[제27항] 둘 이상의 단어가 어울리거나 접두사가 붙어서 이루어진 말은 각각 그 원형을 밝히어 적는다. 예 꺾꽂이, 싫증, 홀아비, 홑몸, 새파랗다, 샛노랗다, 시꺼멓다, 싯누렇다

※ 접두사 '새-/시-, 샛-/싯-'은 뒤에 오는 말에 따라 구별된다. 된소리, 거센소리, 'ㅎ' 앞에는 '새-/시-'가, 유성음 앞에는 '샛-/싯-'이 결합한다. 이 중 '새-, 샛-'은 뒷말이 양성 모음일 때, '시-, 싯-'은 뒷말이 음성 모음일 때 결합한다. 예 새까맣다/시꺼멓다, 새빨갛다/시뻘겋다, 새파랗다/시퍼렇다, 새하얗다/시허옇다, 샛노랗다/싯누렇다

[제28항] 끝소리가 'ㄹ'인 말과 딴 말이 어울릴 적에 'ㄹ' 소리가 나지 아니하는 것은 아니 나는 대로 적는다.
예 다달이(달-달-이), 따님(딸-님), 마소(말-소), 바느질(바늘-질), 부삽(불-삽), 싸전(쌀-전)

참고 'ㄹ' 받침의 탈락
• 'ㄹ' 받침의 합성어, 파생어 + ㄴ, ㄷ, ㅅ, ㅈ → 'ㄹ' 탈락
• 한자 '불(不)' + ㄷ, ㅈ → 부 예 부당, 부득이, 부정, 부주의

[제29항] 끝소리가 'ㄹ'인 말과 딴 말이 어울릴 적에 'ㄹ' 소리가 'ㄷ' 소리로 나는 것은 'ㄷ'으로 적는다.
예 반짇고리(바느질~), 섣달(설~), 숟가락(술~), 이튿날(이틀~), 잗다랗다(잘~)

③ 음운의 첨가-사이시옷 규정

[제30항] 사이시옷은 다음과 같은 경우에 받치어 적는다.
    1. 순우리말로 된 합성어로서 앞말이 모음으로 끝난 경우
        (1) 뒷말의 첫소리가 된소리로 나는 것 예 나룻배, 모깃불, 바닷가, 선짓국, 햇볕
        (2) 뒷말의 첫소리 'ㄴ, ㅁ' 앞에서 'ㄴ' 소리가 덧나는 것 예 아랫마을, 잇몸, 냇물
        (3) 뒷말의 첫소리 모음 앞에서 'ㄴㄴ' 소리가 덧나는 것 예 뒷일, 베갯잇, 나뭇잎
    2. 순우리말과 한자어로 된 합성어로서 앞말이 모음으로 끝난 경우
        (1) 뒷말의 첫소리가 된소리로 나는 것 예 머릿방, 샛강, 콧병, 텃세, 햇수
        (2) 뒷말의 첫소리 'ㄴ, ㅁ' 앞에서 'ㄴ' 소리가 덧나는 것 예 곗날, 제삿날, 툇마루
        (3) 뒷말의 첫소리 모음 앞에서 'ㄴㄴ' 소리가 덧나는 것 예 가욋일, 예삿일, 훗일
    3. 두 음절로 된 다음 한자어
        예 곳간(庫間), 셋방(貰房), 숫자(數字), 찻간(車間), 툇간(退間), 횟수(回數)

참고1 사이시옷의 표기
사잇소리가 나는 단어들 중에서 다음의 조건을 만족할 때 사이시옷을 적는다.
• 명사+명사(합성어)
• 앞 명사는 모음으로 끝나고 뒤의 명사는 예사소리일 것(된소리×, 거센소리×)
• 앞뒤 명사 중 하나는 순우리말일 것

> **참고 2** '차'의 사이시옷 표기
> '차'가 한자어이면 '찻잔, 찻주전자'와 같이 쓸 수 없다. 하지만 현재는 '차'를 고유어로 보고 있으므로 '찻잔, 찻주전자'와 같이 적어야 한다.

[**제31항**] 두 말이 어울릴 적에 'ㅂ' 소리나 'ㅎ' 소리가 덧나는 것은 소리대로 적는다.
    1. 'ㅂ' 소리가 덧나는 것 **예** 볍씨(벼＋ㅂ＋씨), 입때(이＋ㅂ＋때), 햅쌀(해＋ㅂ＋쌀)
    2. 'ㅎ' 소리가 덧나는 것 **예** 머리카락(머리＋ㅎ＋가락), 살코기(살＋ㅎ＋고기), 수캐(수＋ㅎ＋개)

④ 모음의 탈락과 축약
[**제39항**] 어미 '-지' 뒤에 '않-'이 어울려 '-잖-'이 될 적과 '-하지' 뒤에 '않-'이 어울려 '-찮-'이 될 적에는 준 대로 적는다.
    예 그렇지 않은(본말)/그렇잖은(준말), 적지 않은(본말)/적잖은(준말),
        만만하지 않다(본말)/만만찮다(준말), 변변하지 않다(본말)/변변찮다(준말)

[**제40항**] 어간의 끝음절 '하'의 'ㅏ'가 줄고 'ㅎ'이 다음 음절의 첫소리와 어울려 거센소리로 될 적에는 거센소리로 적는다. **예** 간편하게(본말)/간편케(준말), 다정하다(본말)/다정타(준말)
    [붙임 2] 어간의 끝음절 '하'가 아주 줄 적에는 준 대로 적는다.
        예 거북하지(본말)/거북지(준말), 넉넉하지 않다(본말)/넉넉지 않다(준말),
            생각하건대(본말)/생각건대(준말), 깨끗하지 않다(본말)/깨끗지 않다(준말)
    [붙임 3] 다음과 같은 부사는 소리대로 적는다.
        예 요컨대, 하마터면, 한사코

> **참고** 제40항의 구분
> - 용언의 받침 울림소리(ㄴ, ㄹ, ㅁ, ㅇ)＋하 = 'ㅎ'과 'ㅎ' 뒤의 자음(ㄱ, ㄷ, ㅂ, ㅈ)을 축약(ㅋ, ㅌ, ㅍ, ㅊ)
> - 용언의 받침 예사소리(ㄱ, ㄷ, ㅂ, ㅅ, ㅈ)＋하 = '하' 탈락
>
> ※ 위의 구분은 모든 경우에 적용되지는 않으므로 용례들을 기준으로 구분에 참고만 하도록 한다.

⑤ 부사의 끝음절
[**제51항**] <mark>부사의 끝음절이 분명히 '이'로만 나는 것은 '-이'로 적고, '히'로만 나거나 '이'나 '히'로 나는 것은 '-히'로 적는다.</mark>
    1. '이'로만 나는 것
        예 가붓이, 깨끗이, 나붓이, 느긋이, 둥긋이, 많이, 적이, 헛되이, 겹겹이, 번번이, 틈틈이
    2. '히'로만 나는 것 **예** 극히, 급히, 딱히, 속히, 작히, 족히, 특히, 엄격히, 정확히
    3. '이, 히'로 나는 것 **예** 솔직히, 가만히, 간편히, 나른히, 무단히, 쓸쓸히, 꼼꼼히, 심히, 열심히

> **참고** '-이'와 '-히'
> - '-이'로 적는 경우: 첩어 혹은 준첩어(같은 글자 반복), 'ㅅ' 받침 뒤, 'ㅂ' 불규칙 용언의 어간 뒤, '-하다'가 붙지 않는 용언의 어간 뒤, 부사 뒤 **예** 간간이/겹겹이, 기웃이/뜨뜻이, 가벼이/괴로이, 같이/굳이, 곰곰이/더욱이
> - '-히'로 적는 경우: '-하다'가 붙는 어근 뒤(단, 'ㅅ' 받침 제외), '-하다'가 붙는 어근에 '-히'가 결합한 부사에서 온 말 **예** 간편히, 공평히, 급급히, 꼼꼼히, 딱히, 정확히, 익히, 특히

⑥ 어미의 표기

[제53항] 다음과 같은 어미는 예사소리로 적는다.

예 -(으)ㄹ거나(○)/-(으)ㄹ꺼나(×), -(으)ㄹ걸(○)/-(으)ㄹ껄(×)

다만, 의문을 나타내는 다음 어미들은 된소리로 적는다.

예 -(으)ㄹ까?, -(으)ㄹ꼬?, -(스)ㅂ니까?

⑦ 접미사의 표기

[제54항] 다음과 같은 접미사는 된소리로 적는다.

예 귀때기, 볼때기, 판자때기, 뒤꿈치, 팔꿈치, 이마빼기, 코빼기, 객쩍다, 겸연쩍다

⑧ 구별해야 할 표기

[제55항] 두 가지로 구별하여 적던 다음 말들은 한 가지로 적는다.

예 맞추다(입을 맞춘다, 양복을 맞춘다)(○) / 마추다(×)

뻗치다(다리를 뻗친다, 멀리 뻗친다)(○) / 뻐치다(×)

[제56항] '-더라, -던'과 '-든지'는 다음과 같이 적는다.

1. 지난 일을 나타내는 어미는 '-더라, -던'으로 적는다. 예 지난 겨울은 몹시 춥더라.
2. 물건이나 일의 내용을 가리지 아니하는 뜻을 나타내는 조사와 어미는 '(-)든지'로 적는다.

예 가든지 오든지 마음대로 해라.

[제57항] 다음 말들은 각각 구별하여 적는다.

단어	예시
가름	둘로 가름
갈음	새 책상으로 갈음하였다.
거름	풀을 썩인 거름
걸음	빠른 걸음
거치다	영월을 거쳐 왔다.
걷히다	외상값이 잘 걷힌다.
그러므로(그러니까)	그는 부지런하다. 그러므로 잘 산다.
그럼으로(써)	그는 열심히 공부한다. 그럼으로(써) 은혜에 보답한다.
노름	노름판이 벌어졌다.
놀음(놀이)	즐거운 놀음
느리다	진도가 너무 느리다.
늘이다	고무줄을 늘인다.
늘리다	수출량을 더 늘린다.
다리다	옷을 다린다.
달이다	약을 달인다.
다치다	부주의로 손을 다쳤다.
닫히다	문이 저절로 닫혔다.
닫치다	문을 힘껏 닫쳤다.

마치다	벌써 일을 마쳤다.	
맞히다	여러 문제를 더 맞혔다.	
목거리	목거리가 덧났다.	
목걸이	금목걸이, 은목걸이	
바치다	나라를 위해 목숨을 바쳤다.	
받치다	우산을 받치고 간다.	
받히다	쇠뿔에 받혔다.	
밭치다	술을 체에 밭친다.	
반드시	약속은 반드시 지켜라.	
반듯이	고개를 반듯이 들어라.	
부딪치다	차와 차가 마주 부딪쳤다.	
부딪히다	마차가 화물차에 부딪혔다.	
부치다	편지를 부친다, 논밭을 부친다, 회의에 부치는 안건	
붙이다	우표를 붙인다, 책상을 벽에 붙였다, 흥정을 붙인다.	
시키다	일을 시킨다.	
식히다	끓인 물을 식힌다.	
아름	세 아름 되는 둘레	
알음	전부터 알음이 있는 사이	
앎	앎이 힘이다.	
안치다	밥을 안친다.	
앉히다	윗자리에 앉힌다.	
어름	두 물건의 어름에서 일어난 현상	
얼음	얼음이 얼었다.	
이따가	이따가 오너라.	
있다가	돈은 있다가도 없다.	
저리다	다친 다리가 저린다.	
절이다	김장 배추를 절인다.	
조리다	생선을 조린다. 통조림, 병조림	
졸이다	마음을 졸인다.	
주리다	여러 날을 주렸다.	
줄이다	비용을 줄인다.	
하노라고	하노라고 한 것이 이 모양이다.	
하느라고	공부하느라고 밤을 새웠다.	
-느니보다(어미)	나를 찾아오느니보다 집에 있거라.	
-는 이보다(의존 명사)	오는 이가 가는 이보다 많다.	
-(으)리만큼(어미)	나를 미워하리만큼 그에게 잘못한 일이 없다.	

-(으)ㄹ 이만큼(의존 명사)	찬성할 이도 반대할 이만큼이나 많을 것이다.
-(으)러(목적)	공부하러 간다.
-(으)려(의도)	서울 가려 한다.
-(으)로서(자격)	사람으로서 그럴 수는 없다.
-(으)로써(수단)	닭으로써 꿩을 대신했다.
-(으)므로(어미)	그가 나를 믿으므로 나도 그를 믿는다.
(-ㅁ, -음)으로(써)(조사)	그는 믿음으로(써) 산 보람을 느꼈다.

4 띄어쓰기

'띄어쓰기'는 '한글 맞춤법' 안에 있는 규정이다. 하지만 하나의 독립된 문제 유형으로 출제되고 있으므로 해당 규정들을 따로 떼어 정리하는 것이 좋다.

(1) 조사

[제41항] 조사는 그 앞말에 붙여 쓴다. 예 꽃이, 꽃마저, 꽃밖에, 꽃에서부터, 꽃으로만, 꽃이나마, 꽃이다

(2) 의존 명사

[제42항] 의존 명사는 띄어 쓴다.
예 아는 것이 힘이다 / 나도 할 수 있다 / 먹을 만큼 먹어라 / 아는 이를 만났다 / 네가 뜻한 바를 알겠다 / 그가 떠난 지가 오래다

[주요] 대표적인 의존 명사들은 정리해 두는 것이 좋다. 다음은 대표적인 의존 명사들이다.
① 들: '들'이 '남자들, 학생들'처럼 복수를 나타내는 경우에는 접미사이므로 앞말에 붙여 쓰지만, '쌀, 보리, 콩, 조, 기장 들을 오곡(五穀)이라 한다'와 같이, 두 개 이상의 사물을 열거하는 구조에서 '그런 따위'라는 뜻을 나타내는 경우에는 의존 명사이므로 앞말과 띄어 쓴다. 이때의 '들'은 의존 명사 '등(等)'으로 바꾸어 쓸 수 있다.
② 뿐: '뿐'이 '남자뿐이다, 셋뿐이다'처럼 체언 뒤에 붙어서 한정의 뜻을 나타내는 경우는 조사로 다루어 붙여 쓰지만 '웃을 뿐이다, 만졌을 뿐이다'와 같이 용언의 관형사형 뒤에 나타날 경우에는 의존 명사이므로 띄어 쓴다.
③ 대로: '대로'가 '법대로, 약속대로'처럼 체언 뒤에 붙어 '그와 같이'라는 뜻을 나타내는 경우에는 조사이므로 붙여 쓰지만 '아는 대로 말한다, 약속한 대로 하세요'와 같이 용언의 관형사형 뒤에 나타날 경우에는 의존 명사이므로 띄어 쓴다.
④ 만큼: '만큼'이 '중학생이 고등학생만큼 잘 안다, 키가 전봇대만큼 크다'처럼 체언 뒤에 붙어 '앞말과 비슷한 정도로'라는 뜻을 나타내는 경우에는 조사이므로 붙여 쓰지만 '볼 만큼 보았다, 애쓴 만큼 얻는다'와 같이 용언의 관형사형 뒤에 나타날 경우에는 의존 명사이므로 띄어 쓴다.
⑤ 만: '만'이 '하나만 알고 둘은 모른다, 이것은 그것만 못하다'처럼 체언에 붙어서 한정 또는 비교의 뜻을 나타내는 경우에는 조사이므로 붙여 쓰지만 '떠난 지 사흘 만에 돌아왔다, 세 번 만에 시험에 합격했다'와 같이 시간의 경과나 횟수를 나타내는 경우에는 의존 명사이므로 띄어 쓴다.

⑥ 지: '집이 큰지 작은지 모르겠다, 어떻게 할지 모르겠다'의 '지'는 어미 '-(으)ㄴ지, -ㄹ지'의 일부이므로 붙여 쓰지만 '그가 떠난 지 보름이 지났다, 그를 만난 지 한 달이 지났다'와 같이 시간의 경과를 나타내는 경우에는 의존 명사이므로 띄어 쓴다. 이와 비슷한 예로 '듯'은 용언의 어간 뒤에 쓰일 때에는 어미이므로 '구름에 달이 흘러가듯'과 같이 앞말에 붙여 쓰지만, 용언의 관형사형 뒤에 쓰일 경우에는 의존 명사이므로 '그가 먹은 듯'과 같이 앞말과 띄어 쓴다.
⑦ 차: '차(次)'가 '인사차 들렀다, 사업차 외국에 나갔다'처럼 명사 뒤에 붙어 '목적'의 뜻을 더하는 경우에는 접미사이므로 붙여 쓰지만 '고향에 갔던 차에 선을 보았다, 마침 가려던 차였다'와 같이 용언의 관형사형 뒤에 나타날 때는 의존 명사이므로 띄어 쓴다.
⑧ 판: '판'이 '노름판, 씨름판, 웃음판'처럼 쓰일 때는 합성어를 이루므로 붙여 쓰지만 '바둑 두 판, 장기를 세 판이나 두었다'와 같이 수 관형사 뒤에서 승부를 겨루는 일을 세는 단위를 나타낼 때는 의존 명사이므로 띄어 쓴다.

(3) 단위성 의존 명사

[제43항] 단위를 나타내는 명사는 띄어 쓴다.
　　예 한 개/차 한 대/금 서 돈/소 한 마리/옷 한 벌/열 살/조기 한 손/연필 한 자루/버선 한 죽/집 한 채/신 두 켤레/북어 한 쾌

다만, 순서를 나타내는 경우나 숫자와 어울려 쓰이는 경우에는 붙여 쓸 수 있다.
　　예 두시 삼십분 오초/제일과/삼학년/육층/1446년 10월 9일/2대대/16동 502호/제1실습실/80원/10개/7미터

참고 원칙과 허용
- 연월일, 시각 등은 붙여쓰기가 허용된다.
　　예 이천이십 년 오 월 이십 일(원칙)/이천이십년 오월 이십일(허용),
　　　　여덟 시 오십구 분(원칙)/여덟시 오십구분(허용)
- 아라비아 숫자 뒤 단위성 명사는 붙여쓰기가 허용된다.
　　예 2 시간(원칙)/2시간(허용), 20 병(원칙)/20병(허용)

(4) 숫자 표기

[제44항] 수를 적을 때에는 '만(萬)' 단위로 띄어 쓴다.
　　예 십이억 삼천사백오십육만 칠천팔백구십팔/12억 3456만 7898

참고 금액을 적을 때는 변조 등의 사고를 방지하기 위해 붙여 쓰는 것이 관례이다.
　　예 일금: 삼십일만오천육백칠십팔원정
　　　　돈: 일백칠십육만오천원

(5) 열거하는 말

[제45항] 두 말을 이어 주거나 열거할 적에 쓰이는 다음의 말들은 띄어 쓴다.
　　예 국장 겸 과장/열 내지 스물/청군 대 백군/책상, 걸상 등이 있다

[제46항] 단음절로 된 단어가 연이어 나타날 적에는 붙여 쓸 수 있다.
　　예 좀더 큰것/이말 저말/한잎 두잎

(6) 보조 용언

[제47항] 보조 용언은 띄어 씀을 원칙으로 하되, 경우에 따라 붙여 씀도 허용한다.

  예 불이 꺼져 간다(원칙) / 불이 꺼져간다(허용), 비가 올 듯하다(원칙) / 비가 올듯하다(허용)

  • 대표적인 보조 용언: 듯하다, 만하다, 법하다, 성싶다, 척하다.

  다만, 앞말에 조사가 붙거나 앞말이 합성 용언인 경우, 그리고 중간에 조사가 들어갈 적에는 그 뒤에 오는 보조 용언은 띄어 쓴다.

  예 잘도 놀아만 나는구나! / 책을 읽어도 보고……. / 네가 덤벼들어 보아라.

  ※ 앞말이 합성어인 경우 외에 앞말이 파생어인 경우에도 보조 용언은 띄어 써야 한다.
    예 공부해 보아라.(○) / 공부해보아라.(×)

(7) 이름의 표기

[제48항] 성과 이름, 성과 호 등은 붙여 쓰고, 이에 덧붙는 호칭어, 관직명 등은 띄어 쓴다.

  예 서화담(徐花潭) / 채영신 씨 / 최치원 선생 / 충무공 이순신 장군 / 이충무공 / 박동식 박사

  다만, 성과 이름, 성과 호를 분명히 구분할 필요가 있을 경우에는 띄어 쓸 수 있다.

  예 남궁억 / 남궁 억, 독고준 / 독고 준, 황보지봉 / 황보 지봉

[제49항] 성명 이외의 고유 명사는 단어별로 띄어 씀을 원칙으로 하되, 단위별로 띄어 쓸 수 있다.

  예 대한 중학교(원칙) / 대한중학교(허용), 한국 대학교 사범 대학(원칙) / 한국대학교 사범대학(허용)

(8) 전문 용어

[제50항] 전문 용어는 단어별로 띄어 씀을 원칙으로 하되, 붙여 쓸 수 있다.

  예 만성 골수성 백혈병(원칙) / 만성골수성백혈병(허용), 중거리 탄도 유도탄(원칙) / 중거리탄도유도탄(허용)

하나 더 알아보기! 띄어쓰기 정리

① 띄어쓰기: 단어는 띄어 써야 한다. 의존 명사 역시 단어이므로 띄어 써야 한다.
② 붙여쓰기: 조사, 어미, 접사는 붙여 쓴다. 조사는 단어이지만 붙여 쓴다.
③ 띄어쓰기 혹은 붙여쓰기: 본용언과 보조 용언은 경우에 따라 붙여쓰기를 허용한다. 원칙으로는 띄어 쓰는 것이 맞지만 본용언이 '-아/-어'로 끝나거나, 대표적인 보조 용언이 뒤를 따를 때는 붙여 쓰는 것을 허용하고 있다.

---

5 외래어 표기법

'외래어 표기법'은 간부선발도구 시험에 출제되었던 유형이다. 한 번이라도 출제가 된 개념에 대해서는 학습이 필요하므로 간단하게 규정들을 제시하고자 한다. 하지만 이 규정만으로는 모든 문제를 풀기는 어려우므로 평소 자주 쓰이는 외래어는 숙지해 두어야 한다.

[제1항] 외래어는 국어의 현용 24 자모만으로 적는다.

  국어에 없는 외국어 음을 적기 위하여 별도의 문자를 만들지 않는다.

[제2항] 외래어의 1음운은 원칙적으로 1기호로 적는다.
  ※ 'F'의 경우 'ㅍ, ㅎ'으로 소리 날 수 있지만, 'ㅍ'으로 적는다.
    예 패밀리, 필름, 파이팅, 프리킥, 프라이, 판타지, 플랫폼, 필터, 피날레

[제3항] 받침에는 'ㄱ, ㄴ, ㄹ, ㅁ, ㅂ, ㅅ, ㅇ'만을 쓴다.

[제4항] 파열음 표기에는 된소리를 쓰지 않는 것을 원칙으로 한다.
  예 gas-가스(까스×), gasoline-가솔린(까솔린×), dam-댐(땜×), bus-버스(뻐스×), bond-본드(뽄드×), Paris-파리(빠리×)
  그러나 일본어, 중국어, 동남아권 등에서 유래한 외래어 중에는 된소리를 쓰는 예외가 많이 존재한다.
    예 파르티잔, 조끼, 히로뽕/필로폰, 마오쩌둥, 샤쓰/셔츠, 푸껫(○)/푸켓(×), 호찌민(○)/호치민(×)

[제5항] 이미 굳어진 외래어는 관용을 존중하되, 그 범위와 용례는 따로 정한다.
    예 라디오, 카메라, 바이올린, 비타민 등

6 높임법

'높임법'은 화자가 어떤 대상이나 상대에 대하여 높고 낮음을 표현하는 방식으로, 대상에 따라 주체 높임법, 객체 높임법, 상대 높임법으로 나누어진다.

(1) 주체 높임법

주체 높임법은 문장의 주체인 주어를 높이는 것으로, 직접 높임과 간접 높임으로 나눠 설명할 수 있다.

① 직접 높임
  ㉠ 주체를 가리키는 주어 뒤에 높임을 나타내는 조사 '께서'와 접미사 '-님'을 붙여 높이는 방법
  ㉡ 서술어에 선어말 어미 '-(으)시-'를 붙여 높이는 방법
  ㉢ '진지, 드시다, 잡수시다, 계시다, 편찮으시다, 돌아가시다' 등 높임 어휘를 사용하여 높이는 방법 예 아버지가 밥을 먹었다. → 아버지께서 진지를 드셨다.

② 간접 높임
  ㉠ 높임 대상인 주체의 신체, 소유물, 친분 관계, 성품이나 심리 등에 선어말 어미 '-시-'를 붙임으로써 표현하며, 주로 서술절에서 나타난다.
    예 우리 할머니께서는 귀가 밝다. → 우리 할머니께서는 귀가 밝으시다.
  ㉡ 높여야 할 대상과 밀접한 관계를 갖고 있는 경우에만 높일 수 있다.
  ㉢ 간접 높임에는 높임을 나타내는 특수 어휘를 사용할 수 없다.
    예 교감 선생님의 말씀이 계시겠습니다. → 교감 선생님의 말씀이 있으시겠습니다.

> **참고** 간접 높임을 잘못 사용하는 경우
> 높이지 말아야 할 것을 높여 표현함으로써 잘못된 높임법을 구사하는 경우가 있다. 이러한 경우를 묻는 문제가 많으므로 확인해 두는 것이 좋다. 예를 들어 '요청하신 제품이 나오셨습니다.'의 경우, '제품'은 대상과 밀접한 관계가 없으므로 높여서는 안 된다. 잘못된 과도한 높임법의 사용인 것이다. 이를 고치면 '요청하신 제품이 나왔습니다.' 정도가 될 것이다. 일상생활에서 자주 쓰는 '포장이세요?'의 경우에도 '-시-'는 말을 듣고 있는 상대방을 높이는 것이 아닌 '포장'이라는 단어를 높이는 것이므로 '포장해 드릴까요?' 정도로 고쳐야 한다.

> **하나 더 알아보기!** 압존법 – 주체 높임의 제약
>
> 압존법은 문장의 주체가 화자보다는 높지만, 청자보다 낮은 지위에 있을 경우 청자에 맞춰 높임법을 사용할 수 없는 경우를 이른다. 예를 들어 청자가 할아버지이고, 문장의 주체가 아버지일 때 주체가 화자인 나보다 높기에 본래는 높여야 하지만 청자인 할아버지께서 주체인 아버지보다 높기 때문에 높임법을 사용할 수 없는 것이다. 압존법에 따르면 '할아버지, 아버지가 오셨습니다.'가 아닌 '할아버지, 아버지가 왔습니다.'로 표현해야 한다.
>
> 다만, 2011년 국립국어원의 '표준 언어 예절'에서는 주체가 청자보다 직위가 낮더라도 높여 부르는 것을 인정함을 발표하였다. '할아버지, 아버지가 오셨습니다.'도 인정이 된다는 것이다. 이것은 압존법이 폐지된 것이 아니라 일상생활에서 자주 쓰이는 표현을 인정한 것이므로, 문제에 적용할 때는 상대적 접근이 필요하다.
>
> 더불어 기억해야 할 사항은 압존법은 가족이나 사제 지간에서 사용하는 것으로 직장이나 사회에서는 적용하지 않는다는 것이다.

(2) 객체 높임법

문장에서의 객체인 목적어 혹은 부사어를 높이는 방법으로, 높임을 나타내는 특수 어휘를 사용하는 경우가 많다. 예를 들어 '나는 선생님에게 과일을 주었다.'의 경우, 부사어인 '선생님'을 높여야 하므로 높임 부사격 조사인 '께'와 '주다'의 높임 특수 어휘인 '드리다'를 사용하여 '나는 선생님께 과일을 드렸다.'로 고쳐야 한다. 대표적인 특수 어휘로 '드리다, 모시다, 뵈다(뵙다), 여쭈다(여쭙다)'가 있다.

① 객체 높임법의 실현 방법
  ㉠ 체언에 부사격 조사 '께'를 붙여 높이는 방법
  ㉡ 특수 어휘 '드리다, 모시다, 뵙다, 여쭈다(여쭙다)'를 붙여 높이는 방법
  예 선생님을 만나 뵙게 되어 영광입니다./내일 준비물을 선생님께 여쭤 보자.
    → 4개의 특수 어휘가 사용되면 객체 높임법을 사용한 것이니, 필수적으로 암기해 두자.

(3) 상대 높임법

상대 높임법은 주체·객체 높임법과는 달리 화자의 말을 듣고 있는 청자를 높이거나 낮추는 것이므로 모든 문장에서 구사된다. 상대 높임법은 다른 높임법에서 사용한 조사, 선어말 어미, 특수 어휘가 아닌 종결 어미를 통해 실현되는데, 크게 격식체와 비격식체로 구분하여 설명할 수 있다.

문장의 유형	비격식체		격식체			
	해체	해요체	해라체	하게체	하오체	하십시오체
평서형	-아/-어	-아요/-어요	-다	-네, -세	-오	-(ㅂ)니다
의문형	-아/-어	-아요/-어요	-느냐, -냐, -니, -지	-나, -는가	-오	-ㅂ니까
명령형	-아, -어, -지	-아요/-어요	-아라/-어라	-게	-오, -구려	-보시오
청유형	-아/-어	-아요/-어요	-자	-세	-ㅂ시다*	-시지요*
감탄형	-군/-어	-군요	-구나, -어라	-구먼	-구려	-

*'-ㅂ시다'는 '하십시오'체에 해당하지만 격이 없는 상대에게 쓰이기 때문에 실제 언어생활에서는 '-시지요'를 '하십시오'체 자리에 사용하는 경우가 많은 편이다. 따라서 일부 문법 교과서에서는 '-시지요'를 '하십시오'체로 소개하기도 한다. 한편 '-시지요'의 경우 보조사 '요'를 취한 것으로 보아 '해요'체로 구분하는 견해도 있다. 여기서 유의해야 할 점은 상대 높임법이 실현되는 형태는 종결 어미로만 구분할 수는 없다는 것이다. 형태가 똑같지만 상황에 따라서 달라질 수 있다.

7 잘못된 문장

(1) 문장 성분의 호응

① **주어와 서술어의 호응**: 주어와 서술어는 문장이 성립하기 위한 필수 성분으로, 하나의 문장은 적어도 주어 하나와 서술어 하나를 갖추고 있어야 한다(단, 문맥상 의미가 통할 때는 생략 가능).

　예 내가 지각한 이유는 어제 늦잠을 잤다.(×)/내가 지각한 이유는 어제 늦잠을 잤기 때문이다.(○)
　　→ 서술어 '잤다'는 주어 '이유는'과 호응하지 않아 어색하므로 고쳐야 한다.

② **목적어와 서술어의 호응**: 타동사가 서술어인 경우에는 반드시 목적어가 필요하며, 여러 문장이 결합할 때도 목적어와 호응하는 서술어는 모두 밝혀 주어야 한다.

　예 재은이는 저녁에 커피와 밥을 먹었다.(×)/재은이는 저녁에 커피를 마시고, 밥을 먹었다.(○)
　　→ 서술어인 '먹었다'는 목적어 '밥을'과는 호응하지만, '커피'와는 호응하지 않으므로 고쳐야 한다.

③ **부사어와 서술어의 호응**: 국어에는 특정 부사어가 특정 서술어와 호응하는 경우가 있는데, 그 관계가 매우 고정적이라는 특징이 있다.

구분	예
부정어와 호응	여간, 별로, 일절, 전혀, 조금도, 절대로, 그다지, 결코, 좀처럼 ~아니다, 않다, 없다/~치고 ~것 없다/비단 ~아니다 예 민수는 기분이 별로 좋다.(×)/민수는 기분이 별로 좋지 않다.(○) 　→ 부사어 '별로'는 부정의 서술어와 호응해야 하므로 적절한 표현으로 고쳐야 한다.
의문 표현과 호응	설마, 누가, 오죽(이나), 얼마나, 뉘라서, 도대체, 대관절, 어찌, 하물며, 아무려면 ~랴?, ~이냐?, ~까?, ㄴ가?
양보적 표현과 호응	비록 ~일지라도(~만, ~더라도)/설령(설사, 설혹, 가령) ~ㄹ지라도(~고 하더라도, ~다손 치더라도)/하다못해 ~라도
가정적 표현과 호응	만약(만일, 가령) ~ㄴ다면(~라면)/혹시 ~거든(~면)/아마 ~ㄹ 것이다
당위적 표현과 호응	모름지기, 마땅히, 응당 ~해야 한다
기타	왜냐하면 ~ 때문(까닭)이다/아무리 ~해도/마치 ~같다/차라리 ~ㄹ지언정(~ㄹ망정)/드디어 ~하다/~를 ~듯이 한다/부디 ~하여라(하십시오)/실로 ~하다(이다)/기껏 ~해야/~에 따르면, ~라고 한다/바야흐로 ~려 한다

(2) 중의적 표현

중의적이란 하나의 문장이 둘 이상의 의미로 이해될 수 있는 표현을 가리킨다. 정확한 의미 전달에서 문제가 생길 수 있으므로 고쳐 써야 한다.

① **어휘적 중의성**: 문장 속에 사용된 단어의 의미가 여러 가지로 해석되어 중의성이 발생하는 경우를 이른다.

　예 배가 보인다. → 탈것인 배(선박)가 보인다./신체의 일부인 배가 보인다./과일의 하나인 배가 보인다.

② **구조적 중의성**: 문장을 구성하는 문장 성분들 사이의 관계에서 중의성이 발생하는 경우를 이른다.

　예 귀여운 그녀의 동생을 만났다. → 귀여운, 그녀의 동생을 만났다./그녀의 귀여운 동생을 만났다.
　　→ 수식의 범위에 따른 중의성이 있는 문장이다. '귀여운' 사람이 그녀인지, 그녀의 동생인지 정확하지 않으므로 의미를 명확하게 해 주어야 한다. 우리말에서 쉼표는 바로 뒤 성분을 꾸밀 수 없으므로 귀여운 뒤에 쉼표를 찍어 주면 귀여운 대상이 동생에 국한되어 중의성을 해소할 수 있다. 또는 수식어의 위치를 변경하여 중의성을 해소할 수 있다.

예 나는 철수와 영희를 만났다. → 나는 철수와 영희, 두 사람을 만났다./나는 철수와 함께 영희를 만났다.
→ 조사 '와/과'의 연결 관계에 따른 중의성이 있는 문장이다. '나'가 만난 대상이 '철수와 영희'인지, '나와 철수'가 '영희'를 만난 것인지 명확하지 않다. 그러므로 정확한 설명이 가능한 성분들을 삽입하여 중의성을 해소해야 한다.

예 남편은 나보다 영화를 더 좋아한다. → 내가 영화를 좋아하는 것보다 남편이 더 영화를 좋아한다./남편은 나와 영화 중 영화를 더 좋아한다.
→ 비교 대상에 따른 중의성이 있는 문장이다. 나와 영화를 비교하는 것인지, 내가 영화를 좋아하는 정도와 남편이 영화를 좋아하는 정도를 비교하는 것인지 불분명하므로 구체적인 정보를 제공하여 중의성을 해소해야 한다.

예 손님이 다 오지 않았다. → 손님이 다 오지는 않았다.
→ 부정 표현에 의한 중의성이 있는 문장이다. 부정문에 수량을 나타내는 '다, 모두, 많이, 조금' 등의 부사어가 쓰이면 중의적으로 해석될 수 있다. 손님이 한 명도 오지 않았다는 것인지, 손님이 일부만 왔다는 것인지 알 수 없다. 이 경우는 보조사를 추가하여 중의성을 해소할 수 있는데 보조사 '는'을 넣으면, 손님이 일부만 왔다는 내용을 정확하게 전달할 수 있다.

(3) 우리말답지 않은 문장 표현

우리말답지 않은 문장 표현	고쳐야 하는 이유	고쳐 쓴 표현
그 사람은 선각자에 다름 아니다.	일본어 번역 투	그 사람은 선각자나 다름없다.
학생 회의에 있어 진지하게 참여하는 것이 중요하다.	일본어 번역 투	학생 회의에 진지하게 참여하는 것이 중요하다.
그는 그녀와의 만남을 시작하였다.	일본어 조사를 직역한 표현	그는 그녀와 만나기 시작하였다.
내일 아침에 회의를 갖도록 하자.	영어의 'have a meeting'을 직역한 표현	내일 아침에 회의하자.
불조심은 아무리 강조해도 지나치지 않는다.	영어의 'it is not much to ~'를 직역한 표현	불조심은 늘 강조해야 한다.
나는 중대장님의 소식을 창현이로부터 들었다.	영어의 'from'을 직역한 표현	나는 중대장님의 소식을 창현이에게 들었다.
이 사건은 한 제보자에 의해 알려졌다.	영어의 수동태 문장을 직역한 표현	이 사건은 한 제보자가 알렸다.
이 창문은 잘 열려지지 않는다.	피동의 의미를 갖는 '-리-'와 '-어지다'가 겹쳐 사용된 이중 피동	이 창문은 잘 열리지 않는다.

III. 읽기

1 독해법 ·자주 나오는 이론·
└ 간부선발도구 시험은 독해 문제가 중요하다.

(1) 화제

글에서 다루고자 하는 대상이나 내용을 '화제'라고 하는데, 화제는 대개 한 편의 글에서 반복적으로 나타난다. 글이 전개됨에 따라 화제에 대한 글쓴이의 생각이나 주장이 심화·발전되는데, 이것이 곧 주제와 직결된다. 따라서 글에서 '화제'를 찾는 것은 글의 핵심을 파악하는 가장 빠른 방법이다.

(2) 중심 문장

문단은 여러 문장을 하나의 주제 아래 묶은 글의 단위로, 여러 문단이 연결되어 하나의 글이 이루어진다. 따라서 제시된 글의 내용에 따라 나누어진 문단마다 중심 문장을 찾는 것이 정확한 독해를 할 수 있는 방법이다. 일반적으로 하나의 문단은 하나의 중심 문장과 하나 이상의 뒷받침 문장으로 구성된다. 일반적이거나 추상적·포괄적 내용이 담긴 문장이 중심 문장일 가능성이 높고, 문단에 따라 중심 문장이 보이지 않을 때에는 문장의 의미를 종합하여 중심 문장을 만들어 내야 한다.

(3) 접속어

독해에서 접속어는 중요한 힌트가 된다. 접속어는 문장과 문장, 문단과 문단을 연결할 뿐만 아니라 읽는 이가 문장 간의 관계 또는 문단 간의 관계를 파악하는 데 중요한 역할을 한다. 따라서 다양한 접속어의 성격을 파악한 후 독해에 임한다면 글의 핵심을 비교적 쉽고 정확하게 파악할 수 있을 것이다.

① 중요도: 앞 < 뒤

구분	관련 접속어
역접	그러나, 하지만, 그래도, 그렇지만, 반면에 등
인과	따라서, 그래서, 그리하여, 그러므로, 왜냐하면 등
요약	요컨대, 이처럼, 결국, 한마디로 등
강조, 부연	다시 말하면, 즉, 바꿔 말하면 등
전환	그런데, 한편, 그러면 등

② 중요도: 앞 > 뒤

구분	관련 접속어
예시	예컨대, 이를테면, 가령, 말하자면 등
비유	비유컨대, 마치 ~처럼/같이 등

③ 중요도: 앞 = 뒤

구분	관련 접속어
대등	또한, 그리고 등

(4) 문단의 구조

문단은 주제문에 따라 두괄식, 중괄식, 미괄식으로 구분한다. 문단의 대부분이 두괄식 아니면 미괄식의 구조를 취하기 때문에 정말 시간이 부족한 경우에 한하여 문단의 처음과 끝만 봐도 무방하다.

(5) 문단 간의 관계

하나의 주제 아래 여러 문장이 묶여 하나의 문단을 이루듯이, 한 편의 글은 여러 문단이 연결되어 이루어진다. 따라서 글의 핵심 내용을 정확하게 정리하기 위해서는 문장 간의 관계와 각 문장의 기능, 성격들을 파악하는 것이 좋다. 제시문이 비교적 길다면, 문단 간의 관계를 파악하여 글의 구조를 정확하게 이해하는 것이 중요하다. 아래의 설명들은 '문장'에도 적용이 가능하다.

① 주지(主旨) 문단: 글의 주제와 직접 관계되는 중심 문단을 말한다. 보조 문단에 의해 그 내용이 뒷받침된다.

② 보조(補助) 문단: 주지 문단의 내용을 드러내기 위해 구성되는 보조적 기능의 문단을 말한다.
  ㉠ 도입(導入) 문단
   • 글을 쓰는 목적·과제 등을 제시하는 문단
   • 논의 방향, 논의 범위, 논의 목적 등만 소개되고 구체적인 논의는 등장하지 않는다.
   • 포괄적이고 추상적인 내용으로 문단이 끝나는 경우가 많다(뒤이어서 구체적인 내용이 전개될 것을 예고하기 위함).
  ㉡ 전개(展開) 문단
   • 앞 문단의 내용을 보다 넓게 펼쳐가는 문단
   • 도입된 논제나 설명의 대상을 구체화하는 문단
   • 논제나 중심 대상에 대한 구체적인 설명이나 주장 등이 펼쳐진다.
   • 화제에 대해 필자가 말하고자 하는 관점이나 내용이 분명해진다.
   • 논점에 대한 핵심적인 개념이나 주장이 하나씩 열거, 상술된다.
  ㉢ 요약(要約) 문단
   • 결론을 맺거나 글을 마무리하는 문단
   • 전개되었던 중심 내용들을 요약, 종합하여 주제를 정리하는 문단
   • 논제가 해결되어 주제가 제시되거나 설명된 내용이 정리되어 주제가 제시된다.
   • 필자의 관점이 분명해진다.

③ 이 외의 문단의 기능
  ㉠ 전제 문단: 주장을 이끌어 내기 위한 논거 따위를 조건으로 제시하는 문단
  ㉡ 상술 문단: 앞 문단의 내용을 보다 자세히 풀어 말하는 문단
  ㉢ 예시 문단: 예를 들어 보여 주는 문단
  ㉣ 첨가·부연 문단: 앞에 진술된 내용을 보충하는 문단
  ㉤ 연결 문단: 두 문단 사이의 내용을 자연스럽게 이어 주는 문단
  ㉥ 강조 문단: 내용을 특히 강조하기 위해 의도적으로 나누어 놓은 문단

2 내용 전개 방식

서술 방식	개념
지정	'A는 B이다.' 형식으로 화제의 속성을 밝힘, 글쓰기에서 가장 많이 활용되는 방식 예 5월은 계절의 여왕이다.
정의	'A는 B이다.' 형식으로 '지정'과 달리 화제의 본질적인 개념을 규정하는 방식 예 사랑이란 어떤 사람이나 존재를 몹시 아끼고 귀중히 여기는 마음이다.
분류	대상을 일정한 기준에 따라 구분하여 설명하는 방식 예 언어 활동은 기본적으로 말하고, 듣고, 읽고, 쓰는 네 가지로 구분한다.
분석	대상을 구성 요소별로 나누어 설명하는 방식 예 혈액은 고형 성분인 혈구와 액체 성분인 혈장으로 구성되어 있다.
비교	두 대상의 공통점을 견주어 설명하는 방식 예 축구와 야구는 공으로 하는 스포츠이다.
대조	두 대상의 차이점을 견주어 설명하는 방식 예 문자 언어는 종이에 연필로 쓴 것과 같은 '기록'이기 때문에 음성 언어에 비해 시간과 공간의 제약을 훨씬 덜 받는다.
과정	어떤 일의 시작에서부터 끝까지를 진행 과정에 따라 설명하는 동태적 서술 방식 예 칠교를 만드는 방법은 아주 간단하다. 두꺼운 종이를 가로, 세로 각 10cm 크기로 오려낸다. 그리고 그 위에 2.5cm의 정사각형을 16개 그린 다음, 선을 따라 잘라서 7조각을 내면 된다.
예시	구체적인 사례를 들어 설명하는 방식 예 음성 언어의 단점을 보완해 주는 매체로 전화, 라디오, 텔레비전 등이 있다.
열거	의미상 연관이 있는 사실을 하나하나 늘어놓는 방식으로 2개 이상의 구체적인 진술 나열 예 제가 좋아하는 과일은 딸기, 복숭아, 블루베리, 청포도입니다.
인과	원인을 들어 결과를 설명하는 동태적 방식 예 남자는 남자다운 것이, 여자는 여자다운 것이 바람직하고 당연한 것이라 여겨져 왔고, 이로 인해 여성은 남성에 비해 크고 작은 차별과 불평등 속에서 살아왔다.
인용	명언, 명구(名句), 격언, 속담, 타인의 말 등을 따와 설명하는 방식 예 니체는 말했다. "신은 죽었다."
서사	시간 개념을 전제로 사물, 행동, 사건의 추이를 표현하는 동태적 방식으로, 주로 소설에서 인물의 행동이나 사건의 전개 과정을 이야기할 때 사용하며 비문학 지문에도 사용됨 예 기원전 4세기경에 철기가 보급되기 시작하여 기원전 1세기경에는 철기가 널리 보급되었다.
묘사	배경, 분위기, 사물이나 인물 등을 감각적으로 표현하는 방식으로, 주로 문학 작품에 사용되고 비문학 지문에도 사용됨 예 운동장이 끝나는 곳에 펼쳐진 강물의 색깔은 볼 때마다 다르다. 지금은 녹색 비단을 잘 다려 펼쳐 놓은 것 같다.
유추	두 개의 사물이 여러 면에서 비슷하다는 것을 근거로 다른 속성도 유사할 것이라 미루어 추측하는 방식 예 인생은 마라톤과 같다. 인생은 짧지 않다. 그리고 결국 혼자 가는 것이 인생이다. 그런데 마라톤도 긴 거리를 혼자 달리는 힘든 경기이다. 따라서 인생도 힘든 여정이라 할 수 있다.

참고 정태적 방식과 동태적 방식
- 정태적 방식: 시간적 순서를 고려하지 않는 논리적인 구성 방식 예 정의, 열거, 예시, 인용, 비교, 대조 등
- 동태적 방식: 시간적 순서를 고려한 방식 예 서사, 인과, 과정 등

Ⅳ. 논리

1 논증

대상과 논제에 대한 필자의 의견과 주장을 논거를 갖추어 증명하는 방식으로, 대표적으로 연역 논증과 귀납 논증이 있다.

(1) 연역 논증

연역 논증은 전제들이 결론을 필연적인 방식으로 뒷받침하는 것을 말한다. 그래서 연역 논증의 경우 전제들이 모두 참이라면 결론은 무조건 참이 되며, 반대로 결론이 거짓이라면 전제 중 최소 하나는 반드시 거짓이 된다.

예) 모든 인간은 죽는다.
 소크라테스는 인간이다.
 그러므로 소크라테스는 죽는다.

'소크라테스는 죽는다.'라는 결론에 이르기까지 이미 전제 속에 소크라테스에 대한 정보와 인간의 죽음에 대한 정보가 포함되어 있으므로 전제가 참이면 결론 또한 반드시 참이 된다.

(2) 귀납 논증

귀납 논증은 전제들이 결론을 개연적인 방식으로 뒷받침하는 것을 말한다. 그래서 전제가 모두 참이라고 해서 결론이 반드시 참이지는 않다. 거짓일 가능성을 배제할 수 없다.

예) 인간인 소크라테스는 죽는다.
 인간인 아인슈타인은 죽는다.
 인간인 하이데거는 죽는다.
   ⋮
 그러므로 모든 인간은 죽는다.

지금까지는 모든 인간이 죽었지만 사실 모든 인간이 죽었다는 사실은 확인하기 어렵다. 나아가 앞으로 죽지 않는 인간이 나타날 가능성도 있다. 그러므로 개별적인 전제들이 많으면 많을수록 귀납 논증의 결론이 참일 가능성은 높여 줄 수 있으나, 결론이 반드시 참임을 이끌어 낼 수는 없다.

① 일반화: 개별적인 사례들에 비추어 나머지도 같다고 추론하여 결론에 이르는 방법
② 통계적 귀납 추론: 어떤 집합의 일부 구성 요소를 관찰하여 그 전체 집합에 대해서 결론을 내리는 추론 방법
③ 인과적 귀납 추론: 대상의 일부 현상들이 지닌 원인과 결과 관계를 인식하여 이를 바탕으로 결론을 이끌어 내는 추론 방법
④ 유비 추론: 두 대상의 유사성을 바탕으로 나머지 요소들의 동일성을 추론하는 방법

> **참고** 연역법이나 귀납법을 위반할 때 생기는 오류
> - 전건 부정의 오류: 가언적 삼단 논법에서, 대전제의 전건을 부정하는 소전제를 바탕으로 결론을 내리는 데서 발생하는 오류
>   예) 만일 p이면 q이다. p이다. 그러므로 q이다.
>   → 이러한 논증 형식은 타당하다. 그러나 다음의 형식은 타당하지 않다.
>   만일 p이면 q이다. p가 아니다. 그러므로 q가 아니다.
>   → 이러한 논증 형식은 타당하지 않다. 즉, '전건 부정의 오류'를 범하고 있다.

- 후건 긍정의 오류: 가언적 삼단 논법에서, 대전제의 후건을 긍정하는 소전제를 바탕으로 결론을 내리는 데서 발생하는 오류
  예 만일 p이면 q이다. q이면 p이다.
- 선언지 긍정의 오류: 배타적인 것을 포괄적으로 오인함으로써 생기는 오류이다.
  예 p나 q이다. p가 아니다. 그러므로 q이다.
    → 이러한 논증 형식은 타당하다. 그러나 다음의 형식은 타당하지 않다.
      p나 q이다. p이다. 그러므로 q는 아니다.
- 반드시 참인 명제: 논증에서 반드시 참인 명제를 '대우 명제'라고 부름
  예 만일 p이면, q이다. q가 아니면, p가 아니다.
    → 위의 형식으로 정리할 수 있으며 이는 반드시 참이므로 문제에서 반드시 참인 논증을 고르라고 한다면 대우 명제를 적용해서 푸는 것이 좋다.

(3) 변증법적 논증

보통 변증법이라고 하면 헤겔의 논리를 말하는 것으로, 대립되는 견해를 통합해 내는 논증 방식을 말한다. 두 개의 대립되는 개념 A(정)와 B(반)가 있을 때, A가 성립하면 B가 성립하지 못하고, B가 성립하면 A가 성립하지 못할 때, A, B를 모두 버리고, 새로운 개념(합)을 이끌어 내는 것이다.
  예 환경을 보전하자(정). 개발을 하자(반). 환경 보전과 조화를 이루는 개발을 추구하자(합).

2 논증의 오류

(1) 관련성의 오류

① 힘(위협, 공포)에 호소하는 오류
  힘을 통해서 상대를 위협함으로써 자신의 주장에 동의하도록 하는 오류이다. 힘에 호소하는 논증은 합리적 논증을 포기하는 것이다. 강한 나라가 약한 나라에 행하는 여러 종류의 횡포도 여기에 해당된다고 볼 수 있다.
  예 • 1968년 푸에블로호가 북한에 의하여 납북된 후, 선장은 북한 당국이 그에게 "자백하라, 그렇지 않으면 당신이 보는 앞에서 승무원들을 모조리 사살하겠다."라고 위협했을 때, 스파이 활동을 시인하고 말았다.
    • 만약, 네가 내 말을 듣지 않는다면 유산을 한 푼도 물려주지 않겠다.

② 사람에게 호소하는 오류
  사람에게 호소하는 오류는 주장하는 내용에 대한 정확한 비판을 하는 것이 아니라 그 주장을 하는 사람 및 그 사람과 관련된 것을 공격하기 때문에 다른 종류의 논리적 오류와 구별된다. 따라서 내용에 관한 것을 확인하기보다는 그 사람의 배경을 논리적 결함으로 찾는지 확인하면 된다. 또한 피장파장의 오류(논점일탈의 오류)와 정황적 논증의 오류(특수 환경 공격의 오류)의 경우, 상대방에 대한 '역공격' 여부에 따라 구별하면 되는데, 상대방에 대해 역공격을 하는 오류는 '피장파장의 오류'이다.
  ㉠ 인신공격의 오류(욕설적 논증)
    어떤 주장 자체를 비난하는 것이 아니라, 그런 주장을 하는 사람을 공격하는 오류이다. 그 사람의 사생활, 도덕성, 성격, 지적 능력 등을 공격함으로써 그 사람의 주장을 무력화하려는 데에서 발생한다. 또는 그 사람이 처한 주변 상황, 직업, 국적, 정치적 입장, 출생지 등을 문제 삼아 공격하기도 한다.

- **예**
  - 이번에 발표된 신제품의 기술 개발을 그 나라에서 했다니 보나마나 고장이 많은 제품이 될 거야. 그 나라는 우리나라보다 후진국이니까.
  - 어니스트 헤밍웨이가 쓴 '노인과 바다'가 퓰리처상을 받았다는 것은 이해가 안 돼. 그는 결혼 후의 사생활이 안 좋았다는 소문이 있거든.

ⓒ 피장파장의 오류

상대방의 주장에 대하여 주장 자체를 따지는 것이 아니라 그 말을 한 사람의 과거 경험을 논거로 꺼내 논점을 흐리는 오류이다. 다시 말해 어떠한 논점에 유사한 잘못을 저질렀던 상대방의 이력을 끄집어내어 주의를 돌리고 자신의 잘못을 감추려는 오류이다.

- **예**
  - 아빠도 매일 핸드폰 게임 하면서 왜 나한테 하지 말라고 해?
  - 너 요즘 왜 이렇게 덜렁거리고 실수를 많이 하니? / 너도 예전에 실수 많이 했잖아!

ⓒ 정황적 논증의 오류(특수 환경 공격의 오류, 연좌의 오류)

논쟁을 할 때 상대방의 주장이 아니라 상대방이 처해 있는 상황을 상대방의 주장이 틀렸다는 근거로 사용하는 데에서 발생하는 오류이다. 주장하는 사람의 과거 이력, 소속(소속된 집단의 성격), 지적 수준, 사상, 인종적 배경 등을 비난에 대한 근거로 사용함으로써 상대의 주장이 잘못되었다고 주장하는 것이다. 그러나 어떤 개인이나 집단의 지지한다는 사실이 그 주장이나 행위의 정당성에 영향을 미치지는 않는다. 이를 '특수 환경 공격의 오류'라고도 하며 '연좌의 오류'라고도 한다.

- **예**
  - 대학도 안 나온 사람인데, 그 사람의 말을 믿을 수가 있을까?
  - 그 소설에서는 교훈을 얻을 수 없을 것 같아. 왜냐하면 황인종이 쓴 소설이기 때문이야.

③ 무지로부터의 논증

어떤 명제가 참 또는 거짓이라는 것이 증명되지 않았다는 것을 근거로 해서 그 명제를 거짓 또는 참이라고 논증하는 오류이다. 어떤 명제가 참 혹은 거짓으로 증명되지 않는다는 사실은 우리가 그 명제를 증명하거나 혹은 반박할 능력이 없다는 것을 증명할 뿐이다.

- **예**
  - 이제까지 그 누구도 UFO의 존재를 증명하지 못했다. 그러므로 UFO는 존재하지 않는다.
  - 신은 존재한다. 왜냐하면 존재하지 않는다고 증명한 사람이 없기 때문이다.

④ 허수아비 공격의 오류

상대방의 주장을 격파하기 쉬운 입장으로 재구성해서 비판하는 오류이다. 원래의 상대방 주장과 재구성된 주장은 사실상 별개의 것이기 때문에 재구성된 허수아비를 공격해서 쓰러뜨린 것에 불과하다. 상대방이 '내 주장은 그런 얘기가 아니다.'고 반박할 수 있는 경우가 이에 해당한다.

- **예**
  - 김 의원은 여성할당제 실시에 대해 반대 의견을 주장한다. 그는 여자들은 집에만 있으라고 하는 것이다. 이건 정말 받아들일 수 없다.
  - (광산 도시 태백을 관광 도시로 만들자는 제안에 대하여) 찬성자: 우리는 이 도시를 거대한 관광 도시로 만들어야 지역 경제를 10년 안에 살릴 수 있습니다. - 반대자: 당신은 이 도시에 돈 많은 사람들이 드나드는 골프장을 만들어 생태계를 파괴하자는 말입니까?

⑤ 발생학적 오류
어떤 사상, 사람, 관행, 제도 등의 원천이 어떤 속성을 갖고 있기 때문에 그것들이 그러한 속성을 갖고 있다고 추론하는 것을 말한다. 어떤 대상이 어디서, 어떻게 기원하게 되었는가는 그것 자체의 가치나 특성과는 관련성이 없다.
> 예 • 국민의료보험제도는 원래 사회주의 국가에서 유래한 것이기 때문에 철폐해야 한다.
>   • 유도는 일본에서 시작되었으므로 유도를 배우면 왜색에 물들기 쉽다.

⑥ 원천봉쇄의 오류(우물에 독 뿌리기)
자신의 주장에 대한 반박을 원천적으로 봉쇄하는 오류이다. 즉 우물에 독을 뿌려서 아무도 물을 못 마시게 하듯이, 원천적으로 반론의 가능성 자체를 없애 버리는 오류이다. 상대방으로 하여금 자기 주장에 대한 반론을 제기할 수 없도록 한다.
> 예 제 주장에 찬성하지 못하시는 분은 애사심이 없는 분이 분명합니다.

⑦ 연민·동정에의 호소
상대방으로부터 동정심을 유발하여 자기의 주장을 받아들이게 하는 오류이다.
> 예 판사님! 저에게는 아프신 홀어머니와 어린 자식들이 있습니다. 제가 감옥에 가면 아프신 어머니께서 아이들을 돌보셔야 합니다. 제발 선처를 부탁드립니다.

⑧ 군중(대중)에의 호소
군중의 심리를 자극해서 사람들이 자기의 결론에 동조하도록 하는 오류이다. 또한 많은 사람들이 그것에 동조했기 때문에 혹은 그렇게 하는 것이 옳다고 여기고 있으므로 당신도 그렇게 해야 한다고 주장하는 오류이다.
> 예 • 이 영화는 좋은 영화임이 틀림없어. 벌써 4주째 예매율 1위야.
>   • 아빠, 휴대 전화 사 주세요. 우리 반 애들은 모두 갖고 있단 말이에요.

⑨ 잘못된 권위에 호소하는 오류
흔히 자신의 견해나 주장을 강화하기 위해 권위자나 기관 등을 인용하는데, 이때 인용되는 권위자나 기관이 주장과 관련이 없을 때 생기는 오류이다. 권위자나 전문가는 자신의 영역에서 인정받는 것이므로, 무조건적인 신뢰감을 형성하지는 않는다.
> 예 이번에 발생한 경제 문제를 해결하기 위하여 우리는 아인슈타인의 견해를 받아들여야만 한다. 왜냐하면 그는 노벨상 수상자이기 때문이다.

⑩ 우연의 오류(원칙 혼동의 오류)
일반적인 규칙이나 사실을 특수하거나 예외적인 경우, 우연한 상황에 적용하는 오류이다.
> 예 거짓말을 하는 것은 죄악이다. 그러므로 의사가 환자에게 거짓말을 하는 것도 당연히 죄악이다.

⑪ 성급한 일반화의 오류(역우연의 오류)
특수한 경우에만 참인 것을 일반적으로 타당한 원리나 규칙으로 삼아서 일반적인 경우에까지 적용시키는 오류이다. 즉 우연, 특수, 예외를 일반화하는 오류이다. 우리가 흔히 '편견'이라고 부르는 것에 해당한다.
> 예 • 하나를 보면 열을 안다고, 너 지금 행동하는 걸 보니 형편없는 애구나.
>   • 전쟁 중 용의자의 전화를 도청함으로써 적의 간첩망을 적발하였다. 그러므로 당국은 모든 용의자의 전화를 도청해야 한다.

⑫ 인과적 오류(거짓 원인의 오류, 원인 오판의 오류)
어떤 두 사건이 우연히 일치할 때, 한 사건이 다른 사건의 원인이라고 주장하는 경우, 또는 한 사건이 앞서 발생했다고 해서 전자가 후자의 원인이라고 잘못 추론하는 오류이다.
예 검은 고양이가 내 앞을 가로질러 갔다. 그리고 5분 후에 나는 자동차 사고를 당했다. 따라서 내 사고는 그 검은 고양이 때문이다.

⑬ 논점 일탈의 오류
논점에서 벗어나서 논점과 관련성이 없는 주장을 할 때 생겨나는 오류를 말한다. 논의를 벗어나면 횡설수설할 가능성이 높다.
예 누가 잘했든 잘못했든 그렇게 싸우고만 있을 거야? 그렇게 할 일이 없으면 공부나 해!

⑭ 복합 질문의 오류
둘 이상의 질문을 동시에 하면서 하나의 질문인 양 보이게 하여 상대방을 질문자의 의도대로 이끌어 갈 때 생기는 오류이다. 수사관들이 유도 심문을 할 때 자주 사용하는 오류이기도 하다. 수사관이 용의자에게 "당신은 훔친 돈을 모두 탕진했습니까?"라고 물으면서 "예", "아니요"로 답할 것을 강요하면 복합 질문의 오류를 범하는 것이다. "예", "아니요" 어느 쪽으로 대답해도 돈을 훔친 것이라고 인정하게 되기 때문이다.
예 • 형사가 피의자에게 다음과 같은 질문을 했다. "당신이 어제 거기에 간 시간은 3시였지?"
 • 이제 거짓말 안 할 거지?

⑮ 흑백 사고의 오류
양 극단의 가능성만 있고 다른 가능성은 없다고 생각함으로써 생기는 오류이다.
예 • 내 부탁을 거절하다니, 넌 나를 싫어하는구나.
 • 자본주의를 부정한다고요? 그럼 당신은 공산주의자이군요.

⑯ 의도 확대의 오류
어떠한 행위가 의도하지 않은 결과를 유발할 경우, 결과를 의도된 행위라고 간주하는 오류이다.
예 아니, 그 사람을 벌금 3만 원만 받고 풀어 줘요? 그 사람을 피하려다가 차가 충돌해서 두 사람이나 죽었는데, 그런 살인자를 가만 놔두는 법이 어디 있어요?

⑰ 잘못된 유비 추론(잘못된 비유의 오류)
어떤 것을 유사한 것에 비유하여 설명하거나 정당화할 때, 그 유사성이 별로 크지 않을 때 생기는 오류이다.
예 • 컴퓨터와 사람은 유사한 점이 많아. 그러니 컴퓨터도 사람처럼 감정을 느낄 거야.
 • 동물들은 자기와 같은 종류의 동물들하고만 산다. 늑대와 양이 함께 살 수 있을 리 없다. 그러니 부자와 가난뱅이도 같은 도시에서 살 수 없다.

⑱ 선결 문제 요구(순환 논증)의 오류
어떤 주장을 논증함에 있어서 바로 그 논증하는 주장과 동의어에 불과한 명제를 논거로 삼을 때 범하는 오류이다.
예 그 놈은 나쁜 놈이니 사형을 당해야 해. 사형을 당하는 것을 보면 나쁜 놈이야.

⑲ 말 앞에 수레 놓는 오류
어떤 일의 앞뒤 순서를 뒤바꿈으로써 범하게 되는 오류로, 대부분 인과관계가 뒤바뀌는 경우에 해당한다.
  예 꼼짝 말고 손들어!

⑳ 사적 관계에 호소하는 오류
정(情) 때문에 논지를 받아들이게 되는 오류, 상대와의 친분을 근거로 주장을 받아들이게 하는 오류이다.
  예 • 저 그 윤진숙이라구요. 언니, 지금 저를 내치신다면 전 앞으로 어떻게 살아가라는 거죠?
  • 이번 선거에 네가 힘을 보태 줄 거라고 믿어. 우린 친구잖아.

(2) 애매성의 오류

① 애매어의 오류
동일한 단어가 여러 가지 의미로 사용될 때 생기는 오류이다.
  예 • 모든 죄인은 감옥에 가야 한다. 인간은 모두 죄인이다. 따라서 모든 인간은 감옥에 가야 한다.
  • 꼬리가 길면 잡힌다. 다람쥐는 꼬리가 길다. 그러므로 다람쥐는 잡힌다.

② 강조의 오류
문장의 한 부분을 강조하는 데서 생기는 오류이다. 또한 다른 사람의 말을 전체 문맥에서 이해하지 않아 오해를 살 여지가 있을 때, 일부만을 떼어 인용함으로써 그 본래의 뜻을 잘못 전달하는 것도 강조의 오류라고 한다. 이 경우는 특히 '탈맥락적 인용의 오류'라고 부른다.
"밤늦게 친구들하고 술 마시고 고래고래 소리 지르면서 돌아다니지 마라!"라는 말에서 '밤늦게'라든가, '친구들하고', '술 마시고', '고래고래 소리 지르면서', '돌아다니지 마라!' 가운데 어느 하나만을 강조할 때 생기는 오류이다.
  예 "밤늦게 친구들하고 술 마시지 마라.", "그럼, 낮에는 마셔도 돼요?"

③ 결합 · 합성의 오류
부분이나 개별적 요소들이 지닌 성질이나 특성을 전체 또는 부분의 집합에도 지니고 있다고 추론할 때 생기는 오류이다. 전체를 부분의 총합으로 보는 데서 오는 오류인데, 부분의 특성이 꼭 전체로 옮겨 가지는 않는다.
  예 그 나라 사람들은 모두 도덕적이고 친절하다. 그러므로 그 국가도 도덕적이고 친절할 것이다.

④ 분할의 오류
결합의 오류와 반대되는 오류이다. 전체나 집합이 지닌 성질이나 특성을 부분이나 개별적 요소들도 지니고 있다고 추론할 때 생기는 오류이다.
  예 • 3학년 4반은 전교에서 수학 성적을 가장 잘 받았다. 그러므로 그 반 학생들은 모두 수학을 잘할 것이다.
  • 미국은 경제 강국이니 그 미국인은 부자일 것이다.

⑤ 은밀한 재정의의 오류
단어나 구의 의미를 자의적으로 바꾸어 추론하는 오류이다. 즉 다른 사람들은 모르고 자기만 알고 있는 정의 때문에 발생하는 오류이다.
  예 너는 왜 아침에 운동을 하지 않니? 너는 참 게으르구나(아침에 운동을 하지 않는 것을 '게으름'이라고 자의적으로 재정의함).

3 논리 퀴즈

최근 간부선발도구 시험에서 등장하기 시작한 문제 유형이다. 논리 퀴즈에는 몇 가지 유형이 있으므로 출제되는 유형에 맞게 접근해야 한다.

(1) 순서, 위치 파악 및 원인 파악 문제

이러한 유형의 문제는 주어진 정보와 조건을 바탕으로 X축과 Y축으로 표를 그리고 ○, ×로 표시하여 추론하는 것이 좋다.

> **예** 다음을 통해 장염의 원인이 된 음식을 고르면?
>
> 회사원 1은 감자조림, 김치, 호박볶음, 달걀말이를 먹었고 장염이 걸렸다.
> 회사원 2는 호박볶음, 달걀말이, 어묵볶음을 먹었고 장염이 걸렸다.
> 회사원 3은 감자조림, 김치, 달걀말이를 먹었고 장염이 걸리지 않았다.
> 회사원 4는 감자조림, 달걀말이를 먹었고 장염이 걸리지 않았다.
>
> ① 감자조림 ② 김치 ③ 호박볶음 ④ 달걀말이 ⑤ 어묵볶음

위의 자료를 바탕으로 섭취한 음식물과 장염 발생의 상관관계를 확인하기 위해 주어진 정보와 조건을 표로 나타내면 다음과 같다.

구분	섭취한 음식물					장염 발생
	감자조림	김치	호박볶음	달걀말이	어묵볶음	
회사원 1	○	○	○	○	×	○
회사원 2	×	×	○	○	○	○
회사원 3	○	○	×	○	×	×
회사원 4	○	×	×	○	×	×

위의 표에 따라 호박볶음을 먹은 회사원 1, 2는 장염이 발생했고, 호박볶음을 먹지 않은 회사원 3, 4는 장염이 발생하지 않았다는 것을 확인할 수 있으므로 장염의 원인은 ③이 된다. 다른 위치와 순서 문제들도 주어진 정보와 조건을 바탕으로 위와 같이 표를 그려서 풀면 된다.

(2) 반드시 참인 명제 고르기

이러한 유형은 주어진 조건을 가지고 반드시 참인 명제를 찾는 것으로 '대우명제'라고 한다.

> **예**
> • 'p이면 q이다.'의 명제를 치환하면 '~q는 ~p이다.'가 성립한다.
> • 'p이면 ~q이다.'의 명제를 치환하면 'q는 ~p이다.'가 성립한다.
> ※ '~p'는 'p가 아니다.', '~q'는 'q가 아니다.'를 의미한다.

이 문제는 주어진 조건들을 치환하여 보면 조건들 중에서 반드시 참인 명제를 고를 수 있다. 여기에서 조건들을 간단한 부호로 바꾸어 푸는 것이 좋다.

> **예** 다음을 바탕으로 바르게 추론한 것을 고르면?
>
> - 빨강을 좋아하는 사람은 파랑을 좋아한다.
> - 노랑을 좋아하는 사람은 빨강을 좋아하지 않는다.
> - 파랑을 좋아하는 사람은 주황을 좋아하지 않는다.
>
> ① 빨강을 좋아하는 사람은 주황을 좋아하지 않는다.
> ② 주황을 좋아하지 않는 사람은 파랑을 좋아한다.
> ③ 빨강을 좋아하지 않는 사람은 노랑을 좋아하지 않는다.
> ④ 노랑을 좋아하지 않는 사람은 파랑을 좋아하지 않는다.
> ⑤ 파랑을 좋아하지 않는 사람은 주황을 좋아한다.

'빨강 : A, 파랑 : B, 노랑 : C, 주황 : D'로 간단하게 표시하고 반드시 참인 명제를 찾으면 된다.

$A \to B$ $\Rightarrow$ $\sim B \to \sim A$
$C \to \sim A$ $\Rightarrow$ $A \to \sim C$
$B \to \sim D$ $\Rightarrow$ $D \to \sim B$

치환된 명제를 가지고 반드시 참인 명제를 찾으면, 'A→B→~D, D→~B→~A'이다. 따라서 선택지 중 참은 'A→~D'로 추론할 수 있는 ①이 정답이다. 다른 명제 문제들도 주어진 조건들을 위와 같이 치환하여 확인하면 된다.

STEP ❷ 유형 훈련 문제

01 다음 단어 쌍이 모두 표준어가 <u>아닌</u> 것을 고르면?

① 깨트리다 - 깨뜨리다
② 자장면 - 짜장면
③ 설거지 - 설겆이
④ 소고기 - 쇠고기
⑤ 예쁘다 - 이쁘다

02 다음 단어 중 외래어표기법상 옳은 것을 고르면?

① caramel - 카라멜
② digital - 디지탈
③ cake - 케익
④ target - 타깃
⑤ message - 메세지

03 [보기]를 참고할 때, 밑줄 친 단어의 띄어쓰기가 옳지 <u>않은</u> 것을 고르면?

> **보기**
> 제41항 조사는 그 앞말에 붙여 쓴다.
> 제42항 의존 명사는 띄어쓴다.
> 제43항 단위를 나타내는 명사는 띄어 쓴다.

① 네가 <u>아는 대로</u> 말해라.
② 처벌하려면 <u>법대로</u> 해라.
③ 아기는 그저 <u>웃을 뿐이다</u>.
④ 그는 <u>전봇대만큼</u> 키가 크다.
⑤ 그는 집 떠난 지 <u>삼년</u>이 지났다.

04 다음 밑줄 친 부분이 어법에 맞지 않는 것을 고르면?

① 그는 귀찮은 일에 나서기를 서슴치 않는다.
② 어렸을 때는 가계가 넉넉지 못하여 쉬지 않고 일해야 했다.
③ 하늘이 무심치 않았는지 동굴에 갇힌 광부들은 48시간 만에 극적으로 구조되었다.
④ 우리는 모처럼 찾아온 호황을 통화 긴축에만 의존하는 단기 과열 대책으로 허송치 말아야 한다.
⑤ 장애인의 인권을 실질적으로 보장하려면 인식의 변화를 촉구하는 것만으로는 충분치 않다.

05 다음 중 단어의 의미 관계가 다른 하나를 고르면?

① 승전 : 전술
② 스키 : 리프트
③ 운동회 : 계주
④ 영화 : 극장
⑤ 글 : 개요

06 다음 중 밑줄 친 부분과 같은 의미로 쓰인 것을 고르면?

> 당신의 일은 이 중에서 우승팀을 가리는 일입니다.

① 한번 시시비비를 가려 보자.
② 음식을 가리지 말고 골고루 먹어라.
③ 이 아이는 낯을 보통으로 가리는 아이가 아니거든요.
④ 그는 자기 앞도 못 가리는 처지라 결혼은 꿈도 못 꾼다.
⑤ 그는 돈을 버는 일이라면 수단과 방법을 가리지 않았다.

07 다음 글의 문맥을 고려하여 ㉠에 들어갈 말로 가장 적절한 것은?

> 최근 한 기업이 새로운 마케팅 전략을 세웠으나, 고객들의 실제 요구를 정확히 파악하지 못하고 단기적인 성과에만 집중했다. 그 결과, 광고와 프로모션은 일시적인 관심을 끌었지만, 소비자들은 여전히 브랜드에 대한 깊은 신뢰를 형성하지 못했다. 이는 문제의 근본적인 해결을 피하고 표면적인 방식으로만 접근한 결과였다. 마치 (㉠)처럼, 본질적인 문제를 해결하려는 노력이 부족했던 것이다. 결국, 기업은 고객의 진정한 요구를 이해하고, 보다 심층적인 전략을 세워야 한다는 교훈을 얻었다. 진정한 변화는 표면적인 노력을 넘어, 근본적인 문제를 해결할 때 비로소 이루어진다.

① 막역지우(莫逆之友)
② 격화소양(隔靴搔癢)
③ 동병상련(同病相憐)
④ 동상이몽(同床異夢)
⑤ 대동소이(大同小異)

08 다음 글의 제목으로 가장 적절한 것을 고르면?

> 최근 한국은 저출산 문제로 인해 경제 성장 둔화와 노동력 부족, 사회 안전망의 붕괴 등 여러 심각한 사회적 문제에 직면하고 있으며, 이는 국가의 지속 가능한 발전에 큰 위협이 되고 있다. 2024년 출생아 수는 22만 명을 밑돌며, 이는 1970년대 중반 이후 가장 낮은 수준을 기록하며, 출생률의 급격한 감소가 더 이상 단기적인 현상이 아님을 증명하고 있다. 저출산의 원인으로는 높은 주거비, 불안정한 일자리, 육아에 대한 부담 등이 있으며, 특히 여성의 경제활동 참여가 증가함에 따라 육아와 직장의 균형을 맞추기 어려운 상황이 지속되고 있다. 정부는 이러한 문제를 해결하기 위해 다양한 출산 장려 정책을 시행하고 있으며, 이를 통해 경제적 지원을 강화하고, 양육과 직장 생활을 병행할 수 있는 환경을 조성하려는 노력을 기울이고 있다.
> 출산 장려 정책은 경제적 지원뿐만 아니라, 육아 휴직 제도의 확충과 함께 보육시설의 확장 및 여성의 경력 단절을 예방할 수 있는 제도를 마련하는 데 초점을 맞추고 있다.

① 저출산 해결을 위한 지역 발전 전략
② 저출산 위기 극복을 위한 인구교육 실시
③ 저출산에 따른 정부의 대응 해법 모색
④ 저출산 원인 중 하나, 여성의 경력 단절
⑤ 경제 성장 둔화 굴레에 갇힌 한국

[09~10] 다음 글을 읽고 질문에 답하시오.

사람들은 지금까지 존재해 왔고 현재 지구 각지에 흩어져 있는 다양한 나의 특성들을 찾기 위해 노력해 왔다. 그 결과 기호성, 규칙성, 창조성, 사회성, 역사성 등을 나의 특성으로 규정할 수 있었다. 지금부터 하려는 이야기는 내가 어떻게 이러한 특성들을 가지게 되었으며, 이 특성들이 무엇인가에 관한 것이다.

사람들은 나를 통해 정보와 감정을 주고받기를 원했다. 전하려고 하는 정보와 표현하려고 하는 감정은 '뜻'을 이루었는데 이 뜻이 다른 사람에게 전해지기 위해서는 매개체가 필요했다. 사람들이 먼저 사용하기 시작한 것은 소리였다. 어떤 사람이 뜻을 담아 입으로 소리를 내면 그 소리를 들은 다른 사람이 다시 그 뜻을 이해하였다. 이런 방법으로 사람들은 많은 정보와 감정을 빠르게 주고받을 수 있었다. 그리고 시간이 상당히 지난 뒤에 문자도 사용되었다. 전하려고 하는 뜻을 약속된 문자로 표시하고 이를 눈으로 보아 이해함으로써 시간과 공간을 초월해 소통할 수 있게 되었다.

후대의 사람들은 뜻을 전달하는 음성과 문자 같은 수단을 통틀어 ㉠'기호'라고 이름을 붙였다. 기호는 내용과 형식이 결합된 것이다. 이러한 나의 특성을 사람들은 '언어의 기호성'이라고 불렀고 사람들은 기호를 사용하여 효과적으로 의사소통을 할 수 있었다. 그런데 이 기호성에 의해 나의 또 다른 특성이 생겨난다. 내용과 형식 사이에 필연적인 관계가 있는 것은 아니다. 소통만 잘 이루어진다면 그 뜻을 지시하는 형식은 어떤 것으로 정하든 문제가 없다. 이렇게 내용과 형식 사이에 필연적인 관계가 없는 특성을 사람들은 '언어의 자의성'이라 불렀다. 자의성은 기호로 표현되는 것을 전제로 하므로 기호성에 종속되는 특성이다.

나는 사람들 사이에서 태어났고 사람들 사이의 약속과 관습에 의해서 지금까지 존재해 왔다. 나의 모든 것은 저절로 생겨난 것도 아니고 한 사람에 의해 만들어진 것도 아니다. 사람들은 어떤 사물이나 감정을 어떤 소리나 문자로 표현할지를 약속하였다.

09 '말소리'와 달리 '문자'가 갖는 장점으로 적절한 것을 고르면?

① 사람들이 이해하기 쉽게 해 준다.
② 시간과 공간을 초월해 소통을 가능하게 한다.
③ 전화와 컴퓨터 등을 사용하기 편하게 해 준다.
④ 정보와 감정을 빠르게 주고받을 수 있게 한다.
⑤ 사람들이 가장 먼저 사용한 소통 수단이다.

10 밑줄 친 ㉠에 대한 설명으로 적절하지 않은 것을 고르면?

① 뜻을 전달하는 음성, 문자 등을 통틀어 일컫는다.
② '빨간 신호등'이라는 말이 '멈춤'을 뜻하는 것도 기호의 예다.
③ 기호를 사용하면 효과적으로 의사소통을 할 수 있다.
④ 기호에 담긴 내용과 기호의 형식 사이에는 필연적 관계가 있다.
⑤ 소통만 잘 이루어진다면 뜻을 지시하는 형식은 무엇이든 상관없다.

STEP ❸ 실전 연습 문제

25문항 / **20분**

• 맞힌 개수 _____개　• 풀이 시간 _____분　**정답과 해설** ▶ P.27

01 [보기]는 사이시옷에 대한 내용이다. ㉠에 들어갈 예시로 알맞게 나열된 것을 고르면?

> **보기**
> 　　한자어 합성어에서는 사잇소리 현상이 일어나더라도 대부분 사이시옷을 받치어 적지 않는다. 다만, 한자어 합성어 중에 두 음절로 된 6개 한자어의 경우에만 예외적으로 사이시옷을 허용하는데, 그 단어는 '(　㉠　)'이다.

① 곳간, 찻간, 툇간, 찻방, 숫자, 횟수
② 숫자, 곳간, 횟수, 툇간, 셋방, 찻간
③ 툇방, 숫자, 곳간, 셋간, 햇수, 찻방
④ 횟수, 숫자, 셋방, 찻간, 곳간, 툇방
⑤ 곳간, 찻간, 툇간, 찻방, 숫자, 촛점

02 다음 중 어법상 잘못된 문장을 바로잡은 내용으로 적절하지 <u>않은</u> 것을 고르면?

① 학생이 학교에게 무엇을 원하는지 알아야 한다.
　→ 조사의 쓰임이 적절하지 않으므로 '~에게'를 '~에'로 수정해야 한다.
② 육군은 지상 전투에 특화되어 있고, 해군은 예산이 가장 많다.
　→ 앞뒤 문장의 관계가 어색하므로 '~해군은 바다 전투에 특화되어 있다.' 정도로 수정해야 한다.
③ 지하철에서 잊어버린 물건을 찾으려면 분실물 보관소로 가야 한다.
　→ 단어의 쓰임이 적절하지 않으므로 '잊어버린'을 '잃어버린'으로 수정해야 한다.
④ 나는 철수와 영희를 극장에서 만났다.
　→ 접속 조사로 인해 의미가 분명하지 않으므로 '나와 철수는 함께 극장에서 영희를 만났다.'로 수정해야 한다.
⑤ 요즘 저는 그림을 그리는 데 관심을 두고 있습니다.
　→ 번역 투의 문장이므로 '~관심을 기울이고 있습니다.'로 수정해야 한다.

03 다음 중 띄어쓰기가 옳은 문장을 고르면?

① 올해 여름에는 발리 섬으로 여행을 떠난다.
② 어머니는 감정적이라기 보다는 이성적이다.
③ 시험이 얼마 남지 않았기 때문에 공부할 수 밖에 없다.
④ 나는 할 만큼 했다고 생각해. 내가 그 자리를 떠난 지가 언제인데.
⑤ 대전에 가려면 한 시간내지 두 시간이 걸린다.

04 다음 중 문맥에 맞는 어휘를 바르게 고르지 못한 것을 고르면?

① 더운 날씨 탓에 밖에 놔둔 물건의 모양이 (변경—변형)되었다.
② 미국은 현재처럼 빠른 속도로 지하자원을 (발견—발굴)할 것을 목표로 하고 있다.
③ 그가 이번에 새롭게 내놓은 신제품은 사람들의 기대에 (부응—호응)했다.
④ 내일까지 대대장의 (결제—결재)를 받아야 하니 오늘 서류 작성을 완료해야 한다.
⑤ 그 일은 상대방의 의견은 고려하지 않고 그가 (독단적—독립적)으로 처리한 것이다.

05 다음 중 오류의 종류와 예시가 바르게 짝지어진 것을 고르면?

① 조사 오류—나는 어제 친구들과 함께 영화를 본다.
② 시제 오류—발이 넓어서 모르는 사람이 많다.
③ 호응 오류—그는 나한테 책을 주었다.
④ 띄어쓰기 오류—그는 집 한채를 소유하게 되어 안정된 삶을 누리게 되었다.
⑤ 관용어 사용 오류—정부는 사회의 사각지대에 놓인 사람들을 보살피는 노력이 필요하다.

06 다음 중 밑줄 친 부분의 표준 발음이 옳은 것을 고르면?

① 그 양복이 너한테는 딱 안성맞춤[안성마춤]이다.
② 이 마을은 지난여름에 홍수로 큰 물난리[물날리]를 겪었다.
③ 이번 취업 선물로 너에게 옷 한 벌[오탄벌]을 사 주고 싶구나.
④ 원래 약질이었던 나는 독감 후유증으로 늑막염[능마겸]에 걸리고 말았다.
⑤ 흐렸던 하늘이 어느새 맑게[막께] 개었다.

07 다음 중 '누구'가 밑줄 친 부분과 같은 의미로 사용된 것을 고르면?

> 누구[대명사]
> 1. 잘 모르는 사람을 가리키는 인칭 대명사.
> 2. 특정한 사람이 아닌 막연한 사람을 가리키는 인칭 대명사.
> 3. 가리키는 대상을 굳이 밝혀서 말하지 않을 때 쓰는 인칭 대명사.

① 밖에 누구이신지요?
② 이곳은 언제든지 누구든지 무료로 이용할 수 있는 공간이다.
③ 오늘 아침에 누군가 우리 집 앞에 우유를 놓고 갔다.
④ 어제 다녀간 사람이 누구인지 아직도 모른다.
⑤ 오랜 세월이 지나서 그가 누구인지 몰라봤다.

08 다음 중 [보기]의 ㉠ : ㉡과 ㉡ : ㉢의 관계에 해당하는 사례로 적절한 것을 고르면?

> [보기]
> ㉠나방파리는 파리처럼 윙윙 큰 소리를 내지도 않고, 가끔 방 안에 침입해서 사람 몸에 붙거나, 갖다 박거나 스마트폰 화면이나 스탠드 등에 앉기도 한다. 나방파리는 ㉡모기처럼 사람 피를 빨거나 직접적으로 병을 옮기지는 않지만 죽은 나방파리의 다리, 날개, 몸의 솜털 등은 공기에 섞여 호흡기로 들어갈 경우에는 호흡기 질환을 유발할 수 있다는 점에서 ㉢해충으로 분류하기도 한다.

	㉠ : ㉡	㉡ : ㉢
①	담상담상 : 듬성듬성	가스 : LPG
②	동물 : 생물	수학 : 공학
③	문 : 현관	멍석 : 방석
④	학교 : 학원	KTX : 기차
⑤	화가 : 유화	한정식 : 음식

09 다음 중 주어진 문장이 항상 참이고 문장 간의 논리를 고려했을 때, (다)의 밑줄 친 부분에 들어갈 문장으로 가장 적절한 것을 고르면?

> (가) 모든 직장인은 일정한 업무를 수행한다.
> (나) 김철수는 직장인이다.
> (다) 그러므로 _____

① 김철수는 일정한 업무를 수행한다.
② 김철수는 일정한 업무를 수행하지 않는다.
③ 김철수가 어떤 업무를 수행하는지 알 수 없다.
④ 김철수는 일정한 업무를 수행할 수도 그렇지 않을 수도 있다.
⑤ 김철수는 일정한 업무를 수행할 의무가 없다.

10 다음 글에서 중점적으로 논의되고 있는 핵심어를 고르면?

> 사회 복지는 "누구든지 인간의 존엄성과 가치를 훼손당하지 않으면서 인간답게 살 수 있어야 한다."라는 이념을 전제로 한다. 사회 복지 실천을 위한 방법론은 바로 이 이념을 실현하기 위해서 발달하였다. 사회 복지 방법론은 고통을 받고 있는 사람들이 인간답게 살 수 있도록 도와주는 데 필요한 전문 지식과 기술로 구성되는데, 그 방법론은 크게 둘로 나눌 수 있다. 하나는 도움을 필요로 하는 개인에 초점을 맞추고 문제를 개별화하여 그 해결 방안을 찾는 미시적 방법론이고, 다른 하나는 문제를 집합적으로 보면서 전체적인 사회 차원에서 그 해결 대책을 강구하는 거시적 방법론이다. 사회 복지 전문가들은 이러한 방법론에 따라 도움이 필요한 사람들로부터 문제를 찾아내어 그 원인을 진단해 냄으로써 그들 스스로 자신의 문제를 해결할 수 있도록 도움을 주기도 하며, 다른 한편으로는 정부 정책이나 제도에 영향을 미침으로써 문제의 해결에 도움을 주기도 한다.

① 인간의 존엄성
② 전문 지식
③ 문제의 개별화
④ 정부 정책
⑤ 사회 복지 방법론

11 밑줄 친 단어의 문맥적 의미와 가장 유사한 것을 고르면?

무형문화재의 <u>전승(傳承)</u>은 단순히 과거의 문화적 가치를 보존하는 것뿐만 아니라, 그 전통을 현대적인 맥락에서 어떻게 계승하고 재해석할 것인지에 대한 문제도 포함된다. 이런 이유로 무형문화재 지정은 단순한 문화유산 보호를 넘어서, 전통과 현대를 잇는 중요한 역할을 해야 한다는 의견이 제기된다.

무형문화재 전승 과정에서 중요한 점은 전문가들의 평가 외에도 지역 사회와 그 전통을 이어가는 이들의 의견을 반영하는 것이다. 이는 문화재로 지정된 전통 예술이나 의식, 기술 등이 지역 사회의 문화적 정체성을 반영하며, 그 보존을 위한 지역 주민들의 협력과 노력 없이는 제대로 전승될 수 없기 때문이다. 또한, 무형문화재 지정 이후에는 그 가치를 지속적으로 평가하고 보존하는 시스템이 필요하다. 이를 위해 정부와 민간 단체들이 협력하여 전통을 계승하는 다양한 방법을 모색해야 할 것이다.

결국 무형문화재 제도는 단순히 과거의 유산을 보존하는 것을 넘어, 그것이 현대 사회에서 어떻게 새로운 가치를 창출하고 지속 가능한 방식으로 전승될 수 있는지를 고민하는 과정이다. 무형문화재가 단지 과거의 유물이 아닌, 현재와 미래에도 살아 숨 쉬는 문화로서의 역할을 다할 수 있도록 하는 것이 우리의 중요한 과제이다.

① 문화, 풍속, 제도 따위를 이어받아 계승하다.
② 남을 깨치어 이끌어 주다.
③ 물체의 형체 그대로 그리다.
④ 친족 관계가 그 권리와 의무를 일체를 이어받는다.
⑤ 지식수준이 낮거나 인습에 젖은 사람을 가르쳐서 깨우치다.

12 다음 글은 읽고 이 글에 어울리는 한자성어를 고르면?

> 기업 경영에서 도전 정신과 끈기는 성공적인 성장을 위한 핵심적인 요소로 자리매김하고 있다. 새로운 시장 개척이나 혁신적인 기술 개발과 같은 도전적인 과제를 수행하고, 예상치 못한 어려움에 직면했을 때 좌절하지 않고 끊임없이 노력하는 자세는 기업의 지속 가능한 성장을 위한 필수적인 역량이다. 따라서 기업은 도전적인 문화를 조성하고 구성원들의 끊임없는 노력을 장려함으로써 목표 달성을 위한 동기를 부여해야 한다. 기업은 도전적인 문화를 조성하고 개인은 끊임없이 자기 계발을 통해 도전 정신과 끈기를 함양해야 이러한 노력을 통해 우리는 더 나은 미래를 만들어 갈 수 있을 것이다.

① 오매불망(寤寐不忘)
② 대기만성(大器晩成)
③ 어부지리(漁夫之利)
④ 전화위복(轉禍爲福)
⑤ 우공이산(愚公移山)

13 다음 중 밑줄 친 ⊙의 뜻으로 가장 적절한 것을 고르면?

> 오늘도 우리 집 강아지 '복이'가 또 싸움을 시작했다. 내가 아침을 먹고 정원을 돌보러 나갈 때였는데, 갑자기 뒤에서 '왈왈왈' 하며 큰 소리가 나더니, 또 싸움이 시작된 것이다. 깜짝 놀라며 돌아보니, 역시나 '몽이'라는 큰 개가 복이를 괴롭히고 있었다.
> 우리 동네에서 제일 큰 개인 몽이가 복이를 억지로 눌러대고 있었다. 복이는 그 작은 몸으로 몽이의 거친 공격을 피하려 애쓰고 있었지만, 몽이는 물러서지 않았다. 몽이는 한 번 복이를 물고, 잠시 떨어져서 다시 공격하려 했다. 몽이는 끝까지 우리 집 복이를 함부로 ⊙해내는 것이다. 복이는 비명을 지르며 땅에 엎드렸지만, 몽이는 여지없이 계속 공격했다.
> 결국, 복이는 아물지도 않은 상처가 또 생기고 말았다. 그 모습을 본 내가 달려가서 복이를 구해주었지만, 몽이는 여전히 화가 난 듯이 으르렁거리며 자리를 떠나지 않았다.

① 둘 이상의 사람이나 짐승이 한데 섞여 어우러지다.
② 달리 어떻게 할 도리가 없다.
③ 상대편을 여지없이 이겨 내다.
④ 눈알을 굴려 눈시울을 위로 치뜨다.
⑤ 정성을 들이지 않고 아무렇게나 대접을 하다.

14 다음 글을 읽고 상황에 어울리는 속담을 고르면?

> 유튜버 A는 최근 구독자 수를 늘리기 위해 자극적인 콘텐츠와 클릭베이팅 제목을 남발하기 시작했다. 초반에는 조회수와 구독자가 급증했지만, 콘텐츠의 품질은 점차 떨어졌고, 구독자들의 반응도 부정적이었다. 결국 광고 수익은 일시적으로 증가했으나, 팬들의 신뢰를 잃고 구독자 수는 기존보다 더 줄어들기 시작했다. 그동안 해왔던 자신의 채널 특성에 맞지 않는 방식으로 수익 성과에만 집중한 결과였다. 전문가들은 유튜브 수익을 안정적으로 증가시키려면 꾸준히 질 높은 콘텐츠를 제공하고, 구독자와의 신뢰를 쌓는 것이 중요하다고 강조한다. 결국 A는 일시적인 수익을 얻었지만, 장기적인 성장을 위한 기반을 마련하는 데 실패하였다.

① 개구멍에 망건 치기.
② 물이 너무 맑으면 고기가 안 모인다.
③ 공든 탑이 무너지랴.
④ 벼 이삭은 익을수록 고개를 숙인다.
⑤ 모기 보고 칼 빼기.

15 다음 중 아래와 같은 갈래의 글을 읽는 방법으로 가장 적절한 것을 고르면?

> [가] 미래 지구의 환경과 탄소제로는 밀접한 관계가 있다. 탄소 배출이 증가하면 지구 온난화가 가속화되어 기후 변화와 자연 재해를 초래할 수 있으므로 우리는 탄소 배출을 없애거나 최소화하여 기후 변화를 완화하는 것을 목표로 두고 있다. 이러한 노력이 지구의 온도를 안정시키고 생태계를 보호할 수 있다. 많은 기업들이 탄소 배출을 줄이기 위한 목표를 설정하고, 이를 달성하기 위해 다양한 노력을 기울이고 있다. 장기적으로 탄소제로를 달성한다면 지속 가능한 환경을 구축하고, 미래 세대에게 건강한 지구를 물려줄 수 있을 것이다.
>
> [나] 현대 사회에서 성인들의 핸드폰 중독은 심각한 문제로, 스마트폰을 업무, 소셜 미디어, 오락 등 다양한 용도로 과도하게 사용하고 있다. 이로 인해 집중력 감소, 불안감, 수면 부족과 같은 신체적, 정신적 문제가 발생하고 있다. 하루 평균 4~5시간 이상 스마트폰을 사용하는 성인이 많고, 업무와 개인 생활의 경계가 모호해져 스트레스가 증가한다. 성인들의 핸드폰 중독은 건강에 심각한 영향을 미치고 있으며, 이를 해결하기 위한 디지털 디톡스와 자기 조절이 필요하다.

① 이야기가 전개를 따라가며 문학적 장치나 상징적인 의미를 파악하며 읽는다.
② 주장에 대해 비판적 사고를 하며, 논리적인 타당성을 검토한다.
③ 키워드와 핵심 문장을 찾아 중요한 정보와 주제를 파악하며 읽는다.
④ 주제에 대한 배경지식을 미리 습득하고 주어진 데이터를 주의 깊게 살펴보며 읽는다.
⑤ 리듬과 운율을 느끼며 비유적 표현을 생각하며 이미지를 그리며 읽는다.

16 다음 밑줄 친 ㉠의 예로 적당하지 <u>않은</u> 것을 고르면?

> 많은 나라들은 전통 음식을 통해 자신들의 문화와 역사를 보존하고 있다. 특히 동아시아와 중동 지역에서는 자국의 자연환경과 역사적 배경을 반영한 고유한 요리들이 오늘날까지 이어져 오고 있다. 이러한 ㉠<u>전통 음식은 단순한 식사를 넘어, 지역 사회의 가치관과 삶의 방식을 엿볼 수 있는 중요한 문화적 자산으로 여겨진다</u>. 또한, 현대에 들어서면서 서구화된 음식문화의 영향도 있지만, 각국은 여전히 전통적인 조리법과 재료를 활용하여 고유의 맛과 풍미를 지키고 있다. 전통 음식은 지역 사회의 정체성을 강화하며, 새로운 세대에게 그 의미와 중요성을 전하려는 노력의 일환으로도 지속적으로 발전하고 있다.

① 한국의 김치는 수백 년 동안 이어져 온 발효음식으로, 다양한 지역에서 각기 다른 방식으로 만들어져 왔다. 김치는 한국인의 식탁에서 중요한 역할을 하며, 현대에도 전통적인 방식으로 많이 소비된다.
② 이탈리아 나폴리에서 유래한 피자는 대중적인 거리음식에서 시작하여 시간이 지나면서 전 세계적으로 사랑받게 되며 글로벌 퓨전 음식 중 하나로 자리 잡았다.
③ 인도의 커리는 종교적, 사회적 의식, 공동체적 연결을 상징하는 중요한 문화적 요소를 포함하고 있는 음식이다.
④ 남미의 타코는 지역에서 자주 나는 옥수수와 고기를 주재료로 하며 그 해당 지역의 기후, 자연환경, 경제적 특성을 반영한 음식으로 볼 수 있다.
⑤ 중국은 차를 중요시하는 문화이며 차를 마시면서 작은 음식을 함께 즐기는 문화가 딤섬의 시초였고, 딤섬은 광둥 지역의 오랜 차 문화와 밀접하게 연결되어 있는 음식으로 볼 수 있다.

17 다음 고시조를 읽고 난 후의 반응으로 적절하지 않은 것을 고르면?

> 이 몸이 죽고 죽어 일백 번 고쳐 죽어,
> 백골(白骨)이 진토(塵土) 되어 넋이라도 있고 없고,
> 임 향한 일편단심(一片丹心)이야 가실 줄이 있으랴.

① 우리 고유의 정형시에 해당한다.
② 종장은 반드시 5음보로 끊어 읽는다.
③ 종장의 첫 음보는 반드시 3음절을 지켜야 한다.
④ 임금에 대한 변함없는 충성심이 나타난다.
⑤ 설의적 표현기법을 통해 일편단심을 강조한다.

18 다음 중 밑줄 친 ㉠의 의미로 가장 적절한 것을 고르면?

> 박 씨가 옥렴을 드리우고, 좌수(左手)에 옥화선을 쥐고 불을 부치니, 화광이 호진을 충동하여, 호진 장졸이 항오(行伍)를 잃고 타죽고 밟혀 죽으며, 남은 군사는 살기를 도모하고 다 도망하는지라. 용골대가 할 길이 없어,
> "이미 화친을 받았으니 대공을 세웠거늘 ㉠부질없이 조그만 계집을 시험하다가 공연히 장졸만 다 죽였으니 어찌 분한치 않으리오."
> 하고 회군하여 발행할새 왕대비와 세자·대군이며 장안미색(長安美色)을 데리고 가는지라.

① 일이나 행동을 더 빨리 몰아쳤어야 했는데.
② 염치 없는 줄 알지만 일을 끝까지 밀고 나갔어야 했는데.
③ 작은 것을 탐하다가 큰 것을 다 잃게 생겼구나.
④ 끝낼 수 있는 기회를 놓쳐 안타깝구나.
⑤ 사사로움을 버리고 공을 위하여 힘써야겠다.

19 다음 글의 내용과 관련된 한자 성어를 고르면?

> 우리말은 그 자체로 충분히 아름답고 표현력이 풍부하다. 그러나 요즘은 외래어가 자주 사용되면서 우리의 고유한 언어는 점차 그 자리를 내주고 있다. 예를 들어, '커피', '피자', '버스'와 같은 외래어는 원래 우리말에 해당하는 단어가 있었음에도 불구하고, 그 자리를 차지해버렸다. 처음에는 외래어가 필요한 경우에만 사용되었으나, 점차 일상적인 대화에서도 자연스럽게 쓰이기 시작했고, 우리말은 점점 더 외래어에 밀리고 있다. 이로 인해 외래어가 우리의 고유한 언어와 문화를 지배하는 상황이 되었다. 하지만 외래어가 우리말을 대신하는 현상은 본말이 전도된 것과 다름없다. 이제는 그 균형을 되찾고, 필요한 경우에만 외래어를 사용해야 한다는 목소리가 커지고 있다.

① 주객전도(主客顚倒)
② 학이시습(學而時習)
③ 입신양명(立身揚名)
④ 과유불급(過猶不及)
⑤ 인과응보(因果應報)

20 다음은 '대학 도서관을 지역 주민에게 개방해야 하는가?'라는 논제에 대해 글을 쓰고자 작성한 메모이다. 밑줄 친 부분에 들어갈 내용으로 가장 적절한 것을 고르면?

> 대학 도서관을 지역 주민에게 개방해야 하는가?
>
> [찬성] 개방해야 한다.
> ㉠ 지역 사회의 도서관 수가 절대적으로 부족하다.
> ㉡ 대학은 지역 사회에 기여해야 한다.
> [반대] 개방해서는 안 된다.
> ㉠ 면학 분위기를 해친다.
> ㉡ 장서 관리가 힘들다.
> [절충안] _____

① 대학 도서관은 학생들을 위한 시설이다.
② 대학 도서관을 유료로 개방해야 한다.
③ 대학 도서관은 학문을 연구하는 곳이어야 한다.
④ 대학은 공공 기관이므로 지역 주민의 것이어야 한다.
⑤ 대학 도서관 몇 군데를 실험적으로 개방해 본 후 결정한다.

21 다음 글을 읽고 가장 비슷한 의미를 가진 속담을 고르면?

> 로마 제국은 한때 세계를 지배하며 막대한 부와 권력을 누렸지만, 그 화려한 전성기는 결국 일시적이었다. 제국의 부와 영광은 시간이 지나면서 내부의 부패, 정치적 불안정, 외부의 침략 등으로 인해 서서히 무너졌다. 이러한 로마 제국 역사의 화려함은 그 한때가 잠깐이었다는 것을 보여준다. 로마 제국의 몰락은 아무리 강력하고 번영하는 사회라도 시간이 지나면 변할 수밖에 없다는 점을 상기시킨다. 결국, 물질적인 성취와 권력은 영원하지 않으며, 지속 가능성이나 내적인 가치가 더 중요함을 깨닫게 한다.

① 열흘 붉은 꽃이 없다.
② 되로 주고 말로 받는다.
③ 핑계 없는 무덤 없다.
④ 돌다리도 두드려 건너라.
⑤ 눈 위에 서리 친다.

22 다음 중 설명하는 표현기법의 예로 적절하지 않은 것을 고르면?

> 대구법은 다양한 문학적 표현에 적용하는 표현기법 중 하나이다. 유사하거나 동일한 형식을 갖춘 문장을 대칭적으로 배열하는 기법으로 문장 구조의 반복을 통해 리듬을 창출하고, 의미를 더욱 풍부하게 강조하며 독자의 기억에 오래 남게 하는 특징이 있다.

① 범은 죽어서 가죽을 남기고 사람은 죽어서 이름을 남긴다.
② 자세히 보아야 예쁘다 오래보아야 사랑스럽다.
③ 사랑은 가시덤불 속의 장미와 같고 인생은 고해를 건너는 바다와 같다.
④ 낮말은 새가 듣고 밤말은 쥐가 듣는다.
⑤ 해야 솟아라, 해야 솟아라. 말갛게 씻은 얼굴 고운 해야 솟아라.

23 다음 글을 읽고 해당하는 적절한 사례가 <u>아닌</u> 것을 고르면?

일상에서 자주 접할 수 있는 마케팅 기법들은 소비자의 심리를 자극하여 구매를 유도한다. 희소성의 법칙과 가격 차별화는 소비자에게 즉각적인 유혹을 주어 서둘러 구매하게 만든다. 브랜드 충성도 프로그램은 포인트 적립 등을 통해 소비자가 지속적으로 브랜드를 선택하게 유도하고, 소셜 미디어 마케팅은 유명인의 추천을 통해 신뢰감을 형성하여 구매를 촉진한다. 또한, 리뷰와 추천은 다른 소비자들의 경험을 공유함으로써 신뢰를 얻고, 심리적 가격 책정은 가격 끝자리를 활용해 제품을 더 저렴하게 느끼도록 만든다. 마지막으로, 사회적 책임감을 강조하는 마케팅은 소비자로부터 긍정적인 반응을 이끌어낸다. 이처럼 다양한 마케팅 기법들은 소비자의 심리와 행동을 분석하고 반영하여 효과적인 전략을 만들어낸다.

① 온라인 쇼핑몰에서 2시간 한정 타임 세일을 진행한다.
② 유명 셰프가 운영하는 레스토랑에서 스페셜 메뉴 1인 한정 메뉴 서비스를 제공한다.
③ 오프라인 마켓에서 20,000원짜리 옷을 19,900원에 행사 할인하여 판매한다.
④ 인기 많은 유명 스마트폰의 배터리 용량을 더 늘려 재출시한다.
⑤ 재활용이 가능한 포장재를 사용하고 동물 실험을 하지 않은 화장품을 판매한다.

24 다음 중 전체 내용을 포괄하는 제목으로 적절한 것을 고르면?

> 최근 몇 년 간 청년들의 결혼에 대한 태도와 실태가 크게 변화하고 있다. 과거 결혼은 성인으로서의 중요한 이정표로 여겨졌으나, 현대의 청년들 사이에서는 결혼에 대한 관심이 줄어들고 있다. 가장 큰 원인은 경제적 부담으로, 집값 상승, 취업 불안정성, 결혼과 양육에 드는 높은 비용이 결혼을 미루거나 포기하게 만든다. 또한, 개인의 삶을 중시하는 가치관 변화도 영향을 미쳤다. 이전 세대는 결혼을 필수적인 삶의 단계로 여겼다면, 현대의 청년들은 자기계발과 직장 생활을 우선시하는 경향이 있다. 특히 도시 지역에서는 고립된 생활을 선호하는 경향도 두드러진다. 그럼에도 일부 청년들은 결혼을 중요하게 여기며, 경제적 부담을 덜어주는 정부의 지원 정책이나 주택 공급 확대가 결혼율 증가에 긍정적인 영향을 미칠 것으로 기대하고 있다. 청년들의 결혼 실태는 이제 개인의 선택뿐만 아니라, 경제적 환경과 문화적 변화에 깊은 영향을 받는 문제로 인식되고 있다.

① 모든 청년들이 결혼에 대해 부정적인 이유
② 청년들의 결혼에 대한 변화하는 인식과 그 원인
③ 자식의 결혼 지원을 위한 부모의 노력
④ 전 세계적인 청년들의 결혼에 대한 관심 감소
⑤ 나 혼자가 더 편한 청년들의 삶

25 다음 글의 빈칸에 들어갈 문장으로 가장 적절한 것을 고르면?

> "사회는 점차적으로 대중 매체를 통해 구성되고 있다." 이 말은 사회학자 피터 버거의 주장이다. 대중 매체는 모두에게 영향을 미치지만, 특히 젊은 세대는 더욱 강력한 영향을 받는다. 그 이유는 명확하다. 젊은 층은 대중 매체를 통해 자기 정체성을 형성하고, 사회적 규범과 트렌드를 배우기 때문이다. 대중 매체는 그들의 관심을 끌기 위해, 항상 그들의 세계관에 영향을 주고 있다.
>
> 특히 인터넷과 소셜 미디어는 그들에게 새로운 현실을 제시한다. 과거의 세대는 대부분의 정보를 책이나 신문을 통해 얻었지만, 오늘날의 젊은이는 손쉽게 디지털 기기를 통해 전 세계의 정보에 접근할 수 있다. 예전에는 사람들이 특정 지역이나 국가에 갇혀 있었다면, 이제는 그 어떤 정보도 국경을 넘어 자유롭게 흐른다. 이는 젊은이들에게 다양한 관심 분야에 대해 더 깊이 탐구할 수 있도록 새로운 학습 기회를 제공하며, 그들에게는 더 이상 제한된 정보만을 접할 필요가 없어진 것이다.
>
> 이처럼 (   )

① 인터넷은 이상적인 모습이 강조되면서 자신의 삶의 방식에 대해 부정적인 영향을 미칠 수 있다.
② 인터넷은 젊은이들이 방대한 디지털 정보를 때문에 왜곡된 정보에 쉽게 노출되기 쉽다.
③ 인터넷은 타인과 소통하는 방식을 변화시켜 의사결정 방식에 큰 변화를 가져왔다.
④ 인터넷은 정보 접근의 장벽을 낮추고, 젊은이들에게 더 넓은 세상을 보여준다.
⑤ 인터넷은 언제든지 새로운 내용이 업데이트되기 때문에 정보 경쟁을 초래한다.

04 | 자료해석

고득점 학습전략

유형 CHECK

❶ 수의 규칙을 찾는 수열 추리 문제
❷ 최대공약수·최소공배수, 거속시, 소금물 등의 응용수리 문제
❸ 경우의 수와 확률을 다루는 통계 문제
❹ 도수분포표 문제
❺ 표와 그래프에 대한 계산 및 해석 문제

학습방법

대표 유형 파악 ▶ **STEP 1** 핵심 이론 이해 ▶ **STEP 2** 유형 훈련 ▶ **STEP 3** 실전 연습

영역정복 TIP

자료해석 과목은 수치 자료, 그래프, 표 등을 분석하고 문제를 해결하는 능력을 평가하므로, 이를 대비하기 위해서는 체계적인 학습이 필요하다. 먼저, 그래프와 통계 자료에서 중요한 정보를 빠르게 파악하는 연습을 통해 자료 읽기 능력을 기른다. 동시에 비율, 평균, 증가율 등 기본적인 수리 개념과 계산법을 확실히 익혀야 한다. 문제 유형별로는 비교와 추론 문제에서 자료를 분석하고 논리적으로 답을 도출하는 훈련이 필요하며, 비율과 퍼센트 같은 계산 문제는 반복 연습을 통해 풀이 속도를 높인다. 여러 자료를 연결해 필요한 정보를 추출하는 복합 자료 문제도 꾸준히 연습해 실력을 다져야 한다. 또한 자주 틀리는 문제를 오답 노트에 정리해 약점을 보완하면 실력 높일 수 있다. 자료해석 또한 시간 관리가 필수적인 요소이기 때문에, 제한된 시간 안에 문제를 풀 수 있도록 문제 풀이 시간을 정해 연습한다.

대표 유형

❶ 수열 추리 문제

다음과 같은 규칙으로 '♥'와 '◆'를 늘어놓을 때, 41, 42, 43번째에 들어갈 모양으로 적절한 것을 고르면?

♥♥♥◆♥♥♥◆♥♥♥◆♥♥♥◆ ······

① ◆♥♥ ② ♥◆♥ ③ ♥♥♥ ④ ♥♥◆

빈틈없는 유형분석

제시된 수열에 적용되는 일정한 규칙을 찾는 문제 유형이다. 연속적으로 일정한 사칙연산이 적용되기도 하지만 연속적으로 규칙이 적용되지 않고 건너뛰면서 규칙이 생기기도 하므로 여러 가지 패턴을 인지하고 이를 빠르게 적용해보는 연습이 필요하다.

속시원한 문제해결

제시된 수열의 규칙을 보면 ♥♥♥◆ − ♥♥♥◆ − ♥♥♥◆ 4개씩 반복됨을 알 수 있다. ♥ 3개와 ◆ 1개가 하나의 쌍을 이뤄 반복된 규칙을 보여 주고 있고, 4의 배수인 자리에는 항상 ◆ 모양이 오기 때문에 40번째 모양도 역시 ◆가 올 수밖에 없다.
따라서 41번째 모양은 ◆ 다음 모양인 ♥, 그리고 42번째와 43번째 역시 ♥가 연이어 위치하게 된다.

정답 ③

❷ 응용수리 문제

다음을 바탕으로 태조 이성계가 생을 마감한 나이는 몇 세인지 고르면?

> 태조 이성계는 인생의 $\frac{1}{7}$은 유아로, $\frac{1}{6}$은 소년으로, $\frac{1}{12}$은 총각으로 살았다. 어느 날 결혼을 하고, 4년 후에 이성계의 아들이 태어났다. 이성계의 아들은 이성계 장군이 죽기 5년 전에 먼저 죽었는데, 아들은 이성계의 인생에 반을 산 것이다.

① 68세 ② 76세 ③ 84세 ④ 92세

빈틈없는 유형분석

최대공약수·최소공배수를 활용한 문제, 거리·속력·시간 계산 문제, 소금물의 농도 계산 문제 등 기초적인 응용 계산이 필요한 문제 유형이다. 간부선발도구 시험에서는 복잡하거나 어려운 난도의 문제는 출제되지 않으므로 핵심 개념 영역에 있는 기본적인 공식을 적용하면 쉽게 문제를 풀 수 있다. 따라서 실수를 줄이는 것이 관건이므로 침착하게 문제를 읽고 적절한 공식을 찾아 적용하는 것이 중요하다.

속시원한 문제해결

태조 이성계가 생을 마감한 나이는 바로 이성계의 나이와 같다.

이성계는 인생의 $\frac{1}{7}$을 유아로, $\frac{1}{6}$은 소년으로, $\frac{1}{12}$은 총각으로 살았다고 하였다. 즉 기간을 분수로 제시를 해주었기 때문에 태조 이성계의 나이는 7의 배수, 6의 배수, 12의 배수가 된다. 따라서 7, 6, 12의 최소공배수를 구하면 84세이다.

정답 ③

❸ 통계 문제

영은이는 12분 간격으로 운행되는 버스를 타러 정류장에 도착한 후 2분을 기다렸다. 앞으로 5분 이내에 버스를 타게 될 확률을 고르면?

① $\dfrac{1}{12}$
② $\dfrac{1}{3}$
③ $\dfrac{1}{2}$
④ $\dfrac{2}{3}$

빈틈없는 유형분석

어떤 문제의 해결을 위해 일어날 수 있는 모든 사건의 가지 수를 나타내는 '경우의 수'나 어떤 사건이 일어날 수 있는 가능성을 수로 나타내는 '확률'을 구하는 문제 유형이다. 문제의 소재 자체도 비교적 한정되어 있으므로 여러 문제를 풀어 보고 주어진 조건을 명확히 읽어내는 능력이 필요하다.

속시원한 문제해결

12분 간격으로 운행되는 버스를 이미 2분을 기다렸기 때문에 버스는 아무리 늦어도 10분 뒤에는 온다.
따라서 앞으로 5분 안에 버스를 타게 될 확률은
$\dfrac{5(분)}{10(분)} = \dfrac{1}{2}$이다.

정답 ③

❹ 도수분포표 문제

다음 [표]는 어느 학급 학생들의 수학 성적에 대한 도수분포표의 일부분이다. 다음 중 [표]에 대한 설명으로 옳지 않은 것을 고르면?

[표] 수학 성적에 대한 도수분포표

성적	학생 수(명)	상대도수	누적 상대도수
60점 이상 70점 미만	8	A	
70점 이상 80점 미만	B		
80점 이상 90점 미만	16	0.40	C
90점 이상 100점 미만	D	0.15	
합계	E	1	

① A의 값은 0.2이다.
② C의 값은 0.85이다.
③ 이 학급의 학생 수는 모두 40명이다.
④ 수학 성적이 10번째로 높은 학생이 속하는 계급은 90점 이상 100점 미만이다.

빈틈없는 유형분석

다양한 형태로 출제되는 도수분포표 활용 유형 중 빈칸을 채우는 문제 유형이 가장 많이 출제되므로 이에 대한 대비가 필요하다. 도수와 상대도수, 도수와 누적 상대도수 사이의 관계를 먼저 이해해야 문제 풀이가 가능하다.

속시원한 문제해결

상대도수는 각 변량의 도수를 전체 도수로 나눈 것이므로 제시된 문제에서는 수학 점수대별 학생 수를 전체 학생 수로 나눈 것이다. 표에서 학생 수와 상대도수가 모두 나와 있는 80 이상 90 미만 자료를 보고 학생 1명당 상대도수를 구하면 A~E를 구할 수 있다. 성적이 80 이상 90 미만인 경우의 학생 수인 16명에 대한 상대도수 0.40을 기준으로 학생 한 명당 상대도수를 구하는 비례식을 만들면 $16:1=0.40:x$이고, $16x=0.40$이다.
$x=0.025$이므로 이를 기준으로 빈칸을 구하면
$A=8\times0.025=0.2$이고,
$D\times0.025=0.15 \rightarrow D=6$이다. 이로써 B의 상대도수는 $1-0.2-0.4-0.15=0.25$가 된다.
따라서 $B\times0.025=0.25 \rightarrow B=10$이고, E는 40이다.
90점 이상 100점 미만인 학생 수가 6명이므로 수학 성적이 10번째로 높은 학생이 속한 계급은 80점 이상 90점 미만이다.
① A의 값은 0.2이다.
② C는 순서대로 각 계급의 도수를 더한 0.85이다.
③ 학급의 학생 수 E = 40이다.

정답 ④

❺ 표·그래프의 계산 및 해석 문제

다음 [표]는 2020년 12월 경기도 부천시의 개설 및 등록 보육시설 수에 대한 자료이다. [표]와 [보기]를 근거로 하여 A~D에 해당하는 보육시설을 바르게 나열한 것을 고르면?(단, 소수점 첫째 자리까지 계산한다.)

[표] 경기도 부천시의 개설 및 등록 보육시설 수

보육시설	개설 보육시설 수	등록 보육시설 수
A	2,784	872
B		141
C	1,028	305
D		360

※ 등록률(%) = $\dfrac{\text{등록 보육시설 수}}{\text{개설 보육시설 수}} \times 100$

보기

- 등록률이 30% 이상인 보육시설은 '유치원'과 '어린이집'이다.
- '유치원' 등록 보육시설 수는 '홈스쿨' 등록 보육시설 수의 2.5배 이상이다.
- '어린이집' 등록 보육시설 수는 '직장스쿨' 등록 보육시설 수보다 작다.

	A	B	C	D
①	직장스쿨	유치원	홈스쿨	어린이집
②	직장스쿨	유치원	어린이집	홈스쿨
③	유치원	어린이집	홈스쿨	직장스쿨
④	유치원	어린이집	직장스쿨	홈스쿨

빈틈없는 유형분석

[표]를 해석하는 유형은 대체로 단순 계산이나 정보 및 추세의 확인, 비교 등의 문제로 출제되지만 간혹 복잡한 추론이 필요한 문제도 출제될 수 있다. 계산 문제인지의 여부를 먼저 판단하고, 내용 파악이 필요한 문제라면 [표]의 해석 순서를 제목 → 단위 → 가로축, 세로축 → 내용 구성상의 특징 찾기 → 각주 확인 등에 따라 확인하는 습관을 들여야 한다. 빈칸을 채우는 자료해석 유형은 직접적인 값을 묻는 문제와 간접적으로 계산해 추세를 확인하는 문제로 나뉘므로 간접적인 확인으로 풀이할 수 있는 문제의 경우에는 대략의 값을 판단해 풀이 시간을 단축하도록 한다.

속시원한 문제해결

[보기]의 첫 번째 조건에서 유치원과 어린이집의 등록률이 30% 이상이라고 하였는데, 개설 보육시설 수와 등록 보육시설 수가 모두 주어진 A와 C의 등록률을 구하면 다음과 같다.

- A의 등록률: $\dfrac{872}{2,784} \times 100 ≒ 31.3(\%)$
- C의 등록률: $\dfrac{305}{1,028} \times 100 ≒ 29.7(\%)$

이에 따라 A는 유치원 또는 어린이집이 되어야 하고, C는 유치원과 어린이집이 모두 될 수 없으므로 선택지의 내용에 따라 A는 자동적으로 유치원이 된다.
두 번째 조건에서 유치원의 등록 보육시설 수는 홈스쿨의 등록 보육시설 수의 2.5배 이상이라고 하였는데, 유치원인 A의 등록 보육시설 수는 C의 $\dfrac{872}{305}≒2.9$(배), D의 $\dfrac{872}{360}≒2.4$(배)이므로 C가 홈스쿨이 된다.
따라서 A가 유치원, C가 홈스쿨이 되므로 선택지의 내용에 따라 세 번째 조건은 따로 계산하지 않아도 정답은 ③이 된다.

정답 ③

STEP ❶ 핵심 이론

I. 응용 계산

1 수열과 수열의 합

(1) 일자형 수열

① 등차수열: 일정한 수를 더해가는 수열 예 1, 4, 7, 10, 13, …: 3씩 증가하는 수열

② 등비수열: 일정한 수를 곱해가는 수열 예 5, 15, 45, 135, 405, …: 3씩 곱해지는 수열

③ 계차수열: 항과 항 사이의 차이가 수열인 수열
   예 2, 3, 5, 8, 12, 17, …
        1 2 3 4 5

④ 사칙연산의 혼합 형태: +, −, ×, ÷의 연산이 두 개 이상 반복하는 수열
   예 2, 6, 12, 16, 32, …
       +4 ×2 +4 ×2

⑤ 건너뛰기 수열: 연속적인 수열이 아니라 건너뛰면서 진행되는 수열
          +2 +2 +2
   예 1, 5, 3, 10, 5, 20, 7, …
         ×2 ×2

(2) 문자 수열

문자로 이루어진 수열로 문자가 수의 역할을 한다.(5의 배수인 EJOTY, 마차를 암기해야 한다.)

수	1	2	3	4	5	6	7	8	9	10	11	12	13	14	15	16	17	18	19	20
영문	A	B	C	D	E	F	G	H	I	J	K	L	M	N	O	P	Q	R	S	T
자음	ㄱ	ㄴ	ㄷ	ㄹ	ㅁ	ㅂ	ㅅ	ㅇ	ㅈ	ㅊ	ㅋ	ㅌ	ㅍ	ㅎ						
모음	아	야	어	여	오	요	우	유	으	이										
수	21	22	23	24	25	26														
영문	U	V	W	X	Y	Z														

> ✓ **개념확인 예제**
>
> 일정한 규칙으로 문자를 나열할 때, 빈칸에 들어갈 문자로 옳은 것을 고르면?
>
> A B D G K P (   )
>
> ① U   ② V   ③ W   ④ X
>
> **해설**
> A=1, B=2, D=4, G=7, K=11, P=16이므로 1, 2, 4, 7, 11, 16, …인 계차수열이다. 항과 항 사이의 차이는 +1, +2, +3, +4, +5, …이므로 빈칸에 들어갈 문자는 16+6=22에 해당하는 V이다.
>
> 정답 ②

(3) 수열의 합

① 등차수열의 합: 첫째 항 a, 항수 n, 공차 d, 끝항 l이 주어진 경우

$$S_n = \frac{n\{2a+(n-1)d\}}{2} = \frac{n(a+l)}{2}, \ (l=a+(n-1)d)$$

예 $1+4+7+10+13+16+19+22+25+28 = \frac{10(1+28)}{2} = 145$

② 등비수열의 합: 첫째 항 a, 항수 n, 공비 r이 주어진 경우

$$S_n = \frac{a(r^n-1)}{r-1} = \frac{a(1-r^n)}{1-r}$$

예 $3^0+3^1+3^2+3^3+3^4+3^5+3^6 = \frac{1(3^7-1)}{3-1} = \frac{2{,}187-1}{2} = 1{,}093$

(4) 자연수의 거듭제곱의 합

① $\sum_{k=1}^{n} k = 1+2+3+\cdots\cdots+n = \frac{n(n+1)}{2}$

예 $1+2+3+\cdots+100 = \frac{100(100+1)}{2} = 5{,}050$

② $\sum_{k=1}^{n} k^2 = 1^2+2^2+3^2+\cdots\cdots+n^2 = \frac{n(n+1)(2n+1)}{6}$

예 $1+4+9+16+25+36+49+64+81+100 = \frac{10(10+1)(20+1)}{6} = 385$

③ $\sum_{k=1}^{n} k^3 = 1^3+2^3+3^3+\cdots\cdots+n^3 = \left\{\frac{n(n+1)}{2}\right\}^2$

예 $1+8+27+64+125+216+343+512 = \left(\frac{8 \times 9}{2}\right)^2 = 1{,}296$

2. 비율 ◀ 자주 나오는 이론

(1) 비율: 기준량에 대한 비교하는 양의 크기 $\left(= \dfrac{\text{비교하는 양}}{\text{기준량}}\right)$를 비의 값 또는 비율이라고 한다.

① B에 대한 A의 비 = A : B

② 기준량은 B, 비교하는 양은 A ('~에 대한'으로 표현되었던 수가 기준량이 되는 것)

예 부사관 지원자 500명 중 30명이 합격하였을 때, 합격자의 비율은 $\frac{30}{500} = 0.06$이다.

(2) 백분율: 기준량을 100으로 환산하여 구하는 비율로 단위는 %이다.

① 비율을 백분율로 나타내기: 비율 × 100

예 $\frac{1}{5} \rightarrow \frac{1}{5} \times 100 = 20(\%)$

② 백분율을 비율로 나타내기: 백분율 ÷ 100

예 $45\% \rightarrow 45 \div 100 = \frac{45}{100} = \frac{9}{20}$

> ✓ 개념확인 예제
>
> 다음 [보기]를 읽고 달러에 대한 원화의 환율을 고르면?(단, 환율은 1달러당 원화의 값이다.)
>
> **보기**
> 2015년 세계 여러 나라의 빅맥지수 조사에 따르면 한국의 빅맥 1개는 4,725원이고, 미국에서는 4.5달러이다. 빅맥의 가치는 어느 나라에서나 같다고 가정한다.
>
> ① 950원 ② 980.5원 ③ 1,010원 ④ 1,050원
>
> **해설**
> 환율은 1달러에 대한 원화의 비율이므로 $\frac{원화}{달러}$ 이다. 따라서 빅맥의 가격으로 환율을 구하면 $\frac{4,725}{4.5}=4,725÷4.5=1,050$ (원)이다.
>
> 정답 ④

3 비례식

(1) 비의 성질

① 비의 전항과 후항에 0이 아닌 같은 수를 곱하여도 비는 같다. 예) $2:3=(2×2):(3×2)$
② 비의 전항과 후항에 0이 아닌 같은 수를 나누어도 비는 같다. 예) $9:12=(9÷3):(12÷3)$

(2) 비례식의 성질: 내항의 곱과 외항의 곱은 같다.

예) $3:4=6:8 \rightarrow 3×8=4×6$

(3) 비례 배분: 전체를 주어진 비에 따라 배분하는 것

예) 박 중사와 김 하사가 빵 15개를 2 : 3으로 나누어 가질 때,

박 중사는 $15×\frac{2}{2+3}=6$(개), 김 하사는 $15×\frac{3}{2+3}=9$(개)를 가지게 된다.

4 집합

(1) 집합: 특정한 조건에 맞는 원소들의 모임으로 기호는 { }이다.

① 원소나열법: 집합 기호 { } 안에 원소들을 나열하는 방법
  예) 10 이하의 자연수의 모임: {1, 2, 3, …, 10}

② 조건제시법: 집합 기호 { } 안에 조건을 제시하는 방법
  예) $\{x \,|\, x$는 8의 약수$\}$

③ n(A): A라는 집합의 원소의 개수

④ 벤다이어그램: 집합 간의 상호 관계를 그림으로 표현한 것

  예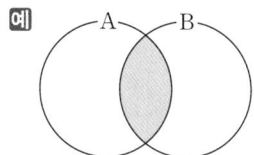

(2) **부분집합:** 두 집합 A와 B가 있고 집합 A의 원소가 모두 집합 B의 원소가 될 때, 집합 A를 집합 B의 부분집합이라고 하며, A⊂B로 나타낸다.

  예 $A=\{1, 2, 3\}$, $B=\{1, 2, 3, 4, 5\}$이면 $A \subset B$이다.

(3) **교집합:** 집합 간에 공통으로 속하는 원소 전체로 이루어진 집합으로, 두 집합 A와 B의 교집합은 A∩B 또는 B∩A로 나타낸다.

  예 $A=\{1, 2, 4\}$, $B=\{2, 3, 4, 5\}$이면 $A \cap B = \{2, 4\}$이다.

(4) **합집합:** 집합 A의 원소와 집합 B의 원소를 모두 합한 집합을 A와 B의 합집합이라 하며 A∪B 또는 B∪A로 나타낸다.

  예 $A=\{1, 2, 4\}$, $B=\{2, 3, 4, 5\}$이면 $A \cup B = \{1, 2, 3, 4, 5\}$이다.

(5) **전체집합:** 제시되어 있는 집합을 모두 포함하는 집합으로, 기호는 U이다.

(6) **차집합:** 두 집합 간의 공통 원소를 제외한 나머지 원소 전체로 이루어진 집합으로, A에 대한 B의 차집합은 A−B로 나타낸다.

  예 $A=\{1, 2, 4\}$, $B=\{2, 3, 4, 5\}$이면 $A-B=\{1\}$이다.

(7) **여집합:** $A \subset U$일 때, 전체집합에서 부분집합 A에 포함되지 않는 원소 전체로 이루어진 집합을 A의 여집합이라고 하며 A^C로 나타낸다.

  예 $U=\{1, 2, 3, \cdots, 10\}$, $A=\{1, 3, 5, 7, 9\}$이면 $A^C=\{2, 4, 6, 8, 10\}$이다.

(8) **부분집합의 개수**

① $n(A)=n$일 때, 집합 A의 부분집합의 개수 $=2^n$개

② 전체 원소의 개수가 n개일 때, 특정한 원소 l개를 반드시 포함하는 부분집합의 개수 $=2^{n-l}$개

  예 $A=\{1, 2, 3, 4\}$이고, 부분집합 중 3, 4를 반드시 포함하는 부분집합은 {3, 4}, {1, 3, 4}, {2, 3, 4}, {1, 2, 3, 4}이다. 공식을 적용하여 구하면 $2^{4-2}=4$(개)이다.

③ 전체 원소의 개수가 n개일 때, 특정한 원소 m개를 원소로 갖지 않는 부분집합의 개수 $=2^{n-m}$개

(9) 유한집합의 원소의 개수

① $n(A-B)=n(A)-n(A\cap B)=n(A\cup B)-n(B)$

② $n(A\cup B)=n(A)+n(B)-n(A\cap B)$

　　예 $n(A)=20$, $n(B)=15$, $n(A\cap B)=7$이면, $n(A\cup B)=20+15-7=28$이다.

③ $n(A\cup B\cup C)=n(A)+n(B)+n(C)-n(A\cap B)-n(B\cap C)-n(C\cap A)+n(A\cap B\cap C)$

5 배수와 약수

(1) 배수와 약수

① 배수: 어떤 정수의 몇 배가 되는 수로, 정수 a가 정수 b로 나누어질 때 a는 b의 배수이다.

　　예 6은 3의 배수이다.

② 약수: 어떤 정수를 나머지 없이 나눌 수 있는 정수를 원래의 수에 대하여 이르는 말

　　예 3은 6의 약수이다.

> **참고** 약수
> - 1은 모든 수의 약수이다.
> - 자연수 a는 자기 자신인 a의 약수이면서 동시에 배수이다.

(2) 특수한 수의 배수 판정

① 2의 배수: 일의 자리 숫자가 0 또는 2의 배수인 수

② 3의 배수: 각 자리의 숫자의 합이 3의 배수인 수

③ 4의 배수: 끝의 두 자리가 00 또는 4의 배수인 수

④ 5의 배수: 일의 자리 숫자가 0 또는 5인 수

⑤ 6의 배수: 2의 배수이면서 3의 배수인 수

⑥ 9의 배수: 각 자리 숫자의 합이 9의 배수인 수

⑦ 12의 배수: 3의 배수이면서 4의 배수인 수

⑧ 15의 배수: 3의 배수이면서 5의 배수인 수

6 최대공약수와 최소공배수

(1) 최대공약수: 공약수 중에 가장 큰 수

① 최대공약수 구하기: 공약수로 나누어 주고, 나눈 수끼리 곱하여 구한다.

　예 30과 84의 최대공약수 구하기

```
2 ) 30   84
3 ) 15   42
     5   14
```

따라서 30과 84의 최대공약수는 $2\times 3=6$이다.

② 최대공약수 활용 문제
  ㉠ 일정한 양을 가능한 한 많은 사람에게 나누어 주는 문제
  ㉡ 직사각형을 가장 큰 정사각형 또는 가장 적은 수의 정사각형으로 빈틈없이 채우는 문제
  ㉢ 몇 개의 자연수를 모두 나누어 떨어지게 하는 가장 큰 자연수를 구하는 문제

(2) **최소공배수**: 공배수 중에 가장 작은 수
  ① 최소공배수 구하기: 공약수로 나누고, 나눈 수 및 서로소가 된 수를 곱하여 구한다.(단, 2개 이상의 수가 나눠지는 경우에는 나눠지지 않는 수를 제외하고 나눈다.)
  예 18, 10, 30의 최소공배수

```
2 ) 18   10   30
3 )  9    5   15
5 )  3    5    5
     ↓
     3    1    1
```

따라서 18, 10, 30의 최소공배수는 $2 \times 3 \times 5 \times 3 \times 1 \times 1 = 90$이다.

② 최소공배수 활용 문제
  ㉠ 움직이는 간격이 다른 두 물체가 동시에 출발하여 다시 만나는 시점을 묻는 문제
  ㉡ 직육면체를 쌓아 가장 작은 정육면체를 만드는 문제
  ㉢ 몇 개의 자연수로 모두 나누어 떨어지는 가장 작은 자연수를 구하는 문제

> **개념확인 예제**
>
> 가로가 36cm, 세로가 24cm인 직사각형 모양의 색종이를 이용하여 부대 행사에 사용할 정사각형의 종이를 만들려고 한다. 남는 부분 없이 잘라서 가장 큰 정사각형의 종이를 만든다고 할 때, 만들 수 있는 정사각형의 종이는 모두 몇 장인지 고르면?
>
> ① 4장   ② 5장   ③ 6장   ④ 7장
>
> **해설**
> 가로 36cm, 세로 24cm인 색종이 1장으로 정사각형의 종이를 여러 장 만드는 것이므로 우선 가로와 세로의 길이가 같아야 하며, 그중 가장 큰 정사각형을 만들어야 하므로 최대공약수를 구해야 한다.
>
> ```
> 12 ) 36   24
>       3    2
> ```
>
> 36과 24의 최대공약수는 12이다. 즉 남는 부분 없이 잘라서 만들 수 있는 가장 큰 정사각형의 한 변의 길이는 12cm이다. 가로를 12로 나누면 36÷12=3으로 3등분해야 하고, 세로를 12로 나누면 24÷12=2로 2등분해야 한다.
> 따라서 총 3×2=6(장)을 만들 수 있다.
>
> 정답 ③

7 일반 연산과 대소 비교 — 자주 나오는 이론

(1) 일반 연산: 사칙 연산 이외의 연산 방식으로 약속된 계산법에 의해 계산하는 방식이다.

예) $a \circ b = ab + a + b$일 때, $2 \circ 3 = 2 \times 3 + 2 + 3 = 11$이다.

개념확인 예제

$a \triangle b$가 '$a+b$를 4로 나누었을 때의 나머지'일 때, $16 \triangle 15$의 값을 고르면?

① 0 　　② 1 　　③ 2 　　④ 3

해설
$16 \triangle 15$는 16과 15를 더한 수를 4로 나눈 나머지이므로 이를 계산하면
$(16+15) \div 4$의 몫은 7, 나머지는 3이다. 따라서 $16 \triangle 15 = 3$이다.

정답 ④

---

(2) 대소 비교: 직관적인 비교가 불가할 때에는 다음과 같은 3가지 방법을 이용하여 비교할 수 있다.

① $a-b>0 \to a>b$, $a-b=0 \to a=b$, $a-b<0 \to a<b$

② ($a>0$, $b>0$일 때) $a^2-b^2>0 \to a>b$, $a^2-b^2=0 \to a=b$, $a^2-b^2<0 \to a<b$

③ ($a>0$, $b>0$일 때) $\dfrac{a}{b}>1 \to a>b$, $\dfrac{a}{b}=1 \to a=b$, $\dfrac{a}{b}<1 \to a<b$

개념확인 예제

대소 비교가 옳지 <u>않은</u> 것을 고르면?

① $\dfrac{11}{15} > \dfrac{3}{5}$　　② $\sqrt{15} < 4$　　③ $\dfrac{9}{13} < 0.7$　　④ $3^2 < \sqrt{79}$

해설
① 두 수의 차를 통해 대소를 비교할 수 있다.
$\dfrac{11}{15} - \dfrac{3}{5} = \dfrac{11}{15} - \dfrac{9}{15} = \dfrac{2}{15}$, $\dfrac{2}{15} > 0$이므로 $\dfrac{11}{15} > \dfrac{3}{5}$이다.

② 두 수 모두 양수이기 때문에 제곱의 차를 통해 대소를 비교할 수 있다.
$(\sqrt{15})^2 - 4^2 = -1$, $-1 < 0$이므로 $\sqrt{15} < 4$이다.

③ 두 수 모두 양수이기 때문에 두 수를 나눠서 대소를 비교할 수 있다.
$\dfrac{9}{13} \div \dfrac{7}{10} = \dfrac{9}{13} \times \dfrac{10}{7} = \dfrac{90}{91}$, $\dfrac{90}{91} < 1$이므로 $\dfrac{9}{13} < 0.7$이다.

④ 두 수 모두 양수이기 때문에 제곱의 차를 통해 대소를 비교할 수 있다.
$(3^2)^2 - (\sqrt{79})^2 = 81 - 79 = 2$, $2 > 0$이므로 $3^2 > \sqrt{79}$이다.

정답 ④

8 지수 법칙

$a>0$, $b>0$이고 m, n이 실수일 때, 다음과 같은 지수 법칙이 성립한다.

① $a^m \times a^n = a^{m+n}$

② $a^m \div a^n = \begin{cases} (m>n) \ a^{m-n} \\ (m=n) \ 1 \\ (m<n) \ \dfrac{1}{a^{n-m}} \end{cases}$ $\left(a^0=1, \ a^{-n}=\dfrac{1}{a^n}\right)$

③ $(a^m)^n = a^{mn}$

④ $(ab)^n = a^n b^n$

⑤ $\left(\dfrac{b}{a}\right)^n = \dfrac{b^n}{a^n}$

⑥ $a^{\frac{m}{n}} = \sqrt[n]{a^m}$

9 경로와 최단 거리

(1) **경로**: 특정한 두 지점을 연결하는 점과 선으로 이루어져 있으며, 일반적으로 특정한 두 지점과 중간에 지나는 점을 같이 표시한다. 예를 들어 A에서 출발하여 B를 거쳐 C로 가는 경로라면 ABC와 같이 표현한다. 일반적으로 한 번 지나간 길은 다시 지나지 않는다.

> ✓ **개념확인 예제**
>
> 다음 [보기]는 동아리 회원 A~J 간의 전화번호 인지 상황을 나타낸 것이다. A가 I에게 연락을 취하려고 할 때 반드시 거쳐야 하는 회원을 고르면?
>
> **보기**
>
>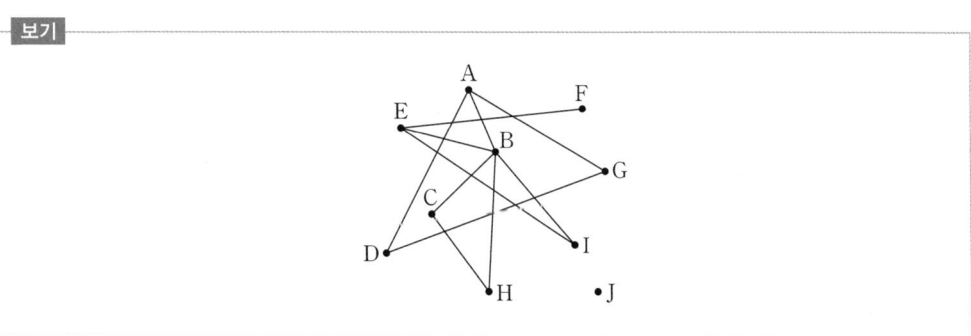
>
> ※전화번호를 알고 있으면 선이 연결되어 있고, 모르면 선이 연결되어 있지 않음
> ※전화번호를 모르는 상황에서 연락을 할 때에는 전화번호를 알고 있는 다른 회원을 통하여 연락함
>
> ① B   ② D   ③ F   ④ H
>
> **해설**
> A에서 출발하여 I로 가는 경로는 ABI, ABEI, ADGABI, …… 등이 있는데 모든 경우에 반드시 B를 거쳐야 한다.
>
> **정답** ①

(2) **최단 거리:** 두 지점을 연결할 때, 도달할 수 있는 가장 짧은 거리를 말한다. 일반적으로 최단 거리의 경우의 수를 구할 때 경로와 경로가 만나는 지점에, 시작점부터 해당 지점까지 경로의 수를 적는다.

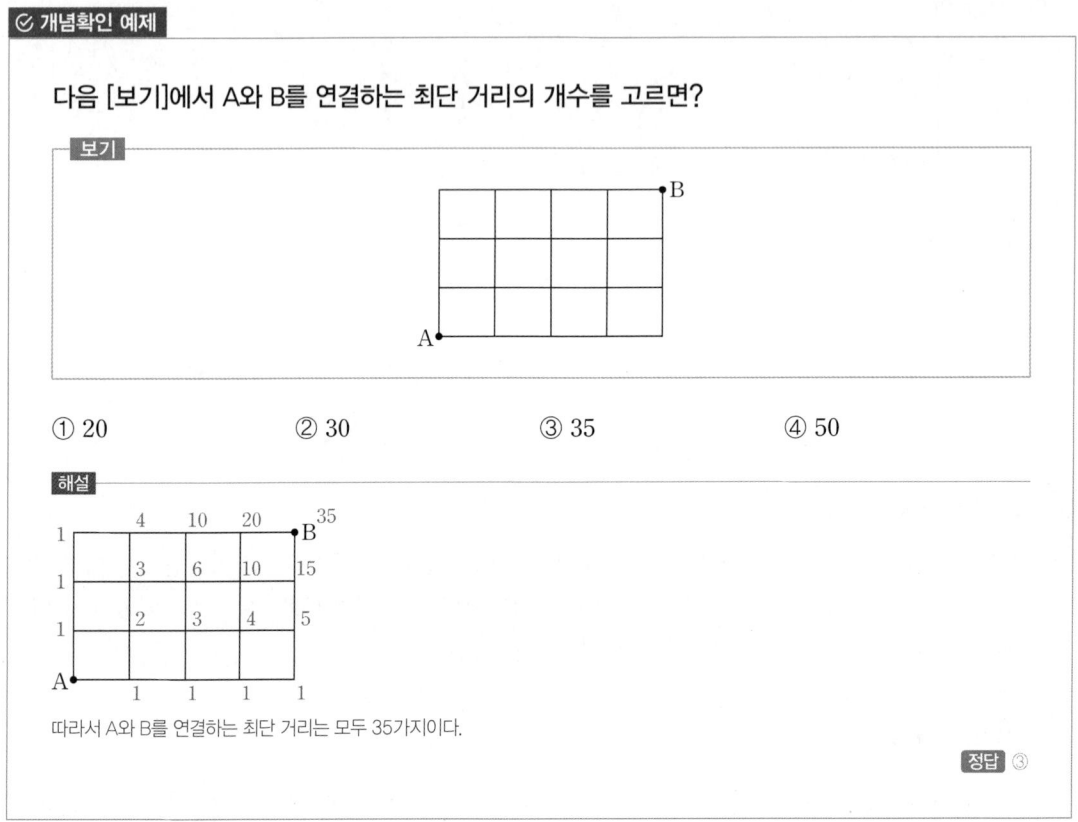

10 방정식

(1) 거리 · 속력 · 시간

속력은 단위 시간당 움직인 거리를 의미한다. 즉, 속력 = $\dfrac{거리}{시간}$ 이다.

① 거리 = 속력 × 시간

② 속력 = $\dfrac{거리}{시간}$

③ 시간 = $\dfrac{거리}{속력}$

> **✓ 개념확인 예제**
>
> 김 상사가 시속 5km로 4시간 동안 걸었을 때, 김 상사가 걸은 거리를 고르면?
>
> ① 10km　　　② 15km　　　③ 20km　　　④ 25km
>
> ---
> **해설**
> 거리＝속력×시간이므로 5×4＝20(km)이다.
>
> **정답** ③

(2) 농도

용액에 들어 있는 용질의 정도를 의미한다. 일반적으로는 %로 나타낸다.

① 소금물의 농도(%)＝$\frac{\text{소금의 양}}{\text{소금물의 양}}$×100, 소금물의 양＝물의 양＋소금의 양

② 소금의 양＝소금물의 양×농도

> **✓ 개념확인 예제**
>
> 소금물 200g에 15g의 소금이 들어 있다고 할 때, 이 소금물의 농도를 고르면?
>
> ① 5%　　　② 6.5%　　　③ 7%　　　④ 7.5%
>
> ---
> **해설**
> 농도＝$\frac{\text{소금의 양}}{\text{소금물의 양}}$×100이므로 $\frac{15}{200}$×100＝7.5(%)이다.
>
> **정답** ④

(3) 시계

시침과 분침이 이루는 각도를 이용하여 답을 구하는 문제가 주로 출제된다.

① 시침: 분당 0.5°씩 움직인다.(시침은 60분 동안 30°씩 움직인다.)

② 분침: 분당 6°씩 움직인다.(분침은 60분 동안 360°씩 움직인다.)

③ 풀이법: 시침과 분침의 차이를 이용하여 구한다.

④ 주의점: 분침은 각 시간 12시 정각에서 출발하고, 시침은 해당 시간에서 시작한다.

　　예 4시 10분의 시침과 분침의 각도를 구하면, 시침은 4시에서 시작하므로 시침 각도는
　　　　(30×4)＋(0.5×10)＝125(°)이고, 분침 각도는 6×10＝60(°)이다.

(4) 나이

과거와 현재, 현재와 미래의 나이를 비교한다. 일반적으로 구하고자 하는 것을 미지수로 놓고 식을 세운다.

> **개념확인 예제**
>
> 2022년 아버지의 나이는 42세, 아들의 나이는 12세이다. 아버지의 나이가 아들의 나이의 3배가 되는 것은 몇 년 후인지 고르면?
>
> ① 3년 ② 5년 ③ 6년 ④ 8년
>
> **해설**
> 구하고자 하는 것을 x로 놓고 식으로 나타내면 $42+x=3\times(12+x)$이다. $42+x=36+3x$이므로 $2x=6 \to x=3$이다. 따라서 3년 후에 아버지의 나이는 아들의 나이의 3배가 된다.
>
> 정답 ①

(5) 원가 · 정가 · 할인가

① 원가: 원래의 가격

② 정가: 원가에 이익을 더한 가격

원가=x, 이익률=r%일 때, 정가=$x \times \left(1+\dfrac{r}{100}\right)$

③ 할인가: 정가에 할인률을 적용한 가격

원가=x, 이익률=r%, 할인율=r'%일 때, 할인가=$x \times \left(1+\dfrac{r}{100}\right) \times \left(1-\dfrac{r'}{100}\right)$

> **개념확인 예제**
>
> 원가가 5,000원인 전자 시계에 20%의 이익을 붙여 판매하다가 잘 팔리지 않아 10% 할인하여 판매하였다. 이때 할인가를 고르면?
>
> ① 5,000원 ② 5,200원 ③ 5,400원 ④ 5,500원
>
> **해설**
> 할인가는 $5{,}000 \times \left(1+\dfrac{20}{100}\right) \times \left(1-\dfrac{10}{100}\right) = 5{,}000 \times 1.2 \times 0.9 = 5{,}400$(원)이다.
>
> 정답 ③

(6) 날짜·요일

일주일이 7일이므로 날짜에서 7로 나눈 나머지로 요일을 알 수 있다.

> **✓ 개념확인 예제**
>
> **2022년 6월 1일이 수요일일 때, 2022년 9월 12일의 요일을 고르면?**
>
> ① 월요일 ② 화요일 ③ 수요일 ④ 목요일
>
> **해설**
> 9월 12일은 6월 1일의 103일 후이다. 103을 7로 나눈 나머지는 5이다. 따라서 9월 12일은 6월 1일의 5일 뒤인 6월 6일과 요일이 같으므로, 2022년 9월 12일은 월요일이다.
>
> 정답 ①

(7) 일률

① 전체 일의 양, 단위 시간(초, 분, 시간)당 한 일의 양, 일한 시간으로 구분한다.
  전체 일의 양=단위 시간당 한 일의 양×일한 시간
② 일반적으로 전체 일의 양을 '1'로 놓는다.
③ 일한 시간을 미지수로 놓는다.

> **✓ 개념확인 예제**
>
> **배수로 작업을 할 때 김 이병은 3시간이 걸리고, 최 상병은 2시간이 걸린다. 두 병사가 동시에 일을 할 때 이 일을 끝내는 데 필요한 시간을 고르면?**
>
> ① 1시간 ② 1시간 5분 ③ 1시간 7분 ④ 1시간 12분
>
> **해설**
> 김 이병은 1시간에 $\frac{1}{3}$만큼의 일을 하고, 최 상병은 1시간에 $\frac{1}{2}$만큼 일을 한다고 할 때, 두 병사가 동시에 일을 하면 시간당 $\frac{1}{3}+\frac{1}{2}$ $=\frac{5}{6}$만큼 일을 할 수 있다.
> 전체 일의 양을 1이라고 하면 일한 시간=$\frac{\text{전체 일의 양}}{\text{시간당 한 일의 양}}$ 이므로, 일한 시간은 $1\div\frac{5}{6}=1\times\frac{6}{5}=\frac{6}{5}$(시간)이다.
> 따라서 배수로 작업을 끝내는 데 1시간 12분이 걸린다.
>
> 정답 ④

11 부등식

(1) **부등식**: 두 수 또는 두 식을 부등호로 연결한 식

(2) 문제 유형은 방정식 문제와 비슷하나 등호(=)가 아닌 부등호(>, <, ≥, ≤)를 사용한다는 점과 방정식은 특정한 값이 답이 되지만, 부등식은 범위가 나온다는 점이 다르다.

개념확인 예제

소금물 200g의 농도가 10% 이상이 되려면 소금의 양은 최소 몇 g 이상이 되어야 하는지 고르면?

① 12g ② 15g ③ 20g ④ 25g

해설

소금의 양을 xg라고 하면 $\frac{x}{200} \times 100 \geq 10$이므로, $\frac{x}{2} \geq 10$, $x \geq 20$이다.

따라서 소금의 양은 최소 20g 이상이 되어야 한다.

정답 ③

Ⅱ. 확률과 통계

1 평균과 표준편차

(1) **변량**: 자료 하나하나를 나타냄

(2) **평균**: 자료의 특징을 설명해 주는 대푯값의 하나로 전체 변량들을 더하고 전체 개수로 나눠준 것

$$평균 = \frac{전체\ 변량들의\ 합}{전체\ 개수}$$

(3) **편차**: 변량에서 평균의 값을 뺀 값

편차 = 변량 − 평균

(4) **분산**: 편차의 제곱의 평균

(5) **표준편차**: 분산의 양의 제곱근($\sqrt{분산}$), 분산과 의미하는 바가 같다. 상대적으로 표준편차가 크다는 의미는 편차의 절댓값이 크다는 것이다. 즉, 이는 변량과 평균 간의 차이가 크다는 것이므로 변량들이 평균으로부터 멀리 떨어져 있으며 자료의 수치가 고르지 못하고 변화 폭이 크다는 것이다.

2 경우의 수와 확률

(1) **합의 법칙과 곱의 법칙**

① 합의 법칙: 두 사건 A와 B가 동시에 일어나지 않을 때, 사건 A가 일어나는 경우의 수를 m가지, 사건 B가 일어나는 경우의 수를 n가지라고 하면, 사건 A 또는 B가 일어나는 경우의 수는 $(m+n)$가지이다.

✓ 개념확인 예제

주사위 1개를 던질 때, 3 이하의 수가 나오거나 5 이상의 수가 나오는 경우의 수를 고르면?

① 3가지　　② 4가지　　③ 5가지　　④ 6가지

해설
3 이하이면서 동시에 5 이상일 수는 없으므로 합의 법칙을 이용하여 경우의 수를 구하면 3 이하인 경우의 수 3가지, 5 이상인 경우의 수 2가지이므로 3 + 2 = 5(가지)이다.

정답 ③

② 곱의 법칙: 사건 A가 일어나는 경우의 수가 m, 그 각각에 대하여 사건 B가 일어나는 경우의 수가 n이면, 두 사건 A와 B가 동시에 일어나는 경우의 수는 $(m \times n)$가지이다.

> **개념확인 예제**
>
> 3종류의 빵과 4종류의 음료수가 있을 때, 빵과 음료수를 하나씩 고를 수 있는 경우의 수를 고르면?
>
> ① 12가지   ② 15가지   ③ 18가지   ④ 20가지
>
> **해설**
> 동시에 또는 순서대로 일어나는 사건이므로 두 사건의 경우의 수를 곱하면 $3 \times 4 = 12$(가지)가 나온다.
>
> **정답** ①

(2) 순열과 조합

① 순열

㉠ 순열의 정의: 서로 다른 n개에서 중복되지 않고 r개를 택하여 일렬로 나열한 것을 n개의 원소에서 r개를 택하는 순열이라고 한다.

$$_nP_r = n \times (n-1) \times (n-2) \times \cdots \times (n-r+1)$$

예 $_5P_3 = 5 \times 4 \times 3 = 60$

㉡ n의 계승: 서로 다른 n개에서 n개를 선택하여 일렬로 나열한 경우의 수

$$n! = {}_nP_n = n(n-1) \times (n-2) \times \cdots \times 3 \times 2 \times 1$$

이처럼 1에서 n까지의 자연수를 곱한 것을 n의 계승이라고 한다.

예 $3! = 3 \times 2 \times 1 = 6$

② 조합

㉠ 조합의 정의: 서로 다른 n개에서 r개를 택하는 경우의 수, 순열과 달리 r개를 택하는 순서는 구분하지 않는다.

$$_nC_r = {}_nC_{n-r}$$

㉡ 조합의 수: 서로 다른 n개에서 r개를 택하는 경우의 수

$$_nC_r = \frac{_nP_r}{r!} = \frac{n \times (n-1) \times (n-2) \times \cdots \times (n-r+1)}{r \times (r-1) \times \cdots \times 3 \times 2 \times 1}$$

예 $_5C_3 = \dfrac{_5P_3}{3!} = \dfrac{5 \times 4 \times 3}{3 \times 2 \times 1} = \dfrac{60}{6} = 10$

(3) 이웃하여 세우는 경우의 수

① 이웃하여 세우는 경우의 수 구하기

㉠ 이웃하는 것을 하나로 묶어서 일렬로 세우는 경우의 수를 구한다.

㉡ 묶음 안에서 자리를 바꾸는 경우의 수를 구한다.

㉢ ㉠과 ㉡의 경우의 수를 곱한다.

개념확인 예제

남자 A, B, C 3명과 여자 X, Y 2명을 일렬로 세울 때, 여자끼리 이웃하게 되는 경우의 수를 고르면?

① 24가지　　　② 36가지　　　③ 48가지　　　④ 60가지

해설

여자끼리 이웃하여 세우는 경우 여자들은 이웃하므로 1명으로 생각한다. 따라서 순서를 고려할 대상은 4명이 되므로 4명을 일렬로 세우는 경우 4!이다. 다만, 여자끼리는 자리를 바꾸어 서도 이웃하는 것에는 변함이 없으므로 자리를 바꾸는 경우의 수는 2!이다. 따라서 여자끼리 이웃하게 되는 경우의 수는 4!×2!=48(가지)이다.

정답 ③

② 이웃하지 않게 세우는 경우의 수 구하기
　㉠ 이웃해도 되는 것을 먼저 나열한다.
　㉡ 나열한 것들의 사이사이나 양 끝에 이웃하지 않아야 하는 것들을 나열한다.

개념확인 예제

남자 A, B, C 3명과 여자 X, Y 2명을 일렬로 세울 때, 여자끼리는 이웃하지 않게 세우는 경우의 수를 고르면?

① 36가지　　　② 48가지　　　③ 64가지　　　④ 72가지

해설

먼저 이웃해도 되는 남자 3명을 일렬로 나열하는 경우는 3!이다. 여자 2명을 남자 3명의 사이사이나 양 끝에 세울 수 있으므로 여자가 설 수 있는 자리는 4곳이다. 4곳 중 2곳을 택해야 하므로 $_4P_2$이다. 따라서 여자끼리 이웃하지 않게 세우는 경우의 수는 $3!×_4P_2=(3×2×1)×(4×3)=6×12=72$(가지)이다.

정답 ④

(4) 자연수의 개수

① 0을 포함하지 않는 경우

0이 아닌 서로 다른 한 자리의 숫자가 하나씩 적힌 n장의 카드 중에서
　㉠ 2장을 뽑아 만들 수 있는 두 자리 자연수의 개수: $_nP_2=n(n-1)$
　㉡ 3장을 뽑아 만들 수 있는 세 자리 자연수의 개수: $_nP_3=n(n-1)(n-2)$

> ✓ **개념확인 예제**
>
> 1, 2, 3, 4가 적힌 4장의 카드 중 2장을 뽑아 만들 수 있는 두 자리 자연수의 개수를 고르면?
>
> ① 8개　　　② 10개　　　③ 12개　　　④ 14개
>
> **해설**
> 4장의 카드 중 2장을 뽑아 만들 수 있는 두 자리 자연수는 $_4P_2 = 4 \times 3 = 12$(개)이다.
>
> **정답** ③

② 0을 포함하는 경우

　0을 포함한 서로 다른 한 자리의 숫자가 하나씩 적힌 n장의 카드 중에서
　㉠ 2장을 뽑아 만들 수 있는 두 자리 자연수의 개수: $(n-1) \times (n-1)$
　　※ 10의 자리에는 0이 올 수 없으므로 $(n-1)$이 된다.
　㉡ 3장을 뽑아 만들 수 있는 세 자리 자연수의 개수: $(n-1) \times (n-1) \times (n-2)$
　　※ 100의 자리에는 0이 올 수 없으므로 $(n-1)$이 된다.

> ✓ **개념확인 예제**
>
> 0, 1, 2, 3이 적힌 4장의 카드 중 2장을 뽑아 만들 수 있는 두 자리 자연수의 개수를 고르면?
>
> ① 9개　　　② 12개　　　③ 14개　　　④ 16개
>
> **해설**
> 10의 자리에는 0이 올 수 없고, 1의 자리에는 10의 자리에 온 수 이외의 수만 올 수 있으므로
> $(4-1) \times (4-1) = 3 \times 3 = 9$(개)이다.
>
> **정답** ①

(5) 확률

① 수학적 확률: 어떤 시행에서 사건 A가 일어날 가능성을 수의 값으로 나타낸 것, $P(A)$라고 한다.
　예 주사위 1개를 던졌을 때 3의 배수가 나올 확률은 전체 경우의 수 6가지 중 3의 배수 2가지가 나올 확률이므로 $P(A) = \dfrac{2}{6} = \dfrac{1}{3}$이다.

② 통계적 확률: 수치의 확률이라고 하며, 통계 자료를 보고 기준량(분모), 비교하는 양(분자)으로 구분하여 확률을 구한다.
　예 20세 인구 15만 명 중에 40년 뒤에도 생존하고 있는 인구가 10만 명일 경우라면 확률은 $\dfrac{10만}{15만} = \dfrac{2}{3}$이다.

③ 기하학적 확률: 도형의 확률이라고 하며, 일반적으로 전체 길이에서 차지하는 비중, 전체 넓이에서 차지하는 비중 등으로 확률을 구한다.

④ 조건부 확률: A가 일어났다는 가정하에 B가 일어날 확률, 사건 A라는 사건이 먼저 일어났으므로 분모는 $P(A)$, 분자는 A라는 사건이 일어나고 B가 일어나야 하므로 $P(A \cap B)$이다.
　기호는 $\dfrac{P(A \cap B)}{P(A)}$이다.

III. 도형

1 도형의 성질

(1) 삼각형

① 정삼각형

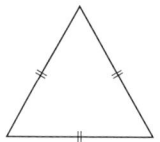

㉠ 정의: 세 변의 길이가 같은 삼각형
㉡ 특징: 세 내각의 크기는 모두 60°
㉢ 넓이: 한 변의 길이가 a일 때, $\frac{\sqrt{3}}{4}a^2$

② 이등변삼각형

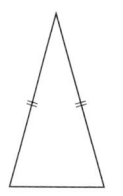

㉠ 정의: 두 변의 길이가 같은 삼각형
㉡ 특징: 두 변에 대한 대각의 크기가 같다.
㉢ 넓이: $\frac{1}{2}\times$밑변$\times$높이

③ 직각삼각형

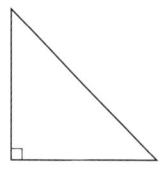

㉠ 정의: 한 내각의 크기가 90°인 삼각형
㉡ 특징: 대각이 90°인 변을 빗변이라 하며, 빗변의 길이의 제곱은 다른 두 변의 길이의 제곱의 합과 같다.
㉢ 넓이: $\frac{1}{2}\times$밑변$\times$높이

(2) 사각형

① 사다리꼴

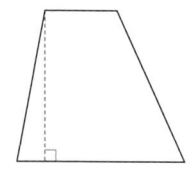

㉠ 정의: 한 쌍의 대변이 평행인 사각형
㉡ 넓이: $\frac{1}{2}\times$(윗변+아랫변)$\times$높이

② 평행사변형

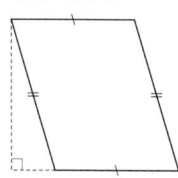

㉠ 정의: 두 쌍의 대변이 각각 평행인 사각형
㉡ 특징: 대변의 길이가 같다, 대각의 크기가 같다, 두 대각선은 서로 이등분한다.
㉢ 넓이: 밑변$\times$높이

③ 직사각형

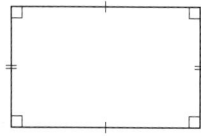

㉠ 정의: 네 내각의 크기가 90°인 사각형
㉡ 특징: 평행사변형의 특징을 가지며, 대각선의 길이가 같다.
㉢ 넓이: 가로$\times$세로

④ 마름모

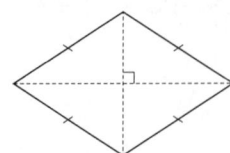

㉠ 정의: 네 변의 길이가 같은 사각형
㉡ 특징: 평행사변형의 특징을 가지며, 대각선은 직교한다.
㉢ 넓이: $\frac{1}{2}\times$두 대각선의 곱

⑤ 정사각형

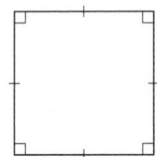

㉠ 정의: 네 변의 길이가 같고, 네 내각의 크기가 같은 사각형
㉡ 특징: 직사각형과 마름모의 특징을 동시에 가진다.
㉢ 넓이: 가로×세로

(3) 기타

① 대각선의 총 개수: n각형일 때, $\frac{n(n-3)}{2}$

　예 정육각형의 대각선의 총 개수는 $\frac{6\times 3}{2}=9$(개)이다.

② 원의 넓이: 반지름이 r일 때, πr^2
　예 반지름이 2cm인 원의 넓이는 $\pi\times 2^2=4\pi$이다.

③ 부채꼴의 호의 길이: 반지름이 r이고 중심각의 크기가 θ일 때, $2\pi r\times\frac{\theta}{360°}$

　예 반지름이 2이고, 중심각의 크기가 90°인 부채꼴의 호의 길이는 $2\times\pi\times 2\times\frac{90°}{360°}=\pi\times 4\times\frac{1}{4}=\pi$이다.

④ 부채꼴의 넓이: 반지름이 r이고 중심각의 크기가 θ일 때, $\pi r^2\times\frac{\theta}{360°}$

　예 반지름이 3이고, 중심각의 크기가 60°인 부채꼴의 넓이는 $\pi\times 3^2\times\frac{60°}{360°}=\pi\times 9\times\frac{1}{6}=\frac{3}{2}\pi$이다.

2 블록

눈에 보이지 않는 블록을 예측하여 판단하는 유형의 문제가 출제되기도 한다.

예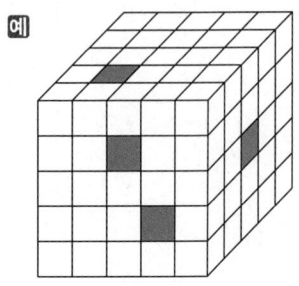

Q. 다음의 블록은 검은색이 칠해진 부분은 해당 줄의 모든 블록이 검은색으로 칠해져 있다. 흰색 블록의 개수를 구하면?

A. 전체 정육면체의 개수는 가로 5개, 세로 5개, 높이 5개 총 $5\times 5\times 5=125$(개)이다. 검은색으로 칠해진 정육면체의 개수는 반대편까지 검은색으로 칠해져 있을 때 $4\times 5=20$(개)이고, 반대로 흰색 정육면체의 개수는 $125-20=105$(개)이다.

IV. 기본 표 해석

1 단순 계산 유형

단순 계산 유형은 표에 주어진 항목들을 사칙 연산 등을 통해 계산하는 것이고, 일반적으로 빈칸 채우기와 비율 구하기 등의 문제가 출제된다.

> **개념확인 예제**
>
> 다음 [표]는 서울특별시와 의정부시의 4월과 8월의 평균 기온을 나타낸 것이다. 4월 의정부시의 평균 기온은 서울특별시의 평균 기온에 비하여 몇 °C 낮은지 고르면?
>
> [표] 서울특별시와 의정부시의 평균 기온 (단위: °C)
>
> | 구분 | 4월 | 8월 |
> |---|---|---|
> | 서울특별시 | 15.7 | 29.8 |
> | 의정부시 | 12.2 | 28.4 |
>
> ① 3.5°C　　② 4.4°C　　③ 5.6°C　　④ 6.0°C
>
> **해설**
> 4월 의정부시의 평균 기온은 12.2°C이고, 서울특별시의 평균 기온은 15.7°C이다. 따라서 15.7−12.2=3.5(°C)이므로 4월 의정부시의 평균 기온은 서울특별시에 비해 3.5°C 낮다.
>
> **정답** ①

2 단순 비교 유형

단순 비교 유형은 표에 나타낸 항목 간의 비교를 하는 문제이다. 일반적으로 대소 관계나 항목 간의 순위 매기기 등이 문제로 출제된다.

개념확인 예제

다음 [표]는 2018년부터 2021년까지 A기업의 수출액에 관한 자료이다. 2018~2021년 동안 1건당 수출액이 가장 컸던 해를 고르면?

[표] 2018~2021년 수출액

(단위: 건, 천만 원)

구분	2018년	2019년	2020년	2021년
건수	217	197	418	360
수출액	625.2	813.7	1,399.9	1,634.1

① 2018년　　② 2019년　　③ 2020년　　④ 2021년

해설

- 2018년 건당 수출액: $\frac{625.2}{217} ≒ 2.88$(천만 원)

- 2019년 건당 수출액: $\frac{813.7}{197} ≒ 4.13$(천만 원)

- 2020년 건당 수출액: $\frac{1,399.9}{418} ≒ 3.35$(천만 원)

- 2021년 건당 수출액: $\frac{1,634.1}{360} ≒ 4.54$(천만 원)

따라서 1건당 수출액이 가장 큰 해는 2021년이다.

정답 ④

3 단순 추세 유형

단순 추세 유형은 일반적으로 해당 기간 수치의 증가, 감소, 순위 변동 등을 묻는 문제가 출제된다.

✓ 개념확인 예제

다음 [표]는 A학교 학생의 월별 도서관 이용 현황이다. 이에 대한 설명으로 옳은 것을 [보기]에서 모두 고르면?(단, 학교의 전체 남학생 수는 600명, 여학생 수는 550명이며, 인원수 변동은 없다.)

[표] A학교 학생의 월별 도서관 이용 현황 (단위: 명)

구분	9월	10월	11월	12월
남학생	460	535	500	562
여학생	330	450	471	512
전체	790	985	971	1,074

보기
㉠ 9월부터 12월까지 전체 학생의 월별 도서관 이용 학생 수는 계속 증가하였다.
㉡ 도서관 이용 학생 수가 두 번째로 많은 달은 10월이다.
㉢ 남학생의 매월 도서관 이용자 수는 증가하였다.
㉣ 9월과 12월을 비교했을 때 성별 도서관 이용률의 증가폭은 여학생이 남학생보다 크다.

① ㉠, ㉡ ② ㉠, ㉢ ③ ㉡, ㉢ ④ ㉡, ㉣

해설
㉠ 11월에 한 차례 감소하였다. (×)
㉡ 도서관 이용자 수는 10월에 985명으로 두 번째로 많았다. (○)
㉢ 남학생의 도서관 이용자 수는 11월에 한 차례 감소하였다. (×)
㉣ 9월의 도서관 이용자 수는 여학생이 $\frac{330}{550}$=0.6, 남학생이 $\frac{460}{600}$≒0.77이고, 12월의 도서관 이용률은 여학생이 $\frac{512}{550}$≒0.93, 남학생이 $\frac{562}{600}$≒0.94이다. 따라서 도서관 이용률의 증가폭은 여학생이 0.33, 남학생이 0.17로 여학생의 도서관 이용률 증가폭이 더 크다. (○)

정답 ④

4 단순 정보 유형

단순 정보 유형은 표를 보고 선택지 내용의 옳고 그름을 판단하는 문제가 주로 출제된다.

개념확인 예제

다음 [표]는 2020년 나라별 국토 면적 및 인구 밀도에 관한 자료이다. 이에 대한 설명으로 옳지 않은 것을 고르면?

[표] 2020년 나라별 국토 면적 및 인구 밀도

(단위: km^2, 명/km^2)

구분	국토 면적	인구 밀도
베트남	377,000	341
미국	9,629,000	29
독일	551,000	123
스페인	243,000	146
호주	7,700,000	2

※ 인구 밀도 = $\frac{인구수}{국토 면적}$

① 국토 면적이 가장 넓은 나라는 미국이다.
② 국토 면적 1km^2당 가장 적은 인구가 사는 나라는 호주이다.
③ 베트남은 스페인보다 국토 면적이 134,000km^2 더 넓다.
④ 독일은 국토 면적 1km^2당 146명이 산다.

해설

① 미국의 국토 면적은 9,629,000km^2로 가장 넓다. (○)
② 인구 밀도가 가장 낮은 나라는 2명/km^2인 호주이다. (○)
③ 베트남의 국토 면적은 377,000km^2이고 스페인의 국토 면적은 243,000km^2이다. 따라서 377,000 − 243,000 = 134,000(km^2)이므로 베트남은 스페인보다 국토 면적이 134,000km^2 더 넓다. (○)
④ 독일은 1km^2당 123명이 산다. (×)

정답 ④

V. 심화 표 해석

1 표 해석의 접근 순서

(1) 제목

어떠한 표를 해석하게 되는지를 정확하게 알아야 전략을 세울 수 있다.

예 표의 주제가 '연도별 A기업의 매출액'이라고 한다면 가장 많이 등장하는 것은 추세 문제이다. 따라서 추세 문제임을 어느 정도 예측하고 들어갈 수 있다.

(2) 단위

간혹 표에 있는 단위와 선택지에 있는 단위가 서로 다를 수 있으므로 유의해야 한다.

예 1km=1,000m, 1kg=1,000g, 1L=1,000mL 등

(3) 가로축과 세로축의 구성 성분

가로축과 세로축의 구성 성분에 따라 문제에서 묻는 것이 어느 축에 관련된 것인지를 파악할 수 있다.

(4) 표의 구성상의 특징

표 해석의 가장 핵심으로 표에 있는 항목 하나하나를 보는 것이 아니라 증가·감소의 추세, 순위 변동 등의 특징을 찾아가며 파악해야 한다.

(5) 각주

표 해석은 일반적으로 제시된 모든 자료를 사용하지는 않는다. 하지만 각주의 경우에는 이용하지 않을 것이라면 제시하지 않는 것이 일반적이므로, 제시된 각주는 유의해서 보아야 한다.

예 노령화 지수 $= \dfrac{65\text{세 이상의 인구수}}{14\text{세 이하의 인구수}} \times 100$

2 자료의 계산

(1) 어림산

표 해석의 주된 목적은 자료를 얼마만큼 효율적으로 해석하느냐에 달려 있다. 따라서 정확한 계산이 필요한 문제도 출제되지만 문제에 따라 효율적인 계산을 위하여, 제시된 자료를 구하고자 하는 값과 크게 차이가 나지 않게 변형하는 것도 필요하다.

예 $\dfrac{103}{499} ≒ \dfrac{1}{5} = 0.2$

(2) 분수

$\dfrac{1}{2}, \dfrac{1}{3}, \dfrac{1}{4}, \cdots\cdots$: 출제자는 문제를 낼 때에 어떤 특정한 분수의 분모, 분자의 수를 더하거나 빼서 원하는 분수로 만들게 된다. 때문에 많이 쓰이는 분수의 대략적인 값을 알면 빠른 판단이 가능하다.

$\dfrac{1}{2}=0.5$, $\dfrac{1}{3}≒0.33$, $\dfrac{1}{4}=0.25$, $\dfrac{1}{5}=0.2$, $\dfrac{1}{6}≒0.167$, $\dfrac{1}{7}≒0.14$, $\dfrac{1}{8}=0.125$, $\dfrac{1}{9}≒0.11$, ……

(3) 기준

기준이 되는 수를 찾아 대소 비교를 한다.

예 $\frac{25}{425}$, $\frac{120}{270}$, $\frac{16}{400}$ 이 있을 때 $\frac{16}{400} = \frac{1}{25}$ 를 기준으로 놓고 계산하면 상대적으로 빨리 대소 비교를 할 수 있다.

$\frac{25}{425}$ 와 $\frac{16}{400}$ 중에서 $\frac{16}{400} = \frac{1}{25}$ 이고, $\frac{25}{425} = \frac{1}{17}$ 이므로 분모의 숫자가 더 작은 $\frac{25}{425}$ 가 $\frac{16}{400}$ 보다 큰 수이다.

⊘ 개념확인 예제

다음 [표]는 2017년부터 2020년까지의 사설 경비 업체에서 설치한 3가지 상품 A, B, C에 관한 자료이다. 2016년 설치한 상품의 수가 2,990개였을 때, 2017년에서 2020년까지 전년 대비 사설 경비 업체가 설치한 상품의 증가율이 가장 높은 해를 고르면?

[표] 상품 A, B, C의 설치 현황 (단위: 개)

구분	2017년	2018년	2019년	2020년
A	20	19	19	17
B	1,538	1,428	1,402	1,714
C	1,562	1,541	1,444	1,850

① 2017년 ② 2018년 ③ 2019년 ④ 2020년

해설

- 2017년 전년 대비 증가율: $\frac{(20+1,538+1,562)-2,990}{2,990} \times 100 = \frac{130}{2,990} \times 100 ≒ 4(\%)$
- 2018년과 2019년은 설치된 전체 상품의 수가 전년에 비해 오히려 감소했기 때문에 계산할 필요가 없다.
- 2020년 전년 대비 증가율: $\frac{(17+1,714+1,850)-(19+1,402+1,444)}{19+1,402+1,444} \times 100 = \frac{3,581-2,865}{2,865} \times 100$

    $= \frac{716}{2,865} \times 100 ≒ 25(\%)$

따라서 전년 대비 사설 경비 업체가 설치한 상품의 증가율이 가장 높은 해는 2020년이다.

정답 ④

---

3 자료의 내용

(1) 실수와 비율

① 실수

표에서 제시된 값이 실수인 경우, 사칙 연산을 이용해 각각의 수치를 직접 비교해 보거나 비율로 변형해서 해석하는 문제가 출제된다.

⊙ 실수 자료의 추세
　예 기업의 매출액은 2000년부터 꾸준히 증가하고 있다.
⊙ 실수 자료의 직접 비교 및 사칙 연산
　예 2000년에 A기업의 매출액은 같은 해 B기업의 매출액보다 얼마나 더 많은가?
⊙ 실수 자료의 비율로의 변형
　예 A기업의 2000년 매출액은 전년 대비 몇 % 증가했는가?

② 비율
표에 제시된 값이 비율인 경우, 비율 간의 대소 비교를 묻는 문제가 출제된다. 단, 기준량이 다를 때에는 실수의 대소 비교가 불가능하다.

(2) 변화율

① 변화율 = $\frac{변화량}{기준량} \times 100(\%)$, 변화율의 대소 비교는 절댓값으로 판단한다.

② 변화율은 증가율과 감소율로 구분할 수 있다. 증가율은 변화율의 부호가 (+)이든 (−)이든 상관없다. 양수는 절댓값이 클수록, 음수는 절댓값이 작을수록 증가율이 크다. 반면에 감소율은 변화율의 부호가 (−)일 때를 말한다.

예 [표] 기업별 4분기 성장률　　　　　　　　　　　　　　　　　　　　　　　(단위: %)

구분	A	B	C	D
성장률	3	6	−2	−4

증가율이 큰 순서: 증가율은 양수는 절댓값이 클수록, 음수는 절댓값이 작을수록 증가율이 크다. 따라서 B → A → C → D이다.

감소율이 큰 순서: 감소율은 변화율의 부호가 (−)일 때이므로 C, D기업이 해당되며 절댓값이 클수록 감소율도 크다. 따라서 D → C이다.

변화율이 큰 순서: 변화율의 대소 비교는 절댓값으로 판단하므로, 절댓값이 큰 성장률의 기업부터 순서대로 찾으면 된다. 따라서 B → D → A → C이다.

STEP ❷ 유형 훈련 문제

정답과 해설 ▶ P.32

01 일정한 규칙으로 수를 나열할 때, 괄호 안에 들어갈 알맞은 수를 고르면?

| 3　4　8　5　9　45　(　　) |

① 37　　　　　　　　　　　② 38
③ 39　　　　　　　　　　　④ 40

02 소금의 농도가 6%인 소금물과 2%인 소금물을 섞어서 5%의 소금물 300g을 만들려고 한다. 각각 몇 g씩 섞으면 되는지 고르면?

	2% 소금물	6% 소금물
①	10g	290g
②	30g	270g
③	50g	250g
④	75g	225g

03 해외 기업으로부터 밀가루를 수입하여 국내 식품업체에 납품하고 있는 ○○주식회사는 최근 인도의 △△주식회사와 밀가루 1톤을 국내에 수입하는 거래를 체결하였다. 다음 [보기]에 따라 수입대금으로 지불해야 할 금액은 원화로 얼마인지 고르면?

> [보기]
> • 현재 환율 기준 1달러에 150루피로 거래된다.
> • 현재 환율 기준 1달러에 1,200원에 거래된다.
> • 밀가루 10kg당 가격은 45,000루피이다.

① 3,000만 원　　　　　　　② 3,200만 원
③ 3,600만 원　　　　　　　④ 3,800만 원

04 다음 [표]는 2015~2019년 우리나라 주요 지역의 물가 수준을 비교한 자료이다. 이에 대한 설명으로 옳은 것을 고르면?

[표] 2015~2019년 지역별 물가 지수

구분	2015년	2016년	2017년	2018년	2019년
서울	154	156	154	151	162
부산	132	134	136	140	141
대구	128	129	130	131	132
인천	135	137	140	145	150
광주	112	114	110	117	120
대전	120	121	123	122	123
울산	123	119	121	124	126
경기	130	131	134	140	152
강원	100	100	100	100	100
충북	110	116	122	128	134
충남	95	97	95	97	100
전북	85	87	89	90	92
전남	95	94	93	92	91
경북	90	91	97	98	101
경남	101	102	105	106	108

※ 지역별 물가 지수는 각 연도의 '강원'의 물가 수준을 100으로 하여 계산한 수치임

① 2016~2017년 동안 부산의 전년 대비 물가 상승률은 매년 감소하였다.
② 2016~2018년 동안 물가가 가장 낮은 지역은 전북이다.
③ 2016~2019년 동안 전남과 경북의 전년 대비 물가의 증감 추이는 일치하지 않는다.
④ 2016~2019년 동안 경기와 울산의 물가 차이는 매년 증가하였다.

05 다음 [표]는 2010~2019년 갑국의 출입국 현황 및 관광수지에 대한 자료이다. 이에 대한 설명으로 옳은 것을 고르면?

[표] 2010~2019년 갑국 출입국 및 관광수지 현황 (단위 : 천 명, 백만 달러)

구분	외국인 입국자 수	내국인 출국자 수	관광수입	전년 대비 증가율(%)	관광지출	전년 대비 증가율(%)
2010년	3,908	4,542	5,116.0	−5.8	6,261.5	−10.1
2011년	4,250	3,067	6,865.4	34.2	2,640.3	−57.8
2012년	4,660	4,341	6,801.9	−0.9	3,975.4	50.6
2013년	5,322	5,508	6,811.3	0.1	6,174.0	55.3
2014년	1,517	6,084	6,373.2	−6.4	6,547.0	6.0
2015년	5,347	7,123	5,918.8	−7.1	9,037.9	38.0
2016년	4,753	7,086	5,343.4	−9.7	8,248.1	−8.7
2017년	5,818	8,826	6,053.1	13.3	9,856.4	19.5
2018년	6,022	10,078	5,793.0	−4.3	12,025.0	22.0
2019년	6,155	11,610	5,294.5	−8.6	13,783.0	14.6

※ (관광수지)(백만 달러)=(관광수입)−(관광지출)

① 조사기간 동안 관광수지 적자 폭이 가장 큰 해에 관광수입의 전년 대비 증가율이 가장 낮다.
② 2011~2019년 동안 외국인 입국자 수가 전년 대비 증가한 해에는 내국인 출국자 수가 증가한다.
③ 조사기간 중 관광수지 흑자 폭이 가장 큰 해에 관광수입의 전년 대비 증가율은 가장 높다.
④ 2011~2019년 동안 전년 대비 외국인 입국자 수가 가장 많이 감소한 해에 관광수입과 관광지출은 모두 전년 대비 9% 이상 감소하였다.

06 다음 [표]는 2012~2018년 A~F 고등학교의 졸업자 및 대학 진학자 수에 대한 자료이다. 이에 대한 설명으로 옳은 것을 고르면?

[표] A~F 고등학교 졸업자 및 대학 진학자 수 (단위 : 명)

학교	구분	2012년	2013년	2014년	2015년	2016년	2017년	2018년
A	졸업자	321	310	305	307	330	340	340
A	대학 진학자	17	16	16	16	15	20	23
B	졸업자	172	182	167	180	181	177	169
B	대학 진학자	7	8	9	7	10	11	5
C	졸업자	282	270	275	280	280	267	271
C	대학 진학자	5	7	8	10	11	14	15
D	졸업자	245	241	243	245	252	241	249
D	대학 진학자	8	5	3	9	10	5	3
E	졸업자	291	301	297	289	300	293	298
E	대학 진학자	10	9	7	4	4	4	2
F	졸업자	204	192	208	207	200	198	193
F	대학 진학자	5	4	7	4	3	2	4

※ (대학 진학률)(%) = $\dfrac{(대학\ 진학자\ 수)}{(졸업자\ 수)} \times 100$

① 조사기간 동안 A 고등학교의 대학 진학률은 매년 5% 이상이다.
② 조사기간 동안 B 고등학교는 졸업자 수가 많은 연도에 대학 진학자 수도 많아진다.
③ 2017년에 대학 진학률이 가장 낮은 고등학교는 F 고등학교이다.
④ 2013~2018년 동안 E 고등학교의 대학 진학률은 지속적으로 감소한다.

07 다음 [표]는 2010~2019년 한국의 지진 발생 횟수를 규모(M)에 따른 지진과 유감지진으로 정리한 자료이다. 이에 대한 설명으로 옳지 않은 것을 고르면?(단, 제시되지 않은 연도의 정보는 고려하지 않는다.)

[표] 2010~2019년 규모(M)별 지진 및 유감지진 발생 횟수 (단위 : 회)

구분	규모(M)별 지진				유감지진 발생 횟수	총 발생 횟수
	M<3.0	3.0≤M<4.0	4.0≤M<5.0	5.0≤M		
2010년	37	5	0	0	5	42
2011년	38	13	1	0	7	52
2012년	47	9	0	0	4	56
2013년	75	15	3	0	15	93
2014년	41	7	0	1	11	49
2015년	39	5	0	0	7	44
2016년	218	30	1	3	55	252
2017년	204	17	1	1	98	223
2018년	110	4	1	0	33	115
2019년	74	12	2	0	16	88

※ 유감지진이란 사람이 느끼는 지진이며, 규모 4.0 이상은 모두 유감지진임

① 2017년에 총 발생 횟수 대비 유감지진 발생 횟수의 비율이 가장 높다.
② 조사기간 중 규모 4.0 이상 지진이 가장 많이 발생한 해에 규모 3.0 미만 지진이 가장 많이 발생했다.
③ 2018년에 총 발생 횟수에서 규모 3.0 이상 지진의 발생 횟수가 차지하는 비중은 5% 미만이다.
④ 2019년에 규모 3.0 미만인 유감지진의 발생 횟수는 2회이다.

08 다음 [표]는 ○○고등학교 3학년 학생들의 수학 성적을 조사하여 나타낸 도수분포표이다. 이를 바탕으로 (A+B+C+D+E+F)의 값을 고르면?

[표] ○○고등학교 3학년 학생들의 수학 성적에 대한 도수분포표

구분	학생 수(명)	상대도수	누적도수
60점 이상 70점 미만	6	A	
70점 이상 80점 미만	B		
80점 이상 90점 미만	5	0.25	C
90점 이상 100점 미만	D	0.15	
합계	E	F	

① 45.3   ② 47.3
③ 49.3   ④ 51.3

09 다음 [표]는 소나무 재선충병 발생 지역에 대한 자료이다. 이를 바탕으로 고사한 소나무 수가 두 번째로 많은 지역을 고르면?(단, 각 지역의 소나무 수는 1,000그루로 동일하다.)

[표] 발생 지역별 소나무 재선충병 감염률 및 고사율

구분	청도	포항	경주	거제	제주
고사율	70%	60%	50%	50%	40%
감염률	10%	20%	20%	50%	40%

※ (고사율)(%) = $\frac{(발생\ 지역의\ 고사한\ 소나무\ 수)}{(발생\ 지역의\ 감염된\ 소나무\ 수)} \times 100$

※ (감염률)(%) = $\frac{(발생\ 지역의\ 감염된\ 소나무\ 수)}{(발생\ 지역의\ 소나무\ 수)} \times 100$

① 제주　　　　　　　　　　② 거제
③ 포항　　　　　　　　　　④ 청도

10 다음은 민희네 반 학생들의 영어 성적을 조사하여 나타낸 상대도수의 분포표이다. 이를 바탕으로 A의 값을 고르면?

[표] 민희네 반 학생들의 영어 성적에 대한 상대도수 분포표

점수(점)	도수(명)	상대도수
60점 이상 70점 미만		
70점 이상 80점 미만	8	0.32
80점 이상 90점 미만		
90점 이상 100점 미만	6	A
합계		

① 0.22　　　　　　　　　　② 0.24
③ 0.25　　　　　　　　　　④ 0.28

| STEP ❸ | 실전 연습 문제 | 20문항 / 25분 |

• 맞힌 개수 _____ 개 • 풀이 시간 _____ 분   **정답과 해설** ▶ P.34

01 현재 승진이의 통장에는 2,150,000원, 민수의 통장에는 1,700,000원이 예금되어 있다. 다음 달부터 매월 승진이는 80,000원씩, 민수는 140,000원씩 예금한다고 할 때, 민수의 통장에 예금된 총예금액이 승진이보다 많아지는 것은 몇 개월째부터인지 고르면?

① 6개월 ② 7개월 ③ 8개월 ④ 9개월

02 어느 중학교에서 1학년 20명, 2학년 30명, 3학년 50명이 시험을 보았다. 2학년의 평균 점수는 1학년보다 10점이 높고, 3학년의 평균 점수는 2학년보다 20점이 더 높다. 그리고 3학년의 평균 점수는 1학년의 2배이다. 이때 시험을 본 전체 학생의 평균 점수를 고르면?

① 43점 ② 45점 ③ 46점 ④ 48점

03 올해 어느 중학교의 학생 수가 작년보다 10% 증가하여 924명일 때, 작년의 학생 수를 고르면?

① 840명 ② 842명 ③ 846명 ④ 850명

04 (가) 용기에는 소금의 농도가 8%인 소금물 200g, (나) 용기에는 12%인 소금물 300g이 들어 있다. (가), (나)에서 같은 양의 소금물을 퍼내어 서로 바꾸어 부었더니 두 용기의 소금물 농도가 같아졌다고 할 때, 퍼낸 소금물의 양을 고르면?

① 100g　　　　② 120g　　　　③ 150g　　　　④ 180g

05 다음 [표]는 1~3반 학생의 국어 성적 분포를 나타낸 자료이다. 자료의 일부가 지워져 보이지 않는다고 할 때, 국어 성적이 50점 미만인 학생의 비율이 가장 높은 반을 모두 고르면?

[표] 1~3반 학생의 국어 성적 분포　　　　　　　　　　　　　　　　(단위: 명)

구분	1반	2반	3반
50점 미만	3	4	3
50점 이상 60점 미만	5	3	4
60점 이상 70점 미만	4	6	5
70점 이상 80점 미만	6	5	5
80점 이상 90점 미만	4	4	6
90점 이상 100점 미만		3	2
합계	24		25

① 1반　　　　② 2반　　　　③ 3반　　　　④ 2반, 3반

[06~07] 다음은 5명의 학생 갑~무의 2019년 3월, 6월, 9월 모의고사 총점과 이에 대한 설명이다. 이를 바탕으로 주어진 물음에 답하시오.

[표] 학생별 2019년 3월, 6월, 9월 모의고사 총점 (단위: 점)

구분	3월 모의고사	6월 모의고사	9월 모의고사
(A)	254	159	267
(B)	187	300	287
(C)	355	366	399
(D)	245	298	258
(E)	325	350	355

※ 2019년에 모의고사는 3월-6월-9월 순서로 총 3번 시행되었다.

[조건]
- '갑'의 3월 대비 9월 모의고사 총점의 증가율은 '병', '정', '무'의 증가율보다 낮고, '을'의 증가율보다는 높다.
- 3월 대비 9월 모의고사 총점 증가율이 50% 이상인 학생은 '병'뿐이다.
- '정'과 '무'의 직전 시기 대비 6월과 9월 모의고사 총점의 변화율은 각각 10% 미만이다.
- '무'의 직전 시기 대비 6월과 9월의 모의고사 총점의 변화율은 감소한다.

06 주어진 [조건]을 바탕으로 빈칸의 A~D 중 '갑'의 점수에 해당하는 것을 고르면?

① A ② B ③ C ④ D

07 주어진 [조건]을 바탕으로 빈칸의 A, B, C, E 중 '정'의 점수에 해당하는 것을 고르면?

① A ② B ③ C ④ E

08 다음은 인터넷 쇼핑몰 6곳의 전자책 가격을 조사한 자료이다. 전자책을 구매하려 할 때, 배송비를 포함한 실제 구매 가격이 가장 저렴한 쇼핑몰을 고르면?(단, 중복 할인 시 회원 혜택을 먼저 적용한 후 할인 쿠폰을 사용한다.)

구분	A쇼핑몰	B쇼핑몰	C쇼핑몰	D쇼핑몰	E쇼핑몰	F쇼핑몰
정상 가격	150,000원	150,000원	150,000원	150,000원	150,000원	150,000원
회원 혜택	3,000원 할인	4,500원 할인	3,000원 할인	3% 할인	5% 할인	6% 할인
할인 쿠폰	5% 쿠폰	3% 할인	4% 할인	2% 할인	없음	없음
중복 할인	가능	가능	가능	가능	불가능	불가능
배송비	6,000원	3,000원	6,000원	3,000원	3,000원	4,500원

① B쇼핑몰　　　② C쇼핑몰　　　③ E쇼핑몰　　　④ F쇼핑몰

09 다음 [표]는 어느 학급 학생들의 혈액형을 조사하여 전체 학생에서 차지하는 비율로 나타낸 자료이다. 주어진 [표]를 바탕으로 학생들의 혈액형을 총 길이가 20cm인 띠그래프로 나타낼 때, 이 그래프에서 'B형'의 길이는 5cm이었다. 이때 'A형'의 길이로 옳은 것을 고르면?

[표] 혈액형별 비율

혈액형	O형	A형	B형	AB형	계
비율	45%	( )	( )	5%	100%

① 1cm　　　② 5cm　　　③ 9cm　　　④ 14cm

10 다음 [표]는 수도권 지역의 가구를 대상으로 난방 연료 사용 현황을 조사한 자료이다. 이에 대한 설명으로 옳은 것을 고르면?

[표] 수도권 지역의 난방 연료 사용 현황 (단위: %)

구분	서울	인천	경기남부	경기북부	전국 평균
등유	2.4	0.4	0.8	4.1	2.2
LPG	0.1	0.1	0.7	3.2	1.4
도시가스	84.5	91.8	32.6	64	69.5
열병합	12.6	7.4	65	28.1	26.6
기타	0.4	0.3	0.9	0.6	0.3

① 서울은 난방 연료 중 도시가스를 사용하는 비율이 가장 높다.
② 인천의 경우 도시가스를 사용하는 비율은 열병합을 사용하는 비율의 14배이다.
③ 경기북부에서 등유를 사용하는 비율은 인천에서 등유를 사용하는 비율의 11배 이상이다.
④ 경기남부에서 열병합 사용 비율은 도시가스 사용 비율의 2배가 넘는다.

11 다음 [표]는 조직형태별 사업체 수와 종사자 수에 관한 자료이다. 이를 토대로 2019년의 회사법인 한 곳당 종사자 수를 고르면?

[표] 조직형태별 사업체 수와 종사자 수 (단위: 개, 명)

구분	사업체 수		종사자 수	
	2018년	2019년	2018년	2019년
개인사업체	3,201,000	3,325,000	8,156,000	8,277,000
회사법인	652,000	592,000	9,640,000	9,918,000
비법인단체	132,000	134,000	607,000	657,000

① 14명　　② 17명　　③ 20명　　④ 23명

12 다음 [표]는 학생들의 수학 수행평가 결과를 나타낸 분포도이다. (나)에 해당하는 학생 수를 고르면?

[표] 수학 수행평가 결과

구분	인원 수(명)	상대도수
20점 미만	(가)	0.150
20점 이상 40점 미만	7	0.175
40점 이상 60점 미만	4	0.100
60점 이상 80점 미만	9	0.225
80점 이상 100점 미만	12	0.300
100점	(나)	(라)
합계	(다)	1

① 2명   ② 3명   ③ 6명   ④ 7명

13 다음 [표]는 (가)~(다) 제품의 가격과 1개월당 전기 요금 및 관리비를 나타낸 것이다. 이를 토대로 제품을 구입 후 1년간 사용했을 때 지불해야 하는 총액이 두 번째로 큰 제품을 모두 고르면?

[표] (가)~(다) 제품의 이용비

구분	가격(만 원)	전기 요금(원/월)	관리비(원/월)
(가) 제품	250	70,000	15,000
(나) 제품	200	80,000	25,000
(다) 제품	180	95,000	20,000

① (가) 제품   ② (나) 제품   ③ (다) 제품   ④ (가) 제품, (나) 제품

14 다음 [표]는 ○○대학교 학부별 합격 현황을 나타낸 자료이다. 어문학부의 1차 시험 경쟁률을 고르면?

[표] ○○대학교 학부별 합격 현황　　　　　　　　　　　　　　　　　　　　　　　(단위: 명)

구분	응시생	1차 시험 합격자	2차 시험 합격자
어문학부	2,277	1,564	630
법학부	1,440	903	370
자연과학부	1,850	915	370
생명공학부	1,601	1,105	478

① 1 : 1.38　　　② 1 : 1.46　　　③ 1 : 2.11　　　④ 1 : 3.35

15 다음 [표]는 연령별 역 이용객 수에 관한 자료이다. 이를 토대로 용산역을 이용하는 30대 승객 수와 대전역을 이용하는 20대 승객 수의 차이가 몇 명인지 고르면?

[표] 연령별 역 이용객 수

구분	10~19세	20~29세	30~39세	40~49세	50세 이상	총이용객
용산	27%	25%	23%	5%	20%	2,500명
대전	40%	15%	21%	3%	23%	1,500명
진해	10%	50%	20%	19%	1%	2,000명

① 250명　　　② 275명　　　③ 310명　　　④ 350명

16 다음 [표]는 어느 학생의 사회 과목 성적표이다. 이를 토대로 사회 과목의 응시자 평균 점수를 고르면?

[표] 사회 과목 성적표

구분	점수	비고
원점수	78점	※ 조정 점수(점)
조정 점수	50점	$= \dfrac{(원점수 - 응시자\ 평균)}{표준편차} \times 10 + 50$

① 74점　　　② 76점　　　③ 78점　　　④ 80점

17 다음 [표]는 1998년과 2007년의 연령별 비만도 비율에 관한 자료이다. 이에 대한 설명으로 옳지 <u>않은</u> 것을 고르면?(단, 19세 미만은 고려하지 않는다.)

[표] 연령별 비만도 비율 (단위: %)

구분		저체중	정상 체중	비만
1998년	전체	5.2	69.0	25.8
	19~29세	9.9	74.9	15.2
	30~39세	3.4	72.0	24.6
	40~49세	2.1	66.3	31.6
	50~59세	2.0	62.4	35.6
	60~69세	4.9	65.0	30.2
	70세 이상	13.4	64.4	22.2
2007년	전체	4.7	63.2	32.1
	19~29세	10.4	67.5	22.0
	30~39세	5.6	66.6	27.8
	40~49세	2.2	65.4	32.5
	50~59세	1.0	56.6	42.4
	60~69세	2.0	51.8	46.2
	70세 이상	4.6	63.6	31.7

① 1998년 대비 2007년에 비만율이 가장 많이 증가한 연령대는 60대이다.
② 2007년에 40대 이하의 비만율의 합은 50대 이상의 비만율의 합보다 낮다.
③ 1998년에 40대의 비만율과 저체중 비율의 차이는 같은 해 70대 이상의 비만율과 저체중 비율의 차이의 3배 이상이다.
④ 연령대별 정상 체중 비율의 최대치와 최저치의 차이는 2007년이 1998년보다 작다.

18 다음 [표]는 A~E 5개 도시의 지난 30년간 지상 10m의 월평균 온도와 지표면의 월평균 온도를 나타낸 자료이다. '지상 10m의 월평균 온도'가 가장 높은 달과 '지표면 월평균 온도'가 가장 높은 달이 일치하지 <u>않는</u> 도시를 모두 고르면?

[표] 도시별 지상 10m의 월평균 온도 (단위: ℃)

월 \ 도시	A	B	C	D	E
1월	−2.5	1.6	−2.4	−4.5	−2.3
2월	−0.3	3.2	−0.5	−1.8	−0.1
3월	5.2	7.4	4.5	4.2	5.1
4월	12.1	13.1	10.7	11.4	12.2
5월	17.4	17.6	15.9	16.8	17.2
6월	21.9	21.1	20.4	21.5	21.3
7월	25.9	25.0	24.0	24.5	24.4
8월	25.4	25.7	24.9	24.3	25.0
9월	20.8	21.2	20.7	18.9	19.7
10월	14.4	15.9	14.5	12.1	13.0
11월	6.9	9.6	7.2	4.8	6.1
12월	−0.2	4.0	0.6	−1.7	−0.1

[표] 도시별 지표면의 월평균 온도 (단위: ℃)

월 \ 도시	A	B	C	D	E
1월	−2.4	2.7	−1.2	−2.7	0.3
2월	−0.3	4.8	0.8	−0.7	2.8
3월	5.6	9.3	6.3	4.8	8.7
4월	13.4	15.7	13.4	12.6	16.3
5월	19.7	20.8	19.4	19.1	22.0
6월	24.8	24.2	24.5	24.4	25.9
7월	26.8	27.7	26.8	26.9	28.4
8월	27.4	28.5	27.5	27.0	29.0
9월	22.5	19.6	22.8	21.4	23.5
10월	14.8	17.9	15.8	13.5	16.9
11월	6.2	10.8	7.5	5.3	8.6
12월	−0.1	4.7	1.1	−0.7	2.1

① A 도시 ② A 도시, D 도시 ③ B 도시, D 도시 ④ C 도시, E 도시

[19~20] 다음은 어느 중학교 1학년 1반 학생들의 윗몸일으키기 횟수에 대한 도수분포표이다. 이를 바탕으로 질문에 답하시오.

횟수(개)	도수(명)	상대도수
0이상 ~ 5미만	1	
5 ~ 10	3	
10 ~ 15		
15 ~ 20	7	0.28
20 ~ 25		0.24
25 ~ 30	2	
30 ~ 35	2	
35 ~ 40	1	
합계		

19 전체 학생 수가 몇 명인지 고르면?

① 20명　　② 25명　　③ 32명　　④ 34명

20 10개 이상 15개 미만인 계급의 상대도수를 고르면?

① 0.12　　② 0.15　　③ 0.16　　④ 0.2

PART

II

직무성격검사
상황판단검사
인성검사

01 직무성격검사

02 상황판단검사

03 인성검사

01 | 직무성격검사

직무성격검사 완전정복

직무성격검사는 수험자가 군 간부로서 보편적인 업무를 수행함에 있어 적합한가를 알기 위해, 다양한 질문을 통하여 성격을 파악하는 검사이다. 직무성격검사는 평가에 따른 배점이 있지는 않으나 면접 시 참고가 되는 중요한 검사이다. 다른 평가에서 아무리 좋은 결과를 얻었더라도, 정서적인 측면에서 부적합하다고 판단되면 탈락시킬 정도로 직무성격검사의 중요도가 점점 높아지는 추세이다. 그렇기 때문에 배점이 없다고 하여 무심코 찍거나, 대충 답변할 시에는 부적격 판정으로 시험에 불합격할 수 있다. 처음부터 끝까지 신중하고 성실하게 답변하는 것이 검사에 임하는 올바른 자세이다.

직무성격검사 수검요령

(1) 평소 가지고 있는 생각에 따라 자연스럽게 답하기
직무성격검사의 문항들은 평소 겪을 수 있는 내용들로 이루어져 있다. 짧은 진술문 형태로 구성되어 있는 질문들에 대해 평가라고 생각하지 말고 솔직하고 자연스럽게 답한다.

(2) 수검 전날 지나친 음주 또는 과도한 운동은 피하기
육체적인 피로는 검사에 영향을 미친다. 무의식적으로 현재 몸 상태와 마음 상태가 답변에 반영되기 때문에 당일 최고의 컨디션을 위해서 전날은 충분히 휴식을 취하여 안정된 심신 상태로 검사에 임하는 것이 좋다.

(3) 일관성 있게 답변하기
질문에 답하다 보면 유사한 질문을 많이 보게 된다. 질문에 대해 일관성 있는 태도로 답변해야 결과의 신뢰도가 높아지기 때문에 최대한 답변에 일관성을 유지해야 한다. 다만 일관성 있는 답변에 대해 지나치게 강박을 가질 필요는 없다.

(4) 질문에 대해서 너무 깊게 생각하지 않기
질문을 읽고 질문이 의미하는 바에 대해 너무 깊게 생각하다 보면, 본인이 생각한 답변의 의미에서 다소 벗어날 가능성이 있다. 가벼운 마음으로 질문을 읽고 떠오르는 대로 답변하도록 한다.

(5) 모든 문항에 답변하기
애매한 질문이라도 답을 하지 않으면 안 된다. 모든 문항에 답한다는 생각으로 질문을 건너뛰지 않고 바로 답을 체크하도록 한다. 중간에 질문을 건너뛰면 나중에 건너뛴 부분을 잊고 답안지를 제출하거나 시간이 모자라서 빈칸을 채우지 못하는 상황이 생길 수 있다.

직무성격검사 **연습하기**

[001~180] 다음 질문을 읽고 본인이 해당되는 것을 고르시오.

번호	내용	전혀 그렇지 않다	그렇지 않다	보통 이다	그렇다	매우 그렇다
001	혼자 일하는 것이 편하다.	①	②	③	④	⑤
002	자기주장이 강하다.	①	②	③	④	⑤
003	다른 사람과 어울리기 힘들다.	①	②	③	④	⑤
004	다른 사람과 어울릴 필요가 없다고 생각한다.	①	②	③	④	⑤
005	다른 사람이 잘못된 행동을 하면 기분이 나쁘다.	①	②	③	④	⑤
006	혼자 결정하는 것을 두려워한다.	①	②	③	④	⑤
007	내가 판단해서 맞은 적이 없다고 생각한다.	①	②	③	④	⑤
008	모든 일은 내가 판단하는 게 맞다고 생각한다.	①	②	③	④	⑤
009	규율을 철저히 지켜야 한다.	①	②	③	④	⑤
010	나의 주변은 항상 정돈되어 있다.	①	②	③	④	⑤
011	주변이 깨끗하면 마음이 불편하다.	①	②	③	④	⑤
012	생각이 많다.	①	②	③	④	⑤
013	불안감에 잠을 못 이룬다.	①	②	③	④	⑤
014	나만의 시간이 반드시 필요하다.	①	②	③	④	⑤
015	계획적인 것을 좋아한다.	①	②	③	④	⑤
016	계획대로 안 되면 화가 난다.	①	②	③	④	⑤
017	기존의 틀을 바꾸는 것을 좋아한다.	①	②	③	④	⑤
018	새로운 사항을 빠르게 받아들인다.	①	②	③	④	⑤
019	기존에 있는 틀을 바꾸는 것을 두려워한다.	①	②	③	④	⑤
020	모임에서 주도적으로 행동하는 편이다.	①	②	③	④	⑤
021	모임에서 '나'라는 사람이 부각되지 않았으면 한다.	①	②	③	④	⑤
022	일이 생겼을 때 정확히 판단하고 행동한다.	①	②	③	④	⑤
023	일이 생겼을 때 판단하고 행동하는 것이 힘들다.	①	②	③	④	⑤
024	모임과 같은 조직 생활이 즐겁다.	①	②	③	④	⑤
025	모임과 같은 조직 생활은 불필요한 일이라고 생각한다.	①	②	③	④	⑤
026	모임에서 다양한 일을 해 보고 싶다.	①	②	③	④	⑤
027	책임감 있는 일을 하는 것을 즐긴다.	①	②	③	④	⑤
028	책임지는 일을 하고 싶지 않다.	①	②	③	④	⑤

번호	내용	전혀 그렇지 않다	그렇지 않다	보통이다	그렇다	매우 그렇다
029	다른 사람의 말을 잘 들어 준다.	①	②	③	④	⑤
030	다른 사람의 말을 듣고 싶지 않다.	①	②	③	④	⑤
031	나와 의견이 다른 사람과 이야기하고 싶다.	①	②	③	④	⑤
032	나와 의견이 다른 사람과는 말도 섞기 싫다.	①	②	③	④	⑤
033	다수의 의견을 절대적으로 존중한다.	①	②	③	④	⑤
034	나의 의견은 소수의 의견에 속하는 경우가 많다.	①	②	③	④	⑤
035	모임에 관련된 일을 최우선으로 처리한다.	①	②	③	④	⑤
036	할 일은 미루지 않고 그때그때 처리하는 편이다.	①	②	③	④	⑤
037	예시가 없으면 일을 하기 힘들다.	①	②	③	④	⑤
038	모임에서 나의 의견을 내는 것이 두렵지 않다.	①	②	③	④	⑤
039	나의 의견을 누가 무시할까 봐 두렵다.	①	②	③	④	⑤
040	친한 사람이 있어야만 모임에 참여한다.	①	②	③	④	⑤
041	나와 친한 사람이 다른 사람과 친해지는 것이 싫다.	①	②	③	④	⑤
042	나는 감정 기복이 심하다.	①	②	③	④	⑤
043	나는 우유부단하다.	①	②	③	④	⑤
044	다른 사람이 나를 어떻게 보는지 항상 신경쓴다.	①	②	③	④	⑤
045	나는 종종 자기 자랑을 한다.	①	②	③	④	⑤
046	내가 힘들게 한 일을 다른 사람이 알아줬으면 한다.	①	②	③	④	⑤
047	내가 속한 모임, 분야에서 언젠가는 최고가 되고 싶다.	①	②	③	④	⑤
048	남에게 칭찬받는 것이 당연하다고 생각한다.	①	②	③	④	⑤
049	남에게 칭찬하는 것에 인색하다.	①	②	③	④	⑤
050	착한 사람이라는 말을 자주 듣는다.	①	②	③	④	⑤
051	사적인 일로 공적인 일을 그르쳐 본 적이 없다.	①	②	③	④	⑤
052	나와 생각이 다른 사람과 어울리고 싶다.	①	②	③	④	⑤
053	어떤 일에 대해 나만의 확고한 생각이 있다.	①	②	③	④	⑤
054	명확하게 일을 처리한다.	①	②	③	④	⑤
055	나는 융통성이 없다.	①	②	③	④	⑤
056	다른 사람 험담을 하지 않는다.	①	②	③	④	⑤
057	누군가가 험담하는 것을 듣고 싶지 않다.	①	②	③	④	⑤
058	친구가 다른 사람 험담을 하면 동조해 주는 편이다.	①	②	③	④	⑤
059	모임에서 직책을 맡고 싶다.	①	②	③	④	⑤
060	다른 사람의 의견을 듣고 정리하는 것을 좋아한다.	①	②	③	④	⑤

번호	문항	①	②	③	④	⑤
061	내가 하지 않아도 되는 일도 나서서 한다.	①	②	③	④	⑤
062	일이 많으면 힘들지만 그것을 즐긴다.	①	②	③	④	⑤
063	어떤 일이든 즐겁게 할 수 있다.	①	②	③	④	⑤
064	나는 낙천적이다.	①	②	③	④	⑤
065	나는 다른 사람의 단점보다 장점을 찾으려고 노력한다.	①	②	③	④	⑤
066	다른 사람을 보고 내가 우월하다고 생각할 때가 있다.	①	②	③	④	⑤
067	어떤 것에 대해 아는 척할 때가 있다.	①	②	③	④	⑤
068	내가 한 것이 틀렸어도 더 당당하게 소리친다.	①	②	③	④	⑤
069	일정을 무리하게 잡다가 시킨 일을 마무리하지 못한 적이 있다.	①	②	③	④	⑤
070	무슨 일이든 메모하는 습관이 있다.	①	②	③	④	⑤
071	아는 사람과 만나는 것이 처음 보는 사람과의 만남보다 불편할 때가 있다.	①	②	③	④	⑤
072	보수를 받는 일을 했을 때 나에게 손해가 나는 것을 참을 수 없다.	①	②	③	④	⑤
073	내가 손해를 보더라도 해야 할 일은 마친다.	①	②	③	④	⑤
074	손해가 나는 일이면 하지 않는다.	①	②	③	④	⑤
075	일을 완벽히 끝내지 않으면 화가 난다.	①	②	③	④	⑤
076	일을 완벽하게 하려다가 제때 끝내지 못한 적이 있다.	①	②	③	④	⑤
077	일을 완벽히 마무리하려고 노력한다.	①	②	③	④	⑤
078	누군가로부터 일에 대해 지적을 받으면 기분이 상한다.	①	②	③	④	⑤
079	누군가 내가 하고 있는 일을 지적하면 그 일을 하기가 싫어진다.	①	②	③	④	⑤
080	일을 할 때 항상 옆에 봐주는 사람이 있어야 한다.	①	②	③	④	⑤
081	모든 일을 불평 없이 잘한다는 말을 가끔 듣는다.	①	②	③	④	⑤
082	시간이 빌 때 무엇을 해야 할지 모르겠다.	①	②	③	④	⑤
083	취미 생활이 없다.	①	②	③	④	⑤
084	주변에서 나의 능력을 과소평가한다.	①	②	③	④	⑤
085	나는 다른 사람보다 능력이 떨어지는 것 같다.	①	②	③	④	⑤
086	알고 있는 것들을 활용하지 못한다는 소리를 가끔 듣는다.	①	②	③	④	⑤
087	같은 실수를 반복한다.	①	②	③	④	⑤
088	한번 시작한 일은 끝까지 한다.	①	②	③	④	⑤
089	눈치가 빠르다.	①	②	③	④	⑤

번호	내용	전혀 그렇지 않다	그렇지 않다	보통 이다	그렇다	매우 그렇다
090	말보다 행동이 중요하다고 생각한다.	①	②	③	④	⑤
091	다른 사람으로부터 영향을 쉽게 받는 편이다.	①	②	③	④	⑤
092	한번 아니다 싶은 것은 죽어도 아니다.	①	②	③	④	⑤
093	혼자보다 여럿이 일하는 것이 편하다.	①	②	③	④	⑤
094	일을 할 때 기존 방식에 따라 일을 마친 후 문제점을 제기하고 대안을 찾는다.	①	②	③	④	⑤
095	일을 할 때 문제점이 보이면 나에게 맞게 바꿔서 문제를 해결하고 통보한다.	①	②	③	④	⑤
096	약속이나 해야 할 일을 가끔 까먹는다.	①	②	③	④	⑤
097	혼자보다 여럿이 일했을 때 성과가 더 좋았다.	①	②	③	④	⑤
098	나의 의견만이 맞는 답이다.	①	②	③	④	⑤
099	뜻대로 되지 않으면 쉽게 좌절한다.	①	②	③	④	⑤
100	나는 '적당히'를 모른다.	①	②	③	④	⑤
101	하기 싫은 일은 뒤로 미뤄 두는 편이다.	①	②	③	④	⑤
102	내가 일에 대해 설명을 하면 다들 잘 알아듣는다.	①	②	③	④	⑤
103	계획해서 하는 일보다 즉흥적으로 처리하는 것이 더 많다.	①	②	③	④	⑤
104	모임에서 사람들이 나를 믿고 잘 따른다.	①	②	③	④	⑤
105	무엇을 해도 인정을 잘 받는 편이다.	①	②	③	④	⑤
106	모임에서 하는 행사에 빠지지 않고 참여한다.	①	②	③	④	⑤
107	변동이 많은 상황에서 당황하지 않고 일을 해결할 수 있다.	①	②	③	④	⑤
108	묻는 말에 대해 생각하고 답한다.	①	②	③	④	⑤
109	모임에서 의사 결정 시 상황과 변수를 모두 고려하여 결정을 한다.	①	②	③	④	⑤
110	모임에서 개인의 편의를 위해 규칙, 규율을 바꾸지 않는다.	①	②	③	④	⑤
111	주변 사람들에게 가끔 냉정하다는 소리를 듣는다.	①	②	③	④	⑤
112	모임에서 문제가 생길 때 나를 찾아와 도움을 구한다.	①	②	③	④	⑤
113	다른 사람과 협동하여 하는 일을 잘 하는 편이다.	①	②	③	④	⑤
114	손해가 나는 일이면 하지 않는다.	①	②	③	④	⑤
115	열심히 일을 하다가도 갑자기 그 일을 하기 싫어질 때가 있다.	①	②	③	④	⑤
116	다른 사람이 잘못된 행동을 하면 바로 지적해 준다.	①	②	③	④	⑤

117	잘못된 지시라도 우선 그 일을 이행한다.	①	②	③	④	⑤
118	한번 결정한 것은 잘 바꾸지 않는다.	①	②	③	④	⑤
119	일에 대한 아이디어가 많다.	①	②	③	④	⑤
120	일하는 것에 있어 나이는 중요하지 않다고 생각한다.	①	②	③	④	⑤
121	공과 사의 구분을 명확히 한다.	①	②	③	④	⑤
122	어떠한 것에 대해 크게 실망하지 않는다.	①	②	③	④	⑤
123	발표할 때 떨지 않는다.	①	②	③	④	⑤
124	새로운 일에 대한 두려움이 없다.	①	②	③	④	⑤
125	사람을 끌어당기는 힘이 있다는 말을 가끔 듣는다.	①	②	③	④	⑤
126	잘나가는 사람들과 어울리고 일하고 싶다.	①	②	③	④	⑤
127	친절하다, 착하다는 말을 자주 듣는다.	①	②	③	④	⑤
128	논리보다 감정을 중시하는 경우가 많다.	①	②	③	④	⑤
129	일에 대해 변명하지 않는다.	①	②	③	④	⑤
130	일이 생겼을 때 판단하고 행동하는 것이 힘들다.	①	②	③	④	⑤
131	능력이 흥미보다 중요하다.	①	②	③	④	⑤
132	흥미가 있는 일이라도 상황이 되지 않으면 포기한다.	①	②	③	④	⑤
133	시켜서 하는 일이라도 마음에 들 때까지 하는 편이다.	①	②	③	④	⑤
134	할 일은 미루지 않고 그때그때 처리하는 편이다.	①	②	③	④	⑤
135	모임을 위해 나를 희생할 준비가 되어 있다.	①	②	③	④	⑤
136	자기주장만을 강요하는 사람을 보면 어떻게 해야 할지 모르겠다.	①	②	③	④	⑤
137	일을 하다가 다른 지시가 떨어지면 새로운 지시부터 처리한다.	①	②	③	④	⑤
138	일을 하기 전 준비 과정이 반드시 필요하다.	①	②	③	④	⑤
139	나는 수동적이다.	①	②	③	④	⑤
140	나는 임기응변에 능하다.	①	②	③	④	⑤
141	좋은 아이디어라도 여러 번 검토한 후에 시행한다.	①	②	③	④	⑤
142	남들이 꺼려하는 일도 나서서 하는 편이다.	①	②	③	④	⑤
143	다수가 못하는 일을 하고 싶다.	①	②	③	④	⑤
144	다른 사람에게 나를 소개하는 것을 좋아한다.	①	②	③	④	⑤
145	남을 위해 일하고 싶다.	①	②	③	④	⑤
146	모든 일에 만족하는 법이 없다.	①	②	③	④	⑤
147	목소리가 큰 편이다.	①	②	③	④	⑤
148	복잡한 일을 풀어 가는 것을 즐긴다.	①	②	③	④	⑤

번호	내용	전혀 그렇지 않다	그렇지 않다	보통이다	그렇다	매우 그렇다
149	권력을 손에 넣고 싶다.	①	②	③	④	⑤
150	참을성이 강하다는 말을 가끔 듣는다.	①	②	③	④	⑤
151	나는 열정적인 사람이다.	①	②	③	④	⑤
152	나는 감정을 잘 숨기는 사람이다.	①	②	③	④	⑤
153	일에 대한 자부심이 강하다.	①	②	③	④	⑤
154	내가 다른 사람보다 일을 못한다는 이야기를 들으면 화를 참을 수 없다.	①	②	③	④	⑤
155	규칙적인 생활을 한다.	①	②	③	④	⑤
156	단체를 믿지 않는다.	①	②	③	④	⑤
157	남보다 나를 먼저 생각한다.	①	②	③	④	⑤
158	남에게 너무 의존한다는 말을 들어 본 적 있다.	①	②	③	④	⑤
159	지나치게 현실적이라는 말을 가끔 듣는다.	①	②	③	④	⑤
160	상처를 쉽게 받는다.	①	②	③	④	⑤
161	나도 모르게 충동구매를 하는 경우가 많다.	①	②	③	④	⑤
162	부탁을 잘 거절하지 못한다.	①	②	③	④	⑤
163	선의의 거짓말은 자기변명일 뿐이라고 생각한다.	①	②	③	④	⑤
164	일을 할 때 안정감을 중시한다.	①	②	③	④	⑤
165	다른 사람을 미워해 본 적 없다.	①	②	③	④	⑤
166	결과가 예상되지 않으면 일을 시작하지 않는다.	①	②	③	④	⑤
167	소문은 소문일 뿐이라고 생각한다.	①	②	③	④	⑤
168	산만하다는 소리를 자주 듣는다.	①	②	③	④	⑤
169	지금까지도 생각나는 일이 있다.	①	②	③	④	⑤
170	남에게 피해가 가는 일은 되도록 하지 않으려고 노력한다.	①	②	③	④	⑤
171	때로는 과정보다는 결과가 중요하다.	①	②	③	④	⑤
172	나는 주위의 모든 것들이 가끔 귀찮다고 여겨질 때가 있다.	①	②	③	④	⑤
173	일에 대한 권리는 존중되어야 한다.	①	②	③	④	⑤
174	해야 할 일이 분명하지 않으면 하기 싫다.	①	②	③	④	⑤
175	능력을 활용할 수 있는 일을 하고 싶다.	①	②	③	④	⑤
176	아무리 하고 싶은 일이라도 전망이 없으면 시작하지 않는다.	①	②	③	④	⑤
177	나는 주위에 다양한 분야에서 일하는 사람들이 많다.	①	②	③	④	⑤

178	나는 위기 대처 능력이 좋은 편이다.	①	②	③	④	⑤
179	미래에 대한 구체적인 계획이 있다.	①	②	③	④	⑤
180	실패가 있는 성공은 성공이라고 할 수 없다고 생각한다.	①	②	③	④	⑤

02 | 상황판단검사

상황판단검사 **완전정복**

군 선발 평가 과목 중 상황판단검사(Situational Judgement Test, SJT)는 군 직무와 관련하여 지원자가 직면하게 될 상황에 대하여 여러 가지 대응책을 제시하고 선택하도록 하는 방식으로 지원자의 판단 능력을 측정하기 위한 검사이다.

최근 직무와 관련하여 충분히 당면할 수 있는 상황에서 상황판단능력과 위기대처능력이 요구됨에 따라 대기업이나 공공기업체에서도 이에 적합한 인재를 선발하기 위해 상황판단검사를 많이 활용하는 추세이다. 이 검사는 지원자들로 하여금 실제 군 직무 상황에서 선택할 수 있는 대응책을 제시하여, 지원자가 그 상황에 직면했을 때 가장 할 것 같은 행동과, 가장 하지 않을 것 같은 행동을 선택하게 함으로써 지원자의 직무 타당도를 평가할 수 있다.

상황판단검사에 대한 정답은 정확하게 공개되지 않으므로, 명확한 정답을 제시하는 것은 불가능하다. 단, 본서에서는 기출문제를 복원·분석하여 암묵적으로 정해져 있는 정답에 근접할 수 있는 풀이TIP을 제공한다.

상황판단검사 **목적**

군 상황판단검사는 군대라는 특수한 조직의 직무 상황 속에서 초급 간부로서 적합한 자질과 역량을 가졌는지 검증하기 위하여 개발되었다. 또한 인지능력평가에서 반영하지 못하는 상황판단능력과 위기관리능력 및 지휘·통솔, 가치관이나 리더십 등 다양한 역량에 대하여 측정이 가능하다. 상황판단검사는 실제 현직에서 근무하고 있는 장교나 부사관의 참여와 검증을 통해 상황 시나리오와 대응책이 개발되어 충분히 발생 가능한 상황들로 이루어져 있기 때문에 준거 타당도가 높다.

상황판단검사 **지시문 유형**

상황판단검사에서 주로 사용되는 지시문 유형은 지식형 지시문(Knowledge Instrument)과 행동경향형 지시문(Behavioral Tendency Instrument)으로 구별된다. 지식형 지시문은 응답자에게 어떠한 행동이 가장 최선(Best)의 대안인지 혹은 최악(Worst)의 대안인지 묻는 형식이며, 행동경향형 지시문은 주어진 상황에서 가장 해야 할 것 같은(Most Likely) 행동과 가장 하지 말아야 할 것 같은(Least Likely) 행동을 선택하게 하는 형식이다. 서로 다른 지시문 형태에 따라 상황판단검사의 구성 개념과 타당도가 달라질 수 있다.

상황판단검사 빈출 군사 기초 지식

(1) 계급
  ① 병: 이병 < 일병 < 상병 < 병장
  ② 부사관: 하사 < 중사 < 상사 < 원사
  ③ 장교
    ㉠ 위관급: 소위 < 중위 < 대위
    ㉡ 영관급: 소령 < 중령 < 대령
    ㉢ 장성급: 준장 < 소장 < 중장 < 대장

(2) 제대

제대	분대	소대	중대	대대	연대	사단	군단	야전군
규모	약 10명	약 30명	약 100명	약 500명	약 2000명	약 1만 명	약 4만 명	약 12만 명
지휘자	분대장	소대장	중대장	대대장	연대장	사단장	군단장	군사령관
계급	상병~병장	소위~중위	대위	소령~중령	대령	준장~소장	중장	대장
인사권	×	×	○	○	○	○	○	○

① 분대: 9~10명 내외로 조직되며, 군대 조직 중에서 가장 최소 규모의 편성 조직이다. 주로 분대장은 상병~병장의 병사가 맡지만, 신임 하사가 맡는 경우도 있다. 분대장은 분대원의 특이 사항을 분대원들로부터 보고 받은 뒤 소대장에게 보고하고, 소대장으로부터 분대원들에 대한 지시 사항을 전달받아 분대원들에게 전파한다. 분대는 가장 하위 제대이지만, 정찰 등 특수한 상황에 따라 2~5명으로 구성된 '조'나 '반'으로 나뉠 수도 있다.

② 소대: 통상적으로 3개의 분대와 통신병, 부소대장, 소대장으로 구성되어 있다. 30~35명 내외로 소대장은 소대 전체를 지휘한다. 소대장의 계급은 소위~중위가 맡으며, 상황에 따라 부사관이 맡기도 한다. 부소대장은 소대장을 보좌하며, 소대장 부재 시 소대장의 임무를 대신한다. 부소대장은 통상 부사관이 맡는다.

③ 중대: 보통 3개의 소대와 중대본부로 이루어지며, 중대본부는 중대장, 행정보급관, 통신병 등 간부와 병으로 이루어진다. 중대장은 대위~소령이 맡으며, 상황에 따라 중위가 대리하는 경우도 있다. 통상 100~130명 내외의 인원으로 구성된다. 행정보급관은 통상 상사가 맡으며, 중대장을 보좌하고 중대 내의 각종 물자 관리, 보급 및 병력 관리 등의 임무를 수행한다. 중대장 이상의 지휘자를 지휘관이라고 칭하며, 지휘관에게는 인사권이 있다.

④ 대대: 통상 3개의 중대와 본부중대, 대대본부(지휘소)로 편성되며, 대대장은 소령~중령이 맡는다. 단독으로 작전 수행이 가능한 최소 단위 제대이다. 보통 500여 명 안팎의 인원으로 구성되며, 대대장은 휘하에 참모를 둘 수 있다. 참모는 대대장을 보좌하며, 각 분야(인사, 정보, 작전, 군수)에 대한 업무를 담당하고, 대대장에게 조언한다.

(3) 인사권

중대급 이상 제대의 지휘관이 가지고 있는 인사 권한을 말하며, 진급권뿐만 아니라, 징계권, 휴가권, 표창 권한 등 직속 부하에 대한 인사를 결정할 수 있는 권한이다. 지휘관 외에는 인사권을 행사할 수 없으므로, 간부라 하더라도 병 인사에 관해서는 직접 지시를 할 수 없으며, 보고와 건의를 통해서 행사하여야 한다.

(4) 장교와 부사관의 관계

장교는 부사관의 연륜과 군 경험을 인정하여 인격체로 대우하여야 한다. 부사관은 장교의 권위와 계급을 존중하고, 장교로부터 신뢰를 받도록 임무를 수행해야 하며, 특히 직속 상관의 명령에 절대 복종하여야 한다. 장교는 부사관의 역할을 이해하고 부사관이 능력을 발휘할 수 있도록 지원하며, 부사관은 장교가 본연의 역할 수행에 전념하도록 조언 및 조력하고, 장교와 부사관 모두 상호 존중과 신뢰를 유지시켜 나가야 한다.

① 소대급에서의 관계

소대급에서 장교와 부사관은 소대장과 부소대장의 관계이다. 소대장과 부소대장은 지휘자와 부지휘자의 관계이다. 부소대장은 소대장과 의견이 상치된다고 해서 소대원들에게 소대장과 다른 지시를 내리거나 소대원들 앞에서 소대장에 대해 불평해서는 안 되며, 충성심을 가지고 시종일관 소대장을 성실하게 조력해야 한다. 아울러 부소대장은 소대의 제반 문제를 소대장과 상의하며 언제라도 소대 지휘를 담당할 수 있다는 자세로 소대장을 헌신적으로 조력해야 한다.

② 중대급에서의 관계

중대급에서 장교와 부사관은 중대장과 행정보급관의 관계이다. 중대장과 행정보급관은 지휘관과 업무담당관의 관계이다. 행정보급관은 세부적인 실행자 역할을 분담하여 수행하고, 분담된 업무를 수행하는 데 모든 권한을 갖는다. 행정보급관은 위임된 업무의 결과에 대하여 책임을 진다. 중대장은 행정보급관을 중대의 최고 전문가로 인정하고 행정보급관은 중대장의 지시를 적극 구현한다.

③ 대대급에서의 관계

대대급에서 장교와 부사관은 대대장과 주임원사의 관계이다. 대대장과 주임원사는 지휘관과 참모의 관계이다. 주임원사는 대대장이 지휘 업무에 참고할 수 있도록 부대 활동을 조언하고, 병사와 부사관 관련 업무를 보좌하며, 대대장의 지휘 활동의 연장선상에서 훈련 및 각종 명령 이행 상태를 대대장을 대신하여 확인하는 등 업무를 보좌한다. 대대장은 주임원사를 병·부사관의 대표자로 인식하고, 그 위상을 존중하며 주임원사의 건의 내용은 적극 수용한다.

상황판단검사 중요 기준

(1) **규정과 방침을 준수한다.**
   군에서 요구하는 간부의 인재상은 규정과 방침을 준수하고, 전투력을 보전·향상시키며, 비전투 손실을 막을 수 있는 인재이다.

(2) **불법적인 명령은 명령으로서 효력이 없다.**
   상관의 명령은 나와 의견이 다르다 하더라도 기꺼이 복종하여야 한다. 그러나 장교와 부사관은 간부로서 병사들과 달리 스스로 판단하고 조치할 수 있는 권한과 책임이 있기 때문에 상관의 명령이라고 해서 무조건적으로 따르기 이전에 합법적이고 합리적인 명령인지 스스로 판단하여야 한다. 만약 불법적인 명령이라면 차상급 상관에게 보고와 건의를 통해 바로잡을 수 있는 용기가 필요하다.

(3) **보고체계를 준수한다.**
   상황이 위급하거나 즉시 조치를 해야 하는 경우에는 선조치 후보고 할 수 있으나 일반적인 경우에는 명령을 내린 상관에게 먼저 보고한 후 조치하고, 완료 후에도 보고해야 한다.

(4) **직권의 남용, 사적 제재는 절대로 해서는 안 된다.**
   본인의 계급이 높다고 하여 부하에게 사적인 업무를 지시하는 등의 권한을 벗어난 간섭을 해서는 안되며, 특히 구타, 폭언 및 가혹행위는 절대로 금지되어 있으므로, 식별 시 규정대로 처벌하여 반드시 근절시켜야 한다.

(5) **책임을 회피하거나 쉽게 포기하지 않는다.**
   업무 실수 등 본인의 잘못에 대한 책임을 다른 사람에게 전가하거나 핑계를 대는 것은 가장 바람직하지 않은 행동이다. 또한 부하의 능력이 부족하거나 부하에 대한 주변의 평가가 좋지 않다고 해서 다른 부대로 전출시키거나 부하를 포기하는 행동은 리더로서 자질이 부족하다고 평가될 수 있다.

예시문제 맛.보.기

● 다음 상황을 읽고 제시된 질문에 답하시오.

> 당신은 소대장이다. 어느 날 중대장이 당신이 보기에 잘못된 것으로 보이는 결정을 내렸다. 당신은 그가 가능한 한 그 결정을 취하할 수 있도록 설득하려 노력했으나, 그는 이미 확고한 결단을 내렸으니 따르라고 한다. 그러나 당신의 동료 소대장들과 부사관들도 모두 중대장이 잘못된 결정을 내린 것 같다는 것에 동의하고 있다.
> 이 상황에서 당신은 어떻게 하겠는가?

이 상황에서 당신이 ⓐ 가장 할 것 같은 행동은? (   )
　　　　　　　　 ⓑ 가장 하지 않을 것 같은 행동은? (   )

번호	선택지
①	대대장에게 가서 상황을 설명하고, 조언을 부탁한다.
②	소대로 돌아가서 나는 중대장의 결정에 찬성하니, 모두 명령을 따라야 한다고 설득한다.
③	부사관들에게 나는 중대장의 결정에 찬성하지 않으니 다 같이 중대장의 명령을 따르지 말자고 이야기한다.
④	부사관들에게 나는 중대장의 결정에 따르지 않는다는 것을 말하고, 이 상황에서 어떻게 처신해야 할지 조언을 구한다.
⑤	소대로 돌아가서 나는 중대장의 결정에 찬성하지는 않지만, 어쩔 수 없으니 명령을 일단 따르라고 이야기한다.
⑥	중대장에게 다시 가서, 나는 그 결정이 문제가 있다고 생각하며 부사관들과 소대원들에게 잘못된 명령을 시행하라고 하기는 어렵다고 이야기한다.
⑦	한 시간 정도의 시간이 지난 후, 중대장에게 다시 가서 대안을 제시한다.

예시문제 해설

제시문 이해하기

상관의 부당한 명령에 대한 대처 능력을 보기 위한 문제로서 군 규정에 어긋나지 않는 합리적인 대응 능력이 있는가에 대한 문제이다.

풀이 TIP

부하는 상관으로부터 부당한 명령을 받았을 시에도 상관을 최대한 존중하고 옳은 방향으로 이끌어가려는 자세를 보여야 한다. 부당한 명령이라고 하여 명령을 무시하거나 명령과 다르게 이행하는 것은 명령 불복종이라는 큰 불법 행위가 될 수 있음을 인식하여야 한다. 그렇다고 해서 불합리한 명령에 대해 아무런 생각 없이 이행하는 것도 올바른 부하의 태도가 아니라고 할 수 있다. 이러한 상황에서는 상관이 잘못된 명령을 수정할 수 있도록 최대한 대안을 제시하여 부대 전체의 단결을 도모하는 것이 중간 관리자의 역할이다.

상황판단검사 연습하기

풀이 TIP: 정답과 해설 ▶ P.37

[01~15] 다음 상황을 읽고 제시된 질문에 답하시오.

01

당신은 소대장으로 근무하고 있으며, 여름철 장마로 인해 부대 주변 마을이 피해를 입어 소대원들을 데리고 수해 복구를 다녀오라는 지시를 받았다. 소대원들과 함께 열심히 일을 마치고 부대로 복귀하려는데 마을 주민이 고맙다며, 막걸리와 식사를 준비하였다. 그러나 수해 복구 출발 전 상급 부대에서 절대로 마을 주민이 제공하는 술이나 음식을 받지 말라는 지시가 있었다. 그냥 부대로 복귀하기에는 마을 주민의 성의를 무시하는 것 같은 상황이다.

이 상황에서 당신은 어떻게 하겠는가?

이 상황에서 당신이 ⓐ 가장 할 것 같은 행동은? (　　　　　)
　　　　　　　ⓑ 가장 하지 않을 것 같은 행동은? (　　　　　)

번호	선택지
①	마을 주민의 성의를 무시할 수 없으므로, 일단 부대원들과 함께 술과 식사를 한다.
②	상급 부대에서 절대로 주민이 제공하는 식사 등을 먹지 말라고 했으므로 바로 부대로 복귀한다.
③	주민에게 준비한 음식 등에 고마움을 정중하게 표시하고 규정상 술과 음식을 제공받을 수 없다는 것을 전하고 바로 부대로 복귀한다.
④	마을 주민의 성의와 상급 부대 지시를 고려하여, 술은 제외하고 음식만 먹는다.
⑤	고생한 부하들을 생각하여, 부하들만 먹게 하고 간부들은 먹지 않도록 지시한다.
⑥	마을 주민들의 성의를 생각하여, 일부만 먹고 바로 복귀한다.
⑦	일단 부대로 연락하여, 중대장에게 보고한 후 지시를 받는다.

02

> 당신은 중대장이다. 요즘 부하인 소대장 때문에 스트레스가 쌓이고 있다. 소대장은 충성심이나 군에 대한 사명감은 높은 편이지만 병력을 관리하는 면에서 강압적인 모습을 보이고, 업무처리도 실수가 많은 편이기 때문이다. 게다가 대대 참모들과 동료들에게서도 소대장에 대한 나쁜 평판과 병력들에게서 불평이 자주 들린다.
> 이 상황에서 당신은 어떻게 하겠는가?

이 상황에서 당신이 ⓐ 가장 할 것 같은 행동은?　　　(　　　)
　　　　　　　　ⓑ 가장 하지 않을 것 같은 행동은?　(　　　)

번호	선택지
①	다음에 있을 계획인사를 통해 다른 부대로 보낸다.
②	소대장에게 오히려 업무를 많이 주어 업무처리 능력을 스스로 높일 수 있도록 한다.
③	소대장과 따로 자리를 만들어 진솔한 이야기를 나누어서 문제점을 일깨워주고 격려한다.
④	소대장이 정신 차리도록 엄하게 꾸짖는다.
⑤	소대장의 부족한 점을 남모르게 보완해주어 남들에게 그런 이야기가 들리지 않도록 한다.
⑥	부소대장에게 소대장을 잘 도와주라고 이야기한다.
⑦	소대장을 건너뛰고 부소대장에게 관리를 위임하여 수치심을 느껴 스스로 노력하도록 만든다.

03

당신은 처음 부임한 소대장이다. 부임한 부대는 전방 산골에 위치한 작은 독립 중대급 부대여서 간부들도, 병사들도 자유롭고 편해 보이지만 시설이 낙후되고 상급 부대 지도나 방문이 없다 보니 과거부터 해 오던 악습이 남아 있다. 일부 병장들은 기상 후 침구류를 개지 않고 나가거나 취침 복장이 계급별로 상이하고, 상황이 발생하여 출동할 때 이등병이 선임병의 총기와 군장을 챙겨 주는 모습이 눈에 띄었다. 당신이 소대장으로서 양성교육을 받을 때도 그러했고 아무리 생각해도 올바른 모습이 아니기에 지도를 해야겠다고 생각했다.

이 상황에서 당신은 어떻게 하겠는가?

이 상황에서 당신이 ⓐ 가장 할 것 같은 행동은? (   )
　　　　　　　　ⓑ 가장 하지 않을 것 같은 행동은? (   )

번호	선택지
①	병력을 집합시켜 이러한 행동을 못하도록 하고 만약 다시 하면 강하게 처벌한다고 엄포를 놓는다.
②	부대에 오래 있던 부사관들에게 병사들의 이러한 면이 잘못되었으니 교육하자고 한다.
③	앞으로 내 군장과 총기는 병장들이 챙기도록 하여 후임병이 선임병의 총기와 군장을 챙겨주는 행동을 하지 않도록 유도한다.
④	중대장도 같은 사람이라 판단하여 상급 지휘관에게 소원수리를 제출하여 보고한다.
⑤	병사들에게 현재와 같은 행동은 잘못된 행동이라고 설명하고, 군장과 총기를 스스로 챙기는 모습을 보여 준다.

04
> 당신은 소대장이다. 평소에 술을 좋아하는 중대장이 업무가 없는 밤이면 불러서 술을 같이 마시자고 한다. 술을 즐기지 않는 당신은 그 술자리가 불편하다. 더욱이 술을 마시는 횟수가 늘어나면서 육체적, 정신적 피로가 쌓이자 업무에 지장이 생겼다.
> 이 상황에서 당신은 어떻게 하겠는가?

이 상황에서 당신이 ⓐ 가장 할 것 같은 행동은?　　　　　(　　　　)
　　　　　　　　ⓑ 가장 하지 않을 것 같은 행동은?　　　(　　　　)

번호	선택지
①	대대장에게 가서 상황을 설명하고 도움을 요청한다.
②	군인은 명령에 불복종할 수 없으므로 불만 없이 중대장의 지시에 따른다.
③	피하기보다는 즐긴다는 마음으로 술을 즐길 수 있는 체질로 자신을 바꾼다.
④	다른 선배에게 상황을 설명하고 도움을 요청한다.
⑤	중대장에게 직접 말해서 술자리의 어려움을 설명한다.
⑥	몸이 아프다고 둘러대어 상황을 모면한다.
⑦	인접 소대장에게 부탁하여 대신 술자리에 참석할 수 있도록 한다.

05

당신은 막 임관하여 소대장으로서 부대에 배치받았다. 발령 후 살펴보니 이전에 들었던 소문대로 이 부대는 만성적으로 병사들 사이에 선임병들은 샤워를 하며 양치를 하지만 후임병들은 하지 못하게 하는 등 보이지 않는 알력이 있어서 병사들 간의 사이가 좋지 않고, 분위기도 좋지 않다. 병사들과 간부와의 관계에서도 병사들이 전입해 온 지 얼마 되지 않은 초임 소대장의 지시를 잘 이행하지 않아 현재 당신은 부대 지휘에 어려움을 겪고 있다.

이 상황에서 당신은 어떻게 하겠는가?

이 상황에서 당신이 ⓐ 가장 할 것 같은 행동은? (   )

ⓑ 가장 하지 않을 것 같은 행동은? (   )

번호	선택지
①	문제 병사들을 다른 부대로 전입·전출시킬 것을 상부에 건의하여 소대의 구조 조정을 유도한다.
②	문제를 일으키는 주요 인물에 대한 징계 처분을 통해 부대 질서를 바로잡는다.
③	체력 단련을 통해 지휘 통솔을 시작한다.
④	병사들 개개인과 면담을 하여 문제가 무엇인지 밝히고 신뢰를 쌓는다.
⑤	분대장들부터 지휘 체계에 따르도록, 집합시켜 정신 교육을 실시한다.
⑥	어려운 임무를 상급 부대에 요청하여 받은 후, 다 함께 좋은 결과를 얻게 하여 부대 사기와 단합을 증진시킨다.
⑦	분대장들과 개별적으로 담소를 나누며, 분대장들이 이 문제를 해결할 수 있도록 독려한다.

06

당신의 부대에 얼마 전에 신병이 들어 왔다. 그는 초반에는 맡은 업무를 열심히 배우며 적극적으로 부대 생활을 잘하는 것처럼 보였다. 하지만 신병은 얼마 지나지 않아 선임병과 사소한 일로 다툼을 벌였다. 평소 그 선임병은 일처리 능력이 뛰어나서 주변 동료들로부터 인정을 받고 있었고, 평판도 좋은 사람이었다. 이 때문에 다툼 이후 부대에서는 선임병을 감싸고 신병을 많이 질책하는 분위기이다. 이로 인해 신병은 부대에 적응하는 데 힘들어 하고 있다.
이 상황에서 당신은 어떻게 하겠는가?

이 상황에서 당신이 ⓐ 가장 할 것 같은 행동은? (   )
　　　　　　　 ⓑ 가장 하지 않을 것 같은 행동은? (   )

번호	선택지
①	분대장을 불러 신병에게 관심을 갖고 먼저 다가갈 것을 권유한다.
②	모두의 의견을 들어 본 후 함께 이야기 할 수 있는 시간을 마련해 오해를 푼다.
③	상황의 원인과 과정을 확인하고 대원들에게 잘못된 부분을 설명한 후, 동일한 일이 발생하지 않도록 교육한다.
④	우선 선임병과 신병을 화해시키고, 선임병이 부대원들에게 신병에 대한 좋은 이야기를 할 수 있도록 선임병에게 부탁한다.
⑤	문제의 원인을 파악하고 신병에게 많은 관심을 보이며 도와주지만, 상황이 개선되지 않을 때는 신병을 전출시킨다.
⑥	신병을 제외한 대원들과 사적인 자리를 만들어 신병이 잘 적응할 수 있도록 도와달라고 부탁한다.
⑦	신병의 어려운 상황을 확인하여 중대장에게 보고한다.

07

지금 당신은 소대장이다. 지금은 추계 진지 공사가 진행 중이다. 공사 중 소대원 한 명이 찾아와 몸이 좋지 않다고 이야기하여 확인해 보니 땀을 많이 흘리고 열이 올라 있는 상태이다. 지금은 영외에 나와 있는 관계로, 의무대는 부대 복귀 후에 갈 것을 지시하고 잠시 쉬고 있을 것을 허락하였다. 그런데 중대장이 그 사실을 모르고 해당 소대원이 게으름을 피운다고 생각하여 그 병사를 심하게 꾸짖고 있다. 게다가 병사가 억울한 표정으로 자초지종을 설명하려 하자 중대장은 병사의 이야기는 듣지 않고 기합까지 주려고 한다.

이 상황에서 당신은 어떻게 하겠는가?

이 상황에서 당신이 ⓐ 가장 할 것 같은 행동은?　　　　(　　　　)
　　　　　　　　ⓑ 가장 하지 않을 것 같은 행동은?　(　　　　)

번호	선택지
①	중대장이 하는 대로 놔두고, 상황 종료 후 병사와 따로 면담하여 사건 정황을 듣고 격려하고 달래 준다.
②	중대장이 하는 대로 놔두고, 상황 종료 후 나중에 중대장에게 따로 찾아가서 오해였음을 알린다.
③	중대장이 기합을 주기 전에 나서서 병사 앞에서 변론을 해 준다.
④	중대장에게 환자를 미리 보고하지 않은 점에 대해 양해를 구하고, 같이 기합을 받겠다고 한다.
⑤	그 상황에서 나서서, 자신이 교육을 단단히 시키겠다고 하며 그 병사를 따로 빼 온다.
⑥	오히려 내가 당장 기합을 주고, 중대장에게 잘못을 구한 후 상황을 설명한다.

08

소대장으로 부임한 지 얼마 되지 않은 당신은 부대 업무가 낯설고 어렵지만 교범과 규정대로 임무를 수행하려고 노력하고 있다. 당신 밑에 있는 7년차의 중사는 부대 내 모든 훈련 업무를 능숙하게 해내는 베테랑으로 인정받는 사람이다. 그런데 중사가 작성한 부대 훈련에 관한 실습 계획표를 검토하던 중 이상한 점을 발견했다. 실습 계획표에 있는 내용의 절반가량이 교범의 내용과 맞지 않는 것이다. 당신은 중사에게 이를 지적하며 보고서를 다시 작성하라고 지시하였으나, 중사는 해당 방식은 부대의 여건에 따른 것이어서 수정이 필요하지 않다고 말한다.

이 상황에서 당신은 어떻게 하겠는가?

이 상황에서 당신이 ⓐ 가장 할 것 같은 행동은?　　　(　　　　)
　　　　　　　　　ⓑ 가장 하지 않을 것 같은 행동은?　(　　　　)

번호	선택지
①	부대 관례이므로 융통성을 부리는 것을 허용한다.
②	책임이 나에게 있는 것이므로 혼자 보고서를 수정한다.
③	비슷한 경험을 했을 수 있는 인접 부대 선임에게 조언을 구한다.
④	중사를 설득하고 둘이 협력하여 보고서를 다시 작성한다.
⑤	중대장에게 보고하여 어떻게 하면 좋을지 상의한다.
⑥	교범대로 할 것을 다시 한 번 당부한다.

09

당신이 소대장으로 있는 소대에 A일병은 병사들과 간부들 사이에서 고문관이라는 별명이 있을 정도로 본인이 맡은 일에 대해 이해력이 부족하고, 행동이 느리다. 평가 훈련 중 A일병이 속한 분대가 A일병으로 인해 꼴찌를 하게 되었다. 그러자 해당 분대장이 찾아와 A일병 때문에 매번 훈련 성과가 안나고, 분대 사기도 저하된다며 A일병을 다른 부대로 전출시켜 달라고 요구하였다.
이 상황에서 당신은 어떻게 하겠는가?

이 상황에서 당신이 ⓐ 가장 할 것 같은 행동은? (   )
ⓑ 가장 하지 않을 것 같은 행동은? (   )

번호	선택지
①	중대장에게 보고하여 A일병을 다른 부대로 전출시킨다.
②	해당 분대장에게 A일병이 원래 부족하니 분대장이 이해하라고 잘 타이른다.
③	A일병을 잘 관리하고 지도하지 못한 분대장의 책임을 묻는다.
④	A일병의 문제를 극복할 수 있도록 당신이 직접 옆에서 지도하고 도와준다.
⑤	A일병의 장점을 설명해 주며 분대장을 이해시킨다.
⑥	A일병을 별도로 불러 얼차려를 실시하여 정신 차리도록 교육한다.

10

얼마 후면 전투력 측정이 있어서 한동안 교육 훈련에 전념해야 하는 상황이다. 당신이 이끄는 소대는 최근 복무를 마치고 전역을 한 병사들이 많아서 입대한 지 얼마 안 된 신병이 많은 상황이며, 평소 교육 훈련을 잘 못하기로 유명한 소대이다. 교육 훈련 수준도 낮고 신병도 많아서 원활한 교육 훈련이 어렵고 날씨마저 무덥고 습하여 교육 훈련 여건도 좋지 못하다. 주어진 시간 안에 무언가 획기적인 방법을 찾지 못한다면 전투력 측정에서 좋지 못한 결과가 나올 것이 뻔하다. 그러나 이번만큼은 좋은 결과를 내어 소대의 명성을 높이고 싶은 것이 당신의 마음이다.

이 상황에서 당신은 어떻게 하겠는가?

이 상황에서 당신이 ⓐ 가장 할 것 같은 행동은?　　　　(　　　　)
　　　　　　　　　ⓑ 가장 하지 않을 것 같은 행동은?　(　　　　)

번호	선택지
①	교육 훈련 준비를 잘하여 소대원들이 재미있게 훈련할 수 있도록 한다.
②	매일 강제적으로 교육 훈련을 한다.
③	전투력 측정에서 좋은 성과를 내지 못하면 1개월 동안 휴가를 제한한다고 한다.
④	전투력 측정에서 좋은 성과를 내면 소대 전원에게 포상 휴가를 준다고 한다.
⑤	소대원들에게 부탁하여 일과 시간 이후에도 계속 훈련을 할 수 있도록 한다.
⑥	여건이 매우 안 좋으므로 이번 측정에서는 좋은 성적을 포기한다.

11

당신의 중대장은 항상 선봉에 서서 같은 대대 내 9개 중대 중에서 항상 최고가 되고 싶어한다. 그래서 교육훈련이나 부대 관리 등 모든 업무를 다른 중대보다 더욱 많이 할 것을 소대장인 당신에게 요구한다. 그러나 매번 업무의 우선순위 없이 과도한 업무를 진행하다 보니 당신은 물론이고, 소대원들의 피로가 가중되어 불만이 생기고 있는 상황이다.

이 상황에서 당신은 어떻게 하겠는가?

이 상황에서 당신이 ⓐ 가장 할 것 같은 행동은?　　　　(　　　　)
　　　　　　　　　ⓑ 가장 하지 않을 것 같은 행동은?　(　　　　)

번호	선택지
①	군인은 어떠한 지시에도 복종해야 하므로, 어렵고 힘들더라도 무조건 완수할 것을 병사들에게 교육한다.
②	중대장의 의도를 파악하고, 추가적으로 해야 할 업무를 고민하여 부하들에게 기존의 중대장의 명령에 추가하여 지시한다.
③	중대장에게 별도로 찾아가서 현재 실시되고 있는 업무의 과중함과 부대원들의 상태를 설명하고, 개선해 줄 것을 건의한다.
④	소원수리 제도를 통해 익명으로 대대장에게 어려운 점을 호소한다.
⑤	중대장이 내린 지시를 효율적으로 당신이 수정하고 다시 명령 하달하여 부하들의 불만을 최소화한다.
⑥	피로가 가중되면 전투력 또한 저하되므로 부하들을 생각하여 중대장의 지시를 이행하지 않는다.

12

당신은 대학 졸업 후 바로 학사장교로 임관하여, 현재 국가에 대한 사명감 하나로 소대장직을 맡고 있다. 하지만 이번에 새로 전입한 사관 학교 출신의 중대장은 당신이 지방 대학을 졸업했다는 이유만으로 다른 장교들과 비교하여 트집을 잡으며 무시한다. 또한 중요한 안건을 결정할 때는 항상 당신을 제외한 소대장들의 의견만을 묻는다.
이 상황에서 당신은 어떻게 하겠는가?

이 상황에서 당신이 ⓐ 가장 할 것 같은 행동은? (　　　　)
　　　　　　　　ⓑ 가장 하지 않을 것 같은 행동은? (　　　　)

번호	선택지
①	억울하지만 직속상관이므로, 무시당하지 않기 위해서 더욱 노력한다.
②	상급 부대에 억울함을 호소하고, 다른 부대로의 전출을 요청한다.
③	개인적으로 찾아가 불공정한 처사에 대해 시정해 줄 것을 요청한다.
④	당신과 비슷한 처지에 있는 동료들에게 이야기하여 중요한 상황에서 중대장의 요구를 수용하지 않는다.
⑤	업무를 소홀히 하는 것으로 중대장이 당신의 불만을 느낄 수 있도록 한다.
⑥	중대장이 당신을 무시하므로 똑같이 당신도 중대장을 무시한다.
⑦	당신도 중대장처럼 사관 학교 출신 후배들에게 대한다.

13

당신은 새로 전입한 중대장이다. 전입 후 한 달간 부대 운영을 지켜본 결과, 부대의 가장 큰 문제는 간부들의 업무범위가 정확하지 않아 혼선이 생겨 업무를 비효율적으로 두세 번 하는 것임을 파악하였다. 그래서 당신은 간부들의 업무범위를 확정하고, 명확한 임무분담을 하는 것을 가장 시급한 당면과제로 선정하여 추진하고자 한다. 그러나 잇따른 상급부대의 지시와 중대훈련 임무수행으로 인해 당면과제를 해결하지 못하고 있다.
이 상황에서 당신은 어떻게 하겠는가?

이 상황에서 당신이 ⓐ 가장 할 것 같은 행동은? (   )
　　　　　　　　ⓑ 가장 하지 않을 것 같은 행동은? (   )

번호	선택지
①	부중대장이나 선임 소대장에게 부사관 업무분담을 하도록 지시하고, 당신은 부대 현안 임무수행을 한다.
②	상급부대에 문의하여, 중대 내 당면과제를 먼저 할 수 있도록 일정 조정을 한다.
③	행정보급관과 이야기하여 일을 분담하고, 업무가 과중하더라도 모두 처리한다.
④	부사관들에게 각자 자신의 업무를 파악해서 제출하도록 하여, 현안 임무수행과 업무조정을 동시에 한다.
⑤	임무분담이 잘 되어야 훈련도 잘 되므로, 임의로 상급부대 지시 및 중대훈련을 나중으로 미루고 업무조정부터 먼저 한다.
⑥	상급부대 지시와 중대훈련 임무가 우선이므로, 부사관 업무조정이 큰 당면과제이더라도 나중으로 미룬다.

14

상관인 중대장은 소대장인 당신에게 작전 지역 보수에 필요한 병사 10명을 보내라고 지시하였다. 그러나 당신은 이미 중대장이 지시한 부대 내 배수로 보수 업무를 병사들과 함께 수행하고 있다. 지금 중대장이 지시한 대로 병사 10명을 보내면 주어진 기한 내에 기존에 지시받은 배수로 보수 업무를 끝낼 수 없다. 하지만, 중대장에게 병사를 보내야 한다.
이 상황에서 당신은 어떻게 하겠는가?

이 상황에서 당신이 ⓐ 가장 할 것 같은 행동은?　　　　(　　　　　)
　　　　　　　　　ⓑ 가장 하지 않을 것 같은 행동은?　(　　　　　)

번호	선택지
①	중대장에게 상황을 말하고, 어떤 일을 먼저 해야 할지 지시를 받는다.
②	중대장에게 상황을 설명하고 배수로 보수 업무 종료 기한을 연장한다.
③	다른 부대에 여유 병력이 있는지 파악 후 도움을 요청한다.
④	야근을 해서라도 혼자 배수로 보수 업무를 하고 작전 지역 보수 3명을 보낸다.
⑤	내 임무가 우선이므로 배수로 작업을 빨리 완료하고 병력들을 지원 보낸다.
⑥	상관의 지시가 더욱 중요하기 때문에 병력들을 우선 보내고 배수로 작업은 나중에 한다.

15

당신은 부대 시설 관리 업무를 맡고 있다. 얼마 전 부대에 신형 막사 공사가 진행되었다. 공사는 민간 기업 A건설에 위탁되었으며, 당신은 공사 진행 상황을 수시로 확인하던 중 A건설이 최초 설계와 다르게 공사를 진행하고 있어 부실 공사가 우려되고 있는 상황을 발견하였다. 그래서 이를 상관에게 보고하였으나 상관은 건설 작업에 대해 별 관심을 보이지 않으며 건설사가 하는 대로 놔두자고 한다.

이 상황에서 당신은 어떻게 하겠는가?

이 상황에서 당신이 ⓐ 가장 할 것 같은 행동은?　　　　　(　　　　　)
　　　　　　　　ⓑ 가장 하지 않을 것 같은 행동은?　　　(　　　　　)

번호	선택지
①	신형 막사 공사가 잘못될 경우 최종 책임은 상관에게 있다고 설명하며 공사의 문제점을 시정하도록 설득한다.
②	여러 번 보고하되, 책임은 상관에게 있으므로 최종 결정은 상관의 지시에 따른다.
③	그냥 진행하고 내 책임 부분의 관리는 철저히 한다.
④	계약과 다르게 진행되고 있는 내용을 통합 작성하여 최상위 부서에 보고한다.
⑤	건설사 관계자에게 최초 설계대로 공사를 진행하도록 이야기한다.
⑥	계약대로 공사가 진행되지 않음을 확인한 후 계약을 파기하고 다른 업체를 찾는다.

03 | 인성검사

🥧 인성검사 **완전정복**

미네소타 다면적 인성검사(MMPI: Minnesota Multiphasic Personality Inventory)는 개인의 성격, 정서, 적응 수준 등을 다차원적으로 평가하기 위해 개발된 자기 보고형 성향 검사이다. ROTC·학사장교는 직무성격검사 외에 다면적 인성검사를 추가적으로 실시함으로써 정신 건강 상태를 보다 신뢰성 있고 효율적으로 진단·평가하여 ROTC·학사장교 선발 시 반영하고 있다. ROTC·학사장교 인성검사는 필기평가 합격자에 한해 면접 시 함께 시행하고 있으며, 인성검사의 답변의 방향이 질문마다 너무 상이할 경우 인성검사 재검을 시행하기도 한다. 그렇기 때문에 올바른 수검 자세와 태도로 진지하게 응해야 한다. 실제 ROTC·학사장교 시험에는 인성검사가 567문항이 출제된다. 본서에서는 수험생들이 유형을 파악하며 실전과 같이 연습할 수 있도록 567문항을 모두 수록하였다. 연습이 되지 않은 상태에서 수많은 문항을 쉬지 않고 풀면 집중력이 흐트러져 인성검사에 성실하게 응하지 못할 수 있으므로, 반드시 실전과 같은 상황에서 연습해 보도록 한다.

🥧 인성검사 **특징**

MMPI는 본래 정신건강의학과 치료를 받는 환자들을 진단·평가할 목적으로 미국에서 개발되었다. 오늘날에는 진단·평가뿐만 아니라 일반인들의 성격 특성, 정서적인 적응 수준 등을 측정할 목적으로 사용되고 있으며, 더 나아가 심리 상담, 인사 선발, 법적 자문 등 여러 분야에서 사용되고 있다.

1943년에 최초로 제작된 원판 MMPI가 40여 년간 사용되어 오다가 시대적 변화와 흐름에 맞게 개정되어 1989년부터는 총 567문항으로 이루어진 MMPI-2를 사용하고 있다.

인성검사를 통해서 수검자의 전반적인 적응 수준, 현재 증상, 정서 및 행동, 주요 욕구, 환경 및 대인 지각, 자기 개념, 감정 조절, 대처 및 방어 기제, 대인 관계, 심리적 강점 및 약점 등을 해석한다. 또한 무응답, 반응 누락, 이중 표기 등도 결과에 반영되므로 무성의한 답변은 피해야 한다.

 인성검사 **척도**

척도명		약자	척도 번호
타당도 척도	무응답	?	—
	비전형	F	—
	부인	L	—
	교정	K	—
기본 임상 척도	건강 염려증	Hs	1
	우울증	D	2
	히스테리	Hy	3
	반사회성	Pd	4
	남성성-여성성	Mf	5
	편집증	Pa	6
	강박증	Pt	7
	조현증(정신분열증)	Sc	8
	경조증	Ma	9
	내향성	Si	0

인성검사 연습하기

[001~567] 다음 질문을 읽고 본인이 해당되는 것을 고르시오.

번호	문항	그렇다	아니다
001	나는 늘 이기고 싶다.		
002	내가 아는 사람이라도 다 좋아하지 않는다.		
003	내 영혼은 가끔 육신을 떠난다.		
004	누군가 내 것을 빼앗으려고 한다.		
005	최근 화가 많이 난다.		
006	나의 죄는 용서받을 수 없을 것 같다.		
007	사람들은 남의 일에 별 관심이 없다.		
008	법은 엄격히 집행되어야 한다고 생각한다.		
009	내가 하는 일은 대부분 성공할 것으로 본다.		
010	우리 아버지는 좋은 분이셨다.		
011	나의 성생활이 만족스럽다.		
012	사람들에게 진실을 납득시키려면 토론을 많이 해야 한다.		
013	나는 가끔 쓸모없는 사람이라고 느낄 때가 있다.		
014	가끔 어린아이로 돌아갔으면 한다.		
015	나도 모르게 걱정하고 있을 때가 많다.		
016	식욕이 없다.		
017	머리가 자주 아프다.		
018	종종 통증을 느낄 때가 있다.		
019	우울할 때가 많다.		
020	일에 대한 능률이 오르지 않으면 죄책감을 느낀다.		
021	무슨 일이든 시작하기 힘들다.		
022	항상 기운이 없고 몸이 나른하다.		
023	인생은 살 만한 가치가 있다고 생각한다.		
024	한 가지 일에 집중하기 어렵다.		
025	안절부절못하며 한자리에 오래 앉아 있지 못할 때가 있다.		
026	나는 옳지 않은 일을 하는 사람과도 친하게 지낼 수 있다.		
027	무슨 일을 하려고 하면 손이 떨릴 때가 많다.		
028	처음 만난 사람과 이야기하기 힘들다.		
029	내가 왜 그렇게 화내고 토라졌는지 나 스스로도 알 수 없는 때가 많다.		
030	지금 가장 힘든 것은 나 자신과의 싸움이다.		

031	법적 문제를 일으키는 경우는 전혀 없다.		
032	수줍음을 타지 않았으면 좋겠다.		
033	때때로 집을 몹시 떠나고 싶을 때가 있다.		
034	아무도 나를 이해하지 못하는 것 같다.		
035	남들보다 더 민감한 것 같다.		
036	성에 관한 생각에 시달리지 않았으면 좋겠다.		
037	내가 옳다고 믿는 것은 지켜야 할 필요성이 있다.		
038	누군가 나를 향해 음모를 꾸미고 있는 것 같다.		
039	실내에 있으면 불안하다.		
040	분명 남들이 내 말을 하고 있을 것이다.		
041	산다는 것은 나에게는 긴장의 연속이다.		
042	건강에 대해서 걱정하는 일이 별로 없다.		
043	나는 이용하기 쉬운 사람을 이용하는 것은 비난하지 않는다.		
044	학교 다닐 때 나는 문제아 중 한 명이었다.		
045	때로는 아주 쉽게 결정을 내릴 수 있을 것 같은 기분이 든다.		
046	사람들은 종종 나를 실망시킨다.		
047	비난받거나 꾸지람을 들으면 몹시 속상하다.		
048	나는 이상하고 기이한 생각을 가지고 있다.		
049	내가 무엇을 했는지 기억하지 못하는 경우도 있다.		
050	가족 중 누가 범법 행위를 하더라도 별로 신경 쓰지 않을 것 같다.		
051	내가 꼭 나쁜 짓을 할 것만 같다.		
052	친한 친구가 실패하더라도 나와는 상관없다.		
053	집안 사람들과 말다툼하는 일이 거의 없다.		
054	나는 모두가 규칙을 지켜야 하는 단체 생활을 견디기 힘들다.		
055	나를 아는 대부분의 사람들이 나를 좋아한다.		
056	최근 이유 없이 지칠 때가 있다.		
057	직업은 단지 먹고살기 위한 수단일 뿐이다.		
058	가정이나 학교에서 혼나 본 적이 없다.		
059	나는 어떤 상황이든 빨리 적응한다.		
060	오늘 해야 할 일을 다음 날로 미룰 때가 있다.		
061	한 가지 일에 집중을 못한다.		
062	내가 무능하다고 느낄 때가 많다.		
063	나는 계급 체계가 부담스럽고 적응하기 힘들다.		
064	나는 겁이 많다.		

번호	문항	그렇다	아니다
065	나는 주위 사람들과 잘 지낼 자신이 있다.		
066	죽고 싶다는 생각을 많이 한다.		
067	나는 훌륭한 사람이 되길 희망한다.		
068	주위 사람들은 나같은 성격을 좋아하지 않는다.		
069	문장을 읽어도 잘 이해되지 않는다.		
070	나는 망설이다가 손해를 보는 경우가 많다.		
071	학교 가는 것을 좋아했다.		
072	나는 단체 의견이라도 타협하기가 싫다.		
073	나는 눈치가 빠르다.		
074	나는 다른 사람에게 인정받고 싶다.		
075	요즘 버틸 힘이 없다.		
076	또래의 모임에 끼어들기 어렵다.		
077	최근 눈물이 많아졌다.		
078	단체 생활에서는 다른 사람과 경쟁하기보다 협동이 중요하다고 생각한다.		
079	나는 누군가에겐 필요한 존재이다.		
080	나는 거의 모든 사람들을 두려워한다.		
081	나는 이유 없이 짜증을 낸다.		
082	외로움을 자주 느낀다.		
083	내 말의 의도를 상대방이 이해하지 못할 때가 많다.		
084	벌려 놓은 일이 너무 많아 감당하기 힘들다.		
085	나의 이익을 위해서라면 다른 사람을 속일 수 있다.		
086	나의 머리는 항상 생각으로 가득 차 있다.		
087	나만큼 사회생활을 잘 하는 사람도 없다.		
088	모르는 사이에 몸에 상처가 나 있는 경우가 많다.		
089	쉬지 않고 계속 일해야 뒤쳐지지 않는다고 생각한다.		
090	최근 악몽에 시달린 적이 있다.		
091	과거의 안 좋은 기억이 최근까지도 나를 괴롭히고 있다.		
092	가끔 내 안에 다른 인물들이 사는 것 같다.		
093	최근 친한 사람과 안 좋은 일이 있었다.		
094	가족과 심하게 싸운 적이 있다.		
095	화가 나더라도 분출하지 못한다.		
096	주위 사람들로부터 스트레스를 많이 받는다.		
097	마음이 여리다.		

098	사람들과 깊은 관계를 거의 갖지 못한다.		
099	여행을 가면 충분히 즐기고 온다.		
100	집안 사정이 갑자기 안 좋아졌다.		
101	사무적인 일보다는 활동적인 일을 더 좋아한다.		
102	주위에서 일어나는 일에 관심이 많다.		
103	단체 생활의 경험이 많다.		
104	멈춰야 할 때를 안다.		
105	무언가를 하고 있지 않으면 불안하다.		
106	너무 솔직해서 남에게 지적을 받은 적이 있다.		
107	충동구매를 자주 한다.		
108	자기주장이 뚜렷한 사람이 좋다.		
109	실수를 했을 때 오래도록 기억에 남아 괴롭다.		
110	나는 낙천적이다.		
111	나는 의지가 약하다는 소리를 자주 듣는다.		
112	나는 임기응변에 능하다.		
113	주어진 일만 하는 편이다.		
114	나는 자유로운 편이다.		
115	계획에 없는 일은 하지 않는다.		
116	대가가 없는 일은 부당한 일이라고 생각한다.		
117	어떠한 일이 생기더라도 판단하고 해결하는 데 능하다.		
118	실패하더라도 도전한다.		
119	약속을 어기지 않는다.		
120	나는 보수적인 편이다.		
121	모임에서 주로 직책을 맡는 편이다.		
122	감정이 없다는 말을 자주 듣는다.		
123	물건을 사려고 하면 망설이게 된다.		
124	주변 사람들이 나에 대해 어떻게 생각할지 지레짐작하고 걱정한다.		
125	예의가 없다는 말을 들어 본 적이 있다.		
126	모든 관계는 소중하다고 생각한다.		
127	사적인 일과 공적인 일을 철저히 나눌 수 있다.		
128	문제가 있는 사람에게 이야기하지 못하고 다른 사람에게 말한다.		
129	허세가 있다는 말을 가끔 듣는다.		
130	문제의 원인을 잘 파악한다.		
131	사람들을 관찰하는 것을 좋아한다.		

번호	문항	그렇다	아니다
132	가끔 소리를 지르고 싶을 때가 있다.		
133	나는 감정 조절이 힘들다.		
134	나는 여유롭지 못하다.		
135	생각이 많아 잠을 못 이룬다.		
136	감정을 숨기지 못한다.		
137	시간이 생기면 무언가를 하기보다 생각에 잠기는 편이다.		
138	모임, 단체 활동을 남들만큼 잘할 자신이 없다.		
139	사랑받지 못할까 봐 언제나 불안하다.		
140	작은 소리에도 민감하게 반응한다.		
141	여럿이 있을 때보다 혼자 있을 때 더 즐겁다.		
142	사람들과 함께 있고 싶어서 모임에 가입한다.		
143	나는 욕구를 참지 못할 때가 있다.		
144	내가 옳다고 생각하는 것은 지켜야 한다고 생각한다.		
145	여러 사람과 있는 것보다는 한두 사람과 있을 때 즐겁다.		
146	모두가 즐거운데 나만 즐겁지 않을 때가 있다.		
147	나는 행동하는 게 남들보다 조금 느리다.		
148	내가 무엇을 했는지 모를 때가 많다.		
149	나는 남이 하는 일에 관심이 없다.		
150	여럿이 있으면 무슨 이야기를 해야 할지 모르겠다.		
151	주위 사람들은 내가 사고를 칠까 봐 걱정한다.		
152	나는 무미건조한 삶을 살고 있다.		
153	나는 어떠한 일이든지 모범적으로 마칠 자신이 있다.		
154	혼잣말을 할 때가 많다.		
155	가출해 본 적이 있다.		
156	내가 선택한 것임에도 후회한 적이 많다.		
157	잘난 체하는 사람을 보고 뒷말을 한 적이 있다.		
158	자신감이 없다.		
159	내 주위에 사람이 많으면 피곤하다.		
160	최근 들어 집이 싫어질 때가 많다.		
161	나는 활동적이다.		
162	최근 들어 좌절감을 느낄 때가 많다.		
163	친한 사람이 내게 고민을 털어놓으면 짜증난다.		
164	미래를 생각하면 답답하다.		

165	나를 이해해 주는 사람이 없다.		
166	나는 의욕이 있는 사람이다.		
167	나는 사회에서 내가 부각되지 않기를 원했다.		
168	최근 눈물이 많아졌다.		
169	과거 일어났던 싸움의 주된 원인은 나에게 있었다.		
170	과거 기억들 중 대부분은 생각하기 싫다.		
171	나는 상사가 되면 지도를 잘할 수 있다.		
172	자살을 구체적으로 계획해 본 적 있다.		
173	나를 사랑하는 사람이 없어도 상관없다.		
174	내가 다른 사람을 도와주면 손해는 내가 본다.		
175	다른 사람에게 말을 해야 할 때 불안해진다.		
176	어떠한 것이든 부정적인 생각이 먼저 든다.		
177	남들보다 걱정거리가 많다.		
178	세상 돌아가는 일에 관심이 없다.		
179	부당한 일을 당하면 반드시 보복한다.		
180	다들 나를 쳐다보는 것 같아서 두렵다.		
181	나는 스트레스를 잘 받는 성격이다.		
182	가끔 주체할 수 없을 정도로 화가 난다.		
183	지하철에서 자리를 잘 양보한다.		
184	일이 주어지면 밤을 새서라도 마무리한다.		
185	자존심이 센 편이다.		
186	사람을 대할 때 편견 없이 대하려고 노력한다.		
187	가끔 두통이 심할 때가 있다.		
188	주로 모임에서 리더가 된다.		
189	거짓말을 해본 적이 전혀 없다.		
190	자주 입맛이 없다.		
191	소설 속 주인공이 되어보고 싶다.		
192	남을 기다리는 것에 익숙하다.		
193	언제나 평온함을 잃지 않는다.		
194	사람들을 재미있게 해주는 것을 좋아한다.		
195	마음 먹으면 세상에 못할 일은 없다.		
196	가끔 모든 것에 싫증이 날 때가 있다.		
197	책임감이 강한 편이다.		
198	가능성이 낮더라도 도전하는 편이다.		

번호	문항	그렇다	아니다
199	사람이 많은 곳을 좋아한다.		
200	약속 시간에 늦은 적이 한 번도 없다.		
201	이성보다는 감성이 중요하다고 생각한다.		
202	사소한 걱정에 밤을 지새우곤 한다.		
203	혼자보다는 사람들과 함께 일하는 것이 좋다.		
204	세상에는 나쁜 일보다 좋은 일이 많다고 생각한다.		
205	일단 하겠다고 마음 먹으면, 무조건 한다.		
206	누구에게나 대화를 걸 수 있다.		
207	단순하다는 말을 자주 듣는다.		
208	매사에 공격적인 편이다.		
209	공감을 잘 하는 성격이다.		
210	남보다는 내가 중요하다.		
211	조용한 분위기는 견디기 힘들다.		
212	나는 부정적으로 생각하는 편이다.		
213	누군가에게 지적받는 것은 참기 힘들다.		
214	당사자가 없는 곳에서 그를 험담한 적이 있다.		
215	다양한 사람을 만나는 것을 좋아한다.		
216	내가 시작한 일은 남에게 맡기기 불안하다.		
217	나는 순발력이 좋은 편이다.		
218	남들이 하는 것은 나도 꼭 해야 한다.		
219	분석적이라는 말을 자주 듣는다.		
220	나는 낯선 곳에서도 잘 잔다.		
221	언제나 최악의 상황을 생각한다.		
222	기분에 따라 즉흥적으로 행동한다.		
223	나는 혼자 일하는 것이 좋다.		
224	규칙적으로 생활한다.		
225	상대가 누구든 내 주장을 하는 편이다.		
226	기회는 능력과 상관없이 모두에게 주어져야 한다.		
227	낙천적이라는 말을 자주 듣는다.		
228	나는 욕심이 많다.		
229	내색하지 않지만 마음이 상할 때가 종종 있다.		
230	속마음을 잘 내비치지 않는 편이다.		
231	스스로를 다른 사람보다 뛰어나다고 생각한다.		

232	신중히 생각하고 행동한다.		
233	가만히 있는 것보다는 움직이는 것을 좋아한다.		
234	모르는 사람과 대화하는 일은 피곤하다.		
235	나는 똑똑한 편이라고 생각한다.		
236	일을 실행하기 전, 다양하게 생각해 본다.		
237	인간관계가 넓은 편이다.		
238	항상 약속 시간보다 늦게 도착한다.		
239	오래된 취미 생활이 있다.		
240	어떤 일을 하든 깊이 고민한다.		
241	모르는 사람과 대화하는 것은 어렵다.		
242	내가 이유 없이 벌 받을 때가 있는 것 같다.		
243	법에 위반되는 일은 한 번도 하지 않았다.		
244	낯가림이 심한 편이다.		
245	어렵더라도 중요한 일을 맡는 것이 좋다.		
246	나는 스스로를 불행하다고 생각한다.		
247	지나치게 계획적인 여행은 재미가 없다.		
248	파티 분위기를 좋아한다.		
249	일에 대한 욕심이 많다.		
250	새로운 일에 대한 도전을 즐기는 편이다.		
251	사람들의 시선이 두려울 때가 있다.		
252	감정에 치우쳐 일을 그르친 적이 있다.		
253	한번 시작하면 끝을 보고야 만다.		
254	작은 일이라도 계획을 세워서 진행한다.		
255	가끔 아주 나쁜 꿈을 꾼다.		
256	시원시원한 성격이라는 말을 자주 듣는다.		
257	선물을 받는 것보다 주는 것이 편하다.		
258	성격이 활발하다는 말을 자주 듣는다.		
259	중요한 일을 맡는 것이 즐겁다.		
260	해야 할 일을 미루지 않는다.		
261	나는 반드시 성공할 것이다.		
262	성격이 급한 편이다.		
263	의견 대립이 있을 때, 조율을 잘 한다.		
264	세상에서 내가 제일 불행한 것 같다.		
265	주변 사람에게 관심이 많다.		

번호	문항	그렇다	아니다
266	맡은 일에는 끝까지 책임지려고 한다.		
267	항상 최고가 되기 위해 노력한다.		
268	쉽게 싫증을 느끼는 편이다.		
269	새로운 사람을 만나는 것은 정말 어려운 일이다.		
270	융통성이 없다는 말을 가끔 듣는다.		
271	격렬하게 운동하는 것이 좋다.		
272	어려운 일은 웬만하면 피하고 싶다.		
273	쉽게 포기하지 않는다.		
274	벼락치기를 하는 경우가 많다.		
275	항상 일찍 일어나고 일찍 잔다.		
276	억울한 일은 참지 못한다.		
277	남에게 피해를 입힌 적이 없다.		
278	생각보다 행동이 앞서는 편이다.		
279	세상에는 행복한 사람보다 불행한 사람이 많다.		
280	이것저것 생각하다 기회를 놓친 적이 많이 있다.		
281	너무 많은 일을 벌여서 수습하지 못하는 경우가 있다.		
282	사고 관련 뉴스를 보면 나에게도 사고가 닥칠 것 같아 불안하다.		
283	여러 사람 앞에서 말하는 것을 즐긴다.		
284	사람이 많으면 기운이 빠진다.		
285	나는 긍정적으로 생각하는 편이다.		
286	벼락치기보다는 꾸준히 하는 것이 적성에 맞다.		
287	남들의 이목을 끌고 싶은 충동이 있다.		
288	반드시 성공하고 싶다.		
289	남의 부탁을 잘 거절하지 못한다.		
290	포기하지 않고 노력하고 있다는 사실이 중요하다.		
291	성공적으로 살아가려면 이상을 가져야 한다.		
292	마음 상하는 일이 있어도 참으려고 노력한다.		
293	모든 사람에게 인정받고 싶다.		
294	가끔 내가 정말 필요한 존재인지 생각한다.		
295	누가 나의 일에 이러쿵저러쿵 말하는 것이 싫다.		
296	업무 외의 일이 주어져도 의욕적으로 할 것이다.		
297	그때그때 상황에 따른 대처가 용이하다.		
298	여행의 묘미는 예상치 못한 곳에서 생긴다.		

299	정이 많고 따뜻하다는 말을 많이 듣는다.		
300	친구의 의견에 따라 나의 견해가 종종 바뀐다.		
301	남에게 지는 것은 자존심 상하는 일이다.		
302	꾸준히 운동을 한다.		
303	학창 시절, 그렇게 눈에 띄는 학생은 아니었다.		
304	내가 나를 생각해도 참 융통성이 없다.		
305	고집이 센 편이다.		
306	쉽게 타협하지 않고 내 방식대로 끝까지 해 본다.		
307	새로운 사람과 관계를 맺고 싶지 않다.		
308	아침에 일찍 일어나는 것은 너무 어려운 일이다.		
309	이기고 싶어서 억지를 부린 적이 있다.		
310	나는 비관적인 편이다.		
311	시작한 일은 무리를 해서라도 끝낸다.		
312	현실성보다는 가능성에 비중을 둔다.		
313	주변에 특이한 사람들이 많다.		
314	자율과 규율 중 자율적으로 움직이고 싶다.		
315	무엇이든 한번 시작하면 끝을 본다.		
316	내 말투나 음성은 언제나 일정한 편이다.		
317	약간의 위법도 해서는 안 된다고 생각한다.		
318	주관이 없다는 말을 가끔 듣는다.		
319	신문의 사회면 기사를 보는 것을 좋아한다.		
320	주위 친구들이 가끔 나를 흉보는 것 같다.		
321	가끔씩 이유 없이 울적할 때가 있다.		
322	주변이 소란스러운 것을 싫어한다.		
323	시끄러운 것이 너무 조용한 것보다 낫다.		
324	가장 힘든 것은 나 자신과의 싸움이다.		
325	잠을 이기는 것은 정말 힘들다.		
326	항상 솔직하기 위해 노력한다.		
327	의견을 내기보다는 따르는 편이다.		
328	다양한 경험을 쌓는 것이 중요하다고 생각한다.		
329	과거에 즐거운 추억이 많다.		
330	가끔 소화가 잘 되지 않는다.		
331	나보다 불행한 사람을 보며 안도하곤 한다.		
332	말을 뱉기 전에 항상 생각한다.		

번호	문항	그렇다	아니다
333	나는 고지식한 편이다.		
334	말이 느린 사람을 보면 답답하다.		
335	매사가 다 귀찮을 때가 있다.		
336	알려지지 않은 새로운 방법으로 일하는 편이다.		
337	공동 업무의 실패는 모두 내 탓이라고 생각한다.		
338	낯선 사람을 만나면 무슨 말을 해야 할지 모르겠다.		
339	약속을 밥 먹듯이 깨는 사람과는 사귀지 않는다.		
340	항상 느긋하게 여행하는 편이다.		
341	내 이름이 널리 알려지면 좋겠다.		
342	늦잠을 자고 늦게 일어나는 편이다.		
343	가끔 주체할 수 없을 정도로 울고 싶을 때가 있다.		
344	의외로 중요한 결정을 쉽게 내리곤 한다.		
345	나의 성과를 알아주었으면 좋겠다.		
346	꾸준히 운동을 하는 편이다.		
347	낙천적인 성격이 좋은 것만은 아니라고 생각한다.		
348	시간대별로 계획을 짜서 일을 진행한다.		
349	나는 겁이 많은 편이다.		
350	힘들어도 잘 내색하지 않는다.		
351	새로운 일을 시작할 때 설렘을 느낀다.		
352	안에서 하는 일보다는 밖에서 하는 일이 좋다.		
353	가끔 나 자신이 멍청하다고 여겨질 때가 있다.		
354	지나치게 신중한 탓에 기회를 놓친 적이 있다.		
355	학창 시절 선생님 말씀을 어겨본 적이 없다.		
356	항상 정직하기 위해 노력한다.		
357	나는 자주 외롭다.		
358	나는 문화생활을 즐기는 편이다.		
359	울적한 마음에 일이 제대로 되지 않을 때가 있다.		
360	생각이 너무 많아서 밤을 샌 적이 있다.		
361	쉬운 일도 어렵게 생각하는 경향이 있다.		
362	나는 두 가지 이상의 일도 동시에 처리할 수 있다.		
363	창의적이라는 말을 자주 듣는다.		
364	낙천적이라는 말을 자주 듣는다.		
365	항상 자기 계발을 위해 노력한다.		

366	걱정을 사서 하는 성격이다.			
367	감정을 잘 숨기지 못하는 편이다.			
368	남에게 화를 잘 못 낸다.			
369	평소 활동적인 취미를 즐긴다.			
370	외국어를 배우는 것을 좋아한다.			
371	인터넷 등에 떠도는 온갖 말들은 소문일 뿐 별로 궁금할 것이 없다.			
372	잘못이 생기면 그 사정에 대해 이해하는 편이다.			
373	넓은 교제보다 좁은 교제를 한다.			
374	시간만 있다면 집에서 공상을 즐기고 싶다.			
375	언제나 신중히 생각하고 행동한다.			
376	한 번 내린 결정은 바꾸지 않는다.			
377	모두가 싫증을 내는 상황에서도 참고 열심히 하는 편이다.			
378	어떠한 일이든 빨리 시작해야 다른 사람을 이길 수 있다.			
379	독창적이라는 말을 많이 듣는다.			
380	분석하고 조사하는 것에 자신이 있다.			
381	남을 기다리기보다는 기다리게 하는 편이다.			
382	여름보다는 겨울이 좋다.			
383	한 달에 한두 번 설사를 한다.			
384	나만 행복하다면 다른 사람의 의견은 중요하지 않다.			
385	버스보다는 지하철이 좋다.			
386	항상 겉모습에 신경을 쓴다.			
387	공사장 인근을 걷다 보면 위에서 무엇인가 떨어질까 봐 걱정된다.			
388	나는 다혈질이다.			
389	휴가는 세부적인 일정까지 세우고 움직인다.			
390	작은 일에도 쉽게 우울해진다.			
391	바다를 보면 뛰어내리고 싶어진다.			
392	나는 조금 예민한 편이다.			
393	처음 만난 사람과도 이야기가 잘 통한다.			
394	어디에서든 조용히 생활하는 것이 좋다.			
395	항상 긴장한 채로 일을 한다.			
396	아침부터 이유 없이 기분 좋은 날이 있다.			
397	가끔 우울함을 달래기 힘들 때가 있다.			
398	남의 기분이나 감정에 별 관심이 없다.			
399	휴식을 취할 때는 아무도 없는 곳에서 쉬고 싶다.			

번호	문항	그렇다	아니다
400	어떠한 일이든 빨리 시작해야 다른 사람을 이길 수 있다.		
401	어디론가 떠나고 싶은 충동을 자주 느낀다.		
402	가끔 울음이나 웃음을 참지 못할 때가 있다.		
403	지난 일에 대해 후회할 때가 있다.		
404	경쟁하는 것에 익숙하다.		
405	일을 완벽히 마무리했어도 한 번 더 검토해 본다.		
406	스스로를 재치있다고 생각한다.		
407	새로운 일에 대한 도전을 즐기는 편이다.		
408	뉴스를 자주 본다.		
409	나와 생각이 다른 사람의 의견도 귀기울여 듣는다.		
410	몇몇이 반대를 한다고 하더라도 내 의도대로 행하는 편이다.		
411	건강이 최고라고 생각한다.		
412	나는 집단보다 개인의 이익을 우선시한다.		
413	유명한 명소보다 남들이 잘 모르는 곳에 여행가는 것을 좋아한다.		
414	걱정이 많은 편이다.		
415	갑자기 식은땀이 날 때가 있다.		
416	인생의 즐거움은 예상치 못한 곳에서 온다고 생각한다.		
417	나는 개성적인 편이다.		
418	성격이 급하다는 말을 자주 듣는다.		
419	다른 사람의 감정에 종종 이입되곤 한다.		
420	무언가를 배우는 것을 좋아한다.		
421	정부 부처의 장관이 되고 싶다는 꿈을 가진 적이 있다.		
422	좀 피곤하더라도 동시에 많은 일을 진행할 수 있다.		
423	무계획적인 여행을 즐기는 편이다.		
424	타인의 충고를 듣고 나면 모든 일이 내 탓인 것 같다.		
425	나는 자존감이 높은 편이다.		
426	어떠한 일에 대한 비전을 세우고 시작한다.		
427	책을 자주 읽는다.		
428	무슨 일을 하든 주위로부터 리더라는 말을 듣고 싶다.		
429	운동 경기를 할 때면 수비보다는 공격을 한다.		
430	나의 생활에 만족한다.		
431	다른 사람들이 무엇을 하든 관심 없다.		
432	작은 일에도 기분이 쉽게 좋아진다.		

433	내 주장을 잘 굽히지 않는 편이다.		
434	쉽게 포기하지 않는다.		
435	우연히 아는 사람을 만나면 나도 모르게 피하게 된다.		
436	거짓말을 잘 못하는 성격이다.		
437	무슨 일이든 잘할 수 있다는 자신감이 있다.		
438	무엇인가를 생각한다는 것은 즐거운 일이다.		
439	스트레스를 조절하기 힘들다.		
440	새로운 시도를 해 보는 것을 좋아한다.		
441	그저 그런 인생을 살고 싶지는 않다.		
442	나는 개인보다 집단의 이익을 우선시한다.		
443	몸이 좀 힘들 때가 있다.		
444	인생을 살아가는 데 있어 목표는 중요하다.		
445	나는 조심스러운 성격이다.		
446	내가 아는 것을 설명하기를 좋아한다.		
447	낯선 사람과는 대화하기 힘들다.		
448	다른 사람의 이해를 받지 못해도 상관없다.		
449	10년 후의 구체적인 계획이 있다.		
450	가끔 내가 왜 이럴까 자책할 때가 있다.		
451	기분에 따라 즉흥적으로 행동한다.		
452	매사에 긍정적으로 생각하려고 노력한다.		
453	상황이 발생하면 어떻게 대처할지 직감적으로 판단하는 편이다.		
454	새해가 되면 새해 다짐과 목표를 꼭 적는다.		
455	가끔 현실과 동떨어진 생각을 할 때가 있다.		
456	항상 기운이 없다.		
457	여유를 가지고 생활한다.		
458	사람들 앞에 나서서 무엇인가를 한다는 것은 힘든 일이다.		
459	불쌍한 사람을 보면 도와주고 싶다.		
460	어디론가 떠나고 싶은 충동을 자주 느낀다.		
461	처음 사람들을 만나면 나도 모르게 긴장하게 된다.		
462	방 안에 혼자 있을 때 가장 편안함을 느낀다.		
463	정리되지 않은 것은 견딜 수 없다.		
464	하고 싶은 일은 망설이지 않고 시행한다.		
465	주위 친구들이 나를 흉보는 것 같다.		
466	결점을 지속적으로 지적당하면 스트레스를 받는다.		

번호	문항	그렇다	아니다
467	술자리를 좋아한다.		
468	사람이 많은 곳을 좋아한다.		
469	나는 남들보다 멍청하다고 생각한다.		
470	조용하다는 이야기를 많이 듣는다.		
471	항상 친구들에게 먼저 연락한다.		
472	내 의견을 상대방에게 강하게 주장하는 편은 아니다.		
473	어떠한 일을 진행하든 꼼꼼히 생각하는 경우가 많다.		
474	어려워 보이는 목표부터 달성한다.		
475	부정적인 피드백이라도, 나에게 도움이 되면 감사하게 여긴다.		
476	어느 곳에 소속된다는 것은 불편한 일이다.		
477	나의 일상은 재미있는 일로 가득 차 있다.		
478	일에서도 인간관계를 중요하게 생각한다.		
479	대상을 잘 관찰하는 편이다.		
480	사려가 깊다는 말을 많이 듣는다.		
481	과정이 중요하다 하더라도 성공하지 못하면 의미가 없다고 생각한다.		
482	중요한 가족 모임이 있는 날에는 회식에 빠질 수 없다.		
483	지하철보다 버스가 좋다.		
484	나는 완고한 편이라고 생각한다.		
485	앞으로 진행할 일을 정리해 두지 않으면 불안하다.		
486	가만히 있지 못하는 성격이다.		
487	시작만 해 놓고 제대로 끝내지 않은 일이 몇 가지 있다.		
488	여러 사람이 지켜보면 긴장이 되고 불안하다.		
489	사람이 친절을 베푸는 데에는 모두 이유가 있다고 생각한다.		
490	매일 보던 물건도 가끔은 다르게 보인다.		
491	계획적으로 하루하루를 산다.		
492	독특한 사람을 좋아한다.		
493	아무리 바빠도 끼니는 챙겨 먹는다.		
494	물건을 어디에 두었는지 잘 기억하지 못한다.		
495	시끄러운 장소를 싫어한다.		
496	일을 시작할 때, 항상 주변이 정리되어 있어야 한다.		
497	스트레스를 잘 받지 않는 성격이다.		
498	미래에 큰 꿈이 있다.		
499	수줍음을 많이 탄다.		

500	내가 잘하는 일보다는 좋아하는 일을 하고 싶다.		
501	내 한계에 부딪혀 보고 싶다.		
502	한번 시작했으면 끝을 보는 성격이다.		
503	감정을 다스리는 데 능숙하다.		
504	내가 손해를 보더라도 주변 사람에게 양보하는 편이다.		
505	생색을 잘 내지 않는 성격이다.		
506	일상에서 즐거움을 잘 찾아내는 편이다.		
507	매사에 진지하지 못하다는 말을 들은 적이 있다.		
508	새로운 시도를 하는 것이 두렵다.		
509	나에 대해 관심이 쏠리는 것이 즐겁다.		
510	가끔 아주 나쁜 생각을 하기도 한다.		
511	남들보다 걱정거리가 많다.		
512	누구 앞에서든 기죽지 않는다.		
513	유쾌하다는 말을 자주 듣는다.		
514	힘들어도 내색하지 않는 편이다.		
515	대규모보다는 소규모 모임이 좋다.		
516	어디론가 떠나고 싶은 충동을 느낀다.		
517	나는 우유부단한 편이다.		
518	일을 시작하기 전에 한번 확인해 보고 한다.		
519	친구의 말에 따라 내 의견이 바뀌곤 한다.		
520	쉽게 포기하지 않는다.		
521	꼭 출세하여 보란 듯이 살고 싶다.		
522	새로운 일에 도전하는 것이 좋다.		
523	벼락치기를 하는 경우가 많다.		
524	때때로 집을 떠나고 싶을 때가 있다.		
525	여유를 갖고 일하는 것이 좋다.		
526	불쌍한 사람을 보면 도와주고 싶다.		
527	과학과 수학을 좋아한다.		
528	모든 책임은 나에게 있다고 생각한다.		
529	항상 최고가 되려고 한다.		
530	남들보다 뒤처지는 것은 참을 수 없다.		
531	맡은 일은 끝까지 하려고 한다.		
532	낯선 환경에 잘 적응하는 편이다.		
533	꼼꼼하다는 말을 많이 듣는다.		

번호	문항	그렇다	아니다
534	팀워크가 필요한 일을 잘 한다.		
535	내 일에 누군가 간섭하는 것을 싫어한다.		
536	한번 흥분하면 쉽게 가라앉지 못한다.		
537	남들과 다른 방법으로 일하고 싶다.		
538	가끔 짓궂은 장난을 치곤 한다.		
539	말하기 전 충분히 생각하는 편이다.		
540	나는 예민한 편에 속한다.		
541	가끔 배가 아프다.		
542	감정을 잘 드러내는 편이다.		
543	다른 나라 문화를 접하는 것은 즐겁다.		
544	여럿보다 혼자 일하는 것이 편하다.		
545	많이 움직인다는 소리를 듣는 편이다.		
546	새로운 일을 시작하는 것은 용기를 필요로 한다.		
547	스스로를 참을성이 강하다고 생각한다.		
548	지시를 받는 것보다 하는 것이 좋다.		
549	모임에 나가는 것이 귀찮다.		
550	인생은 타이밍이라고 생각한다.		
551	다른 사람을 쉽게 믿지 않는다.		
552	남에게 피해를 입힌 적이 없다.		
553	의견을 토론할 때, 항상 먼저 제시하는 편이다.		
554	말을 할 때 제스처가 큰 편이다.		
555	잘 당황하지 않는 성격이다.		
556	외국에서 살아보고 싶다.		
557	스스로 다른 사람보다 행복하다고 느낀다.		
558	불의를 보면 참지 못한다.		
559	신중한 사람이라는 말을 자주 듣는다.		
560	일에 대한 욕심이 많은 편이다.		
561	정이 많다는 말을 자주 듣는다.		
562	나는 항상 자기 계발을 추구한다.		
563	다른 사람들의 감정변화에 민감하다.		
564	뭐든 시작하면 끝을 봐야 직성이 풀린다.		
565	나는 지금 힘들다.		
566	나는 욕심덩어리이다.		
567	밤에 자주 잠을 설친다.		

**에듀윌이
너를
지지할게**
ENERGY

자신을 어떻게 생각하느냐가
자신의 운명을 결정짓는다.

– 헨리 데이비드 소로(Henry David Thoreau)

파이널
모의고사

[수험자 유의사항]

1. 시험이 시작되기 전 문제지를 넘기지 마세요.
2. 종료 시간을 정확히 인지할 수 있도록 타이머를 설정하고 진행해 주세요.
3. 시험 시간은 OMR카드 마킹 시간을 포함한 시간입니다.
4. 시험지는 반드시 순서대로 풀어주세요.

[평가요소 및 시간]

구분	공간능력	지각속도	언어논리	자료해석
문항 수	18문항	30문항	25문항	20문항
시간	10분	3분	20분	25분

※ 정답과 해설 뒤에 있는 OMR카드를 활용하여 직접 마킹하면서 풀어볼 수 있습니다.

파이널 모의고사 1회
공간능력

18문항/10분

정답과 해설 ▶ P.40

01 다음 [보기]에 제시된 입체도형의 전개도로 알맞은 것을 고르면?

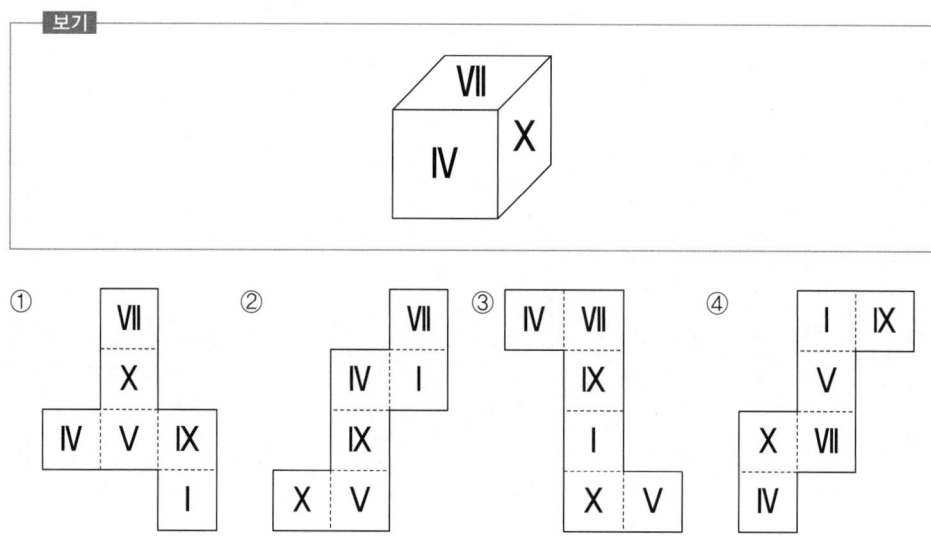

02 다음 [보기]에 제시된 입체도형의 전개도로 알맞은 것을 고르면?

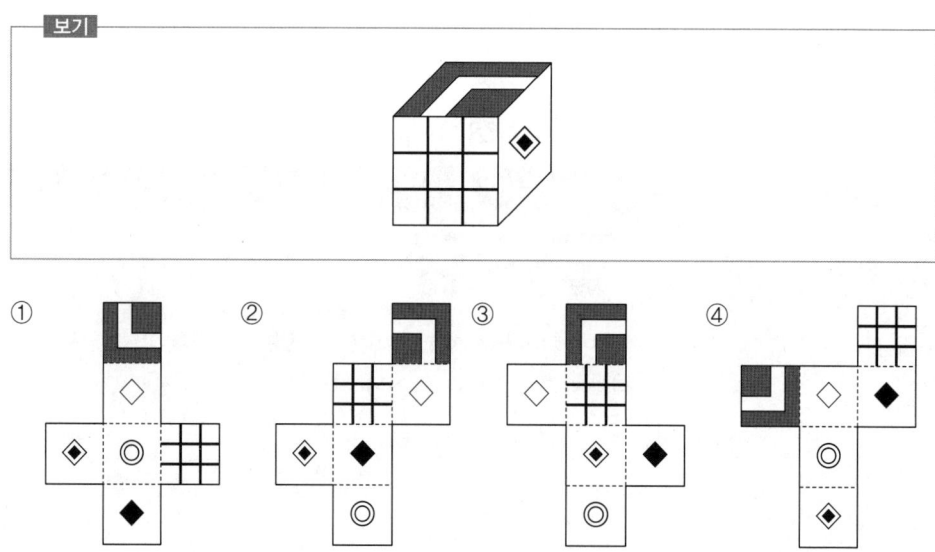

03 다음 [보기]에 제시된 입체도형의 전개도로 알맞은 것을 고르면?

보기

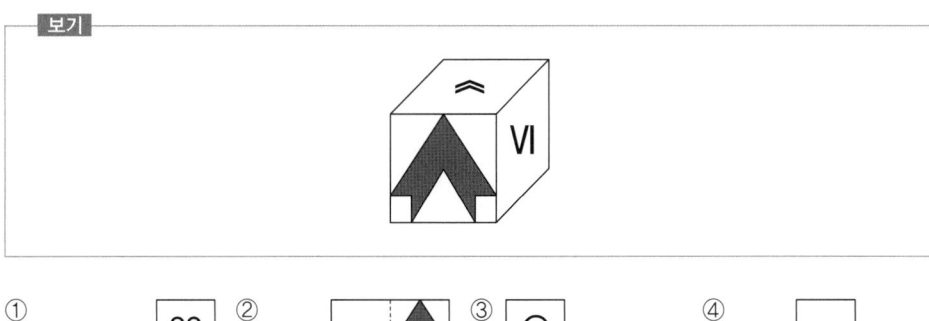

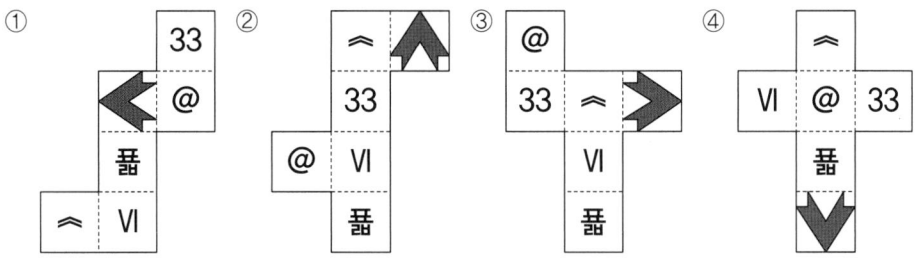

04 다음 [보기]에 제시된 입체도형의 전개도로 알맞은 것을 고르면?

보기

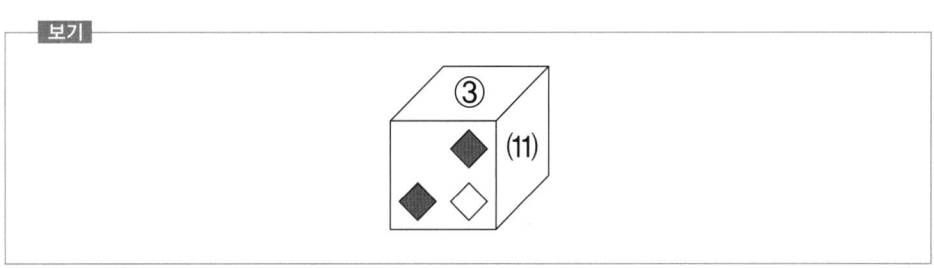

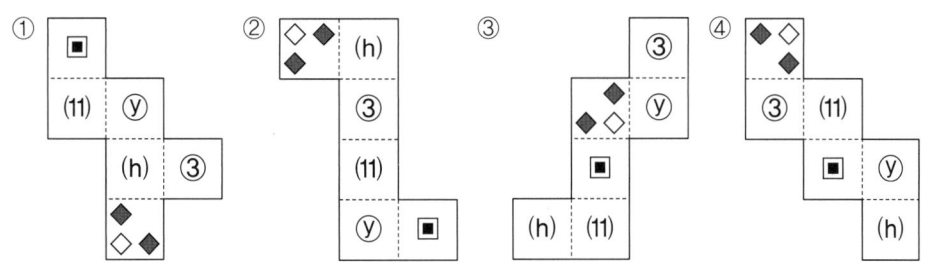

05 다음 [보기]에 제시된 입체도형의 전개도로 알맞은 것을 고르면?

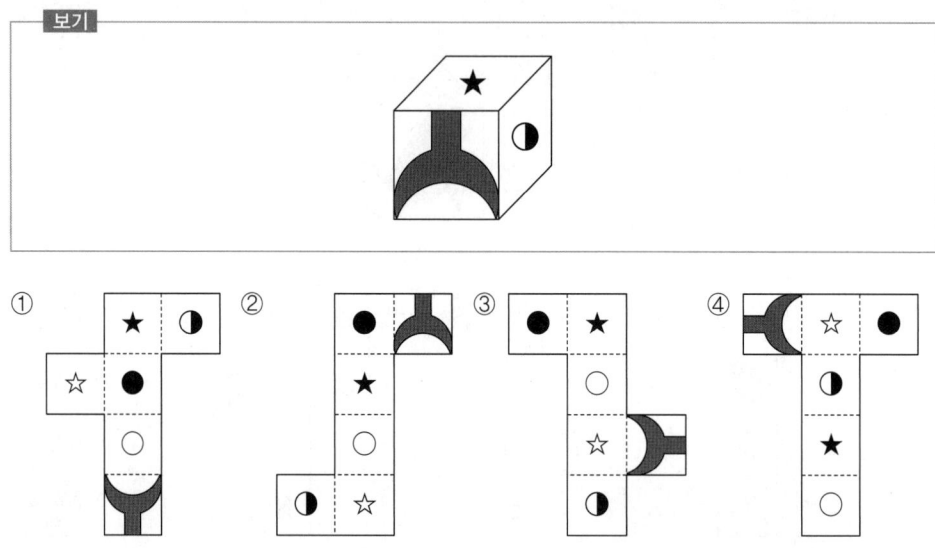

06 다음 [보기]에 제시된 전개도로 만든 입체도형에 해당하는 것을 고르면?

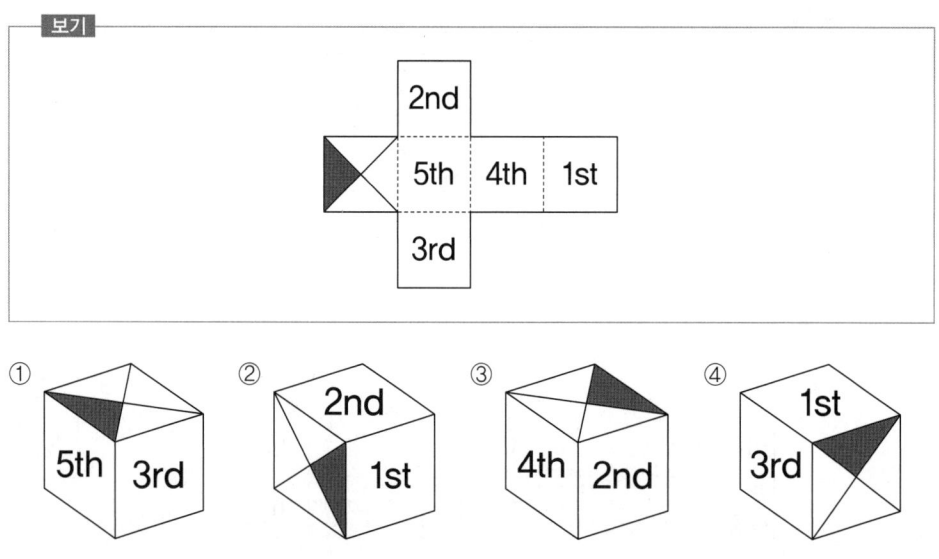

07 다음 [보기]에 제시된 전개도로 만든 입체도형에 해당하는 것을 고르면?

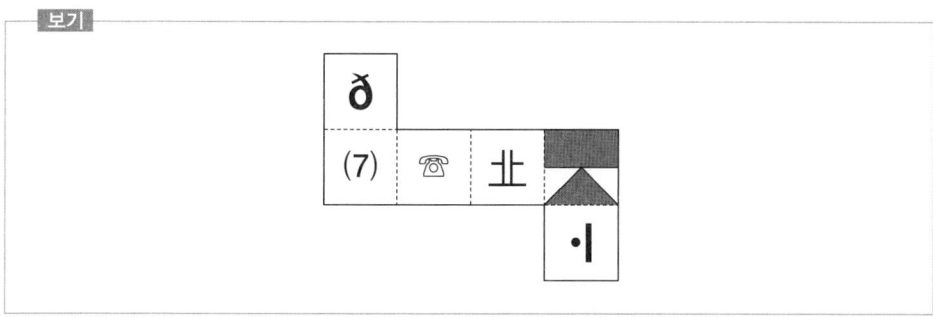

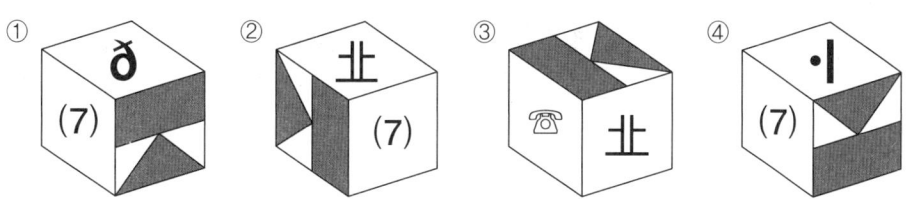

08 다음 [보기]에 제시된 전개도로 만든 입체도형에 해당하는 것을 고르면?

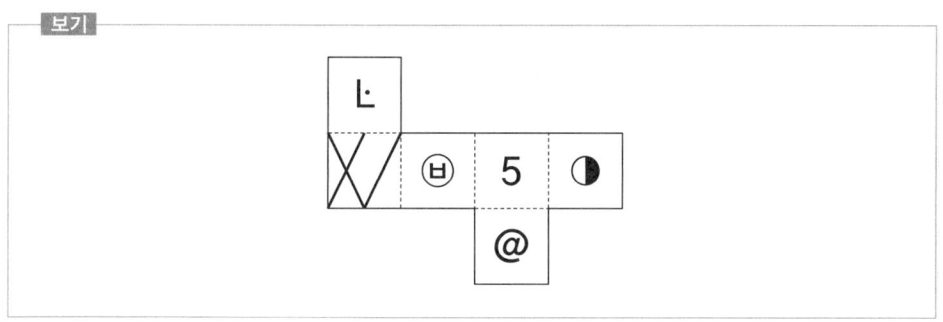

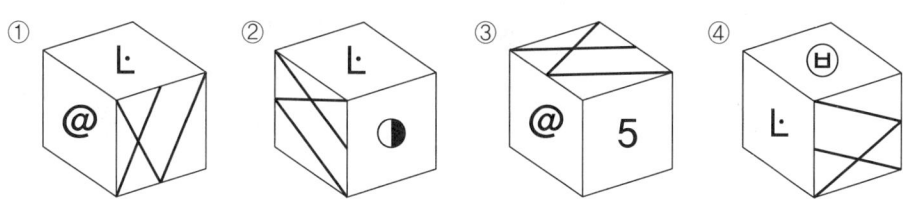

09 다음 [보기]에 제시된 전개도로 만든 입체도형에 해당하는 것을 고르면?

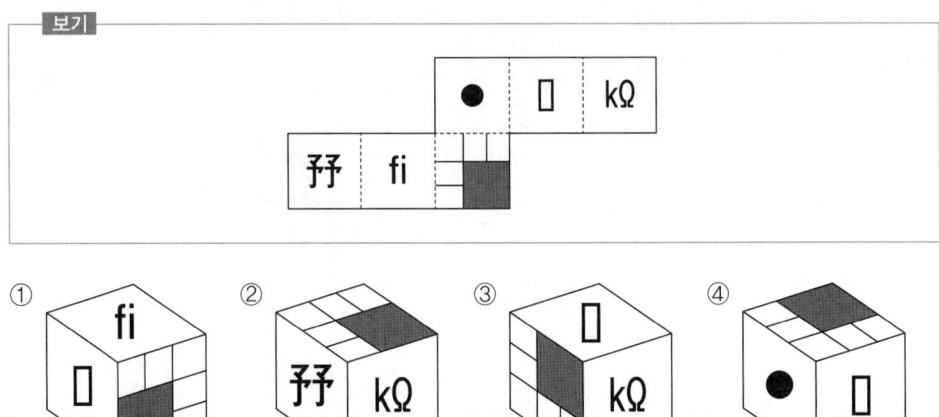

10 다음 [보기]에 전개도로 만든 입체도형에 해당하는 것을 고르면?

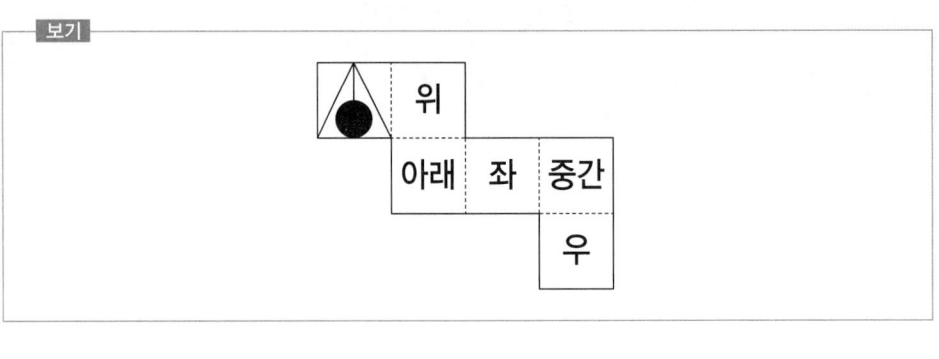

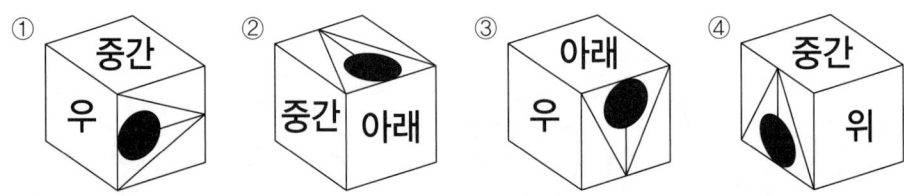

11 다음 [보기]에 제시된 그림과 같이 쌓기 위해 필요한 블록의 개수를 고르면?

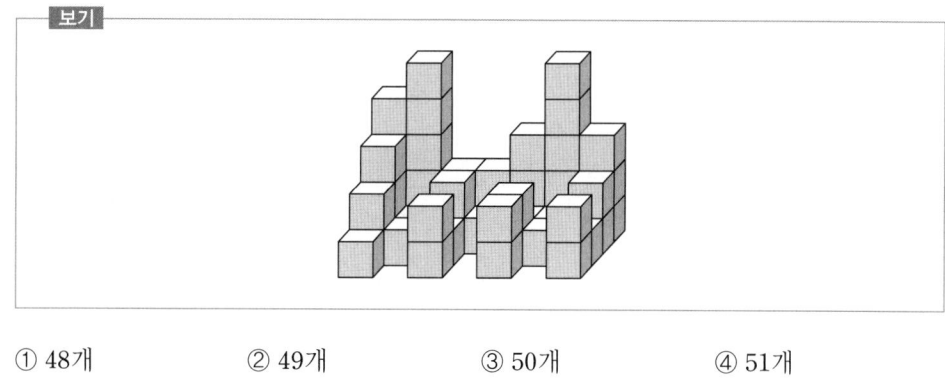

① 48개　　② 49개　　③ 50개　　④ 51개

12 다음 [보기]에 제시된 그림과 같이 쌓기 위해 필요한 블록의 개수를 고르면?

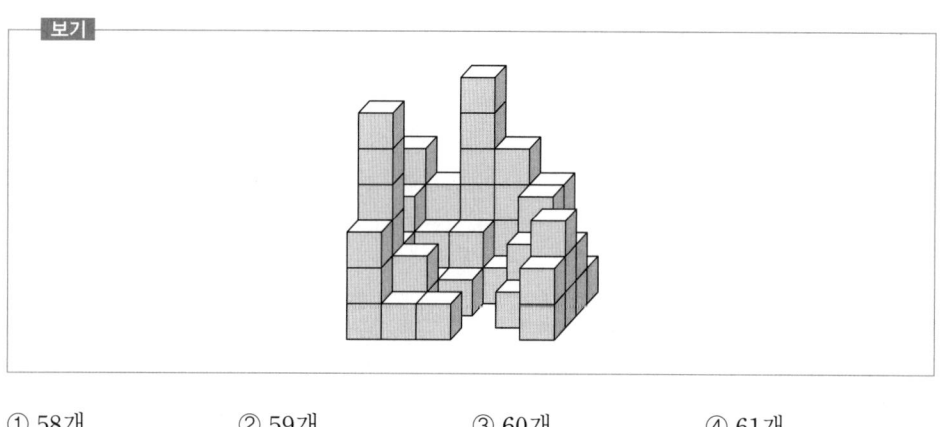

① 58개　　② 59개　　③ 60개　　④ 61개

13 다음 [보기]에 제시된 그림과 같이 쌓기 위해 필요한 블록의 개수를 고르면?

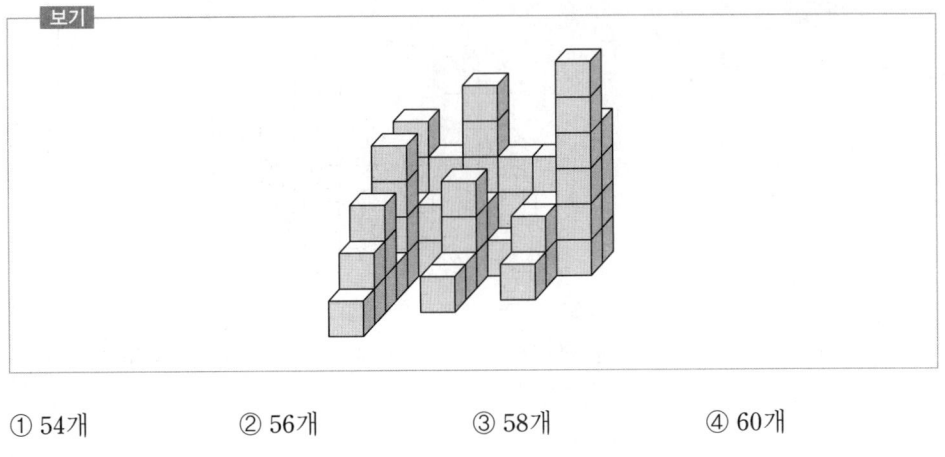

① 54개　　　② 56개　　　③ 58개　　　④ 60개

14 다음 [보기]에 제시된 그림과 같이 쌓기 위해 필요한 블록의 개수를 고르면?

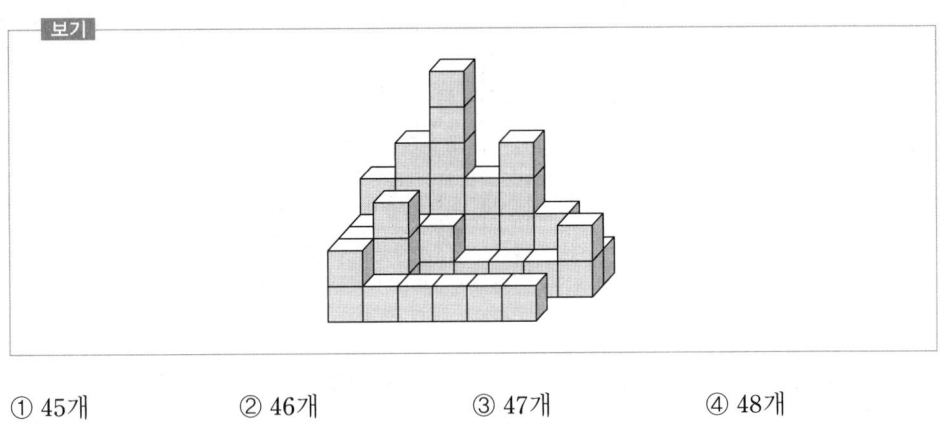

① 45개　　　② 46개　　　③ 47개　　　④ 48개

15 다음 [보기]에 제시된 블록을 화살표 방향에서 바라볼 때의 모양을 고르면?

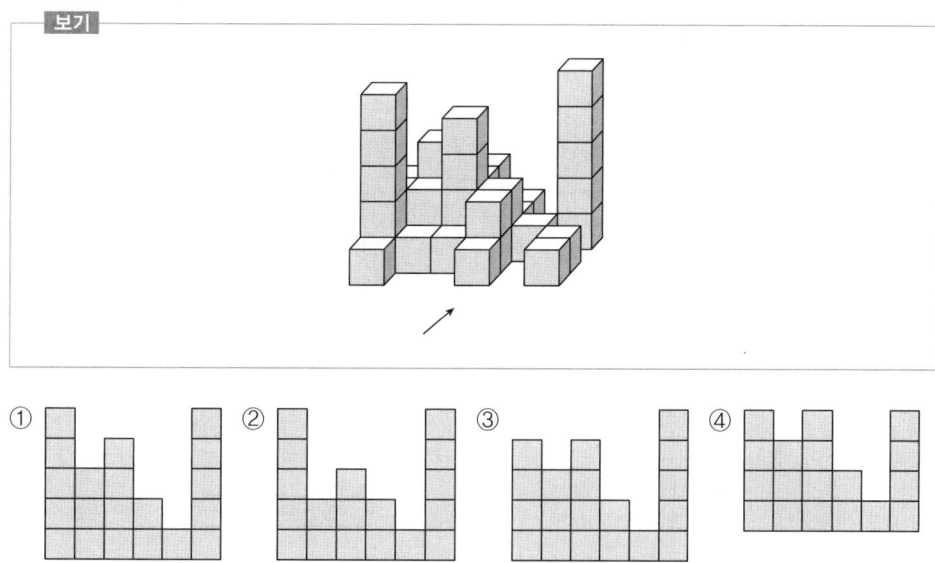

16 다음 [보기]에 제시된 블록을 화살표 방향에서 바라볼 때의 모양을 고르면?

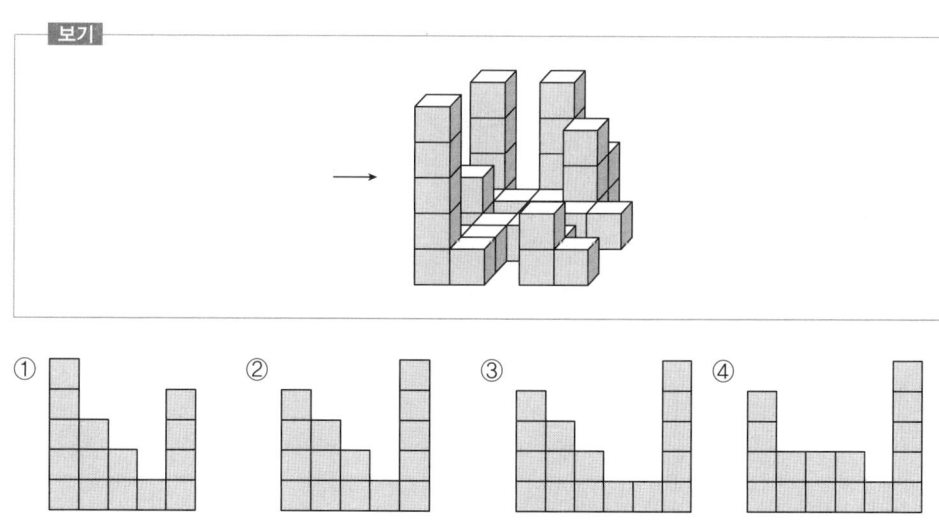

17 다음 [보기]에 제시된 블록을 화살표 방향에서 바라볼 때의 모양을 고르면?

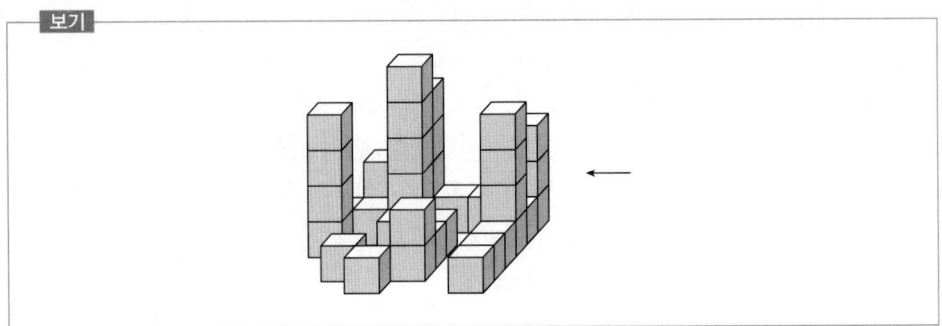

①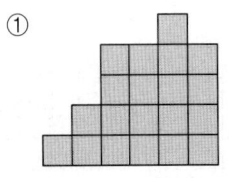

②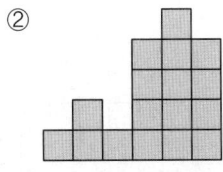

③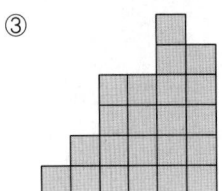

④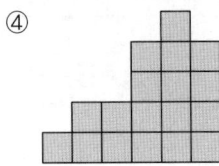

18 다음 [보기]에 제시된 블록을 화살표 방향에서 바라볼 때의 모양을 고르면?

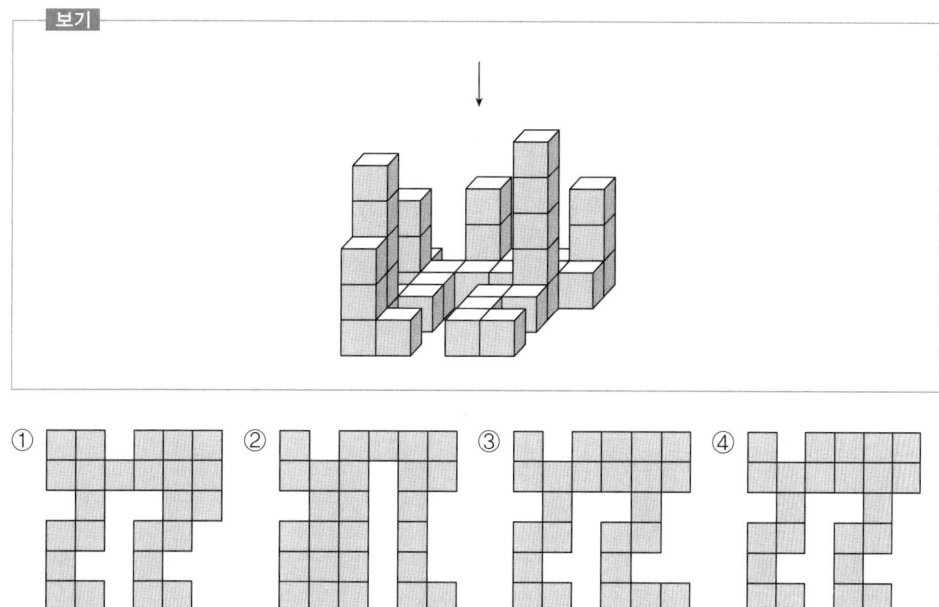

파이널 모의고사 1회
지각속도

30문항/3분

정답과 해설 ▶ P.42

[01~05] 다음 [보기]를 보고 제시된 문자가 알맞게 치환되었는지 판단하시오.

보기
학교 = ㉢   미용실 = ㉣   교회 = ㉥   경찰서 = ㉦   미술관 = ㉠
백화점 = ㉤   문방구 = ㉧   식당 = ㉨   지하철 = ㉩   공항 = ㉪

01	문방구 백화점 지하철 학교 - ㉧ ㉤ ㉩ ㉢	① 맞음	② 틀림
02	공항 교회 미술관 식당 - ㉪ ㉥ ㉠ ㉨	① 맞음	② 틀림
03	지하철 미용실 교회 공항 - ㉩ ㉣ ㉥ ㉨	① 맞음	② 틀림
04	백화점 지하철 학교 미술관 - ㉤ ㉩ ㉢ ㉠	① 맞음	② 틀림
05	경찰서 문방구 교회 학교 - ㉦ ㉧ ㉥ ㉢	① 맞음	② 틀림

[06~10] 다음 [보기]를 보고 제시된 문자가 알맞게 치환되었는지 판단하시오.

보기
65 = HJ   89 = TU   51 = DR   46 = VQ   27 = JU
15 = KE   08 = PS   37 = ZY   91 = BE   77 = AA

06	89 37 46 65 - TU ZY BE HJ	① 맞음	② 틀림
07	77 15 51 91 - AA KE DR JU	① 맞음	② 틀림
08	27 08 91 65 - JU PS BE HJ	① 맞음	② 틀림
09	15 51 77 27 - KE DR AA JU	① 맞음	② 틀림
10	37 65 46 08 - ZY HJ VQ PS	① 맞음	② 틀림

[11~15] 다음 [보기]를 보고 제시된 문자가 알맞게 치환되었는지 판단하시오.

보기				
ヒ = dsf	キ = ghj	ユ = hgd	ル = ktd	ゼ = opd
ラ = jas	ポ = vwy	ヨ = qot	ロ = msw	ド = cwp

11	ヨ ラ ル ド − qot jas ktd cwp	① 맞음	② 틀림
12	ロ ヒ ユ ゼ − msw dsf hgd opd	① 맞음	② 틀림
13	ラ ポ ド キ − jas vwy cwp ghj	① 맞음	② 틀림
14	ル ヨ ゼ ヒ − ktd qot opd dsf	① 맞음	② 틀림
15	キ ロ ル ラ − ghj msw ktd qot	① 맞음	② 틀림

[16~20] 다음 [보기]를 보고 제시된 문자가 알맞게 치환되었는지 판단하시오.

보기				
≣ = 군인	♨ = 교수	☆ = 요리사	₵ = 의사	◆ = 판사
▽ = 화가	◎ = 간호사	§ = 경찰	÷ = 행정사	☎ = 변호사

16	÷ ≣ § ◆ − 행정사 군인 경찰 판사	① 맞음	② 틀림
17	☎ ♨ ₵ ▽ − 변호사 경찰 의사 화가	① 맞음	② 틀림
18	☆ ◎ ☎ ≣ − 요리사 간호사 변호사 군인	① 맞음	② 틀림
19	§ ♨ ◆ ◎ − 경찰 교수 판사 요리사	① 맞음	② 틀림
20	₵ ÷ ☆ ☎ − 의사 행정사 요리사 변호사	① 맞음	② 틀림

[21~25] 다음 [보기]를 보고 제시된 문자가 알맞게 치환되었는지 판단하시오.

> **보기**
> Sv = 각 PPM = 락 in = 악 dℓ = 박 kHz = 학
> m/s² = 낙 kA = 팍 MΩ = 착 Ω = 막 C/kg = 삭

21	dℓ m/s² Ω kHz - 박 낙 막 학	① 맞음	② 틀림
22	C/kg kA Sv in - 삭 팍 각 악	① 맞음	② 틀림
23	Ω PPM MΩ dℓ - 막 락 착 박	① 맞음	② 틀림
24	Sv kHz PPM C/kg - 각 학 락 막	① 맞음	② 틀림
25	m/s² in dℓ kA - 낙 악 박 팍	① 맞음	② 틀림

[26~30] 왼쪽의 숫자, 문자, 기호가 [보기]에서 몇 번 제시되는지 고르시오.

		보기	①	②	③	④
26	k	zskgflsknpopgjsfhkwoypmvnbslkcmbldkjgmvpg	3	4	5	6
27	ㅇ	책이란 거대한 존재도 한 문장, 한 단어에서 시작된 것처럼 인생이란 시간도 일분, 일초에서 시작된다	7	8	9	10
28	⑮	⑫④⑯⑱⑭⑦⑮⑤⑨⑯⑮⑪④⑯⑱⑰⑬⑲⑦⑤⑮⑫	1	2	3	4
29	✋	✏️🦅🐍🗝️☠️✂️🔔📖👁️✋💻🖐️🖊️	5	6	7	8
30	e	Nature does not hurry yet everything is accomplished	3	4	5	6

파이널 모의고사 1회
언어논리

25문항/20분

정답과 해설 ▶ P.43

01 다음 [보기]의 ㉠~㉤에 나타나는 음운 변동이 동일하게 적용된 것을 고르면?

> **보기**
> 그는 ㉠능력은 좀 ㉡부족하지만 사람들 사이의 ㉢갈등을 해결해주는 ㉣등불 같은 존재다. 그는 ㉤인류애를 가진 사람이다.

① ㉠ - 신라
② ㉡ - 붙이다
③ ㉢ - 몰상식
④ ㉣ - 간단
⑤ ㉤ - 강론

02 밑줄 친 단어의 구조가 다른 것을 고르면?

① 그 저수지는 깊이가 50m나 된다.
② 한국은행은 금리를 내리기로 결정하였다.
③ 승기는 저녁마다 운동장에서 달리기를 한다.
④ 사람들은 모두 행복한 삶을 추구한다.
⑤ 어릴 때는 일기나 독후감 등의 쓰기 숙제를 많이 했다.

03 다음 글의 빈칸에 들어갈 문장으로 가장 적절한 것을 고르면?

서울 한강 잠수교 인근에서 '한강 멍 때리기 대회'가 지난 21일에 열렸다. 이 대회에서는 일정 시간 동안 아무것도 하지 않은 채 심장 박동 수를 가장 안정적으로 유지한 참가자를 선발했다. 참가자별 심장 박동 수를 측정하고, 시민 투표와 합산한 결과를 산정해 최종 우승자를 선정했다. 올해 행사의 참가 신청 경쟁률은 45대 1에 달할 정도로 관심이 뜨거웠다.

표준국어대사전에서는 '멍하다'에 대해 '정신이 나간 것처럼 자극에 대한 반응이 없다'는 뜻으로 설명한다. 멍 때리기를 두고 '뇌에 새로운 연결고리를 만들어주는 지루함은 곧 창의성을 자극하는 가장 효과적인 뮤즈'라고 하며, 스트레스를 덜 받고, 더욱 효율적인 아이디어와 생각을 만들어내기 위해서는 멍 때리는 시간인 '비 집중 모드'가 필요하다는 이야기를 담은 관련 서적들이 나오기도 했다.

지난해 10월에 발생한 데이터센터 화재로 국민 대표 SNS 메신저인 카카오톡이 장시간 먹통이 되자 여기저기서 불편하다는 불만이 터져 나왔다. 그런데 시간이 조금 지나자 "오히려 편하다", "정서적으로 안정되는 것 같다", "주말에도 온종일 업무 카톡에 얽매였는데, 불필요한 카톡으로부터 단절되니 개운하다"는 반응이 이어졌다.

IT 기기가 우리 일상에 파고들면서, 저녁에 한 자리 모인 가족들 간에는 대화가 더 없어졌다. 잠시의 여유도 허락하지 않고, 하루 종일 디지털 기기 속에 파묻혀 살며 휴대전화가 없으면(No-Mobile) 초조해하고 불안감을 느끼는 '노모포비아'(No-Mo-Phobia)라는 말까지 등장했다.

지난해 경제협력개발기구(OECD)의 한 보고서는, 한국을 두고 명문대 진학과 대기업 취직이라는 공공부문에 안정적이고 매력적인 커리어를 확보하기 위한 '황금 티켓 신드롬'을 겪고 있다고 지적한 바 있다. (   )

① 미국 일간지 워싱턴포스트는 한국의 멍 때리기 대회를 소개하며 젊은 세대를 비판했다.
② 바쁜 일상을 살아가는 현대인들에게, 잡념을 잊고 멍하게 보내는 것이 그저 무의미한 일만은 아닐 것이다.
③ 아무것도 하지 않는 것은 남들보다 뒤처지게 하거나 무가치한 행위라는 현대사회 통념을 깨려는 시도가 더 많아져야 사회는 더욱 건강해 질 것이다.
④ 우리는 치열한 경쟁 사회에서 생존하고 황금 티켓을 잡기 위해, 자신을 초연결사회의 촘촘한 거미줄에 연결하고 있을지도 모른다.
⑤ 젊은 세대가 황금 티켓을 얻기 위한 치열한 경쟁에 뛰어들지 않고, 아무것도 하지 않는 멍 때리기 대회를 하는 것은 큰 사회적 문제이다.

04 다음 단어 쌍이 모두 표준어가 아닌 것을 고르면?

① 나부랭이 – 너부렁이
② 마룻줄 – 용총줄
③ 짚북데기 – 짚북세미
④ 민망스럽다 – 면구스럽다
⑤ 생손 – 생인손

05 외래어표기법상 옳은 것을 [보기]에서 모두 고르면?

보기
㉠ 위켄드   ㉡ 아젠다   ㉢ 타깃   ㉣ 카라멜   ㉤ 리조토
㉥ 아울렛   ㉦ 추리닝   ㉧ 컴팩트   ㉨ 스프링클러   ㉩ 솔루션

① ㉡, ㉣, ㉦
② ㉢, ㉦, ㉨
③ ㉣, ㉤, ㉧
④ ㉥, ㉨, ㉩
⑤ ㉤, ㉦, ㉧

06 다음 중 띄어쓰기가 옳지 않은 것을 고르면?

① 주인이∨내놓으라면∨내놓을밖에.
② 결혼∨10년차에∨내∨집을∨장만했다.
③ 우리는∨삼∨년∨만에∨만났다.
④ 진상을∨들은바,∨그것은∨사실이∨아님이∨드러났다.
⑤ 사장은∨큰돈이∨오가는∨거래가∨있으면∨예민해졌다.

07 다음 글의 '손'과 '나'의 생각을 바르게 비교한 것을 고르면?

> 어떤 손[客]이 나에게 이런 말을 했다.
> "어제 저녁엔 아주 처참한 광경을 보았습니다. 어떤 불량한 사람이 큰 몽둥이로 돌아다니는 개를 쳐서 죽이는데, 보기에도 너무 참혹하여 실로 마음이 아파서 견딜 수가 없었습니다. 그래서 이제부터는 맹세코 개나 돼지의 고기를 먹지 않기로 했습니다."
> 이 말을 듣고, 나는 이렇게 대답했다.
> "어떤 사람이 불이 이글이글하는 화로를 끼고 앉아서, 이를 잡아서 그 불 속에 넣어 태워 죽이는 것을 보고, 나는 마음이 아파서 다시는 이를 잡지 않기로 맹세했습니다."
> 손이 실망하는 듯한 표정으로,
> "이는 미물이 아닙니까? 나는 덩그렇게 크고 육중한 짐승이 죽는 것을 보고 불쌍히 여겨서 한 말인데, 당신은 구태여 이를 예로 들어서 대꾸하니, 이는 필연코 나를 놀리는 것이 아닙니까?" 하고 대들었다.
> 나는 좀 구체적으로 설명할 필요를 느꼈다.
> "무릇 피와 기운이 있는 것은 사람으로부터 소, 말, 돼지, 양, 벌레, 개미에 이르기까지 모두가 한결같이 살기를 원하고 죽기를 싫어하는 것입니다. 어찌 큰 놈만 죽기를 싫어하고, 작은 놈만 죽기를 좋아하겠습니까?"

① '손': 동물의 생명도 인간의 생명과 마찬가지로 소중하다.
   '나': 인간의 생명을 동물의 생명과 비교하는 것이 불합리하다.
② '손': 생명이 있는 것은 모두 감정을 가지고 있다.
   '나': 인간 외의 생명체는 감정을 가지고 있지 않다.
③ '손': 외형적 크기가 큰 것이 가치 있다.
   '나': 외형적 크기가 작은 것이 가치 있다.
④ '손': 사물의 가치는 외형적 크기에 달려 있다.
   '나': 외형의 크기와 관계없이 모든 생명이 소중하다.
⑤ '손': 외형의 크기와 관계없이 모든 생명이 소중하다.
   '나': 사물의 가치는 외형적 크기에 달려 있다.

08 다음 상황을 의미하는 한자 성어를 고르면?

> 해결책이 성에 차지 않거나 철저하지 못한 안타까움

① 격화소양(隔靴搔癢)
② 후안무치(厚顔無恥)
③ 파사현정(破邪顯正)
④ 맹귀우목(盲龜遇木)
⑤ 혼용무도(昏庸無道)

09 다음 중 빈칸의 ㉠, ㉡에 들어갈 말로 알맞은 것을 고르면?

> 토의는 어떤 공통된 문제에 대해 최선의 해결안을 얻기 위하여 여러 사람이 의논하는 말하기 양식이다. 그중 (㉠)은(는) 둘 이상의 전문가가 토의 문제의 하위 주제에 대해 서로 다른 관점에서 연설이나 강연의 형식으로 10분 정도 발표하고, 그 후 참석자의 질문에 답하는 형식의 토론회이다.
> (㉡)은(는) 3~6인의 전문가들이 사회자의 진행에 따라 일반 청중 앞에서 토의 문제에 대한 정보나 지식, 의견이나 견해 등을 자유롭게 주고받는 유형이다. 토의가 끝난 뒤에는 청중의 질문을 받고 그에 대해 토의자들이 답변하는 시간을 갖는다. 이 질의·응답 시간을 통해 청중들은 관련 문제를 보다 잘 이해하게 되고 점진적으로 해결 방안을 모색하게 된다.

	(㉠)	(㉡)
①	포럼	회의
②	심포지엄	포럼
③	패널토의	심포지엄
④	심포지엄	패널토의
⑤	패널토의	포럼

[10~11] 다음 글을 읽고 질문에 답하시오.

[가] 우리 사회에는 사회적·문화적 차별 의식을 담고 있는 표현들이 있다. 몇몇 직업의 호칭이 바뀐 이유는 그러한 차별을 없애기 위해서이다. 예컨대 옛날의 '식모'는 요즈음 '가정부', 나아가 '가사 도우미'로 불린다. '청소부'는 '환경미화원', '간호원'은 '간호사'로 바뀌었다. ㉠직업에 따른 차별을 없애고 좀 더 격을 높여 직업적 자부심을 부추기는 방향으로 변한 것이다. 이와 비슷한 차별적 표현에는 '미혼모', '여의사', '출가외인', '사내 녀석이 그것도 못 해?'와 같은 ㉡성차별적 표현이 있고, '장님 코끼리 더듬기', '꿀 먹은 벙어리' 같은 ㉢신체 차별적 표현도 있다. '유색 인종', '튀기' 같은 표현들은 ㉣인종에 따른 차별 표현에 해당한다.

[나] 말과 글은 어떻게 쓰느냐에 따라 남을 즐겁게도 기분 상하게도 한다. 따라서 말을 요령 있게 사용하면 자신의 의도를 더 잘 달성할 수 있으며, 사회 전체의 언어문화도 바꿀 수 있다. 이때 제일 먼저 생각해야 할 것은 역시 상대방에 대한 배려와 존중이다. 『논어』에 나오는 '내가 싫어하는 것은 남에게도 베풀지 말라.'라는 구절은 입을 열고 펜을 들기 전에 한 번쯤 되뇌어 볼 만한 명구이다. 내 입에서 나가는 말 한 마디, 내가 종이에 적는 글 한 구절이 나 자신의 품격뿐 아니라 공동체 전체의 행복과도 직결된다는 점을 의식하며 바람직한 의사소통 문화를 형성해야 한다.

10 주어진 글을 이해한 내용으로 적절하지 <u>않은</u> 것을 고르면?

① [가]는 이해 위주의 읽기로 충분할 수 있다.
② [나]는 '주지―부연'의 관계로 구성되어 있다.
③ [나]는 비판적으로 읽어야 하기에 동의는 피한다.
④ [가]와 [나] 모두 우선 사실적 독해를 기본으로 한다.
⑤ [가]와 [나] 모두 배경 지식의 활용이 필요하다.

11 다음 [보기]에서 주어진 글의 ㉠~㉣ 중 어디에도 해당하지 <u>않는</u> 것의 개수를 고르면?

보기
㉠ 운전수   ㉡ 총각무   ㉢ 처녀작   ㉣ 청소년
㉤ 절름발이 행정   ㉥ 살색   ㉦ 유모차

① 1개   ② 2개   ③ 3개   ④ 4개   ⑤ 5개

12 밑줄 친 단어의 문맥적 의미와 가장 유사한 것을 고르면?

> 우리나라의 최저임금제도는 일본의 제도를 계수(繼受)한 것인데, 일본과는 달리 우리나라에서는 최저임금의 결정 과정에서 노·사 간에 이견이 많이 노출된다. 1987년에 1988년의 최저임금을 결정한 이후, 노사공익위원들의 합의로 최저임금을 결정한 경우는 다섯 번에 불과하다. 사용자위원이나 근로자위원이 퇴장하거나, 퇴장하지 않은 경우에도 합의 대신 표결에 의해 최저임금을 결정할 수 있다. 노·사 간의 견해차로 결과적으로는 정부가 임명한 공익위원들에 의해 최저임금이 결정되는 것이 거의 관행화되었다.

① 계몽(繼蒙)
② 계도(繼導)
③ 모사(模寫)
④ 계승(繼承)
⑤ 전수(傳授)

13 다음 글에서 설명하고 있는 원리와 가장 관계가 먼 것을 고르면?

> 달에서 대낮에 왜 별이 안 보이는가의 문제를 생각하기 위해서 먼저 지구에서는 왜 대낮에 별이 안 보이는가를 생각해보자.
> 이 문제는 '별에서 오는 신호(즉, 빛)가 지상에 있는 관측자에게 제대로 수신되는가'라는 통신 문제로 볼 수 있다. 일반적으로 통신에서 신호가 제대로 수신되지 않는 것은, 신호(S, signal) 대 잡음(N, noise)의 비율인 S÷N가 작아졌을 때이다. 따라서 대낮에 별이 안 보이는 원인 중의 하나는 이 S÷N에서 S가 약화된 경우이고, 또 다른 하나는 S는 약하지 않지만 N이 강한 경우이다.

① 달에는 대기층이 존재하지 않기 때문에 태양이 밝게 빛나고 있어도 하늘 전체가 깜깜해 보인다.
② 금성은 항상 태양 가까이 있으며, 지구에 가장 가깝게 접근했을 때 매우 밝아진다. 가장 밝아질 무렵에는 금성이 대낮에도 보이는 수가 있다.
③ 날이 밝아지면서 조금 전까지 보였던 별들이 보이지 않게 되는 것은, 대기 속의 공기 분자에 의해 산란되는 태양광의 정도가 별의 경우보다 엄청나게 커지기 때문이다.
④ 금성 이외의 별로서 대낮에도 보였다는 별이 역사상 두 개가 기록되어 있는데, 이 두 별은 모두 별이 대폭발을 일으켜 중성자 별이 되는 과정에서 엄청나게 밝은 빛을 냈다.
⑤ 태양광의 영향을 줄일 수 있는 충분히 발달한 기계 장치의 도움이 있다면 지구의 어느 곳에서라도 대낮에 별을 관측할 수 있다는 가정을 할 수 있다.

14 다음 글의 [가]~[라]를 맥락에 맞게 바르게 배열한 것을 고르면?

> 　국내 최초로 중국 북주(北周)시대에 발행된 동전인 '오행대포(五行大布)'가 익산시 금마면 서고도리 373-16 일원인 '서동생가터'에서 출토됐다.
> [가] 토기 내부에는 오행대포 5점이 '十'자 형태로 놓여져 있었다. 이는 땅의 악한 기운을 누르고 선한 기운을 북돋우기 위해 의도적으로 묻은 지진구(地鎭具, 국가의 중요한 건물 등을 지을 때 땅의 신에게 빌기 위해 매납하는 물건이나 제기)로 추정된다.
> [나] 시와 문화재청은 지난 2021년부터 서동생가터 발굴조사·정비, 서동생가터(축실지) 재현, 역사경관 회복을 위한 마룡지 및 용샘 수변 정비, 탐방로 및 전통 정원 조성 등의 유적정비 과정을 추진 중이었으며, 이번 발견으로 두 번째 성과를 이루었다.
> [다] 출토된 오행대포는 북주(北周)의 3대 황제인 무제(재위 572~577년)때인 건덕(建德) 3년(574년)에 주조한 화폐로, 백제가 남조뿐만 아니라 북조(북주)와도 활발히 교류하였다는 것을 뒷받침하는 중요한 자료로 평가된다.
> [라] 지난해 1차 발굴조사에서는 백제 대형 석축 저온 저장고 2기, 굴립주건물지 3동, 구상유구(溝, 도랑) 1기, 조선시대 기와가마 5기 등 16기의 유구를 확인한 바 있다. 올해 진행 중인 2차 발굴조사에서는 뚜껑 덮인 '직구단경호(直口短頸壺, 곧은 입에 목이 짧은 항아리)' 토기가 굴립주건물지 초입부 구덩이에서 출토되었다.

① [가] - [다] - [나] - [라]
② [나] - [다] - [가] - [라]
③ [나] - [라] - [가] - [다]
④ [다] - [나] - [라] - [가]
⑤ [다] - [라] - [가] - [나]

15 다음 [보기]의 ⓐ와 ⓑ의 밑줄 친 단어가 다의어 관계인 것을 모두 고르면?

> **보기**
> ㄱ. ⓐ 그녀는 머리를 말릴 때 드라이기를 <u>쓴다</u>.
> 　ⓑ 우리는 존댓말을 <u>쓰는</u> 사이이다.
> ㄴ. ⓐ 그는 일어나자마자 기지개를 <u>켰다</u>.
> 　ⓑ 그는 바이올린을 잘 <u>켠다</u>.
> ㄷ. ⓐ 어머니는 일하시느라 손이 <u>거칠었다</u>.
> 　ⓑ 그는 말을 <u>거칠게</u> 하여 상처를 준다.

① ㄱ
② ㄱ, ㄴ
③ ㄱ, ㄷ
④ ㄴ, ㄷ
⑤ ㄱ, ㄴ, ㄷ

16 다음 글을 이해한 내용으로 적절한 것을 고르면?

'스승의 그림자도 밟아선 안 된다'는 격언은 흘러간 옛말이 된 지 오래이나, 인권 대국이라는 미국에서 교사는 여전히 성역으로 남아있다. 실제로 조지아 주의 한 공립학교에서는 학생이 인솔 교사를 앞질러 지나치는 등 지시를 따르지 않으면 '침묵의 형벌'을 받는다. 침묵의 형벌을 받은 학생은 점심시간에 급우들과 떨어져서, 이른바 '혼밥'을 해야 하고 주변 학생에게 말을 걸어서도, 친구의 물음에 대답해서도 안 된다. 학생이 교사에게 신체적 위해를 가하는 것은 감옥행을 각오하지 않고서는 할 수 없는 일이다. 지난 2월에 플로리다 주에서는 한 고교생이 수업 중 자신의 게임기를 압수한 보조 교사를 밀쳐 넘어뜨렸다가 중범죄로 기소됐다. 문제의 학생이 교실 복도에서 뒤로 수갑이 채워진 채 연행되는 영상은 SNS에 퍼지기도 했다.

미국 연방 대법원은 1977년에 제임스 잉그레이엄이 제기한 '공립학교에서의 교사 체벌' 위헌 소송에서 합헌 판결을 내린 뒤 그 입장을 유지하고 있다. 1970년 당시에 14세의 학생이었던 잉그레이엄은 학교 강당에서 나가라는 교사의 지시를 어겨 교장에게 불려가 20여 차례 곤장을 맞는 처벌을 받았다. 이에 잉그레이엄과 그의 부모는 소송을 제기하였으나, 대법원은 적대적이거나 지나치게 심하지 않은 체벌은 금지되지 않는다는 판결을 내렸다. 지금도 미국은 보수성향이 강한 남부를 중심으로 17개 주에서 체벌을 허용하고 있다. 사립학교의 경우, 뉴저지와 아이오와를 제외한 모든 주에서 체벌을 포함한 교사의 훈육권이 폭넓게 보장돼 있다. 한편, 이러한 미국도 인권을 중시하는 시대의 변화에 따라 체벌이 갈수록 줄어드는 추세이다. 지난해 미 연방 교육부의 실태 조사에 따르면 미국 초·중등 공립학교에서 체벌을 경험한 학생 수가 2003년의 30만 명에서, 2012년에는 17만 명으로 감소하였고, 코로나19 팬데믹 시기 이전인 2018년에는 6만 명 수준까지 감소하였다. 학교와 교사 측이 체벌보다 비행 학생의 교내 격리 및 중징계 처분, 교사 피해배상 등 더 효과적인 제재 수단을 강구하는 것 또한 체벌행위 감소세의 원인으로 작용하고 있다.

① 미국의 학교에서 '혼밥'은 자주 쓰이는 훈육 방법이다.
② 미국의 국민들은 교사의 체벌을 긍정적으로 보고 있다.
③ 체벌은 교사 피해배상이나 중징계 처분보다 더 효과적인 제재 수단이다.
④ 미국에서는 공립학교가 사립학교에 비해 더 체벌에 허용적이다.
⑤ 미국에서는 학생이 교사를 밀친 행위를 범죄행위로 간주한 사례가 있다.

17 다음 중 수식언에 대한 설명으로 적절하지 않은 것을 고르면?

① "설마 그가 떠나갔을까."에서 '설마'는 문장을 수식한다.
② "그는 아주 빨리 달린다."에서 '아주'는 동사 '달린다'를 수식한다.
③ "아이는 맨 구석 자리에 앉아 있었다."에서 '맨'은 명사 '구석'을 수식한다.
④ "범인은 바로 그 사람이다."에서 '바로'는 관형사 '그'를 수식한다.
⑤ "그는 따르릉 소리에 잠을 깼다."에서 '따르릉'은 명사 '소리'를 수식한다.

18 다음 글의 ㉠과 ㉡에 대한 설명으로 적절하지 않은 것을 고르면?

> 과학자 공동체의 자율성에 대한 인식이 확산되면서 과학과 사회 사이에 일종의 사회계약(社會契約)이 맺어진다. 국가는 과학이 공공이익 극대화에 기여할 것을 기대하며 과학에 지원을 해 주고, 과학자 공동체의 자율성을 존중하는 정책을 취한다. 이를 과학과 사회 사이의 ㉠'제1차 사회계약'이라고 한다. 국가가 과학 연구를 규제하지 않고 오로지 지원만 함으로써 과학 연구의 성과가 극대화될 수 있다는 계약이다.
> 20세기 중반을 지나면서 과학이 대량 살상 무기를 만드는 데 쓰이자 과학자의 사회적 책임과 과학 연구 규제의 필요성이 대두되었다. 이러한 요구는 1980년대 이후 과학과 사회 사이에 ㉡'제2차 사회계약'이 새롭게 맺어지면서 더 커졌다. 제2차 사회계약이란 바로 '산학 협동'이라고 하는, 과학의 상품화가 가속화되는 경향을 의미한다. 이 새로운 사회계약하에 대부분의 과학 연구 활동은 산업적 이윤 증대와 국가 경제의 경쟁력 제고에 기여하는 한에서 지원을 받는다. 그 결과 과학 연구 활동이 수많은 인력과 자금이 투입되는 거대한 연구 과제 방식으로 바뀌었다. 그에 따라 개별 과학자들이 전체 연구 내용을 파악하고 자주적으로 통제할 수 있는 여지가 사라졌다. 또한 지원을 받기 위해 실험을 조작하는 비윤리적인 연구 부정행위도 나타났다.

① ㉡으로 인해 과학자의 사회적 책임과 공동선(共同善)을 추구하고자 하였다.
② ㉠으로 인해 과학 연구의 부정적 측면이 드러나고 ㉡ 이후에는 과학 연구의 윤리성 및 규제에 대한 목소리가 더 커졌다.
③ ㉠에서는 과학의 자율성을 온전히 보장받았지만, ㉡에서는 결과적으로 과학의 자율성을 일부만 보장받게 되었다.
④ ㉠은 무조건적 지원, ㉡은 산업적 이윤, 국가 경제의 경쟁력 제고에 기여하는 연구만 지원한다는 점에서 지원금 지급 대상에 차이가 있다.
⑤ ㉠과 ㉡의 차이에도 불구하고, 개별 과학자들의 연구는 지속되었다.

19 다음 글의 빈칸의 ㉠~㉤ 중 [보기]의 내용이 들어가기에 가장 적절한 곳을 고르면?

에너지 전환에 있어 선두에 선 독일은 전력생산 부분에서 괄목할 만한 성장을 해왔다. 그런데 전력생산과 다르게 난방과 교통수송 분야에는 그 성장 속도가 느리거나 사실상 정체된 것처럼 보인다. (㉠) 2020년의 독일의 재생에너지 전환 현황을 살펴보면, 전력생산의 경우는 45.4%를 이미 재생에너지로 전환하는 데 성공했지만, 건물 난방의 경우 15.2%, 교통수송은 7.3%에 불과하여 전력생산 전환과 큰 차이가 있음을 알 수 있다. (㉡) 전 세계를 기준으로 살펴보면, 상황은 더욱 심각하다. (㉢) 21세기를 위한 국제재생에너지정책네트워크(REN21)가 발간한 '2020 세계 재생에너지 현황 보고서'를 보면, 전 세계 최종 에너지 소비량 중에서 재생에너지가 차지하는 비율은 각 부문별로 큰 차이를 보였다. (㉣) 그러나 최종 에너지 소비량의 절반 이상인 51%를 차지하는 난방 부문에서는 재생에너지가 겨우 10.1%를 부담했다. (㉤) 그리고 전체 에너지 소비의 32%를 차지하는 운송에서는 단 3.3%만이 재생에너지를 활용하는 것으로 나타났다.

보기

최종 에너지 소비량의 17%를 차지하는 전력 부문에서 재생에너지 비율은 26.4%인 것으로 나타났다.

① ㉠   ② ㉡   ③ ㉢   ④ ㉣   ⑤ ㉤

20 다음 글의 밑줄 친 'A 원리'에 따를 때, 도덕적으로 허용할 수 없는 것을 [보기]에서 모두 고르면?

> 우리는 어떤 행위를 그것이 가져올 결과가 좋다는 근거만으로 허용할 수는 없다. 다시 말해 그 행위 덕분에 더 많은 생명을 구할 수 있다는 사실만으로 그 행위를 허용할 수는 없다. A 원리에 따르면 무고한 사람의 죽음 자체를 의도하는 것은 언제나 그른 행위이고 도덕적으로 허용될 수 없다. 여기서 의도란 단순히 자기 행위의 결과가 어떨지 예상하고 그 내용을 이해하는 것을 넘어서 그 행위의 결과 자체가 자신이 그 행위를 선택하게 된 이유임을 의미한다.
>
> 예를 들어 우리가 제한된 의료 자원으로 한 명의 환자를 살리는 것과 다수의 환자를 살리는 것 사이에서 선택해야 할 경우, 한 명의 환자가 죽더라도 다수의 환자를 살리는 것이 도덕적으로 허용될 수 있다. 이때 그의 죽음은 피치 못할 부수적인 결과였기 때문이다. 하지만 만일 그 한 명의 환자를 치료하지 않은 이유가, 그가 죽은 후 장기이식을 기다리는 다른 여러 사람에게 그의 장기를 이식하기 위한 것이었다면 그 행위는 허용될 수 없다.

[보기]
㉠ 적국의 산업시설을 폭격하면 그곳의 많은 민간인이 죽게 되고 적국 시민이 그 참상에 공포심을 갖게 되어, 전쟁이 빨리 끝날 것이라는 기대감에 폭격하는 행위
㉡ 뛰어난 심장전문의가 어머니의 임종을 지키기 위해 급하게 길을 가던 중 심장마비를 일으킨 사람을 발견했으나 그 사람을 치료하지 않고 어머니에게 가는 행위
㉢ 브레이크가 고장난 채 달리는 기관차가 선로 앞에 묶여 있는 다섯 명의 어린이를 발견했고, 그들을 구하기 위해 다른 선로에 홀로 일하고 있는 인부를 보고도 그 선로로 기관차의 진로를 변경하는 행위

① ㉠
② ㉡
③ ㉠, ㉡
④ ㉠, ㉢
⑤ ㉠, ㉡, ㉢

21 다음 글의 내용과 가장 잘 부합하는 것을 고르면?

> 학문에서 확고하고 불변하는 것을 세우려 한다면 일생에 한 번은 이 모든 것을 철저하게 전복해 최초의 토대에서 다시 새로 시작해야 한다는 것을 깨달은 바가 있다. 나는 지금까지 갖고 있던 모든 의견을 진지하고 자유롭게 전복해 볼 참이다.
> 그러나 이를 위해 모든 의견이 거짓임을 증명해 보일 필요는 없다. 이것은 내가 도저히 해낼 수 없다. 오히려 아주 확실하지 않은 것, 의심할 여지가 있는 것에 대해서 엄격하게 동의해서는 안 된다. 따라서 의견 각각에 의심할 만한 이유가 조금이라도 있다면 그 의견 전체를 충분히 거부할 수 있다. 그렇다고 의견을 일일이 검토해야 하는 것은 아니다. 이것은 끝이 없는 일이기 때문이다. 이보다는 오히려 토대가 무너지면 그 위에 세워진 것도 저절로 무너질 것이기에, 기존의 의견이 기대고 있는 원리 자체를 바로 검토해 보아야 한다.

① 의견들 사이에는 쌍방향적 의존 관계가 있다.
② 거짓된 토대 위에 세워진 것이 무너지면 토대 자체도 무너진다.
③ 거짓임을 증명할 수 없는 의견에 대해서는 정당하게 의심할 수 없다.
④ 그동안 거짓이면서도 참인 것으로 간주해 왔던 것을 하나하나 재검토할 필요가 있다.
⑤ 어떤 사람의 최초의 토대가 되는 의견은 그 사람의 다른 의견에 의존하지 않는다.

22 다음 중 밑줄 친 부분의 의미와 가장 가까운 것을 고르면?

> 이 정도 습도면 아이들에게 딱 맞을 것이다.

① 이 책은 역사적 사실에 맞는 내용을 담고 있다.
② 실내 온도가 화초의 특성에 맞지 않으면 화초가 잘 자라지 않는다.
③ 갑자기 쏟아진 우박을 맞아 배추들이 모조리 주저앉아 있었다.
④ 그가 쏜 화살이 과녁에 정확하게 맞았다.
⑤ 나의 의견이 그의 생각과 맞을 것이라고 확신한다.

23 다음 중 밑줄 친 어휘의 쓰임이 적절한 것을 고르면?

① 이번에 입사한 그 남자 사원은 훌륭한 재원(才媛)이다.
② 떨어지는 낙엽(落葉)을 보니 가을이 왔음이 느껴진다.
③ 존경하는 아버지의 전철(前轍)을 밟아 꼭 성공할 것이다.
④ 그들은 남은 여생(餘生)을 시골에서 조용히 보내기로 결심했다.
⑤ 연구팀이 희귀 유전병의 원인을 세계 최초로 구명(究明)했다.

24 다음 중 밑줄 친 번역 투의 문장을 잘못 고친 것을 고르면?

① 그분은 <u>참스승에 다름 아니다</u>. → 참스승과 다름이 없다
② 이 식물은 <u>많은 양의 물을</u> 줘야 한다. → 물을 많이
③ 나는 그 소식을 친구<u>로부터</u> 들었다. → 에 의해서
④ 해외 용병을 수입하는 경우, 반드시 <u>고려에 넣어야 할</u> 요소가 있다 → 고려할
⑤ 우리 회사는 구로구에 <u>위치해 있다</u>. → 있다

25 다음 중 빈칸의 ㉠에 들어갈 예로 가장 적절한 것을 고르면?

> 자료적 오류 중에 '논점 일탈의 오류'는 논쟁에서 논점을 흐리거나 주의를 전환하는 것으로, 논점과 관계없는 것을 제시하여 이와 무관한 결론에 이르게 할 때 생기는 오류이다. 예를 들어 '(㉠)'와 같은 것이다.

① 컴퓨터와 사람은 비슷한 점이 많다. 따라서 컴퓨터도 인간처럼 감정을 가졌을 것이다.
② 모든 사람은 표현의 자유를 가졌다. 따라서 판사도 재판 때 자신의 정치적인 견해를 말할 수 있다.
③ 낙대는 여성의 기본권을 침해한다. 따라서 태아의 생명을 해치는 낙태를 금지해야 한다.
④ 이 영양제는 정말 좋은 거야. 왜냐하면 배우 수지가 그렇게 말했거든.
⑤ 이 영화를 천만 관객이 봤어. 훌륭한 영화인 것이 분명해.

파이널 모의고사 1회
자료해석

20문항/25분

정답과 해설 ▶ P.47

01 다음과 같이 일정한 규칙으로 수를 나열할 때, 괄호 안에 들어갈 알맞은 수를 고르면?

> 5   6   14   41   105   (   )

① 125
② 215
③ 225
④ 230

02 다음 [표]는 2012~2018년 우리나라 각 군별 예산 지수 자료이다. 이에 대한 설명으로 옳지 않은 것을 고르면?

[표] 우리나라 각 군별 예산 지수 (단위: %)

구분	2012년	2013년	2014년	2015년	2016년	2017년	2018년
육군	88.2	91.5	95.2	100	103.3	109.5	113.0
해군	91.3	93.7	96.8	100	103.2	107.0	109.1
공군	90.3	93.2	96.8	100	103.3	106.7	110.5

※ 2015년을 100으로 함
㉮ 육군의 2012년 예산은 2015년의 88.2%에 해당함

① 2013~2018년 동안 각 군별로 예산이 꾸준히 상승하였다.
② 2012년 대비 2016년의 예산 증가율이 가장 낮은 군은 해군이다.
③ 육군과 해군의 2017년 예산이 같다면, 2015년 예산은 육군이 해군보다 더 많다.
④ 2015년에 각 군별로 예산이 같다면, 2012년부터 2018년까지 예산의 변화가 가장 작은 것은 해군이다.

03 다음 [표]는 C 초등학교에서 남학생 및 여학생의 키와 몸무게를 측정한 자료이다. 이를 바탕으로 전체 학생의 몸무게의 평균은 몇 kg인지 고르면?

[표] C 초등학교 남·여학생의 인원 수 및 키와 몸무게 평균

구분	남학생		여학생	
	인원 수	평균	인원 수	평균
키	40명	128cm	60명	142cm
몸무게	40명	30kg	60명	35kg

① 31kg ② 32kg ③ 33kg ④ 34kg

04 다음 [표]는 K기업에 지원한 4개 대학의 지원자 및 합격자 현황을 나타낸 자료이다. 이에 대한 설명으로 옳은 것을 고르면?

[표] A~D대학의 입사 지원 및 합격 현황 (단위: 명, %)

구분	지원자		합격자		합격률	
	남자	여자	남자	여자	남자	여자
A대학	70	5	63	5	90	100
B대학	60	18	15	18	25	100
C대학	80	80	25	42	31.25	52.5
D대학	7	34	7	21	100	61.76

① A대학에서 K기업에 지원한 남자 지원자의 7%는 불합격하였다.
② 모든 대학에서 여자 지원자의 합격률이 남자 지원자의 합격률보다 높다.
③ K기업에 지원한 A대학과 B대학 여자 지원자는 전부 합격하였다.
④ B대학의 지원자의 절반 이상은 합격하였다.

05 다음 [표]는 가, 나, 다 회사의 공장 기계 초기 구매비용과 월별 유지 비용에 관한 자료이다. 이를 바탕으로 기계를 구입한 후 1년간 사용했을 때 지불해야 할 총액이 가장 많은 회사를 고르면?

[표] 회사별 공장 기계 초기 구매비용 및 월별 유지비용

구분	공장 기계 초기 구매 비용(만 원)	전기요금(원/월)	관리비(원/월)
가 회사	250	30,000	15,000
나 회사	200	30,000	25,000
다 회사	180	55,000	20,000

① 가 회사 ② 나 회사 ③ 다 회사 ④ 가 회사, 나 회사

06 다음 [표]와 [그래프]는 군인연금 재정규모 및 수급자 현황에 대한 자료이다. 이에 대한 설명으로 옳은 것을 고르면?

[표] 군인연금 재정규모   (단위: 억 원)

구분	2011년	2012년	2013년	2014년	2015년	2016년
기여금	3,447	3,726	4,482	4,995	5,151	5,511
일반회계 전입금	13,832	14,607	13,956	12,993	12,902	12,951
반환금 및 기타 보유액	59	60	55	61	78	76
기금 보유액	6,207	7,057	8,624	10,303	10,425	11,042
합계	23,545	25,450	27,117	28,352	28,556	29,580

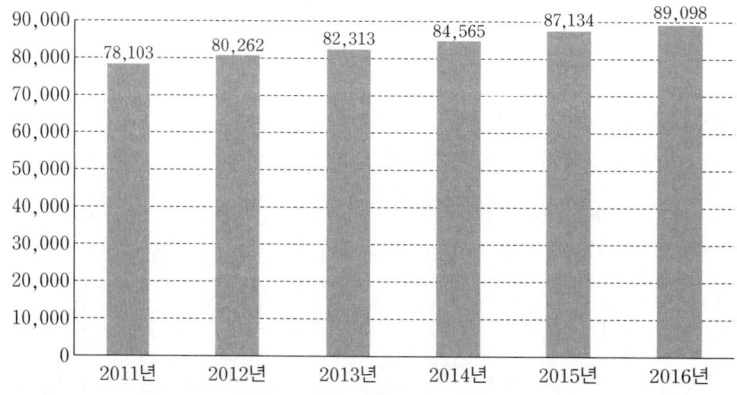

① 2012~2016년 동안 전년 대비 군인연금 재정규모의 증가율은 매년 감소하였다.
② 2011~2016년 중 군인연금 수급자 1인당 군인연금 재정규모는 2011년에 가장 적다.
③ 2012~2016년 동안 반환금 및 기타 보유액은 매년 증가하였다.
④ 2012~2016년 중 전년 대비 군인연금 수급자가 가장 많이 증가한 해는 2014년이다.

[07~08] 다음 [표]는 2014~2019년 기간 동안 5개 스포츠 종목의 연간 경기장 수용규모 및 관중수용률을 나타낸 자료이다. 이를 바탕으로 질문에 답하시오.

[표] 스포츠 종목별 연간 경기장 수용규모 및 관중수용률 (단위: 천 명, %)

구분		2014년	2015년	2016년	2017년	2018년	2019년
야구	수용규모	20,429	20,429	20,429	20,429	19,675	19,450
	관중수용률	30.6	41.7	53.3	56.6	58.0	65.7
축구	수용규모	40,255	40,574	40,574	37,865	36,952	33,314
	관중수용률	21.9	26.7	28.7	29.0	29.4	34.9
농구	수용규모	5,899	6,347	6,354	6,354	6,354	6,653
	관중수용률	65.0	62.8	66.2	65.2	60.9	59.5
핸드볼	수용규모	3,230	2,756	2,756	2,756	2,066	2,732
	관중수용률	26.9	23.5	48.2	43.8	34.1	52.9
배구	수용규모	5,129	5,129	5,089	4,843	4,409	4,598
	관중수용률	16.3	27.3	24.6	30.4	33.4	38.6

※ (관중수용률)(%) = $\dfrac{(\text{연간 관중 수})}{(\text{연간 경기장 수용규모})} \times 100$

07 위의 자료에 대한 설명으로 옳은 것을 고르면?

① 축구의 연간 관중 수는 매년 증가한다.
② 관중수용률은 농구가 야구보다 매년 높다.
③ 관중수용률이 매년 증가한 종목은 3개이다.
④ 2017년 연간 관중 수는 배구가 핸드볼보다 많다.

08 2020년 축구의 수용규모가 29,062,500명이고 연간 관중 수가 11,625,000명일 때 전년 대비 관중수용률의 증가율은 몇 %인지 고르면?(단, 소수점 둘째 자리에서 반올림한다.)

① 12.5%   ② 13.2%   ③ 14.6%   ④ 15.0%

09 A 학교의 입학시험에 응시한 남학생과 여학생의 비는 3:2이었고, 입학시험에 합격한 남학생과 여학생의 비는 1:1이었다. 이때 불합격한 남학생과 여학생의 비는 5:2이고, 합격자 수는 160명이었을 때, 입학시험에 응시한 모든 학생 수를 고르면?

① 300명 ② 325명 ③ 375명 ④ 400명

10 다음 [표]는 A~D 기업 직원의 월급 및 소득세율을 정리한 자료이다. 4개 기업을 원화 표시 세후 월급이 높은 순서대로 바르게 나열한 것을 고르면?

[표] A~D 기업 직원의 월급 및 소득세율

구분＼기업	A	B	C	D
월급	350만 원	3,300달러	2,400파운드	34만 엔
소득세율(%)	16	22	25	20

※ (세후 월급)(원)=(월급) × (100−소득세율)
※ 외화별 환율은 다음과 같다. 1달러=1,000원, 1파운드=1,500원, 100엔=1,050원

① D 기업−A 기업−B 기업−C 기업
② D 기업−A 기업−C 기업−B 기업
③ A 기업−D 기업−B 기업−C 기업
④ A 기업−D 기업−C 기업−B 기업

11 일의 자리의 숫자가 5인 두 자리의 자연수에서 십의 자리의 숫자와 일의 자리의 숫자를 바꾸면 처음 수의 2배보다 2가 크다고 한다. 이때 처음 수의 십의 자리의 숫자를 고르면?

① 1 ② 2 ③ 3 ④ 4

12 다음 [표]는 2005~2010년 주요 국가의 이산화탄소 배출량을 조사한 자료이다. 다음 중 옳은 것을 고르면?

[표] 2005~2010년 주요 국가의 이산화탄소 배출량 (단위: 백만 톤)

구분	2005년	2006년	2007년	2008년	2009년	2010년
한국	469.1	476.6	490.3	501.7	515.5	562.92
중국	5,062.4	5,602.9	6,028.4	6,506.8	6,800.7	7,126
인도	1,164.8	1,256.3	1,361.9	1,438.5	1,564.0	1,625.8
이란	421.6	455.0	488.4	497.7	513.9	509.0
일본	1,220.7	1,205.0	1,242.3	1,154.3	1,095.7	1,143.1
캐나다	559.4	544.1	568.5	550.5	525.5	536.6
미국	5,771.7	5,684.9	5,762.7	5,586.8	5,184.8	5,368.6
프랑스	388.4	379.6	373.1	370.2	351.4	357.8
독일	809.0	820.9	796.3	800.1	747.1	761.6
러시아	1,516.2	1,579.8	1,578.5	1,593.4	1,520.4	1,581.4
영국	533.0	534.7	522.9	512.8	465.5	483.5

① 2010년에 이산화탄소 배출량이 가장 많은 국가는 중국이며, 그 해 중국의 이산화탄소 배출량은 이란의 약 15배이다.
② 2005년 대비 2010년의 한국의 이산화탄소 배출량의 증가율은 20%이다.
③ 2006년과 2010년의 이산화탄소 배출량의 차이는 영국이 일본보다 크다.
④ 2008년에 이산화탄소 배출량이 많았던 5개 국가를 순서대로 나열하면 중국, 미국, 인도, 러시아, 일본 순이다.

13 다음 [표]는 L사와 S사의 A/S 접수 현황을 나타낸 자료이다. 이에 대한 설명으로 옳은 것을 고르면?

[표] L사와 S사의 A/S 접수표 (단위: 건)

구분	A/S 접수	처리 상황		처리된 A/S의 결과	
		미처리	처리	만족	불만족
L사	19,669	1,564	18,135	14,362	3,773
S사	40,830	8,781	32,049	23,637	8,412

※ 접수된 A/S의 처리 상황은 '미처리'와 '처리'로만 구분되며, 처리된 A/S의 결과는 '만족'과 '불만족'으로만 구분됨

※ (만족 비율)(%) = $\frac{(만족\ 건수)}{(처리\ 건수)} \times 100$

① 미처리 건수는 S사가 L사의 5배를 넘지 않는다.
② S사의 A/S 접수 건수 대비 만족 건수의 비율은 50% 미만이다.
③ 만족 건수는 S사가 L사에 비해 많고, 만족 비율도 S사가 L사에 비해 높다.
④ L사와 S사 각각의 A/S 접수 건수 대비 미처리 건수의 비율은 10%p 이상 차이가 난다.

14 다음 [표]는 어느 농구팀이 2년간 기록한 득점별 경기 수를 조사한 것으로 일부가 지워져 보이지 않는다. 총경기 수가 58경기이고, 70점 이상 80점 미만에 해당하는 경기 수와 80점 이상 90점 미만에 해당하는 경기 수의 비가 4:5일 때, 득점이 70점 이상 80점 미만인 경기 수를 고르면?

[표] 득점별 경기 수 (단위: 경기)

득점	경기 수
50점 이상 60점 미만	2
60점 이상 70점 미만	3
70점 이상 80점 미만	
80점 이상 90점 미만	
90점 이상 100점 미만	10
100점 이상 110점 미만	4
110점 이상 120점 미만	3

① 8경기 ② 12경기 ③ 16경기 ④ 20경기

15 다음 [그래프]는 어느 학급의 학생 15명의 1, 2차 수학 시험 성적을 나타낸 상관도이다. 이를 바탕으로 1차 시험보다 2차 시험의 성적이 향상된 학생의 2차 성적의 평균을 고르면?

[그래프] 수학 시험 성적 상관도 (단위: 점)

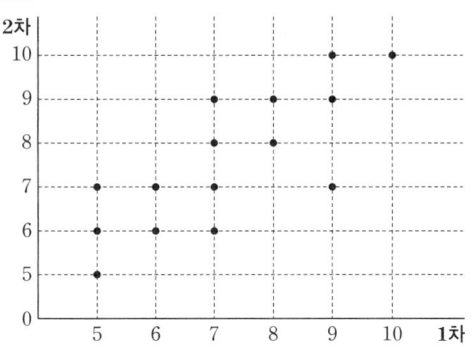

① 6.5점   ② 7.0점   ③ 7.5점   ④ 8.0점

16 다음 [표]는 우리나라의 역대 왕조(시대)에 대한 자료이다. 다음 설명에 대해 옳은 것을 고르면?

[표] 우리나라의 역대 왕조(시대)별 존속 기간 · 재위 왕 수 · 수도

왕조(시대)	존속 기간	재위 왕 수(명)	수도
신라	기원전 57~935년	56	경주
백제	기원전 18~660년	31	부여
고구려	기원전 37~668년	28	평양
발해	698~926년	15	영안
고려	918~1392년	34	개성
조선	1392~1910년	27	서울

※ 신라의 존속 기간은 통일신라 이후의 기간을 포함함
※ 수도는 해당 왕조의 멸망 당시를 기준으로 한 현재 지명임

① 가장 먼저 세워진 왕조의 존속 기간이 가장 길고, 재위 왕 수는 가장 적다.
② 수도가 평양인 왕조의 존속 기간은 수도가 영안인 왕조의 존속 기간의 3배 이하이다.
③ 재위한 왕들의 평균 재위 기간이 가장 긴 왕조는 멸망 당시 수도가 부여이다.
④ 존속 기간이 500년 이상인 왕조의 재위 왕의 평균 수는 존속 기간이 500년 미만인 왕조의 재위 왕의 평균 수의 1.5배 미만이다.

17 다음 [표]는 2005~2012년 동안 A~G 기업의 성장률을 나타낸 자료이다. 이에 대한 설명으로 옳은 것을 고르면?

[표] A~G 기업의 성장률   (단위: %)

구분	2005년	2006년	2007년	2008년	2009년	2010년	2011년	2012년
A 기업	9.1	3.4	7.9	1.3	1.0	2.1	4.3	4.4
B 기업	5.1	8.1	6.5	5.0	0.7	3.0	3.5	4.7
C 기업	7.4	1.1	4.3	2.5	3.4	0.7	3.9	4.5
D 기업	6.8	5.0	10.6	2.5	3.8	3.6	6.9	7.5
E 기업	9.9	4.7	8.2	1.5	1.4	6.6	6.6	3.8
F 기업	9.0	4.5	8.0	7.4	1.6	2.5	3.4	3.3
G 기업	8.5	0.5	15.7	2.6	4.4	4.5	2.0	4.6

① 2007년 대비 2008년 성장률이 5%p 이상 감소한 기업은 모두 3개이다.
② 2009년과 2010년에 성장률이 가장 높은 기업은 동일하다.
③ 2006년에 각 기업의 성장률은 2005년에 비해 감소하였다.
④ 2010년에 A, B, E 세 기업의 성장률은 각각 2009년의 2배 이상이다.

18 다음 [표]는 강원도 ○○부대의 간부 1인당 자동차 대수를 나타낸 자료이다. 이에 대한 설명으로 옳은 것을 고르면?

[표] 간부 1인당 자동차 대수   (단위: 대)

구분	2017년	2018년	2019년	2020년
헌병대	0.57	0.58	0.59	0.60
수색대	0.45	0.46	0.47	0.48
정찰대	0.33	0.34	0.36	0.37
의무대	0.39	0.39	0.39	0.39
통신대	0.38	0.39	0.40	0.41

① 2018~2020년 동안 의무대 간부들은 자동차를 구입하지 않아 간부 1인당 자동차 대수가 동일하다.
② 다른 대대 간부에 비하여 헌병대 간부들이 운용하는 자동차 대수가 많다.
③ 수색대가 다니는 도로보다 정찰대가 다니는 도로가 더 험하다.
④ 2017년 대비 2020년에 간부 1인당 자동차 대수가 가장 크게 증가한 곳은 정찰대이다.

[19~20] 다음 [그래프]는 2020년 연령대별·성별 난청 환자의 수를 나타낸 자료이다. 이를 바탕으로 질문에 답하시오.

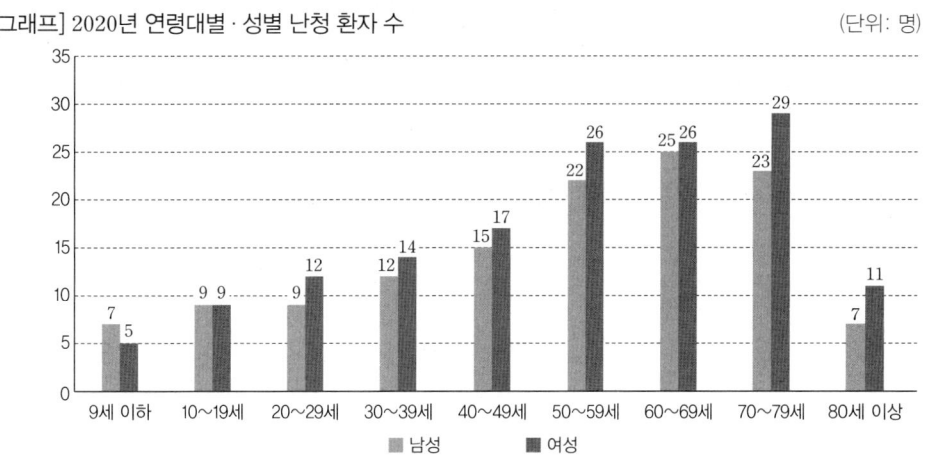

[그래프] 2020년 연령대별·성별 난청 환자 수 (단위: 명)

19 전체 여성 난청 환자 중 80세 이상 환자가 차지하는 비율은 몇 %인지 고르면?(단, 소수점 둘째 자리에서 반올림한다.)

① 5.1% ② 7.4% ③ 9.3% ④ 11.8%

20 다음 중 [그래프]에 대한 해석으로 옳은 것을 고르면?

① 전 연령대에서 여성 환자의 수가 남성 환자의 수보다 많다.
② 남성과 여성 환자 수의 차이가 가장 큰 연령대는 70~79세이다.
③ 남성 환자와 여성 환자의 수는 모두 60~69세 이후부터 줄어들고 있다.
④ 60~69세 남성 환자 수는 80세 이상 남성 환자 수의 4배를 초과한다.

파이널 모의고사 2회
공간능력

18문항/10분

정답과 해설 ▶ P.51

01 다음 [보기]에 제시된 입체도형의 전개도로 알맞은 것을 고르면?

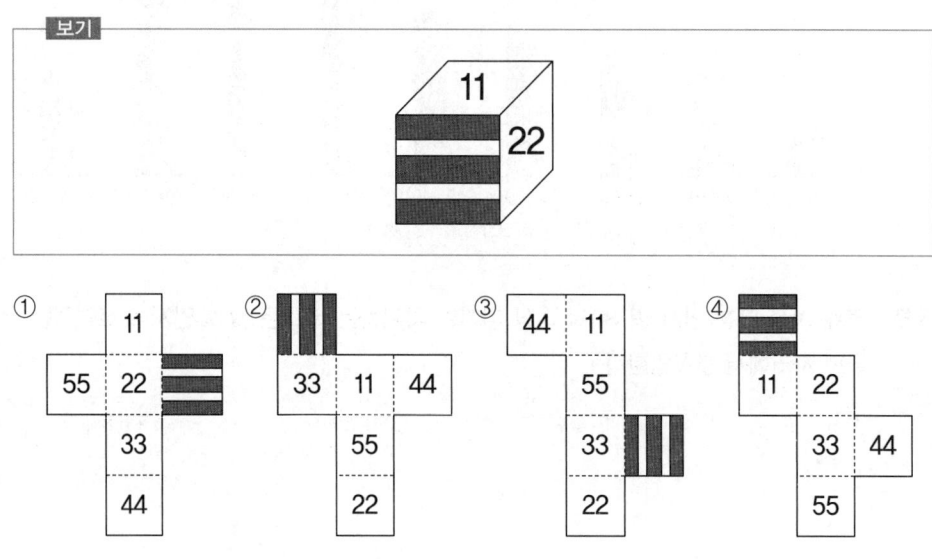

02 다음 [보기]에 제시된 입체도형의 전개도로 알맞은 것을 고르면?

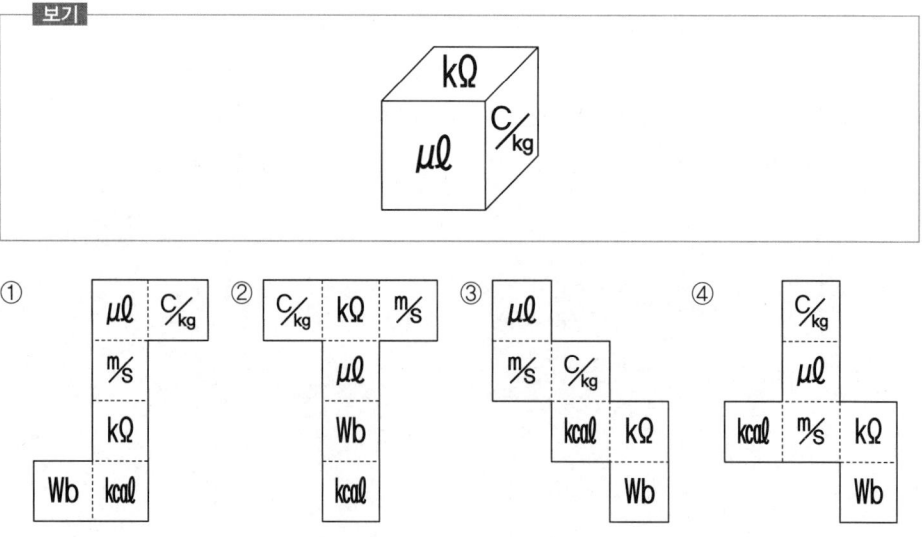

03 다음 [보기]에 제시된 입체도형의 전개도로 알맞은 것을 고르면?

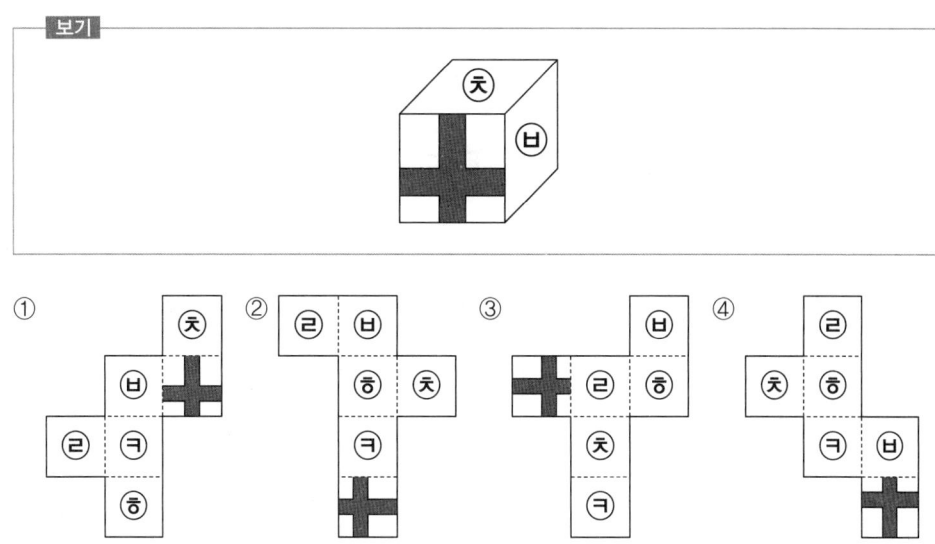

04 다음 [보기]에 제시된 입체도형의 전개도로 알맞은 것을 고르면?

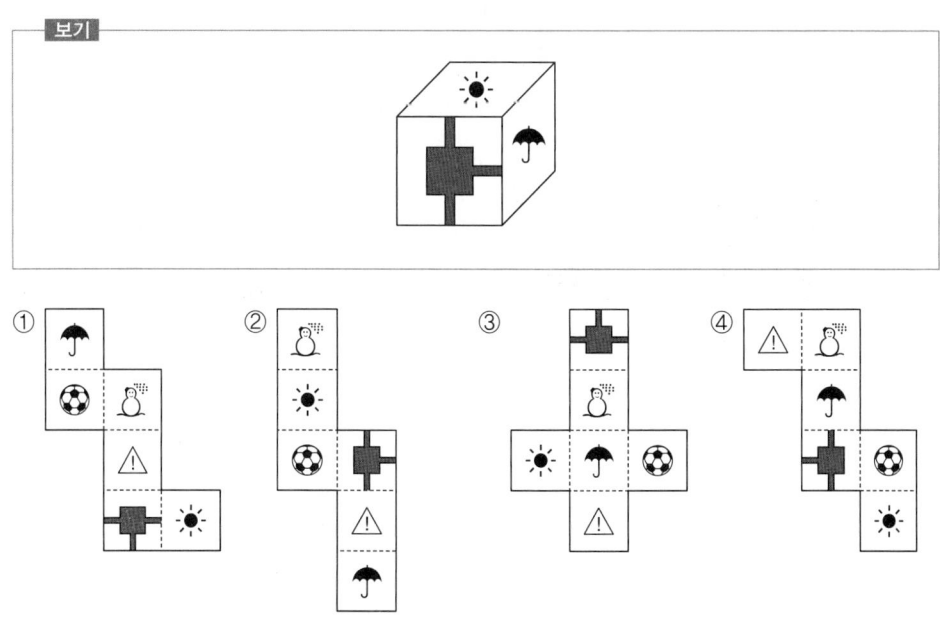

05 다음 [보기]에 제시된 입체도형의 전개도로 알맞은 것을 고르면?

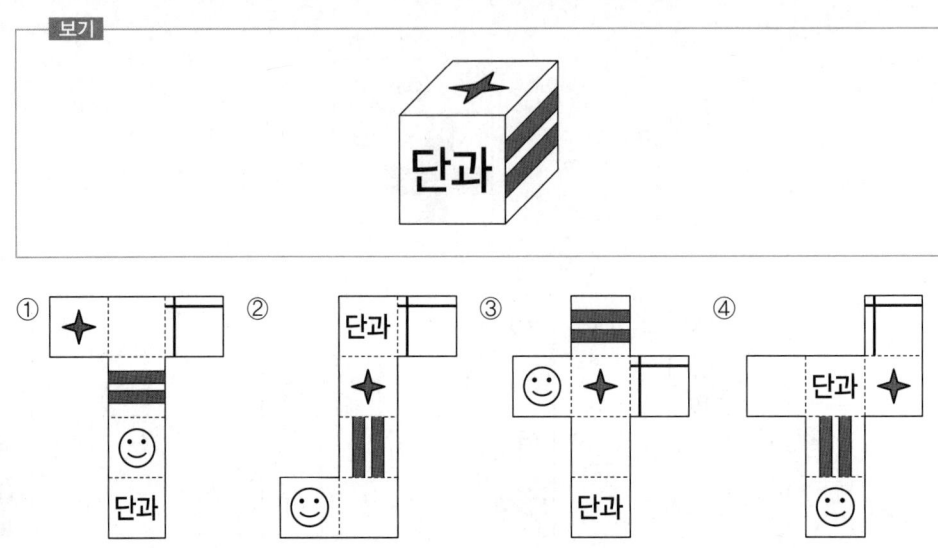

06 다음 [보기]에 제시된 전개도로 만든 입체도형에 해당하는 것을 고르면?

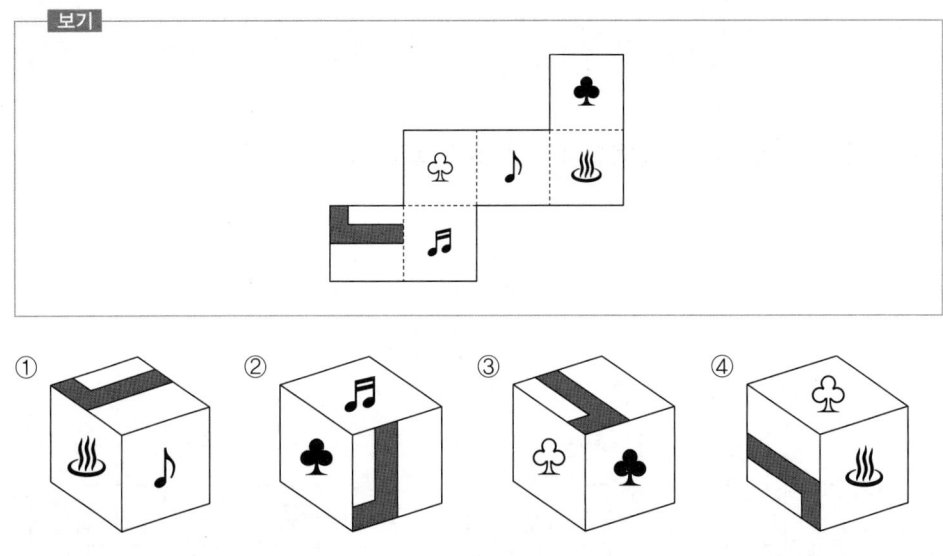

07 다음 [보기]에 제시된 전개도로 만든 입체도형에 해당하는 것을 고르면?

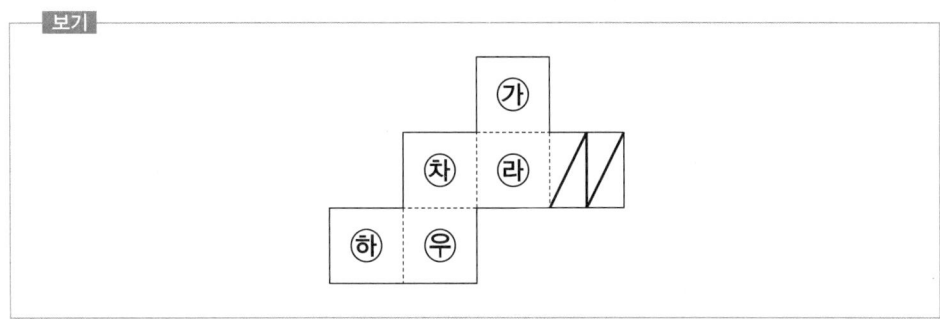

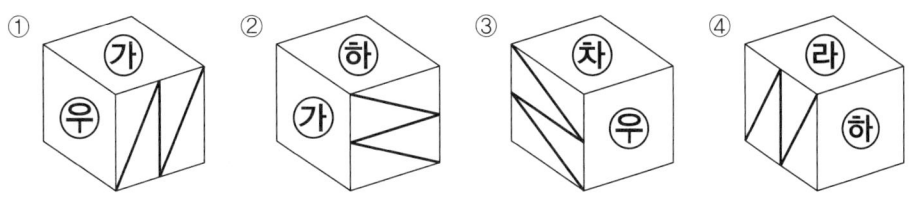

08 다음 [보기]에 제시된 전개도로 만든 입체도형에 해당하는 것을 고르면?

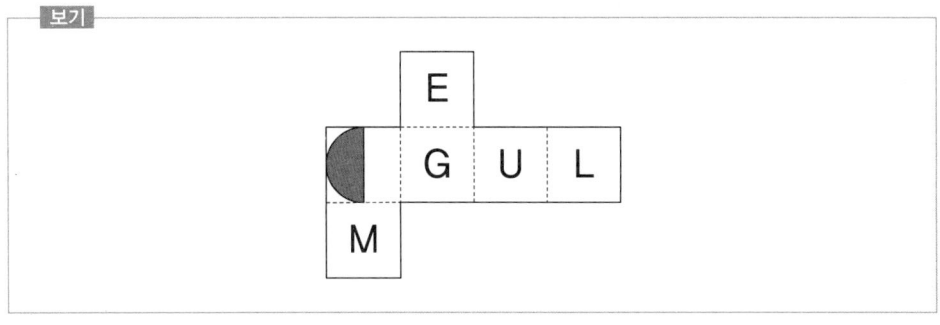

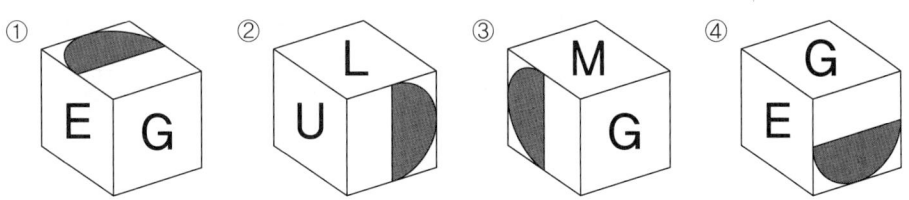

09 다음 [보기]에 제시된 전개도로 만든 입체도형에 해당하는 것을 고르면?

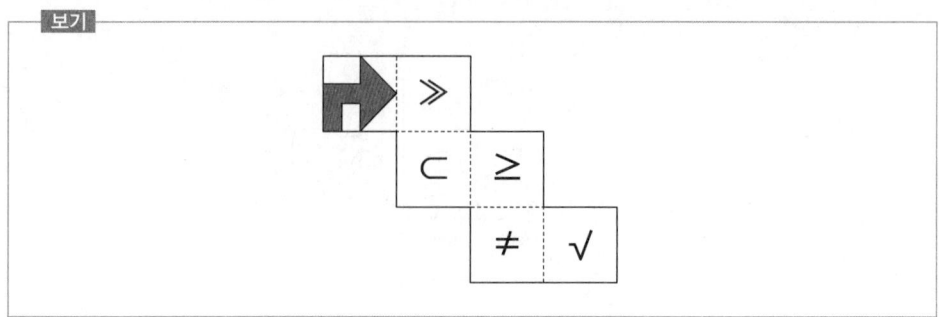

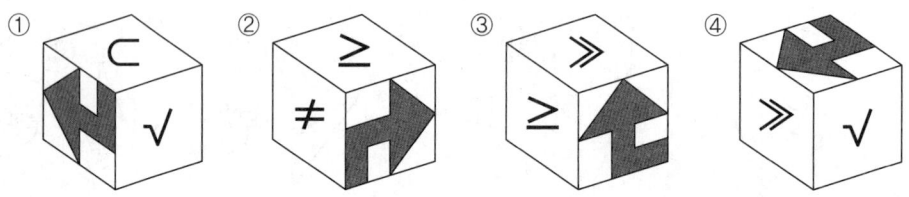

10 다음 [보기]에 제시된 전개도로 만든 입체도형에 해당하는 것을 고르면?

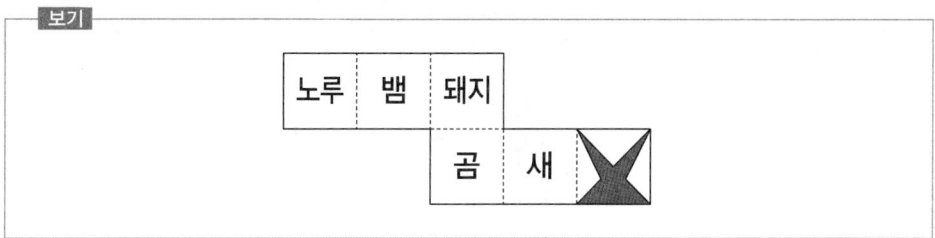

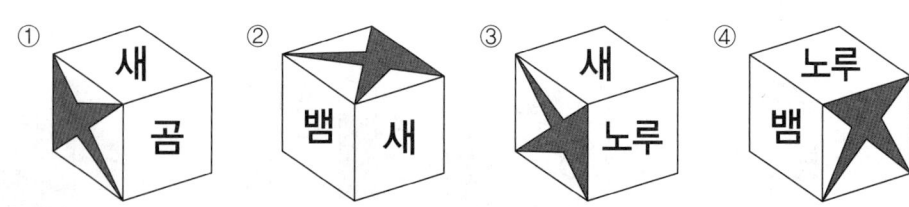

11 다음 [보기]에 제시된 그림과 같이 쌓기 위해 필요한 블록의 개수를 고르면?

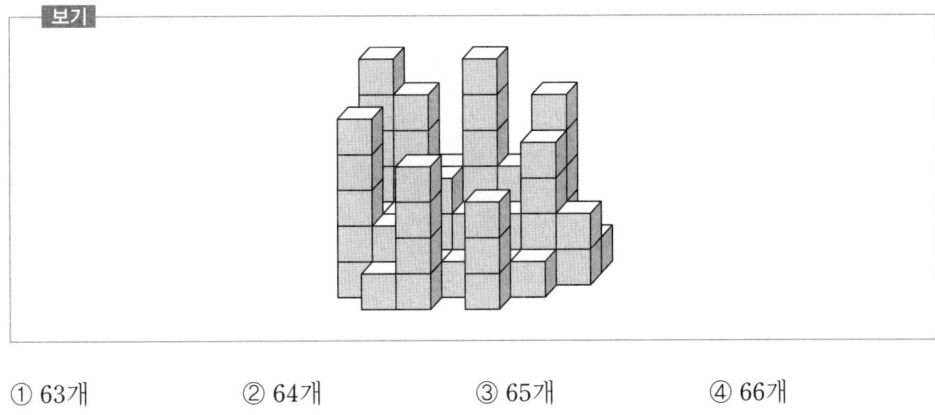

① 63개   ② 64개   ③ 65개   ④ 66개

12 다음 [보기]에 제시된 그림과 같이 쌓기 위해 필요한 블록의 개수를 고르면?

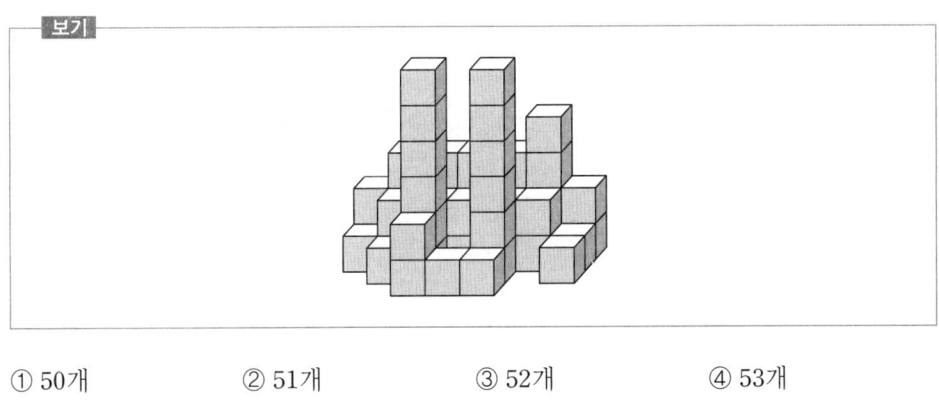

① 50개   ② 51개   ③ 52개   ④ 53개

13 다음 [보기]에 제시된 그림과 같이 쌓기 위해 필요한 블록의 개수를 고르면?

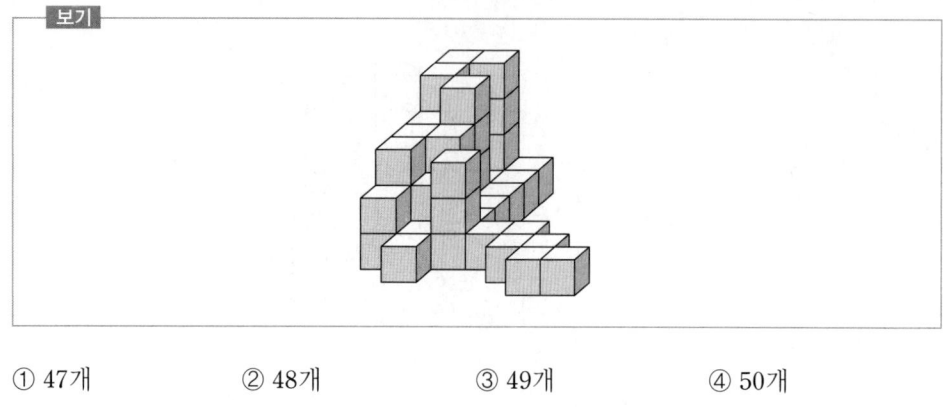

① 47개   ② 48개   ③ 49개   ④ 50개

14 다음 [보기]에 제시된 그림과 같이 쌓기 위해 필요한 블록의 개수를 고르면?

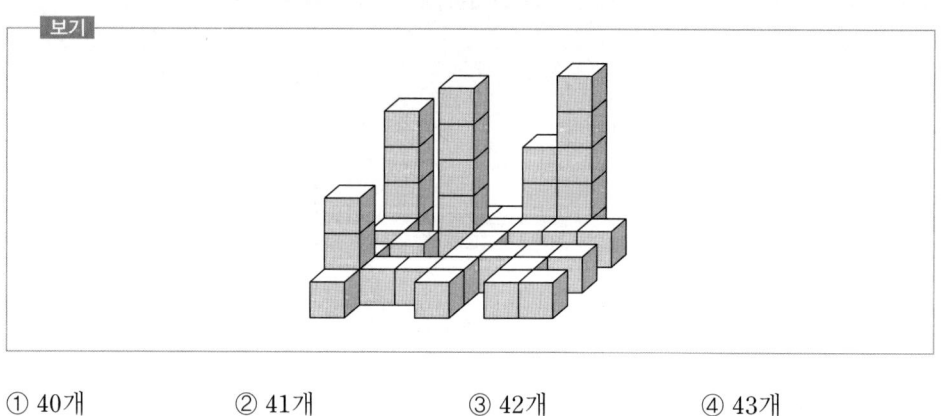

① 40개   ② 41개   ③ 42개   ④ 43개

15 다음 [보기]에 제시된 블록을 화살표 방향에서 바라볼 때의 모양을 고르면?

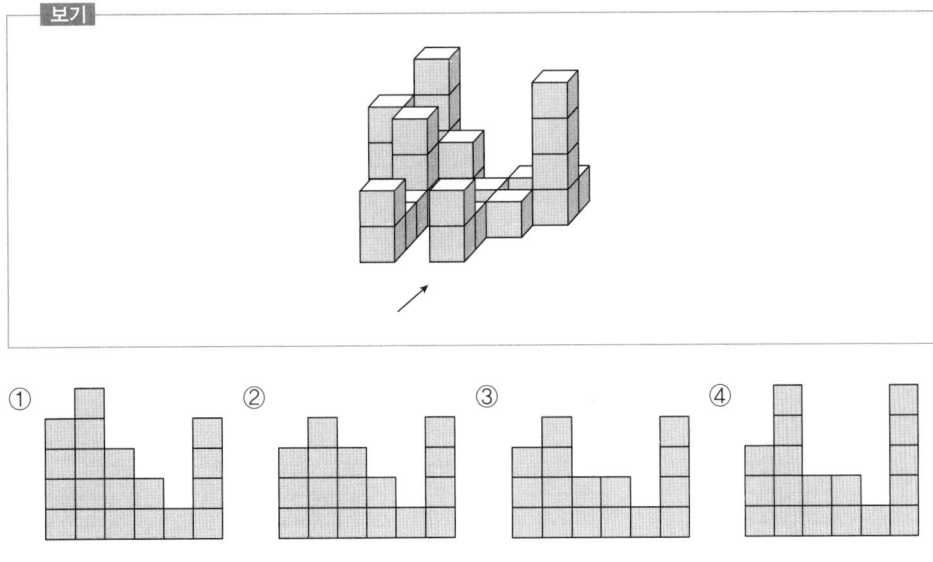

16 다음 [보기]에 제시된 블록을 화살표 방향에서 바라볼 때의 모양을 고르면?

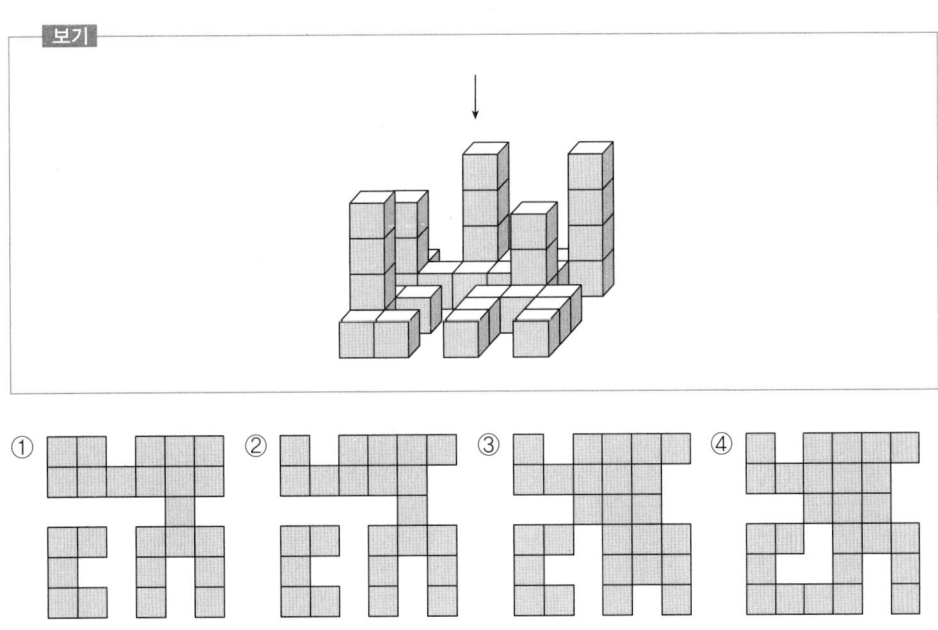

17 다음 [보기]에 제시된 블록을 화살표 방향에서 바라볼 때의 모양을 고르면?

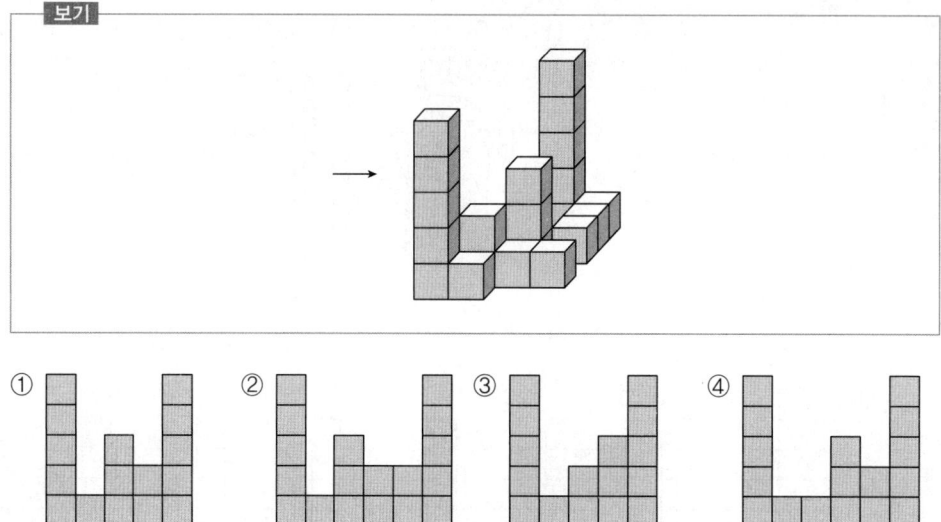

① ② ③ ④

18 다음 [보기]에 제시된 블록을 화살표 방향에서 바라볼 때의 모양을 고르면?

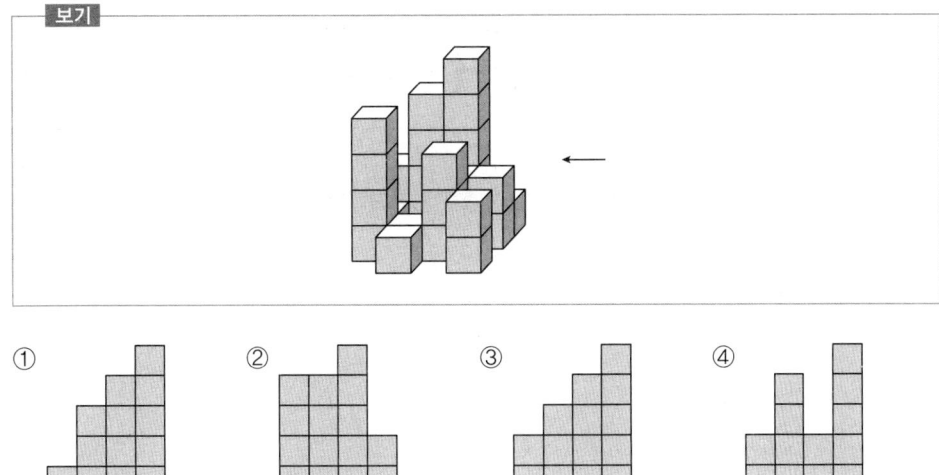

파이널 모의고사 2회
지각속도

30문항/3분

정답과 해설 ▶ P.53

[01~05] 다음 [보기]를 보고 제시된 문자가 알맞게 치환되었는지 판단하시오.

보기

㉗ = ㊚　　㉙ = ㊉　　㉓ = ㊂　　㊽ = ㊆　　㊶ = ㊅
㉟ = ㊄　　㉑ = ㊊　　㊿ = ㊋　　㊹ = ㊐　　㉚ = ㊉

01	㉟ ㊿ ㊹ ㊶ - ㊄ ㊋ ㊐ ㊉	① 맞음	② 틀림
02	㉓ ㉚ ㉗ ㊽ - ㊂ ㊉ ㊚ ㊆	① 맞음	② 틀림
03	㉑ ㊶ ㉙ ㊿ - ㊊ ㊅ ㊉ ㊋	① 맞음	② 틀림
04	㉚ ㊽ ㉑ ㉟ - ㊉ ㊆ ㊊ ㊄	① 맞음	② 틀림
05	㉗ ㉓ ㉚ ㉑ - ㊚ ㊂ ㊉ ㊊	① 맞음	② 틀림

[06~10] 다음 [보기]를 보고 제시된 문자가 알맞게 치환되었는지 판단하시오.

보기

덫 = 15点　　육 = 10点　　쉴 = 2点　　목 = 4点　　훗 = 7点
덩 = 12点　　간 = 19点　　켁 = 3点　　녕 = 5点　　랄 = 16点

06	켁 덫 목 간 - 3点 15点 4点 19点	① 맞음	② 틀림
07	녕 육 훗 덩 - 5点 10点 7点 12点	① 맞음	② 틀림
08	목 육 랄 쉴 - 4点 10点 5点 2点	① 맞음	② 틀림
09	랄 덩 육 훗 - 16点 12点 10点 7点	① 맞음	② 틀림
10	덫 켁 훗 간 - 15点 3点 7点 19点	① 맞음	② 틀림

[11~15] 다음 [보기]를 보고 제시된 문자가 알맞게 치환되었는지 판단하시오.

보기

| cco = XII | erp = Ω | qoo = ii | qwr = Θ | dgh = ξ |
| xgn = Σ | ndg = vi | opd = Π | asf = xi | vvv = Φ |

11	xgn qoo asf erp - Σ ii xi Ω	① 맞음	② 틀림
12	qwr ndg dgh cco - Θ vi ξ XII	① 맞음	② 틀림
13	vvv qoo asf erp - Φ ii xi Ω	① 맞음	② 틀림
14	qwr ndg qoo vvv - Θ vi ii Φ	① 맞음	② 틀림
15	opd xgn qoo dgh - Π Σ ii ξ	① 맞음	② 틀림

[16~20] 다음 [보기]를 보고 제시된 문자가 알맞게 치환되었는지 판단하시오.

보기

| 12 = 각기 | 45 = 각주 | 73 = 각술 | 04 = 각양 | 55 = 각별 |
| 38 = 각급 | 84 = 각개 | 92 = 각추 | 27 = 각란 | 61 = 각방 |

16	73 27 45 61 - 각술 각란 각주 각별	① 맞음	② 틀림
17	12 27 55 38 - 각기 각추 각별 각급	① 맞음	② 틀림
18	04 84 61 73 - 각양 각개 각방 각술	① 맞음	② 틀림
19	45 04 38 55 - 각주 각양 각급 각별	① 맞음	② 틀림
20	92 61 12 04 - 각추 각방 각기 각양	① 맞음	② 틀림

[21~25] 다음 [보기]를 보고 제시된 문자가 알맞게 치환되었는지 판단하시오.

보기

↗ = ✹   ↔ = ✿   ↘ = ♣   ↪ = ★   ↧ = ❄
☰ = ✳   ↑ = ✚   ∿ = ✢   ⇡ = ✤   ⇘ = ✟

21	↗ ∿ ↧ ↑ - ✹ ✢ ❄ ✚	① 맞음	② 틀림
22	⇡ ☰ ↘ ⇘ - ★ ✳ ♣ ✟	① 맞음	② 틀림
23	∿ ⇘ ↔ ↗ - ✢ ✟ ✿ ✹	① 맞음	② 틀림
24	☰ ⇡ ↔ ↧ - ✳ ✤ ✿ ✚	① 맞음	② 틀림
25	↪ ↔ ⇡ ↗ - ★ ✿ ✤ ✹	① 맞음	② 틀림

[26~30] 왼쪽의 숫자, 문자, 기호가 [보기]에서 몇 번 제시되는지 고르시오.

		보기	①	②	③	④
26	앗	앗탓갓잣앗앗밧닷찻맛낫앗랏핫캇팟앗갓핫팟잣밧	3	4	5	6
27	e	What we see depends mainly on what we look for	5	6	7	8
28	⚖	⌽⊥⊽⊼⊻⊥⊤⊼⊼▽⌽⊿⊼⌽⊥⊼▽⊤⊥⊼⊻⊥	6	7	8	9
29	ㅎ	우리가 할 수 있는 최선을 다할 때, 우리 혹은 타인의 삶에 어떤 기적이 나타나는지 아무도 모른다	3	4	5	6
30	❶	❶❹❼❶❺❽❸❷❶❾❻❶❼❸❶❺❽❶❶❼	5	6	7	8

파이널 모의고사 2회
언어논리

25문항/20분

정답과 해설 ▶ P.54

01 다음 중 복수표준어가 <u>아닌</u> 것을 고르면?

① 감감소식 - 깜깜소식
② 허접쓰레기 - 허섭쓰레기
③ 고린내 - 코린내
④ 독장치다 - 독판치다
⑤ 느림뱅이 - 느리광이

02 다음 중 단어의 쓰임이 알맞지 <u>않은</u> 문장을 고르면?

① 그는 설움에 <u>받쳐</u> 울음이 터져 나왔다.
② 마을 이장이 경운기에 <u>받혀</u> 한동안 병원에 입원했다.
③ 새 공책에 책받침을 <u>받쳐</u> 필기를 하니 기분이 좋다.
④ 갓 익은 술을 체에 <u>밭쳐</u> 마시니, 이곳이 무릉도원이라.
⑤ 몸과 마음을 <u>받쳐</u> 충성을 다할 것을 굳게 다짐합니다.

03 다음 글은 어떤 한자성어의 유래이다. 이를 읽고 유사한 뜻을 지닌 한자성어를 고르면?

　중국의 전국시대 때, 조 나라는 연 나라에 기근이 든 것을 알고 연 나라를 침략할 준비를 했다. 연 나라의 소왕은 조 나라의 혜문왕에게 소대라는 사신을 급히 보냈다. 소대는 말솜씨가 뛰어났기에 혜문왕을 설득하여 침략을 막는 임무를 맡게 되었다. 소대는 혜문왕에게 찾아가 이렇게 말했다.
　"제가 오늘 이곳으로 오면서 역수(易水)를 지났는데, 그때 도요새가 날아와 볕을 쬐고 있던 조개의 살을 쪼았습니다. 조개는 깜짝 놀라 입을 꽉 다물었고, 도요새의 부리를 놓아주지 않았습니다."
　이내 혜문왕은 이야기에 흥미를 보였다. 소대는 계속해서 이야기를 이어 갔다.
　"조개에게 물려있는 도요새는 다급해져 이렇게 말했습니다. '오늘도, 내일도, 계속 비가 오지 않는다면 너는 목이 말라 죽을 것이다.' 그러자 도요새를 물고 있는 조개도 대답했습니다. '내가 계속 너를 놓아주지 않는다면 너는 굶어 죽을 거야.'"
　혜문왕은 그래서 그 둘이 어찌 됐는지 물었다. 소대는 이에 대답하였다.
　"둘이 양보 없이 다투는 사이, 지나가던 어부가 힘 하나 들이지 않고 둘 다 잡아갔지요. 전하께서는 지금 연 나라를 치려고 하시지만, 우리 두 나라가 조개와 도요새라면, 진 나라는 어부입니다."
　혜문왕은 소대의 말을 듣고 연 나라를 치려던 계획을 그만두었다고 한다.

① 고군분투(孤軍奮鬪)
② 견토지쟁(犬兔之爭)
③ 동족상쟁(同族相爭)
④ 부답복철(不踏覆轍)
⑤ 평지풍파(平地風波)

04 다음 중 [보기]의 ㉠과 ㉡에 공통으로 나타난 어법상의 오류로 적절한 것을 고르면?

> **보기**
> ㉠ 이번 야구 친선 경기에서 일본에게 승리를 거두었다.
> ㉡ 내가 내린 결론은 학교한테 그 잘못을 물을 수는 없다.

① 불필요한 중복 표현을 사용하고 있다.
② 조사를 바르게 사용하지 못하고 있다.
③ 문장 성분 간의 호응이 지켜지지 않고 있다.
④ 중의적으로 해석될 수 있는 단어를 사용하고 있다.
⑤ 성급한 일반화의 오류를 범하고 있다.

05 다음 제시된 담화에 대한 반응으로 적절한 것을 [보기]에서 모두 고르면?

> 신제품 쿨 선풍기!
> 다칠 염려가 없습니다.
> 날개가 없기 때문입니다.
> 시원합니다.
> 냉각 장치가 부착되어 있기 때문입니다.
> 전기요금이 적게 듭니다.
> 사람이 없으면 자동으로 꺼지기 때문입니다.

> **보기**
> ㉠ 격식체를 사용하여 정보를 제공하고 있군.
> ㉡ 동일한 지시 표현을 의도적으로 사용하고 있군.
> ㉢ 동음이의어를 활용한 언어유희를 사용하고 있군.
> ㉣ 광고란에 실려 있다고 가정한다면 호소 담화로 볼 수 있군.

① ㉠, ㉡
② ㉠, ㉣
③ ㉡, ㉣
④ ㉢, ㉣
⑤ ㉠, ㉡, ㉢

06 다음 [보기]의 ㉠ : ㉡의 의미 관계와 가장 유사한 것을 고르면?

> **보기**
> 젊은 세대를 중심으로 ㉠에스프레소가 인기를 끌고 있다. 에스프레소에 물이나 우유를 타서 마시기보다, 커피 본연의 향을 음미하는 문화가 등장한 것이다. 에스프레소 전문 매장도 속속 늘어나고 있다. 이는 코로나19 팬데믹 기간 동안 매장에 오래 머물지 못하자, 신속하게 카페인만 섭취하려는 수요가 가시화된 동시에, 이국적인 문화를 체험할 수 있다는 강점이 결합되며 에스프레소를 즐기는 문화가 생겨났다는 분석이 있다. 와인·위스키 등 프리미엄 주류의 수요가 늘어난 것처럼 커피에서도 이른바 ㉡'유럽 정통 스타일'에 대한 체험욕구가 증가한 것으로 추측할 수 있다.

① 틱톡 : 유튜브
② 식이섬유 : 바나나
③ 스터디카페 : 독서실
④ 병원 : 예방접종
⑤ 베이글 : 크림치즈

07 다음 중 ㉠~㉢에 들어갈 표준 발음이 적절하게 짝지어진 것을 고르면?

> • 밥 짓는 냄새가 부엌에서[㉠] 풍겨 왔다.
> • 고양이가 부엌 안[㉡]에서 나오지 않고 있다.
> • 새로 이사한 집은 부엌이[㉢] 넓어서 할머니께서 좋아하신다.

	㉠	㉡	㉢
①	부어케서	부어칸	부어키
②	부어케서	부어칸	부어기
③	부어케서	부어간	부어키
④	부어게서	부어간	부어기
⑤	부어게서	부어간	부어키

08 다음 밑줄 친 단어 중 표준어 규정에 따라 바르게 표기된 것을 고르면?

① 그는 집을 빌려 서울에서 반비아치까지 불러들였다.
② 그는 어제 고등학교 동창들을 만나서 걸퍽지게 술을 마시면서 놀았다.
③ 그는 넘어지면서 벽에 얼굴을 부딪히는 바람에 뺨따구니가 멍들었다.
④ 도무지 말이 없던 그녀가 왠일로 불쑥 입을 열었다.
⑤ 그녀는 부동산 아주머니에게 온챗집을 구해달라고 부탁했다.

09 다음 글의 '미국'의 상황에 어울리는 속담을 고르면?

> 전 세계 어느 나라든 러시아와 우크라이나 전쟁이 장기화되는 것을 원하지 않을 것이다. 현재 주요 산유국인 러시아가 생산하는 석유가 전 세계 시장으로 원활하게 공급되지 않아 국제 유가가 상승하고, 물가도 오르는 상황이기 때문이다. 특히 미국의 물가 오름세가 가파르다.
> 러시아는 세계 제1위 천연가스 생산국이자 수출국이다. 그러나 유럽의 주요 국가들은 러시아를 징벌하는 차원에서 러시아의 천연가스를 더 이상 수입하지 않겠다고 천명했다. 독일은 천문학적인 규모의 국가 재정을 투자한 노드스트림(Nord Stream) 사업을 잠정 중단한다고 발표했다. 노드스트림 사업은 독일과 러시아 사이에 가스관을 설치해 천연가스를 안정적으로 빠르게 공급할 수 있는 시스템을 구축하는 것이다. 독일은 이 결정으로 인해 엄청난 손실을 감수해야 했다. 러시아 공급망이 막힌 유럽 국가들은 새로운 천연가스 공급자로 미국을 선택했다. 그 결과, 2022년 상반기에 미국은 천연가스 최대 수출국으로 등극했다. 현재 미국의 천연가스 수출량의 71%가 유럽으로 가고 있다.

① 개구멍에 망건 치기.
② 가마 안의 팥이 풀어져도 그 안에 있다.
③ 가을 메는 부지깽이도 덤벙인다.
④ 같잖은 투전에 돈만 잃었다.
⑤ 갈바람에 곡식이 혀를 빼물고 자란다.

10 다음 밑줄 친 부분 중 어법상 잘못된 것을 고르면?

① 이번에 새로 산 <u>모자예요</u>.
② 개울가의 <u>올챙이예요</u>.
③ 저 아이가 제 <u>동생이예요</u>.
④ 이건 제가 심은 <u>나무예요</u>.
⑤ 그 사람이 바로 <u>저예요</u>.

11 다음 중 밑줄 친 부분과 같은 과정으로 볼 수 있는 것을 고르면?

> 진화는 반드시 이상적이고 완벽한 구조를 창출해 내는 방향으로만 이루어지는 것은 아니다. 진화 과정에서는 새로운 환경에 적응하기 위한 최선의 구조가 선택되지만, 그 구조는 기존의 구조를 허물고 처음부터 다시 만들어 낸 최상의 구조와는 차이가 있다. 그래서 진화는 불가피하게 타협적인 구조를 선택하는 방향으로 이루어지며, <u>순간순간의 필요에 따라 대응한 결과가 축적되는 과정</u>이라고 할 수 있다.

① 상충되는 이익을 고려하여 그때그때 법률을 개정해 나가는 것
② 수많은 실패를 거듭하여 한 분야의 전문가가 되는 것
③ 두통약으로 개발된 아스피린이 혈전 용해제로도 쓰이는 것
④ 방학 동안 열심히 아르바이트를 해서 등록금을 마련하는 것
⑤ 기타의 기본 코드를 동시에 울려서 다양한 화음을 만드는 것

12 다음 중 띄어쓰기가 올바른 것을 고르면?

① 이왕 산 중턱까지 온바에 꼭대기까지 올라갑시다.
② 언제인지 기억은 나지 않지만 한 번은 큰일이 일어난 적이 있었습니다.
③ 착하디 착한 그도 복면하니 전혀 다른 악한 사람으로 보였다.
④ 앞으로도 고객 여러분의 변함없는 성원을 부탁합니다.
⑤ 그곳은 아직 한 겨울이라 날씨가 좋지 않았다.

13 다음은 밑줄 친 '관용구'가 쓰인 문장들이다. 문맥상 관용구의 쓰임이 바르지 <u>않은</u> 것을 고르면?

> 우리의 언어에 대한 인식과 생산은 시간에 따라 변한다. 만일 우리가 고향을 오랫동안 떠났을 때 주변의 새로운 억양이 이상하다고 인지하는 것은 일시적인 현상일 뿐이다. 점차 우리는 사람들이 다른 억양을 가진다는 것을 인식하지 못하게 되고 낯선 환경에 적응한다. 우리의 발화 패턴을 새로운 규범에 맞추게 되는 것이다. 모든 이들이 이것을 같은 정도로 하지는 않는다. 어떤 이들은 그들의 출생지의 억양과 사투리, <u>관용구</u>, 제스처를 매우 자랑스러워하는 반면 다른 이들은 언어 습관들을 고치고, 빠르게 새로운 환경에 적응하게 되어 더 이상 '군중 속에서 눈에 띄지' 않게 된다.

① 그들은 이번 첫 출판에 대해서 <u>코를 떼고</u> 중요한 문제를 의논했다.
② 네가 <u>발이 짧은</u> 것을 보니 먹을 복이 없는 모양이구나.
③ 막상 친구의 결혼 소식을 듣자 그는 <u>입이 썼다</u>.
④ 그는 항상 본론은 말하지 않은 채 <u>변죽만 울리는</u> 경향이 있다.
⑤ 그 수영 선수는 이번 경기에서 <u>물 찬 제비</u>와 같이 움직여 우승을 거머쥐었다.

14 밑줄 친 부분이 지칭하는 수량이 잘못된 것을 고르면?

① 북어를 <u>한 쾌</u>만 팔라는 법이 있습니까? → 20마리
② 이 접시는 <u>한 죽</u>에 얼마입니까? → 20개
③ 시장에 가서 가지 <u>두 거리</u>만 사오렴. → 100개
④ 김장을 하려고 배추 <u>두 접</u>을 샀다. → 200개
⑤ 어머니께서 고등어 <u>한 손</u>을 사오셨다. → 2마리

15 다음 글의 문맥상 ㉠에 들어갈 문장으로 가장 적절한 것을 고르면?

서울 개포동 토박이인 나는 어린 시절에 주말마다 동네의 한 초등학교 운동장에서 축구를 했다. 생면부지의 동네 아이와 자존심 싸움을 하다가 서로 친구가 됐고, 같은 아파트의 형, 동생들과 서로 의지하며 팀워크를 맞췄다. (　　㉠　　) 새롭게 이사를 온 부자(父子)는 운동장에서 공을 차며 신고식을 치렀다. 이웃들은 평일에 동네에서 마주치면 반갑게 인사하며 주말에 운동장에 나올지 물었다. 세월이 흘러서도 터전을 옮기지 않은 나에게 '공동체'라는 말을 실감하게 했던 이 시절은 가장 건강했던 시기이면서, 동네 이웃들과 화목했던 시간으로 기억에 남았다.

하지만 고등학교에 다니던 무렵부터는 안전상의 이유로 학교가 문을 닫기 시작했다. 주말에 동네 사람들이 자유롭게 운동하고 산책하던 학교 출입문은 굳게 잠겼고, 출입이 통제됐다. 비단 우리 동네뿐만 아니라 다른 지역의 학교들도 문을 걸어 잠갔다. 동네 사람들과 함께 부딪치며 뛰고 놀 수 있는 공간이 갑자기 사라지자 그 영향은 컸다. 공을 차던 시간은 집에서 무료하게 텔레비전을 보는 시간으로 대체되었고, 자주 교류하던 이웃과도 점차 서먹해지고, 모르는 얼굴도 늘어났다. 이제 이웃들과 함께 운동하던 모습은 그저 추억으로 남아 있다.

묻어뒀던 추억은 최근 학생들의 저조한 체육 활동 문제에 관한 국회 세미나에 참석하게 되면서 다시 소환됐다. 현재 10대 청소년들은 일주일에 한 번, 30분 이상 운동하는 비율이 52.6%에 불과하여, 10대의 운동량은 70대 이상 노년층(54.3%)보다도 저조할 정도이다. 체육 교과 강화 등 청소년의 운동량을 늘리기 위해 많은 변화가 필요하겠지만, 옛 기억을 떠올리며 주말과 평일 저녁에 운동장 사용을 허용하면 어떨지 생각이 들었다.

① 운동장은 이웃 간 화합의 장이기도 했다.
② 다른 동네 사람들과 친선경기를 치르기도 했다.
③ 운동장에서는 축구 외에 다양한 행사가 진행되기도 했다.
④ 그렇게 우리 동네 사람들은 수년간 함께 운동하며 건강해졌다.
⑤ 매주 그 운동장에서는 유럽축구연맹의 챔피언스 리그를 방불케 하는 열전이 펼쳐졌다.

16 다음 글의 [가]~[마]를 맥락에 맞게 바르게 배열한 것을 고르면?

[가] 부대는 지금까지 4개 업무에 RPA를 개발·적용하고, 스마트 업무 환경을 구축했다. 급식품 소요 산정 및 청구량 수정 업무를 하는 해군 보급 창과 군수품 물가조사 업무를 하는 해군군수사령부 조달처에 RPA가 적용되자, 규칙·반복적으로 하던 업무가 자동화되었다. 이를 통해 업무체계가 효율화되고 부대원의 업무 환경이 개선되는 일거양득 효과를 도출할 수 있었다.

[나] 해군 지능정보체계단은 4차 산업혁명 기술을 활용해 해군의 지능정보화를 선도하는 부대이다. 지능정보체계단은 첨단 과학기술 기반의 지능형 정보체계를 통해 데이터를 관리·운용하며 국방혁신 4.0을 비롯한 미래지향적 업무를 수행하고 있다.

[다] 이를 통해 모바일기기를 이용해 간편하게 설문조사와 급식 만족도를 평가할 수 있게 되었다. 부대는 현재 해군 모바일 플랫폼 앱을 개발 중이며, 부대장과의 대화, 게시판·공지사항 등의 기능을 담아 해군 전 구성원의 '사랑방' 역할을 할 것으로 기대된다.

[라] 또 다른 핵심 사업으로는 기존 웹 기반에서 모바일 기반으로 확장 중인 업무 환경을 고려한 모바일 앱(APP) 개발이다. 부대는 지난해와 올해에 설문조사 앱, 행복급식 앱 등의 개발을 완료했다.

[마] 지능정보화의 사전적 의미처럼 부대는 지능정보기술을 활용해 해군 업무를 효율화·고도화하고 있다. 대표적인 사례가 AI 기반 '로봇 사무자동화(RPA)' 시스템이다. RPA는 사람 대신 로봇이 컴퓨터 기반의 반복 업무를 수행하는 프로그램이다. RPA를 적용하면 사람이 시간을 들여 직접 해 오던 데이터 입력 등의 업무를 컴퓨터가 알아서 할 수 있다.

① [가] - [다] - [나] - [라] - [마]
② [나] - [다] - [마] - [가] - [라]
③ [나] - [마] - [가] - [라] - [다]
④ [마] - [다] - [나] - [라] - [가]
⑤ [마] - [라] - [다] - [가] - [나]

17 다음 글을 읽고 '주관 없이 되는대로 행동하는 모양'을 뜻하는 말로 빈칸의 ㉠에 들어가기에 적절한 것을 고르면?

> 이 한 달 사이에 두찬이는 두찬이대로, 광석이는 광석이대로 남모르게 제각기 다른 배포가 서게 된 것은(배포랄 것까지는 없지만) 그들을 탓할 수만 없는 일이었다. 쉽사리 고향으로 못 돌아갈 바에는 늘 이러고만 있을 수는 없다, 달리 변통을 취해야겠다, 두찬이와 광석이는 나머지 셋 때문에 괜히 얽매여 있는 것처럼 스스로를 생각하게 된 것이었다. 자연 우리 사이는 차츰 데면데면해지고, 흘끔흘끔 서로의 눈치를 살피게끔 됐다.
> 광석이는 애당초가 주책이 없다 할까 주변이 있다 할까 (㉠) 토박이 반원들과 얼려 막걸리 사발이나 얻어 마시곤 했고, 구변 좋게 보탬을 해서 북쪽 얘기를 해쌓고, 이렇게 며칠이 지났을 땐 어느덧 반원들은, 나나 두찬이나 하원이와는 달리, 광석이만은 오래전부터 사귀어 온 친구처럼 손을 맞잡고는,
> "나왔나!"
> "오냐, 느 형님 여전하시다."
> "버르장머리 몬 쓰겠다. 누구보꼬 형님이라 카노."

① 허둥지둥
② 엄벙덤벙
③ 넙죽넙죽
④ 다짜고짜
⑤ 성큼성큼

18 다음 글의 필자가 궁극적으로 비판하고 있는 대상을 고르면?

> 폴 매카트니는 도축장의 벽이 유리로 되어 있다면 모든 사람이 채식주의자가 될 거라고 말한 적이 있다. 그는 우리가 식육 생산의 실상을 안다면 계속해서 동물을 먹을 수 없으리라고 믿었다. 우리도 어느 정도는 진실을 알고 있다. 식육 생산이 깔끔하지도 유쾌하지도 않은 사업이라는 것을 안다. 다만 세세하게 알고 싶지 않아 한다. 고기가 동물에게서 나오는 줄은 알지만 동물이 고기가 되기까지의 단계들에 대해서는 짚어 보려 하지 않는다. 그리고 동물을 먹으면서 그 행위가 선택의 결과라는 사실조차 생각하려 들지 않는 경우가 많다. 이처럼 불편한 진실을 어느 수준까지는 의식하는 한편, 다른 수준에서는 의식을 못할 수 있고, 의식하지 못하도록 불가피하게 조직되어 있는 것이 바로 폭력적 이데올로기이다.

① 채식주의자
② 식육 생산 사업
③ 동물을 먹는 행위
④ 폭력적 이데올로기
⑤ 불편한 진실을 의식하지 못하는 일

19 다음 글의 문맥상 빈칸의 ㉠~㉢에 들어갈 단어를 순서대로 나열한 것을 고르면?

해열제 및 소염진통제로 널리 쓰이는 타이레놀과 이부프로펜의 가장 큰 차이는 작용 위치가 다르다는 것이다. 이런 이유로 두 약은 효과 측면에서 약간의 차이가 있다. 타이레놀은 중추신경계에서 프로스타글란딘의 합성을 억제하여 주로 해열, 진통 효과를 유발한다. 한편 이부프로펜은 말초조직의 시클로옥시게나아제를 억제하여 프로스타글란딘의 합성을 감소시킨다. 그 결과 해열, 진통 효과뿐 아니라 말초조직의 항 염증 작용도 나타나게 된다. 소염 효과를 원한다면 이부프로펜이 더 효과적이라는 이야기이다. 열 조절이 되지 않는 소아의 경우, 해열제를 교차 복용하라는 이유도 약물의 작용 위치가 다르기 때문이다.

두 약의 차이는 효능(efficacy)과 효력(potency)이다. 두통 같은 통증이 있는 환자라면 보통 타이레놀(500mg)이나 이부프로펜(200mg)을 먹는다. 두통 해소 (㉠)이(가) 비슷하다면 약물의 (㉡)은(는) 같다. 하지만 상대적으로 적은 용량을 복용하는 이부프로펜이 타이레놀보다 (㉢)은(는) 좋다고 할 수 있다. 사실 환자들은 효력보다 약물의 효과 즉, '효능'에 더 관심이 많다.

	㉠	㉡	㉢
①	효과	효력	효능
②	효과	효능	효력
③	효력	효과	효능
④	효능	효과	효력
⑤	효능	효력	효과

20 다음 중 밑줄 친 ㉠과 ㉡을 비교한 내용으로 가장 적절한 것을 고르면?

> 비행기가 뜨는 작용을 설명하는 베르누이의 원리는 익히 알려져 있다. 베르누이의 원리는 공기나 물 같은 유체의 흐름이 빨라지면, 그 유체로부터 받는 압력이 약해지는 것을 말한다. 비행기는 날개의 윗면이 곡선이고 아랫면은 평면인 반원형에 가깝다. ㉠비행기가 앞으로 전진하게 되면, 공기의 흐름이 위와 아래로 갈라지게 된다. 이때 위쪽으로 간 공기의 흐름은 반원의 둥근 면을 따라 지나가고, 아래쪽으로 지나는 공기는 직선으로 흘러가는데, 위쪽의 둥근 면의 길이가 더 길기 때문에 위쪽으로 지나는 공기의 흐름이 더 빠르다. 따라서 비행기를 상대적으로 압력이 약한 위쪽으로 떠오르게 하는 힘이 만들어지는데, 이것이 바로 양력이다.
>
> 그런데 ㉡헬리콥터가 뜨는 원리는 약간 다르다. 양력을 이용하긴 하지만, 비행기의 유선형 날개가 양력을 만드는 것과는 다르기 때문이다. 헬리콥터의 회전하는 날개는 윗면과 아랫면이 똑같이 생겼다. 그렇다면 어떻게 양력을 만들까? 헬리콥터는 회전 날개의 각도를 기울여 양력을 만든다. 이것은 차를 타고 실험해 볼 수 있다. 차가 달리는 동안 옆의 유리창 밖으로 손을 약간만 내밀어 보자. 손을 수평으로 펴고 아래쪽을 비스듬하게 기울이면, 손이 떠오르는 것을 느낄 수 있을 것이다. 이와 마찬가지로 헬리콥터도 중앙 프로펠러의 날개 각도를 기울여 회전시킴으로써 프로펠러 위와 아래의 압력차로 양력을 만들어낸다. 이에 따라 비행기처럼 전진하지 않고도, 날개 자체의 회전으로 수직 이륙이 가능한 것이다.

① ㉠과 ㉡은 모두 회전 날개의 각도 조정으로 이륙한다.
② ㉠과 ㉡은 모두 본체의 전진 이동으로 양력으로 만든다.
③ ㉠은 ㉡과 달리 이륙 과정에서 안정성 문제가 발생한다.
④ ㉠과 달리 ㉡이 뜨는 데에는 베르누이의 원리가 적용된다.
⑤ ㉠과 달리 ㉡은 날개의 윗면과 아랫면의 모양이 동일하다.

21 다음 글의 제목으로 가장 적절한 것을 고르면?

> 불면증은 일시적, 급성, 혹은 만성적인 것으로 분류될 수 있다. 일시적인 불면증은 일주일 이내로 지속된다. 그것은 다른 질병, 수면 환경의 변화, 취침시간, 심각한 우울증, 혹은 스트레스에 의해서 야기될 수 있다. 예를 들어 졸음, 정신 운동 기능의 손상과 같은 결과들은 수면 결핍의 결과와 비슷하다. 급성 불면증은 한 달 이내의 기간 동안 지속된다. 급성 불면증은 수면을 시작하거나 지속하는 것에 문제가 있을 때, 혹은 잠을 자더라도 상쾌하지 않을 때 발생한다. 이러한 문제들은 적절한 수면 기회나 환경에도 불구하고 발생하며 주간 활동에 손상을 줄 수도 있다. 급성 불면증은 또한 단기 불면증이나 스트레스 관련 불면증으로도 알려져 있다. 한편 만성 불면증은 한 달 이상 지속된다. 이것은 다른 질병에 의해서 야기될 수 있으며, 또는 그 자체가 일차적 질병이 될 수도 있다. 스트레스 호르몬의 수치가 높거나 사이토킨 수치에 변화가 있는 사람들은 다른 사람들보다 만성적 불면증을 앓는 경향이 있다. 그 영향은 원인에 따라서 다양할 수 있다. 만성 불면증의 영향은 근육 약화, 환각, 그리고 정신적 피로를 포함한다. 만성 불면증은 또한 복시를 일으킬 수도 있다.

① 급성 불면증과 만성 불면증의 수면 시간 차이
② 불면증을 극복하는 좋은 방법
③ 급성 불면증의 발생 원인
④ 만성 불면증의 위험성
⑤ 불면증의 종류와 특징

22 다음 중 ㉠의 사례로 가장 적절하지 <u>않은</u> 것을 고르면?

> 킬트의 사례는 전통이 특정 시기에 정치·사회적 목적을 달성하기 위해 만들어지기도 한다는 것을 보여 준다. 특히 근대 국가의 출현 이후 ㉠<u>국가에 의한 전통의 발명은 체제를 확립하는 데 큰 역할을 담당하기도 하였다</u>. 이 과정에서 전통은 그 전통이 생성되었던 시기를 넘어 아주 오래 전부터 지속되어 온 것이라는 신화가 형성되었다. 그러나 전통은 특정한 시·공간에 위치하는 사람들에 의해 생성되어 공유되는 것으로, 정치·사회·경제 등과 밀접한 관련을 맺으면서 시대마다 다양한 의미를 지니게 된다. 그러므로 전통을 특정한 사회·문화적 맥락으로부터 분리하여 신화화(神話化)하면 당시의 사회·문화를 총체적으로 이해할 수 없게 된다.

① 일본은 예부터 전장에서 죽은 자를 적군이든 아군이든 불문하고 함께 제사를 지내는 풍습이 있었다고 한다. 하지만 야스쿠니 신사는 국가에 의해 공을 기리는 장소로, 단순한 종교 시설이 아니라 전쟁에 목숨을 걸고 싸워야 할 군인들을 고무하는 장치로 활용되었다.

② 우리에게 목가적 농촌의 이미지는 '낙원'에 가깝고, 이는 오랜 세월에 걸쳐 형성되어 온 것으로 인식되고 있다. 하지만 이러한 '농촌'의 이미지는 이탈리아 농촌 기업들의 '농산업적 유토피아'에 의해 만들어진 것으로, 그들은 농촌의 이미지화를 위해 의도적으로 도축과 노동을 삭제하였다.

③ 고대 인도인들은 소를 숭배하지 않았다. 인도의 옛 의서에는 소고기를 몸에 좋은 약으로 추천하기까지 한다. 그런데 인도가 영국의 식민지가 되면서 힌두인을 집결시킬 상징이 필요했고, 그 상징이 '소'가 되었다.

④ 민주주의의 발전은 군주제가 유지되던 영국에 불안감을 안겨 주었다. 낡은 유물이 된 군주제를 유지하기 위해, 1870년 이래 영국 왕실의 공식 행사는 점점 더 화려해지고 엄격해졌다. 그런 엄숙한 의례를 전통의 이름으로 연출함으로써 체제를 공고히 한 것이다.

⑤ 1930~1940년대에 나치는 유대인을 싫어하는 당시 유럽인의 뿌리 깊은 정서를 이용하여 반유대주의 이념을 조직화하고 선전함으로써 독일 제3제국의 체제를 공고히 했다.

23 다음 중 [보기]의 개요에 대한 수정 방안으로 알맞은 것을 고르면?

> **보기**
>
> 주제: 에너지 자원 확보와 에너지 절약 생활화로 고유가 시대의 어려움을 극복해야 한다.
>
> I. 서론: 유가가 급등하는 현실
>
> II. 본론
>   1. 고유가 시대의 수출 전략
>   2. 대책 마련의 필요성
>   가. 원자재 가격 상승과 수출 경쟁력 약화
>   나. 소비자 물가 상승과 국민 실질 소득 감소
>   3. (ⓐ)
>   가. 에너지 자원 확보
>   1) 해외 유전 개발에 적극 참여
>   2) 안정적인 석유 공급원 확보
>   나. 에너지 절약의 생활화
>   1) 대체 에너지 개발
>   2) 대중교통 이용 활성화
>
> III. 결론: 고유가 시대의 어려움을 극복하기 위한 정부와 국민의 노력 촉구

① 주제문이 추상적이므로 '고유가 시대를 슬기롭게 극복하자.'로 수정한다.
② 'Ⅱ-1'은 논지 전개상 해결책에 해당하므로 'Ⅱ-3'의 하위 항목으로 옮긴다.
③ ⓐ는 논지를 발전시키면서 하위 항목을 포괄하기 위해 '에너지난 극복 대책'으로 진술한다.
④ 'Ⅱ-3-나-1)'은 내용의 일관성을 위해 'Ⅱ-2'로 옮긴다.
⑤ 'Ⅱ-3-나'는 하위 항목을 포괄해야 하므로 '기업 차원에서의 에너지 절약'으로 수정한다.

24 다음 글을 통해 파악할 수 있는 언어의 성격과 가장 유사한 것을 고르면?

> '무엇 때문에 침대를 사진이라고 부르면 안 된단 말인가?'
> '이제는 달라지는 거다.' 하고 그는 외쳤다. 그리고 지금부터 침대를 '사진'이라고 말하기로 했다. '나는 피곤해. 사진 속으로 들어갈 테야.'라고 그는 생각했다. 그래서 그는 아침마다 오랫동안 사진 속에 누워 있었다.
> 그럼 의자는 무엇이라고 말할까? 곰곰이 생각해 보고 그는 의자를 '괘종시계'라고 부르기로 했다. 즉 그는 일어나면 옷을 입고 괘종시계에 위에 앉아 책상 위에 팔을 짚었다. 그러나 책상은 이미 책상이라고 불리지 않았다. 책상은 이제 양탄자라고 불리게 되었던 것이다. 그러니까 아침에 이 남자는 사진을 떠나 옷을 입고 양탄자 앞의 괘종시계에 앉아 주위의 사람들을 무엇이라 부를 수 있을까 곰곰이 생각하게 된 셈이었다.

① 우리말의 '사랑'이 영어로는 'love'라고 하듯이 나라마다 사물을 표현하는 언어는 모두 다르다.
② '책'이라는 말이 마음에 들지 않아서 '책'을 '케이크'라고 하는 것은 사회적 약속을 어긴 것이다.
③ 옛날에는 '어엿브다'라고 하면 '불쌍하다'라는 뜻이었는데 지금은 '어여쁘다'라는 뜻으로 의미가 바뀌었다.
④ 언어의 형식은 음성이므로 '사과'라는 사물을 '사과'라고 발음하는 것이 언어의 형식이고, '사과'라고 했을 때 떠오르는 구체적인 실물인 사과 하나하나가 언어의 의미이다.
⑤ 고양이가 '야옹야옹' 하며 내는 소리는 의미가 없으므로 '음향'이고, 철수가 '밥' 하고 낸 말은 의미가 있으므로 '음성'이다.

25 다음 글을 읽고 밑줄 친 ㉠~㉤ 중 [보기]의 내용에 해당되는 것을 고르면?

이러한 의미에서, ㉠민족 문화의 전통을 무시한다는 것은 지나친 자기 학대에서 나오는 편견에 지나지 않을 것이다. 따라서 첫머리에서 제기한 것과 같이, 민족 문화의 전통을 계승하자는 것은 ㉡국수주의나 배타주의가 될 수는 없다. 오히려 왕성한 창조적 정신은 선진 문화 섭취에 인색하지 않을 것이다.

다만 새로운 민족 문화의 창조가 단순한 ㉢과거의 묵수가 아닌 것과 마찬가지로, 또 단순한 ㉣외래문화의 모방도 아닐 것임은 스스로 명백한 일이다. ㉤외래문화도 새로운 문화의 창조에 이바지함으로써 뜻이 있는 것이고, 그리하여 비로소 민족 문화의 전통을 더욱 빛낼 수가 있다.

보기

마고자는 원래 중국의 마괘자(馬褂子)에서 왔다 한다. 귀한 사람은 호사스러운 비단 마괘자를 입고, 그렇지 못한 사람은 청마괘자를 걸치고 다녔다. 이것이 우리나라에 들어와서 마고자가 됐다는 것이다. 그러나 마고자는 마괘자와 심지어 비슷하지 않고 아예 다른 물건이다. 한복에는 안성맞춤으로 어울리는 옷이지만 중국옷에는 입을 수 없는 우리의 독특한 양식이다.

① ㉠ ② ㉡ ③ ㉢ ④ ㉣ ⑤ ㉤

파이널 모의고사 2회
자료해석

20문항/25분

정답과 해설 ▶ P.59

01 화살표에서 시작하여 시계 방향으로 규칙에 따라 수를 나열할 때, 괄호 안에 들어갈 숫자를 고르면?

( )	1	64
16		2
8		32
8	16	4

① 1　　　　② 2　　　　③ 3　　　　④ 4

02 승호네 동아리 학생들이 야영을 하는데 텐트 1개에 5명씩 들어가면 4명이 들어갈 수 없고, 6명씩 들어가면 텐트 수는 1개 줄고 마지막 텐트는 2명만 들어가면 된다고 한다. 학생 수를 A명, 텐트의 수를 B개라고 할 때 (A+B)의 값을 고르면?

① 82　　　　② 85　　　　③ 88　　　　④ 90

03 지난달 두 스마트폰 A, B의 판매 총액은 700만 원이다. 이번 달은 지난달에 비해 A의 판매량이 4%, B가 2% 증가해서 판매 총액이 20만 원 증가했다면 이번 달 A의 판매 총액은 얼마인지 고르면?

① 300만 원　　② 312만 원　　③ 400만 원　　④ 408만 원

04 다음 [표]는 Y 국가의 2016~2021년 의무복무병 계급별 봉급을 집계한 자료이다. 모든 계급의 직전 연도 대비 봉급 인상률이 동일하다고 가정할 때, 이에 대한 설명으로 적절하지 않은 것을 고르면?

[표] 계급별 사병 봉급 (단위 : 천 원)

구분	2016년	2017년	2018년	2019년	2020년	2021년
병장	97.5	103.8	108	129.6	149	171.4
상병	88	93.7	97.5	( )	134.6	154.8
일병	79.5	84.7	88.2	105.8	121.7	140
이병	73.5	78.3	81.5	97.8	112.5	129.4

① 2019년에 병장의 봉급은 전년 대비 21,600원 상승했다.
② 이병의 봉급이 처음으로 80,000원을 넘은 시점은 2018년이다.
③ 2022년의 봉급 인상률이 10%일 때, 2022년의 일병의 봉급은 2021년의 상병의 봉급보다 많다.
④ 2021년의 이병의 봉급은 전년 대비 16,900원 상승했다.

05 다음 [표]는 고등학생이 고민하는 문제에 대하여 2005년과 2015년에 조사하여 정리한 것이다. 이에 대한 설명으로 옳지 않은 것을 고르면?

[표] 고등학생의 고민 (단위: %)

구분	2005년			2015년		
	고1	고2	고3	고1	고2	고3
외모	28.6	25.2	31.9	25.5	23.4	28.1
성적	45.2	54.6	35.8	42.9	59.4	39.3
용돈	11.2	8.5	11.9	24.5	12.4	22.7
이성 문제	8.7	6.7	12.8	1.8	1.2	2.5
학원 폭력	6.0	4.6	7.4	0.9	0.7	1.0
기타	0.3	0.4	0.2	4.4	2.9	6.4
합계	100	100	100	100	100	100

① 두 해 모두 고1에 비해 고3이 이성 문제로 인해 고민하는 비중이 더 높다.
② 두 해 모두 고등학생이 가장 고민하는 문제는 성적으로 나타났다.
③ 고2의 경우 성적에 대한 고민을 하는 학생 수가 2005년보다 2015년이 더 많다.
④ 2005년에 비해 2015년에는 용돈에 대한 고민의 비중이 고1~고3에서 모두 각각 높아졌다.

06 다음 [표]는 A지역 출신 1,000명의 학력을 조사한 자료이다. 이를 바탕으로 각 학력에 따른 여성의 비중이 가장 높은 것을 고르면?

[표] A지역 출신 1,000명의 학력   (단위: 명)

구분	초졸	중졸	고졸	대졸	합계
남성	75	108	212	165	560
여성	64	90	206	80	440
합계	139	198	418	245	1,000

① 초졸   ② 중졸   ③ 고졸   ④ 대졸

07 다음 그래프는 학생 20명의 수학 성적과 전 과목 평균 성적에 대한 상관도이다. 수학 성적과 전 과목 평균 성적의 차가 20점 이상인 학생 수를 고르면?

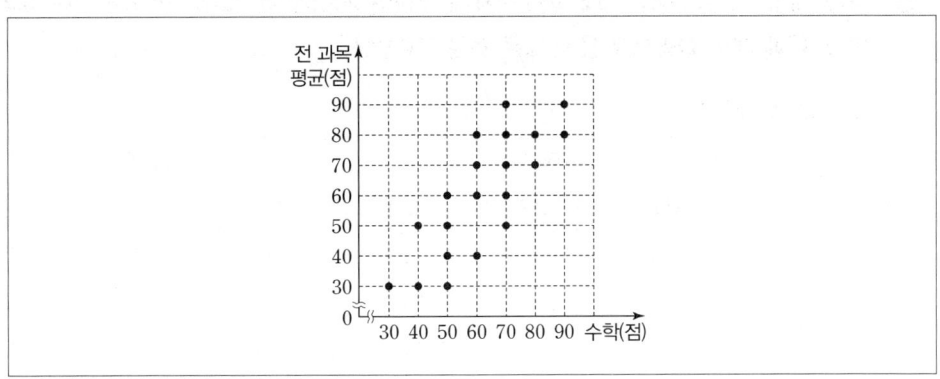

① 3명   ② 4명   ③ 5명   ④ 6명

[08~09] 다음 [표]는 국내 입지별 지식산업 센터에 대한 자료이다. 이를 바탕으로 질문에 답하시오.(단, 동남권은 부산, 울산, 경남이며, TK권은 대구와 경북이다.)

[표] 국내 입지별 지식산업 센터 현황

(단위: 개소)

구분		개별 입지	계획 입지	합계
서울		54	73	127
6대 광역시	부산	3	6	9
	대구	2	2	4
	인천	7	11	( )
	광주	0	2	2
	대전	( )	4	6
	울산	1	0	1
경기		100	( )	133
강원		1	0	1
충북		0	0	0
충남		0	1	1
전북		0	1	1
전남		1	1	2
경북		2	0	2
경남		2	15	( )
제주		0	0	0
합계		175	149	324

08 위의 자료를 보고 나눈 대화의 내용으로 적절하지 <u>않은</u> 것을 고르면?

① 갑: 국내 지식산업 센터는 60% 이상이 개별 입지에 조성되어 있겠군.
② 을: 수도권(서울, 인천, 경기)의 지식산업 센터 수는 전국 합계의 80%를 넘어.
③ 병: 경기 지역의 지식산업 센터는 계획 입지보다 개별 입지에 더 많이 있겠군.
④ 정: 동남권의 지식산업 센터 수는 TK권의 4배 이상이야.

09 계획 입지를 논의한 후, 개별 입지가 정해질 때 경기 지역의 국내 지식산업 센터 중 계획 입지 대비 개별 입지의 증가율과 전국 국내 지식산업 센터 중 계획 입지 대비 개별 입지의 증가율에 대한 차이는 몇 %p인지 고르면?(단, 소수점 둘째 자리에서 반올림한다.)

① 173.5%p ② 182.6%p ③ 185.6%p ④ 191.5%p

10 다음은 A 중학교 학생 160명의 키를 조사하여 나타낸 히스토그램의 일부이다. 히스토그램의 일부가 훼손되어 세로 축을 확인할 수 없을 때, 주어진 자료를 바탕으로 키가 165cm 이상인 학생 수를 구한 값으로 옳은 것을 고르면?(단, 키가 150cm 미만인 학생과 키가 180cm를 초과하는 학생은 없다.)

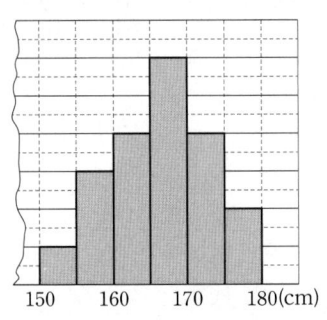

① 96명 ② 100명 ③ 108명 ④ 120명

11 다음은 특정 규칙에 따라 알파벳을 배열한 그림이다. ㉠에 들어갈 알파벳을 고르면?

㉠	A	B
V		D
P	K	G

① A ② B ③ C ④ D

12 다음 [표]는 어느 고등학교 학생 50명의 수학 점수와 영어 점수를 조사하여 만든 상관표이다. 수학 점수와 영어 점수의 평균이 30점 이상인 학생 수는 전체의 몇 %인지 고르면?

[표] 학생 50명의 수학 및 영어 성적 (단위: 명)

영어\수학	0점	10점	20점	30점	40점	50점	합계
50점		2	1		1	2	6
40점				2	2	1	5
30점		1	3	3	3		10
20점		3	4	4	1	2	14
10점	1	3	2	3			9
0점	2	3	1				6
합계	3	12	11	12	7	5	50

① 40%   ② 35%   ③ 30%   ④ 25%

13 다음 [표]는 2012~2017년 중·장기복무 제대군인과 복무기간별 제대군인에 대한 자료이다. 이에 대한 설명으로 옳지 <u>않은</u> 것을 고르면?(단, 소수점 첫째 자리에서 반올림하여 계산한다.)

[표1] 중·장기복무 제대군인(장교·부사관·준사관) (단위: 명)

구분	2012년	2013년	2014년	2015년	2016년	2017년
장기복무 제대군인	3,540	3,213	3,725	4,216	3,386	3,552
중기복무 제대군인	2,651	2,417	2,591	3,146	3,936	3,445
합계	6,191	5,630	6,316	7,362	7,322	6,997

※ 10년 이상은 장기복무, 5년 이상 10년 미만은 중기복무임

[표2] 2017년 군별·복무기간별 제대군인 (단위: 명)

구분	합계	육군	해군	공군
5년 이상 10년 미만	251,014	172,778	52,896	25,340
10년 이상 20년 미만	101,489	72,418	16,191	12,880
20년 이상	121,056	92,367	14,794	13,895
합계	473,559	337,563	83,881	52,115

※ 5년 미만의 경우는 고려하지 않음

① 전체 제대군인 중 육군의 비중이 가장 높다.
② 조사기간 동안 '중기복무' 장교·부사관·준사관 제대군인의 수가 '장기복무' 장교·부사관·준사관 제대군인의 수보다 많은 해가 있다.
③ 2017년 '중기복무' 제대군인에 대한 육군 제대군인의 비중이 '중기복무' 장교·부사관·준사관 제대군인에서 육군 출신의 비중과 같다면, 2017년 육군 출신 '중기복무' 장교·부사관·준사관 제대군인의 수는 2,500명 이상이다.
④ 복무기간이 20년 이상인 전체 제대군인에 대한 공군의 비중은, 복무기간이 5년 이상 10년 미만인 전체 제대군인에 대한 공군의 비중보다 높다.

14 다음 [표]는 A도시 주민들의 헬스장 선택 기준에 대한 설문조사 결과 자료이다. 이에 대한 설명으로 옳지 않은 것을 고르면?

[표] A도시 주민들의 헬스장 선택 기준 (단위: %)

구분		서비스	가격	행사	SNS	기타
성별	남자	60.0	28.4	10.5	0.9	0.2
	여자	61.5	23.4	14.2	0.7	0.2
연령대	19세 이하	63.9	17.2	16.3	2.6	—
	20~29세	51.8	40.0	6.4	1.8	—
	30~39세	66.7	27.6	5.7	—	—
	40~49세	61.5	22.7	15.8	—	—
	50~59세	63.5	20.2	14.9	0.8	0.6
	60~69세	60.8	23.6	14.1	0.9	0.6
	70세 이상	61.6	22.4	15.5	0.3	0.2
주택유형	단독주택	60.2	23.5	15.7	0.3	0.3
	아파트	58.9	34.6	4.4	2.1	—
	연립·다세대주택	72.0	12.0	15.0	1.0	—
	기타	57.2	37.3	5.5	—	—
주거점유형태	자가	60.1	24.1	15.0	0.5	0.3
	전세	65.2	18.5	16.3	—	—
	월세	61.3	32.1	5.8	0.8	—

※ 설문에 응한 사람들은 모두 응답함
※ 빈칸은 응답자가 없는 경우임

① 남자보다 여자가 행사에 더 높은 비중을 두고 있다.
② 모든 연령대는 서비스를 가장 중요하게 생각하고 있다.
③ 아파트에 사는 사람은 단독주택에 사는 사람보다 헬스장 선택 기준으로서 가격에 더 높은 비중을 두고 있다.
④ 서비스라고 응답한 사람 중에 주거점유형태가 전세인 사람이 자가인 사람보다 많다.

[15~16] 다음 [표]는 2015~2017년의 항만별 총물동량 현황에 관한 자료이다. 이를 바탕으로 질문에 답하시오.

[표] 2015~2017년의 항만별 총물동량 현황 (단위: 천 톤)

구분	2015년	2016년	2017년
A항	362,360	401,170	450,130
B항	284,660	293,620	295,220
C항	197,610	202,000	232,300
D항	161,300	165,520	163,220
E항	112,940	112,490	115,140

15 2015년 대비 2017년에 총물동량이 가장 많이 증가한 항과 가장 적게 증가한 항을 순서대로 고르면?

① A항, D항
② A항, E항
③ C항, D항
④ C항, E항

16 C항의 전년 대비 총물동량 증가율이 2017년과 2018년이 동일하다고 할 때, 2018년의 총물동량을 고르면?(단, 만 톤에서 반올림한다.)

① 255,700천 톤
② 267,100천 톤
③ 274,500천 톤
④ 277,800천 톤

17 다음 [표]는 유리의 총 20회에 걸친 턱걸이 기록을 조사하여 나타낸 도수분포표이다. 평균이 7.5개일 때, $(x+y)$의 값을 고르면?

[표] 유리의 턱걸이 기록

기록(개)	4	6	x	10	7	합계
도수(회)	2	3	y	5	6	20

① 12　　　② 15　　　③ 18　　　④ 20

18 다음 그림과 같이 4개의 톱니바퀴가 맞물려 돌고 있다. A가 시계 방향으로 18회 회전할 때 B와 C의 각각의 회전 수와 회전 방향 중 옳은 것을 고르면?

톱니 바퀴	A	B	C	D
바퀴당 톱니 수	40개	24개	16개	20개

　　　　　　B　　　　　　　　C
① 반시계 방향 30바퀴　　시계 방향 45바퀴
② 반시계 방향 45바퀴　　시계 방향 30바퀴
③ 　시계 방향 30바퀴　　시계 방향 45바퀴
④ 반시계 방향 45바퀴　　반시계 방향 30바퀴

19 다음 [그래프]와 [표]는 취·창업 지원자 및 직업교육 훈련자 현황에 관한 자료이다. 이에 대한 설명으로 옳은 것을 고르면?

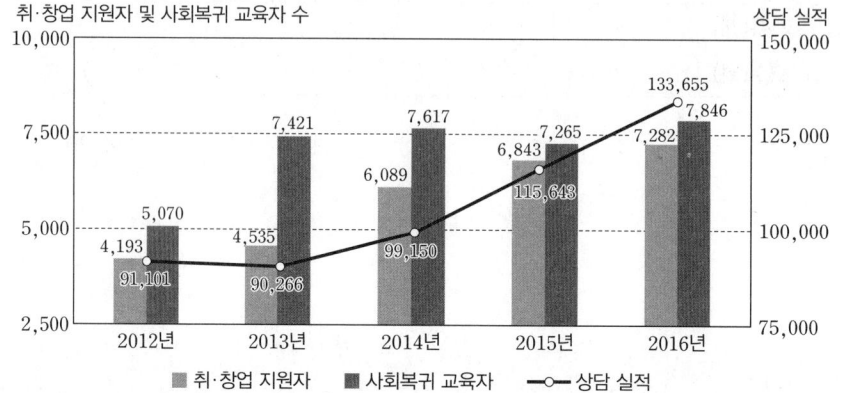

[그래프] 취·창업 지원자 및 직업교육 훈련자 현황 (단위: 명)

[표] 사회복귀 교육자 중 직업교육 훈련자 수 (단위: 명)

구분	2012년	2013년	2014년	2015년	2016년
직업교육 훈련자	2,697	5,217	5,161	7,265	7,846

① 실제 취업 및 창업자 수가 가장 많은 해는 2016년이다.
② 2015년에는 사회복귀 교육을 받은 인원 전원이 직업교육 훈련을 같이 진행했다.
③ 2012년 이후 상담 실적은 꾸준히 증가하고 있다.
④ 2013~2016년 기간 동안 취·창업 지원자 수가 전년 대비 가장 많이 증가한 해는 2015년이다.

20 다음 [그래프]는 A도시 남성의 성인병과 비만 비율에 관한 자료이다. A도시 남성 가운데 20%가 성인병이 있다고 할 때, 이 도시에서 비만인 남성 가운데 성인병이 있는 남성의 비율은 몇 %인지 고르면?(단, 소수점 첫째 자리에서 반올림한다.)

[그래프] A도시 남성의 성인병과 비만 비율

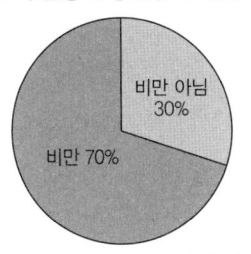

[성인병이 있는 남성의 비만 여부]   [성인병이 없는 남성의 비만 여부]

① 21%　　② 30%　　③ 37%　　④ 53%

파이널 모의고사 3회
공간능력

18문항/10분

정답과 해설 ▶ P.62

01 다음 [보기]에 제시된 입체도형의 전개도로 알맞은 것을 고르면?

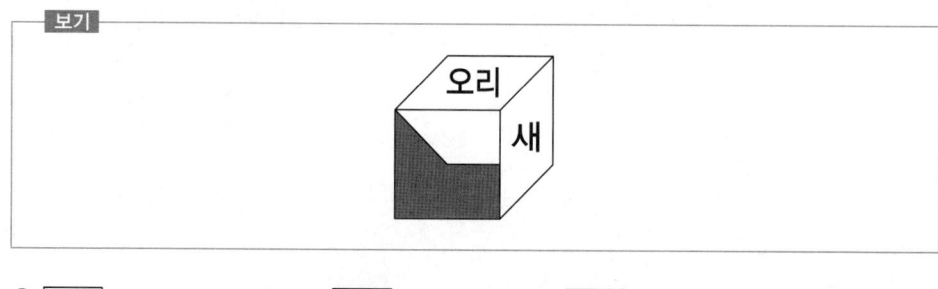

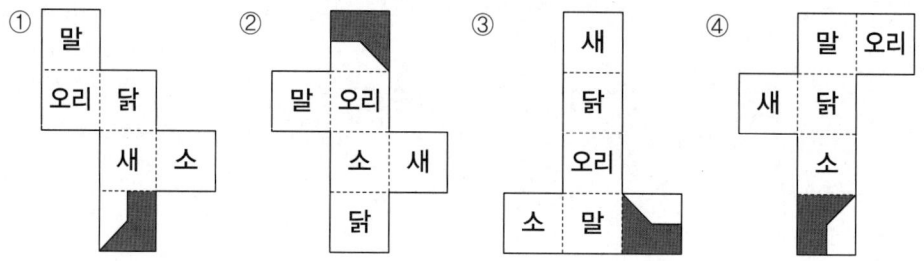

02 다음 [보기]에 제시된 입체도형의 전개도로 알맞은 것을 고르면?

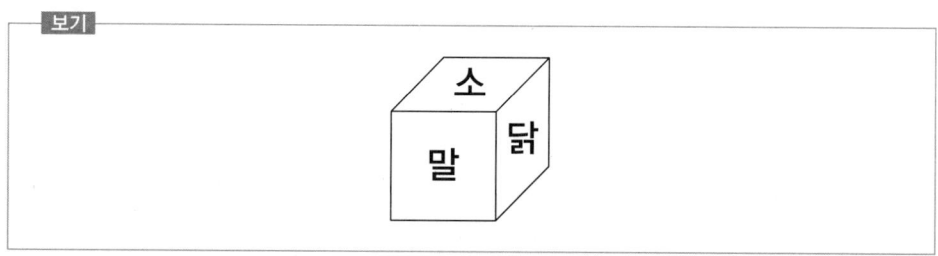

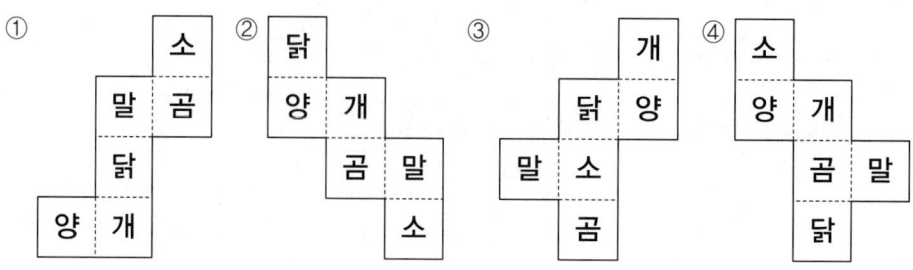

03 다음 [보기]에 제시된 입체도형의 전개도로 알맞은 것을 고르면?

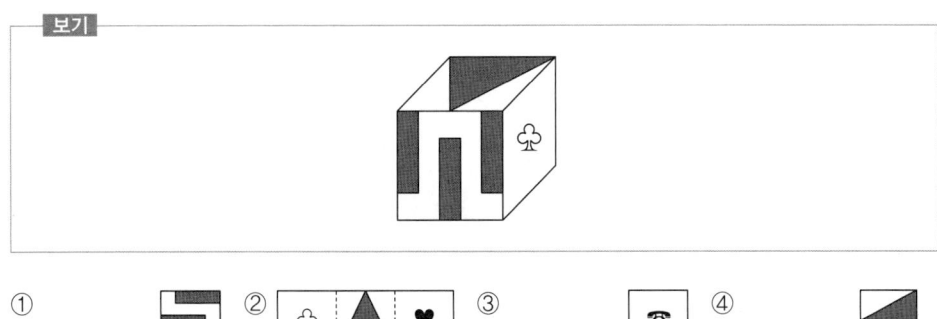

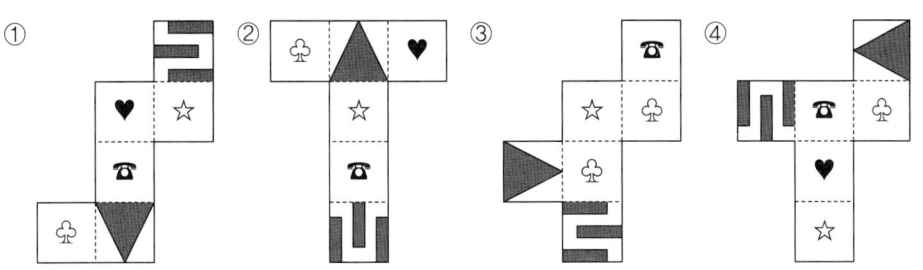

04 다음 [보기]에 제시된 입체도형의 전개도로 알맞은 것을 고르면?

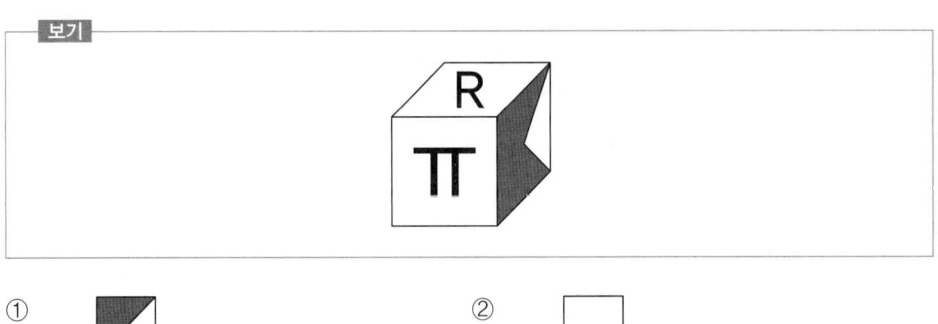

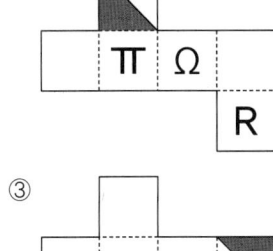

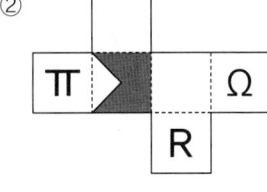

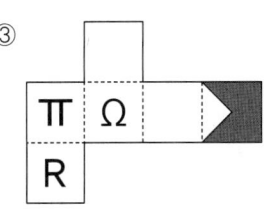

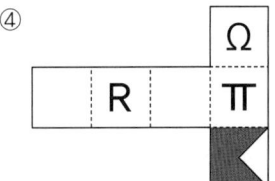

05 다음 [보기]에 제시된 입체도형의 전개도로 알맞은 것을 고르면?

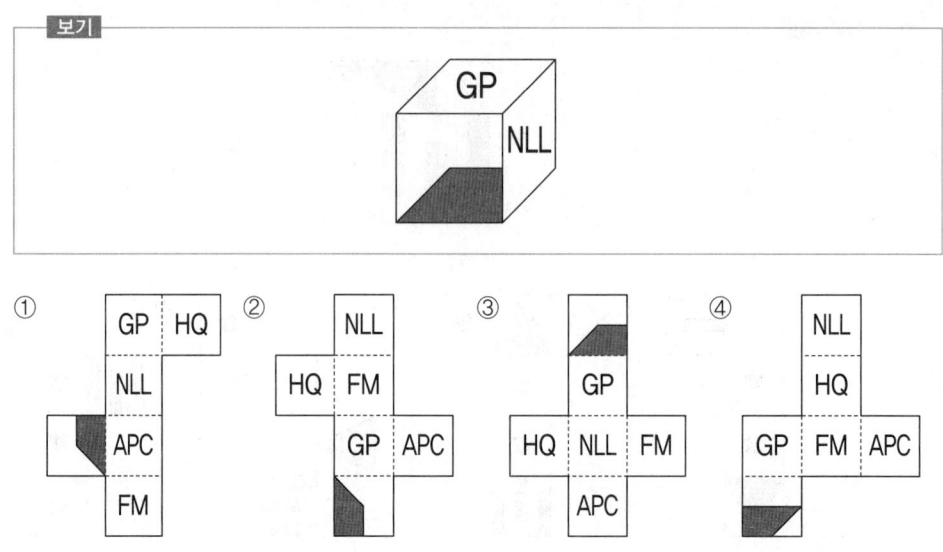

06 다음 [보기]에 제시된 전개도로 만든 입체도형에 해당하는 것을 고르면?

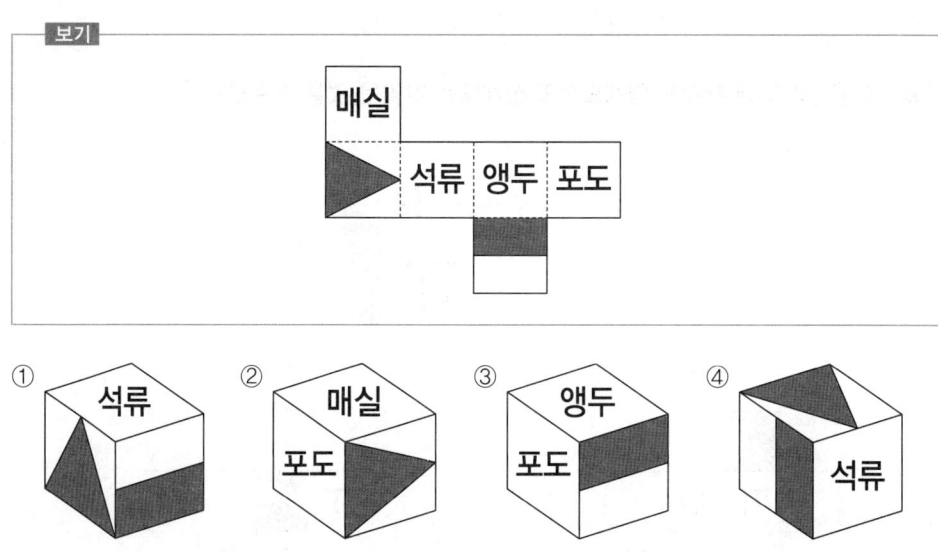

07 다음 [보기]에 제시된 전개도로 만든 입체도형에 해당하는 것을 고르면?

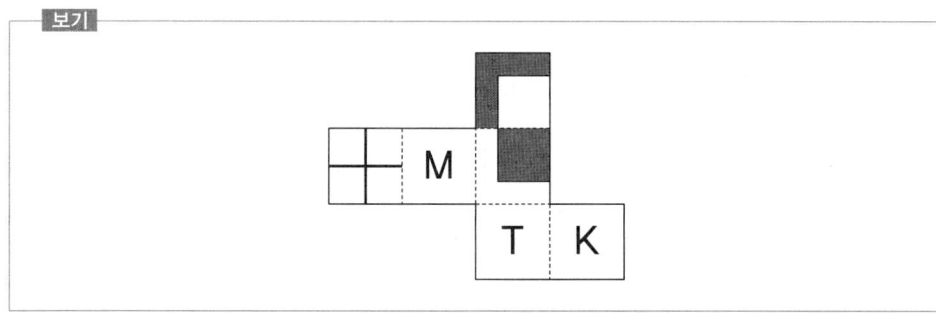

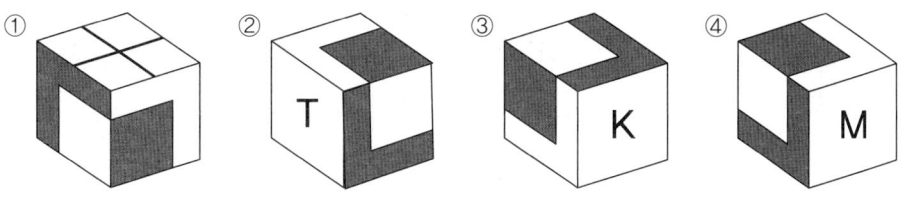

08 다음 [보기]에 제시된 전개도로 만든 입체도형에 해당하는 것을 고르면?

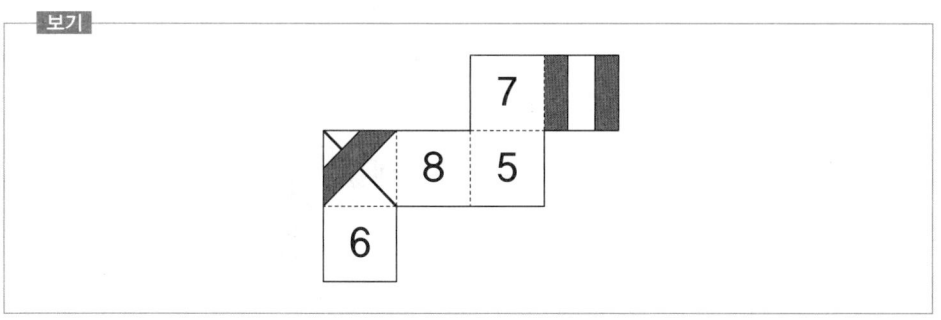

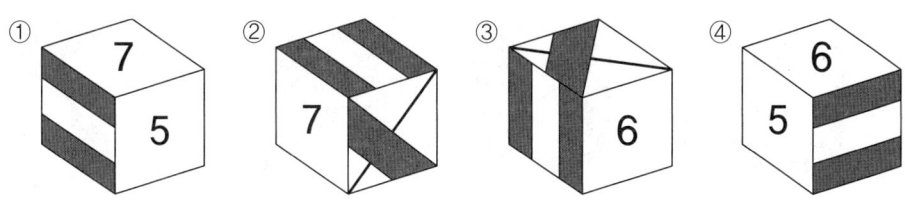

09 다음 [보기]에 제시된 전개도로 만든 입체도형에 해당하는 것을 고르면?

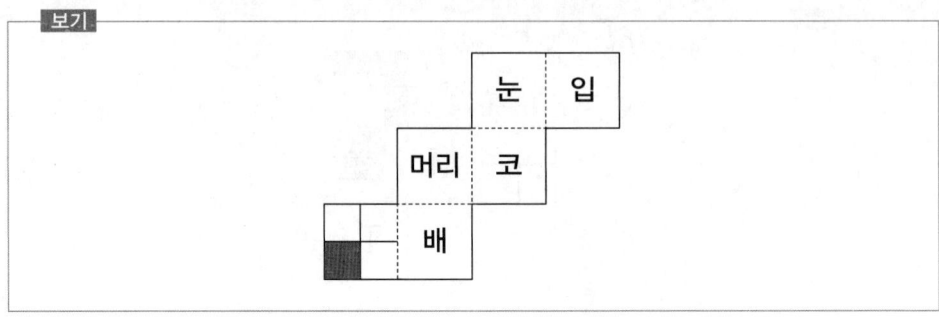

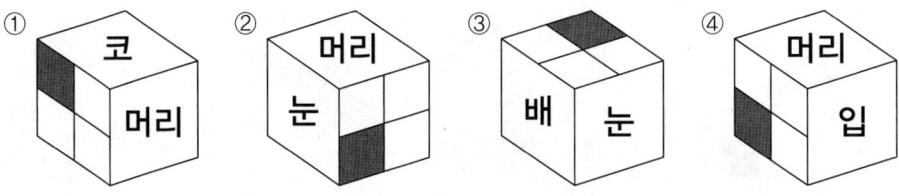

10 다음 [보기]에 제시된 전개도로 만든 입체도형에 해당하는 것을 고르면?

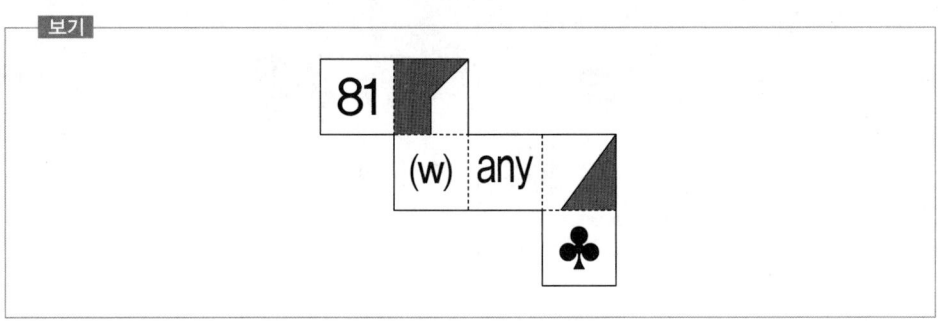

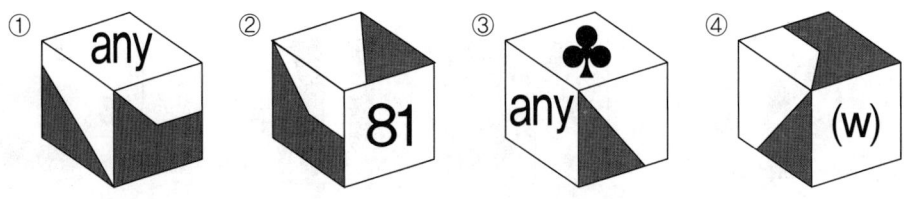

11 다음 [보기]에 제시된 그림과 같이 쌓기 위해 필요한 블록의 개수를 고르면?

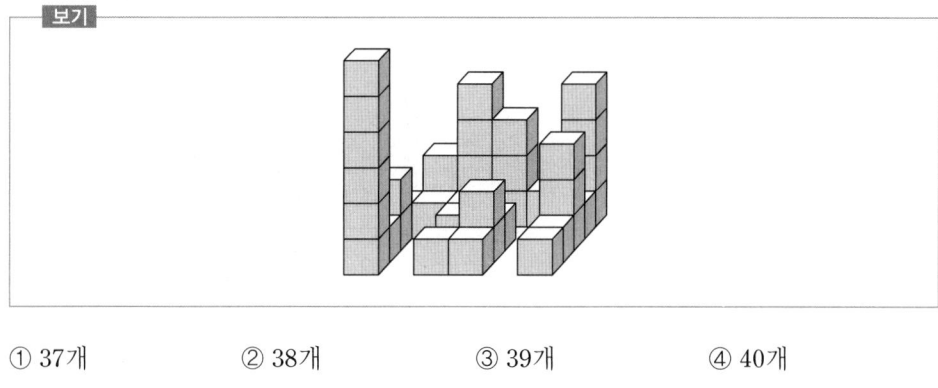

① 37개　　　② 38개　　　③ 39개　　　④ 40개

12 다음 [보기]에 제시된 그림과 같이 쌓기 위해 필요한 블록의 개수를 고르면?

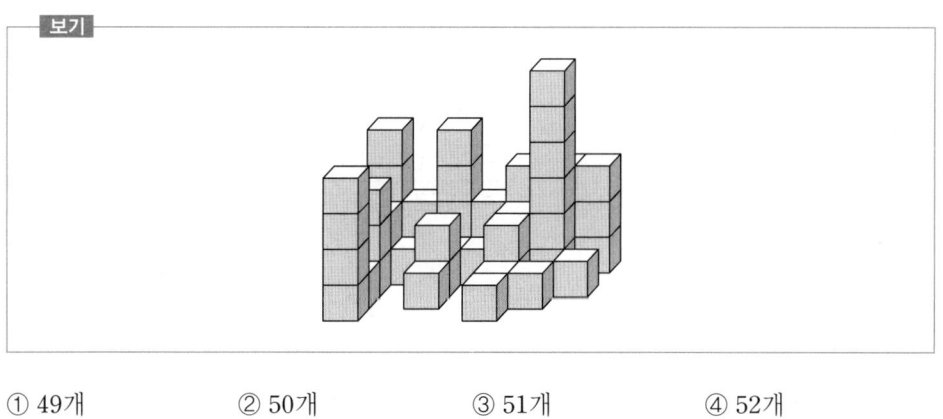

① 49개　　　② 50개　　　③ 51개　　　④ 52개

13 다음 [보기]에 제시된 그림과 같이 쌓기 위해 필요한 블록의 개수를 고르면?

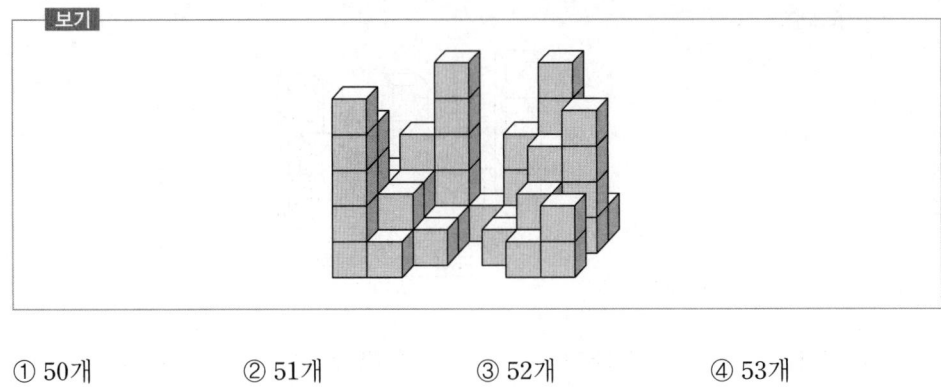

① 50개 ② 51개 ③ 52개 ④ 53개

14 다음 [보기]에 제시된 그림과 같이 쌓기 위해 필요한 블록의 개수를 고르면?

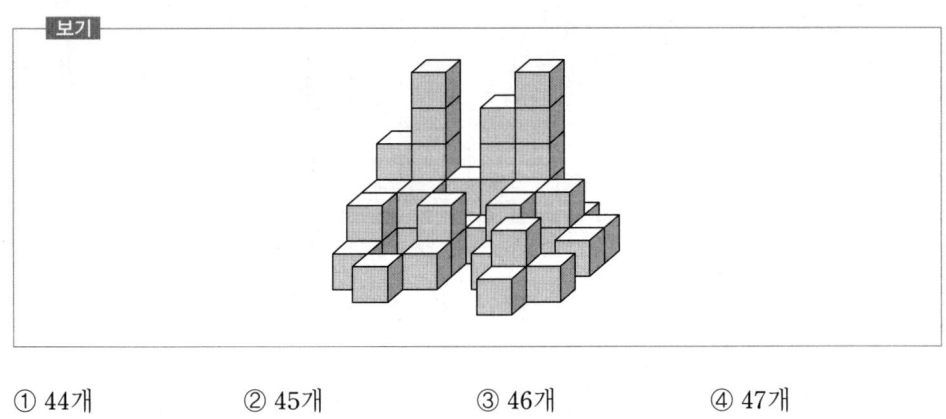

① 44개 ② 45개 ③ 46개 ④ 47개

15 다음 [보기]에 제시된 블록을 화살표 방향에서 바라볼 때의 모양을 고르면?

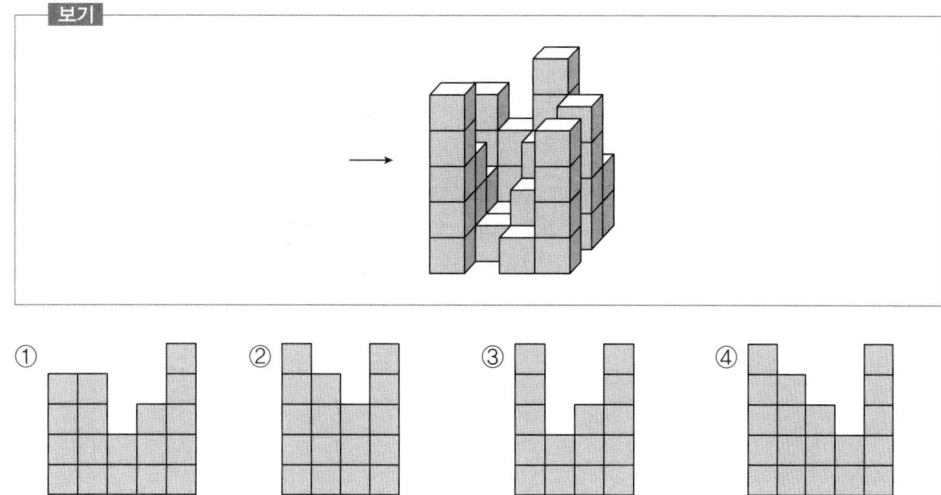

16 다음 [보기]에 제시된 블록을 화살표 방향에서 바라볼 때의 모양을 고르면?

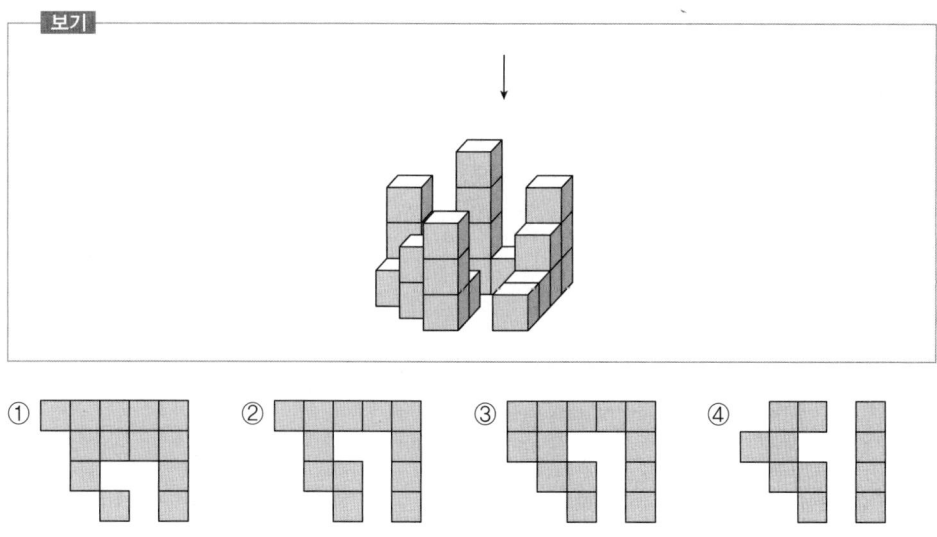

17 다음 [보기]에 제시된 블록을 화살표 방향에서 바라볼 때의 모양을 고르면?

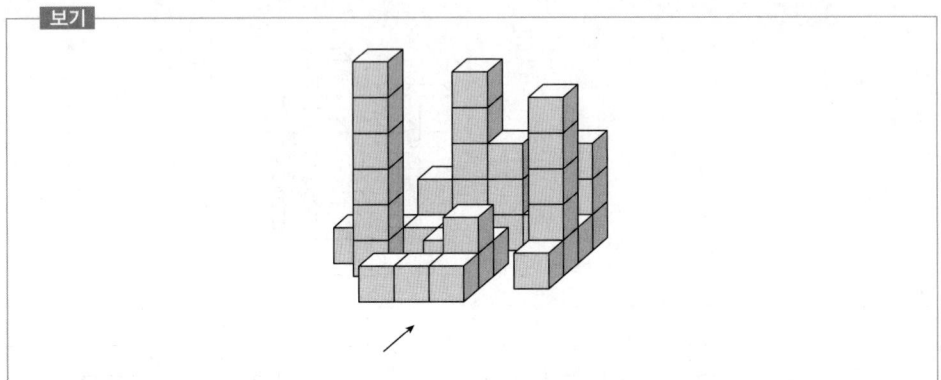

①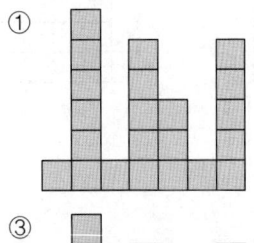

②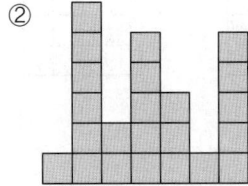

③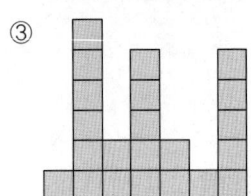

④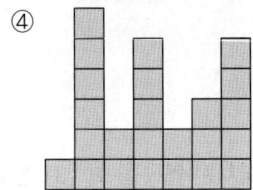

18 다음 [보기]에 제시된 블록을 화살표 방향에서 바라볼 때의 모양을 고르면?

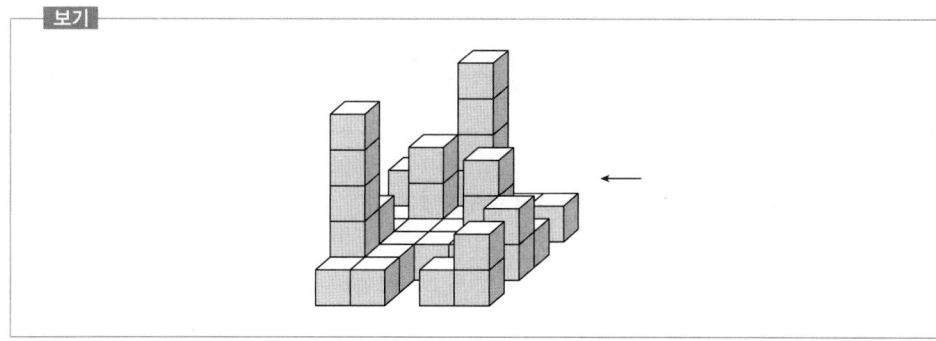

①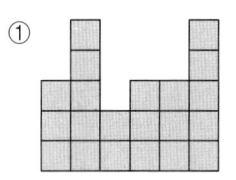

②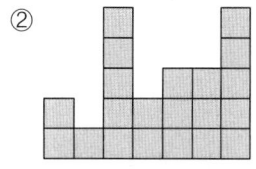

③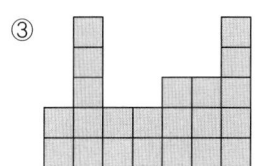

④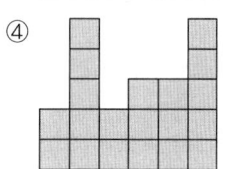

파이널 모의고사 3회
지각속도

30문항/3분

정답과 해설 ▶ P.64

[01~05] 다음 [보기]를 보고 제시된 문자가 알맞게 치환되었는지 판단하시오.

보기

⌘ = 피아노　　⊕ = 탬버린　　△ = 리코더　　⊟ = 색소폰　　ᕕ = 트럼펫
⊡ = 하프　　≋ = 비올라　　✱ = 첼로　　⊥ = 기타　　⬡ = 류트

01	⊟ ⊡ ⊥ ⊕ - 색소폰 하프 기타 탬버린	① 맞음	② 틀림
02	ᕕ ⌘ ⬡ ≋ - 트럼펫 피아노 류트 비올라	① 맞음	② 틀림
03	△ ⊥ ⊕ ᕕ - 리코더 기타 탬버린 트럼펫	① 맞음	② 틀림
04	⬡ ⊟ ✱ ⌘ - 류트 색소폰 첼로 피아노	① 맞음	② 틀림
05	✱ ⊡ ᕕ ≋ - 첼로 하프 트럼펫 비올라	① 맞음	② 틀림

[06~10] 다음 [보기]를 보고 제시된 문자가 알맞게 치환되었는지 판단하시오.

보기

20. = TOP　　11. = GAP　　15. = BAP　　18. = ZOP　　13. = FUP
17. = VAP　　16. = XOP　　19. = RUP　　12. = NAP　　14. = QAP

06	16. 15. 20. 14. - XOP RUP TOP QAP	① 맞음	② 틀림
07	13. 17. 12. 11. – FUP VAP NAP BAP	① 맞음	② 틀림
08	20. 18. 16. 13. - TOP ZOP XOP FUP	① 맞음	② 틀림
09	12. 11. 18. 17. - NAP GAP ZOP VAP	① 맞음	② 틀림
10	15. 16. 12. 20. - BAP XOP GAP TOP	① 맞음	② 틀림

[11~15] 다음 [보기]를 보고 제시된 문자가 알맞게 치환되었는지 판단하시오.

보기

| 수성 = 无 | 수로 = 癶 | 수변 = 竹 | 수척 = 老 | 수하 = 兀 |
| 수강 = 止 | 수찰 = 扌 | 수영 = 巾 | 수교 = 廾 | 수북 = 彡 |

11	수강 수영 수북 수로 - 止 巾 彡 癶	① 맞음	② 틀림
12	수척 수영 수하 수성 - 老 巾 兀 廾	① 맞음	② 틀림
13	수북 수찰 수척 수강 - 彡 扌 老 止	① 맞음	② 틀림
14	수찰 수척 수변 수북 - 扌 老 竹 彡	① 맞음	② 틀림
15	수성 수교 수하 수로 - 无 廾 兀 癶	① 맞음	② 틀림

[16~20] 다음 [보기]를 보고 제시된 문자가 알맞게 치환되었는지 판단하시오.

보기

| air = Ⓩ | fat = Ⓦ | dog = Ⓡ | cat = Ⓚ | eye = Ⓐ |
| nut = Ⓤ | kook = Ⓔ | zoo = Ⓙ | tea = Ⓜ | hug = Ⓣ |

16	dog nut zoo air - Ⓡ Ⓤ Ⓙ Ⓩ	① 맞음	② 틀림
17	fat kook hug cat - Ⓦ Ⓔ Ⓣ Ⓚ	① 맞음	② 틀림
18	nut eye tea fat - Ⓤ Ⓐ Ⓜ Ⓦ	① 맞음	② 틀림
19	zoo air hug cat - Ⓙ Ⓩ Ⓣ Ⓚ	① 맞음	② 틀림
20	kook eye fat tea - Ⓔ Ⓐ Ⓡ Ⓜ	① 맞음	② 틀림

[21~25] 다음 [보기]를 보고 제시된 문자가 알맞게 치환되었는지 판단하시오.

보기

| 𝄇 = 표 | ⋮ = 높 | ☰ = 활 | 𝄆 = 압 | ▦ = 접 |
| ‖ = 월 | ⵜ = 관 | ⊦ = 끝 | ⁂ = 말 | ▨ = 토 |

21	‖▦⁂⋮ - 월접말높	① 맞음	② 틀림
22	▨⋮𝄆⁂ - 토높압말	① 맞음	② 틀림
23	☰ⵜ▦⊦ - 활관접끝	① 맞음	② 틀림
24	⋮☰▨‖ - 높활토월	① 맞음	② 틀림
25	𝄆𝄇▨▦ - 압표토접	① 맞음	② 틀림

[26~30] 왼쪽의 숫자, 문자, 기호가 [보기]에서 몇 번 제시되는지 고르시오.

		보기	①	②	③	④
26	e	One little prayer can change one huge situation	5	6	7	8
27	◈	△○◈◇△○◈△◇○◈◇○◈▢◇◈○▢◇◈△◇	3	4	5	6
28	ㄴ	운명은 우연이 아닌 선택이다. 기다리는 것이 아니라 성취하는 것이다	8	9	10	11
29	ぷ	うぷんせでぷうくすづぷるんせぷでうこカぷくん	5	6	7	8
30	3	340133947590285373950583796689203789461	6	7	8	9

파이널 모의고사 3회
언어논리

25문항/20분

정답과 해설 ▶ P.66

01 다음 중 밑줄 친 부분의 품사가 다른 것을 고르면?

① 나는 저녁으로 사과를 <u>겨우</u> 하나 먹었다.
② 앞지르기를 했던 그 차가 <u>바로</u> 뒤에 있다.
③ 나는 그 건물의 <u>맨</u> 꼭대기에 올라갔다.
④ 골목길에 있던 아이들은 <u>모두</u> 학생이었다.
⑤ 그 문제는 <u>오직</u> 그녀만이 해결할 수 있다.

02 다음 중 띄어쓰기가 잘못된 것을 고르면?

① 내가∨믿을∨것은∨오직∨성실함뿐이다.
② 그는∨사실을∨아는∨대로∨설명했다.
③ 이∨약은∨감기를∨낫게∨하는데∨쓰인다.
④ 사람들은∨그를∨자기밖에∨모른다고∨비난했다.
⑤ 그녀는∨김씨∨가문의∨며느리가∨되었다.

03 문장 간의 논리를 고려할 때, 가)에 들어갈 문장으로 적절한 것을 고르면?

> 가) _____
> 나) 안경을 쓴 사람은 선크림을 바른 사람이다.
> 결론) 그러므로 안경을 쓴 사람은 추위를 타는 사람이다.

① 추위를 타는 사람은 선크림을 바른 사람이다.
② 어떤 선크림을 바른 사람은 안경을 쓴 사람이다.
③ 추위를 타는 사람은 안경을 쓴 사람이다.
④ 선크림을 바른 사람은 추위를 타지 않는 사람이다.
⑤ 추위를 타지 않는 사람은 선크림을 바르지 않은 사람이다.

04 다음 중 로마자 표기와 그에 대한 설명으로 가장 적절한 것을 고르면?

① 압구정: Apgujeong – 된소리되기는 표기에 반영하지 않는다.
② 속리산: Songni-san – 자연 지물명, 문화재명 등은 붙임표를 붙여 쓴다.
③ 한복남: Han Bongnam – 인명에서 일어나는 음운 변화는 표기에 반영한다.
④ 집현전: Jipyeonjeon – 'ㄱ, ㄷ, ㅂ, ㅈ'이 'ㅎ'과 합하여 거센소리로 나는 경우 거센소리로 적는다.
⑤ 광희문: Gwanghimun – 'ㅢ'는 'ㅣ'로 소리나므로 소리대로 적는다.

05 다음 글의 내용과 가장 관련이 깊은 한자 성어를 고르면?

> 사람들은 무엇인가를 가끔 숨기고 싶어하고 실제 숨기기도 한다. 무엇을 숨기든지, 드러내든지는 본인의 자유에 달려 있으며, 어떤 때는 그것을 꼭 숨겨야만 하는 경우도 있다. 『중용(中庸)』에서는 숨기게 되면 그것보다 더 잘 드러나는 것이 없다고 하였다.
> 이는 인간의 마음에 관해 말한 것이다. 사람이 어떤 생각이 들거나 감정을 느끼면 내부에 품고 있다가 밖으로 표출을 한다. 이 과정에서 자기의 생각이나 감정을 숨기는 경우가 종종 있는데 아무리 숨기려 해도 말이나 기색으로 다 드러난다는 의미이다. 그래서 솔직한 자기의 생각이나 감정을 표현하는 방법을 가장 이상적인 정서교육으로서 권한다. 자꾸 자기의 생각이나 감정을 숨기면 나중에는 자기의 내부에서 발현한 생각이나 감정이 무엇인지 스스로도 모르는 지경에 이를 수 있다. 그래서 고전에서는 신독(愼獨)을 강조하는데, 신독이란 심오한 공부절차가 아니라, 그저 자기가 지금 어떤 생각을 하고 있고 어떤 감정을 느끼고 있는지를 솔직히 알아채고 그것을 선명하게 하는 일이다.

① 근화사례(近火謝禮)　　② 여조삭비(如鳥數飛)
③ 박주산채(薄酒山菜)　　④ 막현호은(莫見乎隱)
⑤ 구화지문(口禍之門)

06 다음 내용을 서론으로 하여 글을 쓸 때, 본론에 들어갈 내용으로 가장 적절하지 <u>않은</u> 것을 고르면?

> 젊은 세대를 중심으로 신조어와 은어가 빠른 유행을 타고 소비되는 시대이다. 최근에는 지상파 방송과 뉴스에까지 신조어가 진출했다. 물론 언어는 새롭게 생겨나기도 하고, 더 이상 쓰지 않는 말은 사어가 돼 사라지기도 하는 특성이 있다. 하지만 신조어와 은어, 어려운 용어는 해당 언어를 알지 못하는 이들을 쉽게 분리시키고 배제시킨다.

① 언어와 사회 문화의 관계
② 은어가 성행하게 된 계기
③ 바른말 쓰기 운동의 중요성
④ 병원에서 쓰는 전문용어의 문제점
⑤ 지상파 방송 프로그램의 신조어 사용 실태

07 밑줄 친 단어의 표준 발음이 <u>잘못된</u> 것을 고르면?

① 보름에는 달이 <u>밝다</u>[박따].
② 나는 <u>김밥</u>[김:밥]을 좋아한다.
③ 음식이 <u>앞마당</u>[암마당]에 차려져 있다.
④ 여기저기 다니며 <u>막일</u>[마길]이라도 하자.
⑤ 그는 뜰을 거닐며 시조를 <u>읊는다</u>[음는다].

08 다음 글의 맥락에 맞게 [가]~[라] 문단을 바르게 배열한 것을 고르면?

[가] 그런데 무면허의료행위를 없애겠다는 목적으로 만든 법이 이제는 모든 의료가 의료기관 내에서만 이루어지도록 하는 족쇄로 변질되었다. 권위주의 시대의 통제 위주 의료정책이 만든 유례없는 규제가 엉뚱한 사회적 통념을 만든 것이다. 의료행위를 의료기관으로 한정한 법률은 다른 나라에서는 비슷한 제도조차 찾을 수가 없다.

[나] 원격진료가 불법인 나라는 실제로 우리나라밖에 없다. 이를 위반하고 원격진료를 할 경우, 의사 자격이 정지되고 건강보험법 위반으로 진료비도 환수된다. 그 결과 환자의 요청에 따라 다른 병원에 가서 그 환자를 보면 마찬가지로 처벌받는다. 의사가 다른 병원으로 갈 것이 아니라 환자를 이송해야 한다는 것이다.

[다] 1960~1970년대 의사의 진료형태에는 왕진도 있었다. 환자 진료를 의료기관 내에서만 하라는 규정은 1973년 의료법 개정으로 처음 도입되었다. 개정 당시에는 무면허 의료업자가 큰 사회적 문제였고, 부정의료업자의 척결이 부정부패 일소를 위한 국가적 과제이었다. 의료기관 내에서만 진료하라는 강제는 이런 배경에서 등장했다.

[라] 따라서 위급한 환자가 위험을 감수해야 합법이 되는 규제부터 제거해야 한다. 질병은 병원 밖에 있다. 특히 만성병이 사망의 주원인이 되고 있는 현대 사회에서, 질병의 예방, 관리, 치료는 더 이상 의료기관 내에서만 머무를 수가 없다. 그리고 누군가에게는 제한적인 병원 접근성은 큰 장벽이다. 장애인, 영유아, 노인 등 사회적 약자에게 가까이 다가갈 수 있는 의료 서비스가 필요하다. 학교에서도, 사업장에서도, 놀이방에서도, 요양원에서도, 적절한 의료가 제공되어야 한다.

① [나] - [가] - [라] - [다]
② [나] - [다] - [가] - [라]
③ [다] - [가] - [나] - [라]
④ [다] - [나] - [라] - [가]
⑤ [다] - [라] - [가] - [나]

09 다음 중 [보기]의 ㉠~㉣의 예로 알맞은 것을 고르면?

> **보기**
>
> 경음화는 장애음 중 평음이 일정한 환경에서 경음으로 바뀌는 현상이다. 한국어의 대표적인 경음화 유형은 다음과 같다.
> ㉠ 'ㄱ, ㄷ, ㅂ' 뒤에 연결되는 평음은 경음으로 발음한다.
> ㉡ 비음으로 끝나는 용언 어간에 연결되는 어미의 첫소리는 경음으로 발음한다.
> ㉢ 관형사형 어미 '-(으)ㄹ' 뒤에 연결되는 평음은 경음으로 발음한다.
> ㉣ 한자어에서 'ㄹ' 뒤에 연결되는 'ㄷ, ㅅ, ㅈ'은 경음으로 발음한다.

	㉠	㉡	㉢	㉣
①	잡고	담고	갈 곳	하늘소
②	받고	앉더라	발전	물동이
③	놓다	삶더라	열 군데	절정
④	먹고	껴안다	어찌할 바	결석
⑤	받고	감기다	갈증	말실수

10 다음 밑줄 친 부분의 문장 성분이 다른 하나를 고르면?

① 그는 <u>밥도</u> 안 먹고 일만 한다.
② 그는 <u>가족들조차</u> 만나지 않았다.
③ 그는 하루 종일 <u>커피만</u> 마셨다.
④ 고향의 <u>사투리까지</u> 싫어할 이유가 없다.
⑤ 몸은 힘들지만 <u>마음만은</u> 날아갈 것 같다.

11 다음 중 [보기]의 한글 맞춤법 규정이 적용된 단어가 아닌 것을 고르면?

> **보기**
>
> 제7항 'ㄷ' 소리 나는 받침 중에서 'ㄷ'으로 적을 근거가 없는 것은 'ㅅ'으로 적는다.
>   예) 덧저고리, 자칫하면

① 무릇
② 엇셈
③ 웃어른
④ 훗일
⑤ 돗자리

12 다음 글의 통일성을 고려했을 때 밑줄 친 ㉠~㉤ 중에서 어울리지 않는 문장을 고르면?

몇 해 전쯤 우연히 '잡초'를 주제로 한 개인 게릴라 프로젝트를 진행한 적이 있다. 집에서 가까운 노들섬 공사 현장을 지나갔던 일이 계기가 되었다. 어느 날 운전을 하고 다리를 건너던 중 정체가 심해 차를 거의 움직일 수 없었다. 이때 공사 가림막 아래 줄지어 자라난 '잡초'들을 발견했다.
㉠누가 일부러 씨를 뿌려 놓은 것은 아닌 게 분명했지만 잡초들은 아름다웠다. 우리가 흔히 '잡초'라고 뭉뚱그려 부르기는 해도 이 녀석들도 나름의 귀한 이름이 있을 것이라 생각했다. 그래서 ㉡망초, 좀명아주, 강아지풀, 노랑선씀바귀, 마디풀, 개똥쑥, 참새귀리, 큰방가지똥, 까마중, 닭의장풀 등 잡초의 이름을 찾아내어 이름표로 만들어 붙여 주었다.
얼마 동안이나 척박한 환경에서 잡초들이 살아남을지 알 수 없었지만 길을 지나가는 사람들이 한 번이라도 더 쳐다봐 주고 이름을 불러주기를 바랐다. ㉢그래서 누군가의 관심을 받게 되고, 삭막한 도시에서 잡초가 나름대로 빛나는 귀한 존재로 여겨지기를 바랐다. ㉣오동나무, 은행나무, 향나무, 단풍나무, 앵두나무, 목련 등 내가 기억하는 식물의 이름들은 가물가물하지만, 그것들이 만들어 냈던 시절의 풍성함은 아직도 눈앞에 생생하다. ㉤자세히 보지 않으면 구분하기 힘들고, 알 수 없으면 마음이 가지 않는 법이다. 풀과 나무들은 그 존재만으로도 우리의 삶터를 더 아름답고 건강하게 만들어준다. 이들에 진심어린 애정을 가지는 일은 그 이름을 불러주는 것에서 시작한다. 값비싼 표찰이 아닌 이름 한 줄만 들어간 소박한 작은 이름표라도 좋을 것이다.
동네 골목골목마다, 공원 구석구석에서 좀 더 많은 이름표를 발견할 수 있었으면 좋겠다. 나무에, 풀에 작은 관심이 있다면 기꺼이 이름표를 길잡이 삼아 식물을 검색해보고, 또 알아가면서 경이로운 세계에 감탄하기를 기대해 본다.

① ㉠   ② ㉡   ③ ㉢   ④ ㉣   ⑤ ㉤

13 다음 글을 이해한 내용으로 적절하지 <u>않은</u> 것을 고르면?

> 러시아 용병기업인 바그너의 수장이었던 예브게니 프리고진은 인조반정의 주역인 이 괄과 여러모로 닮았다. 러시아 대통령 푸틴의 '충견'이었다가, 집권한 지 23년 만에 푸틴에게 위기를 가져 온 프리고진처럼, 이괄은 인조에게는 둘도 없는 심복이었다.
>
> 이괄(1587~1624)은 어릴 적부터 숱한 비행을 저지른 사고뭉치였지만, 반정에 성공하여 왕위에 오른 인조의 신뢰를 등에 업고 부원수에까지 올랐다. 인조는 변방 후금(청 나라)의 동태가 심상치 않자 이괄에게 북방 수비를 맡기며 1만 2천 명의 병력을 내줬다. 왕의 칼인 어검을 내리며 수레를 밀어주는 인조를 향해 이괄은 '소신, 죽기로 싸워 은혜를 갚겠다'고 맹세했다. 그러나 그는 권력 실세인 이귀와의 정쟁에서 밀리자 아군을 이끌고 수도 한양으로 진격했다. 이괄의 아들인 이전이 역모를 꾀했다는 이귀의 고변에 인조의 마음이 흔들려 인조가 이전을 압송하라고 명하자, 이괄은 2차 반정을 도모한 것이었다.
>
> 이괄의 주력부대는 당시 조선의 용병과 다름없던 항왜(降倭)이었다. 임진왜란 때 조선군으로 귀순한 항왜는 일본 전국시대의 내전 속에 단련돼 실전 경험이 풍부하고 칼솜씨뿐만 아니라 총포술도 갖춰 후금에 공포의 대상이었다. 이괄은 사무라이 출신 서아지 등 항왜를 선봉에 세우고 파죽지세로 관군을 돌파하며 한양을 점령했으나, 이내 자만하다 수세에 몰렸고, 경기도 이천으로 달아나 잠을 자던 중에 자신을 배신한 측근들에게 목이 잘렸다.
>
> 이괄의 반란은 평정됐지만, 할아버지인 선조처럼 도성을 버리고 줄행랑을 친 인조의 리더십은 구겨질 대로 구겨졌다. 이후 인조는 친명배금 외교를 추구한 공신들의 기세에 눌려 우왕좌왕하다가 병자호란을 맞았고, 나중에는 의심병에 걸려 아들인 소현세자를 시기하고 며느리까지 죽였다.

① 예브게니 프리고진은 러시아 대통령을 배신했다.
② 이전은 인조를 무너뜨리기 위해 역모를 꾸몄다.
③ 이괄의 주력부대는 일본인들로 구성되어 있었다.
④ 왕을 배신한 이괄은 자신 또한 배신자에게 목숨을 잃었다.
⑤ 리더십에 위기를 맞은 인조는 공신들에게 휘둘렸다.

14 다음 중 [보기]의 밑줄 친 의미와 가장 유사한 것을 고르면?

> **보기**
> 발전소에서는 발전에 사용된 수증기를 열교환기로 <u>보낸다</u>.

① 그는 선물을 동생 집으로 <u>보냈다</u>.
② 그는 그저 멍하니 세월만 <u>보냈다</u>.
③ 그는 작년에 딸을 시집 <u>보냈다</u>.
④ 그는 슬피 울며 정든 친구를 <u>보냈다</u>.
⑤ 그는 이번에 아들을 대학에 <u>보냈다</u>.

15 다음 빈칸에 들어갈 내용으로 가장 적절한 것을 고르면?

> (　　　　　　　　) 트렌드는 특정 집단에서 나타난 현상에 '개념'을 부여하고, '명명'하는 것에서 시작되는데, 욜로(YOLO, You Only Live Once)가 그 대표적인 사례이다. 소비자들은 욜로에 기반한 소비가 합리적이지 않다는 것을 알면서도 '트렌드'라는 이유로 따르기도 했지만, 욜로는 지속할 수 있는 삶의 형태는 아니었다. 결국 소비자는 비판적인 시각에서 욜로라는 트렌드를 판단하여, 새로운 트렌드를 만든 것이다. 실제로 시장조사기관인 '트렌드모니터'가 2021년에 만 19~59세 성인남녀 1,000명에게 '욜로족의 삶을 지향하는지'를 물어본 결과, 20대 응답자의 30.2%만이 "그렇다"라고 답했다. 2017년에 같은 조사에서는 "그렇다"라고 답한 비율이 75.6%에 달했다는 점을 감안하면, 4년 새 40%p 넘게 줄어든 셈이다.

① 욜로는 어디에서 시작된 걸까?
② 욜로를 주도한 사람은 누구일까?
③ 욜로 열풍은 왜 사라지는 걸까?
④ 욜로는 어떻게 라이프스타일로 자리잡았나?
⑤ 사람들은 왜 욜로에 빠져들게 되었나?

16 다음 글의 밑줄 친 ⊙과 ⓒ의 관계와 유사한 것을 고르면?

> ⊙달걀을 매일 먹으면 몸에 어떤 일이 일어날까? 우선 머리카락과 피부가 건강해 지고, 뼈가 튼튼해 진다. 그리고 포만감을 유지하고, 활력을 되찾게 한다. 달걀의 ⓒ노른자에 있는 비타민 B12, 비타민 D, 콜린 등은 모두 우리 몸이 사용할 수 있는 에너지로 바꾸는 데 중요한 역할을 한다. 달걀에 든 단백질과 건강한 지방의 조합은 포만감을 느끼게 하는 주된 원인이다.

① 치즈 : 피자치즈
② 책상 : 걸상
③ 혼인 : 결혼
④ 도서관 : 책
⑤ 명절 : 추석

17 다음 글을 통해 추론한 내용으로 적절한 것을 고르면?

근육질 몸매를 위해 단백질이 많이 함유되어 있는 식품이나 보충제를 찾는 사람이 많다. 신체가 한 번에 단백질을 흡수할 수 있는 양은 제한되어 있기 때문에 여러 번에 나누어 단백질을 섭취해야 한다고 흔히 알고 있다. 단백질 흡수량에 관해서 많은 의견이 있지만, 보통은 한 번에 20~30g의 단백질만이 흡수된다고 알려져 있다. 그러나 이는 사실이 아니다.

우리 몸은 단백질을 섭취하게 되면 위장에서 산과 효소를 사용하여 아미노산으로 분해한다. 분해된 아미노산은 소장을 따라 분포된 세포들에 의해서 혈류로 운반되는데 혈류를 통해 신장과 심장, 피부 등 다양한 신체 조직들에 흡수되어 사용된다. 그런데 이러한 과정에서 소장은 시간당 흡수할 수 있는 아미노산의 양을 제한한다. 소장이 몸 속에 들어온 단백질 중에서 한 번에 흡수하지 못한 만큼은 배출한다는 것이 아니라, 속도를 제한하여 체내에 흡수한다는 것이다. 단백질은 신체에 있어서 상당히 고급 에너지원이다. 따라서 우리의 신체가 흡수 속도를 제한하는 것은 속도 조절을 통해 모든 영양분을 흡수하기 위함이다.

특히 필수 아미노산 중에서도 류신(Leucine)은 근육의 합성 및 회복을 촉진한다. 한 번에 3~4g의 류신을 섭취하면 근육 합성 반응을 극대화할 수 있다. 따라서 한 번 섭취할 때 충분한 양의 단백질을 섭취하는 것은 중요하다.

그러나 적정 수준 이상으로 단백질을 섭취하는 것은 근육의 양과 힘에 별다른 영향을 미치지 않는다. 미국 일리노이 대학교의 연구팀이 40~64세의 중년 남녀 50명을 대상으로 10주에 걸쳐 근육 운동과 식이 요법을 실험한 결과, 단백질을 많이 섭취한다고 해서 근육의 양이 늘어나거나 근력이 커지는 것이 아닌 것으로 드러났다. 다만 단백질을 일정 시간 간격을 두고 자주 먹는 것은 중요하다. 한 번 근육 합성 반응을 일으키게 되면, 보통 3~5시간 동안은 단백질이 아무리 들어와도 근육 합성 반응이 일어나지 않기 때문이다.

① 우리 몸은 하루에 20~30g의 단백질만을 흡수할 수 있도록 설계되어 있다.
② 소장에서 단백질 분해 과정이 일어나고, 혈류를 통해 신체조직들에 흡수되어 사용된다.
③ 류신을 먹으면 소장에서 시간당 흡수하는 아미노산의 양을 최대화 할 수 있다.
④ 운동을 하지 않으면 단백질을 많이 섭취해도 근육의 양이나 힘이 커지지 않는다.
⑤ 충분한 양의 단백질을 3~5시간 간격을 두고 섭취하면 근육 합성 반응 빈도를 증가시킬 수 있다.

18 다음 글의 주제로 가장 적절한 것을 고르면?

> 하늘은 재주를 고르게 주는데 이것을 명문의 집과 과거로써 제한하니 인재가 늘 모자라 걱정하는 것은 당연하다. 동서고금에 첩이 낳은 아들의 재주를 쓰지 않는다는 말은 듣지 못했다. 우리나라만 미천한 어미를 가진 자손이나 두 번 시집간 자의 자손을 벼슬길에 끼지 못하게 한다.
> 조막만 하고 더욱이 양쪽 오랑캐 사이에 끼어 있는 이 나라에서 인재를 제대로 쓰지 못할까 두려워해도 더러 나랏일이 제대로 될지 점칠 수 없는데, 도리어 그 길을 스스로 막고서 "우리나라에는 인재가 없다."라고 탄식한다. 이것은 남쪽 나라를 치러 가면서 수레를 북쪽으로 내달리는 것과 무엇이 다르겠느냐. 참으로 이웃 나라가 알까 두렵다.

① 인재를 얻는 것은 어렵다.
② 신분차별을 철폐해야 한다.
③ 인재를 등용할 때 공평하게 해야 한다.
④ 인재 등용의 어려움은 우리만의 문제가 아니다.
⑤ 인재를 등용하는 문제는 외교적으로 해결할 수 있다.

19 다음 중 높임법 사용이 가장 올바른 것을 고르면?

① 교수님, 연구실에서 교수님을 직접 보고 말씀을 드리겠습니다.
② 큰아버지, 약주를 많이 드셨으니 제가 집까지 모셔다 드릴게요.
③ 이 과장님, 부장님께서 빨리 오시라는데 잠깐 시간 계십니까?
④ 김 일병, 그건 중요한 문제니까 대대장님께 여쭈어보고 결정할게.
⑤ 저희 나라는 사람 사이의 정을 중시합니다.

20 다음 글을 통해 알 수 <u>없는</u> 것을 고르면?

> 췌장암은 예후가 좋지 않아 무서운 암으로 알려져 있다. 국립암센터의 국가암등록통계에 따르면, 췌장암을 5년 이상 앓았을 때 생존한 사람의 비율은 13.9%로, 9명 중 1명 정도만 5년 이상 생존하는 것으로 나타났다.
>
> 췌장은 위 뒤쪽, 몸속 깊은 곳에 위치하는데, 길이가 약 15cm 정도인 가늘고 긴 장기이다. 췌장은 십이지장, 담관과 연결되고 비장과 인접해 있고, 머리와 몸통, 꼬리 세 부분으로 나뉜다. 십이지장에 가까운 부분이 머리, 중간이 몸통, 가장 가느다란 부분이 꼬리이며, '이자(胰子)'라고도 한다. 음식물 중 단백질, 탄수화물, 지방의 소화에 필요한 소화즙과 효소를 많이 만들어 두었다가 식사 후 음식물이 십이지장으로 넘어올 때 효소를 배출해 음식물의 소화·흡수를 돕기 때문에 췌장은 매우 중요한 장기이다.
>
> 유전적 요인과 환경적 요인이 함께 관여하여 췌장암을 유발하는 것으로 추정한다. 유전적 요인 중에서는 'K-Ras(케이라스)'라는 유전자의 이상이 특히 중요하다. 췌장암의 70~90% 이상에서 이 유전자의 변형이 발견되고 있다. 췌장암 가족력이 있는 경우에 발생률이 18배까지 올라간다는 연구도 있다. 한편 환경적 요인은 식습관, 흡연, 만성 췌장염, 나이, 음주 등이 꼽힌다. 육류나 지방이 많은 음식을 자주 섭취하는 식습관을 가지고 있는 사람의 경우, 췌장암 발병 위험이 2배가량 증가하는 것으로 알려져 있다. 흡연자의 경우에는 췌장암의 상대 위험도가 2~3배 정도 높다. 만성 췌장염이 있는 경우에는 췌장암 위험이 약 15배 증가한다.
>
> 췌장암이 의심될 경우에는 초음파검사, 복부 전산화단층촬영(CT), 자기공명영상(MRI), 내시경적 역행성 담췌관조영술(ERCP), 내시경 초음파검사(EUS), 양성자 방출 단층촬영(PET), 혈청 종양표지자검사, 복강경검사, 조직검사 등을 진행한다.
>
> 현재까지 췌장암을 완치할 수 있는 치료법은 수술이 유일하다. 수술이 불가능하거나 수술 이후 보조적 치료가 필요할 때에는 항암 화학 요법, 방사선 요법 등을 진행한다.

① 췌장의 역할
② 췌장암의 원인
③ 췌장암의 증상
④ 췌장암의 생존율
⑤ 췌장암의 치료 방법

21 다음 중 글의 밑줄 친 ㉠~㉤을 고쳐쓰기한 내용이 적절하지 <u>않은</u> 것을 고르면?

> '갑분싸', '노잼', 'ㅇㅈ', 'ㅅㄱ', ……. 요즘 청소년들이 인터넷상에서는 물론 실제 대화를 할 때에도 즐겨 쓰는 말들이다. '갑분싸'는 '갑자기 분위기가 싸해진다.'를 줄여 이르는 말로, 긴 ㉠<u>단어</u>를 쓰기 꺼리고 웬만하면 짧게 줄여서 말하는 청소년의 언어문화를 보여 준다. ㉡<u>청소년들은 자극적인 문화에 쉽게 빠지는 경향이 있다.</u> 여기서 더 나아가 요즘 청소년들은 ㉢<u>'노잼'</u>처럼 외국어와 우리말을 결합해서 완전히 새로운 말을 만들어 내기도 한다. ㉣<u>그래서</u> 'ㅇㅈ', 'ㅅㄱ'처럼 초성만 써서 자기 생각을 전달하기도 한다. 하지만 이러한 말을 지나치게 사용하면 여러 가지 문제가 생기게 된다. 이처럼 청소년들이 신조어를 무분별하게 ㉤<u>사용함으로써</u> 생길 수 있는 문제는 심각하다.

① ㉠은 내용상 '문장'으로 바꾼다.
② ㉡은 글 전체의 내용과 맞지 않으므로 삭제한다.
③ ㉢은 독자를 고려하여 뜻풀이를 병기해준다.
④ ㉣은 접속어가 잘못 쓰였으므로 '그리고'로 바꾼다.
⑤ ㉤은 조사의 사용이 잘못되었으므로 '로서'로 바꾼다.

22 다음 글을 이해한 내용으로 적절하지 <u>않은</u> 것을 고르면?

> 1498년 연산군은 훈구파 이극돈, 유자광 등의 계략에 빠져, 사초를 문제 삼아 김종직 등 많은 신진 사류를 죽이는 최초의 사화인 무오사화를 일으켰다. 1504년에는 생모인 폐비 윤씨가 성종의 후궁인 성씨·엄씨의 모함으로 내쫓겨 사사되었다고 해서 자기 손으로 두 후궁을 죽여 산야에 버리는 포악한 성정을 드러내기 시작하였다. 또한 생모를 죽게 만든 조모 인수대비를 구타하여 죽게 하고, 윤씨의 폐위에 찬성하였다 하여 윤필상, 김굉필 등 수십 명을 살해하였다. 게다가 이미 죽은 한명회 등을 부관참시하고, 또 자신의 난행을 비방한 투서가 언문으로 쓰이자, 한글 교습을 중단시키고 언문구결을 모조리 거두어 불태웠다.

① 무오사화는 연산군이 애초에 의도한 계획은 아니었다.
② 폐비 윤씨를 통해 당시 궁중 여인의 권력 관계를 확인할 수 있다.
③ 연산군이 한글 교습을 중단시킨 것은 한글을 폄하했기 때문이다.
④ 정치적인 화는 정당성 없이 개인의 보복심에서 초래되기도 한다.
⑤ 권력자의 결단력이 방향성을 잃었을 때의 위험성을 보여준다.

23 다음 [보기]는 '일회용품 사용을 줄이자'를 주제로 독자를 설득하는 글을 쓰기 위해 수집한 자료들이다. 이를 활용하기 위한 방안으로 적절한 것을 고르면?

> **보기**
> ㉠ 《OO일보》 기사문에서
> "일회용품이 자연에서 썩어 없어지는 데 많게는 수백 년이 걸린다. 이로 인한 환경오염은 매우 심각하다."
> ㉡ 《환경보호》 책에서
> "플라스틱으로 된 일회용품에서 나오는 환경호르몬은 인체에 해롭다."
> ㉢ 'ㅇㅇ 뉴스' 기사에서
> "XX시에서 버려진 일회용품을 재활용하여 멋진 예술 조형물을 만들었습니다. 시민들에게 큰 호응을 얻고 있는데요."

① ㉠: 일회용품이 자연적으로 없어지는 데 오랜 시간이 걸린다는 내용이므로, 일회용품을 소각해야 한다는 주장의 근거로 활용한다.
② ㉠: 일회용품을 폐기하는 과정에서 환경이 오염된다는 내용이므로, 일회용품 사용의 문제점을 지적하는 자료로 활용한다.
③ ㉡: 플라스틱으로 만들어진 일회용품이 건강에 안 좋은 영향을 준다는 내용이므로, 종이로 된 일회용품을 사용하자는 주장의 근거로 활용한다.
④ ㉢: 일회용품을 재활용한 모범 사례에 해당하므로, 일회용품의 적절한 활용법을 안내하는 데 활용한다.
⑤ ㉢: 예술 조형물이 시민들에게 좋은 반응을 얻고 있다는 내용이므로, 지역사회에 예술 조형물이 필요하다는 주장의 근거로 활용한다.

24 다음 글의 서술방식에 대한 설명으로 가장 적절한 것을 고르면?

> 과학이 발달한 오늘날에도 옛날과 마찬가지로 점술가들은 여전히 성업 중이며 많은 사람에게 인기가 있다. 아무리 과학이 발달한다 해도, 인간이 자신의 운명을 정확하게 예측한다는 것은 불가능하기 때문이다. 분명하게 예측할 수 없다고 생각할 때, 사람들은 뭔가 확실성을 제시해 줄 수 있는 방법들을 찾는다. 사후 세계의 불확실성을 줄이기 위해 종교를 믿듯이, 앞날을 미리 알기 위해 사람들은 점술가를 찾는다. 공무원들에 비해 사업하는 사람들이나 정치인들이 점집을 즐겨 찾는 경향이 있으며, 농촌 사람들보다 어촌 사람들이 미신을 더 많이 믿는다. 왜냐하면 어부들은 언제 폭풍이 닥칠지, 어디에서 고기가 많이 잡힐지를 가늠하기가 어렵기 때문이다. 정치하는 사람들 역시 그 직업의 불확실성과 예측 불가능성 때문에 점술가를 찾는다. 남들의 선택으로 결정되는 투표 결과에 매달려야 하며, 손에 잡히지 않는 여론이라는 것이 정치생명을 좌우하기 때문이다. 결국 점술가를 찾는 사람들은 자신의 앞날에 대해 확신이 없는 사람들이라고 말할 수 있다.

① 의문 형식을 사용하여 글쓴이의 생각을 강조한다.
② 어떤 현상을 시간적 변화에 따라 서술한다.
③ 권위자의 견해를 인용하여 자신의 주장을 강화한다.
④ 어떤 대상을 이루는 구성 요소를 분리하여 설명하고 있다.
⑤ 특수한 사실 등을 통해 일반적인 것을 설명하는 방법을 사용한다.

25 다음 글의 제목으로 가장 적절한 것을 고르면?

> 전 세계 어린이에게 미국 백인 중산층 여성의 욕망을 심어준다는 점에서 바비는 매우 이데올로기적이다. 이 한계를 넘고자 마텔사는 동양인 바비, 흑인 바비, 히스패닉 바비를 출시하기도 했다. 하지만 이런 다른 인종 바비에게서 우리는 매우 역설적이게도, 그동안 바비가 철저하게 백인 여성의 미를 절대화했음을 확인한다. 반면 키티는 무국적성이라는 일본 대중문화의 전형적인 특성을 갖는다. 이 고양이는 아이들에게 특정한 나라의 생활 방식을 강요하지 않는 것처럼 보인다. 그런 의미에서 키티에게는 사실 국적이 없다.

① 키티 출현의 시사점
② 바비의 이데올로기적 성격
③ 키티와 바비의 차이점
④ 바비와 키티가 사랑받는 이유
⑤ 키티의 무국적성과 그 가치

파이널 모의고사 3회
자료해석
20문항/25분

정답과 해설 ▶ P.69

01 다음은 부천시 소재 한 고등학교의 3학년 반별·과목별 평균성적이다. 다음 빈칸 A, B에 들어갈 값의 합을 고르면?

구분	3학년 1반	3학년 2반	전체
국어	70점	75점	72점
수학	65점	50점	(A)점
영어	75점	70점	(B)점

※ 3학년 전체 학생 수는 50명이며, 결시자는 없음. 3학년 1반은 30명이고, 3학년 2반은 20명임

① 130　　② 132　　③ 134　　④ 136

02 다음 [표]는 수현이네 반 학생들의 등교 소요시간 분포를 나타낸 것이다. (B−A)의 값을 고르면?

[표] 수현이네 반 학생들의 등교 소요시간 분포　　(단위: 명)

소요시간	학생 수
5분 이상~10분 미만	2
10분 이상~15분 미만	7
15분 이상~20분 미만	3
20분 이상~25분 미만	(A)
25분 이상~30분 미만	8
30분 이상~35분 미만	7
합계	(B)

① 21　　② 23　　③ 25　　④ 27

03 다음 [표]는 2013~2017년 현역병 입영 현황에 관한 자료이다. 이에 대한 설명으로 옳은 것을 고르면?

[표] 2013~2017년 현역병 입영 현황 (단위: 명)

구분	2013년	2014년	2015년	2016년	2017년
현역 자원	329,751	333,227	328,974	304,473	281,222
계획 인원	257,923	271,836	250,193	265,351	245,469
입영 인원	256,171	274,292	249,477	261,203	227,115

※ (입영 비율)(%) = $\frac{(입영 인원)}{(계획 인원)} \times 100$

① 2014~2017년 동안 현역 자원은 전년 대비 매해 감소하였다.
② 계획 인원보다 더 많은 사람이 입영한 해는 없다.
③ 2017년의 입영 비율이 가장 낮다.
④ 2013~2017년 동안 입영한 총인원은 130만 명이 넘는다.

[04~05] 두 제빵사 A, B가 5분 동안 도넛을 만들면 A가 B보다 25개를 더 만든다고 한다. 또 A가 30분 동안 만든 도넛의 개수가 B가 40분 동안 만든 도넛의 개수의 2배라 할 때, 이어지는 질문에 답하시오.

04 B가 5분 동안 만들 수 있는 도넛의 개수를 고르면?

① 12개 ② 15개 ③ 16개 ④ 18개

05 A와 B가 1시간 동안 만들 수 있는 도넛의 개수의 합을 고르면?

① 640개 ② 650개 ③ 660개 ④ 670개

06 다음은 어느 중학교 1학년 A반과 B반의 수학 성적에 대한 상대도수 그래프이다. 이에 대한 설명으로 옳은 것을 [보기]에서 모두 고르면?(단 1학년 학급은 A반과 B반만 있다.)

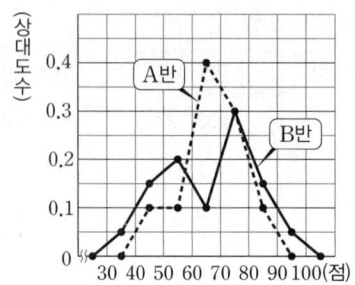

보기

㉠ A반과 B반은 수학 성적이 70점 이상 80점 미만인 학생 수가 같다.
㉡ 반별 그래프와 가로축으로 둘러싸인 부분의 넓이는 B반이 A반보다 더 크다.
㉢ A반에서 수학 성적이 80점 이상인 학생은 1학년 전체에서 상위 15% 이내에 속한다.
㉣ A반의 상대도수가 B반의 상대도수보다 더 큰 계급은 60점 이상 70점 미만밖에 없다.
㉤ 만약 A반이 50명, B반이 40명이라면, 수학 성적이 50점 미만인 학생은 B반이 A반보다 30명 더 많다.

① ㉠, ㉡ ② ㉡, ㉣
③ ㉢, ㉣ ④ ㉣, ㉤

07 군뜨의 ○○은행 계좌 잔고는 100만 원이다. 주어진 [상황]과 같이 입금과 출금을 할 때, 계좌 잔고가 최초로 200만 원 이상이 되는 날을 고르면?

[상황]
　첫 번째 날에 4만 원을 계좌에 입금하고, 두 번째 날에 2만 원을 출금한다. 세 번째 날에는 4만 원을 입금하고, 네 번째 날에는 2만 원을 출금한다. 이러한 과정을 계속 반복한다.

① 97번째 날　② 98번째 날　③ 99번째 날　④ 100번째 날

08 다음 [표]는 한국의 S화력 발전소가 A, B, C 3개의 구매처별로 구입한 발전연료 현황을 나타낸 자료이다. 이에 대한 설명으로 옳지 않은 것을 고르면?

[표] S화력 발전소가 구입한 발전연료 현황 (단위: 건, 천 원)

구분	A		B		C		계	
	구입 건수	구매액	구입 건수	구매액	구입 건수	구매액	구입 건수	구매액
5월	156	12,690	156	16,608	35	2,311	350	31,609
1~5월	921	71,380	422	31,459	190	11,212	1,545	114,955

① 5월에 A에서의 발전연료 구입 건수는 1~4월의 월평균 구입 건수보다 많다.
② 5월에 B에서의 발전연료 구입 건수는 1~4월 총구입 건수의 50% 이상이다.
③ 5월에 C에서의 건당 구매액은 1~4월의 건당 구매액보다 높다.
④ 5월에 건당 구매액이 두 번째로 낮은 구매처는 A이다.

09 박사원은 AI 로봇 행사에서 추첨 선물을 나누어주기 위해 스티커와 초콜릿, 사탕, 볼펜을 샀다. 그런데 회사에 지출결의서를 작성하기 위해 영수증을 꺼냈더니 그림과 같이 얼룩이 져서 알아볼 수가 없었다. 주어진 영수증을 토대로 구입한 볼펜의 개수를 고르면?

영수증			
품목	단가(원)	수량(개)	금액(원)
스티커	300		
초콜릿	700		2,800
사탕		8	2,400
볼펜	1,000		
합계		23	12,000
위 금액을 정히 영수함.			

① 2개   ② 3개   ③ 4개   ④ 5개

10 다음 [표]는 어느 중학교의 남학생과 여학생의 수학 성적을 조사한 자료이다. 이에 대한 설명으로 옳지 않은 것을 고르면?

[표] 학생들의 수학 성적

수학 점수	학생 수(명)	
	남학생	여학생
40점 이상 ~ 50점 미만	6	3
50점 이상 ~ 60점 미만	10	9
60점 이상 ~ 70점 미만	12	10
70점 이상 ~ 80점 미만	33	24
80점 이상 ~ 90점 미만	24	8
90점 이상 ~ 100점 이하	15	6

① 전체 학생 중 80점 이상 90점 미만에서 여학생 대비 남학생 수가 가장 많다.
② 90점 이상인 학생은 전체 학생의 10% 이상이다.
③ 전체 학생 중 60점 이상인 학생의 비중은 여학생이 남학생보다 크다.
④ 80점 이상인 학생은 남학생이 여학생보다 많다.

11 다음은 어느 농구 팀의 지난 1년 동안 경기당 득점을 조사하여 만든 도수분포다각형의 일부이다. 도수분포다각형 일부분이 훼손되기 전에 도수분포다각형과 가로 축으로 둘러싸인 부분의 넓이는 590이고, 득점이 70점 이상 80점 미만인 경기 수와 득점이 80점 이상 90점 미만에 해당하는 경기 수의 비가 4:5이었다. 이때 득점이 80점 이상 90점 미만인 경기의 수를 고르면?

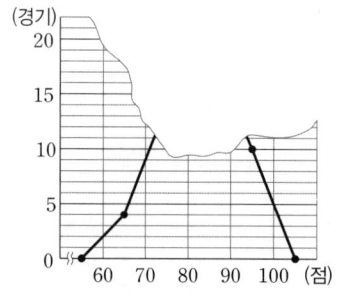

① 20경기   ② 25경기   ③ 30경기   ④ 35경기

12 재석이가 명수에게 처음에 가지고 있던 딱지의 $\frac{1}{3}$을 주고 2개를 더 준 후, 준하에게 남은 딱지의 $\frac{1}{2}$을 주고 5개를 더 주었더니 딱지 10개가 남았다. 재석이가 처음에 가지고 있던 딱지의 개수를 고르면?

① 42개 ② 48개 ③ 54개 ④ 60개

13 부사관 시험에 지원한 남녀 비율은 3:2이다. 최종 합격한 200명 중 남녀 비율은 5:3이었고, 불합격한 사람의 남녀 비율은 2:3이었을 때, 부사관 시험에 지원한 전체 인원수를 고르면?

① 225명 ② 250명 ③ 275명 ④ 300명

14 현수네 교내 농구 팀 선수 9명의 키 평균값은 192cm이었다. 선수 중 한 명이 전학을 가서, 신입 선수를 농구 팀에 영입하여 다시 평균값을 구했을 때, 그 값은 190cm이었다. 신입 선수의 키가 188.5cm일 때, 전학을 간 선수의 키를 고르면?

① 170.5cm ② 189cm ③ 195.5cm ④ 206.5cm

[15~16] 다음 [표]는 국제교류 재단에서 운영하는 국제교류 사업기금의 운영 명세 현황에 관한 자료이다. 이를 바탕으로 질문에 답하시오.

[표] 국제교류 사업기금의 운영 명세 현황 (단위: 백만 원)

구분	2015년	2016년	2017년	2018년	2019년
합계	13,596	17,179	18,866	24,425	26,941
한국학 기반 확대	5,370	7,853	6,453	9,212	9,835
한국 전문가 육성	3,128	3,286	3,490	4,259	5,262
인적 교류	1,306	1,401	1,782	2,971	3,588
문화 교류	1,850	2,350	4,482	4,750	4,849
출판 자료 지원	1,942	2,289	2,659	3,233	3,407

15 2016~2019년 기간 중 국제교류 사업기금의 전년 대비 증가율이 가장 큰 해는 언제인지 고르면?(단, 소수점 둘째 자리에서 반올림하여 계산한다.)

① 2016년   ② 2017년   ③ 2018년   ④ 2019년

16 다음 보기에서 전년 대비 증가율이 가장 작은 분야와 연도를 바르게 짝지은 것을 고르면?(단, 소수점 둘째 자리에서 반올림하여 계산한다.)

	분야	연도
①	한국학 기반 확대	2018년
②	한국 전문가 육성	2018년
③	인적 교류	2018년
④	문화 교류	2017년

17 다음 [보기]는 세계 보건 기구에서 제시한 초, 중, 고등학생의 표준 비만도 공식이다. A학생의 키가 175cm이고 몸무게가 81kg일 때, A학생의 비만 정도를 고르면?

보기

$$비만도 = \frac{y}{(x-100) \times 0.9} \times 100$$

x: 키(cm), y: 몸무게(kg)

[표] 비만도에 따른 비만 정도 분류

비만도	분류
95 미만	체중 미달
95 이상 120 미만	정상 체중
120 이상 130 미만	경도 비만
130 이상 150 미만	중도 비만
150 이상	고도 비만

① 체중 미달   ② 정상 체중   ③ 경도 비만   ④ 중도 비만

18 다음 [표]는 ○○고등학교 학생 40명의 줄넘기 2단 뛰기의 기록을 나타낸 도수분포표이다. 이를 바탕으로 학생 40명이 실시한 줄넘기 2단 뛰기의 평균 횟수를 고르면?

[표] 학생 40명의 줄넘기 2단 뛰기 기록에 대한 도수분포표

계급	도수
0회 이상 10회 미만	3
10회 이상 20회 미만	7
20회 이상 30회 미만	10
30회 이상 40회 미만	( )
40회 이상 50회 미만	5
합계	40

① 28회   ② 30회   ③ 32회   ④ 34회

[19~20] 다음 [표]와 [그래프]는 2009~2017년 동안 한국, 중국, 일본의 에너지 소비 현황에 대한 자료로 일부가 누락된 상태이다. 이를 바탕으로 질문에 답하시오. (단, 증가율은 2009년 대비 2017년의 증가율이다.)

[표] 한국, 중국, 일본의 에너지 소비 현황

구분	에너지 소비량 (백만 TOE)			GDP (2009년 기준 US 십억 달러)			에너지 원단위 (백만 TOE/2009년 기준 US 십억 달러)		
	한국	중국	일본	한국	중국	일본	한국	중국	일본
2009년			A			B			D
2010년									
2011년									
2012년									
2013년									
2014년									
2015년									
2016년									
2017년	204	345	513			C			
증가율(%)	17.2	−17.5	1.2	5.9	1.2	1.2	10.7	−18.5	

※ (에너지 원단위) = $\dfrac{(\text{에너지 소비량})(\text{백만 TOE})}{(\text{GDP})(\text{십억 달러})}$

[그래프] 한국, 중국, 일본의 에너지 원단위

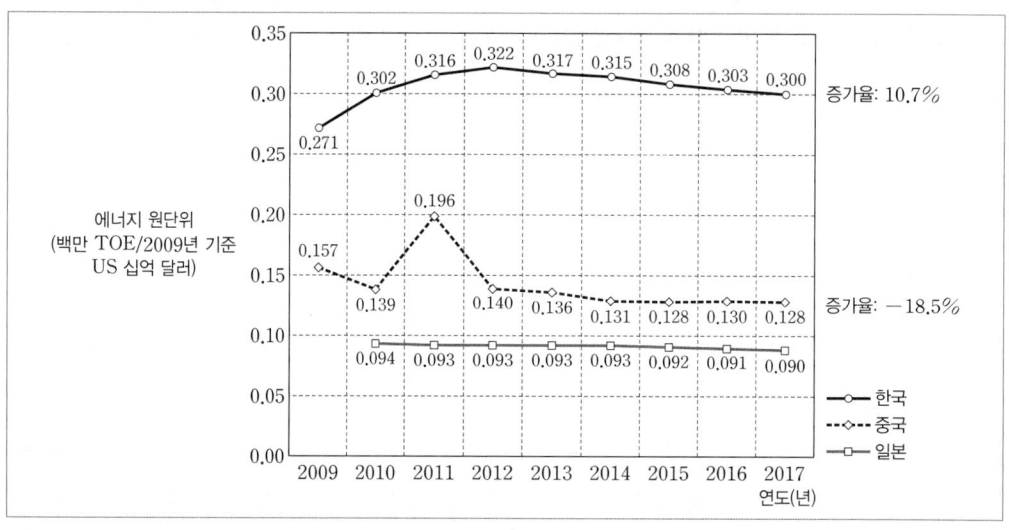

19 일본의 2009년 대비 2017년의 에너지 원단위 증가율은 몇 %인지 고르면?

① −0.04%   ② −0.02%   ③ 0%   ④ 0.02%

20 2017년 한국의 GDP는 몇 십억 달러인지 고르면?(단, 2009년 기준 US 십억 달러로 산정한다.)

① 68십억 달러   ② 75십억 달러   ③ 680십억 달러   ④ 750십억 달러

파이널 모의고사 4회
공간능력

18문항/10분

정답과 해설 ▶ P.72

01 다음 [보기]에 제시된 입체도형의 전개도로 알맞은 것을 고르면?

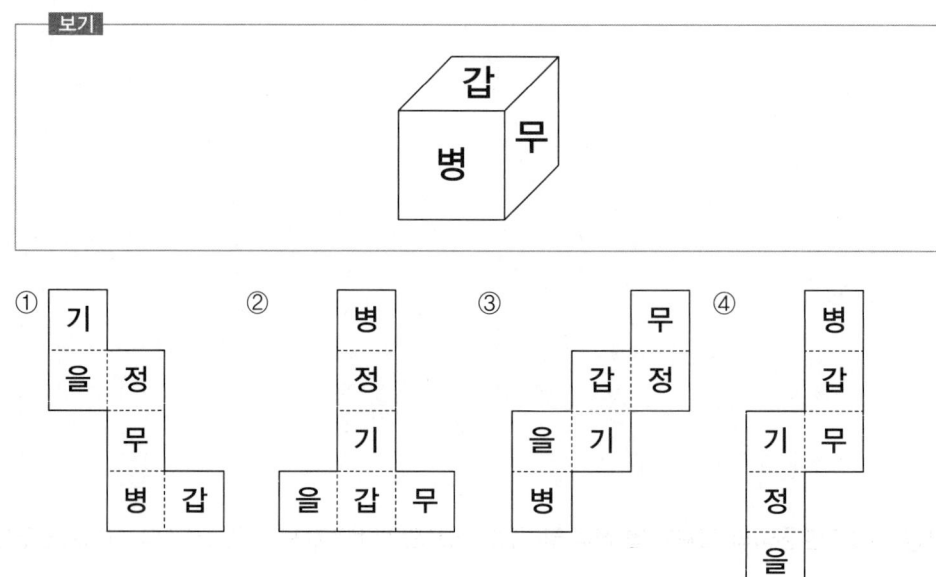

02 다음 [보기]에 제시된 입체도형의 전개도로 알맞은 것을 고르면?

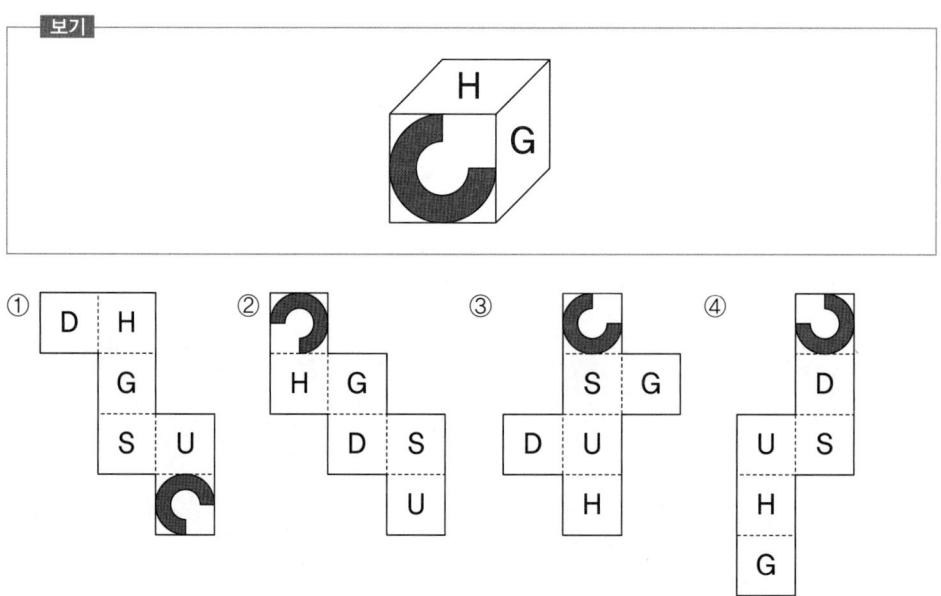

03 다음 [보기]에 제시된 입체도형의 전개도로 알맞은 것을 고르면?

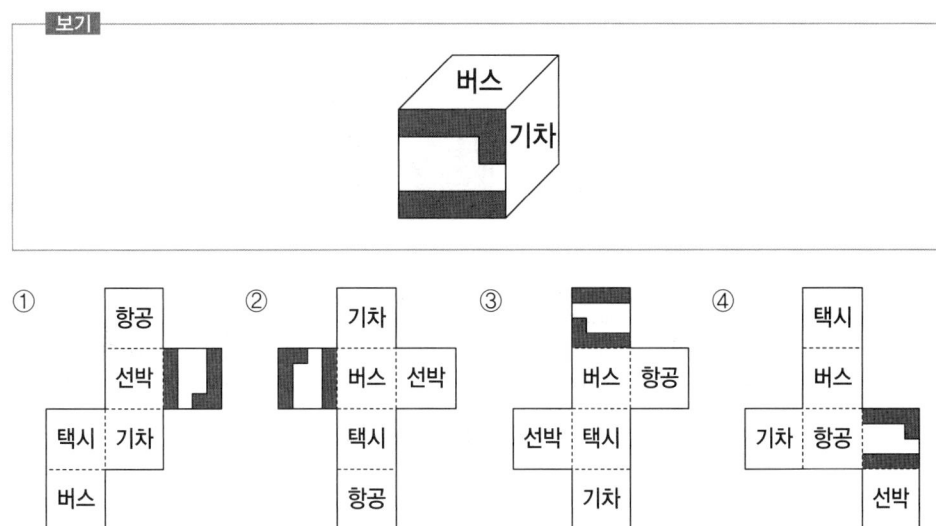

04 다음 [보기]에 제시된 입체도형의 전개도로 알맞은 것을 고르면?

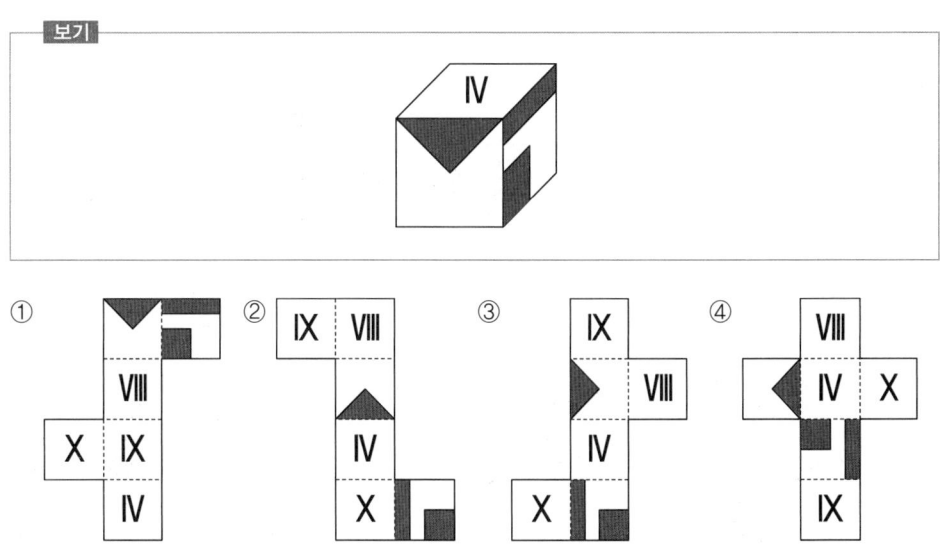

05 다음 [보기]에 제시된 입체도형의 전개도로 알맞은 것을 고르면?

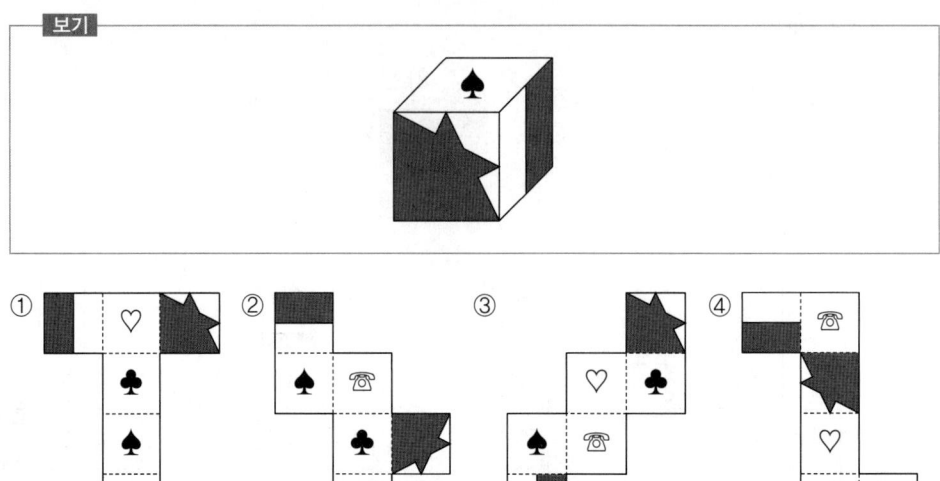

06 다음 [보기]에 제시된 전개도로 만든 입체도형에 해당하는 것을 고르면?

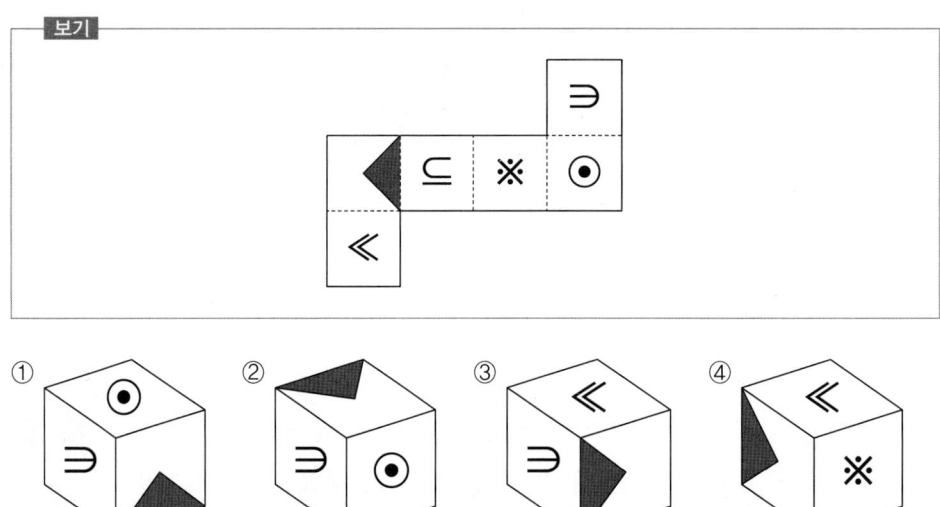

07 다음 [보기]에 제시된 전개도로 만든 입체도형에 해당하는 것을 고르면?

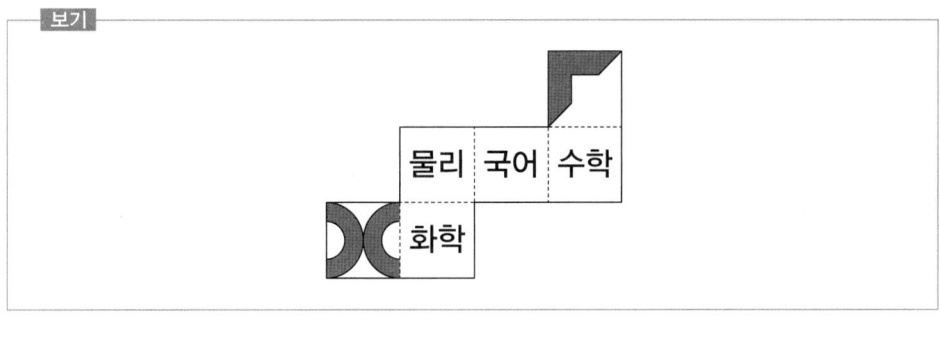

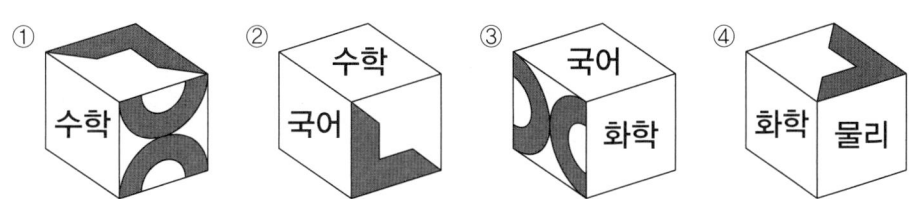

08 다음 [보기]에 제시된 전개도로 만든 입체도형에 해당하는 것을 고르면?

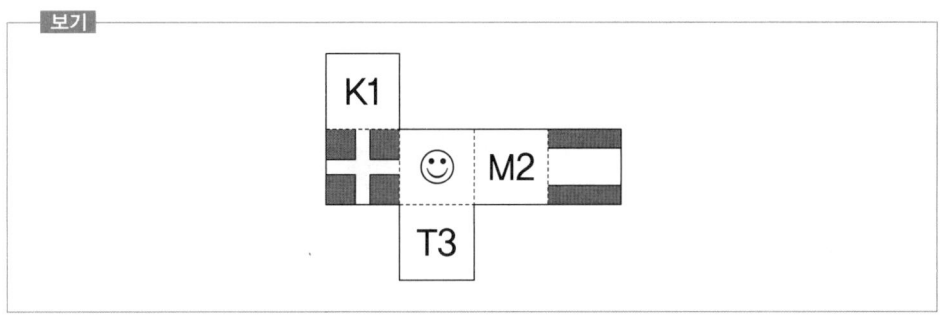

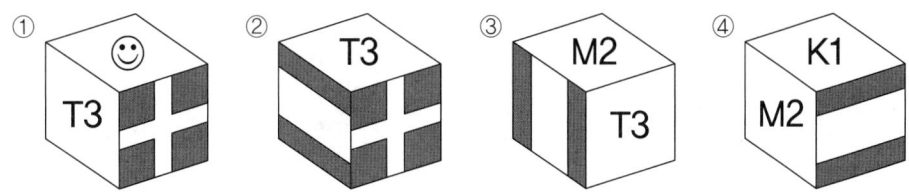

09 다음 [보기]에 제시된 전개도로 만든 입체도형에 해당하는 것을 고르면?

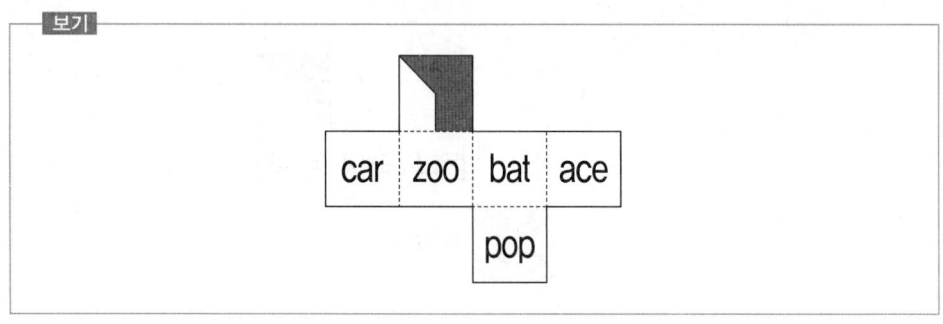
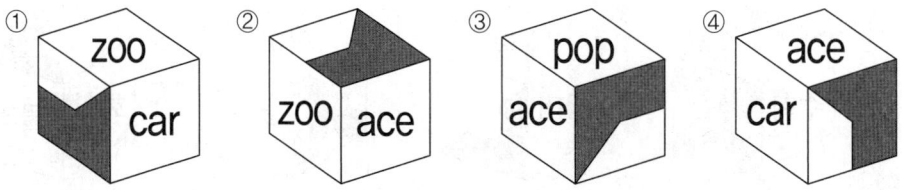

10 다음 [보기]에 제시된 전개도로 만든 입체도형에 해당하는 것을 고르면?

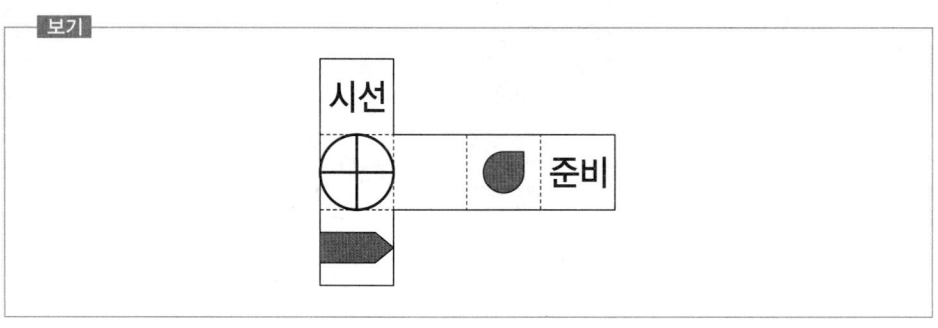
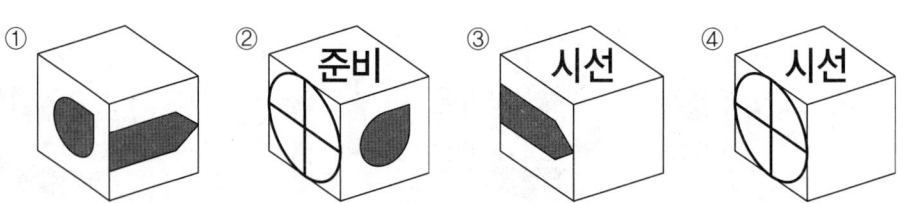

11 다음 [보기]에 제시된 그림과 같이 쌓기 위해 필요한 블록의 개수를 고르면?

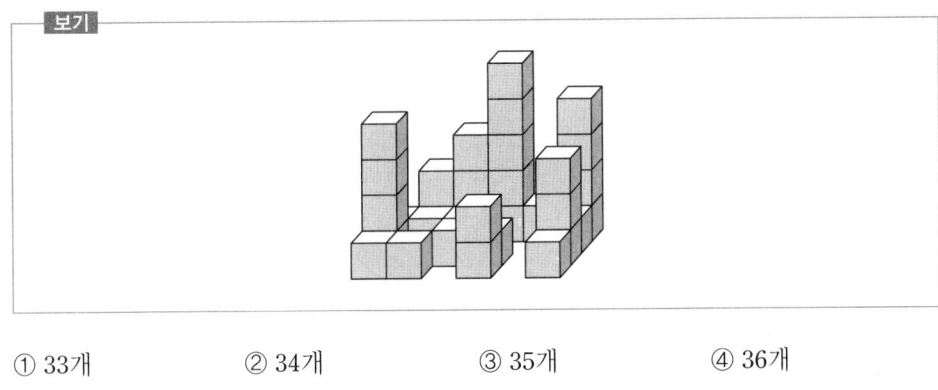

① 33개 　　　② 34개　　　③ 35개　　　④ 36개

12 다음 [보기]에 제시된 그림과 같이 쌓기 위해 필요한 블록의 개수를 고르면?

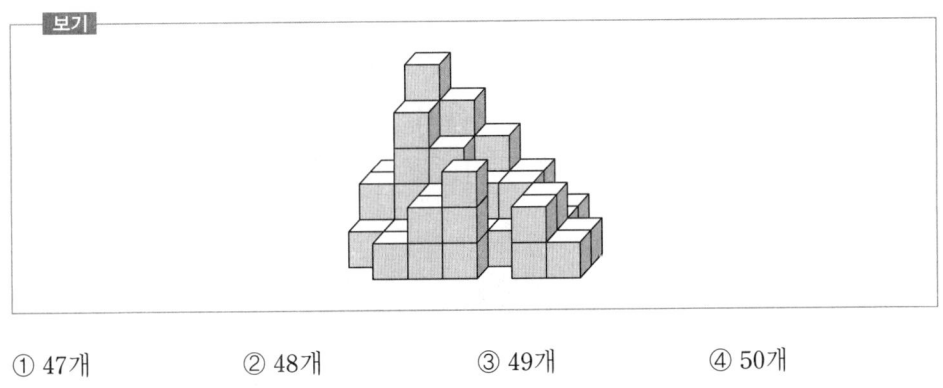

① 47개 　　　② 48개　　　③ 49개　　　④ 50개

13 다음 [보기]에 제시된 그림과 같이 쌓기 위해 필요한 블록의 개수를 고르면?

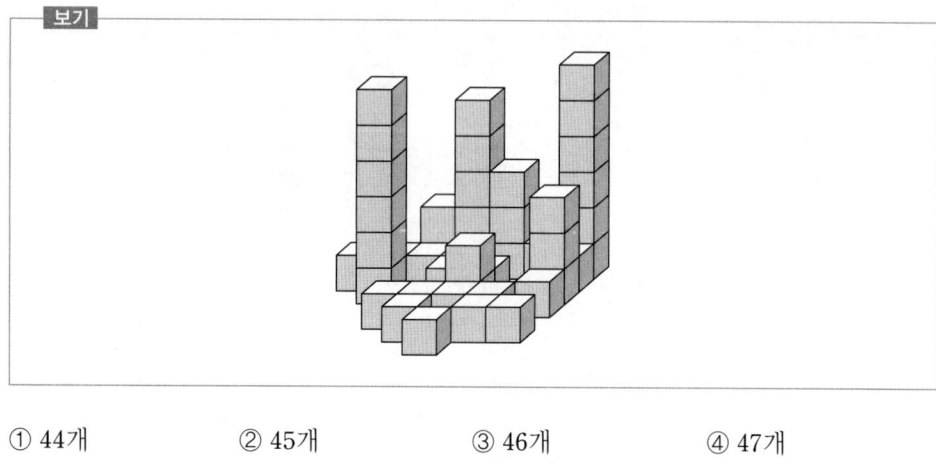

① 44개 ② 45개 ③ 46개 ④ 47개

14 다음 [보기]에 제시된 그림과 같이 쌓기 위해 필요한 블록의 개수를 고르면?

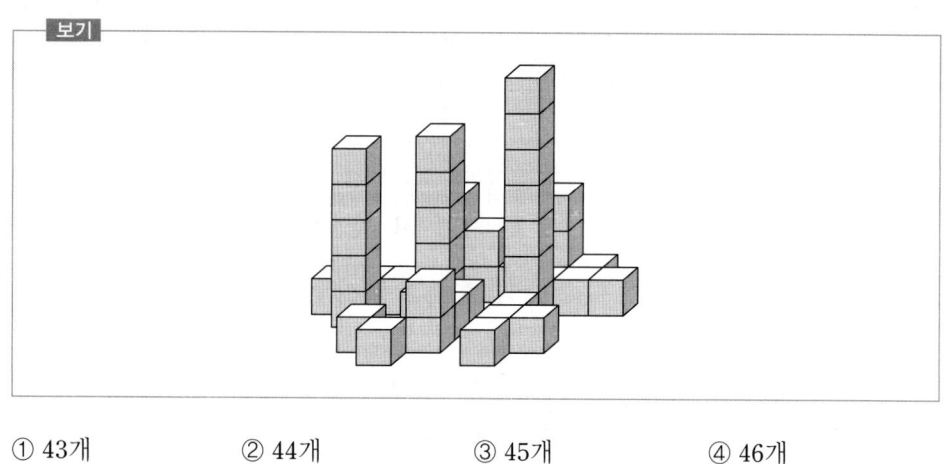

① 43개 ② 44개 ③ 45개 ④ 46개

15 다음 [보기]에 제시된 블록을 화살표 방향에서 바라볼 때의 모양을 고르면?

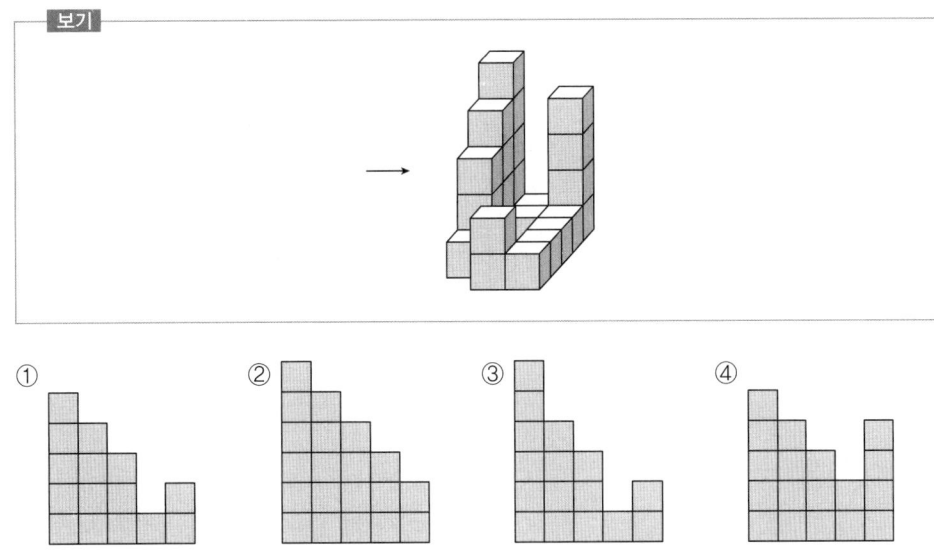

16 다음 [보기]에 제시된 블록을 화살표 방향에서 바라볼 때의 모양을 고르면?

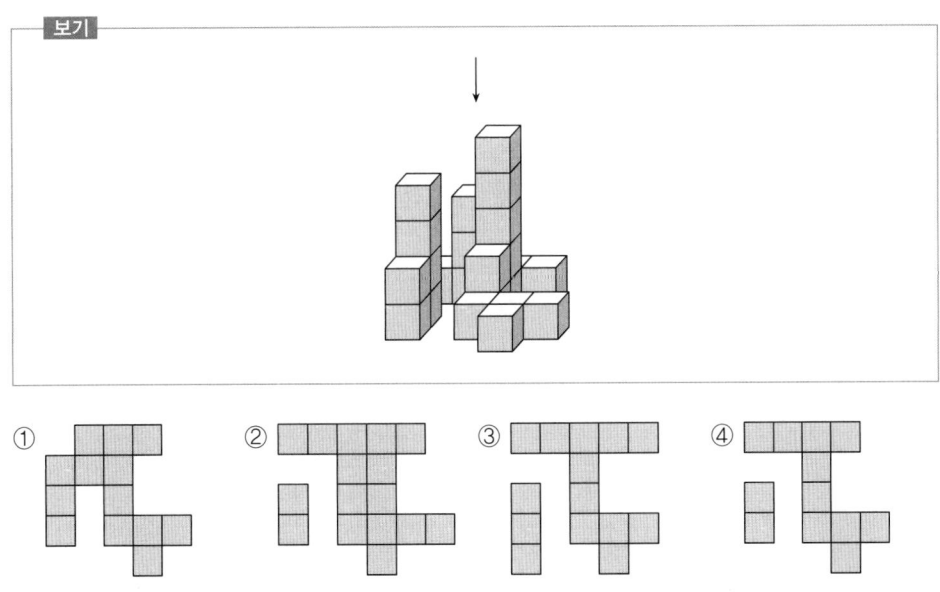

17 다음 [보기]에 제시된 블록을 화살표 방향에서 바라볼 때의 모양을 고르면?

보기
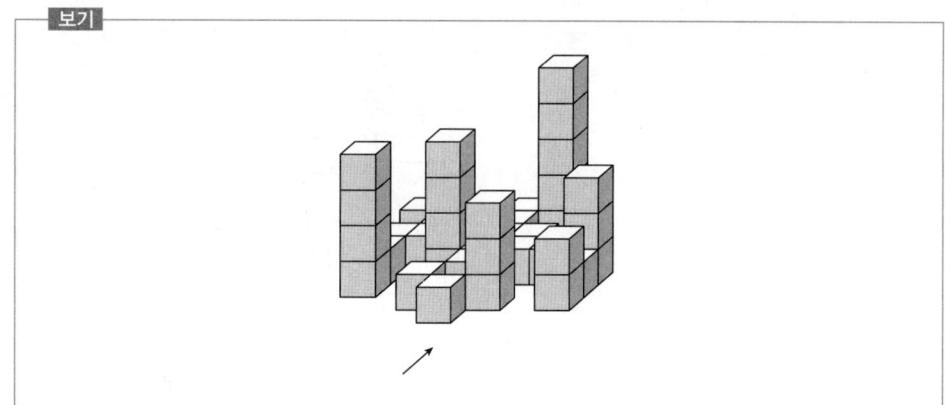

①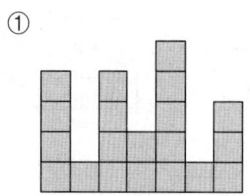

②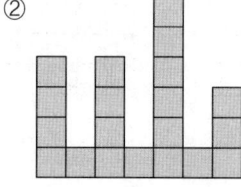

③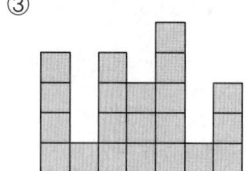

④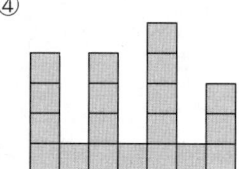

18 다음 [보기]에 제시된 블록을 화살표 방향에서 바라볼 때의 모양을 고르면?

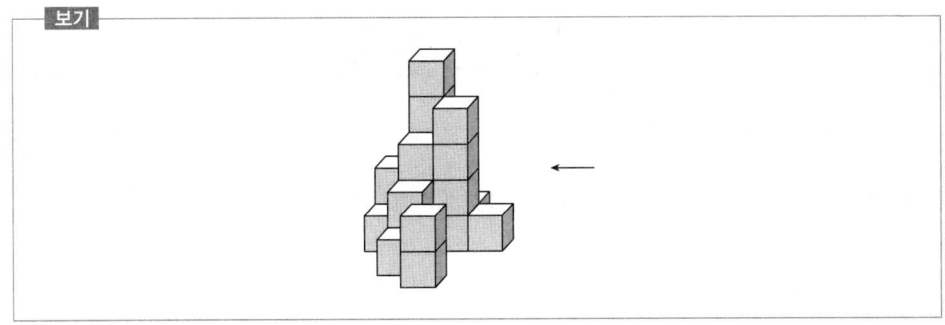

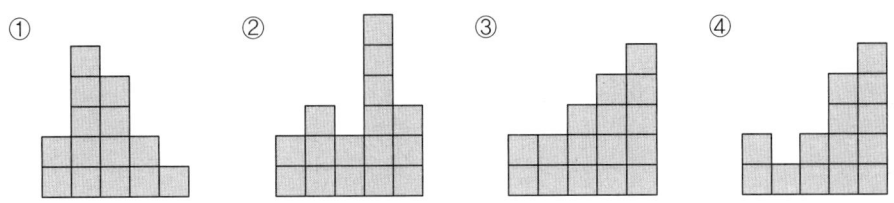

파이널 모의고사 4회
지각속도

30문항/3분

정답과 해설 ▶ P.74

[01~05] 다음 [보기]를 보고 제시된 문자가 알맞게 치환되었는지 판단하시오.

보기

Æ = ✕　　Ł = ⇝　　Ŧ = ⇧　　æ = ✒　　ǝ = ⏎
ħ = ⁞　　ß = ≈⃗　　ŋ = ☉　　Ŀ = ⪢　　Ħ = ⬊

01	ħ Ŧ ß ǝ – ⁞ ⇧ ≈⃗ ⏎	① 맞음	② 틀림
02	Ŧ Ŀ Ħ Æ – ⇧ ⪢ ⬊ ✕	① 맞음	② 틀림
03	Ħ ħ æ ŋ – ⬊ ⁞ ✒ ⇧	① 맞음	② 틀림
04	Ŀ Ŧ ǝ ß – ⪢ ⇧ ⏎ ≈⃗	① 맞음	② 틀림
05	ŋ Ħ ß æ – ☉ ⬊ ≈⃗ ⪢	① 맞음	② 틀림

[06~10] 다음 [보기]를 보고 제시된 문자가 알맞게 치환되었는지 판단하시오.

보기

껆 = 7/8　　껱 = 2/3　　꼂 = 1/4　　꽒 = 4/5　　꽁 = 1/3
꾈 = 1/5　　꿉 = 5/6　　낃 = 1/2　　낂 = 1/8　　꽥 = 3/4

06	꽒 꾈 꽥 껆 – 4/5 5/6 3/4 7/8	① 맞음	② 틀림
07	낂 껱 낃 꽁 – 1/8 2/3 1/2 3/4	① 맞음	② 틀림
08	껆 꼂 꽥 꾈 – 7/8 1/4 3/4 1/5	① 맞음	② 틀림
09	꿉 낃 꽁 껆 – 5/6 1/2 1/3 7/8	① 맞음	② 틀림
10	껱 꽒 꿉 낂 – 2/3 4/5 5/6 1/8	① 맞음	② 틀림

[11~15] 다음 [보기]를 보고 제시된 문자가 알맞게 치환되었는지 판단하시오.

보기

ㄷ = N	ㅑ = D	ㅓ = K	ㅣ = A	ㅡ = L
ㅏ = O	ㅜ = H	ㅛ = X	ㅁ = R	ㅕ = Z

11	ㄷ ㅛ ㅁ ㅑ - N X R D	① 맞음	② 틀림
12	ㅕ ㅏ ㅣ ㅜ - Z O A H	① 맞음	② 틀림
13	ㅑ ㅛ ㅡ ㄷ - D X L N	① 맞음	② 틀림
14	ㅁ ㅑ ㅡ ㅏ - R D L O	① 맞음	② 틀림
15	ㅡ ㅜ ㅕ ㅓ - L H Z H	① 맞음	② 틀림

[16~20] 다음 [보기]를 보고 제시된 문자가 알맞게 치환되었는지 판단하시오.

보기

⊖ = 동천	⚖ = 고이	♈ = 태조	⚹ = 미천	♆ = 의자
♅ = 장수	♄ = 세조	⚸ = 단종	♇ = 숙종	⚯ = 헌종

16	⚯ ⚖ ⚸ ⊖ – 헌종 고이 단종 숙종	① 맞음	② 틀림
17	♇ ♅ ♆ ♄ – 숙종 장수 의자 세조	① 맞음	② 틀림
18	⚹ ⊖ ⚸ ⚯ – 미천 고이 단종 헌종	① 맞음	② 틀림
19	⚖ ♆ ♄ ♇ – 고이 의자 세조 단종	① 맞음	② 틀림
20	♅ ♆ ⊖ ⚹ – 장수 의자 동천 미천	① 맞음	② 틀림

[21~25] 다음 [보기]를 보고 제시된 문자가 알맞게 치환되었는지 판단하시오.

보기

ioi = 〈symbol〉　　ror = 〈symbol〉　　xox = 〈symbol〉　　zoz = 〈symbol〉　　aoa = 〈symbol〉

fof = 〈symbol〉　　bob = 〈symbol〉　　mom = 〈symbol〉　　yoy = 〈symbol〉　　kok = 〈symbol〉

21	aoa yoy bob kok – 〈symbols〉	① 맞음	② 틀림
22	ioi mom fof zoz – 〈symbols〉	① 맞음	② 틀림
23	mom ioi kok ror – 〈symbols〉	① 맞음	② 틀림
24	xox fof aoa ror – 〈symbols〉	① 맞음	② 틀림
25	yoy kok fof zoz – 〈symbols〉	① 맞음	② 틀림

[26~30] 왼쪽의 숫자, 문자, 기호가 [보기]에서 몇 번 제시되는지 고르시오.

		보기	①	②	③	④
26	ㅅ	생각의 서랍 중에서 한 개를 열 때는 다른 모든 것을 닫아 두어야 한다	3	4	5	6
27	♗	♙♗♘♖♕♔♖♙♖♗♕♘♖♗♖♕♔♙♗♕♖♔	5	6	7	8
28	㊼	㊻㊵㊶㊸㊷㊼㊹㊾㊵㊶㊷㊸㊹㊺㊾㊻㊽㊺㊼㊶㊼㊸	3	4	5	6
29	o	You are the only one who can create the life you deserve	5	6	7	8
30	母	齐母龟亻母母黄皿母马昔龟母亻页皿母韦门九母民	6	7	8	9

파이널 모의고사 4회
언어논리

25문항/20분

정답과 해설 ▶ P.76

01 다음 글을 읽고 ㉠~㉤ 중 문맥상 전체 흐름과 관계가 <u>없는</u> 것을 고르면?

외식 비용·교통비 등 생활 관련 전반에 걸쳐 물가가 오름세를 거듭하면서 20~30대 청년가구가 어려움을 겪고 있다. ㉠서울에 마련한 자취방을 정리하거나, 점심식사로 외식을 하는 대신 도시락을 싸 오고, OTT구독 서비스를 끊는 등 허리띠를 졸라매는 모습이 나타나고 있다.
㉡통계청이 발표한 '2023년 9월 소비자물가동향'에 따르면, 2023년 9월의 외식 물가 상승률은 4.9%였다. 이는 전체 평균(3.7%)보다 1.2%p 높은 수치였다. 특히 외식 부문 39개 품목 중 31개(79.5%)가 평균을 넘었다. 2021년 6월 이후로 28개월째, 외식 물가 상승률이 전체 평균 물가 상승률보다 높은 상황이다. ㉢추석을 앞두고 부쩍 오른 과일 값에, 기름 값까지 들썩이면서 2023년 9월의 소비자 물가 상승률은 석달만에 다시 3%로 올라섰다. 실제 짜장면, 김밥 등 서민 음식이라 할 수 있는 품목들의 가격은 전년 동기간과 비교해 봐도 하나같이 상승하였다. ㉣한국소비자원 가격종합포털 '참가격'에 따르면, 2023년 8월 서울시 내 짜장면의 평균 가격은 6,992원으로, 전년 동월 평균 가격(6,300원)보다 10.9% 상승했다. 삼계탕은 전년(1만 5,462원)보다 8.9% 오른 1만 6,846원이었고, 비빔밥도 전년(9,654원)과 비교해 7.9% 상승한 1만 423원을 기록했다. 이외에도 삼겹살(200g 기준, 1만 9,150원), 김치찌개 백반(7,846원), 김밥(3,215원), 칼국수(8,962원), 냉면(1만 500원)도 4.2%~6.9% 올랐다. ㉤외식 물가 상승으로 인해 주머니 사정이 가벼운 청년들이 식비를 아끼려 도시락을 싸는 경우가 늘고 있다.

① ㉠ ② ㉡ ③ ㉢ ④ ㉣ ⑤ ㉤

02 다음 밑줄 친 단어와 같은 뜻으로 쓰인 것을 고르면?

민호는 잰 손놀림으로 손님을 대접하기 위한 음식들을 장만하기 시작했다.

① 어떤 사람인지 충분히 잘 재어 보고 결정해도 늦지 않다.
② 아기가 아플 때 체온을 재는 것은 기본이다.
③ 덩치가 커 보이는데, 몸놀림은 상당히 잰 편이다.
④ 돈푼깨나 있다고 너무 재고 다니는 꼴이 보기 싫었다.
⑤ 입이 잰 준영이도 그 일에 대해서는 말하지 않은 모양이다.

03 다음 중 표준어를 [보기]에서 모두 고르면?

> **보기**
> ㉠ 걋출하다 ㉡ 우겨넣다 ㉢ 마늘쫑 ㉣ 구렛나루
> ㉤ 멀찌거니 ㉥ 뽀두라지 ㉦ 뭉그적거리다 ㉧ 눈곱

① ㉠, ㉣, ㉥, ㉧
② ㉠, ㉥, ㉦, ㉧
③ ㉣, ㉤, ㉥, ㉧
④ ㉠, ㉢, ㉣, ㉥, ㉧
⑤ ㉡, ㉢, ㉣, ㉥, ㉦

04 다음 중 밑줄 친 단어의 의미가 나머지와 가장 다른 하나를 고르면?

① 회계사는 장부를 조작하여 회사의 매출 보고를 올리고 있다.
② 그는 겉보기와는 다르게 기계 조작에 서투르다.
③ 아무리 봐도 이 사건은 조작의 냄새가 난다.
④ 그 사람은 기업을 상대로 주가 조작을 통해 많은 돈을 벌었다.
⑤ 요즘 스포츠계에서는 승부 조작이 개입된 정황이 보인다는 소문이 일고 있다.

05 다음 중 부사어와 서술어의 호응이 자연스럽지 않은 것을 고르면?

① 그 점은 그다지 문제가 되지 않는다.
② 모름지기 학생은 공부를 하지 않는다.
③ 아무리 생각해도 그 일은 별로 내키지 않는다.
④ 비록 미개한 존재일지라도 변화를 도모할 수 있다.
⑤ 비단 어제오늘 일이 아니다.

06 다음 중 밑줄 친 관용구의 쓰임이 적절하지 않은 것을 고르면?

① 그는 속이 마른 사람이니까 잘못을 빌면 용서해 줄 것이다.
② 아무에게나 속을 주고 다니다가는 큰코다칠 것이다.
③ 선배가 넌지시 속을 떠보려 수작질을 했다.
④ 정말 화가 나서 속이 뒤집힐 것만 같았다.
⑤ 삼 년 묵은 체증이 내려간 듯 속이 시원했다.

07 다음 중 밑줄 친 부분이 문맥상 바르게 쓰인 문장을 고르면?

① 내년도 재정 계획은 올해 3분기에 전격적으로 공개할 예정이다.
② 이번에 추천된 국방부 장관 후보자는 지난 정권에서 국방부 차관을 역임했다.
③ 입상자들이 단상 앞으로 나가서 상장을 수여받았다.
④ 고위 공직자일수록 남의 구설에 오르지 않도록 항상 조심해야 한다.
⑤ 나라를 사랑하는 한 사람으로써 이런 일을 어떻게 묵과할 수 있겠는가?

08 다음 중 중의적으로 해석되지 않는 문장을 고르면?

① 저기 장화를 신고 있는 사람이 내 친구야.
② 태양은 보통 카메라로는 선명하게 찍을 수 없다.
③ 나는 어제 미국에서 온 영희를 만났다.
④ 이것은 영주를 찍은 사진이 아니다.
⑤ 파티에는 친구들이 다 오지 않았다.

09 다음 글을 읽고 전통 문화에 대한 글쓴이의 관점과 가장 가까운 것을 고르면?

> 전통은 과거로부터 이어져 내려오면서 우리의 현실에 작용한다. 그러나 과거의 것이라고 모두 전통이 되는 것은 아니다. 진정한 의미의 전통은 과거로부터 이어온 것을 객관화하고 이에 대한 비판을 통해서 현재의 문화 창조에 이바지할 수 있다고 생각되는 것만을 전통이라고 불러야 할 것이다. 또한 문화적 전통은 오늘의 문화 창조와 관계가 있기 때문에 전통 문화는 고정불변한 것이 아니고 바로 우리 자신이 찾아내고 창조해야 할 것이라 할 수 있다.

① 예전부터 내려오는 모든 것들이 소중한 전통 문화이다. 그러므로 그것들에 대한 포용과 관용의 자세가 필요하다.
② 새 문화 창조는 무(無)에서 유(有)가 창조되는 것뿐 아니라 과거로부터 이어져 온 문화유산을 지켜 나가며 발전시키는 것도 포함된다.
③ 과거로부터 이어온 전통도 끊임없이 재평가받아야 한다. 문화는 본질적으로 변화하기 때문에 시간의 흐름에 따라 평가 역시 계속적으로 이루어져야 한다.
④ 석굴암과 불국사가 우리의 전통 문화로 인정받는 이유는 세월이 변해도 변하지 않는 가치를 지니고 있기 때문이다. 문화는 고정불변한 것일수록 높은 가치를 받는다.
⑤ 문화는 그것을 어떻게 수용하느냐에 따라 문화의 가치가 달라진다. 문화 자체의 성격은 객관적이지만 그것을 받아들이는 사람에 따라 해석도 크게 달라지며 가치도 달라진다.

10 다음 글을 읽고 가장 비슷한 의미를 가진 속담을 고르면?

> 말을 마치지 못하여서 구름이 걷히니 호승이 간 곳이 없고, 좌우를 돌아보니 팔 낭자가 또한 간 곳이 없는지라 정히 경황(驚惶)하여 하더니, 그런 높은 대와 많은 집이 일시에 없어지고 제 몸이 한 작은 암자 중의 한 포단 위에 앉았으되, 향로(香爐)에 불이 이미 사라지고, 지난달이 창에 이미 비치었더라.

① 가마 타고 옷고름 단다.
② 구름이 자주 끼면 비가 온다.
③ 열흘 붉은 꽃이 없다.
④ 단 솥에 물 붓기.
⑤ 돌다리도 두들겨 보고 건너라.

11 다음 자료를 바탕으로 글을 쓸 때, 자료의 내용을 보충할 수 있는 사례로 적절한 것을 [보기]에서 모두 고르면?

> 경로 의존성은 사회심리학에서 등장하는 개념이다. 미국 스탠퍼드 대학의 폴 데이비드 교수와 브라이언 아서 교수가 주장한 개념으로, 한번 일정한 경로에 의존하기 시작하면 나중에 그 경로가 비효율적이라는 사실을 알고도 여전히 그 경로를 벗어나지 못하는 경향성을 뜻한다.

보기

[가] '흰머리를 피하려고' 고안된 남성용 머리 염색약은 나이가 들어감에 따라 사람의 지위가 올라가는 아프리카의 시골 지역으로 퍼질 것 같지는 않다. 또한 미국의 관습적 단위, 예컨대 인치 피트 야드, 마일 등을 사용하는 미국 대부분의 사람들은, 변화를 이루는 것이 미국인들로 하여금 세계의 다른 나라들과 더 효율적으로 접촉할 수 있게 할 터임에도 불구하고, 미터법 채택에 저항해 왔다.

[나] 한 백화점에서 매출을 분석하다 상위 20%의 고객이 전체 매출의 80% 가까이를 담당한다는 결과가 나왔다. 이 사례를 바탕으로 많은 백화점에서는 일반 고객보다는 VIP를 상대로 한 마케팅에 총력을 기울이고 있다.

[다] 타자기가 사용되던 시대에 알파벳 순서로 키가 배열되어 있어 활자를 치는 기계가 쉽게 엉키자 이를 해결하기 위해 자판 배열을 엉클어 놓아 타이핑 속도를 늦추었다. 이후 하드웨어적인 문제점은 해결했지만 여전히 비효율적인 자판을 치고 있다.

[라] 영국의 중세 시대 마차를 타던 시절, 마부는 마차의 속도를 높이기 위해 오른손으로 채찍질을 했었다. 따라서 마부는 옆에 탄 사람이 채찍에 맞지 않도록 마차의 오른편에 앉을 수밖에 없었다. 오늘날 대부분의 국가가 자동차의 왼쪽 핸들을 고수하는데도 불구하고 영국에서는 오른쪽 핸들을 유지하고 있다.

[마] 인터넷 서점 '아○존닷컴'은 무한대의 서적을 진열하고 있다. 이 인터넷 서점의 총 매출은 잘 팔리는 베스트셀러 서적에서의 매출보다는 실제적으로 안 팔리는 대다수의 책에서 얻는 매출이 훨씬 더 크게 나타났다.

[바] '콩 심은 데 콩 나고, 팥 심은 데 팥 난다.'라는 속담처럼 무엇인가를 거두려면 먼저 씨를 뿌려야 한다. 모든 일에는 시작이 있어야 끝이 있는 법이고 집을 2층부터 짓는 방법은 없다.

① [가], [다], [라]   ② [가], [라], [마]   ③ [나], [다], [라]
④ [나], [마], [바]   ⑤ [다], [라], [바]

12 다음 글을 읽고 ㉠의 사례로 가장 적절한 것을 고르면?

> 우리가 겪는 갈등에는 먼저 동일한 가치를 지닌 매력적인 목표 사이에서 선택할 때 나타나는 '접근-접근' 갈등이 있다. 반대로 동일한 크기의 불쾌한 목표 사이에서 선택해야 할 때의 '회피-회피' 갈등도 있다. 이런 갈등은 강렬한 스트레스이면서 쉽사리 해결되지도 않는다. 또 어떤 한 가지 목표가 매력적인 것과 불쾌한 것을 동시에 가지고 있는 ㉠'접근-회피' 갈등의 경우에도 해결이 만만치 않다. 매력적인 쪽에 접근할수록 불쾌한 쪽에 대한 두려움이 커지기 때문이다. 마지막으로 각각의 목표가 매력적인 것과 불쾌한 것을 동시에 가지고 있다면 '이중 접근-회피' 갈등 상황이 생긴다.

① 감기 몸살로 아픈데 병원에도 가기 싫을 때
② 비싼 신차를 사야 할지 싼 중고차를 사야 할지 고민할 때
③ 아이스크림을 먹고 싶은데 살이 찔 것이 두려워 망설일 때
④ 국어 강의도 듣고 싶고 영어 강의도 듣고 싶은데 강의 시간이 겹칠 때
⑤ 여행을 가고 싶은데 국내여행을 갈지 해외여행을 갈지 고민할 때

13 다음 중 주제문과 이를 뒷받침하는 문장들이 가장 긴밀하게 연결된 것을 고르면?

① 한옥의 지붕 모양에는 대표적으로 맞배 지붕, 우진각 지붕, 팔작 지붕의 기본형이 있다. 맞배 지붕은 지붕의 앞면과 뒷면을 서로 맞댄 모양이고, 우진각 지붕은 지붕면이 사방으로 경사를 짓고 있는 지붕 형식으로, 정면에서 보면 사다리꼴 모양이고 측면에서 보면 삼각형으로 되어 있다.
② 로봇은 인간의 편의와 복지를 위해 만들어졌다. 인간이 하기에는 너무 위험한 일을 도맡아 하는 로봇이 있는가 하면, 고도의 정밀한 작업을 한 치의 착오도 없이 해내는 로봇도 있다. 또 어떤 로봇은 환자를 돌보아 주기도 한다.
③ 말은 듣는 이에게 심리적 반응을 일으킨다. 대화를 할 때 주제에 어긋나는 말을 하게 되면, 흐름이 깨지게 되어 원활한 의사소통이 일어나지 않을 수 있다. 그래서 상대방을 고려하지 않은 말투는 듣는 이에게 불쾌감, 소외감, 갈등, 미움 등 정서 파괴의 요인을 만들기도 한다.
④ 많은 청소년들이 '연예인'을 꿈꾸고 있다고 한다. 브라운관에서 빛나는 그들의 모습이 선망의 대상이 된 것이다. 따라서 청소년들의 직업관을 바로 세우기 위해서는 건전한 여가 생활을 적극 장려해야 한다.
⑤ 독도는 우리 땅이다. 일본이 아무리 우겨도 독도는 우리 땅이다. 독도가 우리 땅인데, 이를 인정하지 않는 일본 사람들은 억지가 너무 심하다. 이러한 거짓말을 계속하는 일본인들은 반드시 그 대가를 받게 될 것이다.

14 다음 글을 읽고 글쓴이가 말하고자 하는 바를 비유적으로 나타낸 표현으로 가장 적절한 것을 고르면?

> 청소년주의는 청소년을 하나의 동질적인 집단으로 파악하는 경향성을 의미한다. 이러한 경향에 따라 청소년은 돌보아야 하는 대상이거나 훈육의 대상으로 태어난다. 청소년주의가 겨냥하고 있는 사실은 '청소년은 만들어진다'는 말이다.
> 이러한 현실 속에서 청소년이 다른 삶을 생각이나 해 볼 수 있을까? 청소년들은 그로부터 비켜갈 수 없다. 학교와 사회에서 쳐 놓은 청소년주의라는 그물 안에서 그들은 모두 닮아간다. 그리고 닮아가는 그들의 모습에서 사회는 안도한다. 국가와 사회는 그들이 닮아질수록 손쉽게 정책을 세울 수 있기 때문이다. 하지만 그것이 결코 바람직한 미래를 보장하지는 않는다. 비록 생김새가 달라도 같이 살 수 있는 기반을 만들어 주지 않고서는 그들 세대에게 어떤 미래도 약속할 수 없다. 그래서 청소년주의를 비판하고, 청소년 내부의 다양한 문화들을 찾아나서는 일은 의미가 있다. 이는 다가오는 미래를 위해 지금의 세대가 반드시 해야 할 일인 것이다.

① 간신히 노루를 피하니 범이 앞길을 가로막는다.
② 바늘과 실은 서로 떼어놓을 수 없는 불가분의 관계에 놓여 있다.
③ 비 오는 날 웃는 장사가 있는 반면 다른 쪽에서는 우는 장사도 있다.
④ 무지개는 여러 가지 색깔로 구성되지만 서로 잘 조화되어 아름다운 모습을 띤다.
⑤ 아무리 좋은 곳을 구경한다 해도 신발 안에 돌멩이 하나로 인해 다른 것은 눈에 들어오지 않는다.

15 다음 [가]~[라]를 문맥에 맞게 순서대로 나열한 것을 고르면?

> 지난해 한국인이 명품에 쓴 돈은 168억 달러(약 21조 8,000억 원)이다. 명품에 인구 1인당 308달러(약 40만 원)를 지출한 셈이다. 중국인(55달러), 미국인(280달러)과 비교하면 우리나라 사람들이 얼마나 많은 돈을 명품을 사는 데 썼는지 알 수 있다.
> [가] 실제로 국내 명품 시장은 활력이 넘친다. 명품 소비가 주로 이루어지는 백화점의 매출을 보면, 2020년에는 명품 매출은 전년 대비 15.1% 늘었고 2022년에는 37.9%나 높아졌다.
> [나] 국내 명품 시장도 높은 성장세를 이어가고 있다. 한 시장 조사기관은 2022년에는 58억 달러 규모였던 한국의 명품 시장이, 2025년까지 연평균 6.7%씩 성장할 것으로 내다봤다.
> [다] 이에 따라 명품 3대 장으로 손꼽히는 에르메스·루이비통·샤넬이 한국시장에서 벌어들이는 수익은 해마다 증가하고 있다. 명품 브랜드 업체들이 이처럼 폭발적으로 몸집을 키울 수 있었던 건, 1년에도 몇 차례씩 가격 인상을 단행하며 배를 불려온 덕이다.
> [라] 이 통계를 발표한 글로벌 투자은행 모건스탠리는 "세계에서 1인당 명품 지출이 가장 높은 나라는 한국"이라고 밝혔다. 글로벌 시장조사기관에 따르면 2022년에 글로벌 명품 시장은 2,942억 달러(약 381조 원)를 기록했고, 2025년에는 3,947억 원 규모로 성장할 것으로 전망된다.

① [가] - [나] - [라] - [다]
② [나] - [가] - [라] - [다]
③ [다] - [나] - [가] - [라]
④ [라] - [나] - [가] - [다]
⑤ [라] - [다] - [나] - [가]

16 다음 빈칸의 ㉠~㉤ 중 [보기]의 내용이 들어갈 곳으로 가장 적절한 것을 고르면?

로봇은 더 이상 공상과학에나 등장하는 미래 기술이 아니다. 이제는 음식을 서빙하는 로봇, 청소하는 로봇, 안내 역할을 해주는 로봇 등을 일상에서 쉽게 볼 수 있다. (㉠) 조선소, 자동차부품 조립 공장 등 산업 현장에서도 공장자동화로 인해 산업용 로봇 활용이 늘고 있다.
(㉡) 그만큼 높은 성장성 때문이다. 팬데믹 이후 극심해진 구인난과 노동력 부족, 가파른 임금 상승, 노동자 안전 문제, 자동화 수요 확대는 기업들이 로봇 도입 결정에 가속페달을 밟게 했다.
(㉢) 전문가들은 전문 서비스 로봇이 미래 로봇 산업의 중심이 될 것이라고 전망하면서 전 세계 서비스 로봇 시장이 2020년에는 250억 달러 규모에서, 2030년에는 1,600억~2,600억 달러 규모로 성장할 것으로 예측했다.
(㉣) 로봇 시장은 크게 서비스용 로봇과 산업용 로봇으로 나눌 수 있다. 서비스용 로봇은 물류, 접객, 의료, 전문청소, 고객응대 등을 수행한다. 산업용 로봇은 주요 제조 공정에서 조립, 용접, 적재, 포장·물류 등을 수행한다. (㉤) 산업용 로봇은 주요 제조업에서 도입이 상당히 진행된 성숙시장이지만, 서비스 로봇 시장은 아직 초기 단계에 있어 향후 로봇산업 성장을 견인할 것으로 전망된다.

보기

구글·테슬라·아마존·애플 등 글로벌 빅테크 기업뿐 아니라, 국내 대기업들도 로봇 사업을 차세대 먹거리로 점 찍고 로봇시장에 잇따라 출사표를 던지고 있다.

① ㉠ ② ㉡ ③ ㉢ ④ ㉣ ⑤ ㉤

17 우리 전통가면극에 많이 등장하는 것으로서, 표정이나 몸짓을 통해 감정을 전달하는 표현 방법으로 적절한 것을 고르면?

① 반어적 표현
② 비언어적 표현
③ 감각적 표현
④ 반언어적 표현
⑤ 중의적 표현

18 다음 글을 읽고 밑줄 친 '에'와 그 쓰임이 가장 유사한 것을 고르면?

> 사람들은 상호의존적이라 어떤 사람의 소비가 다른 사람의 소비에 영향을 받는 경우를 종종 볼 수 있다. 예를 들어 친구들이 어떤 게임기를 사자 자신도 그 게임기를 사겠다고 결심하는 경우가 그것이다.

① 바람에 꽃이 졌다.
② 옷에 먼지가 묻었다.
③ 이 보약은 몸에 좋다.
④ 내 동생은 방금 학교에 갔다.
⑤ 잔칫집에서 밥에 떡에 술에 아주 잘 먹었다.

19 다음 글의 문맥적 의미를 고려할 때 밑줄 친 ㉠~㉤을 한자어로 바꾼 것이 적절하지 않은 것을 고르면?

> 2007년 우리의 가장 큰 걱정거리는 '대마불사'였다. 월스트리트의 은행들은 너무도 믿기 어려운 크기로 성장했고, 경제 체제 번영의 중심이 되었기 때문에 어떠한 이성적인 정부도 심지어 그들을 무너지게 ㉠내버려 둘 수 없었다. 보호받는 그들의 지위에 대해 ㉡알고 있어서 은행들은 지나치게 위험한 주택 시장에 배팅을 했고 심지어 더 복잡한 파생 상품들을 ㉢만들어 냈다. 비트코인과 이더리움과 같은 새로운 가상화폐는 돈이 어떻게 작용할 수 있고 작용해야 하는지에 대한 우리의 이해를 급격히 ㉣바꾸고 있다. 그 결과, 1929년 경제 붕괴 이후에 가장 최악의 경제 위기가 발생했다. 2007년 이후로 몇 년 동안, 우리는 대마불사의 딜레마를 다루는 데 엄청난 진보를 ㉤이루었다. 우리의 은행은 그 전보다 더 자본화되었다.

① ㉠: 방치(放置)할
② ㉡: 인식(認識)해서
③ ㉢: 개발(開發)했다
④ ㉣: 전환(轉換)하고 있다
⑤ ㉤: 구성(構成)했다

20 다음 글을 읽고 추론할 수 있는 내용으로 적절하지 <u>않은</u> 것을 고르면?

> 사극에서 용기 있게 '직언'을 하는 신하의 연기를 볼 때이면, 진짜 '충신'이란 생각에 뭉클함을 느낀다. 한편 충신이 한 충언이 오히려 왕의 노여움을 사서 충신이 유배를 떠나는 장면도 종종 접하게 된다.
>
> 어느 때든 구성원의 조언을 진심으로 경청할 수 있는 마음의 준비를 해야 하지만, 현실적으로는 쉽지 않다. 마음이라는 시스템은 제한된 에너지를 가지고 있기 때문에 피로감이나 감정 상태에 따라서도 마음의 청력은 감소한다.
>
> 생명이 달린 응급 상황에서는 말할 필요도 없이, 소통에 있어서도 재빠른 피드백은 절대적으로 중요하다. 그러나 상황에 따라서는 적절한 타이밍에 이야기하는, '전략적 침묵'이라는 소통 기술도 고려해야 한다.
>
> 전략적 침묵에 관한 한 연구를 보면, 이를 잘 활용하는 경우에 의견을 더 효과적으로 전달할 수 있고, 업무 수행 능력을 평가하는 데 있어서도 전략적 침묵을 잘 활용하는 구성원이 더 높은 평가를 받는 경향이 나타났다.
>
> 전략적 침묵에 관해서는 크게 3가지 요소를 체크해야 한다. 우선 내 의견을 충분히 '준비'하였는지를 판단해야 한다. 단순히 변화가 필요하다는 원론적인 이야기가 아닌, 데이터를 기반으로 한 구체적인 의견을 준비해야 한다. 또 리더가 과도한 업무로 당장에 추가적인 인지 자원을 활용하기 어려운 상태일 때, 의견 제시는 오히려 비효율적인 결과로 이어질 수 있기 때문에 '리더의 마음 상태'도 체크해야 한다. 마지막으로 '연관성'도 고려해야 한다. 회사가 집중하고 있는 특정 프로젝트와 연관성이 떨어지는 의견이라면, 그 프로젝트의 진행 상황을 고려해 소통의 적절한 타이밍을 잡아야 한다.

① 응급 상황에서 전략적 침묵을 쓰는 것은 적절하지 않다.
② 전략적 침묵은 '이야기를 할 타이밍을 언제로 잡는가'이다.
③ 전략적 침묵을 적절하게 활용하기 위해서는 리더의 '심리적 수용성'에 대한 체크를 할 필요가 있다.
④ 구체적인 데이터를 사용하는 구성원보다, 전략적 침묵을 잘 활용하는 구성원이 더 좋은 평가를 받을 수 있다.
⑤ 자신의 의견이 리더와 조직에 긍정적 영향을 미치게 하기 위해서는 이야기를 할 타이밍을 정하는 것은 중요하다.

21 다음 중 [조건]에 맞게 편지글의 인사말을 작성한 것으로 가장 적절한 것을 고르면?

> 조건
> - 한글에 대한 관심을 담은 계절 인사일 것
> - 대조를 활용하여 효과적으로 제시할 것

① 벼이삭이 고개를 숙이고 흐뭇하게 추수를 맞이하려는 9월의 아름다운 날입니다.
② 국어에 대한 사랑만큼 빛나는 태양이 하루하루를 밝게 비추는 날들이 계속되고 있네요.
③ 추수를 마친 농부의 마음은 여유로운데 우리말 사랑을 실천하는 제 마음은 더욱 바빠지는 가을입니다.
④ 세종대왕께서 사시던 시대와 멀어질수록 한글에 대한 저의 사랑은 세종대왕과 더욱 가까워지는 하루입니다.
⑤ 추수의 계절 가을, 한글에 대한 의미를 되새기며 우리말을 더욱 사랑하는 태도를 가져야 하겠습니다.

22 다음 중 제시된 글에 대한 논증의 구성을 바르게 분석한 것을 고르면?

> ㉠두 가지 언어가 문화적으로 대등한 관계에 놓여 있지 않아서, 한 언어가 다른 언어로부터 여러 가지 어휘를 차용하는 일은 반드시 나쁜 일만은 아니다. ㉡국어만으로는 충족될 수 없는 여러 가지 표현을 외래어를 활용하여 이루어 낼 수 있고, 외래어의 유입으로 국어의 어휘는 더욱 풍부해질 수 있다. ㉢그런데 일어계 외래어는 모어(母語)인 국어를 쓰지 못하는 상황에서 외국어인 일본어만을 쓰도록 강요당한 결과로 익히게 된 어휘들이다. ㉣우리가 같은 외래어라고 하더라도 하루바삐 일어계 외래어를 될 수 있는 대로 쓰지 않도록 노력해야 된다고 주장하는 근거가 여기에 있다. ㉤일어계 어휘는 외래어로서가 아니라 외국어로서 너무나도 강하게 우리의 언어생활에 영향을 끼쳤다.

① ㉠과 ㉡은 ㉢의 뒷받침 문장이다.
② ㉠과 ㉡은 대조적 관계이다.
③ ㉣은 ㉠을 재진술한 것이다.
④ ㉤은 글 전체의 주지이다.
⑤ ㉢과 ㉤은 ㉣의 근거이다.

23 다음 글에 사용된 내용 전개 방식과 가장 유사한 것을 고르면?

> 저작권이란 저작물을 보호하기 위해 저작자에게 부여된 독점적 권리를 말한다. 저작권은 소유한 물건을 자기 마음대로 이용하거나 처분할 수 있는 권리인 소유권과는 구별된다. 소설책을 구매한 사람은 책에 대한 소유권은 획득했지만, 그렇다고 소설에 대한 저작권을 획득한 것은 아니다.

① 꽃은 꽃잎, 암술, 수술, 꽃받침 등으로 이루어져 있다.
② 문학은 일반적으로 시, 소설, 수필, 희곡 등으로 나뉜다.
③ 탁구는 대에 네트를 치고 라켓으로 공을 쳐 넘겨 승부를 겨루는 경기이다.
④ 문학이 언어로 표현하는 예술이라면 춤은 몸으로 표현하는 예술이다.
⑤ 요리사가 다양한 재료를 조화롭게 사용해야 맛있는 요리가 되듯이, 좋은 글을 쓰기 위해서는 다양한 경험을 조리있게 전달할 줄 알아야 한다.

24 다음 제시된 글에 나타난 글쓴이의 의도를 추론한 것으로 가장 적절한 것을 고르면?

> 민들레는 장소를 가리지 않고 길가에 피어 마소와 수레바퀴에 짓밟히고 짓이겨져도 죽지 않고 끝내 살아나는 끈질긴 잡초다. 나쁜 환경, 나쁜 여건을 이겨내는 인(忍)의 덕이 일덕(一德)이라, 민들레보다 생명력이 웃도는 강인한 잡초는 없다. 뿌리를 난도질하여 심어도 그 뿌리에서 싹이 돋으며, 뿌리를 캐어 닷새고 이레고 햇볕에 바짝 말렸다 심어도 싹이 돋는, 역경을 이겨내는 강(剛)이 이덕(二德)이다. 민들레는 돋아난 이파리 수만큼 꽃대가 올라오는데, 꽃이 한꺼번에 피지 않고 반드시 한 꽃대가 피었다 지면 기다렸다 피는, 차례를 아는 꽃이다. 곧 차례를 아니 예(禮)가 있음이요, 이것이 삼덕(三德)이다.

① 민들레의 강인함을 알리고자 쓴 글이다.
② 민들레가 단순한 잡초가 아님을 알리고자 쓴 글이다.
③ 민들레의 가치를 알고, 주변에 많이 심기를 권하는 글이다.
④ 민들레의 생태적 특성에서 배울 점을 찾아 사람들에게 알려 주기 위해 쓴 글이다.
⑤ 민들레를 통해 인간사의 문제점을 지적하고, 사람들에게 경각심을 심어 주기 위해 쓴 글이다.

25 '문화 소외층의 문화 활동 활성화'를 주제로 글을 쓰기 위해 개요를 작성해 보았다. 개요를 수정 또는 보완하기 위한 방안으로 적절하지 <u>않은</u> 것을 고르면?

> 주제: 문화 소외층의 문화 활동을 활성화하기 위한 대책을 마련해야 한다.
> Ⅰ. 서론: 문화 소외층의 문화 활동이 저조해지는 현실
> Ⅱ. 본론
>   1. 문화 소외층의 문화 활동 현황 … ㉠
>   2. 문화 소외층의 문화 활동이 저조한 이유
>   가. 저소득층의 경우
>   - 정부의 문화 활동 지원 액수가 적고, 지원 방법이 다양하지 않음.
>   나. 문화 소외 지역 거주자의 경우
>   - 거주지 주변에 문화 시설이 부족함.
>   다. 대도시에서 떨어진 지역의 경우 … ㉡
>   3. 문화 소외층의 문화 활동 활성화 대책
>   가. 저소득층에 대한 지원 … ㉢
>   - 문화 활동 지원금을 현실적 수준에 맞게 높여야 함.
>   나. 문화 소외 지역 거주자에 대한 지원
>   - 다른 지역과의 문화적 교류를 확대함. … ㉣
> Ⅲ. 결론: 문화 소외층의 문화 활동이 활성화될 수 있도록 적극적인 지원을 촉구함.
>   … ㉤

① ㉠: 문화 소외층의 문화 활동 관련 통계 자료, 신문 기사 등을 정리하여 제시한다.
② ㉡: 'Ⅱ-2-나'와 별개의 내용이므로 '먼 거리로 인해 많은 시간이 소요됨.' 등과 같은 구체적인 내용을 추가하여 내용을 강화한다.
③ ㉢: 'Ⅱ-2-가'를 고려하여 '상품권 제공, 전시 초대 등으로 문화 활동을 다양하게 지원함'을 추가한다.
④ ㉣: 개요의 흐름을 고려하여 '문화 소외 지역에 문화 관람 시절을 확충함'으로 수정해야 한다.
⑤ ㉤: 적극적인 지원을 촉구할 대상이 빠졌으므로 '정부 및 관련 부처'라는 대상을 추가한다.

파이널 모의고사 4회
자료해석

20문항/25분

정답과 해설 ▶ P.81

01 민석이는 자기 반 학생들의 수학 성적을 조사하여 다음과 같은 그래프를 만들었으나 일부가 찢어져 버렸다. 다행히도 민석이는 60점 이상인 학생 수가 43명인 것을 알고 있었는데, 이를 토대로 민석이네 반 학생이 모두 몇 명인지 고르면?

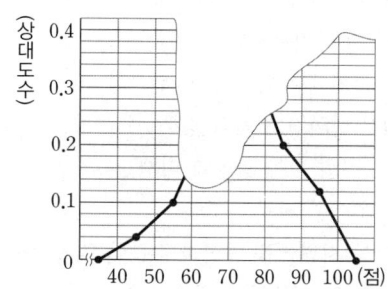

① 40명 ② 45명
③ 50명 ④ 55명

02 작년에 민식이네 농장의 소와 돼지 수를 더하면 모두 91마리이었고, 소와 돼지 수의 비는 2:5이었다. 올해에는 작년에 비해 돼지 수가 20% 늘었을 때, 올해의 돼지 수를 고르면?

① 75마리 ② 76마리
③ 77마리 ④ 78마리

03 다음 [표]는 P국의 자동차용 엔진과 자동차 기계의 수출액 및 수입액에 관한 자료이다. 이에 대한 설명으로 옳지 <u>않은</u> 것을 고르면?

[표] 자동차용 엔진과 자동차 기계의 수출액 및 수입액 현황 (단위: 천 달러)

구분	자동차용 엔진				자동차 기계			
	2019년		2020년		2019년		2020년	
	수출액	수입액	수출액	수입액	수출액	수입액	수출액	수입액
일본	2	12,132	6	30,425	2,345	51,356	985	72,452
미국	11,302	6,569	55,539	3,097	1,523,732	62,532	1,414,599	153,124
영국	2,256	1,532	1,723	2,549	160,829	27,444	166,980	57,604
독일	4	14,353	235	3,418	129,925	492,132	53,808	400,914
중국	10,359	5,012	12,665	12,900	81,020	2,322	45,432	580

※ (무역수지)(천 달러)=(수출액)−(수입액). 무역수지가 +이면 흑자, −이면 적자임

① 2019년에 P국이 자동차용 엔진으로 흑자인 국가는 3개국이다.
② 2019년 대비 2020년에는 모든 국가에 대해 자동차용 엔진의 수출액이 증가하였다.
③ 2019년의 자동차 기계 수출액은 미국이 영국의 8배 이상이다.
④ 2020년에 자동차용 엔진으로 인한 적자액은 중국보다 영국이 크다.

04 다음과 같은 규칙으로 ♥와 ◆를 늘어놓았을 때, 41, 42, 43번째 들어갈 모양을 고르면?

◆♥♥◆♥♥♥◆♥♥♥♥◆♥♥♥ · · · · ·

① ◆♥♥　　　　　② ♥◆♥
③ ♥♥♥　　　　　④ ♥♥◆

05 다음 [표]는 2015년부터 2020년까지 자원봉사 참여 현황에 대한 자료이다. 6년 동안 참여율이 2번째로 높은 해의 전년 대비 참여율의 증가율을 고르면?(단, 소수점 이하에서 반올림한다.)

[표] 자원봉사 참여 현황 (단위: 천 명, %)

구분	2015년	2016년	2017년	2018년	2019년	2020년
성인 인구수	35,744	36,786	37,188	37,618	38,038	38,931
자원봉사 참여 성인 수	1,621	2,103	2,548	3,294	3,879	4,634
참여율	4.5	5.7	6.9	8.7	10.2	11.9

① 17% ② 19%
③ 21% ④ 26%

06 다음은 한 슈퍼마켓에서 파는 통조림의 남은 유통 기한을 조사하여 나타낸 히스토그램으로 일부가 훼손되어 보이지 않는다. 유통 기한이 24개월 미만 남은 통조림 수가 전체의 15%라고 할 때, 유통 기한이 36개월 이상 42개월 미만 남은 통조림의 상대도수를 구하면?

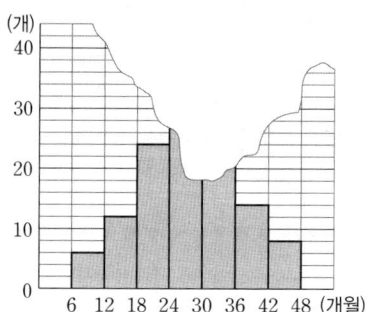

① 0.02 ② 0.03
③ 0.04 ④ 0.05

07 다음 [표]는 A국의 4개 산업 성별 고용자 수 자료이다. 남성 고용자 수 대비 여성 고용자 수 비율이 가장 높은 산업을 고르면?

[표] A국의 4개 산업 성별 고용자 수 (단위: 명)

구분	남성	여성
농업	261,452	44,451
광업	934,324	120,136
제조업	785,512	206,781
숙박업	415,718	216,023

① 농업
② 광업
③ 제조업
④ 숙박업

08 다음은 승아네 반 학생들의 컴퓨터 사용시간을 조사하여 나타낸 것이다. A+B+C+D의 값을 고르면?

[표] 승아네 반 학생들의 컴퓨터 사용시간

컴퓨터 사용시간	도수(명)	상대도수
20분 미만		0.08
20분 이상 40분 미만	12	(A)
40분 이상 60분 미만	(B)	0.36
60분 이상 80분 미만	8	0.16
80분 이상 1000분 미만		(C)
합계	50	(D)

① 10.86
② 17.9
③ 18.04
④ 19.4

09 다음 [표]는 2006~2013년 북한의 탈북민 현황을 나타낸 자료이다. 이를 바탕으로 전체 탈북민 중 여성의 비율이 남성의 비율보다 처음으로 커지는 해는 언제인지 고르면?

[표] 2006~2013년 탈북민 현황 (단위: 명)

구분	2006년	2007년	2008년	2009년	2010년	2011년	2012년	2013년
남	3,211	3,611	3,541	3,154	2,990	3,012	3,368	3,544
여	1,235	1,499	2,476	2,823	3,021	3,320	3,453	3,609
전체	4,446	5,110	6,017	5,977	6,011	6,332	6,821	7,153

① 2006년 ② 2008년
③ 2010년 ④ 2012년

10 다음은 이동통신 3사의 휴대전화 요금제 정보이다. 매월 100분씩 통화량이 발생할 때, 한 달 요금이 가장 높은 회사와 낮은 회사 간 요금 차이를 고르면?

[표] 이동통신 3사 휴대전화 요금제

구분	S사	K사	L사
기본료(원/월)	13,000	13,000	14,000
통화료(원/분)	120	100	100
무료통화 혜택(분/월)	10	10	—
발신번호 표시요금 (원/월)	무료	1,000	2,000

※ 발신번호 표시 서비스는 반드시 이용함

① 3,000원 ② 3,217원
③ 3,333원 ④ 3,800원

11 다음 [표]는 A지역의 난방설비별 에너지원 소비량에 관한 자료이다. 이에 대한 설명으로 옳지 <u>않은</u> 것을 고르면?

[표] A지역 난방설비별 에너지원 소비량 (단위: toe)

에너지원 난방설비	연탄	석유류	도시가스	전력	열에너지	임산연료	계
중앙난방	—	292.5	734.2	216.4	—	—	1,243.1
지역난방	—	0.7	174.9	350.4	1,383.3	—	1,909.3
도시가스보일러	—	86.6	9,934.0	2,129.5	—	—	12,150.1
석유보일러	62.3	3,366.5	12.3	1,016.0	—	0.1	4,457.2
LPG보일러	—	1,141.2	7.0	146.1	—	—	1,294.3
전기보일러 및 전기온돌	—	104.2	26.1	279.8	—	—	410.1
연탄아궁이 및 연탄보일러	424.4	55.9	0.4	45.6	—	—	526.3
재래식아궁이	—	12.1	—	9.8	—	0.6	22.5
기타	—	22.1	0.1	18.6	—	2.9	43.7
계	486.7	5,081.8	10,889	4,212.2	1,383.3	3.6	22,056.6

① 에너지를 가장 많이 소비하는 난방설비는 도시가스보일러이다.
② 석유보일러보다 더 많은 에너지를 소비하는 난방설비는 도시가스보일러뿐이다.
③ 모든 난방설비에 소비되는 에너지원은 전력과 석유류뿐이다.
④ 전체 에너지 소비량 중 전력이 차지하는 비율은 22% 이상이다.

12 다음 [표]는 A국의 어머니 교육정도별 자녀 1인당 월평균 사교육비에 대한 자료이다. 사교육비 지출 중 일반교과 사교육비 지출이 차지하는 비중이 가장 낮은 집단을 고르면?

[표] A국의 어머니 교육정도별 자녀 1인당 월평균 사교육비 (단위: 만 원)

구분	평균	중졸 이하	고졸	대졸	대학원졸
전체 사교육비	24	9.2	19.9	32.4	40.8
일반교과 사교육비	19.5	7.7	16.6	25.8	31.3
예체능, 취미, 교양 사교육비	4.5	1.5	3.3	6.6	9.5

① 중졸 이하
② 고졸
③ 대졸
④ 대학원졸

13 다음은 수진이네 반 학생들의 통학 시간을 조사하여 나타낸 히스토그램의 일부이다. 통학 시간이 30분 이상인 학생이 전체의 60%일 때, 다음 중 옳지 않은 것을 고르면?

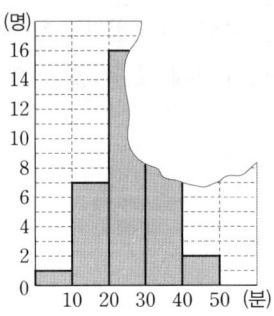

① 계급의 개수는 5개이다.
② 통학 시간이 30분 이상인 학생은 36명이다.
③ 수진이네 반 학생 수는 전체 60명이다.
④ 30분 이상 40분 미만의 계급의 상대도수는 0.35이다.

14 다음 [표]는 2012년 주요국의 노령화 지수를 나타낸 자료이다. 이를 바탕으로 2012년 한국의 노령화 지수 A를 고르면?(단, 소수점 둘째 자리에서 반올림한다.)

[표] 2012년 주요국의 노령화 지수 (단위: %)

구분	0~14세 인구	15~64세 인구	65세 이상 인구	노령화 지수
한국	16.0	70.9	13.1	A
중국	22.1	69.7	8.2	37.1
일본	12.0	66.5	21.5	179.2
미국	17.1	69.0	13.9	81.3
독일	13.9	70.1	16.0	115.1
영국	17.7	64.3	18.0	101.7

※ 노령화 지수: 14세 이하 어린이 인구에 대한 65세 이상 노인 인구의 비율

① 81.9% ② 91.9%
③ 99.2% ④ 122.1%

15 다음 [그래프]는 각국의 2015년 대비 2020년의 인구 감소율을 나타낸 자료이다. 2015년 한국의 인구를 4,900만 명으로 추측할 때, 2020년 한국의 인구로 옳은 것을 고르면?(단, 만 명 이하는 버린다.)

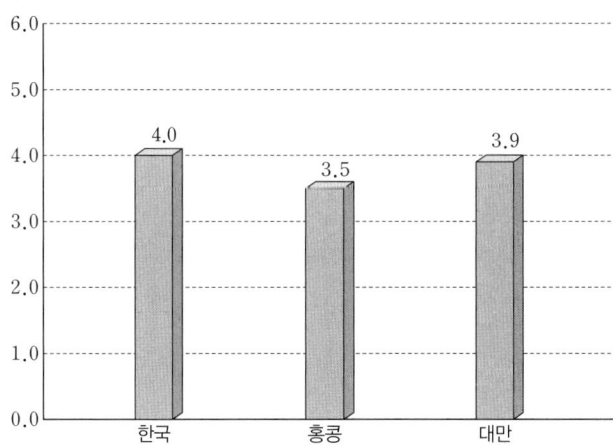

[그래프] 2015년 대비 2020년 인구 감소율 (단위: %)

① 4,504만 명 ② 4,604만 명
③ 4,704만 명 ④ 4,804만 명

[16~17] 다음 [표]는 어느 회사 직원들의 소득 수준에 따른 취미 생활을 조사한 자료이다. 다음 질문에 답하시오.(단, 가~마는 취미의 종류이다.)

[표] 소득 수준에 따른 취미 생활의 변화 (단위: 명)

구분		2배 향상된 소득 수준					합계
		가	나	다	라	마	
현재 소득 수준	가	180	36	86	14	22	338
	나	16	90	24	8	18	156
	다	38	24	288	20	28	398
	라	14	10	20	28	10	82
	마	18	10	24	8	60	120
합계		266	170	442	78	138	1,094

16 현재 소득 수준에서 가장 높은 비율을 차지하는 취미 생활의 비율을 고르면?(단, 소수점 둘째 자리에서 반올림한다.)

① 32.3% ② 34.1%
③ 36.4% ④ 39.1%

17 위의 자료를 바탕으로 할 때, [보기] 중 옳은 내용을 모두 고르면?

보기
㉠ 소득이 2배가 되었을 때, '가'를 취미로 가지는 사람은 현재 소득 수준에서 '나'를 취미로 가지는 사람의 2배 이상이다.
㉡ 각 취미별로 소득 수준이 변하여도 취미가 변하지 않은 직원이 가장 많았다.
㉢ 전체적으로 '라'를 취미로 가지고 있는 직원이 가장 적다.

① ㉠ ② ㉡
③ ㉢ ④ ㉡, ㉢

18 가장 대표적으로 사용되는 소득 불평등 측정 지표인 지니계수의 수치는 0과 1 사이의 비율로서 정의된다. 수치가 0에 가까울수록 더 평등한 소득 분배를, 수치가 1에 가까울수록 더 불평등한 소득 분배를 의미한다. 이를 바탕으로 다음 자료에 대한 설명으로 옳지 <u>않은</u> 것을 고르면?

[표] 연도별 농촌가구 및 도시가구의 지니계수 수치 변화

구분	농촌가구	도시가구
2004년	0.283	
2005년	0.287	
2006년	0.291	0.306
2007년	0.295	0.312
2008년	0.296	0.314
2009년	0.294	0.314
2010년	0.288	0.310
2011년	0.288	0.311
2012년	0.285	0.307
2013년	0.283	0.306

① 농촌가구가 도시가구에 비해 소득 분배가 상대적으로 더 평등하다.
② 2011년 이후 우리나라의 소득 분배 구조가 지속적으로 개선되고 있다.
③ 2011년 농촌가구의 소득 분배 구조는 2005년에 비해 더 평등하다고 볼 수 있다.
④ 도시가구의 소득 불평등이 가장 심각했던 해는 2008년과 2009년이다.

19 다음 [표]는 기상청에서 발표한 2013~2019년의 계절별 강수량 현황에 대한 통계 자료이다. 이를 바탕으로 2013년 대비 2016년의 강수량 증가율이 가장 큰 계절은 어느 계절인지 고르면?(단, 계산 시 소수점 둘째 자리에서 반올림한다.)

[표] 2013~2019년 계절별 강수량 현황 (단위: mm)

구분	2013년	2014년	2015년	2016년	2017년	2018년	2019년
합계	1,010.3	1,549.4	1,886.9	1,478.0	1,323.2	1,460.3	1,506.3
봄	84.8	320.5	442.2	263.9	225.0	289.8	259.0
여름	612.6	922.5	999.5	855.8	750.0	921.1	676.2
가을	208.1	177.7	370.7	275.6	263.1	165.7	485.8
겨울	104.8	128.7	74.5	82.7	85.1	83.7	85.3

① 봄 ② 여름
③ 가을 ④ 겨울

20 다음 [표]는 A~E 지역의 녹지 공원 현황을 나타낸 자료이다. 이에 대한 설명으로 옳지 않은 것을 고르면?

[표] A~E 지역의 녹지 공원 현황 (단위: 개, 백만 원, %)

지역	복지시설 수	복지시설 예산	복지사업 비용				복지사업 활성도
			생계	교육	기타	합	
A	16	33,245	678	2,157	497	3,332	10.02
B	21	32,251	520	3,012	358	3,890	( )
C	25	45,258	964	1,254	5,677	7,895	( )
D	52	101,059	3,640	5,125	2,508	11,253	( )
E	19	36,582	367	1,642	1,587	3,596	( )

※ '복지시설 예산'에 '복지사업 비용'은 포함하지 않음

※ (복지사업 활성도)(%) = $\frac{(복지사업\ 비용)}{(복지시설\ 예산)} \times 100$

① E 지역 복지사업 비용이 2배로 증가하더라도, 복지사업 활성도는 20% 미만이다.
② D 지역 복지사업 비용에서 '생계'가 차지하는 비중과 '교육'이 차지하는 비중의 차이는 15%p 이상이다.
③ 복지시설 1개당 복지시설 예산이 가장 많은 지역은 A 지역이다.
④ 복지사업 활성도가 가장 낮은 지역은 E 지역이다.

파이널 모의고사 5회
공간능력

18문항/10분

정답과 해설 ▶ P.83

01 다음 [보기]에 제시된 입체도형의 전개도로 알맞은 것을 고르면?

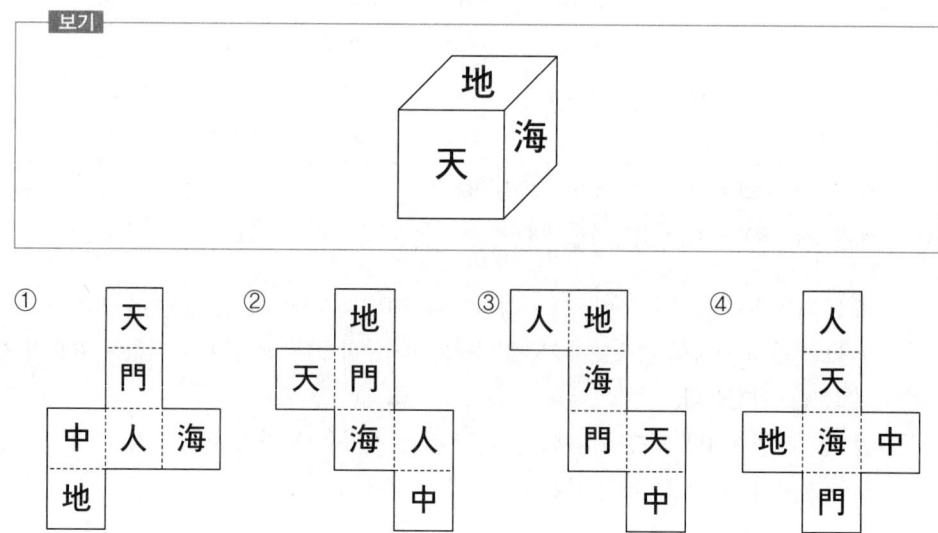

02 다음 [보기]에 제시된 입체도형의 전개도로 알맞은 것을 고르면?

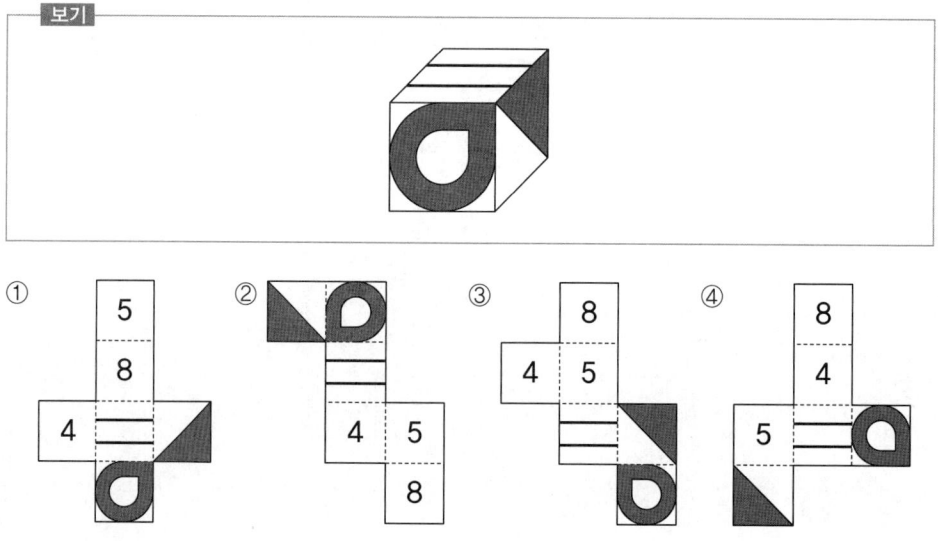

03 다음 [보기]에 제시된 입체도형의 전개도로 알맞은 것을 고르면?

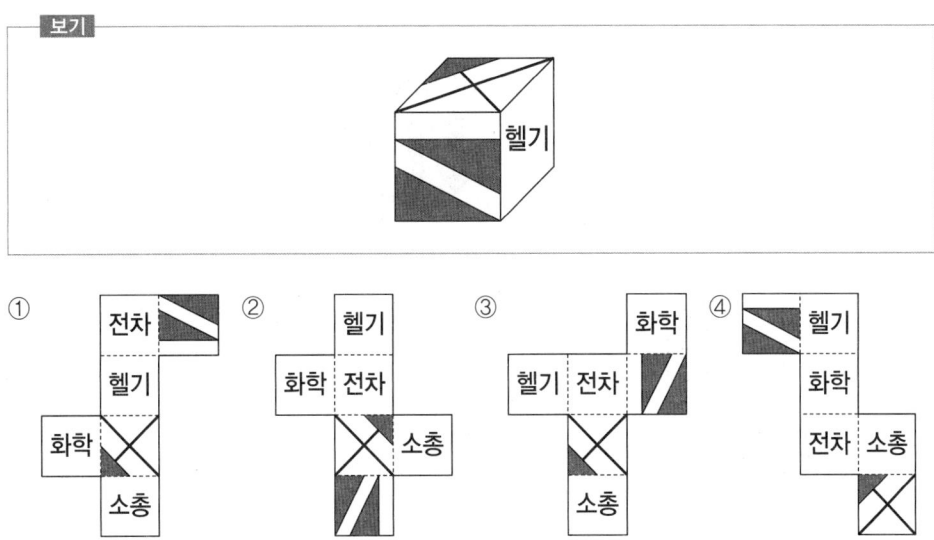

04 다음 [보기]에 제시된 입체도형의 전개도로 알맞은 것을 고르면?

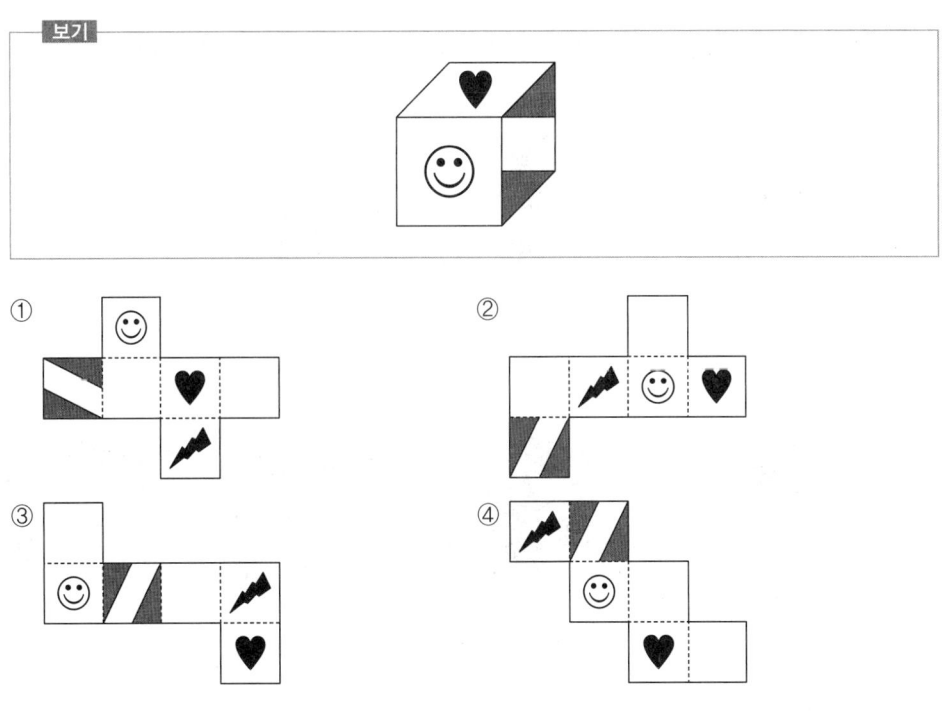

05 다음 [보기]에 제시된 입체도형의 전개도로 알맞은 것을 고르면?

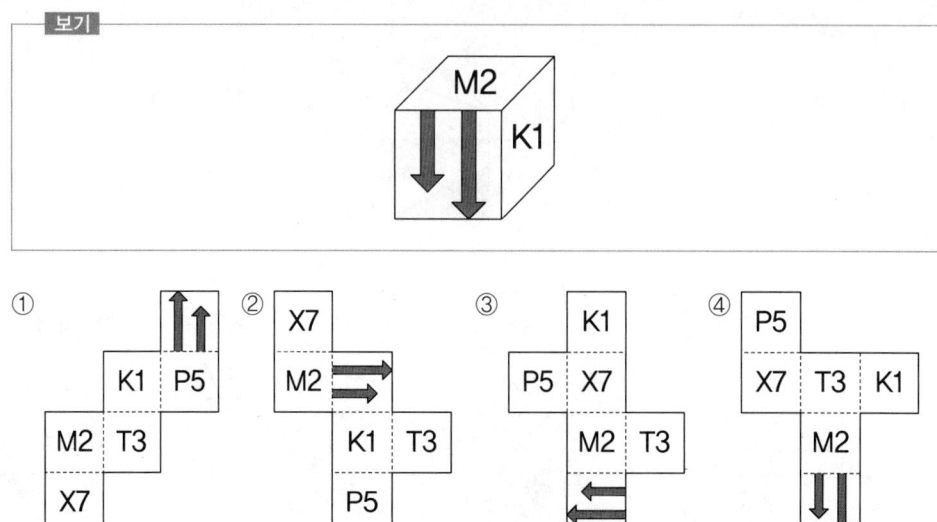

06 다음 [보기]에 제시된 전개도로 만든 입체도형에 해당하는 것을 고르면?

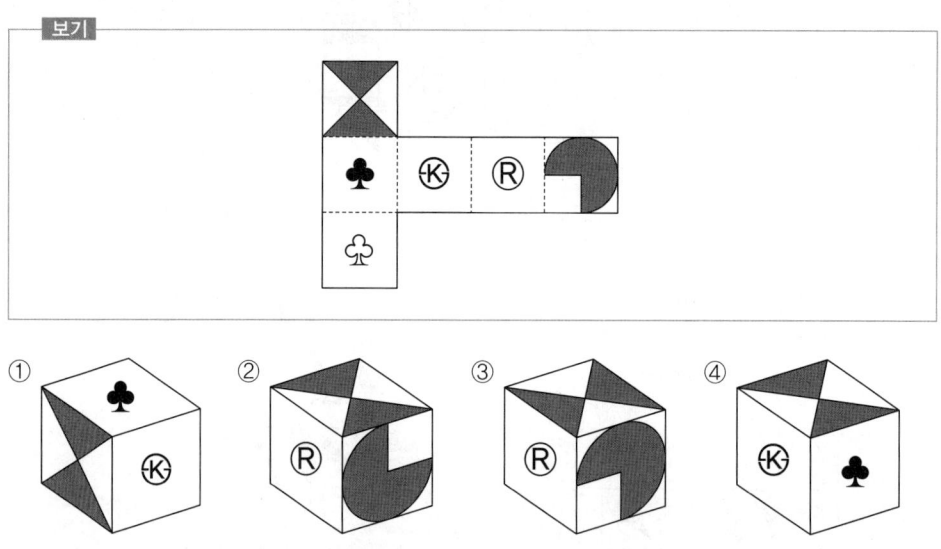

07 다음 [보기]에 제시된 전개도로 만든 입체도형에 해당하는 것을 고르면?

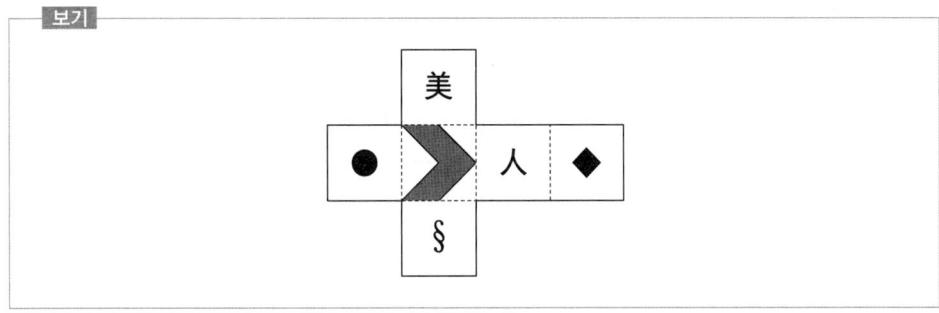

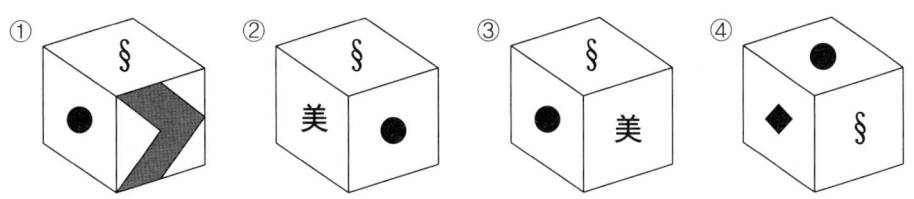

08 다음 [보기]에 제시된 전개도로 만든 입체도형에 해당하는 것을 고르면?

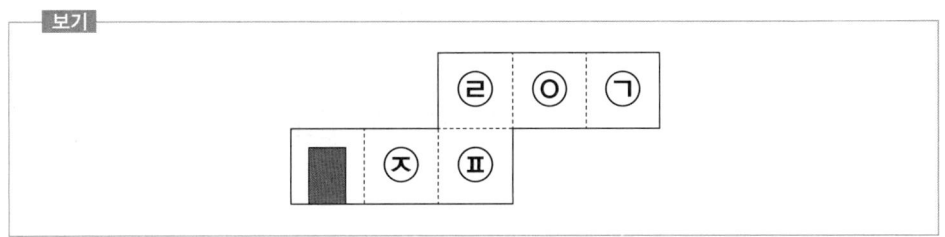

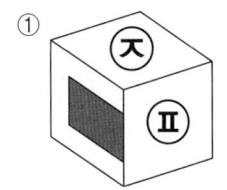 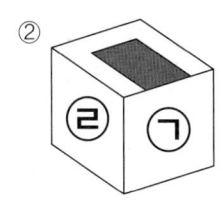 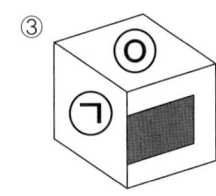 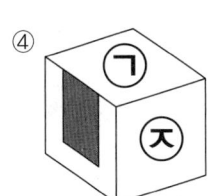

09 다음 [보기]에 제시된 전개도로 만든 입체도형에 해당하는 것을 고르면?

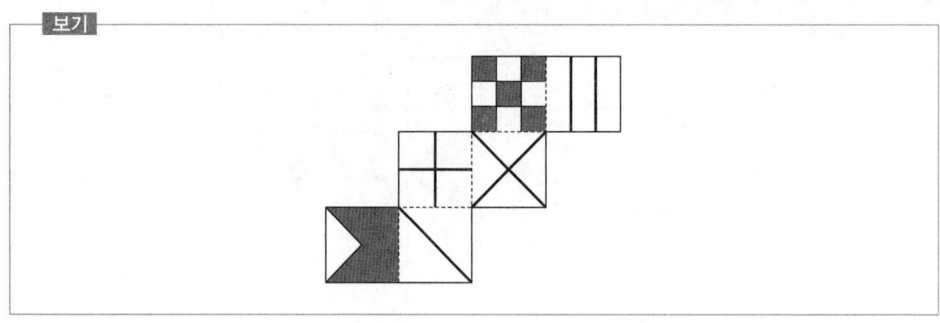

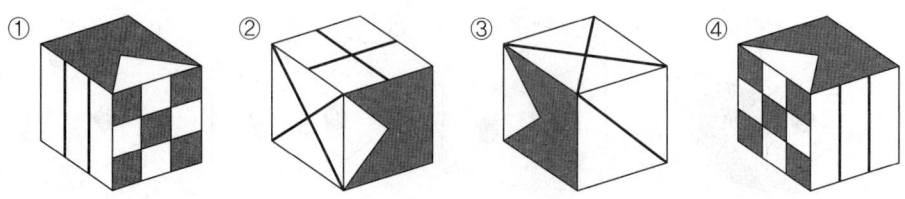

10 다음 [보기]에 제시된 전개도로 만든 입체도형에 해당하는 것을 고르면?

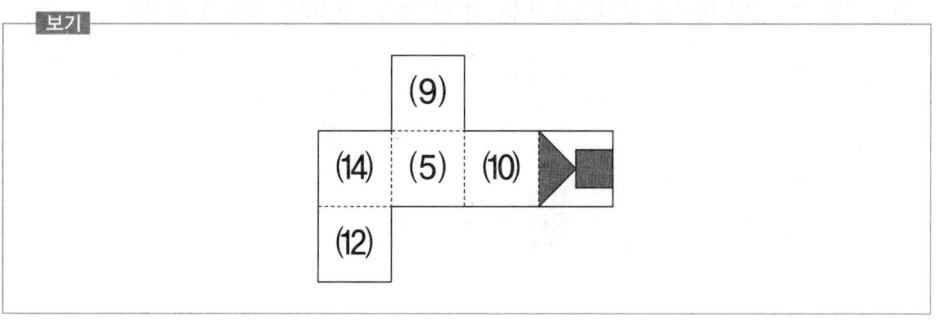

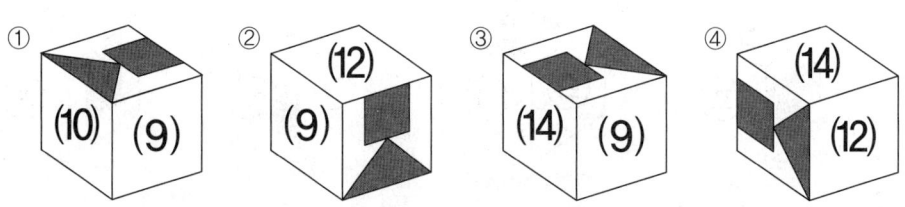

11 다음 [보기]에 제시된 그림과 같이 쌓기 위해 필요한 블록의 개수를 고르면?

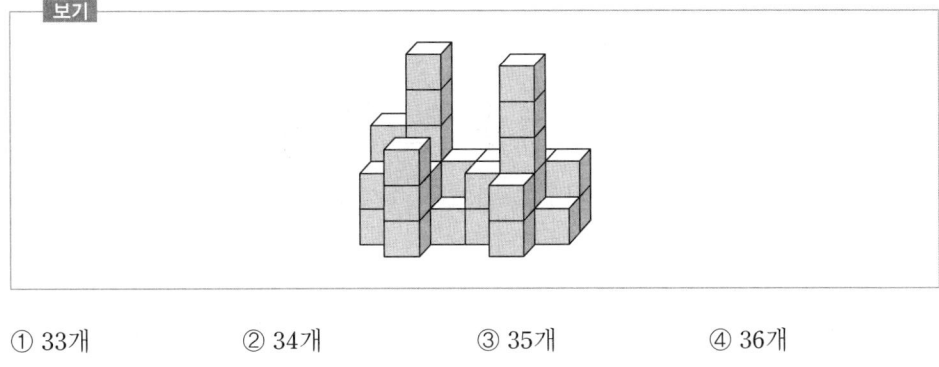

① 33개　　　② 34개　　　③ 35개　　　④ 36개

12 다음 [보기]에 제시된 그림과 같이 쌓기 위해 필요한 블록의 개수를 고르면?

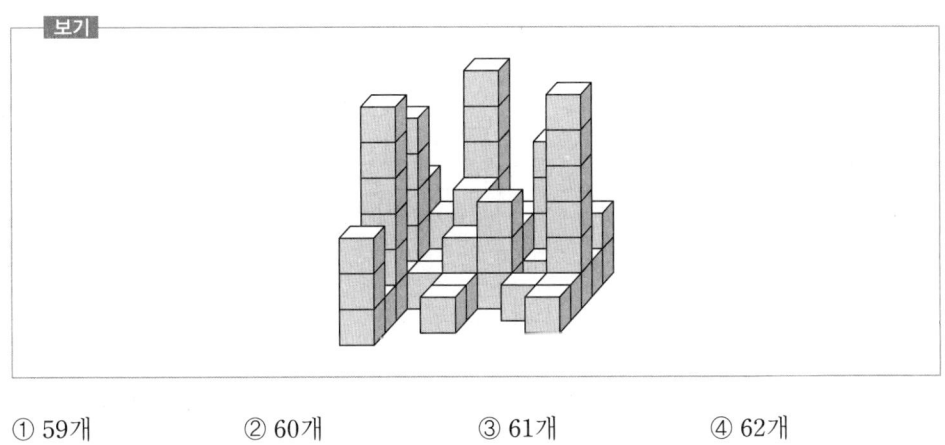

① 59개　　　② 60개　　　③ 61개　　　④ 62개

13 다음 [보기]에 제시된 그림과 같이 쌓기 위해 필요한 블록의 개수를 고르면?

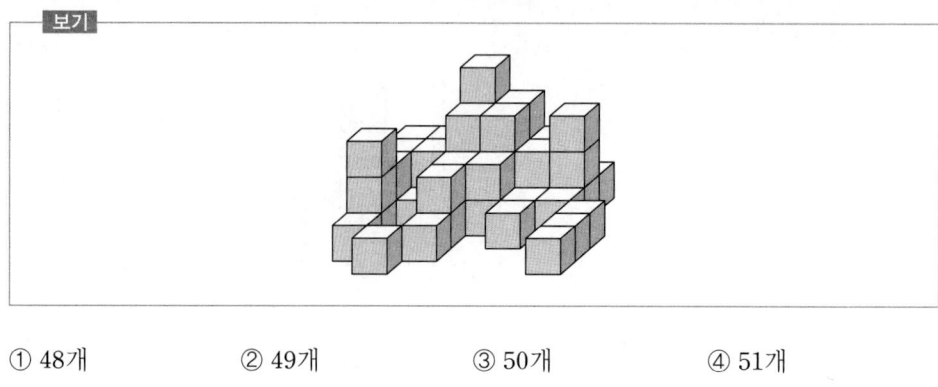

① 48개 ② 49개 ③ 50개 ④ 51개

14 다음 [보기]에 제시된 그림과 같이 쌓기 위해 필요한 블록의 개수를 고르면?

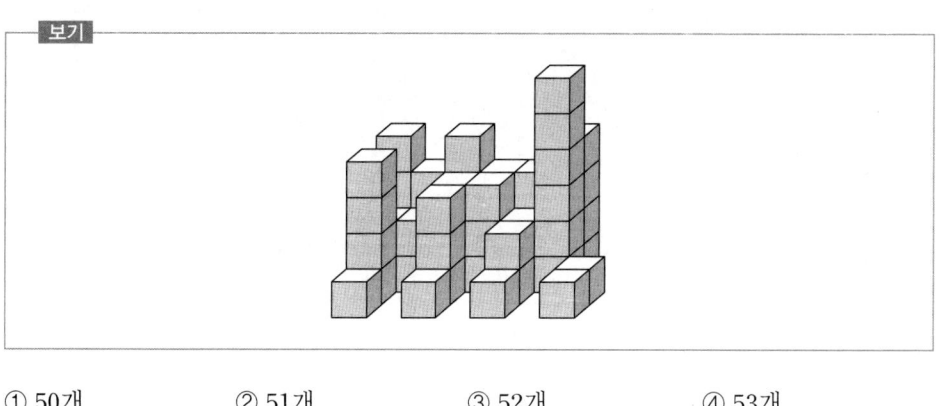

① 50개 ② 51개 ③ 52개 ④ 53개

15 다음 [보기]에 제시된 블록을 화살표 방향에서 바라볼 때의 모양을 고르면?

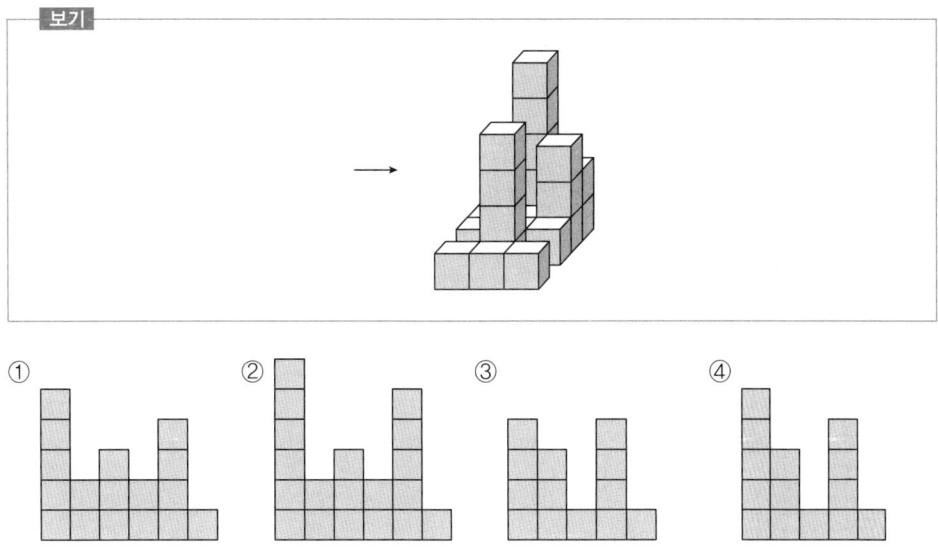

16 다음 [보기]에 제시된 블록을 화살표 방향에서 바라볼 때의 모양을 고르면?

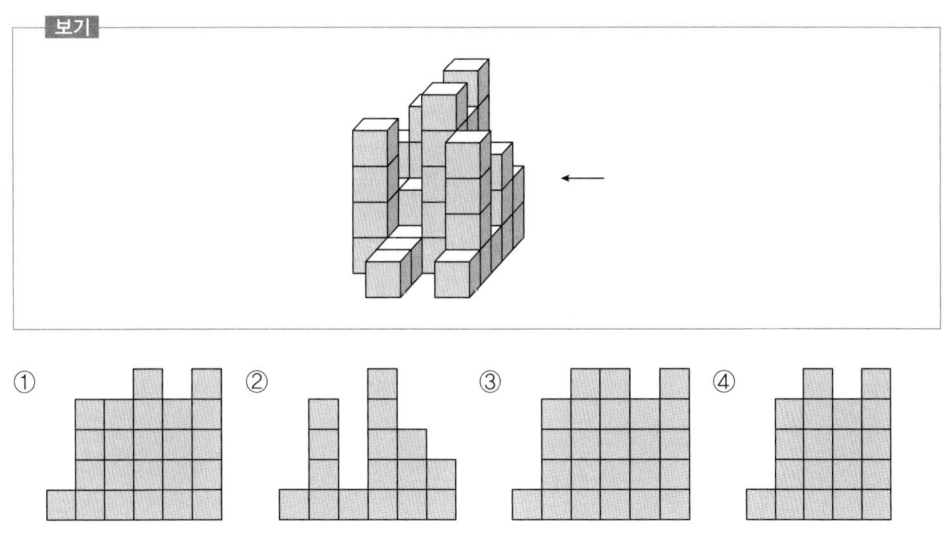

17 다음 [보기]에 제시된 블록을 화살표 방향에서 바라볼 때의 모양을 고르면?

보기

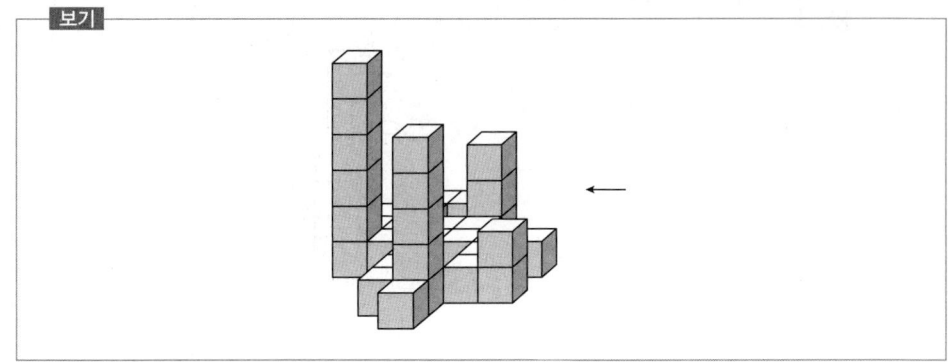

① 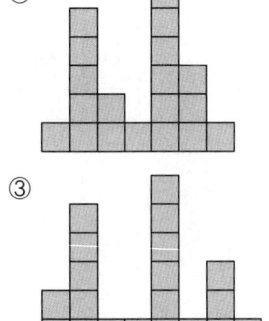   ②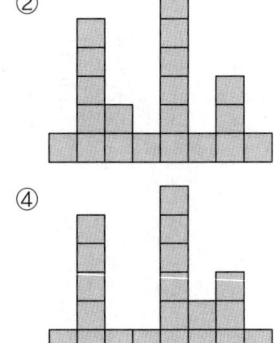

③   ④

18 다음 [보기]에 제시된 블록을 화살표 방향에서 바라볼 때의 모양을 고르면?

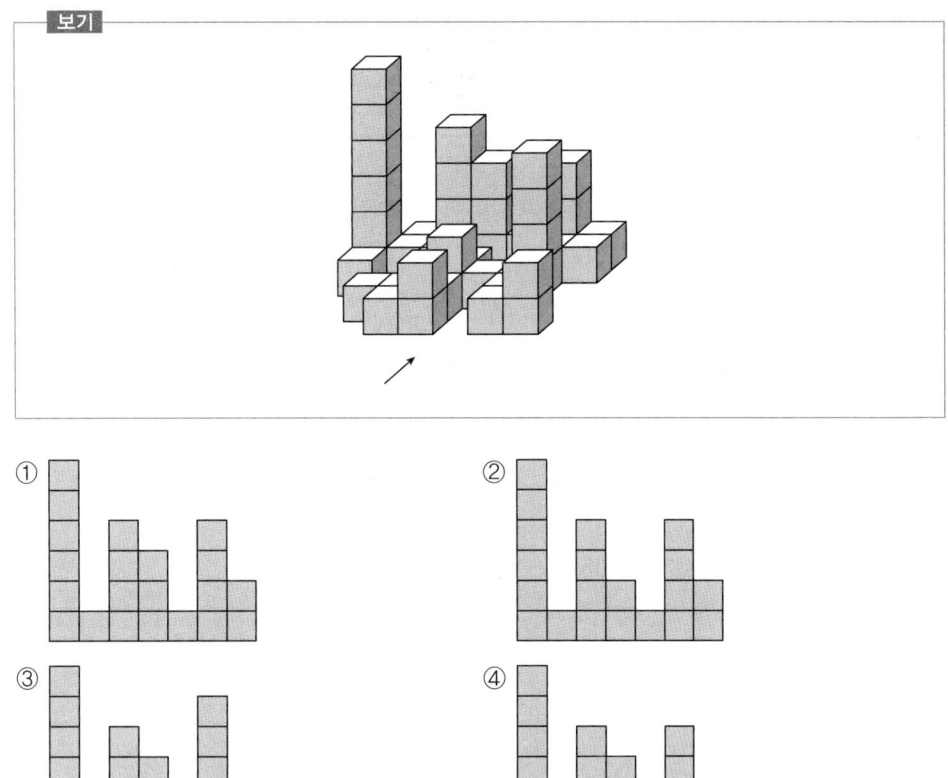

파이널 모의고사 5회
지각속도

30문항/3분

정답과 해설 ▶ P.85

[01~05] 다음 [보기]를 보고 제시된 문자가 알맞게 치환되었는지 판단하시오.

보기

A지역 = [K] C지역 = [#] M지역 = [S] S지역 = [L] X지역 = [I]
T지역 = [A] U지역 = [Ü] Q지역 = [W] F지역 = [Ü] Z지역 = [+]

01	T지역 X지역 C지역 Z지역 – [A] [I] [#] [+]	① 맞음	② 틀림
02	Q지역 A지역 F지역 C지역 – [W] [K] [Ü] [#]	① 맞음	② 틀림
03	Z지역 S지역 Q지역 A지역 – [+] [L] [W] [K]	① 맞음	② 틀림
04	M지역 X지역 U지역 Z지역 – [S] [I] [Ü] [#]	① 맞음	② 틀림
05	C지역 Q지역 S지역 T지역 – [#] [W] [L] [A]	① 맞음	② 틀림

[06~10] 다음 [보기]를 보고 제시된 문자가 알맞게 치환되었는지 판단하시오.

보기

◐ = (名)   ◑ = (十)   ◧ = (金)   △ = (三)   ▮ = (協)
◙ = (四)   ▰ = (月)   ▲ = (六)   ▪ = (休)   ▨ = (一)

06	▮ ◧ ▪ ◐ – (協) (金) (休) (名)	① 맞음	② 틀림
07	△ ◑ ▨ ▰ – (三) (十) (一) (月)	① 맞음	② 틀림
08	▨ △ ◐ ▪ – (一) (六) (名) (休)	① 맞음	② 틀림
09	▲ ◑ ▮ ◙ – (三) (十) (協) (四)	① 맞음	② 틀림
10	◐ ▲ ◙ ▨ – (十) (三) (四) (一)	① 맞음	② 틀림

[11~15] 다음 [보기]를 보고 제시된 문자가 알맞게 치환되었는지 판단하시오.

보기

| sdr = 아라 | ghe = 마바 | cwa = 가사 | fqr = 자타 | nsa = 차마 |
| pqe = 사아 | mcv = 카라 | dqf = 나라 | afj = 타자 | vwg = 하하 |

11	pqe cwa sdr nsa － 사아 가사 아라 차마	① 맞음	② 틀림
12	afj cwa vwg ghe － 타자 가사 하하 마바	① 맞음	② 틀림
13	dqf sdr fqr mcv － 나라 아라 자타 카라	① 맞음	② 틀림
14	ghe nsa pqe vwg － 마바 차마 사아 하하	① 맞음	② 틀림
15	nsa ghe afj sdr － 차마 마바 타자 아라	① 맞음	② 틀림

[16~20] 다음 [보기]를 보고 제시된 문자가 알맞게 치환되었는지 판단하시오.

보기

| ☠ = nj | ☺ = DŽ | ✳ = æ | ☻ = ʕʊ | 💻 = ㅒ |
| ✌ = œ | ✂ = Ė | 📖 = Æ | 📟 = Ï | ⌛ = ÿ |

16	✳ ☠ 📖 ⌛ － æ nj Æ Ï	① 맞음	② 틀림
17	☠ ✂ 📟 ☺ － nj Ė Ï DŽ	① 맞음	② 틀림
18	💻 ✌ ☻ ✂ － ÿ œ ʕʊ Ė	① 맞음	② 틀림
19	📟 ✳ ⌛ ☺ － Ï æ Ė DŽ	① 맞음	② 틀림
20	☻ ☺ 💻 ☠ － ʕʊ DŽ ㅒ nj	① 맞음	② 틀림

[21~25] 다음 [보기]를 보고 제시된 문자가 알맞게 치환되었는지 판단하시오.

보기

남북 = ①⑤	지역 = ③⑦	감정 = ⑨①	통일 = ②⑤	정책 = ⑧③
제고 = ⑤③	해소 = ⑥②	집단 = ④⑤	극복 = ⑦⑧	결정 = ⑩①

21	남북 집단 극복 제고 - ①⑤ ④⑤ ⑦⑧ ⑤③	① 맞음	② 틀림
22	결정 해소 정책 지역 - ⑩① ⑥② ⑧③ ③⑦	① 맞음	② 틀림
23	극복 제고 통일 남북 - ⑦⑧ ⑤③ ⑩① ①⑤	① 맞음	② 틀림
24	감정 결정 집단 정책 - ⑨① ⑩① ④⑤ ⑧③	① 맞음	② 틀림
25	해소 정책 제고 통일 - ⑥② ⑧③ ⑤③ ①⑤	① 맞음	② 틀림

[26~30] 왼쪽의 숫자, 문자, 기호가 [보기]에서 몇 번 제시되는지 고르시오.

		보기	①	②	③	④
26	⋓	▽⋓⊃∩△▷⋓⋨⋪⊅ͰU⋒⋩⊳△⋓▷Ⱦ⋩⋝⋌⋋⋎⋓△⋒⋒⋓⋫⋓	5	6	7	8
27	ㄱ	우리는 의지의 객관성의 높은 단계에서 개성이 뚜렷하게 나타나는 것을 볼 수 있다	6	7	8	9
28	(x)	(i)(e)(b)(x)(i)(q)(k)(a)(t)(x)(u)(g)(a)(x)(t)(e)(k)(y)(b)(i)(x)(q)	3	4	5	6
29	ㅖ	ㅖㅛㅕㅖㅖㅒㅏㅖㅖㅗㅓㅜㅡㅠㅣㅒㅖㅖㅏㅛ	6	7	8	9
30	♥	♧☎♥▫♣♤♥♠◁♥▼♡♥♤◐◈⊙☎♥★☎☆	3	4	5	6

파이널 모의고사 5회
언어논리
25문항/20분

정답과 해설 ▶ P.87

01 다음 밑줄 친 단어들 간 관계가 ㉠과 ㉡의 관계와 가장 유사한 것을 고르면?

> 단어 연상 검사라는 것이 있다. 100개의 단어를 하나씩 불러 주고 머리에 떠오르는 단어를 될 수 있는 대로 빨리 말하는 검사법이다. 단어에 따라서 즉시 반응을 하지 못하고 지나치게 반응이 느리거나 전혀 연상을 못하는 경우가 있다. 그럴 경우에는 대부분 생각이 막히거나 감정이 북받쳐 올라오거나 당황하거나 말을 더듬거나 웃거나 아무 생각이 안 나거나 하는 반응을 보인다. ㉠불러 준 단어가 의식 또는 무의식의 ㉡콤플렉스를 자극하여 그 콤플렉스에서 방출되는 감정 때문에 정상적인 생각의 흐름이 끊어지거나 방해받기 때문이다.

① <u>말</u>은 해야 맛이고 <u>고기</u>는 씹어야 맛이다.
② 열 길 <u>물속</u>은 알아도 한 길 <u>사람</u> 속은 모른다.
③ 낮말은 <u>새</u>가 듣고 밤말은 <u>쥐</u>가 듣는다.
④ <u>까마귀</u> 날자 <u>배</u> 떨어진다.
⑤ <u>자라</u> 보고 놀란 가슴 <u>솥뚜껑</u> 보고 놀란다.

02 다음 중 중의적 문장이 <u>아닌</u> 것을 고르면?

① 그는 진수와 미희를 만났다.
② 영수는 고향에서 온 친구를 어제 만났다.
③ 예쁜 어머니의 옷을 빌려 입었다.
④ 할머니께서는 철수에게 배와 포도 두 개를 주셨다.
⑤ 철수가 걸음을 걷는 것이 이상하다.

03 다음 [보기]의 두 단어와 의미 관계가 동일한 것을 고르면?

> **보기**
>
> 품사 : 동사

① 휠체어 : 바퀴
② 신분증 : 운전면허증
③ 컴퓨터 : CPU
④ 옷장 : 가구
⑤ 엘리베이터 : 에스컬레이터

04 다음 밑줄 친 단어의 사용이 가장 적절한 것을 고르면?

① 각자의 소질을 <u>개발</u>합시다.
② <u>쌍동이</u>처럼 꼭 닮은 두 친구로구나.
③ 글씨를 <u>개발괴발</u> 쓰고 있구나.
④ 동생과 손톱에 <u>봉숭화</u> 물을 들였다.
⑤ 작은아버지는 동생의 이름과 나의 이름을 <u>혼돈</u>했다.

05 다음 중 로마자 표기가 <u>잘못된</u> 것을 고르면?

① 별내 — Byeolnae
② 벚꽃 — Beotkkot
③ 경복궁 — Gyeongbokgung
④ 낙동강 — Nakdonggang
⑤ 왕십리 — Wangsimni

06 다음 중 띄어쓰기가 옳지 <u>않은</u> 문장을 고르면?

① 네가 원하는 만큼, 먹을 만큼 먹어라.
② 원하는 대로 한다면, 문제가 생길 것이다.
③ 그가 나를 떠난 지가 어느새 2년째이다.
④ 떠나기는커녕 일어날 생각도 없어 보였다.
⑤ 제 2회를 맞이한 대회에 참가하였다.

07 다음 중 어법에 맞는 문장을 고르면?

① 엄마는 아들을 위해 목돈을 미리 예비해 두었다.
② 하루 종일 굶었던 그녀는 허겁지겁 치킨과 콜라를 들이켰다.
③ 국민이자 자녀인 우리는 나라에 충성하고, 부모에 효도해야 한다.
④ 그녀는 비록 키는 작을지라도 반에서 가장 빨랐다.
⑤ 재수 없는 사람은 앞으로 자빠져도 뒤통수가 깨진다.

08 다음 중 밑줄 친 ㉠과 가장 뜻이 통하는 속담을 고르면?

> 명분론은 기존의 안정적인 질서를 깨뜨리고 역동적인 변화를 추구하고자 하는 인간의 진보적 요구를 억누르는 보수적 성격도 띠고 있었다. 계층적 명분관은 근대를 거치면서 신분 제도가 동요하고 붕괴함에 따라 점차 타당성을 잃게 되었다. 그러나 아직도 우리 사회에는 ㉠<u>자신의 분수를 지키는 것</u>을 미덕으로 여기며, 도전과 모험의 진취적 태도를 부정하는 의식의 흔적이 도처에 남아 있음을 볼 수 있다.

① 제 버릇 개 줄까.
② 핑계 없는 무덤 없다.
③ 송충이가 갈잎을 먹으면 떨어진다.
④ 양반은 얼어 죽어도 겻불은 안 쬔다.
⑤ 수양산 그늘이 강동 팔십 리를 간다.

09 다음 글에 나타난 북곽 선생의 언행에 부합하는 한자 성어로 가장 적절한 것을 고르면?

> 북곽 선생이 머리를 조아리며 앞으로 엉금엉금 기어 나와, 세 번 절하고 꿇어 앉았다. 고개를 쳐들고 이렇게 여쭈었다.
> "범님의 덕이야말로 참으로 지극하십니다. 대인은 그 변화를 본받고, 제왕은 그 걸음을 배웁니다. 남의 아들된 자들은 그 효성을 법으로 사모하고, 장수는 그 위엄을 취합니다. 그 거룩한 이름이 신룡과 짝이 되어, 한 분은 바람을 일으키고 한 분은 구름을 일으키시니, 저처럼 하토의 천한 신하는 감히 그 바람 아래 서옵니다."
> 범이 이 말을 듣고 꾸짖었다.
> "앞으로 가까이 오지 말아라. 지난번에 내가 들으니 '유(儒)*'는 '유(諛)**'라 하더니 과연 그렇구나. 네가 평소에 천하에 나쁜 이름을 모두 모아서 망령되게도 내게 덧붙이더니 이제 낯간지러운 말을 하는구나. 그 말을 누가 곧이듣겠느냐?"
>
> * 선비 유
> ** 아첨할 유

① 견강부회(牽强附會) ② 양두구육(羊頭狗肉)
③ 교언영색(巧言令色) ④ 이실직고(以實直告)
⑤ 지록위마(指鹿爲馬)

10 다음 글의 빈칸에 들어갈 내용을 추론한 것으로 가장 적절한 것을 고르면?

> 자연의 순리는 인간 사회의 규칙을 뛰어넘는다는 것을 보여주는 유명한 예로 진시황이 있다. 그러나 중국을 통일하고 무소불위의 권력을 가졌던 진시황조차도 타고난 수명의 한계를 벗어날 수 없었다. 인류가 스스로를 자각한 시기 이후, 불로장생은 인간의 염원이었을 뿐, 언제나 삶에는 늙음과 아픔, 죽음이 함께했다. 그럼에도 불구하고 인류는 그 염원을 결코 포기한 적이 없었다.
>
> 진시황의 불로초 원정대에 대한 전통은 현대에도 이어지고 있다. 세계적 부호들은 항노화 연구에 막대한 후원을 하고 있으며, 구글처럼 자체적으로 바이오테크 회사를 설립해 장기 투자를 하는 경우도 있다. 불사를 위한 노력이 과거에는 시도에 그쳤다면, 현재는 달라진 점이 있다. (   ) 2007년에 일본 교토 대학교의 야마나카 신야 교수는 성숙한 세포의 유전자를 재조합하여 세포의 생체 시계를 거꾸로 되돌릴 수 있음을 입증했다. 즉, 이미 성숙하여 분화한 세포를 미성숙한 세포로 역분화하여 줄기세포로 바꾸어 '역분화 줄기세포'를 만드는 데 실마리를 찾은 것이다. 줄기세포는 각종 조직의 세포로 발달할 수 있어 세포의 손상을 복구하는 역할을 하므로, 줄기세포가 개발된다면 심각한 손상을 치료할 수도 있고, 늙은 세포를 젊은 세포로 바꾸는 것도 가능하다. 개인의 삶은 수없이 스러졌지만, 세대를 이어온 인간의 노력이 맺은 결실인 셈이다.

① 시대를 불문하고 불로장생을 꿈꾸는 것은 망상에 가까운 집착이다.
② 장수를 향한 인류의 오랜 열망은 의학 발전의 근간이 되었다는 것이다.
③ 과거에 비해 현재 인류는 무병장수 하는 데 집중하기 시작했다는 사실이다.
④ 약품 개발의 노력으로 인류의 노화를 되돌리는 것이 현재 가능하다는 사실이다.
⑤ 현재의 불로장생에 대한 꿈은 가능성을 더 높이기 위한 의미 있는 노력이라는 점이다.

11 다음 글과 내용 전개 방식이 동일한 것을 고르면?

> 　서구에서 미의 바탕으로 합리적 원리를 추구하였던 것은 미의 보편성이 실제로 꽃의 아름다움이나 바람의 상쾌함 등에서 만인에게 공통적으로 감지된다고 보았기 때문이다. 따라서 거기에는 공통적으로 감지되는 보편적 힘이 있다고 말할 수 있으며, 그 보편적인 것은 개인의 감정 세계를 초월한 어떤 것이라 말할 수 있다. 그리하여 서구의 예술은 미에 있어서도 어떤 합리적이며 보편적인 근거를 추구하였던 것이다.
> 　그러나 우리나라에서는 서구와 같은 방식으로 미를 규정하려고 하지 않았다. 우리나라에서는 미를 인지함에 있어서 마음으로 오가는 교감을 중시했다. 따라서 마음의 동질성 내지 감정의 공동체를 취했다고도 말할 수 있다. 이것은 미의 문제에서만 제기되는 것이 아니다. 사회 경제적인 면에서도 우리는 어떤 사회 현상에 대해서 이성적인 공감대보다는 감성적인 공감대를 가지려고 한다. 단적으로 이성보다는 정에 강한 것이다.

① 곱단이는 시골아이 답지 않게 살갗이 희고, 맑은 눈에 속눈썹이 길었다. 함박눈이 내려 앉아서 쉴 만큼 길었다.
② 도시의 담은 자로 잰 듯이 반듯하지만 여유가 없다. 거기에 비하면 시골의 담은 핫바지를 연상케 한다. 두둑한 솜 옷, 호탕한 너털웃음이 담을 차고 껄껄 들리는 기분이다.
③ 처용가의 처용 아내와 날개의 안해는 같은 유형이다. 처용 아내는 용자와 역신을 넘나드는 중간 여인이고, 안해는 박제가 된 천재와 은화를 던져 주는 손님 사이를 교체하는 중간적인 여인이다.
④ 작년 연말에 일어난 교통사고는 무려 250여 건이나 되었다고 한다. 이러한 사고 건수는 재작년의 경우보다 20여 건이 불어난 것이다. 이로 미루어 보아 금년의 경우에는 300건 전후의 교통사고가 발생될 것으로 추정된다.
⑤ 둘이는 무릎을 꿇고 앉아서 똑같은 모양으로 두 손을 가지고 샅바를 손으로 감아 잡았다. 드디어 천천히 버티며 일어나더니 심판이 손을 떼자마자 검은 샅바의 선수가 들이치기로 상대방을 단숨에 넘어뜨렸다.

12 다음 제시된 시를 낭송해 줄 대상으로 가장 적절한 것을 고르면?

> 믿을 수 없다, 저것들도 먼지와 수분으로 된 사람 같은 생물이란 것을. 그렇지 않고서야 어찌 시멘트와 살충제 속에서만 살면서도 저렇게 비대해질 수 있단 말인가. 살덩이를 녹이는 살충제를 어떻게 가는 혈관으로 흘려보내며 딱딱하고 거친 시멘트를 똥으로 바꿀 수 있단 말인가. 입을 벌릴 수밖엔 없다. 쇳덩이의 근육에서나 보이는 저 고감도의 민첩성과 기동력 앞에서는.
>
> 사람들이 최초로 시멘트를 만들고 집을 짓고 살기 전, 많은 벌레들을 씨까지 일시에 죽이는 독약을 만들어 뿌리기 전, 저것들은 어디에 살고 있었을까. 흙과 나무, 내와 강, 그 어디에 숨어서 흙이 시멘트가 되고 다시 집이 되기를, 물이 살충제가 되고 다시 먹이가 되기를 기다리고 있었을까. 빙하기, 그 세월의 두꺼운 얼음 속 어디에 수만 년 썩지 않을 금속의 씨를 감추고 가지고 있었을까.
>
> 로보트처럼, 정말로 철판을 온몸에 두른 벌레들이 나올지 몰라. 금속과 금속 사이를 뚫고 들어가 살면서 철판을 왕성하게 소화시키고 수억 톤의 중금속 폐기물을 배설하면서 불쑥불쑥 자라는 잘 진화된 신형 바퀴벌레가 나올지 몰라. 보이지 않는 빙하기, 그 두껍고 차가운 강철의 살결 속에 씨를 감추어둔 채 때가 이르기를 기다리고 있을지 몰라. 아직은 암회색 스모그가 그래도 맑고 희고, 폐수가 너무 깨끗한 까닭에 숨을 쉴 수 없어 움직이지 못하고 눈만 뜬 채 잠들어 있는지 몰라.

① 바퀴벌레의 생태를 연구하는 생물학자에게
② 힘든 나날을 보내고 있는 청년들에게
③ 사사로운 이익을 위해 폐수를 강에 방류한 공장주에게
④ 기업의 이익을 위해 국민을 속인 정치인들에게
⑤ 깨끗한 주거 환경을 만들기 위해 노력하는 아파트 관리자에게

13 다음 글을 읽고 '나'에 대한 설명으로 옳지 않은 것을 고르면?

> 내가 동주를 처음 만난 것은 1940년, 연희 전문 학교(延禧專門學校) 기숙사에서였다. 오똑하게 솟은 콧날, 부리부리한 눈망울, 한 일(一) 자로 굳게 다문 입, 그는 한마디로 미남(美男)이었다. 투명한 살결, 날씬한 몸매, 단정(端正)한 옷매무새, 이렇듯 그는 멋쟁이였다. 그렇지만 그는 꾸며서 이루어지는 멋쟁이가 아니었다. 그는 천성(天性)에서 우러나는 멋을 지니고 있었다. 모자를 비스듬히 쓰는 일도 없었고, 교복의 단추를 기울어지게 다는 일도 없었다. 양복바지의 무릎이 앞으로 튀어나오는 일도 없었고, 신발은 언제나 깨끗했다. 이처럼 그는 깔끔하고 결백(潔白)했다. 거기에다, 그는 바람이 불어도, 눈비가 휘갈겨도 요동(搖動)하지 않는 태산(泰山)처럼 믿음직하고 씩씩한 기상(氣像)을 지니고 있었다.

① 직접 체험을 바탕으로 대상을 나타내고 있다.
② 대상에 대한 가치 평가를 내리고 있다.
③ 대상을 객관적으로 인식하고 있다.
④ 대상을 비유의 방법으로 드러내고 있다.
⑤ 대상에 대한 추억을 구체화하고 있다.

14 다음 중 오류의 종류와 예시가 바르게 짝지어진 것을 고르면?

① 우연의 오류 – 부유한 사람들을 보니 별장을 가지고 있었다. 그러므로 별장을 가지고 있으면 부자가 될 수 있을 것이다.
② 결합의 오류 – 미국 아이스하키 선수단이 이번 올림픽에서 금메달을 차지했다. 그러므로 미국 선수 개개인은 세계 최고 기량을 갖고 있다.
③ 분할의 오류 – 그 학생의 논술 시험 답안은 탁월하다. 그의 답안에 있는 문장 하나하나가 탁월하기 때문이다.
④ 논점일탈의 오류 – 한국과 이탈리아는 모두 반도라는 특징을 지니고 있다. 따라서 한국 사람과 이탈리아 사람은 서로 비슷한 생활양식을 형성했을 것이다.
⑤ 애매어의 오류 – 김 씨는 성격이 직선적이다. 직선적인 모든 것들은 길이를 지닌다. 고로 김 씨의 성격은 길이를 지닌다.

15 다음 제시된 글의 문맥을 고려했을 때, 삭제해야 할 문단을 고르면?

[가] 코트라(KOTRA) 베이징무역관에 따르면 중국 상무부와 해관총서, 국가국방과학산업국, 중앙군사위원회 장비개발부는 성명을 통해 수출통제법과 대외무역법 등 규정에 따라 국가 안보와 이익을 지키기 위해 드론과 관련 부품·시스템에 대한 임시 수출 통제를 시행한다고 밝혔다. 통제 대상인 드론이나 장비를 수주할 경우에 사전절차를 통해 수출허가증을 받아야 하며, 허가 없이 드론을 수출하면 관련 법률에 따라 처벌하겠다고 덧붙였다.

[나] 주요 외신은 중국의 드론 수출 금지를 발표에 앞서, 러시아와 우크라이나 전쟁에서 중국산 드론이 사용되고 있다고 보도했다. 이 같은 이유로 최대 드론 수출국인 중국은 비판에 직면하기도 했다. 또 미국 내수시장에서 쓰이는 드론의 절반 이상이 중국 DJI사의 제품이라는 점에서, 이번 중국의 드론 수출 규제는 군사용으로 드론을 생산한다는 비판을 피하면서 대중 제재를 가하는 미국을 견제하기 위한 조치로 풀이된다.

[다] 러시아와 우크라이나 전쟁에서 드론은 자폭 등 공격뿐 아니라 정찰과 촬영 등 다양한 목적으로 사용되고 있다. 자폭 공격 외에 군에서는 특히 정찰 임무에서 드론을 가장 유용하게 사용한다. 카메라를 달고 비행하는 드론은 적의 위치를 찾아내고 군 주둔지역 주변을 정찰하고 전쟁 상황을 외부 세계에 알리는 데 핵심적인 역할을 하고 있다.

[라] 하지만 수출 통제 대상에 일부 민간용 드론이 포함된 점과 수출 통제 대상이 확대될 가능성을 고려하면, 중국산 드론과 부품을 활용해 사업을 영위하는 국내 기업들에 대한 타격은 불가피할 전망이다.

[마] 여기에 글로벌 최대 드론 생산업체인 DJI사가 중국의 드론 수출 규제에 적극 동참하겠다고 선언한 점도 악재이다. DJI사는 최근 성명을 통해 "자사는 군사 또는 전쟁 목적으로 제품을 홍보하거나 판매하지 않았다"면서 "중국 정부가 발표한 수출 통제 조치를 엄격히 준수할 것"이라고 밝혔다.

① [가]　② [나]　③ [다]　④ [라]　⑤ [마]

16 다음 제시된 글의 연결 순서로 가장 자연스러운 것을 고르면?

[가] 최근 몇 년 새 국내에서 번지고 있는 '돈 잡아먹는 나무 현상'은 정상적으로 꽃과 열매를 맺던 과수가 가을 수확을 앞두고 붉은 진물을 흘리다 며칠 지나지 않아 갑자기 말라 죽는 증상을 말한다. 농민 입장에서는 농자재와 인력을 투입해 공들여 관리했지만 수확의 결실을 얻기는커녕 과수가 죽어버려 손실이 이만저만 아니다. 더욱이 현상의 원인을 기후변화 때문인 것으로 짐작만 할 뿐 아직까지 정확한 원인조차 밝혀지지 않아 농민의 불안감만 커지고 있다.

[나] 하지만 기후변화와 관련된 국가적인 연구는 오히려 퇴보하고 있다. 내년도 기상청 연구개발 예산안은 올해 예산에 견줘 19.4%(212억 원) 삭감됐으며, 이중 기후 위기 및 재난 관련 항목은 130여억 원이 줄었다. 한반도의 새 기후에 맞는 병충해와 작물에 대한 연구를 촉구할 수 있도록 정부의 대책마련이 시급한 상황이다.

[다] 우리나라 상황도 크게 다르지 않다. 2023년 4월에 정부가 첫 발간한 '대한민국 기후변화 적응 보고서'에 따르면, 대한민국의 온난화 속도는 전 세계 평균보다 빠른 것으로 나타났다. 지난 109년간(1912~2020년) 한국의 연평균기온 상승폭은 약 1.6℃로 세계 평균인 1.09℃보다 높았다. 표층 수온도 1968년부터 2017년까지 약 50년간 1.23℃ 올랐다. 이는 세계 평균을 약 2.6배 웃도는 수치이다.

[라] 프랑스에서는 아예 새로운 기후에 맞는 농업 대책을 내놓아야 한다는 목소리가 높아지고 있다. 프랑스의 와인 생산자들은 "지난 30년간 와인의 알코올 함량이 1~2%p 증가해 맛이 변했다"고 밝힌 바 있다. 현지 전문가들은 "정부가 지난 수 십 년간 기존 포도농사를 연장하는 데 들였던 돈을 기후변화 대응에 썼더라면 오히려 현 상황이 나았을 것"이라는 비판도 제기하고 있다.

① [가] - [다] - [나] - [라]
② [가] - [라] - [다] - [나]
③ [다] - [라] - [나] - [가]
④ [라] - [가] - [다] - [나]
⑤ [라] - [다] - [나] - [가]

17 다음 글의 주제로 가장 적절한 것을 고르면?

> 빈곤선 근처에서 생활하는 사람들이 타인을 돕는 데 더 적극적인 이유는 무엇일까? 켈트너는 생활이 어려운 사람들의 경우 어려운 상황에 처하면 함께 뭉쳐야 한다고 말한다. 이를 통해 그들은 보다 사회적으로 영민하게 대처할 수 있게 된다는 것이다. 그는 "불확실한 상황에 처하면 타인을 생각하게 된다. 사회 네트워크를 형성하게 되는 것이다."라고 말한다. 예를 들어, 가난한 젊은 엄마가 아기를 출산하면 아이를 보살피기 위해 음식, 물품과 보육이 필요하고, 만약 이 엄마가 바람직한 사회생활을 했다면 지역사회의 이웃들이 나서서 도와줄 것이다. 제한적인 소득은 이와 같이 공감 능력이나 사회적 반응성을 기르는 데 필수 요건이 아니다. 은행 잔고에 상관없이 고통은 우리로 하여금 타인의 필요에 보다 주의를 기울이게 하고 우리도 이미 잘 아는 어려움에 처한 사람을 볼 때 도움을 주고자 하기 때문에 이타주의와 영웅주의적 행위를 낳는다.

① 타인에 대한 원조는 소득에 비례한다.
② 우리는 항상 주변의 어려운 이웃을 돌아보아야 한다.
③ 타인을 돕는 것은 소득과는 아무런 관련이 없다.
④ 지역사회에 대한 경제적 지원이 필요하다.
⑤ 바람직한 사회생활을 위해서는 타인과의 공감 능력이 필수적이다.

18 다음 글을 통해 알 수 있는 내용이 아닌 것을 고르면?

> 　세계에서 가장 정밀한 시계인 원자시계에 대해 알아보자. 원자시계는 원자의 진동수를 기준으로 시간을 측정한다. 똑딱거리는 시계추의 움직임을 세어 시간을 측정하는 것과 유사하다. 원자의 진동은 외부 조건의 변화에 거의 영향을 받지 않기 때문에 매우 정확한 것으로 알려져 있는데, 국제 기준으로 이용하는 국제 원자시는 30만 년에 1초 정도밖에 틀리지 않는다고 한다.
> 　한편 일상생활에서의 하루 24시간은 지구 자전 주기를 기준으로 하고 있다. 그런데 지구의 자전 주기는 달의 인력 등에 의해 아주 조금씩 느려진다. 그러니까 원자시계로 측정되는 24시간과 지구의 자전 주기 사이에 차이가 생긴다는 뜻인데, 이 차이가 누적된다면 먼 미래에 아직 해는 뜨지도 않았는데 원자시계는 정오를 가리키는 일이 일어날 수도 있다.
> 　따라서 원자시계의 시각에 때때로 1초를 삽입하는 방식으로 지구 자전 주기와의 차이를 조정하는데 그 1초를 윤초라고 한다. 그 방법은 예를 들면 12월 31일 23시 59분 59초가 된 후, 1초가 아니라 2초가 지난 뒤에 24시가 되게 하는 것이다. 실제로 원자시가 도입된 1972년 이후 약 20여 차례 윤초가 삽입되었다고 한다.

① 원자시계는 세계에서 가장 정밀한 시계이다.
② 원자시계에서 시계추의 움직임과 같은 역할을 하는 것은 원자의 진동이다.
③ 원자의 진동은 외부 조건의 변화에 거의 영향을 받지 않는다.
④ 지구의 자전 주기와 원자시계의 24시간은 정확히 일치한다.
⑤ 윤초를 삽입하여 원자시계의 시각을 조정하기도 한다.

19 다음 글에 이어질 내용으로 옳지 않은 것을 고르면?

> 과거 수도 시설이 보편화되기 이전에는 가정마다 수동 펌프로 물을 끌어올려 사용했는데, 펌프질만으로는 물을 끌어올리기 어려워 물 한 바가지를 넣어 펌프질을 했다. 이때 펌프에서 물이 나오게끔 도움을 주는 소량의 물이 바로 마중물이다. 이렇게 마중물과 같이 작은 자극이 원인이 되어 더 큰 효과를 일으키는 것을 마중물 효과라고 한다.
> 기업은 다양한 종류의 마중물을 이용해서 타사 제품에 비해 자사 제품이 가지고 있는 제품의 가치를 홍보하여 자사 제품에 대한 소비자의 긍정적 평가를 높이려 한다. 이를 바탕으로 마중물의 제공이 중단되더라도 소비자의 꾸준한 구매를 유도해 기업의 이익이 장기적으로 지속되도록 하는 것이 마중물을 활용한 마케팅의 궁극적인 목표이자 마중물 효과이다. 그래서 기업은 적지 않은 자금을 투입하여 제품 체험 행사, 1개를 사면 1개를 더 주는 덤 마케팅, 대형 마트의 시식 행사, 할인 쿠폰 제공 등 다양한 형태의 마중물로 소비자의 구매를 유도한다. 이때 소비자가 마중물을 힘들이지 않고 거저 얻은 것으로 생각하여 지나친 소비 활동을 하는 공돈 효과를 일으킨다면 기업은 더 큰 이윤 창출을 기대할 수도 있다. 하지만 기업의 마중물 마케팅이 항상 성공인 결과를 가져오는 것은 아니다.

① 기업이 제공하던 마중물을 중단하자, 제품에 대한 구매가 원래대로 돌아가거나 오히려 하락했다.
② 기업이 마중물에 투입한 비용이 과도하여 매출은 증가했지만 이윤은 남지 않았다.
③ 기업이 마중물을 투입했는데도 매출의 변화가 없어서 오히려 이윤이 감소하였다.
④ 기업의 마중물 투입은 기업의 이윤 추구는 물론 올바른 소비 습관을 들이는 것에 효과적이다.
⑤ 기업은 마중물의 위험을 알지만 그럼에도 불구하고 이윤 창출을 위한 마중물 고안에 총력을 기울인다.

20 다음 글의 밑줄 친 부분과 동일한 전개 방식이 사용된 것을 고르면?

> 인간은 만물의 영장이라고 불릴 만큼 뛰어난 지력과 이성을 가진 존재이다. 하지만 오늘날, 인간이 그러한 명칭에 어울리는 존재인가라는 의문이 들 정도로 대량 살상이 세계 도처에서 빈번하게 발생하고 있다. 지구상에 존재하는 여러 동물들 중에서 유독 인간만이 자신의 종족에게 위협적인 존재가 되고 있는 이 현실을 어떻게 설명할 수 있을까?
> 　이 점과 관련하여 로렌츠의 진단과 처방은 주목할 만하다. 조건화된 환경의 영향을 중시하는 스키너와 같은 행동주의자와는 달리, 그는 동물 행동의 가장 중요한 특성들은 타고나는 것이라고 보았다. <u>인간을 진화의 과정을 거친 동물의 하나로 보는 그는, 공격성은 동물의 가장 기본적인 본능이기에, 인간에게도 자신의 종족을 향해 공격적인 행동을 하는 생득적인 충동이 있다는 것이다.</u> 진화의 과정에서 가장 단합된 형태로 공격성을 띤 종족이 생존에 유리했으며, 이것이 인간이 호전성에 대한 열광을 갖게 된 이유라고 로렌츠는 설명한다.

① 금동이의 아름다운 술은 일만 백성의 피요, 옥소반의 아름다운 안주는 일만 백성의 기름이라, 촛불 눈물 떨어질 때 백성 눈물 떨어지고, 노랫소리 높은 곳에 원망 소리 높았더라.

② 밤중을 지난 무렵인지 죽은 듯이 고요한 속에서 짐승 같은 달의 숨소리가 손에 잡힐 듯이 들리며, 콩 포기와 옥수수 잎새가 한층 달에 푸르게 젖었다. 산허리는 온통 메밀밭이어서 피기 시작한 꽃이 소금을 뿌린 듯이 흐붓한 달빛에 숨이 막힐 지경이다.

③ 내가 여기에 와서 돈 한 푼 안 받고 일하기를 삼 년하고 꼬박이 일곱 달 동안을 했다. 그런데도 미처 못 자랐다니까 이 키는 언제야 자라는 겐지 짜장 영문 모른다. 일을 좀 더 잘 해야 한다든지, 혹은 밥을 많이 먹는다고 노상 걱정이니까.

④ 소유욕은 이해(利害)와 정비례한다. 그것은 개인뿐 아니라 국가 간의 관계도 마찬가지다. 어제의 맹방(盟邦)들이 오늘에는 맞서게 되는가 하면, 서로 으르렁대던 나라끼리 친선사절을 교환하는 사례를 우리는 얼마든지 보고 있다. 그것은 오로지 소유에 바탕을 둔 이해관계 때문이다.

⑤ 백화는 처음에 그들을 보고 경계하지만 곧 자기와 비슷한 처지임을 알고 차차 마음을 연다. 백화는 스물두 살이지만 열여덟에 가출했고 사연이 많아 서른이 넘은 여자처럼 보였다. 그녀는 남루한 옷차림을 하고 낡은 하이힐을 신고 있었다.

21 다음 제시된 글의 [가]~[라]에 대한 설명으로 옳은 것을 고르면?

[가] 단어의 의미도 역시 변화하였다. 개화기 이전까지만 하더라도 '인정(人情)'이 '뇌물'을, '방송(放送)'이 '석방'을 의미했었다. 이처럼 어휘의 의미는 시간의 흐름에 따라 변화하는데, 의미 영역이 확장되기도 하고 반대로 축소되기도 하고, 전혀 다른 의미로 변화하기도 한다.

[나] 의미가 적용되는 영역이 원래보다 확장된 예는 많이 있다. '다리'는 처음에는 사람이나 짐승의 다리만을 가리키던 것이었는데 책상이나 지게의 다리 같은 무생물에까지 적용된 것은 의미가 확장된 결과이다. '영감' 같은 말도 의미가 확장된 예이다. 이 말은 옛날에는 당상관에 해당하는 벼슬을 지낸 지체 높은 사람을 일컫는 말이었는데, 지금은 남자 노인을 두루 가리키게 되었다.

[다] 앞의 경우와는 반대로, 의미가 적용되는 영역이 원래보다 축소된 경우도 있다. 그 예로 '짐승'이라는 단어를 들 수 있다. 이 말은 한자어인 '중생'에서 온 말로, 원래 유정물 전체를 가리키는 불교 용어였지만, 지금은 인간을 제외한 동물만을 가리키도록 의미가 축소된 것이다. 이와 비슷한 예로는 '놈, 계집' 같은 말이 있다. 이들은 원래 일반적인 '남자, 여자'를 가리키는 말로 사용되던 것인데, 그 의미 영역이 축소되어 지금은 비속어로 사용된다.

[라] 한편 의미의 확대나 축소로 보기 어려운 경우가 있다. 가령, '어리다'는 중세 국어에서 '어리석다'는 뜻이었는데, 지금은 '나이가 적다'라는 뜻으로 바뀌었다. 또 '식식ᄒ다'는 원래 '엄하다'는 뜻이었는데, 지금은 '씩씩하다'는 뜻으로 바뀌었다. 또 다른 예로는 '어엿브다'라는 단어가 있다. 중세 국어에서 '어엿브다'는 현대 국어처럼 '아름답다'는 뜻이 아닌 '불쌍하다'는 뜻이었다.

① [가]~[라]는 대등한 위상의 내용을 병렬적으로 나열하고 있다.
② [가]에서 제시된 주장에 대해 [나]~[라]에서 전문가의 의견을 들어 설명하고 있다.
③ [가]에서 말한 내용을 [나]~[라]에서 자세히 설명하고 있다.
④ [다]는 [나]를 반박하고, [라]는 [다]를 반박하여 서술하고 있다.
⑤ [라]에서 [가]~[다]의 내용을 요약·정리하고 있다.

22 다음 [보기]는 지역 신문에 '한옥 마을 조성의 필요성'에 관한 글을 투고하기 위해 쓴 개요이다. 개요를 수정 및 보완하기 위한 방안으로 적절하지 않은 것을 고르면?

> **보기**
>
> Ⅰ. 서론: 한옥 마을 조성의 필요성 … ㉠
>   한옥 마을은 전통문화 체험의 장이 됨
> Ⅱ. 본론
>   1. 한옥 마을 조성이 어려운 이유
>   가. 한옥 마을 조성에 필요한 행정 절차가 복잡하며 한옥 관리 비용이 많이 듦 … ㉡
>   나. 한옥의 유지 및 보수에 많은 관리 비용이 소요됨
>   다. 지방자치단체가 재정을 확보하여 지원함 … ㉢
>   2. 한옥 마을을 조성하기 위한 방안
>   가. 한옥 마을을 조성하기 위한 행정 절차를 간소화함
>   나. 전통문화 체험 프로그램을 개발함 … ㉣
> Ⅲ. 결론: 지방자치단체의 무분별한 개발 자제 촉구 … ㉤

① ㉠에는 '한옥 마을 조성을 둘러싼 지역 주민 간의 갈등'을 추가하여 필요성 측면을 강조해야겠어.
② ㉡은 'Ⅱ-1-나'와 중복된 내용을 포함하고 있으므로 'Ⅱ-2-가'를 고려하여 '한옥 마을 조성에 필요한 행정 절차가 복잡함'으로 고쳐야겠어.
③ ㉢은 한옥 마을을 조성 및 유지하기 위한 비용에 대한 내용이므로 'Ⅱ-2'의 하위 항목으로 옮겨야겠어.
④ ㉣은 한옥 마을을 조성하기 위한 방안과는 어울리지 않으므로 삭제해야겠어.
⑤ ㉤은 글의 흐름에 맞지 않으므로 '한옥 마을 조성에 대한 지방자치단체의 관심 및 지원 촉구'로 바꿔야겠어.

23 다음 중 빈칸에 들어갈 접속사를 순서대로 나열한 것을 고르면?

그 동안 코로나19로 인해 중단했던 예비군훈련이 오는 6월부터 재개된다. 기존에 마련한 훈련의 방침처럼 실 사격과 목진지 전투 훈련에 이어, 일부 부대에서는 마일즈장비(레이저 발사와 감지기 이용)까지 활용한 시가지전투 훈련이 실시된다.
( ) 현재 시가지전투 훈련장은 오래되어 지나치게 단순한 구조이다. 공격과 방어를 위해 실제 크기만큼은 아니더라도 현시대에 맞게 다양한 건물의 구성으로 개선이 시급한 상황이다.
육군의 훈련장 중에서 시가전을 대비한 훈련을 할 수 있는 훈련장은 육군과학화전투훈련단(KCTC) 훈련장이다. 이마저도 대 테러부대나 전투부대 대상으로 훈련하기 위해 마련된 것으로, 서울시와 같은 대도시 방어를 위한 시가지전투 훈련장은 예비군 훈련장에서는 찾아보기 힘들다.
( ) 수도방위사령부에서 전국 최대의 동원자원을 보유하고 과학화 예비군 훈련 시스템을 갖췄다고 자부하고 있는 서울의 훈련장 시설은 사격훈련만 예를 들더라도 25m 영점사격이나 평지의 엎드려 쏴 자세에서 실 거리 사격(100m~250m)을 할 수 있는 수준에 그친다.

① 그리고 – 그런데
② 또한 – 그래서
③ 그러므로 – 반면
④ 그러나 – 그나마
⑤ 과연 – 비록

[24~25] 다음 글을 읽고 질문에 답하시오.

컴퓨터의 중앙처리장치인 CPU는 데이터를 처리하기 위해 주기억장치와 끊임없이 데이터를 주고받는다. 그런데 CPU는 처리 속도가 매우 빠른 반면, 주기억장치의 처리 속도는 상대적으로 느리다. 그렇기 때문에 CPU가 명령을 실행할 때마다 주기억장치로부터 데이터를 읽어 오면 두 장치의 처리 속도의 차이로 인해 명령을 빠르게 실행할 수가 없다. 그래서 캐시 기억장치를 활용하여 데이터 처리 속도를 향상시킨다. 캐시 기억장치는 CPU 내에 또는 CPU와 주기억장치 사이에 위치한 기억장치로 주기억장치보다 용량은 작지만 처리 속도가 매우 빠르다. 이러한 캐시 기억장치에 주기억장치의 데이터 중 자주 사용되는 데이터의 일부를 복사해 두고 CPU가 이 데이터를 사용하도록 하는 과정을 '캐싱(caching)'이라고 한다.

캐싱이 효율적으로 이루어지려면 CPU가 캐시 기억장치에 저장된 데이터를 반복적으로 사용하는 것이 중요한데 이를 위해 고려되는 것이 참조의 지역성이다. 참조의 지역성은 시간적 지역성과 공간적 지역성으로 나눌 수 있다. 시간적 지역성은 CPU가 한번 사용한 특정 데이터가 가까운 미래에 다시 사용될 가능성이 높은 것을 말하고, 공간적 지역성은 한번 사용한 데이터 근처에 있는 데이터가 곧 사용될 가능성이 높은 것을 말한다.

(㉠) 주기억장치는 '워드(word)' 단위로 데이터가 저장되고 캐시 기억장치는 '블록(block)' 단위로 데이터가 저장된다. 이때 워드는 비트(bit)의 집합이고 블록은 연속된 워드 여러 개의 묶음을 말한다. 주기억장치의 데이터가 캐시 기억장치에 저장되는 장소를 '라인(line)'이라고 한다. 캐시 기억장치는 일반적으로 하나의 라인에 하나의 블록이 들어갈 수 있도록 설계되어 있기 때문에 주기억장치에서 캐시 기억장치로 데이터를 전송할 때에는 블록 단위로 데이터를 전송한다. 캐시 기억장치의 용량은 주기억장치보다 훨씬 작기 때문에 주기억장치의 블록 중에서 일부만 캐시 기억장치에 저장될 수 있다. 그러므로 캐싱을 위해서는 주기억장치의 여러 블록이 캐시 기억장치의 하나의 라인을 공유하여 사용해야 한다.

24 빈칸의 ㉠에 들어갈 말로 가장 적절한 것을 고르면?

① 예를 들어   ② 그리고   ③ 한편
④ 따라서   ⑤ 반면에

25 주어진 글의 내용과 일치하는 것을 고르면?

① 캐시 기억장치의 하나의 라인에는 하나의 워드만 저장될 수 있다.
② 캐시 기억장치는 주기억장치보다 용량이 크고 처리 속도가 느리다.
③ 캐시 기억장치에 저장된 데이터가 반복적으로 사용되어야 캐싱의 효율이 높아진다.
④ 캐싱은 캐시 기억장치의 데이터 중 자주 사용되는 데이터의 일부를 주기억장치에 복사하여 사용하는 것을 말한다.
⑤ 캐시 기억장치는 '워드' 단위로 데이터가 저장된다.

파이널 모의고사 5회
자료해석

20문항/25분

정답과 해설 ▶ P.91

01 다음과 같은 규칙으로 자연수를 나열할 때, 14번째에 나오는 수를 고르면?

> 4, 5, 10, 11, 22, 23, 46, …

① 190
② 191
③ 382
④ 383

02 다음 [표]는 A기업 공채 지원자의 인턴 및 해외 연수 경험과 공채 결과 자료이다. 이에 대한 [보기]의 설명 중 옳은 것을 모두 고르면?

[표] A기업 공채 지원자의 인턴 및 해외 연수 경험과 공채 결과 (단위: 명, %)

인턴 경험	해외 연수 경험	지원자 수	합격자 수	합격률
있음	있음	437	149	34.1
있음	없음	13	1	7.7
없음	있음	8	0	0.0
없음	없음	42	5	11.9

※ (지원자 수)(명)=(합격자 수)+(불합격자 수)
※ (합격률)(%)= $\frac{(합격자 수)}{(합격자 수)+(불합격자 수)} \times 100$
※ 전체 지원자 수는 모든 합격자 수와 모든 불합격자 수를 합한 값임
※ 합격률은 소수점 둘째 자리에서 반올림한 값임

[보기]
㉠ 해외 연수 경험이 있는 지원자는 해외 연수 경험이 없는 지원자보다 합격률이 높다.
㉡ 인턴 경험이 있는 지원자 중에 불합격자 수는 인턴 경험이 있는 합격자 수 대비 3배 이상 많다.
㉢ A기업 공채 전체 지원자의 합격률은 30% 이하이다.

① ㉠
② ㉠, ㉡
③ ㉡, ㉢
④ ㉠, ㉡, ㉢

03 다음 [표]는 2018년 8개국의 국방예산 자료이다. 이에 대한 설명으로 옳지 <u>않은</u> 것을 고르면?(단, 비중은 소수점 이하 둘째 자리에서 반올림한다.)

[표] 2018년 8개국 국방예산 (단위: 십억 원)

구분	러시아	사우디 아라비아	영국	일본	독일	한국	인도	프랑스
국방예산	692	637	487	461	411	368	559	557

① 국방예산이 가장 많은 국가와 가장 적은 국가의 국방예산 차이는 324억 원이다.
② 사우디아라비아의 국방예산은 프랑스의 국방예산보다 14% 이상 많다.
③ 영국과 일본의 국방예산 차액은 독일과 일본의 국방예산 차액의 51% 이상이다.
④ 8개국의 국방예산 총액에서 한국의 국방예산이 차지하는 비중은 약 8.8%이다.

04 다음은 두 학생의 대화 내용이다. 빈칸에 들어갈 가장 <u>작은</u> 자연수를 고르면?

> 상민: 강연 가지 말고 친구들끼리 콘서트 보러 가자!
> 영희: 그래, 정말 좋은 생각이야. 콘서트 관람료는 얼마니?
> 상민: 개인관람권은 50,000원이고, 15명 이상 단체는 15%를 할인해 준대!
> 영희: 15명 미만이 간다면 개인관람권을 사야겠네?
> 상민: 아니야. 계산을 잠깐 해 보자.
>   아! ( )명 이상이면 단체관람권을 사는 것이 유리해!

① 12 ② 13 ③ 14 ④ 15

05 다음은 2015년 2월에 실시한 육군부사관 시험에 응시한 A학교 출신 지원자들의 응시 결과이다. 이를 바탕으로 A학교 출신 지원자 수는 모두 몇 명인지 고르면?

합격자 수(명)	불합격자 수(명)	합격률(%)
( )	30	80%

※ (지원자 수)(명)=(합격자 수)+(불합격자 수)
※ (합격률)(%)= $\frac{(합격자 수)}{(지원자 수)} \times 100$

① 110명 ② 130명 ③ 150명 ④ 180명

06 다음 [표]는 2017~2020년의 품목별 물가지수를 나타낸 자료이다. 이에 대한 설명으로 옳지 <u>않은</u> 것을 고르면?

[표] 품목별 물가지수

구분	2017년	2018년	2019년	2020년
총지수	104.30	104.38	104.20	104.37
농축수산물	112.48	111.07	108.81	110.18
가공식품	102.41	102.62	102.77	102.44
내구재	102.38	102.83	102.07	101.36
섬유제품	103.44	103.47	103.49	103.58
공공서비스	102.70	102.69	102.62	102.63

※ (지수) = $\frac{(비교 연도 물가)}{(기준 연도 물가)} \times 100$

※ 물가지수는 2016년을 100으로 함

① 섬유제품의 물가는 꾸준히 상승하고 있다.
② 2016년 이후 가공식품의 물가가 전년 대비 가장 많이 증가한 해는 2017년이다.
③ 2021년 섬유제품의 물가 상승폭은 공공서비스보다 크다.
④ 2017~2020년 기간 동안 매년 총지수보다 물가지수가 높은 품목은 농축수산물이 유일하다.

07 다음 [표]는 우리나라 군인들의 병사 수와 병사별 봉급에 관한 자료이다. 이에 대한 설명으로 옳지 <u>않은</u> 것을 고르면?

[표] 우리나라 병사 수 및 병사별 봉급   (단위: 명, 원)

구분		2017년	2018년	2019년	2020년
병사 수		-	412,832	392,548	373,606
각 병사별 봉급	이병	163,000	306,130	408,173	510,216
	일병	176,400	331,296	441,728	552,161
	상병	195,000	366,229	488,305	610,382
	병장	216,000	405,669	540,892	676,115

① 각 병사별 봉급은 모든 계급에서 꾸준히 상승하고 있다.
② 2018년 병장의 봉급이 최저임금 대비 30%에 해당한다면 최저임금은 130만 원이 넘는다.
③ 2018년 대비 2019년에 감소한 병사보다 2019년 대비 2020년에 감소한 병사가 더 많다.
④ 2019년 각 병사의 봉급은 전년 대비 약 $\frac{1}{3}$에 해당하는 금액만큼 증가하였다.

08 다음 [표]는 연도별 농약 사용량에 관한 자료이다. 이에 대한 설명으로 옳은 것을 고르면?

[표] 연도별 농약 사용량   (단위: 천 톤, kg/ha)

구분	2010년	2011년	2012년	2013년	2014년	2015년	2016년
총사용량	20.4	19.1	17.4	18.7	19.8	19.5	19.8
ha당 사용량	11.2	10.6	9.9	10.7	11.3	9.1	9.3

※ ha당 사용량=총사용량÷경지 면적

① 2015년 농약 총사용량은 2010년 대비 0.9톤 감소하였다.
② 2011~2016년 동안 총사용량과 ha당 사용량의 전년 대비 증감 추이는 동일하다.
③ 2014년의 경지 면적은 2백만 ha가 넘는다.
④ 2010년 대비 2016년에 경지 면적은 감소하였다.

09 다음은 어느 학급의 수학 시험 결과이다. 빈칸의 ㉠과 ㉡을 합한 값으로 옳은 것을 고르면?

점수	학생 수(명)	상대도수
100점	(㉠)	0.04
80점 이상 ~ 100점 미만	8	0.16
60점 이상 ~ 80점 미만	(㉡)	
40점 이상 ~ 60점 미만	15	0.30
20점 이상 ~ 40점 미만	6	0.12
0점 이상 ~ 20점 미만	7	0.14
계		1.00

① 12　　　② 14　　　③ 16　　　④ 18

[10~11] 다음 [표]는 어떤 렌터카 회사의 두 가지 코스에 대한 차량 사용료로, 사용자가 어느 한쪽을 임의로 선택할 수 있다고 한다. 이를 바탕으로 질문에 답하시오.(단, 연장 요금은 시간 단위로만 청구된다.)

[표] 렌터카 회사의 코스별 사용 요금

구분	기본 사용 요금	연장 요금
A코스	12시간까지 16,000원	이후 1시간마다 1,000원
B코스	24시간까지 19,000원	이후 1시간마다 1,300원

10 다음 중 [보기]에서 항상 옳은 것을 모두 고르면?

> **보기**
> ㉠ A코스는 B코스보다 기본 사용 요금의 시간당 단가가 높으므로 B코스가 A코스보다 저렴하다.
> ㉡ A코스가 B코스에 비해 연장 요금이 싸므로 A코스가 B코스보다 저렴하다.
> ㉢ 사용 시간이 3일간이라면 A코스가 B코스보다 저렴하다.
> ㉣ 사용 시간이 54시간이라면 A코스와 B코스의 지불액이 같다.
> ㉤ 사용 시간이 54시간을 초과할 경우 사용 시간이 길어질수록 B코스가 A코스보다 저렴하다.
> ㉥ 연장 요금이 A코스, B코스 둘 다 1,300원으로 동일하다면 사용 시간이 18시간을 초과할 경우 B코스가 A코스보다 저렴하다.

① ㉠, ㉡, ㉢   ② ㉢, ㉣, ㉤   ③ ㉢, ㉣, ㉥   ④ ㉣, ㉤, ㉥

11 A코스를 선택한 사람이 오전 9시에 출고 후 다음 날 오후 6시 30분에 차고로 돌아왔다고 할 때, 지불해야 할 금액은 총 얼마인지 고르면?

① 28,000원   ② 38,000원   ③ 39,000원   ④ 41,000원

[12~13] 다음 [표]는 2015~2019년의 국제 여객과 화물 수송량 및 분담률에 관한 자료이다. 다음 물음에 답하시오.

[표] 2015~2019년 국제 여객, 화물 수송량 및 수송분담률 (단위 : 여객(천 명), 화물(천 톤))

구분			2015년	2016년	2017년	2018년	2019년
여객	해운	수송량	2,534	2,089	2,761	2,660	2,881
		수송분담률(%)	6.7	5.9	(㉠)	5.9	(㉡)
	항공	수송량	35,341	33,514	40,061	42,649	47,703
		수송분담률(%)	93.3	94.1	93.6	94.1	94.3
화물	해운	수송량	894,693	848,299	966,193	1,069,556	1,108,538
		수송분담률(%)	99.7	99.7	99.7	99.7	99.7
	항공	수송량	2,997	2,872	3,327	3,238	3,209
		수송분담률(%)	0.3	0.3	0.3	0.3	0.3

※ 수송분담률: 여객 및 화물의 총수송량에서 분야별 수송량이 차지하는 비율

12 주어진 자료를 바탕으로 2017년의 여객 해운의 수송분담률을 구했을 때, 그 값으로 옳은 것을 고르면?

① 6.1% ② 6.2% ③ 6.3% ④ 6.4%

13 빈칸의 ㉠의 값과 ㉡의 값을 곱한 결괏값으로 옳은 것을 고르면?

① 36.48 ② 37.56 ③ 38.64 ④ 39.62

[14~15] 다음 [표]는 2019년 세 박물관의 방문객 연령층 조사표에 관한 자료이다. 이를 바탕으로 질문에 답하시오.

[표] 2019년 박물관별 방문객 연령층 현황

구분	국립 중앙 박물관	공주 박물관	부여 박물관
10세 미만	2%	2%	2%
10~19세	32%	28%	26%
20~29세	29%	23%	25%
30~39세	20%	20%	35%
40~49세	15%	16%	10%
50세 이상	2%	11%	2%
총인원 수	40,000명	28,000명	25,000명

14 세 박물관 중 10세 이상 40세 미만의 방문객이 가장 많은 곳의 방문객 수는 두 번째로 많은 곳의 몇 배인지 고르면?(단, 소수 셋째 자리에서 반올림한다.)

① 1.32배 ② 1.39배 ③ 1.45배 ④ 1.51배

15 2019년 국립 중앙 박물관을 방문한 10~19세 방문객 대비 공주 박물관을 방문한 10~19세 방문객 비율과 인원수 차를 바르게 짝지은 것을 고르면?(단, 소수점 첫째 자리에서 반올림한다.)

	비율(%)	인원수 차(명)
①	61	4,960
②	61	6,300
③	96	4,960
④	96	6,300

16 다음 [표]는 연령별 취업자 수 및 실업률 자료이다. 이 자료를 바탕으로 실업자 수를 구할 때, 40~49세 실업자 수로 옳은 것을 고르면?(단, 소수점 첫째 자리에서 반올림한다.)

구분	취업자 수(명)	실업률(%)
15~19세	2,000	15
20~29세	3,500	8
30~39세	4,460	4
40~49세	4,200	12
50~59세	2,760	16

※ (경제활동인구)(명)=(취업자 수)+(실업자 수)

※ (실업률)(%)= $\frac{(실업자 수)}{(경제활동인구)} \times 100$

① 약 573명　　② 약 584명　　③ 약 595명　　④ 약 600명

17 다음 [표]는 어느 한 국가의 2016~2017년 스마트폰 제조사 A~D의 시장점유율에 관한 자료이다. 이에 대한 설명으로 옳은 것을 고르면?

[표] 2016~2017년 스마트폰 제조사별 시장점유율 및 스마트폰 시장 규모

구분	A	B	C	D	스마트폰 시장 규모
2016년	40%	10%		25%	100조 원
2017년	20%		40%	10%	200조 원

※ 이 국가의 스마트폰 제조사는 A~D 4개사뿐이다.
※ (스마트폰 제조사별 매출)(조 원)=(스마트폰 시장 규모)×(스마트폰 제조사별 시장점유율)

① A 업체의 매출은 2016년에 비해 2017년에 급격하게 감소하였다.
② B 업체의 매출은 2016년에 비해 2017년에 약 3배가량 증가하였다.
③ C 업체의 매출은 2016년에 비해 2017년에 약 1.6배 증가하였다.
④ D 업체의 매출은 2016년에 비해 2017년에 20% 감소하였다.

18 다음 [표]는 시설유형별 에너지 효율화 시장규모의 현황 및 전망에 대한 자료이다. 이에 대한 설명으로 옳은 것을 고르면?

[표] 시설유형별 에너지 효율화 시장규모의 현황 및 전망 (단위: 억 달러)

연도 시설유형	2010년	2011년	2012년	2015년 (예상)	2020년 (예상)
사무시설	11.3	12.8	14.6	21.7	41.0
산업시설	20.8	23.9	27.4	41.7	82.4
주거시설	5.7	6.4	7.2	10.1	18.0
공공시설	2.5	2.9	3.4	5.0	10.0
전체	40.3	46.0	52.6	78.5	151.4

① 2011~2012년 동안 '주거시설' 유형의 에너지 효율화 시장 규모는 매년 15% 이상 증가하였다.
② 2015년에 전체 에너지 효율화 시장규모에서 '사무시설' 유형이 차지하는 비중은 30% 이하일 것으로 전망된다.
③ 2015~2020년 동안 '공공시설' 유형의 에너지 효율화 시장 규모는 매년 30% 이상 증가할 것으로 전망된다.
④ 2011년에 '산업시설' 유형의 에너지 효율화 시장규모는 전체 에너지 효율화 시장규모의 50% 이하이다.

19 다음은 2022년 A~D 4개 국가에서 판매되는 자동차의 종류, 총 판매대수, 인구 100명당 판매대수를 나타낸 자료이다. 이에 대한 설명 중 옳은 것을 고르면?

국가	자동차의 종류(개)	총 판매대수(대)	인구 100명당 판매대수(대)
A	10	20,000	40
B	8	12,000	50
C	5	6,000	25
D	6	9,000	10

① 국가 A의 인구가 가장 많다.
② 국가 B의 인구 수보다 국가 C의 인구 수가 더 많다.
③ 자동차 한 종류 당 판매대수가 가장 많은 국가는 A이다.
④ 국가 D의 자동차 한 종류 당 판매대수는 국가 B보다 더 많다.

20 다음은 A~C 3개 놀이공원의 방문객 특성별 매출 현황과 총 매출액에 대한 자료이다. A 놀이공원의 여자 학생 방문객에 의한 매출액은 얼마인지 고르면?

[표] A~C 놀이공원의 방문객 특성별 매출 현황

구분		A 놀이공원	B 놀이공원	C 놀이공원
일반	남 (%)	24.6	16.6	21.3
	여 (%)	10.6	18.2	18.2
학생	남 (%)	18.5	21.5	22.6
	여 (%)	20.0	19.0	26.8
어린이	남 (%)	9.3	10.6	5.0
	여 (%)	17.0	14.1	6.1
계(%)		100	100	100
총 매출액(억 원)		2,650	3,060	1,940

① 530억 원　　　　　　　　② 540억 원
③ 550억 원　　　　　　　　④ 560억 원

S PECIAL

면접

01 면접

01 | 面接

1 면접 복장

면접 시 옷차림은 첫인상을 결정짓는 중요한 요소이다. 그렇다고 해서 반드시 정장을 입어야 하는 것은 아니다. 심하게 구겨지거나, 청결하지 못한 정장 차림은 오히려 면접관의 눈을 찌푸리게 하기 때문에 오히려 마이너스 요인이 될 수 있다. 최대한 깔끔하고 단정하게 입는 것이 중요하다. 학생 신분이면 교복을 입고 가는 것도 상관없으며, 정장이 없으면 면바지에 셔츠를 입고 가는 것도 상관없다. 하지만, 상의를 빼서 입는 것은 좋지 않다. 또, 색이 너무 화려한 옷은 피하도록 한다.

TIP 복장 점검 Check-List

구분	점검 요소	확인
1	옷이 구겨지거나 더러운 곳은 없는가?	
2	옷 색깔이 너무 튀거나 화려한 것은 아닌가?	
3	옷 단추가 떨어지거나 덜렁거리는 곳은 없는가?	
4	바지나 치마가 너무 몸에 붙지 않는가?	
5	신발이 깨끗한가?	
6	양말은 발목 위까지 올라오는가?	
7	과도한 장식물(팔찌, 발찌 등)을 착용하지 않았는가?	
8	머리는 너무 길지 않도록 단정하게 정리하였는가?	
9	손톱은 깨끗하게 정리하였는가?	
10	화장이 너무 진하지는 않은가?	

2 면접의 핵심 전략

(1) 면접의 당락을 결정짓는 첫인상

면접관과 처음 대면했을 때의 외모와 복장, 첫 질문에 대한 답변, 자기소개 등 면접관이 느끼는 첫인상에서 면접 점수의 70~80%가 결정된다. 그렇기 때문에 면접관과 마주할 첫인상에 대해서 철저하게 준비를 하여야 한다.

TIP 첫인상을 좋게 하려면?
- 면접 전날 거울을 보고 표정을 연습한다(답변하는 모습, 웃는 모습 등).
- 면접 시 긴장감을 느끼는 것은 당연하다. 하지만 너무 긴장하는 모습은 자신감이 떨어져 보일 수 있기 때문에 면접 전 심호흡을 크게 3~5회 정도 하여 마음을 안정시킬 수 있도록 한다.
- 목소리는 평소 대화할 때보다 한 톤 높여 크게 하고, 템포는 너무 빠르지 않도록 신경 쓰며 또박또박 말한다.

(2) 올바른 높임말 사용

군대에서는 상관에게 경어(높임말)를 사용한다. 그렇기 때문에 면접장에서 면접관에게 높임말 사용법을 모른다는 인상을 주게 되면 감점 요소가 될 수밖에 없다. 특히 친구들이나 또래들이 많이 쓰는 은어, 비속어 등은 절대 금물이다. 본인만 알고 있는 전문적인 용어도 되도록 쉽게 표현할 수 있도록 한다. 답변이 끝났을 때는 "이상입니다."라는 말을 덧붙여 면접관에게 본인의 발표가 끝났음을 알리는 것이 좋다.

> **TIP** 잘못된 답변 습관
> - ~했는데 말입니다. (×) → ~했습니다. (○)
> - ~해 봤었는데요. (×) → 해 봤었습니다만. (○)
> - 엄마가 (×) → 어머니께서 (○)
> - ~인 것 같습니다. (×) → ~라고 생각합니다. (○)

(3) 질문의 요지 파악

무엇을 묻고 있는지, 무슨 이야기를 하고 있는지 정확한 의도와 내용을 간파해야 좋은 답변이 가능하다. 요지 파악이 되지 않았으면 그냥 넘어가거나 우물쭈물하지 말고 과감하게 "죄송하지만 다시 한 번 말씀해 주시겠습니까?"라고 정중히 요청한 다음, 질문의 의미를 충분히 이해하고 대답하도록 한다.

(4) 결론부터 말하고, 부연 설명을 간결하게 덧붙이는 형태의 답변

면접관의 질문에 대해 답변을 할 때는 되도록 요지를 먼저 말하고, 이어서 부연 설명을 덧붙이는 형태로 하는 것이 바람직하다. 이때 부연 설명은 너무 장황하게 설명하여 불필요한 내용들이 포함되지 않도록 하며, 답변 시간이 너무 길어지지 않도록 간결하게 답변한다.

(5) 적극적인 태도와 최선을 다해서 답변하려는 자세

면접관의 어려운 질문에도 최대한 성의껏 답변하려고 노력하여야 한다. 모르는 질문이라도 묵묵부답으로 일관하거나 거짓이나 허황된 답변으로 은근슬쩍 넘어가려는 태도는 가장 피해야 할 자세이다. 준비하지 못한 질문을 받았을 때에는 "죄송합니다만, 질문에 대한 답변을 미처 준비하지 못하였습니다."와 같이 솔직하게 답변하고, "기회를 한 번 더 주시겠습니까?" 등 포기하지 않고 도전하려는 태도를 보이는 것이 좋은 방법이다.

(6) 다른 면접자의 발표나 답변을 경청하는 자세

본인이 발표하는 것만큼이나 중요한 것은 남이 발표할 때 경청하는 자세를 갖추는 것이다. 다른 사람이 발표하는데 손을 만지작거리거나 시선을 다른 데로 두는 것은 면접관의 눈에 좋지 않은 모습으로 비춰진다. 답변이 상당히 궁색하게 느껴진다고 하더라도 웃거나 고개를 돌리지 않고 끝까지 듣는 진지함을 보여야 한다. 그리고 똑같은 질문을 본인에게 했을 때 먼저 발표한 면접자의 내용을 충분히 이해하여 그와 차별화된 답변을 순발력 있게 할 수 있어야 한다.

3 면접 시 유의 사항

(1) 면접 시간을 준수한다.
군대에서 목표 시간 준수는 생명과도 같다. 절대로 면접 시간에 늦는 일이 없도록 한다.

(2) 면접장에서 만나는 군 관계자에게 먼저 인사한다.
군대에서는 서로 모르는 상하 관계에서도 상호 경례를 하는 것이 관례이다. 지나가는 길에 군 관계자를 만나게 되면, 무심코 지나치는 것보다 먼저 "안녕하십니까?" 하며 인사하는 것이 예의이다.

(3) 면접 순서를 기다리며 떠들거나 장난치지 않는다.
면접실 밖에서 대기할 때 절대 큰소리로 웃거나 장난치는 일이 없어야 한다. 나로 인해 다른 면접자들까지 면접관에게 좋지 않은 인상을 줄 수 있다.

(4) 면접을 보는 동안 다리를 떨거나 손가락을 까딱거리는 등의 평소 습관에 주의한다.
본인도 모르는 사이에 습관처럼 나오는 버릇들이 면접관의 눈에는 상당히 불안해 보일 수 있다. 잘못 대답했거나 모른다고 해서 혀를 내민다든지 머리를 긁는 등의 행동을 하는 것은 주의가 산만한 사람으로 비춰질 수 있으니 주의해야 한다.

(5) 통제에 잘 따른다.
항상 귀를 기울이고 면접관 및 통제 간부의 지시에 잘 따라야 한다. 예를 들면 앉으라는 지시를 하지 않았는데 미리 판단하여 먼저 앉는다든지, 면접이 끝나지 않았는데 먼저 자리에서 일어서는 등의 행동은 절대로 하지 말아야 한다.

(6) 정치적인 중립을 지킨다.
군인은 어떠한 경우에라도 정치적인 중립을 지켜야 한다. 정치적인 질문을 받더라도 편향된 의사 표현을 하지 않도록 주의한다.

4 면접 전 필수 준비 사항

(1) 1분 자기소개를 준비한다.
자기소개는 면접에서 자주 묻는 질문이다. 면접장에 들어가기 전에 자신을 어떻게 PR할 것인지 말할 내용을 1분 정도로 정리하는 것이 좋다. 특히 지원 동기에 대해서는 필히 생각을 정리해 놓을 필요가 있다.

(2) 실제로 말하면서 답변하는 연습을 최대한 많이 한다.
많은 수험생이 기출 질문들에 대한 답변을 일일이 적고 그것을 외운다. 하지만 막상 면접장에서는 준비한 질문이 나오지 않거나, 외운 것을 잊어버려서 더듬더듬 자신 없는 어투로 답변하기 일쑤이다. 면접을 준비하면서 답변하는 연습을 가능한 한 많이 해야 실제 면접장에서의 실수를 줄일 수 있다.

⑶ **최근의 군과 관련된 이슈나 뉴스에 대해 검색한다.**
인터넷이나 신문 등 각종 매체에 게재되어 있는 군 관련 이슈들에 대해서 미리 알아 두면 예상치 못한 질문에 대비할 수 있다.

⑷ **본인이 지원하고자 하는 분야(병과)에 대해 이해한다.**
본인이 지원한 병과의 업무나 기초적인 군사 지식에 대해서 알아 두는 것은 기본이며, 더 나아가 병과별·직책별 수행 임무에 대해 알고 있는 것도 필요하다.

5 최근 기출 면접 질문

⑴ 기본 태도, 발음, 예절, 품성, 성장 환경, 지원동기

대표 질문 핵심 POINT

[대표 질문 1] 지원한 동기와 포부에 대해서 말해 보시오.
[답변 Point] 지원동기를 묻는 질문은 가장 빈번하게 묻는 질문이므로 확실한 답변을 준비하는 것이 필요하다. 지원하고자 하는 군(육, 해, 공)을 왜 선택했는지, 합격한다면 어떠한 장교가 되고자 하는지 장교를 통해 이루고자 하는 꿈에 대해서 구체적이며 자신감 있는 어투로 설명하는 것이 중요하다.

[대표 질문 2] 장교/준사관/부사관이란 무엇이라고 생각하는가?
[답변 Point] 단순히 사전적인 의미보다는 장교/준사관/부사관의 역할을 포함하여 본인의 지원동기가 나타나도록 답변하는 것이 좋다. 특히 지원동기는 구체적인 경험을 포함하여 경험을 통해 느꼈던 점과 그래서 바뀌게 된 생각 등을 표현하는 것이 필요하다. 지원하고자 하는 병과를 연결시켜 본인이 그동안 노력했던 점을 어필하는 것이 좋다.

[대표 질문 3] 아버지를 한 단어로 표현해 보시오.
[답변 Point] 가족에 대해 표현하는 것을 어색해 하거나 인색해 보이지 않도록 주의해야 한다. 최대한 긍정적인 인상을 심어주도록 노력하는 것이 중요하다. 화목한 가정에서 부모에게 좋은 영향을 받은 사람이 사회생활에서도 잘 적응하고 긍정적인 생각을 가지고 있다는 인식 때문이다.

[대표 질문 4] 본인 성격의 장단점은 무엇인가?
[답변 Point] 일반적으로 본인의 장점은 잘 설명하는 편이나, 단점에 대해서는 어떻게 답변을 해야 할지 고민하는 사람이 많다. 그렇다고 단점을 거짓으로 꾸미는 것은 진솔한 답변이 아니기에 좋은 점수를 받을 수 없다. 본인의 단점을 솔직히 말하되 단점을 극복하기 위해 노력했던 점과 그 노력을 통해 어떻게 개선되고 있는지에 대해서 언급하는 것이 좋은 답변이다.

[대표 질문 5] 힘들거나 지치면 누구와 고민 상담을 하는가?
[답변 Point] 군 생활을 하면서 힘든 상황은 누구나 있을 것이다. 문제는 그러한 상황을 어떠한 마음가짐으로 극복할 것인가이다. 이러한 질문은 내성적이거나 소극적인 성격인지 파악하기 위한 것으로, 적극적인 태도로 문제를 극복했던 경험을 답변으로 하는 것이 좋다.

(2) **국가관, 안보관, 역사의식, 대적관, 시민의식**

> **대표 질문 핵심 POINT**
>
> [대표 질문 1] 사드 배치에 대한 생각을 말해 보시오.
> [답변 Point] 정치적으로 논란이 되고 있는 질문에 대해 정치적인 답변이 되지 않도록 주의하는 것이 필요하다. 오로지 국방을 위해 필요하다고 생각되는 부분만을 어필하는 것이 정치적인 중립을 지켜야 하는 군인의 자세이다.
>
> [대표 질문 2] 북한의 끊임없는 무력 도발에 대해 어떤 자세로 대비해야 하는가?
> [답변 Point] 최근 지속적으로 발생하고 있는 북한의 도발에 대하여 관심을 가지고, 그러한 내용을 바탕으로 본인의 생각을 나타내는 것이 중요하다. 본인의 경험이나 주변 지인들의 간접 경험을 바탕으로 하여 답변한다면 더욱 진솔하게 느껴질 수 있다.
>
> [대표 질문 3] 일본의 독도 문제 등 역사 왜곡에 대해 어떻게 생각하는가?
> [답변 Point] 장교는 부하들을 가르치고 교육해야 하는 교관으로서 반드시 명확한 역사관을 가져야 하는 것은 매우 중요하기 때문에 빈번하게 묻는 질문이다. 확고한 국가관을 바탕으로 자신있게 대답하는 것이 중요하다.
>
> [대표 질문 4] 국가에 애국심을 느낄 때는 언제인가?
> [답변 Point] 거창한 내용보다는 일상에서 경험한 솔직한 답변을 하는 것이 바람직하며, 반드시 군대와 연관되지 않더라도 상관없다. 구체적인 경험을 에피소드 형식으로 소개하듯이 답변하는 것이 좋은 방법이다.
>
> [대표 질문 5] 6·25 전쟁에 대해서 말해 보시오.
> [답변 Point] 6·25 전쟁이나 천안함 등 북한의 도발과 관련된 사건에 대해 묻는 질문을 포함하여, 역사 왜곡 등 우리나라의 안보와 관련된 역사적인 사건에 대해 질문하기 때문에 중요한 역사적인 사건에 대해 숙지할 필요가 있으며, 답변 시 확고한 안보관이 있음을 어필해야 한다.

(3) **리더십, 상황 대처, 결단력, 솔선수범, 자신감**

> **대표 질문 핵심 POINT**
>
> [대표 질문 1] 리더를 해 본 경험을 말해 보시오.
> [답변 Point] 리더가 반드시 반장이나 학생회장을 일컫는 것이 아니기 때문에 그러한 경험이 없다하더라도 작은 모임이나 어떤 단기 프로젝트를 주도적으로 진행한 경험이라면 충분하다. 다만, 단순히 직책이나 역할을 맡아본 것으로 끝나지 않고 성과와 느낀 점을 반드시 피력할 수 있도록 하는 것이 중요하다.
>
> [대표 질문 2] 우리집에 포탄이 떨어진다면 어떻게 대처할 것인가?
> [답변 Point] 상황대처능력을 보는 질문에서는 절대로 당황하지 않도록 하는 것이 중요하다. 질문을 받은 즉시 생각나지 않더라도 차분하게 본인의 생각을 또박또박 전달하는 것이 필요하며, 답변의 내용이 조금 어색하더라도 자신있게 표현하는 것이 중요하다.

[대표 질문 3]	장교/준사관/부사관으로서 지녀야 할 덕목에 대해서 말해 보시오.
[답변 Point]	장교/준사관/부사관으로서의 덕목은 무수히 많다. 이러한 질문의 경우 어떠한 덕목을 말하더라도 상관없다. 다만 그 덕목을 택한 이유에 대하여 충분한 근거를 제시해야 한다. 본인의 경험이나 가치관과 연관하여 답변하는 것이 좋다.
[대표 질문 4]	리더십의 중요한 요소는 무엇인가?
[답변 Point]	리더십의 요소는 다양하기 때문에 어떤 요소가 가장 좋은 것이라는 정답은 없다. 따라서 본인이 생각하는 중요한 요소를 자신 있게 설명하는 것이 좋은 답변 방법이다. 예를 들어 리더십에서 중요한 요소를 소통이라고 생각한다면, 소통이 왜 중요한지에 대해서 근거를 제시하면서 본인이 그러한 리더십이 있다는 것을 설명하면 된다.
[대표 질문 5]	자신의 상관과 의사소통이 전혀 되지 않을 때, 이를 해결하기 위한 방안은 무엇인가?
[답변 Point]	위계질서가 철저한 군대에서는 상관의 명령이나 지시에 일방적으로 따라야 하는 경우가 많다. 당연히 본인보다 군 경험이 많은 상관의 의도를 존중해야 하지만, 그렇다고 부당한 지시나 불합리한 명령에 대해서 무조건 따르는 것은 옳지 않다. 인내심을 가지고 상관을 존중하면서 최대한 소통을 하려는 노력이 필요하다.

기출 질문

- 지원 동기를 포함하여 자기소개를 해 보시오.
- 장교/준사관/부사관에 대해 어떻게 생각하는가? 군 생활의 목표는 무엇인가?
- 어떠한 군인이 참다운 군인이라고 생각하는가?
- 부당하거나 적절하지 못한 지시에 어떻게 대처할 것인가?
- 남한과 북한이 경제적으로 차이나는 이유에 대해서 설명하시오.
- 장교/준사관/부사관으로서 갖추어야 할 기본적인 품성과 자질은 무엇인가?
- 부대에 잘 적응하지 못하는 부하에 대해 어떻게 조치할 것인가?
- SLBM의 정의와 북한이 이것을 개발하려는 의도가 무엇인가?
- 북한에 경제적 지원을 하는 것에 대해서 어떻게 생각하는가?
- WMD가 무엇인가?
- 전투복에 태극기를 패용하는 것에 대해 어떻게 생각하는가?
- 안보가 중요한 이유에 대해 말해 보시오.
- 본인이 생각하는 강대국의 요건은 무엇인가?
- 6·25 전쟁에 대해 아는 대로 말해 보시오.
- 2015년 8월 4일 DMZ에서 발생한 지뢰 폭발 사건에 대해 어떻게 생각하는가?
- 북한의 끊임없는 무력 도발에 어떤 자세로 대비해야 하며 어떻게 대응해야 하는가?
- 본인의 주량은 어느 정도인가?
- 스트레스는 어떻게 푸는 편인가?
- 본인이 생각할 때 속마음까지 털어놓을 수 있는 친구가 몇 명 있는가?
- 장교 지원이 가능한데 왜 부사관으로 지원하였는가?
- 본인의 성격 중에 가장 아쉬운 부분은 무엇이라고 생각하는가?
- 본인의 학과와 다르게 이 병과에 지원한 이유는 무엇인가?
- 그동안 무슨 운동을 했었는가?
- 살면서 최대 몇 km까지 뛰어봤는가?
- 부사관에 대해서 어떠한 경로로 알게 되었는가?
- 부사관에 지원하면서 누군가에게 도움을 받았는가?
- 만약 장기 복무를 원한다면 어느 계급까지 희망하는가?
- 본인의 장점이 군에 어떻게 도움이 될 것 같은가?
- 본인이 생각하는 본인의 가장 큰 단점은 무엇이며, 어떻게 보완할 것인가?
- 어려운 일이 생겼을 때 주로 누구와 상의하는가?
- 인생을 살아오면서 가장 힘들었던 순간은 언제였는가? 또 어떻게 극복하였는가?
- 나의 인생에 가장 큰 영향을 미친 인물은 누구인가?

기출 질문

- 육군/공군/해군에 대해 아는 대로 말해 보시오.
- 6·25 전쟁 당시 해군의 역할에 대해 말해 보시오.
- 육군, 공군도 있는데 왜 해군에 지원하였는가?
- 지금까지 살아오면서 가장 기뻤을 때와 슬펐을 때, 보람 있었을 때를 말해 보시오.
- 현재 내부의 적은 누구이고 미래의 외부의 적은 누구라고 생각하는가?
- 이순신 장군에 대해서 아는 대로 말해 보시오.
- 임진왜란에 대해서 아는 대로 말해 보시오.
- 영화 '연평 해전'에서 함장의 역할을 보고 느낀 점에 대해서 말해 보시오.
- 장교란 무엇이라고 생각하는가?
- 북한이 끊임없이 지속적으로 도발을 실시하는 이유가 무엇이라고 생각하는가?
- 장병과 간부의 입장 차이에 대해서 말해 보시오.
- 본인에게 가장 큰 영향을 미친 사람은 누구인가?
- 스트레스가 쌓일 때 어떻게 해소하는가?
- 국가를 구성하는 3가지 요소는 무엇인가?
- 우리가 군인에게 받는 혜택은 무엇인가?
- 군인이 되면 어떻게 행동할 것인가?
- 버스에서 '만삭의 임산부 / 다리 다친 학생 / 무거운 짐을 들고 있는 할머니' 중 누구에게 자리를 양보할 것인가?
- 남극으로 간다면 가지고 갈 3가지는 무엇인가?
- 상관이 본인에게 무능하다고 무시할 때 어떻게 하겠는가?
- 본인을 가격으로 매긴다면 얼마라고 생각하는가?
- 범죄 및 범법 행위를 저질러 본 경험이 있는가?
- 기억에 남는 봉사 활동이 있는가?
- 본인을 뽑아야 하는 이유에 대해 말해 보시오.
- 본인이 노력하여 취득한 자격증이 있는가?
- 본인 가족에 대해 칭찬해 보시오.
- 최근 본 영화는 무엇이며, 보고 난 후 느낀 점은 무엇인가?
- 살면서 가장 잘했다고 생각한 일과 가장 후회한 일은 무엇인가?
- 본인을 캐릭터에 비유하자면 무엇이라고 생각하는가?
- 단체 생활을 해 본 경험이 있는가? 단체에서 다른 사람에게 민폐를 끼친 적이 있는가?

기출 질문

- 독도를 일본이 자국 영토라고 주장하는 것에 대한 의견을 말해 보시오.
- 연평도 포격 사건에 대해서 아는 대로 말해 보시오.
- 본인이 생각하는 군인의 덕목이 무엇이라고 생각하는가?
- 살면서 가장 행복했던 순간과 슬펐던 순간에 대해서 말해 보시오.
- 한·미 동맹에 대한 본인의 생각을 말해 보시오.
- 해병대에 가기 위해서 어떠한 노력을 해왔는가? 또, 앞으로의 포부는 무엇인가?
- 상사가 부당한 지시를 했을 경우 어떻게 대처하겠는가?
- 해병대가 맡고 있는 임무에 대해서 아는 대로 말해 보시오.
- 해병대 장교로 임관하면 생기는 장점은 무엇이라고 생각하는가?
- 군대가 존재하는 이유는 무엇이라고 생각하는가?
- 부하가 명령이나 지시에 따르지 않을 때는 어떻게 하겠는가?
- 돈과 명예 중 어떤 것이 더욱 중요한가?
- 안보가 중요한 이유에 대해서 설명해 보시오.
- 본인에게 가장 중요한 가치는 무엇인가?
- 식고문 사건에 대해서 왜 이러한 사건이 일어났는가에 대한 본인의 생각을 말해 보시오.
- 한·미 연합에 대해서 어떻게 생각하는가?
- 병자호란에 대해서 아는 대로 말해 보시오.
- 주한 미군이 일으켰던 '효순이 미선이 사망 사건'에 대한 본인의 생각을 말해 보시오.
- 해병대가 우리나라에 필요하다고 생각하는 이유에 대해서 말해 보시오.
- 사회와 군대의 차이는 무엇이라고 생각하는가?
- 우리 집에 포탄이 떨어진다면 어떻게 대처할 것인가?
- 단체 생활을 했던 경험을 말해 보시오.
- 자신을 뽑아야 하는 이유에 대해서 말해 보시오.
- 해병대 창설일을 알고 있는가?
- 북한이 지속적인 대남 도발을 하는 이유에 대해서 말해 보시오.
- [여 지원자] 여자로서 입대 후 남군들 틈에서 힘들 텐데 어떻게 지낼 것인가?
- 카카오톡 단체 대화방을 개설한 경험이 있는가? / 있다면 최대 인원은 몇 명이었는가?
- 집단 속에서 자기 의견만 내세우며 말이 안 통하는 구성원에 대하여 어떻게 대처할 것인가?
- 만약 전쟁이 발생하여 전투 중에 부상자가 발생하면 어떻게 할 것인가?
- 대한민국 대통령 중 본받을 만한 리더십의 대통령은 누구라고 생각하는가?

기출 질문

- 전시 작전 통제권(전작권) 환수 시기와 이에 대한 생각을 말해 보시오.
- 장교 선발 시험에서 면접을 보는 이유가 무엇이라고 생각하는가?
- 국민의 4대 의무가 무엇인가?
- 본인이 취득한 자격증은 무엇이며, 그중에 가장 중요하다고 생각하는 것은 무엇인가?
- '위국헌신 군인본분'이라는 말에 대해서 어떻게 생각하는가?
- 상관이 내린 명령이 본인의 능력을 초과하는 것이라면 어떻게 하겠는가?
- 명령이란 무엇인가?
- 우리나라 군인들이 국민들에게 푸대접 받는다고 생각하는가? 그렇다면 이유는 무엇이라고 생각하는가?
- 근무하다 보면 야근 등 힘든 일이 많을 텐데 어떻게 스스로 동기 부여를 할 것인가?
- 어려움을 극복하고자 하는 자세를 한마디로 표현해 보시오.
- 최근에 애국심을 느꼈을 때가 언제인가?
- 근무 시간을 초과하는 과중 업무를 맡았을 때 어떻게 대처할 것인가?
- 아는 동료가 폭행 사건에 휘말렸을 때 어떻게 대처할 것인가?
- 자신의 전공이 국가 발전에 어떠한 영향을 미칠 것이라고 생각하는가?
- 자신의 단점을 말해 보고, 어떻게 극복할 것인지에 대해서 말해 보시오.
- 통일 이후에도 의무 복무가 필요하다고 생각하는가?
- 위대한 지도자를 한 명만 꼽아 보고 그렇게 생각하는 이유에 대해서 말해 보시오.
- 군에 대한 부정적 이미지와 긍정적 이미지는 각각 무엇인가?
- 3·1절, 제헌절 등 우리나라의 기념일 중 가장 뜻깊은 공휴일은 무엇인가?
- 공군 핵심 가치를 연계시켜 자신을 뽑아야 하는 이유를 설명하시오.
- 국민의 안보의식 함양을 위해서 어떻게 하면 좋을지 말해 보시오.
- 국궁이 양궁보다 인기가 없는 이유가 무엇이라고 생각하는가?
- 행정부와 입법부를 왜 분리시켜야 하는가?
- 외국계 항공 조종사보다 한국인 조종사에 대해서 인식이 안 좋은 이유에 대해서 말해 보시오.
- 전쟁에서 보급이 중요하다고 생각되는 사례를 설명해 보시오.
- 공군의 핵심가치에 대하여 아는 대로 말해 보시오.
- 공군의 핵심가치 중 도전이나 헌신한 경험이 있으면 말해 보시오.
- 공군의 4대 핵심가치 중에 도전을 주제로 하여 어려움에 직면했을 때 해결한 방법을 말해 보시오.
- 공군의 핵심가치가 무엇인가? 자신에게 어울리는 핵심가치와 그 이유는 무엇이라고 생각하는가?
- 공군 홍보 영상을 담는다고 하면 무엇을 담을 것인가?

기출 질문

- 남들이 하기 싫어하는 일을 본인이 리더십을 발휘했거나 헌신하여 수행한 경험이 있는가?
- 단체 생활 등을 하면서 규율을 지키다가 피해를 본 경험이 있는가?
- 부사관으로서 가지고 있어야 할 덕목과 마음가짐은 무엇인가?
- 공동체 생활은 어떤 것을 말하는가?
- 군의 필요성에 대해 말해 보시오.
- 북한이 지속적인 핵 개발을 하는 이유에 대해서 말해 보시오.
- 애국가 1절부터 4절까지 모두 알고 있는가?
- 남북통일이 필요하다고 생각하는가?
- 일본과 중국 중 어느 나라와의 외교를 더 중시해야 하는가?
- 김정은의 여동생의 이름을 말해 보시오.
- 본인이 생각하는 안보란 무엇인가?
- 태극기를 그리는 방법에 대해서 설명하시오.
- 부자를 어떤 자세로 대할 것인가?
- 국가와 나의 관계는 무엇이라고 생각하는가?
- 국가를 위해 헌신한 경험이 있는가?
- 우리나라 안보 수준에 대하여 어떻게 생각하는가?
- 최근 안보관이 위협된 사례가 있다면 어떤 것이 있는가?
- 최근에 시행하는 훈련에 대하여 아는 것이 있다면 말해 보시오.
- 국가에 대하여 감사함을 느낀 적이 있는가?
- 해외에 우리나라 문화재를 소개할 기회가 있다면 어떤 것을 소개하겠는가?
- 국민이 가진 권리가 무엇이라고 생각하는가?
- 위급한 상황에서 부하들에게 어떠한 말을 할 것인가?
- 본인이 옳다고 생각하는 것을 다른 사람들이 반대할 때 어떻게 하겠는가?
- 계획된 휴가가 있었는데 상관이 업무가 많으니 휴가를 취소하라고 한다면 어떻게 대처하겠는가?
- 조직에서 가장 효율적으로 성과를 냈던 경험에 대해서 말해 보시오.
- 본인보다 나이가 어린 선임과 어떻게 지낼 것인가?
- 계급의 필요성은 무엇인가? / 계급이 나눠져 있는 이유에 대해 말해 보시오.

토론 및 3분 스피치 기출 질문

- [토론 주제] 21세기 안보 위협에 대해 설명하고, 우리 군이 나아가야 할 방향에 대해 토론하시오.
- [토론 주제] 국군의 선진화를 위해 해야 할 것들은 무엇이라고 생각하는가?
- [토론 주제] 외국인도 국방의 의무를 수행해야 한다고 생각하는가?
- [토론 주제] N포 세대의 해결 방법은 무엇이라고 생각하는가?
- [토론 주제] 저출산의 해결 방안은 무엇이라고 생각하는가?
- [토론 주제] 한·미 동맹 관계에 대한 찬성, 반대 의견을 말해 보시오.
- [토론 주제] 국군 해외 파병이 안보에 미치는 영향에 대해 찬성, 반대 의견을 말해 보시오.
- [토론 주제] 일본과 군사 정보 보호·상호 군수 협정을 체결해야 하는지에 대해 토론하시오.
- [토론 주제] 존엄사에 대해 토론하시오.
- [토론 주제] 일본의 독도 영유권 주장 / 일본군 '위안부' 문제 / 역사 왜곡에 대해 토론하시오.
- [토론 주제] 군 가산점 제도 부활에 대해 토론하시오.
- [토론 주제] 북한이 핵무기 개발에 집착하는 이유와 이에 대한 대처 방안은 무엇인가?
- [토론 주제] 후쿠시마 원전 폭발 관련 우리나라 원자력 발전소 개발에 대한 생각을 토론하시오.
- [토론 주제] 북한의 핵 실험과 수소 폭탄 실험에 대해서 그 원인과 대응 방안에 대해 토론하시오.
- [3분 스피치 주제] 애국가 제창이 제국주의라는 주장이 있는데 이에 대한 자신의 견해는 무엇인가?
- [3분 스피치 주제] 영어를 공용어로 쓰는 것에 대한 자신의 견해는 무엇인가?
- [3분 스피치 주제] 맥아더 장군 동상을 철폐해야 한다고 생각하는가?
- [3분 스피치 주제] 제주 해군 기지 건설에 대한 본인의 생각은 무엇인가?
- [3분 스피치 주제] 주한 미군이 사회적으로 많은 문제를 일으키고 있는 상황에서 본인의 생각은 무엇인가?
- [3분 스피치 주제] 대양 해군의 필요성에 대해서 말해 보시오.
- [3분 스피치 주제] 통일 시 북한과의 통합 과정은 어떻게 되어야 할지 말해 보시오.
- [3분 스피치 주제] 금수저, 흙수저에 대한 본인의 견해를 말해 보시오.
- [3분 스피치 주제] 게임 중독에 대한 견해와 대응 방안에 대해 말해 보시오.
- [3분 스피치 주제] 사드 배치에 대한 견해를 말해 보시오.
- [3분 스피치 주제] 일본의 독도 영유권 주장과 일본군 '위안부' 문제에 우리나라는 어떻게 대응해야 하는가?
- [3분 스피치 주제] 전시 상황에서 위험한 임무를 누군가 맡아야 한다면 본인이 맡겠는가? 아니면 본인은 소대장으로서 부대를 통솔하고 부하에게 지시하겠는가?

MEMO

MEMO

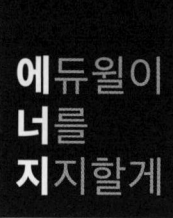

끝이 좋아야 시작이 빛난다.

— 마리아노 리베라(Mariano Rivera)

여러분의 작은 소리
에듀윌은 크게 듣겠습니다.

본 교재에 대한 여러분의 목소리를 들려주세요.
공부하시면서 어려웠던 점, 궁금한 점,
칭찬하고 싶은 점, 개선할 점, 어떤 것이라도 좋습니다.

에듀윌은 여러분께서 나누어 주신 의견을
통해 끊임없이 발전하고 있습니다.

에듀윌 도서몰 book.eduwill.net
- 부가학습자료 및 정오표: 에듀윌 도서몰 → 도서자료실
- 교재 문의: 에듀윌 도서몰 → 문의하기 → 교재(내용, 출간) / 주문 및 배송

에듀윌 학사장교·항공준사관·부사관 통합 기본서

발 행 일	2025년 1월 5일 초판 | 2025년 10월 20일 3쇄
편 저 자	서덕현, 강은총(군뜨), 윤은주
펴 낸 이	양형남
개발책임	김기철, 윤은영
개 발	윤나라, 김하랑, 강유진
펴 낸 곳	(주)에듀윌
I S B N	979-11-360-3598-1
등록번호	제25100-2002-000052호
주 소	08378 서울특별시 구로구 디지털로34길 55 코오롱싸이언스밸리 2차 3층

* 이 책의 무단 인용·전재·복제를 금합니다.

www.eduwill.net
대표전화 1600-6700

베스트셀러 1위
에듀윌 토익 시리즈

쉬운 토익 공식으로
기초부터 실전까지 한번에, 쉽고 빠르게!

토익 입문서

토익 입문서

토익 실전서

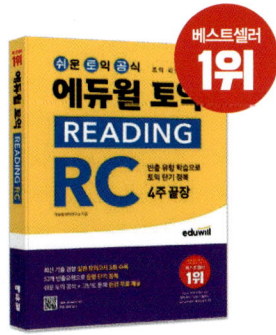
토익 종합서

토익 종합서

토익 단기서

토익 어휘서

동영상 강의 109강 무료 제공

* YES24 국어 외국어 사전 영어 토익/TOEIC 기출문제/모의고사 베스트셀러 1위 (에듀윌 토익 READING RC 종합서, 2022년 9월 4주 주별 베스트)
* YES24 국어 외국어 사전 영어 토익/TOEIC 기출문제/모의고사 베스트셀러 1위 (에듀윌 토익 베이직 리스닝, 2022년 5월 4주 주별 베스트)
* YES24 국어 외국어 사전 영어 토익/TOEIC 기출문제/모의고사 베스트셀러 1위 (에듀윌 토익 베이직 리딩, 2022년 4월 4주 주별 베스트)
* 알라딘 외국어 토익 실전 분야 베스트셀러 1위 (에듀윌 토익 실전 LC+RC, 2022년 3월 4~5주, 4월 1~2주 주간 베스트 기준)

최신판

에듀윌
학사장교·항공준사관·부사관
통합 기본서

정답과 해설

eduwill

최신판

에듀윌
학사장교·항공준사관·부사관
통합 기본서

최신판

에듀윌
학사장교·항공준사관·부사관
통합 기본서

정답과 해설

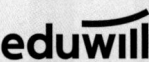

최신 기출유형 TEST

1 공간능력
P. 28

| 01 | ② | 02 | ② | 03 | ① | 04 | ④ |

01 ②

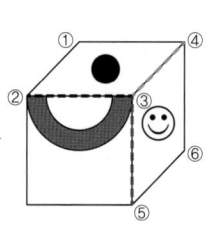 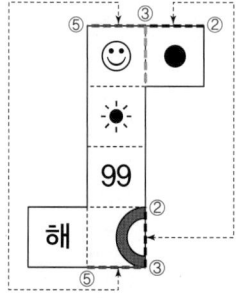

위의 그림에 따라 정답은 ②이다.

02 ②

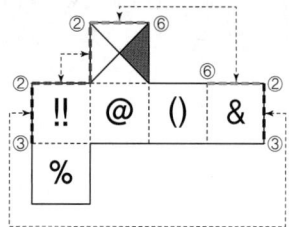 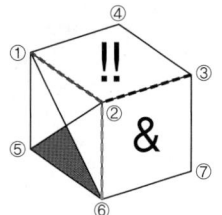

위의 그림에 따라 정답은 ②이다.

03 ①

좌측 열부터 우측으로 개수를 더해 가면
8+8+6+5+10=37(개)이다.

04 ④

화살표 방향에서 바라보는 방향 기준으로 왼쪽 열부터 차례대로 층수를 세어 보면, 3-2-5-2-1-5이므로, ④와 일치한다.

2 지각속도
P. 30

| 01 | ① | 02 | ① | 03 | ② | 04 | ② | 05 | ① |
| 06 | ③ | 07 | ④ | 08 | ② | 09 | ④ | 10 | ① |

01 ①

02 ①

03 ②

당근 케일 깻잎 샐러리 - Xx Zz Pp Oo

'샐러리 = Qq, 고추 = Oo'이므로 옳지 않다.

04 ②

오이 고추 양배추 피망 - Nn Oo Ss Tt

'양배추 = Gg, 상추 = Ss'이므로 옳지 않다.

05 ①

06 ③

실패를 두려워하지 마세요. 실패는 성
 1   23   4   5
공으로 가는 길에 놓인 장애물일 뿐입
   6   7   8 9
니다.

07 ④

○◎☆◎★☆▼★◎◎●○●▼◎●
 1   2   3 4   5
▼★○◎○★▼☆◎▽▼▲△■◆▼
        6   7
□◇▼◎◆□▼●★☆▲△
      8

08 ②

1795072166121971206537052305
 1   2   3   4
475
 5

09 ④

ㅎㄱㄹㅎㄴㅇㅎㄹㅈㅎㅅㅂㅈㅋㅎ
1 2   3   4   5 6
ⓔ

10 ①

Bel<u>i</u>ve you can and you'<u>r</u>e halfway
 1 2   3
the<u>r</u>e.
 4 5

3 언어논리   P. 31

| 01 | ④ | 02 | ③ | 03 | ③ | 04 | ② |

01 ④

스마트폰 의존과 중독에서 벗어나려면 과도한 사용을 단번에 제한하는 것이 아니라 스마트폰에 의존적인 뇌가 거세게 저항하지 않도록 서서히 사용 시간을 줄이고 휴식을 갖는 것이 좋다.

오답 피하기
① 스마트폰을 잘 다루지 못하거나 그 사용에 익숙지 않은 세대는 디지털 문명 격차가 생겨 소외감을 느낄 수 있다고 볼 수 있다.
② 뇌과학적으로 중독은 정상적인 기능을 상실하는 것이기 때문에 스마트폰 중독, 알코올 중독, 마약 중독 등 모두 위험성은 비슷하다고 볼 수 있다.
③ 스마트폰에 대한 자극이 반복될수록 처음과 같은 쾌락을 느끼지 못하고 더 강한 자극을 원하게 되는 것은 스마트폰 중독이라고 볼 수 있다.
⑤ 정상적인 보상 회로가 작동되어 안정적인 보상체계를 유지하게 된다면 자연스럽게 스마트폰 중독에서 벗어날 수 있다.

02 ③

지구 온난화의 주요 원인을 온실가스 배출로 밝혀낸 후, 그 해결책으로 화석 연료 사용 줄이기와 재생 가능 에너지 사용 등을 제시하여 논지를 전개하고 있다.

오답 피하기
① 구체적인 예시를 들어 설명하는 방식이 아니므로 해당되지 않는다.
② 온실가스의 개념을 정의하고 특성을 분석하는 내용은 포함되어 있지 않다.
④ 비슷한 대상을 비교하는 방식으로 논의한 부분은 없다.
⑤ 전문가의 견해를 제시하고 상반된 입장을 다루지 않는다.

03 ③

[나] 코딩에 대한 관심이 최근 급증하고 있다는 점을 언급, [가] 코딩의 정의와 하는 일을 설명, [다] 코딩을 배우는 데 어려움을 있을 수 있다는 점을 언급하며 극복 방법을 설명, [라] 코딩의 미래와 사회 전반에 끼칠 영향에 대한 예측 순으로 전개 된다.

04 ②

글에서 환경호르몬이 인간의 호르몬 시스템과 여러 생리적 기능에 미치는 영향을 중심으로 설명하고 있다. 특히,

생식계, 면역계, 신경계 등에 미치는 영향과 아동 및 태아에 대한 위험을 강조하고 있으므로 '환경호르몬이 인간의 생리적 기능에 미치는 영향'이 적절하다.

오답 피하기
① 환경호르몬의 주요 원인과 종류는 언급되었지만, 주제의 중심 내용은 아니므로 적절하지 않다.
③ 환경호르몬의 발생 과정과 예방 방법에 대한 설명은 다소 간략하게만 다뤄졌기 때문에 주제로 적절하지 않다.
④ 환경호르몬의 규제와 정책적 대응은 중요하지만, 글에서는 이를 주요하게 다루지 않으므로 적절하지 않다.
⑤ 환경호르몬의 장기적인 노출로 인한 질병 유형에 집중 된 제목은 전체적인 글의 내용을 포괄하지 않아 적절하지 않다.

4 자료해석   P. 34

| 01 | ④ | 02 | ④ | 03 | ② | 04 | ③ |

01 ④

6명의 국어 시험 점수의 평균은 각 학생의 점수와 민숙이의 점수 차를 합산한 값을 통해 쉽게 구할 수 있다. 자료에 제시된 학생 순서대로 민숙이의 점수와의 차를 구하여 모두 합하면 $2-4-8-5-3=-18$이고, 이 값을 인원 수인 6으로 나누면 -3이다. 따라서 6명의 국어 시험 점수의 평균은 $72-3=69$(점)이다.

02 ④

불량품의 최대 비율은 3.5%이고 최소 비율은 2.5%이므로 비율 간 차이는 $3.5-2.5=1(\%p)$이다. 따라서 불량품 개수의 최댓값(A)과 최솟값(B)의 차이를 구하면 $(A-B)=45{,}000 \times 0.01=450$(개)이다.

03 ②

세 도시 녹지 공원 면적의 비가 6:7:9이므로, B 도시 녹지 공원 면적은 $48 \div 6 \times 7 = 56$(만 km²), C 도시 녹지 공원 면적은 $48 \div 6 \times 9 = 72$(만 km²)이다. 전체 면적은 $\frac{(녹지\ 공원\ 면적)}{(비율)} \times 100$이므로 C 도시의 전체 면적은 $\frac{720{,}000}{16} \times 100 = 4{,}500{,}000 (km^2)$이다.

04 ③

50명 중에 가요 프로그램과 스포츠 중계를 둘 다 보지 않는 8명의 학생을 제외한 $50-8=42$(명)은 둘 중 하나라도 보는 학생 수이다. 가요 프로그램을 보는 학생 27명과 스포츠 중계를 보는 학생 22명을 합치면 49명이므로, 가요 프로그램과 스포츠 중계 둘 다 보는 학생은 $49-42=7$(명)이다. 42명에서 둘 다 보는 학생을 제외하면 가요 프로그램과 스포츠 중계 중 한 가지만 보는 학생 수를 구할 수 있다. 따라서 한 가지만 보는 학생 수는 $42-7=35$(명)이다.

PART I. 01 공간능력

유형 훈련 문제   P. 49

01	①	02	②	03	④	04	②	05	②
06	②	07	③	08	③				

01 ①

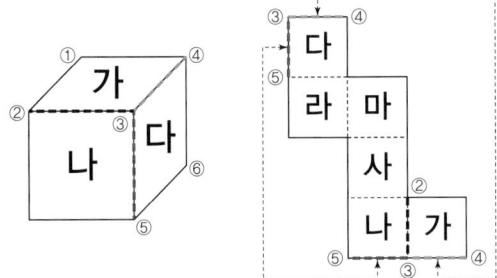

위의 그림에 따라 정답은 ①이다.

02 ②

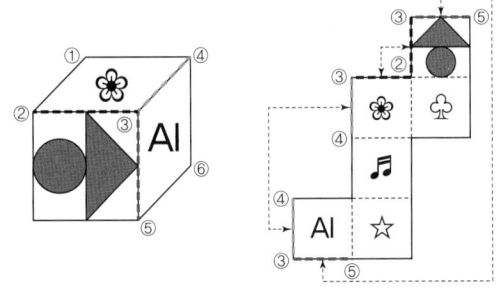

위의 그림에 따라 정답은 ②이다.

03 ④

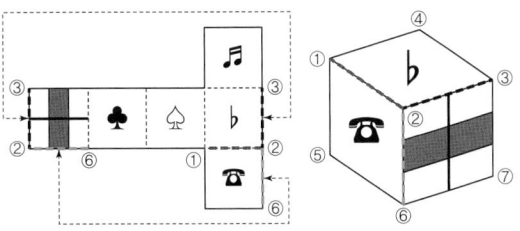

위의 그림에 따라 정답은 ④이다.

04 ②

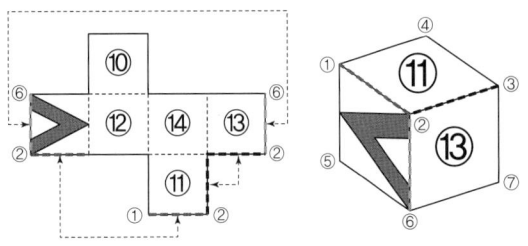

위의 그림에 따라 정답은 ②이다.

05 ②

좌측 열부터 우측으로 개수를 더해 가면,
9+8+9+8+9+9=52(개)이다.

06 ②

좌측 열부터 우측으로 개수를 더해가면
14+7+5+4+12=42(개)이다.

07 ③

화살표 방향에서 바라보는 방향 기준으로 왼쪽 열부터 차례대로 층수를 세어 보면, 5−3−4−5−1−4이므로, ③과 일치한다.

08 ③

화살표 방향에서 바라보는 방향 기준으로 좌측 열부터 우측으로 층수를 세어보면,
2−3−1−6이므로 ③과 일치한다.

실전 연습 문제 P. 53

01	②	02	①	03	①	04	①	05	③
06	③	07	④	08	②	09	②	10	③
11	①	12	③	13	③	14	①	15	③
16	④	17	②	18	③						

01 ②

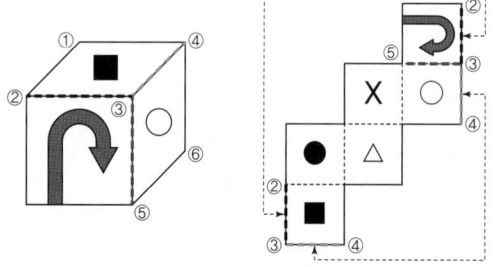

위의 그림에 따라 정답은 ②이다.

02 ①

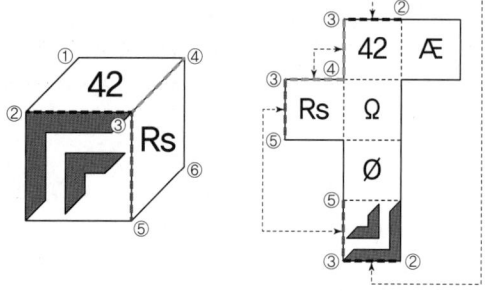

위의 그림에 따라 정답은 ①이다.

03 ①

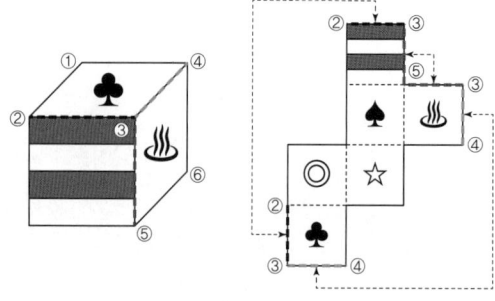

위의 그림에 따라 정답은 ①이다.

04 ①

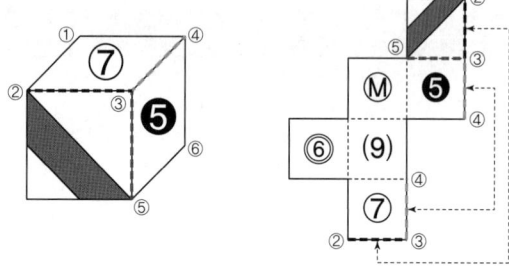

위의 그림에 따라 정답은 ①이다.

05 ③

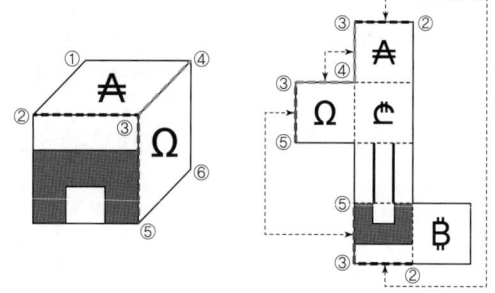

위의 그림에 따라 정답은 ③이다.

06 ③

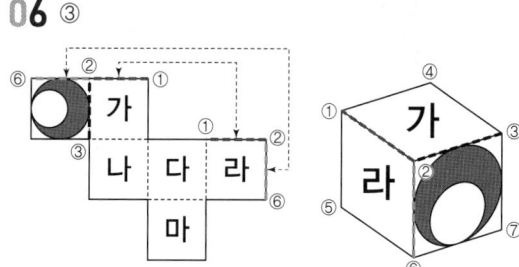

위의 그림에 따라 정답은 ③이다.

07 ④

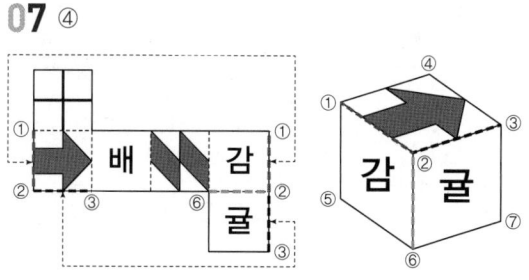

위의 그림에 따라 정답은 ④이다.

08 ②

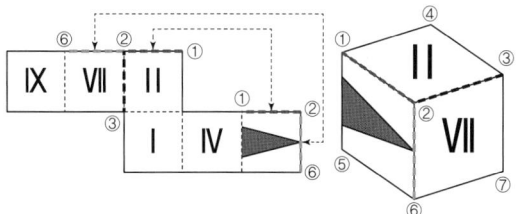

위의 그림에 따라 정답은 ②이다.

09 ②

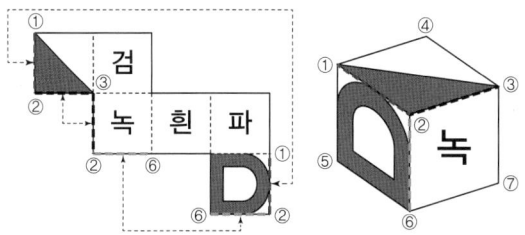

위의 그림에 따라 정답은 ②이다.

10 ③

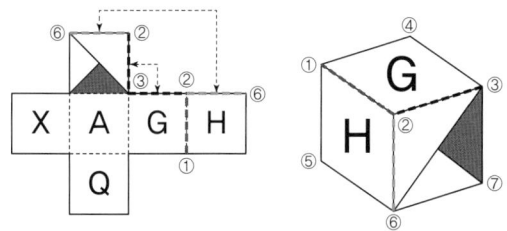

위의 그림에 따라 정답은 ③이다.

11 ①

좌측 열부터 우측으로 개수를 더해 가면
4+9+8+1+9+7=38(개)이다.

12 ③

좌측 열부터 우측으로 개수를 더해 가면
9+2+1+10+1+10=33(개)이다.

13 ③

좌측 열부터 우측으로 개수를 더해 가면,
1+3+7+3+8+12+9=43(개)이다.

14 ①

좌측 열부터 우측으로 개수를 더해 가면,
13+8+6+3+6+8+9=53(개)이다.

15 ③

화살표 방향에서 바라보는 방향으로 좌측 열부터 우측으로 층높이를 세어보면 1-2-5-3-5 이므로, ③과 일치한다.

16 ④

화살표 방향에서 바라보는 방향으로 좌측 열부터 우측으로 층수를 세어보면, 3-4-2-2-1-4이므로, ④와 일치한다.

17 ②

화살표 방향에서 좌측 열부터 우측으로 비어있는 블록을 확인하여 비교하면, ②와 일치한다.

18 ③

화살표 방향에서 바라보는 방향으로 좌측 열부터 우측으로 층수를 세어보면, 5-3-4-1-2이므로 ③과 일치한다.

02 지각속도

유형 훈련 문제: 1회 　　　　　P. 65

01	②	02	②	03	①	04	①	05	①
06	①	07	②	08	①	09	②	10	①
11	①	12	②	13	①	14	①	15	①
16	②	17	②	18	②	19	①	20	①
21	①	22	①	23	①	24	②	25	②
26	②	27	①	28	②	29	②	30	④

01 ②

48 15 36 <u>63</u> - 멸치 가오리 고래 <u>새우</u>

'63 = 골뱅이, 82 = 새우'이므로 옳지 않다.

02 ②

63 55 <u>19</u> 82 - 골뱅이 상어 <u>멸치</u> 새우

'19 = 광어, 48 = 멸치'이므로 옳지 않다.

03 ①

04 ①

05 ①

06 ①

07 ②

hate voo <u>mom</u> ko - ⋯ ∷ <u>∴</u> ∵

'mom = ÷, fale = ∴'이므로 옳지 않다.

08 ①

09 ②

voo love date <u>fale</u> - ∵ ≒ ∴ ⋮

'fale = ∴, sad = ⋮'이므로 옳지 않다.

10 ①

11 ①

12 ②

35 78 24 <u>80</u> - mW <u>μ</u>p mV pV

'80 = μV, 56 = pV'이므로 옳지 않다.

13 ①

14 ①

15 ①

16 ②

③ <u>⑤</u> ⑨ ⑩ - vii <u>iii</u> xii VIII

'⑤ = vi, ④ = iii'이므로 옳지 않다.

17 ②

① ⑦ ⑥ <u>⑤</u> - iv ii i <u>iv</u>

'⑤ = vi, ① = iv'이므로 옳지 않다.

18 ②

⑩ ④ <u>⑥</u> ③ - VIII iii <u>vi</u> vii

'⑥ = i , ⑤ = vi'이므로 옳지 않다.

19 ①

20 ①

21 ①

22 ①

23 ①

24 ②

> ち わ ひ き - <u>152</u> 218 693 357

'ち = 780, に = 152'이므로 옳지 않다.

25 ②

> み <u>ひ</u> に や - 596 <u>962</u> 152 476

'ひ = 693, せ = 962'이므로 옳지 않다.

26 ②

27 ①

28 ②

29 ②

30 ④

유형 훈련 문제: 2회   P. 68

01	②	02	②	03	①	04	①	05	②
06	②	07	②	08	①	09	①	10	②
11	①	12	②	13	①	14	①	15	②
16	①	17	①	18	②	19	②	20	②
21	①	22	②	23	①	24	②	25	①
26	③	27	①	28	④	29	④	30	①

01 ②

> 연세 인하 <u>서울</u> 한양 - 달 댁 <u>댯</u> 덖

'서울 = 닯, 동국 = 댯'이므로 옳지 않다.

02 ②

> 부산 경희 국민 <u>동국</u> - <u>닯</u> 덴 닷 닯

'동국 = 댯, 부산 = 닯'이므로 옳지 않다.

03 ①

04 ①

05 ②

> 경희 <u>고려</u> 서울 부산 - 덴 달 닯 닯

'고려 = 담, 연세 = 달'이므로 옳지 않다.

06 ②

> 7w8 1s5 <u>5a6</u> 9d7 - ㅁㄴ ㄱㅅ ㅈㅂ ㅎㅂ

'5a6 = ㅂㅈ'이므로 옳지 않다.

07 ②

> 4d8 0d5 <u>6d7</u> 2d5 - ㄴㅇ ㄹㅎ ㅇㄹ ㅍㅇ

'6d7 = ㅈㄹ'이므로 옳지 않다.

08 ①

09 ①

10 ②

> 2d5 0d5 4d8 <u>7w8</u> - ㅍㅇ ㄹㅎ ㄴㅇ ㄷㄹ

'7w8 = ㅁㄴ, 8d9 = ㄷㄹ'이므로 옳지 않다.

11 ①

12 ②

> 식탁 냉장고 공룡 <u>모자</u> - HK NG SW <u>DZ</u>

'모자 = BX, 화장실 = DZ'이므로 옳지 않다.

13 ①

14 ①

15 ②

> 장난감 오븐 <u>식탁</u> 싱크대 - MV AP <u>BX</u> CJ

'식탁 = HK, 모자 = BX'이므로 옳지 않다.

16 ①

17 ①

18 ②

> ◐●◑⑪ - 寸品平合

'● = 什, ● = 品'이므로 옳지 않다.

19 ②

> △●■● - 化品巴寸

'● = 什, ◐ = 寸'이므로 옳지 않다.

20 ②

> ◐◆●● - 寸回平品

'● = 子, ● = 平'이므로 옳지 않다.

21 ①

22 ②

> 말 율 헐 설 - ク ㅒ オ ヺ

'설 = シ, 알 = ア'이므로 옳지 않다.

23 ①

24 ②

> 헐 율 졸 알 - オ ㅒ ル シ

'알 = ア, 설 = シ'이므로 옳지 않다.

25 ①

26 ③

> 국군은 국가의 안전보장과 국토방위의 신성한 의무를 수행
> 1 2 3   4 5 6   7 8 9
> 함을 사명으로 한다.

27 ①

↑↓←←↖↗↙↙↓↓↑↑←↑↖↑↘↑↗↑↑↓↖↗
　1 2　　　　　　　　　3
↖←↓↑←↑←→→↑↓←↓↖
4　5　6　　　7

28 ④

ASQRGQBMKIQQLILEQTQFPUEDSQNMOPQA
　1　2　　34　56　　　7　　8

29 ④

동해물과 백두산이 마르고 닳도록 하느님이 보우하사 우리
　　　　　　1　　　　　　　　　　3　　4　　　5
나라 만세 무궁화 삼천리 화려강산
　　　6　　　　7

30 ①

102030405036070809031011121314151638 12
　　1　　　　2　　　　3　　　4　　　5

유형 훈련 문제: 3회 P. 71

01	①	02	①	03	②	04	②	05	①
06	①	07	①	08	①	09	①	10	②
11	②	12	①	13	①	14	②	15	②
16	①	17	①	18	①	19	②	20	①
21	①	22	①	23	②	24	①	25	②
26	④	27	④	28	④	29	③	30	③

01 ①

02 ①

03 ②

돼지 뱀 기린 고양이 - mxz jar bir hir

'고양이 = bcd, 토끼 = hir'이므로 옳지 않다.

04 ②

사자 강아지 말 뱀 - qjs wie mxz jar

'말 = kor, 돼지 = mxz'이므로 옳지 않다.

05 ①

06 ①

07 ①

08 ①

09 ①

10 ②

(自) (水) (四) (二) - TT SS YY XX

'(二) = DD, (労) = XX'이므로 옳지 않다.

11 ②

260 007 130 349 - ▣ ♠ ▨ ♤

'349 = ◈, 482 = ♤'이므로 옳지 않다.

12 ①

13 ①

14 ②

792 675 260 872 - ◀ ⊙ ▣ ♠

'872 = ♣, 007 = ♠'이므로 옳지 않다.

15 ②

> 940 <u>501</u> 130 349 - ♡ ◀ ■ ◆

'501 = ✧, 792 = ◀'이므로 옳지 않다.

16 ①

17 ①

18 ①

19 ②

> ⌐ ↓ <u>↕</u> ≣ - kg cm² <u>m/s²</u> MW

'↓ = mm², ↕ = m/s²'이므로 옳지 않다.

20 ①

21 ①

22 ①

23 ②

> RT CV <u>GH</u> YU - JU NH <u>ZA</u> KI

'GH = CD, AS = ZA'이므로 옳지 않다.

24 ①

25 ②

> GH BN OP <u>CV</u> - CD MJ LO <u>JU</u>

'CV = NH, RT = JU'이므로 옳지 않다.

26 ④

> あぺねごゑ<u>カ</u>ヅずでぺごゑ<u>カ</u>でぺねでぺ
>   1   2
> <u>カ</u>ねごゑで<u>カ</u>ぺね<u>カ</u>ごゑでぺ
> 3   4   5

27 ④

> <u>33</u>15645231345313513<u>1333</u>131543133
> 1   2 3   4
> 31383<u>1333</u>5232303358413321585<u>33</u>581
>   5   6   7   8
> 32<u>33</u>358156451583443234582151465
>   9

28 ④

> 장교는 전투부대를 지<u>휘하</u>거나 직접 그 지<u>휘</u>를 보
>   1 2   3
> 좌<u>하</u>는 전투병과 장교와 기술적으로나 <u>행정</u>적으로
> 4   5
> 지휘관을 보좌<u>하</u>는 <u>행정</u>장교로 구분된다
>   6   7   8

29 ③

> <u>[</u>■◎=★<u>[</u>]※⇧※<u>[</u>★=⇧우<u>[</u>■※■==◆]우◆<u>[</u>★=⇧
> 1   2   3   4   5
> ※§=⇧<u>[</u>=]]][★=◆=∠우⇧※<u>[</u>우■※=★=★]◎
>   6   7   8

30 ③

> DEGHI<u>E</u>JACJ<u>E</u>KCJO<u>E</u>PRQV<u>E</u>T
>   1   2   3   4   5
> SBC<u>E</u>JC<u>E</u>JRQ<u>E</u>GHD
>   6   7   8

유형 훈련 문제: 4회   P. 74

01	①	02	①	03	②	04	②	05	②
06	②	07	②	08	②	09	①	10	①
11	①	12	②	13	①	14	②	15	①
16	①	17	①	18	①	19	①	20	①
21	②	22	①	23	①	24	②	25	①
26	③	27	①	28	②	29	③	30	①

01 ①

02 ①

03 ②

aa ♯ ▽ ⼏ - 기억 떨림 슬픔 <u>기억</u>

'⼏ = 기대, aa = 기억'이므로 옳지 않다.

04 ②

♯ ㆆ ⊥ ① - 떨림 <u>기대</u> 기쁨 절망

'ㆆ = 환희, ⼏ = 기대'이므로 옳지 않다.

05 ②

① aa ㆆ ⌛ - 절망 기억 환희 <u>웃음</u>

'⌛ = 우울, ⊠ = 웃음'이므로 옳지 않다.

06 ②

⑨ ⑤ ① ③ - ✤ <u>↑</u> → ↓

'⑤ = ⇧, ② = ↑'이므로 옳지 않다.

07 ②

⓪ ⑦ ④ ⑥ - ← ✦ ⇦ <u>→</u>

'⑥ = ✧, ① = →'이므로 옳지 않다.

08 ②

⑨ ② ⑧ ⑥ - ✤ ↑ ⋏ <u>⇧</u>

'⑥ = ✧, ⑤ = ⇧'이므로 옳지 않다.

09 ①

10 ①

11 ①

12 ②

fQa qRa tHa <u>mGa</u> - 핫 헛 훌 핼

'mGa = 힙, jWa = 핼'이므로 옳지 않다.

13 ①

14 ②

nXa fQa uDa <u>vCa</u> - 훙 핫 현 훙

'vCa = 횬, nXa = 훙'이므로 옳지 않다.

15 ①

16 ①

17 ①

18 ①

19 ①

20 ①

21 ②

⇧ ❊ ❤ <u>✳</u> - ◌ ✎ 📋 ✂

'✳ = ◐, ✿ = ✂'이므로 옳지 않다.

22 ①

23 ①

24 ②

♥ ※ ♦ ☺ - 🗐 ◐ ⌗ ✂

'☺ = ᖶ, ✂ = ᖷ'이므로 옳지 않다.

25 ①

26 ③

0<u>72</u>4698<u>52</u>441<u>02</u>41<u>356</u>241047851<u>24</u>06715150<u>241347</u>
  1   2   3   4   5   6
807<u>248</u>936
    7

27 ①

¤<u>キ</u>バグツク<u>カキ</u>グトスズケ<u>キ</u>キン¤バ<u>キ</u>グゲヨツゲグ=
 1   2   3 4   5
ツウォカ<u>キ</u>グゲ
    6

28 ②

배움은 우연히 얻어지는 것이 아니<u>라</u> 열성을 다해 <u>갈구</u>하고
                          1 2   3   4
부지<u>런</u>히 <u>집중</u>해야 얻을 수 있는 것이다.
  5   6

29 ③

(i)(a)(<u>w</u>)(d)(z)(b)(y)(e)(<u>w</u>)(f)(v)(g)(s)(<u>w</u>)(h)(p)(m)(n)(j)(k)(e)(o)(<u>w</u>)(c)(p)(f)
      1   2   3   4
(v)(i)(<u>w</u>)(a)(m)(n)(b)(y)
    5

30 ①

유형 훈련 문제: 5회   P. 77

01	②	02	①	03	①	04	①	05	①
06	①	07	①	08	②	09	②	10	②
11	①	12	②	13	②	14	①	15	①
16	②	17	①	18	②	19	①	20	①
21	①	22	①	23	②	24	①	25	②
26	②	27	④	28	①	29	②	30	③

01 ②

Ⓔ Ⓗ Ⓜ Ⓙ - ≳ ≪ -- ==

'Ⓙ = ≳, Ⓠ = =='이므로 옳지 않다.

02 ①

03 ①

04 ①

05 ①

06 ①

07 ①

08 ②

≒ ※ ± ℃ - c7a z3h w2t e8w

'℃ = p1k, ¥ = e8w'이므로 옳지 않다.

09 ②

£ ∞ ± ♂ - s7g q0y w2t a8w

'£ = f4s, § = s7g'이므로 옳지 않다.

10 ②

¥ ≒ ∞ ♂ - e8w c7a p1k a8w

'∞ = q0y, ℃ = p1k'이므로 옳지 않다.

11 ①

12 ②

910 502 <u>675</u> 100 - 예 끝 목 월

'675 = 천, 704 = 목'이므로 옳지 않다.

13 ②

704 100 675 <u>349</u> - 목 월 천 예

'349 = 변, 910 = 예'이므로 옳지 않다.

14 ①

15 ①

16 ②

◐ ◨ ◎ ◑ - ◘ ↑ ↘ ◘

'◑ = ➡, ◐ = ◘'이므로 옳지 않다.

17 ①

18 ②

◆ ◇ ◨ ◑ - ◘ ↖ ◘

'◑ = ➡, ◐ = ◘'이므로 옳지 않다.

19 ①

20 ①

21 ①

22 ①

23 ②

(12)(3) (6)(8) <u>(1)(10)</u> (5)(14) - 15 14 <u>10</u> 19

'(1)(10) = 11, (9)(1) = 10'이므로 옳지 않다.

24 ①

25 ②

(4)(13) (6)(15) (6)(8) <u>(9)(1)</u> - 17 21 14 <u>11</u>

'(9)(1) = 10, (1)(10) = 11'이므로 옳지 않다.

26 ②

㈜ⓚ♡♣®Ⅲ◁ㅁⓚ◇○☆㈜ㅁⅢⓚ◁
      1   2   3
♣®♣ⓚⅢ◁Ⅲⓚⓚ◁♣㈜♡
      4   5 6

27 ④

⇘☒人ㄱ⇘☒⇨Y⇩⇓☒Y⇦⇧☒Y
 1   2   3   4
⇦←☒Y⇘☒↖▶☒Y☒←
 5   6   7   8

28 ①

자존심은 오전에는 풍요, 오후에는 가난,
      1   2   3   4 5 6   7
밤에는 악명과 함께한다
  8   9 10

29 ②

Great hopes make great men
  1   2   3   4   5

30 ③

89634315443135847313543213436634<u>1</u>
 1   23   4   5   6   7
31343145843132165843423541543154<u>3</u>
 8 9 10   11 12 13 14 15

유형 훈련 문제: 6회   P. 80

01	①	02	②	03	①	04	①	05	①
06	①	07	①	08	①	09	②	10	①
11	①	12	①	13	②	14	②	15	①
16	①	17	②	18	②	19	②	20	②
21	①	22	②	23	①	24	①	25	①
26	②	27	④	28	②	29	③	30	①

01 ①

02 ②

Vice Naval Rada <u>Orbit</u> - ▷ ↳ ⇝ ⇕

'Orbit = ⇔, Press = ⇕'이므로 옳지 않다.

03 ①

04 ①

05 ①

06 ①

07 ①

08 ①

09 ②

pF <u>kcal</u> pV nF - 범 참 약 예

'kcal = 굴, mg = 참'이므로 옳지 않다.

10 ①

11 ①

12 ①

13 ②

clean <u>cause</u> chief catch - ∩ ⊇ ∋ ∪

'cause = ⊇, count = ⊃'이므로 옳지 않다.

14 ②

check cover <u>carry</u> count - ≫ ≪ ∪ ⊃

'carry = ⊆, catch = ∪'이므로 옳지 않다.

15 ①

16 ①

17 ②

체리 유자 사과 <u>석류</u> - 12 18 15 <u>16</u>

'석류 = 41, 키위 = 16'이므로 옳지 않다.

18 ②

사과 석류 귤 <u>유자</u> - 15 41 19 <u>41</u>

'유자 = 71, 석류 = 41'이므로 옳지 않다.

19 ②

키위 배 <u>석류</u> 딸기 - 16 18 <u>71</u> 14

'석류 = 41, 유자 = 71'이므로 옳지 않다.

20 ②

딸기 귤 사과 <u>체리</u> - 14 19 15 <u>18</u>

'체리 = 12, 배 = 18'이므로 옳지 않다.

21 ①

22 ②

ㄷ ㅂ ㅂㅈ ㅍㄴ <u>ㅎㅇ</u> - Ψ ☺ ☢ <u>Ω</u>

'ㅎㅇ = ⚠, ㄴㅎ = Ω'이므로 옳지 않다.

23 ①

24 ①

25 ①

26 ②

▘▝▘▝▘▝▘▝▘▝▘▝▘▝▘▝▘▝▘▝▘▝▘▝▘▝▘▝▘▝▘▝
1   2   3   4
▘▝▘▝▘▝▘▝
5   6

27 ④

교육이 <u>한</u> 인간을 양성하기 시작할 때의 방향이 훗날 그의
1   2   3   4   5
삶을 <u>결정</u>할 것이다.
6

28 ②

グゲテ<u>ズ</u>ツクトス<u>ズズ</u>ペカキグゲテ<u>ズ</u>ゴデサュギン¤バゲ
1   2 3   4
<u>ズ</u>ヨラ
5

29 ③

⑭⑪⑳⑬⑩⑮⑳⑭⑪⑬⑩⑮⑳⑫⑯⑰⑮⑳
1   2 3   4   5   6   7
⑲⑱⑩⑬⑮
8

30 ①

The only thing we have to fear itself
1   2   3   4   5

유형 훈련 문제: 7회   P. 83

01	①	02	①	03	①	04	②	05	①
06	①	07	①	08	①	09	②	10	②
11	②	12	②	13	①	14	②	15	①
16	②	17	①	18	②	19	①	20	①
21	②	22	②	23	②	24	①	25	①
26	③	27	②	28	③	29	②	30	③

01 ①

02 ①

03 ①

04 ②

4$ 2) 6~ <u>7^</u> - 흉 넒 얍 팼

'7^ = 퀭, 0% = 팼'이므로 옳지 않다.

05 ①

06 ①

07 ①

08 ①

09 ②

jg qw <u>ph</u> xt - Ɵ ɕ ʧ ɠ

'ph = ɯ, cq = ʧ'이므로 옳지 않다.

10 ②

ve cq uy <u>zo</u> - ɣ ɑ ʧ e ɯ

'zo = Œ, ph = ɯ'이므로 옳지 않다.

11 ②

| 부산 세종 울산 전주 - VS9e HS2e OS4e US1e |

'전주 = ZS0e, 경기 = US1e'이므로 옳지 않다.

12 ②

| 서울 광주 세종 대구 - TS7e AS5e BS8e WS3e |

'세종 = HS2e, 제주 = BS8e'이므로 옳지 않다.

13 ①

14 ①

15 ①

16 ②

| 齒 巳 寸 弓 - 17. 20. 7. 11. |

'弓 = 14., 幺 = 11.'이므로 옳지 않다.

17 ①

18 ②

| 父 鼠 土 巳 - 4. 8. 7. 20. |

'土 = 2., 寸 = 7.'이므로 옳지 않다.

19 ①

20 ①

21 ②

| 📁 🗄 💾 ⌨ - 📄 💾 🖱 |

'💾 = ⊕, ✎ = ➥'이므로 옳지 않다.

22 ②

'⌨ = 🖥, 💾 = ⊕'이므로 옳지 않다.

23 ②

| 💾 ⌨ 🗄 🗄 - ⊕ 🖥 🖥 ⧖ |

'⌨ = ⊕, ⊕ = 🖥'이므로 옳지 않다.

24 ①

25 ①

26 ③

☆★☆★☆★☆★☆★☆★
 1 2 3 4 5 6
☆★★☆★☆★☆★☆★★
 7 8 9 10 11 12
☆★☆☆
  13

27 ②

✠✞✟✞✟✞✠✞✟✞✠✞✠✞✡
 1   2   3
✠✞✟✞✟✞✡✞✠✠✞✠✞✠✞✠
            4
✠✞✟✞✟✞✠✞✠✠✞✠✞✡
 5 6   7 8

28 ③

Forgiveness is almost a selfish act
    1   2
because of its immense benefits to
       3   4
the one who forgives
    5   6   7

29 ②

적을 기만하기 위하여 조작된 정보자
 1   2 3 4 5
료 또는 실제로는 존재하지 않는 허
 6   7 8 9
위정보자료
 10 11

30 ③

i'm	too busy acting like	i'm	not
1	2 3 4		
naive.	i've seen it all,	i	was here first
5	6 7	8	9

유형 훈련 문제: 8회　　　　P. 86

01	①	02	①	03	①	04	②	05	②
06	①	07	②	08	①	09	②	10	①
11	②	12	①	13	②	14	①	15	②
16	①	17	②	18	①	19	②	20	②
21	①	22	②	23	①	24	①	25	②
26	③	27	②	28	①	29	④	30	③

01 ①

02 ①

03 ①

04 ②

(f) (v) (v) (w) - 마음 달 후수 바람

'(w) = 구름, (k) = 바람'이므로 옳지 않다.

05 ②

(z) (a) (f) (k) - 저녁 꽃 마음 바람

'(a) = 얼굴, (n) = 꽃'이므로 옳지 않다.

06 ①

07 ②

東 刊 甘 坎 - ♩ ♩ ♪: ♪: ♪ ♪ ♭ ♭

'坎 = ♯♯, 侃 = ♭♭'이므로 옳지 않다.

08 ①

09 ②

呵 刊 束 坎 - ♫ ♫ ♪ ♪ ♩ ♩ ♯♯

'刊 = ♪: ♪:, 奸 = ♪ ♪'이므로 옳지 않다.

10 ①

11 ②

our run fox boy - ㅏ ㅓ ㅗ ㅜ

'fox = ㄱ, cap = ㅗ'이므로 옳지 않다.

12 ①

13 ②

our her cap boy - ㅏ ㄴ ㅗ ㅗ

'boy = ㅜ, kid = ㅗ'이므로 옳지 않다.

14 ①

15 ②

boy cap run our - ㅜ ㄱ ㅓ ㅏ

'cap = ㅗ, fox = ㄱ'이므로 옳지 않다.

16 ①

17 ②

◀ ♠ ▷ ◐ - 0%1G 3*2H 4^7V 7!4R

'▷ = 6#9J, ♡ = 4^7V'이므로 옳지 않다.

18 ①

19 ②

◐ ■ ♣ ▷ - 7!4R 5!7L 9#4C 3*2H

'▷ = 6#9J, ♣ = 3*2H'이므로 옳지 않다.

20 ②

♣ ◐ ♤ ◀ - 9#4C 7!4R 3*2H 0%1G

'◐ = 1$2B, ◑ = 7!4R'이므로 옳지 않다.

21 ①

22 ②

♬ ˚ ヰ ♪ - ✗ ∧ ⫶ ˚

'♪ = ⌇, ヰ = ˚'이므로 옳지 않다.

23 ①

24 ①

25 ②

♩ ♪ ヰ " - ⋌ ✗ ∧ ⌇

'ヰ = ˚, " = ∧'이므로 옳지 않다.

26 ③

앗앚아악앝앚<u>악</u>악앝앚앛<u>악</u>앋앖앚<u>악</u>악앝<u>악</u>악앞암악앝
　　　　　　　1　　　　　　2　　3　　　4
앟안앗<u>악</u>앋앖앗
　　　　　5

27 ②

twinkle twinkle little star how I wonder what you are
  1   2   3 4   5   6

28 ①

ね<u>な</u>ずさぼろやず<u>ね</u>なずさぼろやさぼろ<u>ね</u>なずさぼろやぼ
　　1　　　　　2　　　3　　　　　　　　　4
ろや

29 ④

<u>아</u>름다운 <u>이</u> 땅에 금수강산에 단군할아버지가 터 잡으시고
  1　　　　2　　3　4　5　　　　6　7　　　　8　　　　　9

30 ③

0204<u>09</u>506070809040506<u>09</u>3010209080705010<u>29</u>060
　　　1　　　　2　　　3　　　4　　　　　5
0012

유형 훈련 문제: 9회 　　　　P. 89

01	①	02	①	03	①	04	①	05	②
06	①	07	②	08	①	09	①	10	①
11	②	12	②	13	①	14	①	15	①
16	①	17	①	18	①	19	①	20	②
21	①	22	①	23	①	24	①	25	①
26	②	27	③	28	①	29	①	30	④

01 ①

02 ①

03 ①

04 ①

05 ②

9 5 <u>4</u> <u>7</u> - ▦ ⍰ ▤ ◰ ⊠

'4 = ▦, 8 = ◰'이므로 옳지 않다.

06 ①

07 ②

<u>호수</u> 바다 땅 별 - ⓕ Ⓢ ⓑ ⓐ

'호수 = ⓦ, 비 = ⓕ'이므로 옳지 않다.

08 ①

09 ①

10 ①

11 ②

| KJH QWE CDF <u>UIO</u> - 012 234 901 <u>789</u> |

'UIO = 123, NBV = 789'이므로 옳지 않다.

12 ②

| VAE QWE ASD <u>POI</u> - 456 234 890 <u>012</u> |

'POI = 567, KJH = 012'이므로 옳지 않다.

13 ①

14 ①

15 ①

16 ①

17 ①

18 ①

19 ①

20 ②

| ㅍㄹ ㄷㅁ - 의사 판사 소방관 <u>교사</u> |

'ㄱ = 가수, ㄹ = 교사'이므로 옳지 않다.

21 ②

| ଫπ ☞✓ ℳ✗ ℯϒ - 1 6 <u>4</u> 8 |

'ℳ✗ = 3, ≋ℋ = 4'이므로 옳지 않다.

22 ①

23 ①

24 ①

25 ②

| ℳ✗ ℯϒ ♌♍ &✗ - 3 8 <u>6</u> 5 |

'♌♍ = 2, ☞✓ = 6'이므로 옳지 않다.

26 ②

| ʊʙɯɜʊʟɯʙɛʊʊɯʙᴋᴎʙʙɜʊʟʙ |
| 1 2 3 4 5 |
| ɜʊᴋᴎɜʊᴋɯɜʊʊʊʙᴋᴎ |
| 6 |

27 ③

| 명 문 부 미 범 문 변 범 변 문 범 부 보 문 |
| 1 2 |
| 미 범 복 문 부 부 보 부 복 보 말 미 범 목 문 |
| 3 4 5 |
| 반 문 목 문 반 부 보 범 문 문 반 문 변 |
| 6 |

28 ①

| 목 로 <u>하</u> 노 <u>하</u> 애 라 우 <u>하</u> 이 나 오 후 아 루 아 |
| 1 2 3 4 |
| 르 <u>하</u> 이 <u>허</u> 아 내 지 아 러 <u>하</u> 피 어 재 호 려 더 |
| 5 6 7 8 |
| 나 <u>혀</u> <u>하</u> 벼 여 |
| 9 10 |

29 ①

| ∽ ∾ ⟲ ⟳ # ☼ # # # ☼ # □ ⊿ # ⊞ |
| 1 2 3 |
| ⊟ # # ☼ ∾ ⟳ □ ⊿ ∽ ⟲ □ ⊿ # ⊞ ⊟ |
| 4 |
| # # # ☼ ☼ # ☼ ☼ # ⊞ |
| 5 6 7 8 |

30 ④

> 공들여 가꾸지 않고 버려 둔 곡식이
>   1   2
> 잘 되는 일이 없듯이 사람을 바르게
> 3   4   5 6 7
> 잘 이끌어야 한다
> 8   9

유형 훈련 문제: 10회   P. 92

01	①	02	②	03	②	04	①	05	②
06	②	07	②	08	①	09	②	10	①
11	①	12	②	13	①	14	②	15	①
16	①	17	②	18	②	19	①	20	②
21	①	22	②	23	①	24	②	25	①
26	②	27	③	28	④	29	②	30	②

01 ①

02 ②

> 태세 침투 경계 무장 - ∩ ∈ ∨ ⊆

'경계 = ⊃, 차단 = ∨'이므로 옳지 않다.

03 ②

> 방위 무장 차단 계획 - ∧ ⊆ ∨ ∈

'계획 = ∪, 침투 = ∈'이므로 옳지 않다.

04 ①

05 ②

> 차단 계획 침투 태세 - ∨ ∪ ∈ ⊃

'태세 = ∩, 경계 = ⊃'이므로 옳지 않다.

06 ②

> 리야드 하노이 앙카라 네피도 - ⑴ ⑿ ⒁ ⒂

'앙카라 = ⒄, 바쿠 = ⒁'이므로 옳지 않다.

07 ②

> 뉴델리 바쿠 카불 말레 - ⑾ ⒃ ⒇ ⒀

'바쿠 = ⒁, 마닐라 = ⒃'이므로 옳지 않다.

08 ①

09 ②

> 카불 바쿠 말레 마닐라 - ⒇ ⒁ ⒀ ⑿

'마닐라 = ⒃, 하노이 = ⑿'이므로 옳지 않다.

10 ①

11 ①

12 ②

> 伾 佤 佃 仸 - 사슴 토끼 타조 공작

'仸 = 기린, 伐 = 공작'이므로 옳지 않다.

13 ①

14 ②

> 佃 伋 仃 仸 - 타조 토끼 문어 치타

'佪 = 펭귄, 伋 = 토끼'이므로 옳지 않다.

15 ①

16 ①

17 ②

> 기자 의사 검사 교수 - ∴ 田 : ∩

'의사 = ∴, 강사 = 田'이므로 옳지 않다.

18 ②

> 판사 검사 의사 약사 － ∅ ⊓ ∴ ⊕

'검사 = ∴, 교수 = ⊓'이므로 옳지 않다.

19 ①

20 ②

> 교수 강사 판사 기자 － ⊓ ⊞ ∅ ⊔

'기자 = ∴, 배우 = ⊔'이므로 옳지 않다.

21 ①

22 ②

> ⅵ Ⅴ ⅲ XⅡ － ns kcal cm² nF

'XⅡ = ha, Ⅱ = nF'이므로 옳지 않다.

23 ①

24 ②

> ⅲ Ⅷ XⅡ Ⅹ － cm² dℓ ha kΩ

'Ⅷ = nW, Ⅸ = dℓ'이므로 옳지 않다.

25 ①

26 ②

> ♠▶♣♧♠▶▶▷♡♥♠♧♠▶♣♠♣♠♣♠♧♠▶▷♡
>   ―   ― ―   ―
>   1   2 3   4
> ♥♣♠♣♠♣♥♣♠♣
> ―   ―
> 5   6

27 ③

> Well done is better than well said.
> ―   ―   ― ―   ―
> 1   2   3 4   5

28 ④

> 7152674068691234577264689574924972407 1234576
> ― ―   ― ―   ― ―   ―
> 1 2   3 4   5   6   7   8
> 8976
> ―
> 9

29 ②

> 이 세상에 기쁜 일만 있다면 용기도 인내도 배울 수 없을 것이다.
>   ― ―   ―   ―
>   1 2   3   4

겹받침(ㅆ, ㅄ)에 포함된 'ㅅ'은 세지 않는다.

30 ②

> 干可工干可伽干工可伽干弋巳可干可匣人工干可匣疳甘
> ―   ―   ―
> 1   2   3
> 可工朵刀彳可疳
>   ―
>   4

실전 연습 문제   P. 95

01	①	02	②	03	②	04	②	05	①
06	②	07	②	08	①	09	①	10	②
11	②	12	①	13	①	14	②	15	②
16	①	17	①	18	①	19	②	20	②
21	①	22	②	23	①	24	②	25	②
26	③	27	①	28	②	29	③	30	②

01 ①

02 ②

러시아 독일 체코 <u>그리스</u> - ♩♮ᛉ♮

'그리스 = ♭, 독일 = ♮'이므로 옳지 않다.

03 ②

폴란드 <u>모나코</u> 덴마크 이탈리아 - ♭♭♩¶

'모나코 = ♩, 그리스 = ♭'이므로 옳지 않다.

04 ②

그리스 이탈리아 러시아 <u>독일</u> - ♭¶♩♩

'독일 = ♮, 덴마크 = ♩'이므로 옳지 않다.

05 ①

06 ②

∓ <u>△</u> Σ ∋ - GG <u>CC</u> DD FF

'△ = KK, ▽ = CC'이므로 옳지 않다.

07 ②

∅ Σ ▽ <u>∄</u> - <u>KK</u> DD CC XX

'∅ = AA, ∄ = KK'이므로 옳지 않다.

08 ①

09 ①

10 ②

Σ △ <u>▽</u> ∓ - DD KK <u>AA</u> GG

'▽ = CC, ∅ = AA'이므로 옳지 않다.

11 ②

Ⓣ Ⓛ Ⓠ <u>Ⓨ</u> - $! ^ <u>#</u>

'Ⓨ = &, Ⓜ = #'이므로 옳지 않다.

12 ①

13 ①

14 ②

Ⓛ Ⓨ <u>Ⓣ</u> Ⓧ - ! & <u>%</u> ×

'Ⓣ = $, Ⓢ = %'이므로 옳지 않다.

15 ②

Ⓨ <u>Ⓠ</u> Ⓜ Ⓩ - & <u>!</u> # @

'Ⓠ = ^, Ⓛ = !'이므로 옳지 않다.

16 ①

17 ①

18 ①

19 ②

곪 골 곧 <u>곬</u> - 1$B 2#K 8※U <u>9@H</u>

'곬 = 7^W, 공 = 9@H'이므로 옳지 않다.

20 ②

<u>곬</u> 공 곳 곰 - 7^W 9@H 6*B <u>3%D</u>

'곬 = 1$B, 곰 = 3%D'이므로 옳지 않다.

21 ①

22 ②

⌒ ▣ ↔ ☆ ⊓ - ₿ € ₱ ₸ ₫

'⌒ = ₭, ☆ = ₸'이므로 옳지 않다.

23 ①

24 ②

▣ ⊓ ☺ ☆ ↔ - € ₨ £ ₭ ₱

'⊓ = ₫, ⊕ = ₨'이므로 옳지 않다.

25 ②

☺ ✪ ⊓ ⊕ ⌒ - ₸ £ ₫ ₨ ₭

'⌒ = ₿, ⊖ = ₭'이므로 옳지 않다.

26 ③

27 ①

28 ②

절대 어제를 후회하지 마라. 인생은
오늘의 나 안에 있고 내일은 스스로
만드는 것이다

29 ③

ぬねなずさぼろやぬずねなずさぼ
ろやさぼろやぬねなずさぼろやぬ
ねろやぬぬねな

30 ②

In prosperity our friends know us; in adversity we know our friends

03 언어논리

유형 훈련 문제　　　　　　　P. 167

01	③	02	④	03	⑤	04	①	05	③
06	⑤	07	②	08	③	09	②	10	④

01 ③
'설겆이'는 '설거지'의 옛말이다. '설거지'만 표준어로 삼는다.

문제해결 TIP
복수 표준어 문항은 헷갈리는 단어들을 정확하게 구분하는 것이 중요한데 자주 출제되는 복수 표준어를 암기하고 복수 표준어의 개념을 정확히 이해하는 것이 중요하다.

02 ④
'target'은 '타겟'이 아닌 '타깃'이 올바른 외래어표기법이다.

오답 피하기
① 'caramel'은 '카라멜'이 아닌 '캐러멜'이 올바른 외래어표기법이다.
② 'digital'은 '디지탈'이 아닌 '디지털'이 올바른 외래어표기법이다.
③ 'cake'는 '케익'이 아닌 '케이크'가 올바른 외래어표기법이다.
⑤ 'message'는 '메세지'가 아닌 '메시지'가 올바른 외래어표기법이다.

03 ⑤
단위를 나타내는 명사는 띄어 씀이 원칙이므로 '그는 집 떠난 지 삼 년이 지났다'가 올바른 띄어쓰기이다.

04 ①
'서슴지'는 기본형인 '서슴다'와 '-지'가 만난 단어이다. 기본형에 '하'가 없기 때문에 '-치'로 변하지 않는다. '서슴다'는 흔히 '서슴지'꼴로 '않다', '말다' 따위의 부정어와 함께 쓰여 '어떤 행동을 선뜻 결정하지 못하고 머뭇거리며 망설이다'라는 의미를 지닌다. 예를 들면 '그 사람은 귀찮은 일에 나서기를 서슴지 않는다', '묻는 말에 서슴지 말고 대답해라'와 같이 쓸 수 있다.

오답 피하기
② '넉넉지'의 경우, 기본형인 '넉넉하다'와 '-지'가 만난 단어이다. 따라서 '넉넉치'라고 쓰는 것이 맞다고 생각하는 경우가 많은데, 줄임말에 관한 한글맞춤법 조항에 따르면 어간의 끝 음절 '하'가 아주 줄어든 것이 굳어진 경우로 '넉넉지'라고 쓰는 것이 적절하다.
③ '무심하다'와 '-지'가 결합한 것으로 어법에 맞다.
④ '허송하다'와 '-지'가 결합한 것으로 어법에 맞다.
⑤ '충분하다'와 '-지'가 결합한 것으로 어법에 맞다.

05 ③
계주는 운동회 종목 중 하나로, 포함 관계에 해당한다.

오답 피하기
① '승전'에서 이기기 위한 실행 방법이 '전술'이다. 목적과 수단의 관계이다.
② '스키'를 타기 위해 '리프트'를 이용하므로, 목적과 수단의 관계이다.
④ '영화'를 보기 위해 '극장'에 가야 하므로 목적과 수단의 관계이다.
⑤ '글'을 쓰기 위해 '개요'를 작성하므로 목적과 수단의 관계이다.

06 ⑤
제시된 문장의 '가리다'는 '여럿 가운데서 하나를 구별하여 고르다.'의 의미로 쓰였다. 이와 같은 뜻으로 쓰인 것은 ⑤이다.

오답 피하기
① '잘잘못이나 좋은 것과 나쁜 것 따위를 따져서 분간하다.'의 의미로 쓰였다.
② '음식을 골라서 먹다.'의 의미로 쓰였다.
③ '낯선 사람을 대하기 싫어하다.'의 의미로 쓰였다.
④ '자기 일을 알아서 스스로 처리하다.'의 의미로 쓰였다.

07 ②
격화소양(隔靴搔癢)은 가죽신을 신고 가려운 곳을 긁는다는 의미로, 실질적인 해결책을 찾지 않고 표면적인 방식만으로 문제를 해결하는 상황을 나타낸다. 주어진 글에서는 기업이 고객의 진정한 요구를 파악하지 못하고 단기적인 성과에만 집중하여 근본적인 문제를 해결하지 못했기 때문에 '격화소양'이 가장 적절하다.

오답 피하기
① 막역지우(莫逆之友)는 서로 거스름이 없는 친구를 이르는 말
③ 동병상련(同病相憐)은 같은 병에 걸린 사람끼리 서로 동정함을 이르는 말
④ 동상이몽(同床異夢)은 같은 처지에 있지만 서로 다른 생각을 하는 것을 이르는 말
⑤ 대동소이(大同小異)는 큰 차이는 없고 작은 차이만 있다는 것을 이르는 말

08 ③

주어진 글은 저출산 문제와 그로 인한 경제 성장 둔화, 노동력 부족, 사회 안전망 붕괴 등 여러 가지 사회적 문제를 다루고 있으며, 이를 해결하기 위한 정부의 출산 장려 정책에 대해 설명하고 있다. 따라서 저출산에 따른 정부의 대응 해법 모색이 제목으로 가장 적절하다.

> **오답 피하기**
> ① 글에서는 지역 발전에 대한 언급이 없고 주로 저출산 문제 해결을 위한 정부 정책에 초점을 맞추고 있기 때문에 적절하지 않다.
> ② 인구교육은 제시문의 주요 주제가 아니므로 제목으로 적절하지 않다.
> ④ 여성의 경력 단절을 저출산의 원인 중 하나로 다루고 있지만, 여성 경력 단절은 부차적인 원인으로 다루고 있기 때문에 글의 주요 내용을 충분히 반영하지 못하므로 적절하지 않다.
> ⑤ 경제 성장 둔화는 저출산 문제로 인한 결과 중 하나이지만, 주된 내용인 저출산 문제와 해결책에 대한 내용을 포괄하지 못하므로 적절하지 않다.

09 ②

두 번째 문단에서 '말소리'가 사용된 이후 '문자'가 사용됨으로써 '전하려고 하는 뜻을 약속된 문자로 표시하고 이를 눈으로 보아 이해함으로써 시간과 공간을 초월해 소통할 수 있게 되었다.'라고 하였으므로 '문자'는 시간과 공간의 제약을 받는 '말소리'와 달리 시간과 공간을 초월해 소통이 가능한 장점이 있음을 알 수 있다.

> **오답 피하기**
> ① 두 번째 문단 '어떤 사람이 뜻을 담아 입으로 소리를 내면 그 소리를 들은 다른 사람이 다시 그 뜻을 이해하였다.'를 통해 '말소리'의 장점이기도 함을 알 수 있으므로 적절하지 않다.
> ③, ④ 제시문을 통해 확인할 수 없는 내용이다.
> ⑤ 두 번째 문단 '사람들이 먼저 사용하기 시작한 것은 소리였다.'를 통해 '문자'보다 '말소리'가 더 먼저 사용되었음을 알 수 있으므로 적절하지 않다.

10 ④

세 번째 문단을 통해 알 수 있듯이, '기호'는 사람들이 뜻을 담기 위해 차용하는 형식으로, 소통이 잘 이루어지도록 약속만 되어 있다면 형식이 무엇이든 상관없다. 따라서 기호의 내용과 형식 사이에는 필연적 관계가 없으므로 ④는 적절하지 않다.

실전 연습 문제
P. 171

01	②	02	⑤	03	④	04	④	05	④
06	③	07	②	08	④	09	①	10	⑤
11	①	12	⑤	13	③	14	①	15	③
16	②	17	②	18	②	19	①	20	⑤
21	①	22	⑤	23	④	24	②	25	④

01 ②

한글 맞춤법 제30항에 따라 두 음절로 된 한자어 합성어에서는 사잇소리 현상이 일어나더라도 사이시옷을 받치어 적지 않는 것이 원칙이지만, 예외적으로 '숫자, 곳간, 횟수, 툇간, 셋방, 찻간' 6개 단어에서만 사이시옷 표기가 허용된다.

> **오답 피하기**
> ① '찻방(찻房)'은 순우리말이 포함된 단어로, '차'가 순우리말에 해당한다.
> ③ '셋간'과 '툇방'은 표준어가 아니며, 순우리말 합성어 '세간'과 한자어 합성어 '세간(世間)', '세간(洗肝)'은 한자어 합성어가 아니다. '햇수(행數)'도 순우리말이 포함된 단어이다.
> ④ '툇방'은 표준어가 아니다.
> ⑤ '초점(焦點)'은 한자어 합성어이나 6개 단어에 해당하지 않으므로 사이시옷을 받치어 적지 않는다.

02 ⑤

'기울리다'는 '기울이다'의 방언이며, '관심을 기울이다' 역시 일본어의 관용어를 그대로 차용한 것이다. 따라서 '요즘 저는 그림을 그리는 데 관심이 있습니다.' 정도로 수정하는 것이 적절하다.

> **오답 피하기**
> ① '~에'와 '~에게'는 모두 행동이 향하여 나아가는 곳이나 행동이 미치는 상대편을 나타내는 부사격 조사이다. '~에게'는 사람이나 동물과 같은 유정물 뒤에만 붙이고, '~에'는 무정물에만 붙일 수 있으므로 적절한 수정 내용이다.
> ② 연결 어미 '고'로 이어져 있으면서 앞뒤 문장의 관계가 대등하지 않아 어색한 경우이다. 서로 이어진 문장이므로 앞뒤 문장의 구조가 비슷해야 한다. 따라서 '육군은 지상 전투에 특화되어 있고, 해군은 바다 전투에 특화되어 있다.' 정도로 수정하는 것이 적절하다.
> ③ 문맥상 '잃어버리다'를 써야 하므로 적절한 수정 내용이다.
> ④ 접속 조사 '와/과'는 둘 이상의 대상을 묶는 기능을 한다. 접속 조사를 잘못 사용하면 의미가 분명하지 않는 중의적 문장이 될 수 있다. 따라서 '함께'와 같은 부사어를 활용하여 중의성을 해소해야 한다.

03 ④

'만큼'은 앞의 내용에 상당하는 수량이나 정도임을 나타내는 말일 때는 의존 명사이므로 앞말에 띄어 쓴다. '노력한 만큼 대가를 얻는다.', '쓴 만큼 요금을 내면 된다.' 등이 그 예이다. 또한 뒤에 나오는 내용의 원인이나 근거가 됨을 나타내는 말일 때도 의존 명사이므로 앞말에 띄어 쓴다. '선생님이 다그친 만큼 그의 행동도 달라졌다.'가 그 예이다. 한편 '만큼'을 앞말에 붙여 쓰는 경우는 앞말과 비슷한 정도나 한도임을 나타내는 보조사로 쓰이는 경우이다. '나도 당신만큼은 할 수 있다.', '부모님에게만큼은 잘해 드리고 싶다.'와 같은 예가 붙여 쓰는 경우이다.

오답 피하기
① 발리 섬 → 발리섬: 2018년 "'해', '섬', '강', '산' 등이 외래어에 붙을 때에는 띄어 쓰고, 우리말에 붙을 때에는 붙여 쓴다."라는 조항을 삭제하여 이제는 외래어, 우리말 구분 없이 띄어쓰기를 하지 않는다.
② 감정적이라기 보다는 → 감정적이라기보다는: '보다'는 '~에 비해서'의 뜻을 나타내는 조사이므로 앞말에 붙여 쓴다.
③ 수 밖에 → 수밖에: '밖에'는 '그것 말고는, 그것 이외에는'의 뜻을 지닌 조사로, 앞말에 붙여 쓴다.
⑤ 시간내지 → 시간 내지: '내지'는 '얼마에서 얼마까지'의 뜻을 나타내는 부사로, 조사를 제외한 각 단어는 앞말과 띄어 써야 한다. '겸, 대, 및, 등'과 같이 이어 주거나 열거할 때 쓰는 말은 띄어쓰기를 한다. '겸', '대', '등'은 의존 명사이므로 띄어 쓰고, '내지', '및'은 접속 부사이므로 띄어쓰기를 한다.

04 ④

각 문장의 문맥상 다음의 어휘를 골라야 한다.
① 변형: 모양이나 형태가 달라지거나 달라지게 함. 또는 그 달라진 형태.
② 발굴: 땅속이나 큰 덩치의 흙, 돌 더미 따위에 묻혀 있는 것을 찾아서 파냄.
③ 부응: 어떤 요구나 기대 따위에 좇아서 응함.
④ 결재: 결정할 권한이 있는 상관이 부하가 제출한 안건을 검토하여 허가하거나 승인함.
⑤ 독단적: 남과 상의하지 않고 혼자서 판단하거나 결정하는 것.

오답 피하기
① 변경: 다르게 바꾸어 새롭게 고침.
② 발견: 미처 찾아내지 못했거나 아직 알려지지 아니한 사물이나 현상, 사실 따위를 찾아냄.
③ 호응: 부름에 대답한다는 뜻으로, 부름이나 호소 따위에 대답하거나 응함.
④ 결제: 증권 또는 대금을 주고받아 매매 당사자 사이의 거래 관계를 끝맺는 일.
⑤ 독립적: 남에게 의존하거나 예속되지 아니한 것.

05 ④

단위를 나타내는 명사는 띄어 씀이 원칙이므로 '집 한 채'로 적는다.

오답 피하기
① '나는 어제 친구들과 함께 영화를 본다'는 시제의 오류에 해당하며, '어제'라는 과거 시간 표현을 사용했기 때문에 '봤다'로 수정해야 올바른 표현이다.
② '발이 넓어서 모르는 사람이 많다.'는 관용어 사용 오류에 해당하며, '발이 넓다'는 아는 사람이 많고 인맥이 넓다는 뜻으로, '발이 넓어서 모르는 사람이 없다'로 수정해야 올바른 표현이다.
③ '그는 나한테 책을 주었다'는 조사의 오류에 해당하며, '-한테'는 구어체에서 사용될 수 있으나 문법적으로는 '-에게'가 더 올바른 표현이다.
⑤ '정부는 사회의 사각지대에 놓인 사람들을 보살피는 노력이 필요하다'는 호응의 오류에 해당하며, '정부'가 주어이기 때문에 서술어를 '노력을 해야 한다'로 고치는 것이 적절하다.

06 ③

축약 현상으로 인해 [ㄷ]으로 발음되는 'ㅅ, ㅈ, ㅊ, ㅌ'은 'ㅎ'과 결합되는 경우 [ㅌ]으로 발음하므로 '옷 한 벌'의 표준 발음은 [오탄벌]이다.

오답 피하기
① 음절의 끝소리 규칙에 따라 음절 말의 'ㅈ'은 [ㄷ]으로 발음하므로 '안성맞춤'의 표준 발음은 [안성맏춤]이다.
② 유음화 현상에 따라 'ㄴ'은 'ㄹ'의 앞이나 뒤에서 [ㄹ]로 발음하므로 '물난리'의 표준 발음은 [물랄리]이다.
④ 'ㄴ' 첨가 현상에 따라 합성어 및 파생어에서 앞 단어나 접두사의 끝이 자음이고 뒤 단어나 접미사의 첫음절이 이, 야, 여, 요, 유인 경우에는 'ㄴ' 소리를 첨가하여 니, 냐, 녀, 뇨, 뉴로 발음하고, 비음화 현상에 따라 비음 'ㅁ', 'ㄴ' 앞의 'ㄱ'은 [ㅇ]으로 발음하므로 발음 '늑막염'의 표준 발음은 [능망념]이다.
⑤ 용언의 어간 말음 'ㄺ'은 'ㄱ' 앞에서 [ㄹ]로 발음하므로 '맑게'의 표준 발음은 [말께]이다.

07 ②

주어진 문제는 대명사 '누구'가 의문문에 쓰여 잘 모르는 사람을 가리키는, 미지칭의 뜻을 나타내는 대명사로 쓰이기도 하고, 특정한 사람이 아닌 막연한 사람을 가리키는, 부정칭의 뜻을 나타내는 대명사로 쓰이기도 하는 경우를 구별하는 문제이다. 누구의 의미 중 '2. 특정한 사람이 아닌 막연한 사람을 가리키는 인칭 대명사.'인 부정칭을 고르는 문제이다. 따라서 부정칭 즉 어떤 특정인을 지칭하지 않는 ②의 '누구'가 정답이다.

오답 피하기
①, ③, ④, ⑤의 예에 나오는 '누구'는 모두 특정인을 지칭하므로 잘 모르는 사람을 가리키는 '미지칭'에 해당한다.

08 ④

㉠:㉡은 해충이라는 같은 상위어를 가진 동위 관계이다. ㉡:㉢은 모기가 해충에 포함이 되므로 포함 관계이다. 학교와 학원은 모두 '교육기관'이라는 같은 상위어를 가지므로 동위 관계이다. 기차의 종류 중에 KTX가 있으므로, '기차'와 'KTX'는 포함 관계이다.

오답 피하기
① '담상담상'과 '듬성듬성'은 드물고 성긴 모양을 가리키는 우리나라 고유어로, 두 단어의 관계는 유의 관계이다. 가스 종류 중에 LPG가 포함되므로 '가스'와 'LPG'는 포함 관계이다.
② '동물'은 '생물'에 포함되므로 포함 관계이다. '수학'과 '공학'은 학문의 종류이므로 동위 관계이다.
③ '문'에 '현관'이 포함되므로 포함 관계이고, '멍석'의 쓰임이 '방석'인 경우가 있으므로 목적과 수단의 관계이다.
⑤ '화가'가 '유화'를 그린다고 표현할 수 있으므로 주체와 객체의 관계이고, '한정식'은 '음식'의 한 종류이므로 포함 관계이다.

09 ①

(가)에서 '모든 직장인은 일정한 업무를 수행한다'는 사실과 (나)에서는 '김철수는 직장이다'라는 사실인 참인 명제 2가지가 주어졌다. 따라서, 연역 논증에 따라 전제1과 전제2가 진실일 경우에 결론도 반드시 진실이므로 (다)는 '김철수는 일정한 업무를 수행한다'가 적절하다.

문제해결 TIP
귀납 논증의 경우 특정한 사례나 현상을 관찰하여 일반적인 결론을 이끌어내는 논증방식으로 전제기 참이리고 헤도 결론이 반드시 참이라고 할 수 없다.
반면에 연역 논증은 일반적인 원리나 법칙으로부터 특정한 사례에 대한 결론을 이끌어내는 논증 방식으로 전제가 참이면 결론도 반드시 참이다.
귀납 논증과 연역 논증은 논리적 추론의 기본적인 두 가지 방식이다. 두 가지 논증 방식의 특징을 정확히 이해하고 문제를 푸는 것이 중요하므로 먼저 귀납 논증인지 연역 논증인지 문제 유형을 파악한 뒤에 전제가 참인지 확인하고 전제와 결론 사이의 논리적 연결 관계를 파악하면 문제를 풀기 쉽다.

10 ⑤

제시문은 사회 복지 실천을 위한 방법론을 두 가지로 나누어 설명하고 있다. 따라서 중심 화제는 '사회 복지 방법론'이다.

오답 피하기
① 사회 복지는 '인간의 존엄성'을 위한 것이므로 사회 복지가 추구하는 가치관은 '인간의 존엄성'이라고 할 수 있다. 하지만 이것이 전문에서 중점적으로 논의되는 핵심 화제라고 보기는 어렵다.
② '전문 지식'은 사회 복지 방법론의 구성 요소일 뿐이다.
③ '문제의 개별화'는 사회 복지 방법론 중 미시적 방법론의 내용에 해당한다.
④ '정부 정책'은 사회 복지 방법론 중 거시적 방법의 하나이다.

문제해결 TIP
비문학 지문은 다양한 분야의 지식을 담고 있어 어렵게 느껴질 수 있지만, 각 문단별 핵심 내용을 간략하게 요약하여 글의 구조를 파악하고 문제에 맞는 지문을 찾아 단서를 파악하여 문제를 풀어나가면 도움이 된다.

11 ①

'전승(傳承)'은 '문화, 풍속, 제도 따위를 이어받아 계승하다.'의 뜻이다.

오답 피하기
② 남을 깨치어 이끌어 주다는 '계도(啓導)'이다.
③ 물체의 형체 그대로 그리다는 '모사(模寫)'이다.
④ 친족 관계가 사망한 사람으로의 권리와 의무를 일체를 이어받는 것은 '상속(相續)'이다.
⑤ 지식수준이 낮거나 인습에 젖은 사람을 가르쳐서 깨우치는 것은 '계몽(啓蒙)'이다.

12 ⑤

'우공이산(愚公移山)'은 우공이 산을 옮긴다는 뜻으로 한 가지 일을 끝까지 밀고 나가면 언젠가는 목적을 달성할 수 있다는 뜻이다.

오답 피하기
① '오매불망(寤寐不忘)'은 자나깨나 잊지 못함을 이르는 말이다.
② '대기만성(大器晚成)'은 큰 그릇은 늦게 이루어진다는 뜻이다.
③ '어부지리(漁夫之利)'는 두 사람이 이해관계로 서로 싸우는 사이에 엉뚱한 사람이 애쓰지 않고 가로챈 이익을 이르는 말이다.
④ '전화위복(轉禍爲福)'은 어떤 불행한 일이라도 끊임 없는 노력으로 불행을 행복으로 바꾸어 놓을 수 있다는 말이다.

13 ③

'해내다'는 '상대편을 마구 때리거나 물어서 괴롭혀 여지없이 이겨 내다.'의 뜻이다.

오답 피하기
① 얼리다: 둘 이상의 사람이나 짐승이 한데 섞여 어우러지다.
② 하릴없다: 달리 어떻게 할 도리가 없다.
④ 홉뜨다: 눈알을 굴려 눈시울을 위로 치뜨다.
⑤ 박대하다: 정성을 들이지 않고 아무렇게나 대접을 하다.

14 ①

욕심만 내어 어리석게 시작하였다가 도리어 손해나 망신을 당함을 이르는 말이다. 주어진 글에서 구독자 수를 급격히 늘려 유튜브 수익을 얻기 위해 바람직하지 않은 접근 방식과 그로 인한 결과를 설명하므로 '개구멍에 망건 치기'가 적절하다.

오답 피하기
② '물이 너무 맑으면 고기가 안 모인다'는 사람이 너무 지나치게 똑똑하고 영리하면 친구가 없다는 뜻이다.
③ '공든 탑이 무너지랴'는 공들여 쌓은 탑은 무너질 리 없다는 뜻으로 힘을 다하고 정성을 다한 일은 그 결과가 헛되지 아니함을 비유적으로 이르는 말이다.
④ '벼 이삭은 익을수록 고개를 숙인다'는 교양이 있고 수양을 쌓은 사람일수록 겸손하고 남 앞에서 자기를 내세우려고 하지 않는다는 것을 비유적으로 이르는 말이다.
⑤ '모기 보고 칼 빼기'는 시시한 일로 소란을 피움을 비유적으로 이르는 말이다.

15 ③

주어진 [가], [나]의 글은 정보를 제공하거나 설명하는 글이므로 중요한 정보와 주제, 키워드, 핵심 문장을 찾아내어 핵심 내용을 이해하는 읽기 방법을 선택하는 것이 적절하다.

오답 피하기
① 이야기가 전개를 따라가며 문학적 장치나 상징적인 의미를 파악하며 읽는 것은 서사적인 글에 적절하다.
② 글쓴이의 주장에 대해 비판적 사고를 하며, 논리적인 타당성을 검토하며 읽는 것은 비평적인 글에 적절하다.
④ 주제에 대한 배경지식을 미리 습득하고 주어진 그래프, 표 데이터를 주의 깊게 살펴보며 읽는 것은 연구 결과를 전달하는 과학적인 글에 적절하다.
⑤ 리듬과 운율을 느끼며 비유적 표현을 생각하며 이미지를 그리며 읽는 것은 시와 같은 감정을 표현하는 문학에 적절하다.

16 ②

피자는 이탈리아에서 유래했지만, 그 자체는 전통적인 요리라기보다는 현대적인 글로벌 퓨전 음식으로 볼 수 있다. 피자는 다양한 재료와 토핑을 자유롭게 조합할 수 있어 전통적인 조리법을 따르는 음식과는 다르며, 특히 국제적으로 표준화된 방식으로 만들어지고 있어 지역적인 특색이 드러나지 않는다.

문제해결 TIP
전체 글을 읽고 ㉠이 문맥 속에서 어떤 의미로 사용되었는지 정확하게 파악해야 한 뒤에 보기에 제시된 내용들이 ㉠의 의미와 얼마나 부합하는지 비교하여 푸는 것이 중요하다.

17 ②

시조는 우리 고유의 정형시로 기본 형식은 3장 6구 45자 내외이며 각 장은 모두 4음보로 만들어진다. 종장의 첫 음보는 반드시 3음절을 지켜야 한다. 그러므로 '종장은 반드시 5음보로 끊어 읽는다'는 적절하지 않다.

문제해결 TIP
시조 문제는 기본 구조와 특징과 시조의 주제와 정서를 파악하는 것이 중요하다. 시조는 형식적으로는 3장 6구 45자 내외의 형식을 갖춘다. 시조는 4음보의 율격을 지니고 있으며 종장을 첫 마디는 3음절 정형을 준수한다. 함축적인 의미 측면에서는 시조 속 화자의 감정, 태도, 의도를 파악하면 작품의 주제를 더욱 깊게 이해할 수 있다.

18 ③

부질없이 조그만 계집을 시험하다 공연히 장졸만 다 죽였다는 것은 작은 일에 신경쓰다가 큰 피해를 보게 되었다는 뜻이므로 '작은 것을 탐하다가 큰 것을 잃게 생겼다'는 의미가 적절하다.

문제해결 TIP
고전 소설 문항 풀이 시의 주의할 점은 고전 소설은 현대어와 다른 표현 방식을 사용하므로, 단어의 의미를 알아내는 것이 어렵다는 점이다. 고전 소설에 자주 등장하는 어휘를 꾸준히 학습하면 문제 풀이에 도움이 되며, 단어의 의미를 유추하여 지문 전체의 내용을 파악하는데 도움을 준다.

19 ①

'주객전도(主客顚倒)'는 주인과 손의 위치가 서로 뒤바뀐다는 뜻으로 외래어가 원래 우리말이 차지해야 할 자리를 차지하고, 그 자리를 지배하는 상황이 본말이 전도된 것과 같다고 설명하므로 언어 사용의 본래 목적이 뒤바뀐 상황을 나타내는 '주객전도'가 적절하다.

오답 피하기
② '학이시습(學而時習)'은 배우고 때로 익힌다는 뜻으로 배운 것을 항상 복습하고 연습하면 그 참 뜻을 알게 된다는 말이다.
③ '입신양명(立身揚名)'은 출세하여 이름을 세상에 떨친다는 뜻이다.
④ '과유불급(過猶不及)'은 정도를 지나침은 미치지 못함과 같다는 뜻이다.
⑤ '인과응보(因果應報)'는 선악의 결과에 따라 행복과 불행이 있다는 뜻이다.

20 ⑤
'대학 도서관을 지역 주민에게 개방해야 하는가?'라는 논제를 놓고 찬성과 반대의 두 입장이 대립되어 있다. 이렇게 대립된 견해를 절충·조절할 수 있는 제3의 입장을 찾아야 하므로 '실험적 개방'을 제안한 ⑤가 가장 적절하다.

오답 피하기
①, ③ 반대의 입장에 해당하는 주장이다.
② 찬성의 입장을 취하고 있지만, 유료에 대한 견해는 '주민들에게 개방해야 하는가, 마는가?'라는 논제에서 벗어난 주장이다.
④ 찬성의 입장이다.

21 ①
이 속담은 아무리 화려하고 아름다운 것이라도 오래가지 못한다는 의미로, 부귀영화나 번영도 결국 일시적이라는 점을 강조한다. 로마 제국이 한때 세계를 지배하며 막대한 부와 권력을 누렸지만, 시간이 지나면서 쇠퇴하고 몰락한 사실과 연결된다. 결국, 화려한 전성기도 시간이 지나면 사라지고, 모든 것은 변할 수 있다는 교훈에 어울리는 속담은 '열흘 붉은 꽃이 없다'가 적절하다.

오답 피하기
② '되로 주고 말로 받는다'는 조금 주고 그 대가로 몇 곱절이나 많이 받는 경우를 비유적으로 이르는 말이다. 주로 남에게 악행을 저질렀는데 자신이 더 큰 악행을 당할 때 이 속담을 쓴다.
③ '핑계 없는 무덤 없다'는 책임을 회피하려고 변명을 늘어놓는 사람을 비꼬아 쓰는 말이다.
④ '돌다리도 두드려 건너라'는 아무리 잘 아는 일이라도 조심하여 실수 없게 하라는 말이다.
⑤ '눈 위에 서리 친다'는 어려운 일이 공교롭게 계속됨을 비유적으로 이르는 말이다.

22 ⑤
'해야 솟아라, 해야 솟아라. 말갛게 씻은 얼굴 고운 해야 솟아라'는 '해야 솟아라'와 같이 비슷한 표현(단어, 구절, 문장)을 반복하는 방법으로 시어나 시구, 시행 등을 반복하면서 의미를 강조해 운율을 형성하는 반복법을 사용한 문장이다.

23 ④
제품의 품질을 향상시키는 것은 마케팅 기법이라기보다는 제품 개발의 일환이다. 스마트폰의 배터리 용량을 늘리거나 카메라 성능을 개선하는 것은 소비자에게 더 나은 경험을 제공하지만, 이는 마케팅 전략의 일부가 아니라 제품 개선에 해당한다.

문제해결 TIP
글의 중심 주제를 찾고 희소성, 가격, 리뷰, 심리, 사회적 책임감 등의 키워드 중심으로 문제를 풀면 더욱 효과적이다. 각 보기를 위의 마케팅 기법들과 비교하여 어떤 기법과 관련이 있는지 판단하면서 풀면 효과적으로 답을 고를 수 있다.

24 ②
청년들 사이에서 결혼에 대한 관심이 줄어든 주된 원인인 경제적 부담과 가치관 변화에 대해 이야기하고 있으므로 청년들의 결혼에 대한 변화하는 인식과 그 원인이 적절한 제목이다.

오답 피하기
① 글에서는 경제적 부담이 결혼을 미루는 주요 원인 중 하나라고 설명하지만, 모든 청년들이 경제적 이유만으로 결혼을 미루는 것은 아니며, 가치관 변화 등 다른 요소들도 함께 작용하고 있다는 것을 알 수 있다.
③ 글에서는 정부의 정책이나 지원에 대한 내용이 언급되긴 하지만, 부모가 자식을 위한 경제적인 노력 측면에 대해서는 서술하고 있지 않다. 따라서 자식을 위한 부모의 노력을 강조한 제목은 맞지 않다.
④ 글에서는 주로 청년들의 결혼에 대한 관심 감소를 다루고 있으며, 이 현상이 다른 나라나 전 세계적인 현상임을 확정짓지 않았으므로 적절하지 않다.
⑤ 단순히 '나 혼자만의 삶이 더 편하다'는 제목은 그 중 일부의 이유만을 강조한 표현이다. 이 글은 결혼에 대한 청년들의 관심 감소와 여러 원인에 대해 다루고 있지만, 혼자만의 삶이 편하다고 단정 짓지는 않으므로 적절하지 않다.

25 ④

주어진 글은 대중 매체, 인터넷과 소셜 미디어가 젊은 세대에게 강력한 영향을 미치며, 그들이 자기 정체성을 형성하고 사회적 규범을 배우는 데 중요한 역할을 한다고 말한다. 그렇기 때문에 과거에는 정보가 제한적이었지만, 지금은 디지털 기기를 통해 전세계의 정보에 쉽게 접근할 수 있어 '인터넷은 정보 접근의 장벽을 낮추고 젊은 이들에게 더 넓은 세상을 보여준다'는 내용이 빈칸에 들어가기에 가장 적절하다.

문제해결 TIP
지문의 내용을 바탕으로 빈칸에 들어갈 가장 적절한 문장을 선택하는 문제를 풀 경우, 지문의 핵심 내용을 파악하고 빈칸에 들어갈 문장의 조건을 찾는 것이 중요하다. 빈칸에 들어갈 문장의 조건으로는 지문의 핵심 내용과 일관되어야 하며 전반적인 글의 흐름의 입장과 비슷한 맥락을 선택한다.

04 자료해석

유형 훈련 문제   P. 218

| 01 | ③ | 02 | ④ | 03 | ③ | 04 | ② | 05 | ③ |
| 06 | ③ | 07 | ④ | 08 | ② | 09 | ① | 10 | ② |

01 ③

수열의 규칙을 찾아 7번째 항의 값을 구하는 문제이다. 제시된 수열은 사칙 연산의 혼합 형태로 이루어진 수열로, $+1, \times 2, -3, +4, \times 5\cdots$의 규칙을 지닌다. $+, \times, -, +, \times, \cdots$의 순서로 연산 기호가 반복되고, 연산 기호 뒤에 오는 숫자는 1씩 커지는 규칙이다. 따라서 괄호 안에 들어갈 수는 $45-6=39$이다.

02 ④

2%의 소금물에 xg만큼의 소금물이 들어 있다고 가정하고, 전체가 300g이므로 나머지 6%에는 $(300-x)$g만큼의 소금물이 있다고 생각해 보자.
그렇다면 다음과 같은 식을 만들 수 있다.

$$\frac{\frac{2}{100}x+(300-x)\frac{6}{100}}{300}=\frac{5}{100}$$

$2x+6(300-x)=1,500$
$x=75$g이 된다.
따라서 2% 소금물 75g, 6% 소금물 $300-75=225$(g)을 섞는다.

03 ③

현재 환율 기준 1달러=150루피=1,200원이므로 1루피의 가격은 $\frac{1,200}{150}=8$(원)이다.
밀가루 10kg당 가격이 45,000루피이므로 밀가루 1톤(=1,000kg)을 수입하면 $45,000\times100=4,500,000$(루피)이다. 4,500,000루피를 원으로 환산하면 1루피가 8원이므로 $4,500,000\times8=36,000,000$(원)이다. 따라서 정답은 3,600만 원인 ③이다.

04 ②

2016~2018년 동안 전북 지역의 물가 지수가 가장 낮으므로 물가가 가장 낮은 지역은 전북이다.

오답 피하기
①, ③, ④ 실제 물가가 아닌 물가 지수를 나타낸 자료이기 때문에 선택지에 관한 내용은 확인할 수 없다.

05 ③

2011년의 관광수지 흑자 폭은 6,865.4−2,640.3=4,225.1(백만 달러)로 조사기간 동안 가장 크며, 관광수입의 전년 대비 증가율도 34.2%로 조사기간 중에 가장 높다.

오답 피하기
① 관광수입은 적고, 관광지출이 많을 수록 관광수지 적자 폭이 가장 크다. 2019년 관광수지는 5,294.5−13,783.0=−8,448.5(백만 달러)로 조사기간 동안 관광수지 적자 폭이 가장 크나, 관광수입의 전년 대비 증가율은 −8.6%로 2016년의 전년 대비 증가율인 −9.7%보다 높다.
② 2011년에는 외국인 입국자 수가 전년 대비 증가하였지만, 내국인 출국자 수는 전년 대비 감소하였다.
④ 전년 대비 외국인 입국자 수가 가장 많이 감소한 해는 5,322−1,571=3,805(명)이 감소한 2014년이며, 관광수입과 관광지출 모두 9% 이상 감소하지 않았다.

06 ③

각 학교별 2017년 대학 진학률을 구하면

A 고등학교: $\frac{20}{340} \times 100 ≒ 5.9(\%)$

B 고등학교: $\frac{11}{177} \times 100 ≒ 6.2(\%)$

C 고등학교: $\frac{14}{267} \times 100 ≒ 5.2(\%)$

D 고등학교: $\frac{5}{241} \times 100 ≒ 2.1(\%)$

E 고등학교: $\frac{4}{293} \times 100 ≒ 1.4(\%)$

F 고등학교: $\frac{2}{198} \times 100 ≒ 1.0(\%)$

따라서 F 고등학교의 진학률이 가장 낮다.

오답 피하기
① A 고등학교의 2016년 대학 진학률은 $\frac{15}{330} \times 100 ≒ 4.5(\%)$로 5% 미만이다.
② B 고등학교의 졸업자 수는 2013년−2016년−2015년−… 순으로 많고, 대학 진학자 수는 2017년−2016년−2014년−… 순으로 많다.
④ 2015~2017년 동안 E 고등학교는 대학 진학자 수는 4명으로 일정하나, 졸업자 수는 289명→300명→293명으로 '증가−감소'한다. 이에 따라, 대학 진학률의 증감추이는 '감소−증가'이므로 지속적으로 감소하지 않는다.

07 ④

2019년의 유감지진은 총 16회이며, 규모 4.0 이상의 지진 발생 횟수는 2+0=2(회)이다. 규모 4.0 이상은 모두 유감지진이므로 16−2=14(회)는 규모 4.0 미만의 유감지진 발생 횟수이나, 이 중 규모 3.0 미만인 유감지진의 횟수는 주어진 자료를 통해 알 수 없다.

오답 피하기
① 2017년의 총 지진 횟수 대비 유감지진 횟수의 비율은 $\frac{98}{223} \times 100 ≒ 43.9(\%)$이다. 다른 조사연도의 총 지진 횟수 대비 유감지진 횟수의 비율을 어림 계산해 보면, 2017년의 비율이 가장 큰 값임을 알 수 있다.
② 2016년에 규모 4.0 이상 지진 발생 횟수는 1+3=4(회)로 가장 많으며, 규모 3.0 미만 지진 횟수도 218회로 가장 많다.
③ 2018년 지진 총 발생 횟수 대비 규모 3.0 이상 지진 횟수의 비율은 $\frac{(4+1+0)}{115} \times 100 = \frac{5}{115} \times 100 ≒ 4.3(\%)$으로 5% 미만이다.

08 ②

(상대도수)=$\frac{(각\ 계급의\ 도수)}{(도수의\ 총합)}$이므로, 80점 이상 90점 미만의 학생 수 5명과 상대도수 0.25를 통해 전체 학생 수가 20명임을 알 수 있다. 즉 E의 값은 20, 학생 수가 6명인 경우 상대도수는 $\frac{6}{20}$이므로 A의 값은 0.3, 상대도수가 0.15이므로 D의 값은 3, 전체가 1이므로 F의 값은 1, 전체에서 각 계급의 도수를 빼 주면 B의 값은 6, 누적도수의 C의 값은 17이다.
따라서 A+B+C+D+E+F=0.3+6+17+3+20+1=47.3이다.

09 ①

발생 지역의 소나무 수는 모두 1,000그루로 동일하므로 제시 자료를 바탕으로 발생 지역의 감염된 소나무 수와 고사한 소나무 수에 관한 산식을 정리하면 다음과 같다.

• 발생 지역의 감염된 소나무 수:
$\frac{(감염률)}{100} \times 1,000 = (감염률) \times 10$

• 발생 지역의 고사한 소나무 수:
$\frac{(고사율)}{100} \times (발생\ 지역의\ 감염된\ 소나무\ 수)$
$= \frac{(고사율)}{100} \times (감염률) \times 10 = \frac{1}{10} \times (고사율) \times (감염률)$

이에 따라 지역별 고사한 소나무 수를 정리하면 다음과 같다.

[표] 지역별 고사한 소나무 수 (단위: 그루)

구분	청도	포항	경주	거제	제주
고사한 소나무 수	70	120	100	250	160

따라서 고사한 소나무 수가 두 번째로 많은 지역은 '제주'이다.

10 ②

8명이 차지하는 상대도수가 0.32라면, 상대도수 0.04가 차지하는 도수(명)는 1명이다.
1명이 차지하는 상대도수가 0.04 값이므로 6을 곱하면 6명이 차지하는 값의 상대 도수가 0.24임을 알 수 있다.

실전 연습 문제 P.224

01	③	02	④	03	①	04	②	05	②
06	④	07	③	08	①	09	②	10	①
11	②	12	①	13	②	14	②	15	④
16	③	17	④	18	②	19	②	20	①

01 ③

두 사람의 현재 예금액 차이는 $2,150,000-1,700,000=450,000$(원)이다. 민수가 승진이보다 $140,000-80,000=60,000$(원) 더 많이 예금하므로 개월 수를 x개월이라 할 때, 민수의 예금액이 승진의 예금액보다 높아질 때는 다음과 같이 구할 수 있다.
$60,000x > 450,000$
$x > 7.5$이므로 8개월째부터 민수의 예금액이 승진이보다 많아진다.

02 ④

우선 2학년의 평균 점수를 기준 점수(n)로 설정한다. 1학년 평균 점수×2=3학년 평균 점수이므로 2학년 평균 점수 n의 값을 구하면,
$(n-10) \times 2 = n+20$
$2n-20 = n+20$
$n=40$
1학년 평균 점수는 기준 점수보다 -10점이고 학생 수가 20명이므로 $-10 \times 20 = -200$
3학년 평균 점수는 기준 점수보다 $+20$점이고 학생 수가 50명이므로 $20 \times 50 = 1,000$
이를 합하면 $-200+1,000=800$이며 800을 총학생 수인 100명으로 나누면 8이 나온다. 8을 기준 점수에 합하여 전체 학생의 평균을 구하면 $40+8=48$(점)이다.

03 ①

작년의 학생 수에 10%를 더한 값이 924명임을 이용하여 식을 세울 수 있다.
작년의 학생 수를 x명으로 두면, 다음과 같이 식을 구할 수 있다.
$x + \dfrac{10}{100}x = 924$
$x\left(1+\dfrac{10}{100}\right) = 924$
$1.1x = 924$
$x = 840$(명)

04 ②

퍼낸 소금물의 양을 xg이라 할 때, 같은 양의 소금물을 퍼내므로 각 용기의 소금물의 양은 바꾸어 부은 이후에도 그대로이며, 소금의 양만 바뀐다. 즉, (가) 용기는 소금의 농도가 8%이므로 $0.08x$g의 소금이 빠지며, 추가로 (나) 용기에서 $0.12x$g의 소금이 들어온다. 동일하게 (나) 용기는 소금의 농도가 12%이므로 $0.12x$g의 소금이 빠지며, 추가로 (가) 용기에서 $0.08x$g의 소금이 들어온다. 이를 토대로 식을 세우면 다음과 같다.

$$\frac{16-0.08x+0.12x}{200}\times100=\frac{36-0.12x+0.08x}{300}\times100$$

$x=120$(g)이다.

05 ②

먼저 지워져서 보이지 않는 부분을 구한다. 1반 총학생 수는 24명이므로 90점 이상 100점 미만의 학생 수는 $24-(3+5+4+6+4)=2$(명)이다.

2반 총학생 수는 각 점수대별 학생 수를 더한 $4+3+6+5+4+3=25$(명)이다.

이를 토대로 각 반의 50점 미만의 학생 수를 합계로 나눈 값을 비교하면 된다.

1반의 경우 $\frac{3}{24}$, 2반의 경우 $\frac{4}{25}$, 3반의 경우 $\frac{3}{25}$이다.

우선 분모가 같은 2반과 3분 중 2반의 비율이 더 높고, 다음과 같이 1반과 2반의 분모를 같게 만들어 비교할 수 있다.

1반은 $\frac{3}{24}=\frac{1}{8}=\frac{125}{1,000}$이며, 2반은 $\frac{4}{25}=\frac{160}{1,000}$이므로 2반의 비율이 더 높음을 알 수 있다.

06 ④

3월 대비 9월 모의고사 총점이 가장 큰 폭으로 높아진 B의 3월 대비 9월 모의고사 총점 증가율을 계산하면 $\frac{(287-187)}{187}\times100=\frac{100}{187}≒53.5(\%)$으로 50% 이상이므로 두 번째 조건에 따라, B에 해당하는 학생은 '병'이다. C와 E의 6월과 9월 모의고사 총점의 직전 시기 대비 증감률을 어림 계산하면 각각 10%가 넘지 않음을 알 수 있다. 따라서 세 번째 조건에 따라, C 또는 E가 '정' 또는 '무'이다. E의 3월 대비 6월 모의고사 총점 변화율을 계산하면 $\frac{(350-325)}{325}\times100≒7.7(\%)$이고, 6월 대비 9월 모의고사 총점 변화율은 $\frac{(355-350)}{350}\times100≒1.4(\%)$이다. 즉 E의 직전 시기 대비 6월과 9월의 모의고사 총점의 변화율은 감소하므로 네 번째 조건에 따라 E는 '무'이고, C는 '정'이다. 3월 대비 9월 모의고사 총점의 증가율을 비교할 때, A는 $\frac{(267-254)}{254}\times100≒5.1(\%)$이고, D는 $\frac{(258-245)}{245}\times100≒5.3(\%)$로, D의 증가율이 A의 증가율보다 더 높으므로 첫 번째 조건에 의해 D는 '갑'이고 A는 '을'이다. 따라서 '갑'의 점수에 해당하는 것은 D이다.

07 ③

06번의 설명에 따라 '정'의 점수에 해당하는 것은 C이다.

08 ①

정상 가격이 모두 동일하므로 할인 금액이 가장 큰 쇼핑몰의 구매 가격이 가장 저렴하다. 우선 회원 혜택을 할인 금액으로 통일한다. 예를 들어 1% 할인의 할인 금액은 $150,000\times0.01=1,500$(원)이다. 나머지도 이와 같이 구하면 다음과 같다.

A=3,000원, B=4,500원, C=3,000원, D=4,500원, E=7,500원, F=9,000원

다음으로는 E, F를 제외하고 할인 쿠폰에 의한 할인 금액을 계산한다.

회원 혜택을 먼저 적용한 금액에 대해 할인 쿠폰을 적용하므로 할인 쿠폰에 의한 할인 금액은 다음과 같다.

A: $(150,000-3,000)\times0.05=7,350$(원)
B: $(150,000-4,500)\times0.03=4,365$(원)
C: $(150,000-3,000)\times0.04=5,880$(원)
D: $(150,000-4,500)\times0.02=2,910$(원)

회원 혜택과 할인 쿠폰에 의한 할인 금액을 합하고 각 배송비를 제하여 할인 금액을 구한다.

A: $3,000+7,350-6,000=4,350$(원)
B: $4,500+4,365-3,000=5,865$(원)
C: $3,000+5,880-6,000=2,880$(원)
D: $4,500+2,910-3,000=4,410$(원)
E: $7,500-3,000=4,500$(원)
F: $9,000-4,500=4,500$(원)

B 쇼핑몰의 할인 금액이 가장 크므로 구매 가격이 가장 저렴하다는 것을 알 수 있다.

09 ②

띠그래프의 총 길이가 20cm이고, 'B형'의 길이는 5cm이므로 'B형'인 학생이 전체 학생에서 차지하는 비중은 $\frac{5}{20}\times100=25(\%)$이다. 따라서 'A형'인 학생의 비중은

$100-45-25-5=25(\%)$이다. 'A형'인 학생의 비중과 'B형'인 학생의 비중이 같으므로 띠그래프 상 'A형'의 길이는 5cm이다.

10 ①
서울에서 도시가스 사용 비율이 84.5%로 가장 높다.

오답 피하기
② 인천에서 도시가스를 사용하는 비율은 열병합을 사용하는 비율의 $\frac{91.8}{7.4}≒12.4$(배)이다.
③ 경기북부에서 등유를 사용하는 비율은 인천에서 등유를 사용하는 비율의 $\frac{4.1}{0.4}≒10$(배)이다.
④ 경기남부에서 열병합 사용 비율은 도시가스 사용 비율의 $\frac{65}{32.6}≒1.99$(배)이다.

11 ②
2019년에 회사법인은 592,000개이고, 회사법인 종사자 수는 9,918,000명이므로 회사법인 한 곳당 종사자 수는 $\frac{9,918,000}{592,000}≒17$(명)이다.

12 ①
40점 이상 60점 미만의 인원수는 4명이고 상대도수가 0.1이므로, 상대도수가 1인 경우는 40명이고, 0.15인 경우는 6명이다. 그러므로 (다)는 40명, (가)는 6명이다. 이에 따라 (나)는 $40-6-7-4-9-12=2$(명)이다.

13 ②
1년 기준으로 (가)~(다) 제품의 지불 총액은 다음과 같다.
(가) 250만 원, 전기요금 7만 원×12,
  관리비 1.5만 원×12
→ $250+84+18=352$(만 원)
(나) 200만 원, 전기요금 8만 원×12,
  관리비 2.5만 원×12
→ $200+96+30=326$(만 원)
(다) 180만 원, 전기요금 9.5만 원×12,
  관리비 2만 원×12
→ $180+114+24=318$(만 원)
따라서 지불해야 하는 총액이 두 번째로 큰 제품은 (나) 제품이다.

14 ②
어문학부 응시생은 2,277명이고, 이 중 1차 시험 합격자는 1,564명이다. 각 시험의 합격률은 합격자 대비 응시생의 비율로 계산하므로 어문학부의 1차 시험 경쟁률은 $\frac{2,277}{1,564}≒1.46$이다.

15 ④
용산역을 이용하는 30대 이용객 수
: $2,500×0.23=575$(명)
대전역을 이용하는 20대 이용객 수
: $1,500×0.15=225$(명)
그러므로 그 차이는 $575-225=350$(명)이다.

16 ③
사회 과목의 조정 점수가 50점이므로 조정 점수 계산식에 따라 $\frac{(원점수-응시자 평균)}{(표준편차)}×10$의 값이 0이어야 한다. 따라서 '원점수-응시자 평균'이 0이어야 하므로 응시자 평균 점수는 원점수와 동일하게 78점이다.

17 ④
1998년 정상 체중 비율의 최대치는 74.9%이고, 최저치는 62.4%이므로 그 차이는 $74.9-62.4=12.5(\%p)$이며, 2007년 정상 체중 비율의 최대치는 67.5%이고, 최저치는 51.8%이므로 그 차이는 $67.5-51.8=15.7(\%p)$이다. 따라서 2007년의 차이가 더 크다.

오답 피하기
① 각 연령대별 비만율은 다음과 같이 증가하였다.
  • 19~29세: $22-15.2=6.8(\%p)$
  • 30대: $27.8-24.6=3.2(\%p)$
  • 40대: $32.5-31.6=0.9(\%p)$
  • 50대: $42.4-35.6=6.8(\%p)$
  • 60대: $46.2-30.2=16(\%p)$
  • 70대 이상: $31.7-22.2=9.5(\%p)$
그러므로 가장 많이 증가한 연령대는 60대이다.
② 2007년 40대 이하의 비만율 합은 $32.5+27.8+22=82.3(\%)$이며, 50대 이상의 비만율의 합은 $42.4+46.2+31.7=120.3(\%)$이므로 50대 이상의 비만율의 합보다 낮다.
③ 1998년의 70세 이상의 비만율과 저체중 비율의 차이는 $22.2-13.4=8.8(\%p)$이며, 같은 해 40대(40~49세)의 비만율과 저체중비율의 차이는 $31.6-2.1=29.5(\%p)$이므로 $\frac{29.5}{8.8}≒3.4$(배)이다.

18 ②

도시별 지상 10m의 월평균 온도가 가장 높은 달은 다음과 같다.

구분	A	B	C	D	E
지상 10m	7월	8월	8월	7월	8월

도시별 지상 10m의 월평균 온도와 지표면 월평균 온도가 가장 높은 달은 다음과 같다.

구분	A	B	C	D	E
지상 10m	7월	8월	8월	7월	8월
지표면	8월	8월	8월	8월	8월
일치 여부	불일치	일치	일치	불일치	일치

따라서 일치하지 않는 도시는 A 도시와 D 도시이다.

19 ②

15개 이상 20개 미만인 계급에서 상대도수가 0.28이므로, 전체 도수는 $\frac{7}{0.28}=25$(명)이다.

20 ①

20개 이상 25개 미만인 계급의 도수는 $25 \times 0.24 = 6$(명)이다. 따라서 10개 이상 15개 미만인 계급의 도수는 $25-(1+3+7+6+2+2+1)=3$(명)이므로 이 계급의 상대도수는 $\frac{3}{25}=0.12$이다.

PART Ⅱ. 02 상황판단검사 P.249

01

제시문 이해하기

'어떠한 상황에서도 규정을 지킬 수 있는지'에 대한 상황으로 군 간부로서 규정을 준수할 수 있는지에 대한 문제이다.

풀이 TIP

군인은 어떠한 경우에도 대민에 피해를 주거나 부담을 주는 행위를 해서는 안되며, 대민업무 수행 시 친절, 공정, 신속하게 업무를 처리하여야 한다.(군인복무규율 제7조2항 국민에 대한 친절의 의무) 거절하기 어려운 상황이라 하더라도 규정을 준수하기 위한 노력이 필요하다.

02

제시문 이해하기

'업무가 미숙하고 실수가 많은 부하'를 어떠한 방식으로 이끌 것인지에 대한 상황으로, 상급자로서 부하에 대한 동기 부여 능력과 리더십을 평가하기 위한 문제이다.

풀이 TIP

부하의 능력이 부족하다고 하여 강압적인 태도를 보이거나 과도한 업무를 부여하는 것은 오히려 부하의 능력을 위축시키고 소극적인 태도를 초래할 수 있음을 명심해야 한다. 무엇이 문제인지 원인을 일깨워 주고, 격려를 해 주어 부하가 스스로 업무에 대해 적극적으로 배워 나갈 수 있도록 동기를 부여하는 것이 올바른 조치방법이다.

03

제시문 이해하기

'처음 전입한 부대에서 어떤 방식으로 리더십을 발휘하여 부대원들을 이끌 것인가'라는 리더로서의 동기부여 능력과 솔선수범, 부대지휘능력 등을 평가하기 위한 문제이다.

풀이 TIP

처음 부대 지휘자로 전입하여 부대원들을 이끌 때 부하들과 신뢰가 없는 상태에서 강압적이고 권위적으로 부대지휘를 하면 반감을 일으키기 쉬우며, 원하는 방향으로 부하들을 이끌기가 어렵다. 부하들에게 먼저 모범을 보이고 솔선수범했을 때, 부하들이 지휘자를 인정하고 신뢰를 바탕으로 부대를 지휘할 수 있는 것이다.

04

제시문 이해하기

상급자의 부당한 지시나 강요에 대해서 부하로서 어떻게

대처할 것인가'에 대한 상황으로, 상급자의 부당한 강요에 대해 어떠한 방법으로 상황을 해결할 것인가를 묻는 문제이다.

풀이 TIP
부하로서 상급자의 부당한 지시나 강요를 거절하기는 어려울 수밖에 없다. 그렇다고 해서 부당한 지시나 강요를 계속 이행하는 것은 부하로서 올바른 태도가 될 수 없다. 어렵지만, 상급자에게 부당한 점에 대해 용기를 내어 소통할 수 있는 자세가 필요하며, 그러한 애로사항을 상급자가 듣지 않는다면, 차상급 상관에게 조언을 구할 수 있도록 하여야 한다.(군인복무규율 제24조 의견의 건의 / 제25조 고충처리)

05
제시문 이해하기
'경험이 부족한 초급 간부로서 병사들 간의 갈등, 간부들에게 불신이 쌓인 부하들에 대해서 어떻게 대처할 것인가'라는 상황을 통해 리더로서의 의사소통, 갈등 관리, 응집력 제고 능력 등을 평가하기 위한 문제이다.

풀이 TIP
경험은 부족하고 계급은 높은 초급 간부로서. 부대원들이 지시를 따르지 않는다고 하여 강압적인 태도로 부하들을 대하면 오히려 부하들에게 인정받는 리더가 될 수 없다. 그리고 병사들 간의 문제 또한 원인을 파악하여 해결하려 노력해야 할 것이다. 계급에만 의존하여 강압적인 태도로 부하를 억누르려고 하면 할수록 부대 분위기는 더욱 험악해질 수 있음을 명심해야 한다.

06
제시문 이해하기
'부하들 간의 갈등 문제를 어떻게 해결할 것인가'에 대하여 간부로서의 갈등관리와 집단 통솔능력을 평가하기 위한 문제이다.

풀이 TIP
사건·사고 발생 시 문제의 원인 및 상황파악이 우선되어야 하며, 이후 해결방안을 모색하여야 한다. 문제 해결 시에는 우선순위(①본인의 지휘 권한 내 해결방안 모색, ②능력 범위초과 시 상급자 또는 지휘관에게 보고)에 따라 조치하여야 한다. 부하가 마음에 들지 않는다고 다른 부대로 보내는 등의 문제상황에 대한 개선을 포기하는 행동은 가장 지양해야 할 조치이다.

07
제시문 이해하기
'상급자의 오해로 잘못된 질책이 있을 시 어떻게 행동할 것인가'에 대해 상급자에게 용감히 이야기할 수 있는지 부서 대변 능력 및 과감성을 판단하는 문제이다.

풀이 TIP
억울한 부하의 사정을 알고 있다면, 아무리 나보다 계급이 높은 상급자라 하더라도 부하에 대해 잘 모르고 처벌할 시 그 부하를 대변하여 보고할 수 있어야 한다. 상급자에 대한 무시 또는 항명으로 비추어지는 것이 두려워 억울한 병사의 사정을 모른 체한다면 부하로부터 신뢰받는 상급자가 될 수 없음을 명심해야 한다. 그렇다고 해서 상관에 대하여 예의를 갖추지 않아도 되는 것은 아니다. 최대한 상관과 부하의 중간자로서 오해를 해소하려는 노력을 해야 한다.

08
제시문 이해하기
'초급 간부로서 규정과 부대 실정의 괴리 상태를 어떻게 대처할 것인가'라는 상황을 통해 간부로서의 능력과 융통성, 적극성 등을 평가하기 위한 문제이다.

풀이 TIP
초급 간부로서 경험이 부족하고 업무 파악이 되지 않은 상태로 어려움을 느끼는 것은 자연스러운 것이다. 그리고 각 부대의 특징에 따라 부대 운영 방법이 약간씩 다른 점은 인정해야 할 부분이다. 본인이 부족한 점을 느끼고 배우려는 모습을 보인다면 부하들에게 인정받는 리더가 될 수 있다. 해당 부대의 사정을 잘 알고 있는 중사와 협력하여 교범과 부대 실정 사이에서 협의점을 찾아야 한다.

09
제시문 이해하기
'능력이 부족한 부하에 대해 어떻게 관리할 것인가'에 대한 상황으로 리더로서 어떠한 방법으로 부하를 이끌 것인가에 대한 판단력을 묻는 문제이다.

풀이 TIP
능력이 부족한 부하라 하더라도 같은 부대에 소속된 전우임을 명심하고, 다른 부하들로부터 따돌림 당하지 않도록 신경을 써야 하는 것이 리더의 몫이다. 능력이 부족함을 탓하기 전에 지휘자가 직접 관리하고 지도하도록 신경을 써야 하며, 다른 부하들과 원만하게 지낼 수 있도록 관계개선을 도모해야 한다.

10
제시문 이해하기
'어려운 상황 속에서 어떻게 부대 전투력을 향상시킬 것인가'에 대한 상황으로 지휘자로서 어떤 방법을 통해 부대원들을 훈련시킬 것인가를 묻는 문제이다.

풀이 TIP
전입신병이 많아 훈련수준이 낮고, 날씨가 무덥다고 해서 부대훈련을 게을리 하는 것은 있을 수 없는 일이다. 그러한 상황일수록 어떤 방법으로 부하들이 효과적으로 훈련수준을 올릴 것인가에 대한 방법을 강구하는 것이 바로 지휘자의 몫이다. 그렇다고 해서 무조건 강압적으로 훈련을 시키거나 해줄 수 없는 상을 내걸고 동기부여를 하는 것은 리더로서 부적절한 방법일 것이다. 정해진 테두리 내에서 부하들이 즐겁게 훈련에 임할 수 있는 방법을 찾아야 한다.

11
제시문 이해하기

'중간지휘자로서 상관과 부하들 사이에 발생하는 문제를 어떻게 해결할 것인가'에 대한 상황으로 중간지휘자로서의 상관과 부하의 갈등을 해결하려는 노력에 대한 판단력을 묻는 문제이다.

풀이 TIP

부하는 항상 상관의 의도를 존중하고 기꺼이 지시에 따라야 하는 것은 당연한 자세이다. 하지만, 중간지휘자로서 부하들의 상태를 고려하여 상관에게 조언을 해야 하는 것도 필요하다. 상관이 보지 못하는 부하들의 사기와 상태에 대하여 조언을 하고, 설득하는 것이 필요하며, 그렇다고 해서 상관의 의도를 무시하거나 지시를 이행하지 않는 것은 절대로 하지 말아야 할 행동이다.

12
제시문 이해하기

'상관이 당신을 불평등하게 대할 때 어떻게 할 것인가'에 대한 상황으로 상급자가 부당한 이유를 들어 무시할 때 어떻게 감정통제를 하고 대처할 것인가를 묻는 문제이다.

풀이 TIP

상관은 능력과 상관없는 이유를 들어 부하를 폄하하거나 불공정하게 대해서는 안 되며, 반대로 부하의 입장에서는 상관이 부당하게 대한다고 느끼더라도 결코 똑같이 행동해서는 안 된다. 상관이 무시할 수 없도록 업무에 대하여 능력발휘를 통해 인정받는 것이 좋은 방법이다.

13
제시문 이해하기

'부대의 현안 업무와 상급 부대 임무 중 어떤 것을 먼저 해결해야 하는가'에 대한 상황으로 상황대처능력과 문제해결 능력을 판단하기 위한 문제이다.

풀이 TIP

임무분담이 잘 이루어져 있어야 활기차고 즐거운 병영생활을 할 수 있다. 임무 또는 문제가 동시다발적으로 발생할 시, 일의 중요도에 따라 우선순위를 정하여 수행하여야 하며, 여의치 않을 때에는 가능한 범위 내에서 병행하여 완수할 수 있도록 조정하는 능력도 필요하다. 그러나 상급부대의 부대 훈련 주기 일정은 임의대로 조정해서는 안 되며, 계획된 일정 안에서 완수하여야 한다.

14
제시문 이해하기

'일관성 없는 명령에 대해 상관에게 용기있게 말할 수 있는가'에 대한 상황을 통해 업무 수행 시 상관의 바르지 못한 지시에 대처하는 능력에 대해서 평가하기 위한 문제이다.

풀이 TIP

상관의 일관성 없는 지시에 대해서 면밀하게 확인하고, 더 중요한 것과 덜 중요한 것을 구분하여 상관에게 용기있게 의견을 건의할 수 있는 간부로서의 자세가 필요하다.

15
제시문 이해하기

'부당한 대처에 대해 상관에게 용기있게 말할 수 있는가'에 대한 상황을 통해 업무 수행 시 상관의 옳지 않은 판단 및 처신에 대처하는 능력에 대해서 평가하기 위한 문제이다.

풀이 TIP

잘못된 점을 발견하고 상관에게 보고하였으나 상관이 옳지 않은 행동과 대처를 하는 경우, 이를 면밀하게 확인하고 상관에게 용기있게 건의할 수 있는 간부로서의 자세가 필요하다. 그러나 항상 상관의 의견을 존중하고 최대한 수명하는 자세를 가져야 함을 잊지 말아야 한다.

파이널 모의고사 1회

공간능력　　　　　　　　　　P. 286

01	①	02	④	03	④	04	②	05	③
06	④	07	④	08	④	09	③	10	④
11	③	12	②	13	②	14	②	15	①
16	③	17	②	18	④				

01 ①

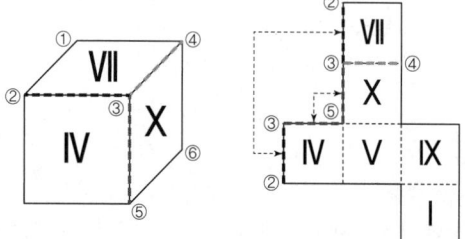

위의 그림에 따라 정답은 ①이다.

02 ④

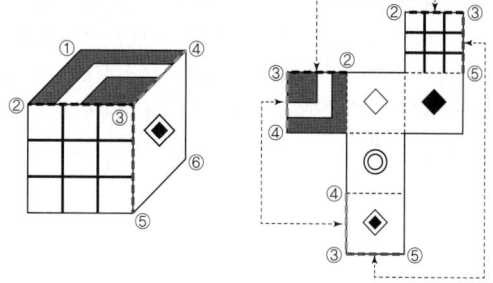

위의 그림에 따라 정답은 ④이다.

03 ④

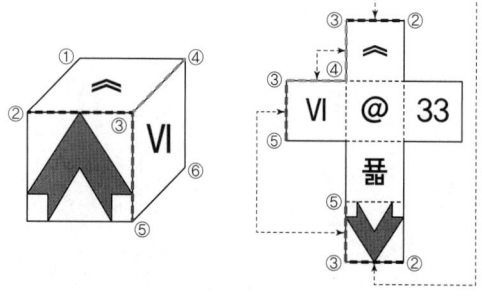

위의 그림에 따라 정답은 ④이다.

04 ②

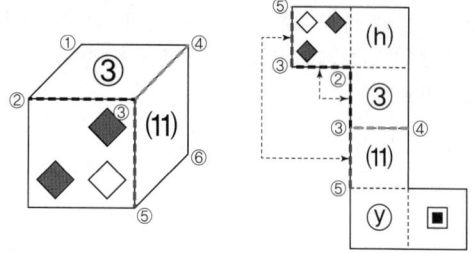

위의 그림에 따라 정답은 ②이다.

05 ③

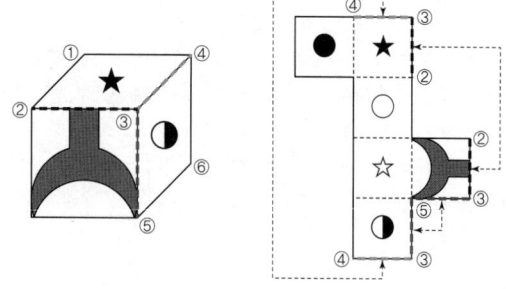

위의 그림에 따라 정답은 ③이다.

06 ④

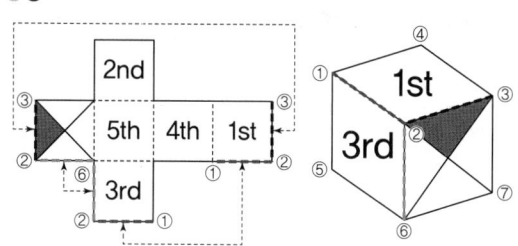

위의 그림에 따라 정답은 ④이다.

07 ④

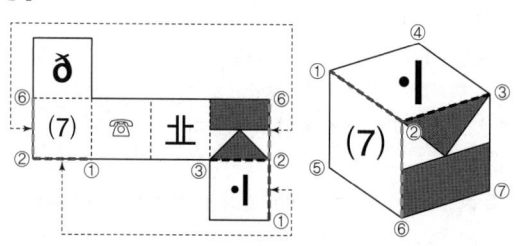

위의 그림에 따라 정답은 ④이다.

08 ④

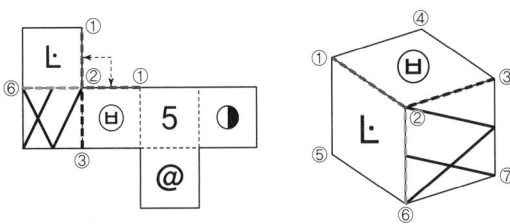

위의 그림에 따라 정답은 ④이다.

09 ③

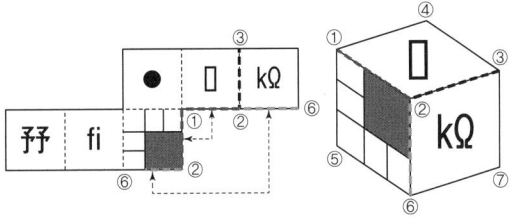

위의 그림에 따라 정답은 ③이다.

10 ④

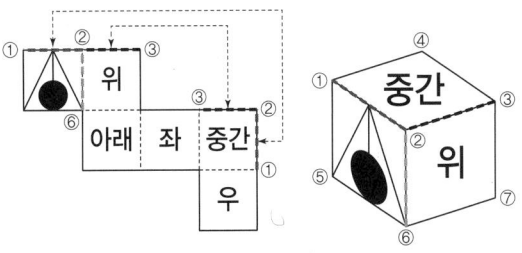

위의 그림에 따라 정답은 ④이다.

11 ③

좌측 열부터 우측으로 층수를 더해 가면,
10+7+7+3+8+7+8=50(개)이다.

12 ②

좌측 열부터 우측으로 개수를 더해 가면,
18+9+10+5+9+8=59(개)이다.

13 ②

좌측 열부터 우측으로 개수를 더해 가면,
17+5+12+4+8+10=56(개)이다.

14 ②

좌측 열부터 우측으로 층수를 더해 가면,
9+10+9+5+6+4+3=46(개)이다.

15 ①

화살표 방향에서 바라보는 방향으로 좌측 열부터 우측으로 층수를 세어 보면, 5-3-4-2-1-5이므로 ①과 일치한다.

16 ③

화살표 방향에서 바라보는 방향으로 좌측 열부터 우측으로 층수를 세어 보면, 4-3-2-1-1-5이므로 ③과 일치한다.

17 ②

화살표 방향에서 바라보는 방향으로 좌측 열부터 우측으로 층수를 세어 보면, 1-2-1-4-5-4이므로 ②와 일치한다.

18 ④

화살표 방향에서 바라보는 방향으로 좌측 열부터 우측으로 비어있는 블록을 확인하여 비교해보면 ④와 일치한다.

파이널 모의고사 1회

지각속도   P.296

01	①	02	①	03	②	04	①	05	①
06	②	07	②	08	①	09	①	10	①
11	①	12	①	13	①	14	①	15	②
16	①	17	②	18	①	19	②	20	①
21	①	22	①	23	①	24	②	25	①
26	③	27	④	28	③	29	①	30	④

01 ①

02 ①

03 ②

> 지하철 미용실 교회 공항 - ㉥ ㉢ ㉤ ㉣

'공항 = ㉧, 식당 = ㉣'이므로 옳지 않다.

04 ①

05 ①

06 ②

> 89 37 <u>46</u> 65 - TU ZY <u>BE</u> HJ

'46 = VQ, 91 = BE'이므로 옳지 않다.

07 ②

> 77 15 51 <u>91</u> - AA KE DR <u>JU</u>

'91 = BE, 27 = JU'이므로 옳지 않다.

08 ①

09 ①

10 ①

11 ①

12 ①

13 ①

14 ①

15 ②

> キ ロ ル <u>ラ</u> - ghj msw ktd <u>qot</u>

'ラ = jas, ヨ = qot'이므로 옳지 않다.

16 ①

17 ②

> ☎ ♨ ¢ ▽ - 변호사 경찰 의사 화가

'♨ = 교수, § = 경찰'이므로 옳지 않다.

18 ①

19 ②

> § ♨ ◆ ◎ - 경찰 교수 판사 요리사

'◎ = 간호사, ☆ = 요리사'이므로 옳지 않다.

20 ①

21 ①

22 ①

23 ①

24 ②

> Sv KHz PPM <u>℃/kg</u> - 각 학 락 막

'℃/kg = 삭, Ω = 막'이므로 옳지 않다.

25 ①

26 ③

```
zskgflsknpopgjsfhkwoypmvnbslkcmbl
  1       2         3           4
dkjgmvpg
   5
```

27 ④

책<u>이</u>란 거대한 존재도 한 문장, 한 단<u>어</u>에서 시
  1   2   3 4
작된 것처럼 <u>인</u>생<u>이</u>란 시간도 일<u>분</u>, 일<u>초</u>에서
              5 6 7   8   9   10
시작된다

28 ③

```
⑫④⑯⑱⑭⑦⑤⑨⑯⑤⑪④⑥⑰⑲
            1       2
⑦⑤⑤⑫
   3
```

29 ①

```
✏️🤙🌰🦀🖐️🕷✈️😀📖🧴👌🌱💻🖐️✏️
  1       2            3    4       5
```

30 ④

```
Nature does not hurry yet everything
  1      2            3   4    5
is accomplished
      6
```

파이널 모의고사 1회

언어논리   P. 299

01	③	02	②	03	④	04	③	05	②
06	②	07	④	08	①	09	④	10	③
11	②	12	④	13	①	14	④	15	③
16	⑤	17	②	18	①	19	④	20	①
21	⑤	22	②	23	⑤	24	③	25	③

01 ③

ⓒ의 갈등[갈뜽]과 몰상식[몰쌍식]은 한자어에서, 'ㄹ' 받침 뒤에 연결되는 'ㄷ, ㅅ, ㅈ'을 된소리로 발음하는 경음화가 적용된 예이다.

오답 피하기

① ㉠ 능력[능녁]은 'ㄹ'이 'ㄴ'으로 바뀌는 비음화, 신라[실라]는 'ㄴ'이 'ㄹ'로 바뀌는 유음화가 적용된 예이다.
② ㉡ 부족하지만[부조카지만]은 'ㄱ, ㄷ, ㅂ, ㅈ'이 'ㅎ'을 만나 거센소리가 되는 유기음화, 붙이다[부치다]는 'ㄷ, ㅌ'이 'ㅣ'와 결합하여 'ㅈ, ㅊ'으로 바뀌는 구개음화가 적용된 예이다.
④ ㉣ 등불[등뿔]은 사잇소리 현상으로 된소리가 된 경우에 해당하며, 간단은 그대로 [간단]으로 발음한다.
⑤ ㉤ 인류애[일류애]는 'ㄴ'이 'ㄹ'로 바뀌는 유음화, 강론[강논]은 'ㄹ'이 'ㄴ'으로 바뀌는 비음화가 적용된 예이다.

02 ②

'내리기'는 용언에 명사형 어미 '-기'가 결합한 명사형이며, 나머지는 명사파생접사가 결합한 파생명사이다. 파생명사는 한 단어로서 사전에 등재되어 있다.

03 ④

주어진 글은 멍 때리기 대회를 소개하면서 휴식이 없어진 현대사회에 대해서 서술하고 있다. 카카오톡 먹통사건, 노모포비아, 황금 티켓 신드롬을 언급한 것으로 볼 때, 글쓴이는 멍 때리기 대회에 대해서 부정적인 시각을 가지고 있지 않다는 것을 알 수 있다. 그러므로 ①, ⑤는 빈칸에 들어갈 내용으로 적절하지 않다. ②와 ③의 경우 빈칸 앞에 언급한 '황금 티켓'과의 연결고리를 찾을 수 없으므로 빈칸에 들어갈 내용으로 가장 적절하다고 보기 어렵다. 반면 ④의 경우 황금티켓이 대변하는 치열한 경쟁사회와, 카카오톡으로 대변되는 초연결사회를 모두 포함하고 글쓴이의 관점을 적절하게 반영한 내용이므로 빈칸에 들어가기에 가장 적절하다.

04 ③

'나부랭이 – 너부렁이, 마룻줄 – 용총줄, 민망스럽다 – 면구스럽다, 생손 – 생인손, 짚북데기'는 모두 표준어이다. 짚북데기는 짚이 아무렇게나 엉킨 북데기를 뜻하며, 짚북세미는 이를 잘못 표현한 것이다.

오답 피하기
① 나부랭이/너부렁이: 종이나 헝겊 따위의 자질구레한 오라기.
② 마룻줄/용총줄: 돛대에 매어 놓은 줄.
④ 민망스럽다/면구스럽다: 낯을 들고 대하기에 부끄러운 데가 있다.
⑤ 생손/생인손: 손가락 끝에 종기가 나서 곪는 병.

05 ②

외래어표기법상 타깃, 추리닝, 스프링클러는 옳다.

오답 피하기
위크엔드, 어젠다, 캐러멜, 리소토, 아웃렛, 콤팩트, 설루션

> **↑ 1점 더 올리기**
> • 외래어표기법 제9항: 복합어
> 1. 따로 설 수 있는 말의 합성으로 이루어진 복합어는 그것을 구성하고 있는 말이 단독으로 쓰일 때의 표기대로 적는다.
> bookmaker[bukmeikə] 북메이커, outlet['aʊtlet] 아웃렛

06 ②

주기나 경과의 해당 시기를 나타내는 말로서 '차'가 의존명사로 쓰일 때는 앞말에 띄어 써야 한다.

오답 피하기
① '-을밖에'는 어미로서 앞말에 붙여 써야 한다.
③ '년'과 '만'은 모두 의존명사로서 앞말에 띄어 써야 한다.
④ '-은바'는 '뒤 절에서 어떤 사실을 말하기 위하여 그 사실이 있게 된 것과 관련된 상황을 미리 제시하는 데 쓰는 연결 어미'로서 앞 절의 상황이 이미 이루어졌음을 나타내는 의미를 지닐 때 붙여 써야 한다.
⑤ '액수가 많은 돈'을 의미하는 '큰돈'은 합성어로서 붙여 쓴다.

07 ④

'손'은 크기가 큰 것은 귀중하고 작은 것은 하찮다고 여기는 데 반해, '나'는 크기와 관계없이 생명은 본질적으로 다 소중하다고 생각한다.

08 ①

격화소양(隔靴搔癢)의 뜻은 가죽신을 신고 가려운 곳을 긁는다는 의미로, 뭔가를 하기는 하지만 성에 차지 않고 아무런 성과도 없이 답답한 상태가 이어지고 있음을 나타내는 말이다.

오답 피하기
② 후안무치(厚顔無恥): 얼굴이 두껍고 부끄러움이 없다는 뜻으로, 뻔뻔스러워 부끄러워할 줄 모르는 것을 이르는 말.
③ 파사현정(破邪顯正): 사악한 것은 깨고, 바른 것을 드러낸다는 의미로, 부처의 가르침에 어긋나는 생각을 버리고 올바른 도리를 행함을 비유해 이르는 말.
④ 맹귀우목(盲龜遇木): 눈먼 거북이 물에 뜬 나무를 만난다는 뜻으로, 어려운 지경에 뜻밖의 행운을 만나 어려움을 면하게 되는 것을 이르는 말.
⑤ 혼용무도(昏庸無道): 세상이 온통 어지럽고 무도하다는 것을 이르는 말.

09 ④

㉠은 심포지엄, ㉡은 패널토의이다. 심포지엄과 패널토의는 전문가, 사회자, 청중이 존재한다는 공통점이 있지만, 심포지엄은 일방적인 정보전달의 성격이 강하며, 패널토의는 전문가끼리의 토의를 통해 이견을 좁혀나가는 성격이 강하다.

> **↑ 1점 더 올리기**
> • 포럼(forum): 개방된 장소에서 공공 문제에 대해 청중과 질의응답하는 공개 토의 형태
> • 회의: 특정 조직이나 공동체 문제를 해결하고 의사 결정을 하기 위한 토의 형태

10 ③

비판적 읽기는 내적, 외적 준거를 바탕으로 글의 적절성, 타당성 등을 평가하며 읽는다. 이때 글의 일반화 가능성 및 수용 가능성을 판단해야 한다. 따라서 글의 논지에 동의할 수 있는 점과 없는 점 등이 있는지, 있다면 근거는 무엇인지 등을 판단하며 읽어야 한다.

11 ②

㉡ 총각무는 무청의 생김새가 상투를 틀지 않은 총각이 머리를 땋아 넘긴 것과 비슷하다 하여 붙여진 것으로 차별적 요소가 없다.
㉣ 청소년은 청년과 소년을 일컫는 말로 차별적 요소가 없다.

오답 피하기
㉠ '운전수': '운전사'로 바꾸어 사용한다.
㉢ '처녀작': '첫 작품'으로 바꾸어 사용한다.
㉤ '절름발이': 신체 차별적 표현이다.
㉥ '살색': 인종 차별적 표현이다. '살구색'으로 바꾸어 사용한다.
㉦ '유모차': '유아차'로 바꾸어 사용한다.

12 ④

계수(繼受)는 이전의 것을 이어받거나 남의 것을 넘겨받음을 의미한다. 그러므로 이와 가장 유사한 것은 계승(繼承)이다.

> 오답 피하기
> ① 계몽(繼蒙)이라는 단어는 없으며 계몽의 한자는 啓蒙이 맞다. 계몽(啓蒙)은 지식수준이 낮거나 인습에 젖은 사람을 가르쳐서 깨우치도록 하는 것을 의미한다.
> ② 계도(繼導)는 啓導라고 써야 하며, 남을 깨치어 이끌어 준다는 의미이다.
> ③ 모사(模寫)는 사물을 형체 그대로 그리는 것이나 그런 그림을 뜻한다.
> ⑤ 전수(傳授)는 기술이나 지식 따위를 전하여 주는 것을 뜻한다.

13 ①

우리가 관심을 갖는 것은 신호(S)와 잡음(N)의 비율이다. 주어진 글에 따른다면 대낮에 별이 안 보인다는 것은 잡음이 크다는 것을 추론해야 한다. 그러나 '대기층이 존재하지 않는다'가 '잡음이 크다'로 귀결되는 것은 설명하기 어렵다. 존재하지 않으므로 잡음이 크고 작음을 논할 수 없기 때문이다. 그러므로 ①은 별이 안 보이는 것은 신호와 잡음의 비율 문제라기보다 신호 자체를 의미 없게 만드는 것이다.

> 오답 피하기
> ② 지구에 가장 가깝게 접근했을 때 금성의 빛이 매우 밝아짐: 신호 강화 → 빛 밝음 → 대낮에도 보임
> ③ 대기 속의 공기 분자에 의해 산란되는 태양광의 정도가 엄청나게 커짐: 잡음 강화 → 별이 보이지 않음
> ④ 대폭발: 신호 강화 → 밝은 빛을 냄
> ⑤ 충분히 발달한 기계 장치: N을 인위적으로 줄일 수 있다면 가능하다.

14 ④

주어진 글은 익산시에서 '오행대포'가 발견된 것에 대한 내용이다. 출토된 오행대포의 의미에 대해 소개하는 [다]가 가장 먼저 나오고 그 다음은 이 성과가 어떻게 이루어진 것인지를 설명하는 [나]가 이어지는 것이 적절하다. [나]의 마지막 부분에 '두 번째 성과'라고 언급했으므로 첫 번째 성과에 해당하는 [라]가 이어지는 것이 적절하고, [라]의 마지막 부분에 언급된 토기에 대해서 구체적으로 설명하고 있는 [가]가 제일 마지막에 나오는 것이 적절하다. 그러므로 문맥상 [다] – [나] – [라] – [가]순으로 배열하는 것이 적절하다.

15 ③

다의어 관계는 하나의 낱말에 의미가 확장되어 여러 의미를 가지는 관계를 말한다.

ㄱ. 쓰다: (중심의미) 어떤 일을 하는 데에 재료나 도구, 수단을 이용하다. → (주변의미) 어떤 말이나 언어를 사용하다.
ㄷ. 거칠다: (중심의미) 나무나 살결 따위가 결이 곱지 않고 험하다. → (주변의미) 말하는 투가 세련되지 못하고 그 내용이 점잖지 못하며 막되다.

> 오답 피하기
> ㄴ. 켜다: 팔다리나 네 다리를 쭉 뻗으며 몸을 펴다. / 켜다: 현악기의 줄을 활 따위로 문질러 소리를 내다.
> 이는 동음이의어 관계이다. 소리만 같을 뿐 다른 의미이다.

16 ⑤

주어진 글은 미국에서 허용되는 교사의 훈육방식과 학생들의 폭력을 다루는 방식에 대한 글이다. 주어진 글에서 '지난 2월에 플로리다 주에서는 한 고교생이 수업 중 자신의 게임기를 압수한 보조 교사를 밀쳐 넘어뜨렸다가 중범죄로 기소됐다. 문제의 학생이 교실 복도에서 뒤로 수갑이 채워진 채 연행되는 영상은 SNS에 퍼지기도 했다.'를 통해서 미국에서는 학생이 교사를 밀친 행위를 범죄행위로 간주한 경우가 있음을 알 수 있다.

> 오답 피하기
> ① 조지아 주의 한 공립학교에서 '혼밥'을 훈육의 방법으로 썼다는 것은 알 수 있으나, 미국에서 자주 쓰이는 훈육방법인지는 주어진 글을 통해 확인할 수 없다.
> ② 주어진 글에서 '사립학교의 경우, 뉴저지와 아이오와를 제외한 모든 주에서 체벌을 포함한 교사의 훈육권이 폭넓게 보장돼 있다.'라고 표현했을 뿐, 미국 국민들이 교사의 체벌을 긍정적으로 보고 있는지는 알 수 없다.
> ③ 주어진 글에서 '학교와 교사 측이 체벌보다 비행 학생의 교내 격리 및 중징계 처분, 교사 피해배상 등 더 효과적인 제재 수단을 강구하는 것'이라는 내용을 통해 체벌이 더 효과적인 것은 아님을 알 수 있다.
> ④ 주어진 글을 통해서 미국에서는 사립학교에 비해 공립학교가 더 체벌에 허용적인지는 확인할 수 없다.

17 ②

'아주'는 성분 부사로서 바로 뒤에 오는 부사 '빨리'를 수식한다.

> 오답 피하기
> ① '설마'는 문장 부사로 문장 전체를 수식한다.

③ '맨'은 '더 할 수 없을 정도나 경지에 있음'의 뜻을 지닌 관형사로, 뒤에 오는 명사 '구석'을 수식한다.
④ '바로'는 성분 부사로 뒤에 오는 관형사 '그'를 수식한다.
⑤ '따르릉'은 성분 부사로 뒤에 오는 명사 '소리'를 수식한다.

> **↑ 1점 더 올리기**
>
> * 부사의 종류
> ㄱ. 성분 부사: 문장에서 어느 한 성분만 수식하는 부사이다. 주로 용언을 수식하며, 체언, 관형어, 부사어 등도 수식한다.
> ㄴ. 문장 부사: 문장 전체를 수식하는 부사
>   ① 양태 부사: 문장 전체를 수식한다. 설마, 과연 등
>   ② 접속 부사: 문장이나 단어를 이어 준다.
>   - 문장 접속: 그리고, 그러나 등
>   - 단어 접속: 및, 또는, 내지 등

18 ①
공동선 추구에 대한 것은 ㉠과 관련된 내용이다. ㉡은 '산업적 이윤 증대와 국가 경제의 경쟁력 제고에 기여'하는 방향으로 가게 되었음을 보여준다.

19 ④
[보기]에서 '최종 에너지 소비량의 17%를 차지하는 전력 부문에서 재생에너지 비율은 26.4%인 것으로 나타났다.'고 언급하였다. 그러므로 [보기]의 앞에 최종 에너지 소비량 중 재생에너지가 차지하는 비율을 소개하는 내용이 제시되어야 한다. 그러므로 [보기]는 ㉣에 들어가야 한다. 그리고 ㉣ 이후에는 전력 부문과 달리 난방 부문에서는 겨우 10.1%를 재생에너지가 부담했다는 내용이 나오므로 '그러나'로 시작하는 문장과 연결되는 것이 적절하다.

20 ①
㉠ 산업시설을 폭격하는 것은 '무고한 사람을 죽여서' 전쟁을 끝내는 것을 의도하고 있다. 즉, 폭격의 의도에 '무고한 사람을 죽이는 것'이 내재되어 있으므로 A 원리에 의해 도덕적으로 허용되지 않는다.

오답 피하기
㉡ 심장전문의가 무고한 사람, 즉 심장마비를 일으킨 사람을 치료하지 않은 행위를 통해 그 사람이 죽는 것을 의도한 것이 아니므로 A 원리에 의해 도덕적으로 허용된다고 봐야 한다.
㉢ 주어진 상황만을 놓고 보면, 기관차 진로 변경의 의도는 '다섯 명의 어린이를 구하기 위한 것' 외에는 찾을 수 없다. 따라서 '인부(무고한 사람)를 죽이는 것'이 기관차 진로 변경의 의도라고 보기는 어려우므로 A 원리에 의해 도덕적으로 허용된다고 봐야 한다.

21 ⑤
주어진 글에 의하면 최초의 토대가 되는 의견은 어떤 의견이 기대고 있는 원리가 되므로 그 원리는 다른 의견에 의존할 수 없다.

오답 피하기
① 의견은 원래 토대가 되는 원리가 있는 방향으로 의존한다.
② 토대가 무너져야 거짓된 토대 위에 세워진 것도 무너진다.
③ 의심할 만한 이유가 조금만 있다면 증명하지 못하더라도 충분히 전체를 거부할 수 있다고 하였다.
④ 의견을 일일이 검토하는 것은 끝이 없는 일이라 하였다.

22 ②
밑줄 친 부분과 ②에 쓰인 '맞다'는 '어떤 대상의 맛, 온도, 습도 따위가 적당하다.'의 의미이다.

오답 피하기
① 말, 육감, 사실 따위가 틀림이 없다.
③ 자연 현상에 따라 내리는 눈, 비 따위의 닿음을 받다.
④ 쏘거나 던지거나 한 물체가 어떤 물체에 닿다. 또는 그런 물체에 닿음을 입다.
⑤ 어떤 행동, 의견, 상황 따위가 다른 것과 서로 어긋나지 아니하고 같거나 어울리다.

23 ⑤
구명(究明)은 사물의 본질, 원인 따위를 깊이 연구하여 밝힘을 의미한다. 그러므로 '연구팀이 희귀 유전병의 원인을 세계 최초로 구명(究明)했다'는 적절하게 어휘가 쓰인 문장이다.

오답 피하기
① 재원(才媛)은 '재주가 뛰어난 젊은 여자'라는 뜻으로, 남자에게 사용할 수 없다
② 낙엽(落葉)은 그 자체가 나뭇잎이 떨어짐을 의미한다. 그러므로 '떨어지는 낙엽'이라고 쓰는 것은 의미가 중복되어 적절하지 않다.
③ 전철(前轍)은 앞에 지나간 수레바퀴의 자국이라는 뜻으로 이전 사람의 경험 중에서도, 그릇된 일이나 행동의 자취를 이르는 말이다. 즉, 'ㅇㅇ의 전철을 밟다'는 말은 'ㅇㅇ의 과오를 반복하다' 등의 의미이므로 긍정적인 의미가 있는 문맥에 어울리지 않는다.
④ 여생(餘生)은 그 자체가 앞으로 남은 인생을 의미한다. 그러므로 '남은 여생'이라고 쓰는 것은 의미가 중복되어 적절하지 않다.

24 ③
'~로부터'는 번역식 표현이므로 '에게(서)'로 바꾼다.

오답 피하기
④ '고려하다', '주의하다', '필요하다' 등은 한 단어이므로 이를 번역 투로 끊어 표현하는 것은 좋지 않다.

25 ③
낙태는 여성의 기본권을 침해한다고 전제한 후 태아의 생명권 때문에 낙태를 금지해야 한다는 주장은, 앞선 논지와 무관한 결론이므로 논점 일탈의 오류의 예로 적절하다.

오답 피하기
① 잘못된 유추의 오류: 비본질적이고 일부분의 유사성을 가지고 나머지의 유사성을 추론하는 오류
② 우연의 오류: 일반적인 규칙을 특수한 경우에 그대로 적용할 수 없음에도 적용함으로써 생기는 오류
④ 부적합한 권위에 호소하는 오류: 논지와 관계없는 분야에 있는 전문가의 의견을 빌려 와 논지가 참임을 주장하는 오류
⑤ 대중에 호소하는 오류: 많은 사람들이 믿고 있거나 그렇게 생각한다는 것을 근거로 어떤 것을 참이라고 결론지을 때 생기는 오류

파이널 모의고사 1회

자료해석　　　　　　　　　　　　　　　P. 314

01	④	02	③	03	③	04	③	05	①
06	②	07	④	08	③	09	①	10	④
11	②	12	②	13	④	14	③	15	④
16	④	17	④	18	④	19	②	20	②

01 ④
$+1^3$, $+2^3$, $+3^3$, $+4^3$, $+5^3$의 순서로 수열을 이루고 있으므로 105에 5의 3제곱인 125를 더하면 230이다.

02 ③
2017년 육군과 해군의 예산이 같다면 육군의 2015년 예산은 (2017년 육군 예산) $\times \frac{100}{109.5}$ 이고, 해군의 2015년 예산은 (2017년 해군 예산) $\times \frac{100}{107.0}$ 이므로 2015년 예산은 해군이 더 크다.

오답 피하기
① 육군, 해군, 공군 모두 2015년 예산을 100으로 잡았고, 2015년과 비교해 지속적으로 값이 커지고 있으므로 각 군별 예산이 꾸준히 증가하였다고 할 수 있다.
② 각 군별 2012년 대비 2016년 예산의 증가율은 다음과 같다.

육군: $\frac{103.3-88.2}{88.2} \times 100 ≒ 17.1(\%)$

해군: $\frac{103.2-91.3}{91.3} \times 100 ≒ 13.0(\%)$

공군: $\frac{103.3-90.3}{90.3} \times 100 ≒ 14.4(\%)$

④ 2018년 예산과 2012년 예산의 차를 이용하여 변화가 가장 작은 것을 찾으면 다음과 같다.
육군: 113.0 − 88.2 = 24.8
해군: 109.1 − 91.3 = 17.8
공군: 110.5 − 90.3 = 20.2

03 ③
남학생 및 여학생의 몸무게 평균은 C 초등학교 전체 학생에 대한 몸무게 평균을 말하는 것이므로 다음과 같은 식을 세울 수 있다.

평균 $= \frac{\text{전체 학생의 몸무게 총합}}{\text{전체 학생의 수}}$

$= \frac{40 \times 30 + 60 \times 35}{100} = 33(\text{kg})$

따라서 C 초등학교 전체 학생의 몸무게의 평균은 33kg이다.

04 ③

A대학과 B대학의 여자 합격률이 100%라는 것은 K기업에 지원한 여학생이 전부 합격했다는 의미이다.

오답 피하기
① A대학 남자 합격률은 90%이므로 10%가 합격하지 못하였다.
② D대학의 경우에는 남자의 합격률이 더 높다.
④ B대학에서 지원한 인원은 78명이고, 그 중 33명이 합격하였으므로 전체 학생에 대한 합격률은 42%이다.

05 ①

기계 구입 후 1년간 사용했을 때 가, 나, 다 회사의 지불 총액을 정리하면 다음과 같다.
- 가 회사: $250+(3+1.5)\times 12 = 250+54 = 304$(만 원)
- 나 회사: $200+(3+2.5)\times 12 = 200+66 = 266$(만 원)
- 다 회사: $180+(5.5+2)\times 12 = 180+90 = 270$(만 원)

따라서 가 회사의 지불 총액이 가장 많다.

06 ②

연금 수급자 1인당 군인연금은 $\dfrac{\text{군인연금 재정규모}}{\text{연금 수급자}}$(원)이므로 이를 계산하면 다음과 같다.

(단위: 천 원)

2011년	2012년	2013년	2014년	2015년	2016년
30,146	31,709	32,944	33,527	32,773	33,199

따라서 연금 수급자 1인당 군인연금이 가장 적은 해는 2011년이다.

오답 피하기
① 2015년까지는 전년 대비 군인연금 재정규모의 증가율이 감소하였으나 2016년에는 전년 대비 증가율이 증가하였다.
$\dfrac{29{,}580-28{,}556}{28{,}556}\times 100 ≒ 3.6(\%)$
③ 2013년과 2016년에는 전년 대비 감소하였다.
④ 2014년에는 2,252명이 증가하였고, 2015년에는 이보다 많은 2,569명이 증가하였다.

07 ④

(관중수용률)(%) = $\dfrac{(\text{연간 관중 수})}{(\text{연간 경기장 수용규모})}\times 100$이므로 (연간 관중 수) = (연간 경기장 수용규모)×(관중수용률)×$\dfrac{1}{100}$이 된다. 2017년 연간 관중 수를 살펴보면, 핸드볼의 연간 관중 수는 $2{,}756\times 0.438 ≒ 1{,}207$(천 명), 배구의 연간 관중 수는 $4{,}843\times 0.304 ≒ 1{,}472$(천 명)이다. 따라서 배구의 연간 관중 수가 핸드볼의 연간 관중 수보다 더 많다.

오답 피하기
① 축구의 연간 관중 수는 2016년 $40{,}574\times 0.287 ≒ 11{,}645$(천 명)에서 2017년 $37{,}865\times 0.29 ≒ 10{,}981$(천 명)으로 감소하였으므로 매년 증가하지 않았다.
② 2019년 농구의 관중수용률은 59.5%이고, 야구의 관중수용률은 65.7%이므로 야구가 농구보다 높다.
③ 2015~2019년 동안 관중수용률이 매년 증가한 종목은 야구와 축구 2개이다.

08 ③

2020년 축구의 관중수용률을 구하면 다음과 같다.
$\dfrac{(\text{연간 관중 수})}{(\text{연간 경기장 수용규모})}\times 100 = \dfrac{11{,}625{,}000}{29{,}062{,}500}\times 100$
$= 40.0(\%)$

전년도인 2019년 축구의 관중수용률은 34.9%이므로 전년 대비 관중수용률의 증가율은 $\dfrac{40.0-34.9}{34.9}\times 100 ≒ 14.6(\%)$이다.

09 ①

합격자의 수는 160명이고 합격한 남학생 수와 여학생 수의 비는 1:1이므로 남자 합격자 수는 80명, 여자 합격자 수는 80명이다.
불합격한 남학생 수와 여학생 수의 비는 $5x:2x$로 식을 세울 수 있다. 입학시험에 응시한 학생 수는 합격자 수와 불합격자 수를 더한 값과 같다. 따라서 입학시험에 응시한 남학생은 $(80+5x)$명이고, 여학생은 $(80+2x)$명이다. 입학시험에 응시한 성별 비율이 3:2이므로 다음과 같은 식이 성립한다.
$(80+5x):(80+2x) = 3:2$
$(80+5x)\times 2 = (80+2x)\times 3$
$160+10x = 240+6x$
$x = 20$
불합격자 수는 총 $7x$이므로 $7x = 7\times 20 = 140$(명)이다.
합격자 수는 160명이므로 입학시험에 응시한 모든 학생 수는 $(140+160) = 300$(명)이다.

10 ④

소득세율과 환율을 고려하여 A~D 기업의 세후 월급을 구하면 다음과 같다.
$A = 350만\times(1-0.16) = 350만\times 0.84$
$= 350만\times(0.8+0.04)$
$= (35만\times 8)+(3.5만\times 4) = 280만+14만 = 294(만 원)$
$B = 3{,}300\times 1{,}000\times(1-0.22)$

$$=330만 \times 0.78$$
$$=330만 \times (0.7+0.08)$$
$$=(33만 \times 7)+(3.3만 \times 8)=231만+26.4만$$
$$=257.4(만 원)$$
$$C=2,400 \times 1,500 \times (1-0.25)$$
$$=360만 \times 0.75=270(만 원)$$
$$D=34만 \times \frac{1,050}{100} \times (1-0.2)$$
$$=357만 \times 0.8=357만 \times \frac{4}{5}=285.6(만 원)$$

따라서 세후 월급이 높은 순서대로 나열하면 A 기업－D 기업－C 기업－B 기업이다.

11 ②

십의 자리 숫자가 x, 일의 자리의 숫자가 5인 수는 $10x+5$이다.
또한 서로 바꾼 수의 경우 $50+x$가 된다.
처음의 수의 2배보다 2가 큰 수임을 식으로 표현하면,
$$2(10x+5)+2=50+x$$
$$20x+12=50+x$$
$$19x=38$$
$$x=2$$
따라서 처음 수는 25이므로 십의 자리의 숫자는 2이다.

12 ②

2010년 한국의 이산화탄소 배출량은 562.92백만 톤이고, 이를 2005년 이산화탄소 배출량인 469.1백만 톤으로 나누면 $562.92 \div 469.1 ≒ 1.2$(배)이다. 따라서 2005년 대비 2010년 한국의 이산화탄소 배출량의 증가율은 20%이다.

오답 피하기
① 2010년 중국의 이산화탄소 배출량은 7,126백만 톤이고, 같은 해에 이란의 이산화탄소 배출량 509백만 톤의 $\frac{7,126}{509} ≒ 14$(배)이다.
③ 영국의 2006년과 2010년 이산화탄소 배출량 차이는 $534.7-483.5=51.2$(백만 톤)이며, 일본의 2006년과 2010년의 이산화탄소 배출량 차이는 $1,205.0-1,143.1=61.9$(백만 톤)이므로 일본의 배출량 차이가 더 크다.
④ 2008년 이산화탄소 배출량이 많았던 국가를 순서대로 나열하면 중국(6,506.8백만 톤), 미국(5,586.8백만 톤), 러시아(1,593.4백만 톤), 인도(1,438.5백만 톤), 일본(1,154.3백만 톤) 순서이다.

13 ④

L사의 접수 대비 미처리 비율은 $1,564 \div 19,669 \times 100 ≒ 8.0(\%)$이고, S사의 접수 대비 미처리 비율은 $8,781 \div 40,830 \times 100 ≒ 21.5(\%)$이다.
따라서 약 13.5%p 차이가 난다.

오답 피하기
① $8,781 \div 1,564 ≒ 5.61$(배)이므로 5배가 넘는다.
② $23,637 \div 40,830 ≒ 0.58$이므로 50%를 넘는다.
③ L사의 만족 비율은 약 79%이고, S사의 만족 비율은 약 74%로 L사가 더 높다.

14 ③

58경기 중 70점 이상 90점 미만을 제외한 경기 수는 $2+3+10+4+3=22$이므로 70점 이상 90점 미만을 득점한 경기 수는 $58-22=36$(경기)이다. 이 중 70점 이상 80점 미만의 경기와 80점 이상 90점 미만의 경기 수의 비가 4:5이므로 비례 배분을 이용하면 70점 이상 80점 미만의 경기 수는 $36 \times \frac{4}{4+5}=16$(경기)이다.

15 ④

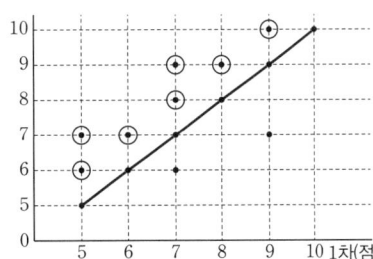

1차 성적과 2차 성적이 같은 학생들은 선으로 연결하였고, 동그라미로 표시된 부분은 2차 성적이 1차 성적보다 향상된 학생들이다.
이 7명의 2차 성적의 평균을 구하면
$$\frac{6 \times 1+7 \times 2+8 \times 1+9 \times 2+10 \times 1}{7}=8(점)이다.$$

16 ④

존속 기간이 500년 이상인 왕조는 신라, 백제, 고구려, 조선이며 이 국가들의 재위 왕의 평균 수는 $(56+31+28+27) \div 4=35.5$(명)으로 약 36명이다. 또한, 500년 미만 존속한 왕조는 발해와 고려이며, 이 국가들의 재위 왕의 평균 수는 $(15+34) \div 2=24.5$(명)으로 약 25명이다. $\frac{36}{25} ≒ 1.4$(배)이므로 1.5배 미만이다.

오답 피하기
① 가장 먼저 세워진 왕조는 신라이며, 신라의 재위 왕 수는 56명으로 가장 많다.
② 수도가 평양인 왕조는 고구려이며, 고구려의 존속 기간은 668+37=705(년)이다. 수도가 영안인 왕조는 발해이며, 발해의 존속 기간은 926-698+1=229(년)이다. 고구려의 존속 기간은 발해의 존속 기간의 $\frac{705}{229}$≒3.1(배)로, 3배 이상이다.
③ 왕들의 평균 재위 기간을 (존속 기간)÷(재위 왕 수)로 구하면 다음과 같다.
(신라왕들의 평균 재위 기간)=(935+57)÷56≒18(년)
(백제왕들의 평균 재위 기간)=(660+18)÷31≒22(년)
(고구려왕들의 평균 재위 기간)=(668+37)÷28≒25(년)
(발해왕들의 평균 재위 기간)=(926-698+1)÷15≒15(년)
(고려왕들의 평균 재위 기간)=(1392-918+1)÷34≒14(년)
(조선왕들의 평균 재위 기간)=(1910-1392+1)÷27≒19(년)
따라서 평균 재위 기간이 가장 긴 왕조는 약 25년인 고구려이며, 고구려의 멸망 당시 수도는 평양이다.

17 ④
A기업은 2배 이상, B기업과 E기업은 4배 이상 성장했다.
오답 피하기
① 5%p 이상 감소한 기업은 A, D, E, G로, 4개이다.
② 2009년 성장률이 가장 높은 기업은 G이고, 2010년에는 E의 성장률이 가장 높다.
③ B의 2006년 성장률은 8.1%로, 2005년 대비 3%p 증가하였다.

18 ④
헌병대, 수색대, 통신대는 0.03대가 늘어났고, 의무대는 0대가 늘어난 반면 정찰대는 0.04대가 늘어났으므로 2017년 대비 2020년 간부 1인당 자동차 대수가 가장 크게 증가한 대대는 정찰대이다.
오답 피하기
① 1인당 자동차 대수가 동일하다고 해서 구입하지 않았다고 할 수는 없다. 예를 들어 간부 중 한 명이 자동차를 팔고, 다른 간부는 차를 구입했다면 1인당 자동차 대수는 유지된다.
② 1인당 자동차 대수가 많다고 해서 운용하는 자동차 대수가 더 많은지는 알 수 없다.
③ 표에서는 알 수 없는 내용이다.

19 ②
전체 여성 난청 환자의 수는 149명이고, 이 중 80세 이상은 11명이므로 $\frac{11}{149}×100$≒7.4(%)이다.

20 ②
연령별 남녀 막대 높이의 차이가 가장 큰 구간을 찾으면 70~79세이다.
오답 피하기
① 9세 이하에서는 남자 수가 더 많고, 10~19세에서는 남녀 수가 같다.
③ 여성은 70~79세 이후부터 줄어들고 있다.
④ $\frac{25}{7}$≒3.57(배)이다.

파이널 모의고사 2회

공간능력 P. 324

01	③	02	③	03	②	04	①	05	④
06	③	07	②	08	④	09	④	10	④
11	③	12	①	13	③	14	③	15	③
16	②	17	④	18	④				

01 ③

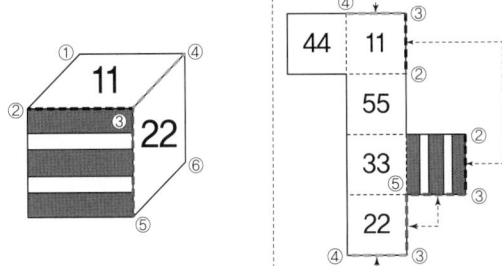

위의 그림에 따라 정답은 ③이다.

02 ③

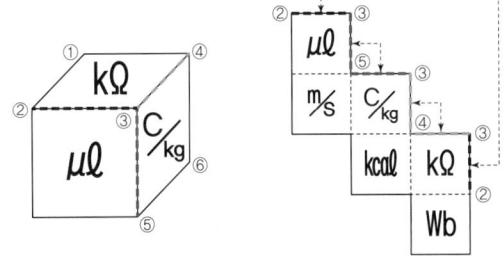

위의 그림에 따라 정답은 ③이다.

03 ②

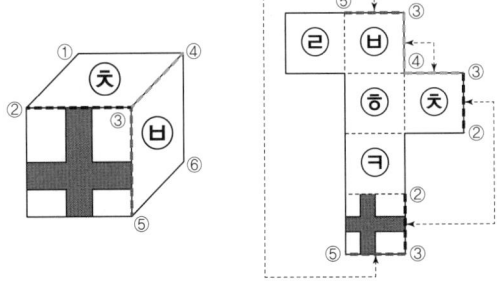

위의 그림에 따라 정답은 ②이다.

04 ①

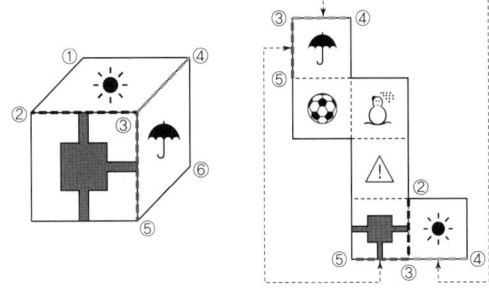

위의 그림에 따라 정답은 ①이다.

05 ④

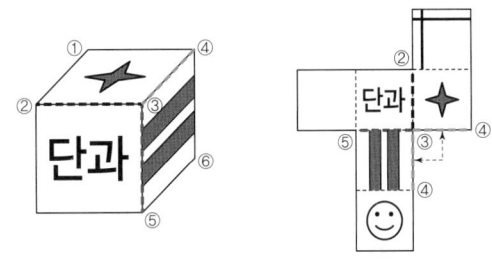

위의 그림에 따라 정답은 ④이다.

06 ③

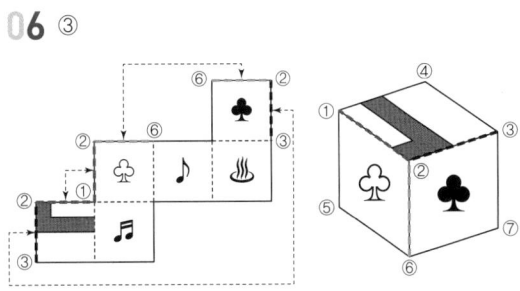

위의 그림에 따라 정답은 ③이다.

07 ②

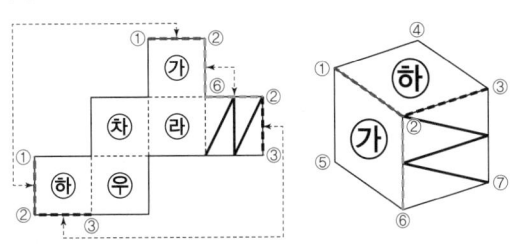

위의 그림에 따라 정답은 ②이다.

08 ④

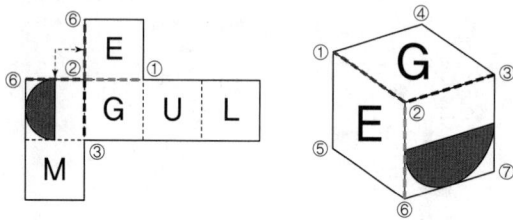

위의 그림에 따라 정답은 ④이다.

09 ④

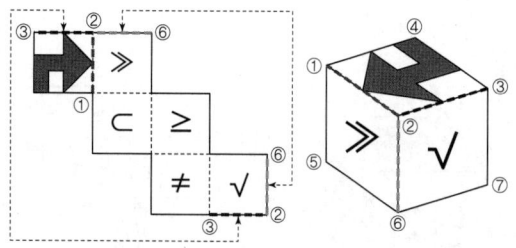

위의 그림에 따라 정답은 ④이다.

10 ④

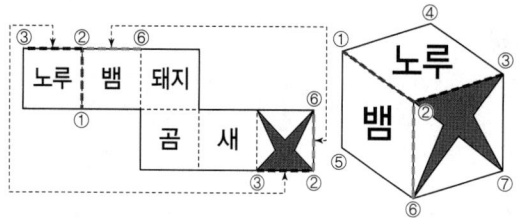

위의 그림에 따라 정답은 ④이다.

11 ③

좌측 열부터 우측으로 개수를 더해 가면,
13+10+11+9+9+10+3=65(개)이다.

12 ①

좌측 열부터 우측으로 개수를 더해 가면,
3+6+13+6+12+6+4=50(개)이다.

13 ③

좌측 열부터 우측으로 개수를 더해 가면,
19+16+8+1+2+2+1=49(개)이다.

14 ③

좌측 열부터 우측으로 개수를 더해 가면,
10+2+7+6+5+9+3=42(개)이다.

15 ③

화살표 방향에서 바라보는 방향으로 좌측 열부터 우측으로 층수를 세어 보면, 3−4−2−2−1−4이므로 ③과 일치한다.

16 ②

화살표 방향에서 바라보는 방향으로 좌측 열부터 우측으로 비어있는 블록을 확인하여 비교해보면 ②와 일치한다.

17 ④

화살표 방향에서 바라보는 방향으로 좌측 열부터 우측으로 층수를 세어 보면, 5−1−1−3−2−5이므로 ④와 일치한다.

18 ④

화살표 방향에서 바라보는 방향으로 좌측 열부터 우측으로 층수를 세어보면, 2−4−2−5이므로 ④와 일치한다.

파이널 모의고사 2회

지각속도　　　　　　　　　　　P. 334

01	②	02	①	03	①	04	①	05	①
06	①	07	①	08	②	09	①	10	①
11	①	12	①	13	①	14	①	15	①
16	②	17	②	18	①	19	①	20	①
21	①	22	②	23	①	24	②	25	①
26	③	27	②	28	①	29	①	30	③

01 ②

㉟ ㊿ ㊹ ㊶ – 水 火 優 ⊕

'㊶ = 六, ㊴ = ⊕'이므로 옳지 않다.

02 ①

03 ①

04 ①

05 ①

06 ①

07 ①

08 ②

목 육 랄 쉴 – 4点 10点 5点 2点

'랄 = 16点, 녕 = 5点'이므로 옳지 않다.

09 ①

10 ①

11 ①

12 ①

13 ①

14 ①

15 ①

16 ②

73 27 45 <u>61</u> – 각술 각란 각주 각별

'61 = 각방, 55 = 각별'이므로 옳지 않다.

17 ②

12 <u>27</u> 55 38 – 각기 <u>각추</u> 각별 각급

'27 = 각란, 92 = 각추'이므로 옳지 않다.

18 ①

19 ①

20 ①

21 ①

22 ②

↑ ㋡ ↘ ╱ – ★ ❋ ❦ ♔

'↑ = ❋, ㋡ = ★'이므로 옳지 않다.

23 ①

24 ②

㋡ ↑ ↔ ↲ – ❋ ❋ ❦ ✚

'↲ = ❋, ↑ = ✚'이므로 옳지 않다.

25 ①

26 ③

앗탓갓잣앗앗밧닷찻맛낫앗랏핫캇팟앗갓핫팟잣밧
　1　　2 3　　　　4　　　5

27 ②

What we see depends mainly on what we look for
　　　1　 23　 4 5　　　　　　　　　　 6

28 ①

⌀⊥⊤⩌⩔⊥⊤⩔⩔▽⌀⩔⩘⌀⊥⩔▽⊤⊥⩔⩔⊥
　　1　　　　2 3　　　4　　 5　　　　 6

29 ①

우리가 할 수 있는 최선을 다할 때, 우리 혹은 타인
　　　 1　　　　　　　　2　　　　　　 3
의 삶에 어떤 기적이 나타나는지 아무도 모른다

30 ③

❶❹❼❶❺❽❸❷❶❾❶❻❶❼❸❶❺❽❶❶❼
 1　 2　　　　 3　 4　 5　　6　　 7

파이널 모의고사 2회

언어논리　　　　　　　　　　　P. 337

01	②	02	⑤	03	②	04	②	05	②
06	④	07	③	08	⑤	09	②	10	③
11	①	12	②	13	①	14	②	15	①
16	③	17	②	18	④	19	②	20	⑤
21	⑤	22	⑤	23	③	24	②	25	⑤

01 ②

허접쓰레기와 허섭스레기는 모두 좋은 것이 빠지고 난 뒤에 남은 허름한 물건이라는 의미의 표준어이다. 허섭쓰레기는 비표준어이다.

오답 피하기

① '감감소식/깜깜소식'은 모두 표준어로, 소식이나 연락이 전혀 없는 상태를 의미한다.
③ '고린내/코린내'는 모두 표준어로, 썩은 풀이나 썩은 달걀 따위에서 나는 냄새와 같이 고약한 냄새를 의미한다.
④ '독장치다/독판치다'는 모두 표준어로, 어떠한 판을 혼자서 휩쓰는 것을 의미한다.
⑤ '느림뱅이/느리광이'는 모두 표준어로, 행동이 느리거나 게으른 사람을 낮잡아 이르는 말이다.

02 ⑤

'바치다'는 '1) 신이나 웃어른에게 정중하게 드리다, 2) 반드시 내거나 물어야 할 돈을 가져다주다, 3) 도매상에서 소매상에게 단골로 물품을 대어 주다, 4) 무엇을 위하여 모든 것을 아낌없이 내놓거나 쓰다.'의 의미를 가진다. ⑤는 4)의 의미로 쓰였으므로 '바쳐'로 고쳐야 한다.

오답 피하기

①, ③ 받치다: '받다'에 강세를 나타내는 '-치-'가 결합된 말로 '1) 먹은 것이 소화되지 않고 위로 치밀다. 2) 화 따위의 심리적 작용이 강하게 일어나다. 3) 물건의 밑이나 옆 따위에 다른 물체를 대다. 4) 옷의 색깔이나 모양이 조화를 이루도록 함께 하다, 5) 어떤 일을 잘할 수 있도록 뒷받침 해주다, 6) 비나 햇빛과 같은 것이 통하지 못하도록 우산이나 양산을 펴 들다.' 등의 뜻이 있다.
② 받히다: '받다'의 피동사로 '머리나 뿔 따위에 세게 부딪히다.'의 뜻으로 쓰였다.
④ 밭치다: '밭다'에 강세를 나타내는 '-치-'가 결합한 말로, '건더기와 액체가 섞인 것을 체나 거르기 장치에 따라서 액체만을 따로 받아 내다.'의 뜻으로 쓰였다.

03 ②

견토지쟁(犬兎之爭)은 '개와 토끼의 다툼'이라는 뜻으로,

양자의 싸움에서 제3자가 이익을 보는 것을 의미한다.

오답 피하기
① 고군분투(孤軍奮鬪): 따로 떨어져 도움을 받지 못하게 된 군사가 많은 수의 적군과 용감하게 잘 싸움.
③ 동족상쟁(同族相爭): 같은 겨레끼리 서로 다툼.
④ 부답복철(不踏覆轍): 앞서간 수레바퀴 자국을 따라 밟지 않는다는 뜻으로, 선인(先人)의 실패를 되풀이 하지 않는 것을 이르는 말.
⑤ 평지풍파(平地風波): 평온한 자리에서 일어나는 풍파라는 뜻으로, 뜻밖에 분쟁이 일어남을 비유적으로 이르는 말.

04 ②

㉠과 ㉡은 모두 부사격 조사를 바르게 사용하고 있지 못하다. 즉 ㉠의 '에게', ㉡의 '한테'는 모두 사람이나 동물 따위를 나타내는 체언 뒤에 사용되므로, ㉠의 '일본에게'는 '일본에'로, ㉡의 '학교한테'는 '학교에'로 수정하는 것이 바람직하다. 이 외에도 ㉠은 서술어가 반드시 필요로 하는 문장 성분인 '주어'를 생략하고 있으며, ㉡은 주어와 서술어 간의 호응이 지켜지지 않고 있다.

05 ②

㉠ 종결 어미 '―ㅂ니다'를 통한 격식체를 사용하여 '쿨 선풍기'에 대한 정보를 제공하고 있다.
㉣ 제시된 담화의 글이 광고란에 실려 있다고 가정한다면 제품을 구매하도록 유도하는 호소 담화라고 할 수 있다.

※ 담화의 유형

담화 유형	기능	예
정보 제공 담화	무엇에 대한 정보나 지식을 전달하는 기능	강의, 뉴스 보도
호소 담화	상대의 마음을 움직여 무엇인가를 하도록 유도 하는 기능	광고, 설교, 연설
약속 담화	일정한 행위를 하겠다고 약속하는 기능	맹세, 선서, 계약
사교 담화	친근감이나 감사, 미안함 등 심리적 상태를 표현하는 기능	잡담, 인사말, 환영 인사
선언 담화	세상일에 어떤 새로운 사태를 불러일으키는 기능	계엄령 선포, 선전 포고

06 ④

젊은이들은 유럽 정통 스타일을 느껴보기 위해서 에스프레소를 마신다. 이때 유럽 정통 스타일은 '목적'이고 에스프레소는 '수단'이므로, 유럽 정통 스타일과 에스프레소는 '수단 : 목적' 관계이다. 예방접종을 하기 위해서 병원에 가므로 '병원 : 예방접종'은 '수단 : 목적' 관계이다. 따라서 가장 유사한 것은 '병원 : 예방접종'이다.

오답 피하기
① '틱톡 : 유튜브'는 둘 다 동영상 재생 서비스를 제공하는 플랫폼이므로 동위관계이다.
② '식이섬유 : 바나나'의 경우, 식이섬유를 섭취하기 위해 바나나를 먹는다고 볼 수 있으므로 '목적 : 수단'관계로 볼 수 있다. 또한 바나나에 식이섬유가 있으므로 식이섬유가 바나나의 구성요소인 관계로도 볼 수 있다.
③ '스터디카페 : 독서실'은 둘 다 공부를 하기 위한 목적으로 방문하는 장소이므로 동위관계로 볼 수 있다.
⑤ '베이글 : 크림치즈'는 쌍을 이루는 관계로 볼 수 있다.

07 ③

표준 발음법 제13항에 따르면 모음으로 시작된 조사 '에서'가 결합한 ㉠의 '부엌에서는 제 음가대로 뒤 음절 첫소리로 옮겨 [부어케서]로 발음해야 한다. 마찬가지로 ㉢의 '부엌이'도 [부어키]로 발음해야 한다. 또한 제15항에 따르면 'ㅏ'로 시작되는 실질 형태소 '안'과 연결된 ㉡의 '부엌 안'은 'ㅋ'을 대표음 [ㄱ]으로 바꾸어서(제9항) 뒤 음절 첫소리로 옮겨 [부어간]으로 발음해야 한다.

※ 표준 발음법
제13항 홑받침이나 쌍받침이 모음으로 시작된 조사나 어미, 접미사와 결합되는 경우에는, 제 음가대로 뒤 음절 첫소리로 옮겨 발음한다.
제15항 받침 뒤에 모음 'ㅏ, ㅓ, ㅗ, ㅜ, ㅟ'들로 시작되는 실질 형태소가 연결되는 경우에는, 대표음으로 바꾸어서 뒤 음절 첫소리로 옮겨 발음한다.

08 ⑤

온챗집은 한 채를 전부 쓰는 집을 의미하는 표준어이다. 전챗집은 잘못된 표현이다.

오답 피하기
① '반비아치'는 반빗아치의 잘못된 표현이다. '반빗아치'는 예전에 반찬을 만드는 일을 맡아 하던 여자 하인을 이르는 말이다.
② '걸떡지다'는 방언으로, 표준어는 아니다. '걸판지다'로 표현해야 하며, '걸판지다'는 매우 푸지다는 의미이다.
③ '뺨따구니'는 '뺨따귀'의 잘못된 표현이다. '뺨따귀'는 '뺨'을 비속하게 이르는 말이다.
④ '왠일'은 '웬일'의 잘못된 표현이다. '어찌 된'의 뜻을 나타내는 관형사는 '웬'이므로, '어찌 된 일로'라는 함의를 가진 '웬일'이 맞는 말이다.

09 ②

제시문에서 미국의 경우, 러시아와 우크라이나의 전쟁으로 인해 물가가 오르긴 했지만 2022년 상반기에 천연가스의 최대 수출국이 되었으므로 전쟁으로 인한 반사이익을 얻어 손해만 보지는 않았다. 따라서 손해를 본 것 같지만 따지고 보면 손해를 본 것이 없음을 비유적으로 이르는 말인 '가마 안의 팥이 풀어져도 그 안에 있다'가 어울린다.

오답 피하기
① 개구멍에 망건 치기: 남에게 빼앗길 것을 두려워하여 막고 있다가 막던 그 물건까지 잃는다는 뜻으로, 되지도 아니할 일을 공연히 욕심만 내어 어리석게 시작하였다가 도리어 손해나 망신을 당함을 이르는 말.
③ 가을 메는 부지깽이도 덤벙인다: 가을에 메는 용도가 많아 부지깽이도 메로 쓰인다는 뜻으로, 어떤 물건이 자주 쓰이어 그와 비슷한 것까지 마구 대용됨을 이르는 말.
④ 같잖은 투전에 돈만 잃었다: 기를 쓰고 덤빈 투전도 아닌데 돈을 잃었다는 뜻으로, 사소한 일에 손해만 보았음을 이르는 말.
⑤ 갈바람에 곡식이 혀를 빼물고 자란다: 가을이 오려고 서풍이 불기 시작하면 곡식들이 놀랄 만큼 빨리 자라고, 익어 감을 비유적으로 이르는 말.

10 ③

'동생'은 자음으로 끝나는 명사이므로, '이에요'를 결합하여 '동생이에요'로 쓰는 것이 올바른 표기이다. '-에요'는 '이다'나 '아니다'의 뒤에 붙어서 설명이나 의문의 뜻을 나타내는 종결 어미로, '이에요'는 '이다'의 어간에 '-에요'가 결합된 것이며 '이에요'가 줄어들면 '예요'가 된다. 일반적으로 자음으로 끝나는 명사 뒤에는 '이에요'가 결합하는데 앞말이 모음으로 끝날 경우에만 '예요'의 형태로 줄여 쓸 수 있다. 즉 앞말이 자음으로 끝날 경우에는 '이에요'로 쓰는 것이 올바른 표기이다.

오답 피하기
① '모자'와 같이 앞말이 모음으로 끝날 때는 '예요'로 줄여 쓸 수 있다.
② '올챙이'에 '이에요'를 결합하면 '올챙이예요'로 줄여 쓸 수 있다.
④ '나무'와 같이 앞말이 모음으로 끝날 때는 '나무예요'로 줄여 쓸 수 있다.
⑤ '저'와 같이 앞말이 모음으로 끝날 때는 '저예요'로 줄여 쓸 수 있다.

11 ①

제시된 글에서 '타협', '순간순간의 필요에 따라'를 통해 추론하면, 가장 합리적인 방향이 아닌 때에 맞춰 변경하는 것을 의미하므로 이와 가장 유사한 과정은 ①이다. '그때그때~개정'이라는 표현이 제시문의 내용과 일맥상통한다. 언어 시험에서 '단어'는 굉장히 중요한데 유사한 의미의 단어로 대체되는 경우가 많기 때문에 이를 힌트 삼아 접근하다 보면 쉽게 정답을 찾을 수 있다.

오답 피하기
② 실패를 거듭하면서 전문가가 되는 과정에서 순간순간의 필요에 따라 대응한다는 내용을 찾을 수 없으므로 밑줄 친 부분과는 거리가 멀다.
③ 본래의 의도와는 달리 다양한 쓰임새를 가진 것에 대한 예문으로, 밑줄 친 부분과는 거리가 멀다.
④ 열심히 노력해서 원하는 것을 얻는 것이므로 밑줄 친 부분과는 거리가 멀다.
⑤ 기본 코드를 바탕으로 단순히 변화시키는 것이므로 순간순간의 필요에 따라 대응하는 것과는 거리가 멀다.

12 ④

'변함없다'는 '달라지지 않고 항상 같다.'를 뜻하는 한 단어로, 조사를 제외한 단어는 붙여 쓴다.

오답 피하기
① 온바에 → 온 바에: '앞말이 나타내는 일의 기회나 그리된 형편의 뜻을 나타내는 말.'의 의미를 지닌 의존 명사 '바'는 앞말에 띄어 쓴다. 한편 '서류를 검토한바 몇 가지 미비한 사항이 발견되었다.'와 같이 뒤 절에서 어떠한 사실을 말하기 위해 그 사실이 있게 된 것과 관련된 과거의 어떤 상황을 미리 제시할 때에는 어미 '-ㄴ바'가 쓰인 것이기 때문에 '바'를 앞말에 붙여 쓴다.
② 한 번 → 한번: '번'이 차례나 일의 횟수, 하나의, 1회 의미를 나타내는 경우에는 '한 번', '두 번', '세 번'과 같이 띄어 쓴다. 즉 '한번'을 '두 번', '세 번'으로 바꾸어 뜻이 통하면 '한 번'으로 띄어 쓰고 그렇지 않으면 '한번'으로 붙여 쓴다. "한번 엎지른 물은 다시 주워 담지 못한다."라는 문장에서 '한번'을 '두 번'으로 바꾸면 말이 통하지 않으므로 '한번'을 붙여 써야 하며, "한 번 넘어져도 두 번, 세 번 다시 도전하자."라는 문장의 경우 '한 번'은 '두 번'으로 바꾸어도 뜻이 통하므로 '한 번'과 같이 띄어 써야 한다.
③ 착하디 착한 → 착하디착한: 형용사 '착하다'의 활용형으로 '-디'는 일부 형용사 어간 뒤에 붙어, 형용사 어간을 반복하여 그 뜻을 강조하는 연결 어미이다. 따라서 '착하디착하다', '착하디착해서'처럼 붙여 쓴다.
⑤ 한 겨울 → 한겨울: '한-'은 '정확한' 또는 '한창인'의 뜻을 더하는 접두사로 앞말에 붙여 쓴다. 접두사 '한-'이 결합한 '한겨울'은 '추위가 한창인 겨울'을 뜻하는 한 단어이다.

13 ①
- 코를 떼다: 무안을 당하거나 핀잔을 맞다.
- 머리를 맞대다: 어떤 일을 의논하거나 결정하기 위하여 서로 마주 대하다.

문맥상 '코를 떼다'의 관용구를 사용하는 것은 적절하지 않으므로 '머리를 맞대고'로 고치는 것이 적절하다.

오답 피하기
② 발이 짧다: 먹는 자리에 남들이 다 먹은 뒤에 나타나다.
③ 입이 쓰다: 어떤 일이나 말 따위가 못마땅하여 기분이 언짢다.
④ 변죽을 울리다: 바로 집어 말을 하지 않고 둘러서 말을 하다.
⑤ 물 찬 제비: 물을 차고 날아오른 제비처럼 동작이 민첩하고 깔끔하여 보기 좋은 행동을 함을 비유적으로 이르는 말.

14 ②
'죽'은 옷, 그릇 따위의 열 벌을 묶어 세는 단위이다. 따라서 접시 한 죽은 접시 10개를 이른다.

오답 피하기
① '쾌'는 '북어를 묶어 세는 단위. 한 쾌는 북어 스무 마리를 이른다.'를 뜻하는 의존 명사이므로 북어 한 쾌는 북어 20마리를 이른다. 한편 '쾌'는 예전에, 엽전을 묶어 세던 단위로, 한 쾌는 엽전 열 냥을 이른다.
③ '거리'는 '오이나 가지 따위를 묶어 세는 단위. 한 거리는 오이나 가지 오십 개를 이른다.'를 뜻하는 의존 명사이므로 가지 두 거리는 가지 100개를 이른다.
④ '접'은 '채소나 과일 따위를 묶어 세는 단위. 한 접은 채소나 과일 백 개를 이른다.'를 뜻하는 의존 명사이므로 배추 두 접은 배추 200개를 이른다.
⑤ '손'은 '한 손에 잡을 만한 분량을 세는 단위. 조기, 고등어, 배추 따위 한 손은 큰 것 하나와 작은 것 하나를 합한 것을 이르고, 미나리나 파 따위 한 손은 한 줌 분량을 이른다.'를 뜻하는 의존 명사이므로 고등어 한 손은 고등어 2마리를 이른다.

15 ①
빈칸의 ㉠에 들어갈 문장을 고르기 위해서는 빈칸 앞과 뒤의 내용을 잘 살펴보아야 한다. 제시문의 내용은 동네에서 축구를 하며 사람들과 친해졌다는 내용이다. ㉠의 앞 문장에서 잘 모르던 동네 사람들과 친구가 될 수 있었다는 내용이 있고, ㉠의 뒤에는 새롭게 이사를 온 사람들도 공을 차며 친해질 수 있었다고 언급하고 있으므로 운동장이 이웃 간 화합의 장이 되었음을 알 수 있다. 그러므로 가장 적절한 것은 ①이다.

오답 피하기
② 제시문은 동네 사람들과 운동장에서 축구를 하며 친해졌다는 내용이므로 다른 동네 사람들과 친선경기를 치르기도 했다는 내용이 들어가는 것은 적절하지 않다.

③ ㉠의 앞과 뒤의 내용과 연결되지 않으므로 적절한 내용이 아니다.
④ ㉠의 앞과 뒤의 내용과 연결되지 않으므로 적절한 내용이 아니다.
⑤ ㉠의 앞과 뒤에 열전이라고 할 수 있는 내용이 언급되지 않았으므로 적절한 내용이 아니다.

16 ③
제시문은 해군 지능정보체계단과 그 부대의 성과를 설명한 글이다. 가장 먼저 해군 지능정보체계단을 소개하는 [나]가 나오는 것이 적절하다. [나]의 마지막 문장에서 해당 부대의 업무를 언급하고 있으므로 해군 지능정보체계단의 업무 수행을 언급한 [마]가 [나] 다음에 이어지는 것이 자연스럽다. [마]에서 언급한 RPA의 적용 사례는 [가]에 제시되어 있으므로 [마] 뒤에는 [가]가 오는 것이 적절하다. [라]에서는 해군 지능정보체계단의 또 다른 핵심 사업인 모바일 앱 개발을 언급하였으므로 [가] 다음에 이어지는 것이 적절하고, 그 앱의 쓰임이 [다]에 제시되어 있으므로 [다]가 가장 마지막 문단이어야 한다. 그러므로 문맥상 [나] - [마] - [가] - [라] - [다]순으로 배열하는 것이 적절하다.

17 ②
'엄벙덤벙'은 '주관 없이 되는대로 행동하는 모양'을 뜻하는 말로 주어진 글에 나타난 주책없는 광석이의 성격을 표현하기에 가장 적절한 단어이다.

오답 피하기
① 허둥지둥: 정신을 차릴 수 없을 만큼 갈팡질팡하며 다급하게 서두르는 모양
③ 넙죽넙죽: 조금도 망설이거나 주저하지 않고 선뜻 행동하는 모양
④ 다짜고짜: '일의 앞뒤 상황이나 사정 따위를 미리 알아보지 아니하고 단박에 들이덤벼서'라는 의미의 부사
⑤ 성큼성큼: 다리를 잇따라 높이 들어 크게 떼어 놓는 모양

18 ④
제시문에서 비판하고 있는 핵심을 고르면 된다. 제시문의 필자는 사람들이 식육 생산의 불편한 실상을 완전히 알아보려고 하거나 동물을 먹는 행위가 선택의 결과라는 사실을 생각하려 들지 않는 것은, '폭력적 이데올로기'의 영향 때문이라고 보고 있다.

오답 피하기
글쓴이가 비판하고 있는 대상은 '식육 생산 사업, 동물을 먹는 행위, 폭력적 이데올로기, 불편한 진실을 의식하지 못하는 일'

모두이지만, 필자는 이러한 것들을 불가피하게 만든 '폭력적 이데올로기'를 궁극적으로 비판하고 있다. 이 중 비판의 대상이 아닌 것은 ①인 채식주의자뿐이다.

19 ②
제시문은 타이레놀과 이부프로펜의 차이를 대조하여 설명하는 글이다. ㉠의 경우는 빈칸 앞에 '두통 해소'라는 약을 먹었을 때 기대하는 결과가 언급되어 있다. 그러므로 '효과'가 들어가는 것이 적절하다. 효과가 비슷하다면 두 약이 두통을 낫게 하는 능력은 같으므로 ㉡에는 '효능'이 적절하다. 반면 타이레놀 500mg의 효능이 이부프로펜 200mg의 효능과 비견되므로 실질적인 효력은 이부프로펜이 좋다. 따라서 ㉢에는 '효력'이 들어가는 것이 적절하다.

> **참고**
> - 효과: 어떤 목적을 지닌 행위에 의하여 드러나는 보람이나 좋은 결과.
> - 효능: 효험(일의 좋은 보람 또는 어떤 작용의 결과)을 나타내는 능력.
> - 효력: 약 따위를 사용한 후에 얻는 보람.

20 ⑤
㉠의 날개는 윗면이 곡선이고 아랫면은 평면인 반원형에 가깝고, ㉡의 날개는 윗면과 아랫면이 똑같이 생겼으므로 ⑤의 설명이 적절하다.

> **오답 피하기**
> ① ㉡만 날개의 각도를 조정하여 이륙한다. "헬리콥터는 회전 날개의 각도를 달리하여 양력을 만든다."를 통해 알 수 있다.
> ② ㉠만 본체의 전진 이동으로 양력으로 만든다.
> ③ ㉠과 ㉡ 모두 안정성에 관한 내용은 찾을 수 없다.
> ④ ㉠과 ㉡ 모두 뜨는 데에 베르누이의 원리가 적용된다.

21 ⑤
제목 찾기는 '핵심어'를 찾아야 하는데 우선 선택지에 많이 나타나는 단어를 근거로 역으로 찾을 수도 있다. 이러한 방법에 따라 이 글은 '불면증'을 핵심어로 찾을 수 있다. 먼저 첫 부분에서 '불면증은 일시적, 급성, 혹은 만성적인 것으로 분류될 수 있다.'를 통해 불면증의 종류를 확인할 수 있다. 그리고 그 후에 '급성 불면증'과 '만성 불면증'으로 나누어 각각의 특징을 설명하고 있으므로 ⑤의 '불면증의 종류와 특징'이 정답이다.

22 ⑤
㉠은 국가의 체제를 확립하기 위해 어떠한 전통을 아주 오래전부터 이어져 온 것처럼 신화화한다는 내용이므로, 이에 부합하지 않은 예시를 찾으면 된다. ⑤의 '유대인을 싫어하는 유럽인의 뿌리 깊은 정서'를 전통으로 보기는 어려우므로 ㉠의 사례로는 적절하지 않다.

> **오답 피하기**
> ① '야스쿠니 신사', ② '목가적 농촌의 이미지', ③ '인도인의 소 숭배', ④ '영국 왕실의 엄숙한 의례'는 모두 어떠한 체제를 공고히 하기 위해 만들어진 전통에 해당하므로 비교적 ㉠의 사례로 적합하다.

23 ③
제시된 글은 고유가 시대를 맞아 에너지 자원 확보와 에너지 절약을 생활화하자는 것이다. 따라서 하위 항목을 포괄하는 내용의 '에너지난 극복 대책'이 적합하다.

> **오답 피하기**
> ① 주제문은 이미 구체적이므로 수정할 필요가 없다. '고유가 시대를 슬기롭게 극복하자.'가 더 추상적이다.
> ② '수출 전략'은 주제와 동떨어지므로 삭제해야 한다.
> ④ 'Ⅱ-3-나-1'은 '에너지 절약의 생활화'의 하위 항목으로 적절하지 않으나, 'Ⅱ-2'의 하위 항목으로도 적절하지 않다.
> ⑤ 결론과 하위 항목의 내용을 고려할 때 관련 없는 내용이므로 적절하지 않다.

24 ②
제시문은 개인이 임의로 사회적인 약속을 깨고 단어의 형식과 내용을 연결하고 있으므로 이와 가장 관련 깊은 언어의 특성은 '언어의 사회성'이다.

> **오답 피하기**
> ① 언어의 자의성에 대한 내용이다.
> ③ 언어의 역사성에 대한 내용이다.
> ④ 언어의 기호성에 대한 내용이다.
> ⑤ 음성과 음향의 차이점에 대한 내용이다.

> **⬆ 1점 더 올리기**
>
> [언어의 특성]
> - 기호성: 언어는 의사소통을 위해 일정한 의미를 일정한 형식에 담은 기초 체계이다. 언어는 형식(말/글자)과 내용(의미)으로 이루어진 기호이다.
> - 자의성: 언어의 형식인 음성과 내용인 의미가 필연적인 관계가 아닌 자의적, 임의적 관계를 지닌다는 언어의 특성을 말한다. ◉ '사랑'이라는 의미의 한국어가 영어로는 'love'라고 표현된다.

- **사회성**: 음성과 의미가 사회적으로 수용되면 이를 개인이 마음대로 바꿀 수 없다는 언어의 특성을 말한다. **예** '사랑'이라는 말소리를 마음대로 '우정'이라고 바꾸어 말한다면, 의사소통이 제대로 이루어진다고 볼 수 없다.
- **역사성**: 언어는 하나의 사회적 약속이지만, 시간의 흐름에 따라 '생성-발전-소멸'의 변화를 겪을 수 있다는 언어의 특성을 말한다.
- **분절성**: 언어가 외부 세계에 있는 그대로 반영하는 것이 아니라, 연속적으로 이루어져 있는 현실 세계를 불연속적인 것으로 분절하여 표현한다는 언어의 특성을 말한다. **예** 무지개색의 분절, 피부 명칭의 분절, 시간 흐름의 분절 등
- **개방성**: 언어를 통해 무한에 가까운 생각을 표현하고, 이를 길이에 제한 없이 표현할 수 있다는 언어의 특성을 말한다. 창조성이라고도 한다.
- **추상성**: 대상들 사이의 공통된 성질을 뽑아서 음성과 의미를 연결하는 언어의 특성을 말한다.

25 ⑤

중국의 마괘자를 우리 고유의 전통 의상인 마고자로 재창조하였다는 [보기]의 내용에 해당하는 것은 외래 문물을 주체적으로 수용하여 새로운 문화 창조에 이바지하였다는 ⑩이다.

파이널 모의고사 2회

자료해석   P. 354

01	④	02	③	03	②	04	③	05	③
06	③	07	③	08	①	09	③	10	①
11	③	12	①	13	③	14	④	15	①
16	②	17	①	18	①	19	②	20	③

01 ④

건너뛰기 수열을 회전형으로 제시한 것이다.
2개의 수열은 각각 1, 2, 4, 8, 16인 수열과 64, 32, 16, 8, ( )인 수열로 나눌 수 있으므로 괄호 안에 들어갈 수는 8을 2로 나눈 4가 된다.

참고

64, 32, 16, 8, 4인 수열은 64, $64 \times \frac{1}{2}$, $32 \times \frac{1}{2}$, $16 \times \frac{1}{2}$, $8 \times \frac{1}{2}$의 규칙으로 이루어진 등비수열이다.

02 ③

텐트의 수를 x로 놓으면, $5x+4=6(x-2)+2$의 식을 세울 수 있다. 식을 정리하면 x의 값은 14가 되고, 텐트의 수를 14개로 셀 수 있다. 그다음 14개에 대한 텐트의 수에 5명씩 들어가면 4명이 들어갈 수 없다고 했으므로, 학생 수는 $5 \times 14+4=74$(명)이다. 따라서 텐트의 수인 A=14개, 학생 수인 B=74명이므로 (A+B)=88이다.

03 ②

지난달 스마트폰 A, B의 판매 총액은 700만 원이므로, A+B=700(만 원)이다. A의 판매 총액이 4%가 증가하고, B의 판매 총액이 2% 증가하여 판매 총액이 20만 원 증가하면, $0.04A+0.02B=20$(만 원)의 식을 세울 수 있다.
A+B=700
0.04A+0.02B=20
두 식을 연립하면, A=300만 원, B=400만 원이다.
A의 지난달 판매 총액이 300만 원이므로, 이번 달 판매 총액은 4% 증가한 312만 원이 된다.

04 ③

2022년의 봉급 인상률이 10%이면, 2022년 일병 월급은 $140,000 \times (1+0.1)=154,000$(원)이므로 2021년 상병의 봉급인 154,800원보다 적다.

오답 피하기

① 2018년 병장의 봉급은 108,000원이고, 2019년에는 129,600원으로 129,600-108,000=21,600(원) 상승했다.
② 2018년에 이병의 봉급은 81,500원이므로 처음으로 80,000원을 넘었다.
④ 2020년 이병의 봉급은 112,500원이고, 2021년에는 129,400원으로 129,400-112,500=16,900(원) 상승했다.

05 ③

제시된 표의 자료는 비율이므로 학생 수의 대소를 비교할 수 없다.

오답 피하기

① 2005년에는 각각 8.7%와 12.8%, 2015년에는 각각 1.8%와 2.5%로 고1보다 고3이 이성 문제에 대해 고민하는 비중이 더 높다.
② 2005년과 2015년 고1, 고2, 고3 모두에서 성적에 대한 고민 비율이 각각 가장 높게 나타난다.
④ 용돈에 대한 고민의 비중은 학년별로 2005년 11.2%, 8.5%, 11.9%에서 2015년 24.5%, 12.4%, 22.7%로 모두 올랐다.

06 ③

(학력별 여성의 비중)(%)=$\frac{(학력별 여성 수)}{(학력별 전체 인원)} \times 100$이 므로 초졸 여성의 비중은 $\frac{64}{139} \times 100 ≒ 46(\%)$이고,

중졸 여성의 비중은 $\frac{90}{198} \times 100 ≒ 45(\%)$이고,

고졸 여성의 비중은 $\frac{206}{418} \times 100 ≒ 49(\%)$이고,

대졸 여성의 비중은 $\frac{80}{245} \times 100 ≒ 33(\%)$이다.

따라서 고졸 여성의 비중이 가장 높다.

07 ③

수학과 전 과목 평균의 점수의 차가 20점 이상인 것은 수학 점수가 전 과목 평균보다 20점 이상 높을 수도 있고, 전 과목 평균이 수학 점수보다 20점 이상 높을 수도 있기 때문에 두 경우를 모두 구해야 한다.
수학 성적이 50점이고 전 과목 평균이 30점인 사람 1명,
수학 성적이 60점이고 전 과목 평균이 40점인 사람 1명,
수학 성적이 70점이고 전 과목 평균이 50점인 사람 1명,
전 과목 평균이 80점이고 수학 성적이 60점인 사람 1명,
전 과목 평균이 90점이고 수학 성적이 70점인 사람 1명
까지 총 5명이다.

08 ①

국내 지식산업 센터 중에 개별 입지에 조성된 센터의 비중은 $\frac{175}{324} \times 100 ≒ 54(\%)$이다. 따라서 60% 미만이다.

오답 피하기

② 수도권(서울, 인천, 경기)의 지식산업 센터 수는 127+18+133=278(개소)로, 전국 합계의 $\frac{278}{324} \times 100 ≒ 85.8(\%)$이므로 80%가 넘는다.
③ 경기 지역의 지식산업 센터는 개별 입지에 100개소, 계획 입지에 133-100=33(개소)가 조성되어 있으므로 계획 입지보다 개별 입지에 더 많이 조성되어 있다.
④ 동남권(부산, 울산, 경남)의 지식산업 센터 수는 9+1+17=27(개소)이고, TK권(대구, 경북)의 지식산업 센터 수는 4+2=6(개소)이다. 따라서 동남권 지식산업 센터 수는 TK권 지식산업 센터 수의 $\frac{27}{6}=4.5$(배)이므로 4배 이상이다.

09 ③

'(변화율)=$\frac{(변화량)}{(기준량)} \times 100$'의 공식에 따라 계획 입지 대비 개별 입지의 증가율은 $\frac{(개별 입지)-(계획 입지)}{(계획 입지)} \times 100$으로 나타낼 수 있다.
경기 지역의 국내 지식산업 센터 중 개별 입지는 100개소, 계획 입지는 33개소이므로 계획 입지 대비 개별 입지의 증가율은 $\frac{100-33}{33} \times 100 ≒ 203(\%)$이다.
한편 전국 국내 지식산업 센터 중 개별 입지는 175개소, 계획 입지는 149개소이므로 계획 입지 대비 개별 입지의 증가율은 $\frac{175-149}{149} \times 100 ≒ 17.4(\%)$이다.
따라서 두 비율의 차이는 203-17.4=185.6(%p)이다.

10 ①

히스토그램의 가로 축의 구간은 좌측에서 우측으로 갈수록 5cm 간격씩 증가하며, 각 구간에 해당하는 칸의 개수는 모두 2+6+8+12+8+4=40(개)로, 한 칸에 해당하는 학생 수는 160÷40=4(명)이다. 165cm 이상에 해당하는 칸 개수는 12+8+4=24(개)이므로 24×4=96(명)임을 알 수 있다.

11 ③

첫 번째 행 가운데의 A를 기점으로 하여 시계방향으로 이동할 때, 알파벳의 증가량이 1씩 증가한다. (알파벳을 숫자로 치환 시) 시계방향으로
A B ⒸD ⒺF G ⒽIJ K ⒧M N O P ⓆR S

T U) V (W X Y Z A B) 순이므로, 첫 번째 행 왼쪽에 들어갈 알파벳은 C이다.

12 ①

수학 영어	0점	10점	20점	30점	40점	50점	합계
50점		2	1		1	2	6
40점				2	2	1	5
30점		1	3	3	3		10
20점		3	4	4	1	2	14
10점	1	3	2	3			9
0점	2	3	1				6
합계	3	12	11	12	7	5	50

수학 점수와 영어 점수의 평균이 30점 이상인 학생 수는 위의 표에 색칠되어 있다. 전체 학생 50명 중에 평균이 30점 이상인 학생은 20명으로 $\frac{20}{50} \times 100 = 40(\%)$이다.

13 ③

복무기간별 제대군인에서 5년 이상 10년 미만에 해당하는 육군 제대군인 수는 172,778명으로 육군이 차지하는 비중은 $\frac{172,778}{251,014} \times 100 ≒ 69(\%)$이다.
2017년 중기복무 장교·부사관·준사관 제대군인 수는 3,445명으로 이에 대한 69%는 $3,445 \times 0.69 ≒ 2,377$(명)이므로 2,500명 미만이다.

오답 피하기
① 복무기간별 제대군인의 수를 비교하면 육군이 가장 많기 때문에 육군이 가장 큰 비중을 차지한다.
② 2016년에는 중기복무 제대군인의 수가 장기복무 제대군인의 수보다 더 많다.
④ 20년 이상의 전체 제대군인에 대한 공군의 비중은 $\frac{13,895}{121,056} \times 100 ≒ 11.5(\%)$이고, 5년 이상 10년 미만의 전체 제대군인에 대한 공군의 비중은 $\frac{25,340}{251,014} \times 100 ≒ 10.1(\%)$이므로 전자의 비중이 더 높다.

14 ④

주어져 있는 값은 비율이기 때문에 서비스라고 응답한 사람들 중에 전세인 사람과 자가인 사람의 인원수가 어떻게 되는지 알 수 없다.

오답 피하기
① 남자는 행사에 10.5%의 비중을 두고 있고 여자는 행사에 14.2%의 비중을 두고 있으므로 여자가 더 높은 비중을 두고 있다.
② 전 연령에서 서비스가 가장 높은 비중을 차지하고 있다.
③ 아파트에 사는 사람은 34.6%의 비중을, 단독주택에 사는 사람은 23.5%의 비중을 두고 있다.

15 ①

각 항의 2015년 대비 2017년의 총물동량 증가량을 구하면 다음과 같다.
• A항: 450,130 − 362,360 = 87,770(천 톤)
• B항: 295,220 − 284,660 = 10,560(천 톤)
• C항: 232,300 − 197,610 = 34,690(천 톤)
• D항: 163,220 − 161,300 = 1,920(천 톤)
• E항: 115,140 − 112,940 = 2,200(천 톤)
그러므로 가장 많이 증가한 항은 A항이고, 가장 적게 증가한 항은 D항이다.

16 ②

C항의 전년 대비 2017년의 총물동량 증가율은
$\frac{232,300 - 202,000}{202,000} \times 100 = 15(\%)$이다. 전년 대비 2018년 총물동량 증가율도 동일하므로 $232,300 \times 1.15 ≒ 267,100$ (천 톤)이다.

17 ①

전체 도수는 20이므로
$2 + 3 + y + 5 + 6 = 20 \rightarrow y = 4$이고,
평균은 $\frac{4 \times 2 + 6 \times 3 + x \times 4 + 10 \times 5 + 7 \times 6}{20} = 7.5$
$118 + 4x = 150$
$x = 8$
따라서 $(x+y) = 8 + 4 = 12$이다.

18 ①

A가 시계 방향으로 돌면 B는 반시계 방향, C는 시계 방향, D는 반시계 방향으로 돌게 된다.
A가 18바퀴 돌면 맞물리게 되는 톱니의 수는 총 $40 \times 18 = 720$(개)이다. 따라서 B는 $720 \div 24 = 30$(바퀴), C는 $720 \div 16 = 45$(바퀴)이다.

19 ②

[표]를 통해 직업교육 훈련은 사회복귀 교육 내에서 진행되는 것임을 알 수 있다. 이를 바탕으로 보면 2015년에는 사회복귀 교육자 수와 직업교육 훈련자 수가 일치하므로 2015년에는 사회복귀 교육을 받은 인원 전원이 직

업교육 훈련을 같이 진행했음을 추론할 수 있다.

오답 피하기
① 제시된 자료는 취업 및 창업을 지원한 사람에 관한 자료이므로 실제 취업 및 창업자 수는 확인할 수 없다.
③ 2013년에는 2012년 대비 상담 실적이 감소하였으므로 적절하지 않다.
④ 2013~2016년의 전년 대비 취·창업 지원자 수의 증감 추이를 정리하면 다음과 같다.
- 2013년: 4,535−4,193=342(명)
- 2014년: 6,089−4,535=1,554(명)
- 2015년: 6,843−6,089=754(명)
- 2016년: 7,282−6,843=439(명)

따라서 취·창업 지원자 수가 전년 대비 가장 많이 증가한 해는 2014년이다.

20 ③

A도시 남성의 수를 x라고 할 때
성인병이 있는 남성 중 비만인 사람의 수는
$x \times 0.2 \times 0.7 = 0.14x$이고,
성인병이 없는 남성 중에 비만인 사람의 수는
$x \times 0.8 \times 0.3 = 0.24x$이다.
이 문제에서 구하고자 하는 것은 비율이므로 x는 고려하지 않고 계산하면 된다.
따라서 비만인 남성 가운데 성인병이 있는 남성의 비율은
$\dfrac{0.14x}{0.14x + 0.24x} \times 100 ≒ 37(\%)$이다.

파이널 모의고사 3회

공간능력 P. 366

01	①	02	④	03	②	04	③	05	①
06	②	07	④	08	③	09	②	10	①
11	②	12	③	13	③	14	③	15	②
16	③	17	②	18	④				

01 ①

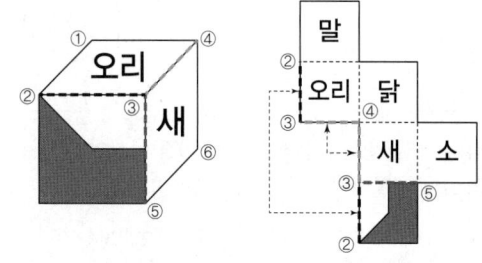

위의 그림에 따라 정답은 ①이다.

02 ④

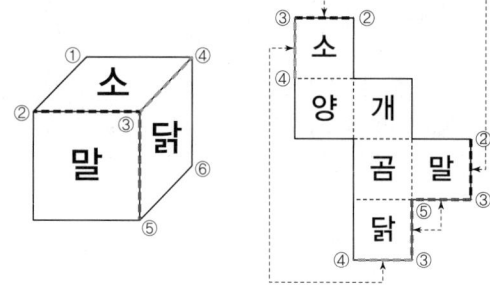

위의 그림에 따라 정답은 ④이다.

03 ②

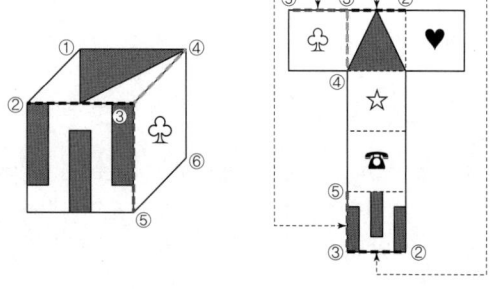

위의 그림에 따라 정답은 ②이다.

04 ③

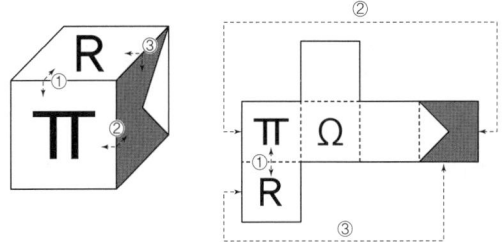

위의 그림에 따라 정답은 ③이다.

05 ①

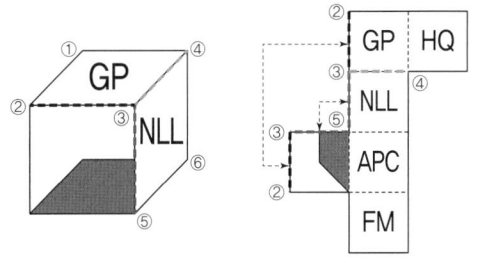

위의 그림에 따라 정답은 ①이다.

06 ②

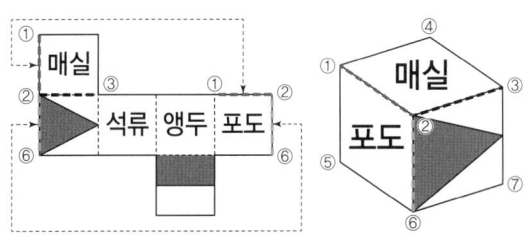

위의 그림에 따라 정답은 ②이다.

07 ④

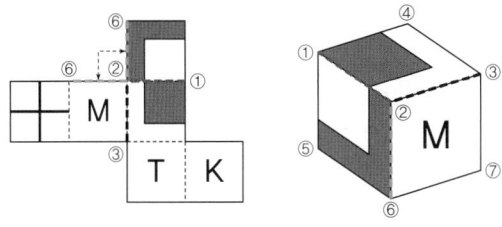

위의 그림에 따라 정답은 ④이다.

08 ③

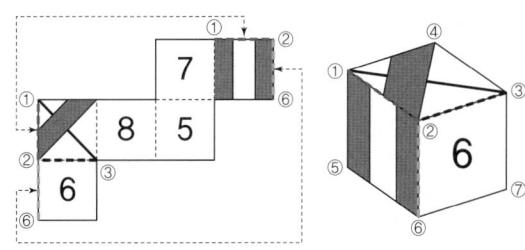

위의 그림에 따라 정답은 ③이다.

09 ②

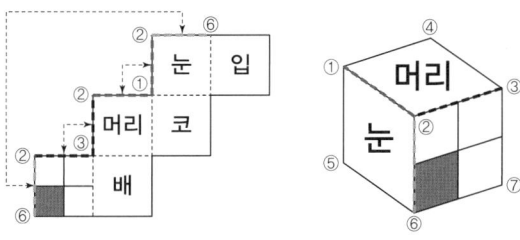

위의 그림에 따라 정답은 ②이다.

10 ①

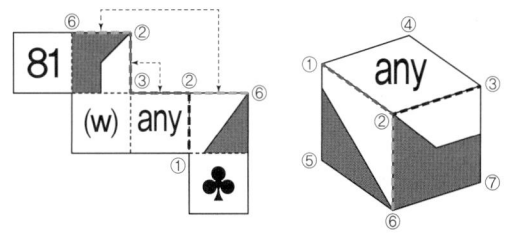

위의 그림에 따라 정답은 ①이다.

11 ②

좌측 열부터 우측으로 개수를 더해 가면,
10+3+7+7+1+10=38(개)이다.

12 ③

좌측 열부터 우측으로 개수를 더해 가면,
14+3+8+3+9+10+4=51(개)이다.

13 ③

좌측 열부터 우측으로 층수를 더해 가면,
13+8+7+1+5+11+7=52(개)이다.

14 ③
좌측 열부터 우측으로 개수를 더해 가면,
8+8+6+5+10+6+3=46(개)이다.

15 ②
좌측 열부터 우측으로 층수를 세어 보면,
5−4−3−5이므로 ②와 일치한다.

16 ③
화살표 방향에서 바라보는 방향 기준으로 좌측 열부터 우측으로 비어있는 블록을 확인하여 비교하면, ③과 일치한다.

17 ②
좌측 열부터 우측으로 층수를 세어 보면
1−6−2−5−3−1−5이므로 ②와 일치한다.

18 ④
좌측 열부터 우측으로 층수를 세어 보면
2−5−2−3−3−5이므로 ④와 일치한다.

파이널 모의고사 3회

지각속도　　　　　　　　P. 376

01	①	02	①	03	①	04	①	05	①
06	②	07	②	08	①	09	①	10	②
11	①	12	②	13	①	14	①	15	①
16	①	17	①	18	①	19	①	20	②
21	①	22	①	23	①	24	②	25	②
26	②	27	③	28	④	29	①	30	②

01 ①

02 ①

03 ①

04 ①

05 ①

06 ②

16. 15. 20. 14. – XOP RUP TOP QAP

'15. = BAP, 19. = RUP'이므로 옳지 않다.

07 ②

13. 17. 12. 11. – FUP VAP NAP BAP

'11. = GAP, 15. = BAP'이므로 옳지 않다.

08 ①

09 ①

10 ②

15. 16. 12. 20. – BAP XOP GAP TOP

'12. = NAP, 11. = GAP'이므로 옳지 않다.

11 ①

12 ②

| 수척 수영 수하 <u>수</u>성 - 老 巾 兀 卄 |

'수성 = 无, 수교 = 卄'이므로 옳지 않다.

13 ①

14 ①

15 ①

16 ①

17 ①

18 ①

19 ①

20 ②

| kook eye <u>fat</u> tea - Ⓔ Ⓐ Ⓡ Ⓜ |

'fat = Ⓦ, dog = Ⓡ'이므로 옳지 않다.

21 ①

22 ②

| ⋮⋮-토높압말 |

⋮ = 표, ✦ = 말이므로 옳지 않다.

23 ①

24 ②

| ⋮⋮-높활토월 |

⋮ = 표, ⋮ = 높이므로 옳지 않다.

25 ②

| ⋮⋮-압표토접 |

⋮ = 높, ⋮ = 접이므로 옳지 않다.

26 ②

| One little prayer can change one huge situation |
| 1 2 3 4 5 6 |

27 ③

| △○◇○◇◎☯◇○◆○+◇■◇○□☯◇○ |
| 1   2   3   4   5 |

28 ④

운명은 우연이 아닌 선택이다. 기다리는 것이 아니라
1 2 3 4 6   7 8 9
5

성취하는 것이다
  10
    11

29 ①

| う<u>ぷ</u>んせで<u>ぷ</u>うくすづ<u>ぷ</u>るんせ<u>ぷ</u>でうこカ<u>ぷ</u>くん |
| 1   2   3   4   5 |

30 ②

| 340133947590285373950583796892037894 6 1 |
| 1 23   4 5   6   7 |

파이널 모의고사 3회

언어논리   P.379

01	③	02	③	03	⑤	04	①	05	④
06	④	07	④	08	③	09	④	10	⑤
11	④	12	④	13	②	14	①	15	③
16	④	17	⑤	18	③	19	④	20	③
21	⑤	22	③	23	②	24	⑤	25	③

01 ③
'맨'은 명사 '꼭대기'를 수식하는 관형사이다.

오답 피하기
①, ②, ④, ⑤ 밑줄 친 낱말 뒤에 오는 체언을 실질적으로 수식하는 성상부사이다.

02 ③
'하는 데=하는 것에'를 의미하는 '데'는 의존명사이므로 앞말과 띄어 쓴다.

오답 피하기
① '뿐'은 명사 뒤에 후행하는 조사이며 앞말과 붙여 쓴다.
② '대로'는 관형어 '-는'의 수식을 받으므로 의존명사이며 앞말과 띄어 쓴다.
④ '밖에'는 명사 뒤에 후행하는 조사이며 앞말과 붙여 쓴다.
⑤ 이때의 '씨'는 성씨 자체를 나타내므로 붙여 쓴다. 예) 김씨 성, 김씨 집안 등.

03 ⑤
'안경을 쓴 사람' p, '선크림을 바른 사람'을 q, '추위를 타는 사람'을 r로 두고 주어진 문장을 기호로 나타내면 다음과 같다.
가) _____
나) p → q
결론) p → r
삼단논법에 의해 주어진 위의 결론을 도출하기 위해서 필요한 전제는 'q → r'이다. 즉 '선크림을 바른 사람은 추위를 타는 사람이다'라는 전제가 있어야 한다. 이때 'q → r'과 그 대우명제인 '~r → ~q'는 동치이다. 따라서 문장 가)에는 '추위를 타지 않는 사람은 선크림을 바르지 않은 사람이다.'가 들어가야 한다.

04 ①
압구정(Apgujeong), 낙동강(Nakdonggang), 죽변(Jukbyeon), 합정(Hapjeong) 등 된소리되기는 표기에 반영하지 않는다.

오답 피하기
② 자연 지물명, 문화재명, 인공 축조물명은 붙임표(-) 없이 붙여 쓴다.
③ 이름에서 일어나는 음운 변화는 표기에 반영하지 않는다.
④ 체언에서 'ㄱ, ㄷ, ㅂ' 뒤에 'ㅎ'이 따를 때에는 'ㅎ'을 밝혀 적는다.
⑤ 'ㅢ'는 'ㅣ'로 소리 나더라도 ui로 적는다.

05 ④
막현호은(莫見乎隱)은 숨겨진 것보다 잘 드러나는 것은 없다는 의미이다. 그러므로 글의 내용과 가장 관련이 깊다.

오답 피하기
① 근화사례(近火謝禮): 이웃에서 불이 나 손해는 입었으나 근심을 끼쳐 미안하다는 인사.
② 여조삭비(如鳥數飛): 새가 하늘을 날기 위해 자주 날갯짓하는 것과 같다는 뜻으로 쉬지 않고 연습하고 익힘.
③ 박주산채(薄酒山菜): 맛이 변변하지 못한 술과 산나물이란 뜻으로 자기가 내는 술과 안주를 겸손하게 이르는 말.
⑤ 구화지문(口禍之門): 입은 재앙을 불러들이는 문이 된다는 뜻으로 말조심을 하라고 경계하는 말.

06 ④
주어진 글은 젊은 세대를 중심으로 신조어와 은어가 빠른 유행을 타고 소비되는 시대이고, 지상파 방송과 뉴스에까지 신조어가 등장하는 점에 대해 우려하는 내용이다. 그러므로 본론에는 신조어, 은어, 어려운 용어를 쓸 때 나타나는 문제점에 대해서 서술하는 것이 적절하다. 병원에서 쓰는 전문 용어의 경우 정확한 진료나 진찰을 위해 쓰는 경우가 많으므로 주어진 글과 상통한다고 보기 어렵다.

07 ④
합성어 및 파생어에서, 앞 단어나 접두사의 끝이 자음이고 뒤 단어나 접미사의 첫 음절이 '이, 야, 여, 요, 유'인 경우에는, 'ㄴ' 소리를 첨가하여 [니, 냐, 녀, 뇨, 뉴]로 발음한다. 그러므로 '막일'은 'ㄴ'을 첨가하여 [망닐]로 발음한다.
막일 → [막닐] → [망닐]

08 ③
주어진 글은 왕진과 같은 의료기관 외 의료행위가 금지된 배경을 설명하고, 이러한 제재가 앞으로는 허용되어야 하는 이유를 논리적으로 설명한 글이다. 먼저 의료행위가 금지된 배경을 언급한 [다]가 나오는 것이 적절하다. [다]의 마지막 문장을 보면 '의료기관 내에서만 진료하라는 강제는 바로 이런 배경에서 등장했다.'라고 언급이 되어 있다. 따라서 그 강제를 '법'으로 표현한 [가]가 [다] 다음으로 이어지는 것이 적절하다. [가]의 마지막 부분에서 '다른 나라에서는 비슷한 제도조차 찾을 수가 없다.'고 했으므로 '원격진료가 불법인 나라는 실제로 우리나라밖에 없다.'라는 문장으로 시작하는 [나]가 [가] 이후에 제시되는 것이 자연스럽다. [나]의 마지막 부분에는 그 원격진료를 금지한 것에 따른 문제점을 구체적으로 다루고 있는데, 이 내용은 [라]로 연결된다. 그러므로 문맥상 [다] - [가] - [나] - [라] 순으로 배열하는 것이 적절하다.

09 ④

㉠ 먹고: 받침 ㄱ 뒤에 연결된 평음 'ㄱ'가 [ㄲ]로 발음되므로 옳다.
㉡ 껴안다: '안-'은 비음 ㄴ으로 끝나는 용언 어간이다. 여기에 연결된 어미 '-다'는 [따]로 발음되므로 옳다.
㉢ 어찌할 바: 관형사형 어미 ㄹ 뒤에 연결된 '-바'는 [빠]로 발음되므로 옳다.
㉣ 결석(結石): 한자어 ㄹ 뒤에 연결된 '석'이 [썩]으로 발음되므로 옳다.

10 ⑤

'마음만은'은 주어이다. 따라서 주격조사 '이'로 대체하여 '마음이'로 바꾸어 쓸 수 있다.

오답 피하기
①, ②, ③, ④ 모두 목적어이다. 따라서 조사 '을(를)'로 바꿔 쓸 수 있다.

11 ④

'훗일'의 'ㅅ'은 '後+일'이 합성될 때 첨가된 사이시옷 표기이다.

12 ④

주어진 글은 '잡초'의 가치에 대한 내용이다. 필자는 잡초 또한 우리의 삶터를 아름답고 건강하게 만들므로, 잡초에 이름표를 붙여주고 관심을 가지자고 한다. 한편 ㉣은 잡초와 관련이 없는 나무의 이름을 언급하며 필자의 어린 시절 추억을 상기한 내용일 뿐 글의 주제와는 관련 없는 내용이므로 통일성에 맞지 않는 내용임을 알 수 있다.

오답 피하기
① 잡초를 보고 느낀 필자의 긍정적인 감정으로 글의 통일성을 위해 필요한 문장이다.
② 실제 잡초의 이름을 찾아 이름표를 붙여준 내용이므로 통일성을 위해 필요한 문장이다.
③ 잡초에 이름표를 붙여준 행동에 대한 의도이므로 통일성을 위해 들어가야 하는 문장이다.
⑤ 이름표를 붙여줘야 하는 이유이므로 주제에 어울린다.

13 ②

주어진 글에서 이괄의 아들인 이전이 역모를 꾀했다는 것은 이귀의 고변일 뿐, 실제로 이전이 역모를 꾸몄는지는 알 수 없다.

오답 피하기
① 주어진 글에서 '러시아 용병기업인 바그너의 수장이었던 예브게니 프리고진은 인조반정의 주역인 이괄과 여러모로 닮았다.'는 내용과 '집권한 지 23년 만에 푸틴에게 위기를 가져온 프리고진'이라는 설명을 통해 프리고진이 러시아 대통령을 배신했음을 알 수 있다.
③ 주어진 글에서 '이괄의 주력부대는 당시 조선의 용병과 다름없던 항왜(降倭)였다. 임진왜란 때 조선군으로 귀순한 항왜'라는 표현을 통해 알 수 있다.
④ 주어진 글에서 '경기도 이천으로 달아나 잠을 자던 중에 자신을 배신한 측근들에게 목이 잘렸다'는 내용을 통해서 알 수 있다.
⑤ 주어진 글에서 '친명배금 외교를 추구한 공신들의 기세에 눌려'라는 부분을 통해 알 수 있다.

14 ①

'사람이나 물건 따위를 다른 곳으로 가게 하다'는 의미로 사용하였다.

오답 피하기
② '시간이나 세월을 지나가게 하다'는 의미로 쓰였다.
③ '결혼을 시키다'는 의미로 쓰였다.
④ '놓아주어 떠나게 하다'는 의미로 쓰였다.
⑤ '사람을 일정한 곳에 소속되게 하다'는 의미로 쓰였다.

15 ③

주어진 글은 과거에 욜로는 트렌드가 되었지만 점차적으로 욜로가 사라지고 있는 이유에 대해서 서술하고 있다. 그러므로 빈칸의 내용으로 가장 적절한 것은 '욜로 열풍은 왜 사라지는 걸까?'이다.

16 ④

'달걀'과 '노른자'의 관계는 완성품과 그 구성요소의 관계이다. 이와 마찬가지로 도서관을 구성하는 요소로 책이 있으므로 '도서관 : 책'이 달걀과 노른자와 유사한 관계이다.

오답 피하기
① '피자치즈'는 '치즈'의 한 종류이므로 상위어와 하위어 관계이다.
② '걸상'은 걸터앉는 기구로, 가로로 길게 생겨서 여러 사람이 늘어앉을 수 있는 거상(踞床)과 한 사람이 앉는 의자를 의미한다. 따라서 '책상'과 '걸상'은 짝을 이루는 관계이다.
③ '혼인'과 '결혼'은 동의어 관계이다.
⑤ '추석'은 '명절'의 한 종류이므로 상위어와 하위어 관계이다.

17 ⑤
주어진 글은 단백질에 대한 오해를 다양한 근거를 들어 해소하는 글이다. 마지막 문단에서 '단백질을 일정 시간 간격을 두고 자주 먹는 것은 중요하다. 한 번 근육 합성 반응을 일으키게 되면, 보통 3~5시간 동안은 단백질이 아무리 들어와도 근육 합성 반응이 일어나지 않는다.'라는 내용을 통해서 충분한 양의 단백질을 3~5시간 간격을 두고 섭취하면 근육 합성 반응 빈도를 증가시킬 수 있다는 것을 추론할 수 있다.

오답 피하기
① 첫 번째 문단의 '단백질 흡수량에 관해서 많은 의견이 있지만 보통은 한 번에 20~30g의 단백질만이 흡수된다고 알려져 있다. 그러나 이는 사실이 아니다.'라는 부분을 통해 적절하지 않은 추론임을 알 수 있다.
② 두 번째 문단의 '단백질을 섭취하면 위장에서 산과 효소로 분해한다.'라는 부분을 통해 위장에서 분해됨을 알 수 있다.
③ 세 번째 문단의 '한 번에 3~4g의 류신을 섭취하면 근육 합성 반응을 극대화할 수 있다.'라는 부분을 통해 근육 합성 반응을 극대화할 수 있다는 것은 알 수 있으나, 시간당 흡수하는 아미노산의 양을 최대화할 수 있는지는 추론할 수 없다.
④ 네 번째 문단의 '단백질을 많이 섭취한다고 해서 근육의 양이 늘어나거나 근력이 커지는 것이 아닌 것으로 드러났다.'라는 부분을 통해서 단백질을 많이 섭취해도 근육의 양이 늘어나거나 근력이 커지는 것은 아니라는 것을 알 수 있으나, 운동을 하지 않으면 단백질을 많이 섭취해도 근육의 양이나 힘이 커지지 않는지는 주어진 내용만으로 추론할 수 없다.

18 ③
하늘은 재주를 고르게 주었는데 지금 우리나라는 신분 차별을 이유로 인재 등용을 공평하게 하지 않아 인재가 모자라는 상황을 비판하고 있다.

오답 피하기
② 신분 차별을 철폐해야 한다고 주장하는 것이 아니라 신분에 따라 인재 등용이 제한되는 현실을 비판하고 있다.

19 ④
'여쭈다'는 부사어인 '대대장님'을 높이므로 올바른 표현이다.

오답 피하기
① '보고' → '뵙고'. 목적어인 교수님을 높이기 위해 높임의 용언 '뵙다'로 바꾼다.
② '집' → '댁'. 큰아버지의 집은 높임의 대상이므로 댁으로 바꾼다.
③ '계십니까' → '있으십니까'. 이것은 이 과장님의 시간을 간접적으로 높이는 표현이다.
⑤ 저희 → 우리. '저희'는 화자가 속한 집단을 낮추므로 우리 나라가 올바른 표현이다.

20 ③
주어진 글은 췌장에 대해서 그 역할을 설명하고, 췌장암의 생존율, 췌장암이 발생하는 요인, 췌장암의 치료방법 등을 설명하는 글이다. 췌장암의 증상에 대해서는 언급되어 있지 않다.

21 ⑤
'로써'는 '방법, 수단'을 의미하고, '로서'는 '신분, 자격'을 의미한다. 주어진 문장의 '사용함으로써'는 방법이나 수단을 의미하므로 바꿀 필요가 없다.

22 ③
'그의 난행을 비방한 투서가 언문으로 쓰여'진 것을 통해 한글 교습을 막음으로써 일반 백성들에게 자신의 만행이 한글로 퍼지는 것을 막고자 하였다.

오답 피하기
① 무오사화는 연산군이 훈구파 이극돈, 유자광 등의 계략에 빠져 일으켰다고 하였다.
② 후궁 또는 인수대비에 관한 설명을 토대로 폐비 윤씨를 둘러싼 권력 관계를 확인할 수 있다.
④ 연산군은 어떤 정당성보다는 감정적인 개인의 보복성으로 화를 일으켰음을 알 수 있다.
⑤ 권력자인 연산군이 방향성을 잃고 참극을 일으킨 사례로 볼 수 있다.

23 ②

자료의 주제가 '일회용품 사용을 줄이자'이므로 환경오염을 이유로 일회용품 사용이 문제가 된다고 주장하는 것은 적절하다.

> 오답 피하기
> ① 일회용품의 소각을 주장하는 것은 옳지 않다. 일회용품 사용을 줄이자는 주장의 근거가 된다.
> ③ 일회용품에서 나오는 환경호르몬이 좋지 않기 때문에 일회용품을 사용하지 말자는 주장의 근거가 된다.
> ④ 일회용품을 사용한 후 재활용법에 대한 내용이므로, 일회용품의 활용법을 안내하는 것은 적절하지 않다.
> ⑤ 지역사회에 예술 조형물이 필요하다는 주장은 적절하지 않다.

24 ⑤

주어진 글은 과학의 발달에도 불구하고 점술가들은 여전히 성업 중이며, 점술가를 찾는 사람들은 자신의 앞날에 확신이 없는 사람들이라 말하고 있다. 그리고 이 결론의 근거를 사업가, 어촌 사람, 정치가 등의 사례를 들어 설명하고 있으므로, 특수한 사실을 통해 일반적인 것을 설명하는 귀납적 방법으로 서술하고 있음을 알 수 있다.

25 ③

주어진 글은 백인 여성의 미를 절대화한 바비와, 무국적성을 가진 키티를 대조함으로써 그들의 차이점을 설명하고 있다.

파이널 모의고사 3회

자료해석　　　　　　　　　　　P. 394

01	②	02	④	03	③	04	②	05	③
06	④	07	①	08	①	09	④	10	③
11	②	12	②	13	①	14	④	15	③
16	②	17	③	18	①	19	③	20	③

01 ②

3학년 1반과 2반 인원 수의 비율이 30:20=3:2이다. 자료에서 국어 전체 평균 성적은 $\{(70 \times 3)+(75 \times 2)\} \div 5=72$(점)으로 구한 것이므로, 이를 참고하여 수학과 영어의 평균성적을 각각 계산하면 다음과 같다.
수학: $A=\{(65 \times 3)+(50 \times 2)\} \div 5=59$(점)
영어: $B=\{(75 \times 3+70 \times 2)\} \div 5=73$(점)
따라서 $A+B=59+73=132$(점)이다.

02 ④

빈칸의 A를 제외한 학생 수를 모두 더하면 $(B-A)$의 값을 구할 수 있다.
따라서 $(B-A)=2+7+3+8+7=27$이다.

03 ③

2017년의 입영 비율은 $\dfrac{227,115}{245,469} \times 100 ≒ 92.5(\%)$로, 조사 기간 중 가장 낮다.

> 오답 피하기
> ① 2013년 대비 2014년의 현역 자원은 증가하였다.
> ② 2014년에는 계획 인원보다 더 많은 인원이 입영하였다.
> ④ 5년간 입영한 총인원은 256,171+274,292+249,477+261,203+227,115=1,268,258(명)으로 130만 명이 넘지 않는다.

04 ②

B가 5분 동안 만든 도넛의 개수를 x라 하면 A가 5분 동안 만든 도넛의 개수는 $x+25$이므로 A가 30분 동안 만든 도넛의 개수는 $6(x+25)$, B가 40분 동안 만든 도넛의 개수는 $8x$이다.
$6(x+25)=2 \times 8x$이므로,
$6x+150=16x \rightarrow 10x=150$　　∴ $x=15$
따라서 B가 5분 동안 만든 도넛의 개수는 15개이다.

05 ③

04번에 따라 B가 5분 동안 15개의 도넛을 만들 수 있으며, 문제의 조건에 의해 A는 40개의 도넛을 만들 수 있다. 그러므로 A, B가 1시간 동안 만들 수 있는 도넛의 개수는 다음과 같다.
$(40+15) \times 12 = 660$(개)

06 ④

ㄹ. 상대도수 그래프에서 수학 성적 '60점 이상 70점 미만' 구간에서 A반의 상대도수가 B반보다 높다.
ㅁ. 수학 성적이 50점 미만인 상대도수는 A반은 $0+0.1=0.1$이고, B반은 $0.05+0.15=0.2$이다. A반이 50명, B반이 40명이라는 조건이 주어져 있으므로 각 반의 상대도수와 학생 수를 곱하면, A반은 $0.1 \times 50 = 5$(명), B반은 $0.2 \times 40 = 8$(명)이다. 따라서 B반이 $8-5=3$(명) 더 많다.

오답 피하기
ㄱ. 학생 수가 제시되어 있지 않으므로 알 수 없다.
ㄴ. 상대도수 그래프와 가로 축으로 둘러싸인 부분의 넓이는 (계급의 크기)×(도수의 총합)으로 구한다. 상대도수의 총합은 항상 1이고, A반과 B반의 계급의 크기가 같으므로 A반과 B반의 그래프와 가로 축으로 둘러싸인 부분의 넓이는 같다.
ㄷ. A반의 수학 성적이 80점 이상인 상대도수는 $0.1+0=0.1$이고, B반의 상대도수는 $0.15+0.05+0=0.2$이다. 각 반의 상대도수는 알 수 있으나 학생 수는 알 수 없다. 따라서 A반에서 수학 성적이 80점 이상인 학생이 1학년 전체에서 상위 15% 이내에 드는지는 알 수 없다.

07 ①

첫 번째 날에 4만 원을 계좌에 입금했으므로, 첫 번째 날의 잔고는 $100+4=104$(만 원)이다. 두 번째 날에는 2만 원을 출금했으므로 $104-2=102$(만 원)이다. 세 번째 날에는 다시 4만 원을 입금했으므로 $102+4=106$(만 원)이고, 네 번째 날에는 다시 2만 원을 출금했으므로 $106-2=104$(만 원)이다. 즉 처음의 잔고인 100만 원에서 $+4, -2, +4, -2, +4$를 반복하며 잔고 금액이 변동한다. 홀수 번째 날에는 잔고가 증가하고, 짝수 번째 날에는 줄어 들기 때문에 홀수($2n-1$) 번째 날에 최초로 200만 원 이상이 될 것이다. 홀수 번째 날만 추려보면, 첫 번째 날의 잔고는 104만 원, 세 번째 날의 잔고는 106만 원, 다섯 번째 날의 잔고는 108만 원이다. 즉 초항이 104만 원일 때, 2만 원씩 늘어나는 등차수열이 성립함을 알 수 있다. 따라서 200만 원 이상이 되는 날을 구하기 위한 식은 다음과 같다.

$104 + 2(n-1) \geq 200$
$2n - 2 \geq 96$
$n \geq 49$

따라서 $(2 \times 49 - 1) = 97$(번 째날)에 계좌 잔고가 최초로 200만 원 이상이 된다.

08 ①

5월에 A에서의 발전연료 구입 건수는 156건이고, 1~4월의 월평균 구입 건수는 $\frac{921-156}{4} \fallingdotseq 191$(건)이므로 5월에 A에서의 발전연료 구입 건수가 더 적다.

오답 피하기
② 5월에 B에서의 발전연료 구입 건수는 156건이고, 1~4월의 총 구입 건수는 $422-156=266$(건)이므로 $\frac{156}{266} \times 100 \fallingdotseq 58.6$(%)이다.
③ 5월에 C에서의 건당 구매액은 $\frac{2,311}{35} \fallingdotseq 66.0$(천 원)이고, 1~4월의 건당 구매액은 $\frac{11,212-2,311}{190-35} \fallingdotseq 57.4$(천 원)이므로 5월의 건당 구매액이 더 높다.
④ 5월에 각 구매처의 건당 구매액은 다음과 같다.
- A: $\frac{12,690}{156} \fallingdotseq 81.3$(천 원)
- B: $\frac{16,608}{156} \fallingdotseq 106.5$(천 원)
- C: $\frac{2,311}{35} \fallingdotseq 66.0$(천 원)

그러므로 5월에 건당 구매액이 두 번째로 낮은 구매처는 A이다.

09 ④

초콜릿의 수량을 먼저 구하면 $\frac{2,800}{7} = 4$(개)이다. 여기서 스티커의 개수를 x개, 볼펜의 개수를 y개로 두면 스티커의 금액은 $300x$원, 볼펜의 금액은 $1,000y$원이다. 이를 토대로 식을 만들면 다음과 같다.
$x + y = 23 - 8 - 4 = 11$
$300x + 1,000y = 12,000 - 2,400 - 2,800 = 6,800$
두 식을 연립하여 계산하면 $x=6$, $y=5$이므로 볼펜의 개수는 5개이다.

10 ③

전체 남학생 수는 100명, 전체 여학생 수는 60명이다. 60점 이상인 남학생은 $12+33+24+15=84$(명)이므로 그 비중은 $\frac{84}{100} \times 100 = 84$(%)이고, 60점 이상인 여학생은 10+24+8+6=48(명)이므로 그 비중은 $\frac{48}{60}\times100$ =80(%)로 남학생의 비중이 더 크다.

오답 피하기
① 여학생 대비 남학생 수는 80점 이상 90점 미만에서 $\frac{24}{8}=3$ (명)으로 가장 많다.
② 전체 학생은 160명이고, 90점 이상인 학생은 15+6=21(명) 이므로 그 비중은 $\frac{21}{160}\times100≒13.1(\%)$이다.
④ 80점 이상인 학생은 남학생이 24+15=39(명), 여학생이 8+6=14(명)이다.

11 ②

도수분포다각형 넓이가 590이고, 훼손되어 확인할 수 없는 부분인 득점이 70점 이상 80점 미만인 경기 수와 득점이 80점 이상 90점 미만에 해당하는 경기 수의 비가 4:5이므로 4x:5x가 성립한다. 각 계급의 크기는 10으로 동일하므로 각 구간별 넓이를 더한 값은 다음과 같다.
$(4\times10)+(4x\times10)+(5x\times10)+(10\times10)$
$=140+90x$
이는 도수분포다각형의 넓이와 같으므로
$140+90x=590$
$90x=450$
$x=5$
득점이 80점 이상 90점 미만인 경기의 수는 5x이므로 $5\times5=25$(경기)이다.

12 ②

재석이가 처음에 가지고 있던 딱지의 개수를 x개라 할 때, 명수에게 준 딱지의 개수는 $\frac{1}{3}x+2$개이므로 이때 재석이에게 남은 딱지의 개수는 다음과 같다.
$x-\left(\frac{1}{3}x+2\right)=\frac{2}{3}x-2$
이를 바탕으로 준하에게 준 딱지의 개수를 정리하면 다음과 같다.
$\left(\frac{2}{3}x-2\right)\times\frac{1}{2}+5=\frac{1}{3}x+4$
재석이에게 남은 딱지는 10개이므로 이를 정리하면 다음과 같다.
$\left(\frac{2}{3}x-2\right)-\left(\frac{1}{3}x+4\right)=10$
$x=48$
따라서 재석이가 처음에 가지고 있던 딱지의 개수는 48 개이다.

13 ①

지원한 남녀의 비율이 3:2이므로 전체 응시 인원을 x명이라 했을 때, 남자 지원자 수는 $\frac{3}{5}x$명, 여자 지원자 수는 $\frac{2}{5}x$명이다. 최종 합격한 사람이 200명이고, 합격자의 남녀 비율이 5:3이므로 남자 합격자는 $\frac{5}{8}\times200=$ 125(명), 여자 합격자는 $\frac{3}{8}\times200=75$(명)이다. 여기서 불합격자의 남녀 비율이 2:3이므로 다음과 같은 비례식이 성립한다.
$2:3=\left(\frac{3}{5}x-125\right):\left(\frac{2}{5}x-75\right)$
$3\times\left(\frac{3}{5}x-125\right)=2\times\left(\frac{2}{5}x-75\right)$
$x=225$
그러므로 전체 인원 수는 225명이다.

14 ④

선수 9명의 키를 모두 더한 값은 $192\times9=1,728$(cm)이다. 한 선수가 전학을 가고, 신입 선수를 영입한 경우, 9명의 키를 모두 더한 값은 $190\times9=1,710$(cm)이다.
선수 구성이 바뀐 전후 $1,728-1,710=18$(cm)만큼이 차잇값이다. 신입 선수의 키가 188.5cm일 때, 신입 선수의 키에 차잇값을 더하면 전학을 간 선수의 키를 구할 수 있다. 따라서 전학을 간 선수의 키는 $188.5+18=$ 206.5(cm)이다.

15 ③

각 연도별로 국제교류 사업기금의 전년 대비 증가율을 구하면 다음과 같다.
• 2016년: $\frac{17,179-13,596}{13,596}\times100≒26.4(\%)$
• 2017년: $\frac{18,866-17,179}{17,179}\times100≒9.8(\%)$
• 2018년: $\frac{24,425-18,866}{18,866}\times100≒29.5(\%)$
• 2019년: $\frac{26,941-24,425}{24,425}\times100≒10.3(\%)$
따라서 국제교류 사업기금의 전년 대비 증가율이 가장 큰 해는 2018년이다.

16 ②

선택지 ①~④에 해당하는 분야 및 연도의 전년 대비 증가율을 구하면 다음과 같다.

① $\dfrac{9,212-6,453}{6,453}\times100≒42.8(\%)$

② $\dfrac{4,259-3,490}{3,490}\times100≒22.0(\%)$

③ $\dfrac{2,971-1,782}{1,782}\times100≒66.7(\%)$

④ $\dfrac{4,482-2,350}{2,350}\times100≒90.7(\%)$

따라서 주어진 선택지 중 2018년 한국 전문가 육성 분야의 전년 대비 증가율이 가장 작다.

17 ③

$x=175$, $y=81$을 대입하면

$\dfrac{81}{(175-100)\times0.9}\times100=\dfrac{81}{67.5}\times100=120$이다.

따라서 A학생의 비만 정도는 경도 비만이다.

18 ①

30 이상 40 미만의 도수는 전체 40명의 도수에서 나머지 계급에 대한 도수를 빼 주면, 15명이 된다. 학생 40명이 실시한 줄넘기 2단 뛰기에 대한 평균 식을 세우면,

평균= $\dfrac{5\times3+15\times7+25\times10+35\times15+45\times5}{40}$

= $\dfrac{15+105+250+525+225}{40}$ = 28(회)이다.

따라서 ①이 정답이다.

19 ③

일본의 2009년 대비 2017년의 에너지 소비량(백만 TOE) 증가율은 1.2%이고 일본의 2009년 대비 2017년의 GDP 또한 증가율이 1.2%이다.
따라서 에너지 원단위 증가율의 분모에 해당하는 GDP와 분자에 해당하는 에너지 소비량 증가율이 모두 1.2%로 같기 때문에 2009년 대비 2017년의 에너지 원단위 증가율은 2019년과 2017년 값이 같으므로 증가율은 0%가 된다.

20 ③

$\dfrac{204}{\text{한국의 2017년 GDP}}=0.3$이므로,

한국의 2017년 GDP는 $\dfrac{204}{0.3}=680$(십억 달러)가 된다.

파이널 모의고사 4회

공간능력   P.404

01	②	02	③	03	①	04	①	05	③
06	②	07	①	08	④	09	④	10	④
11	①	12	③	13	①	14	②	15	①
16	④	17	②	18	④				

01 ②

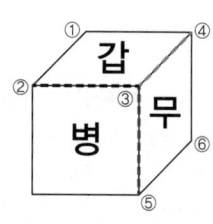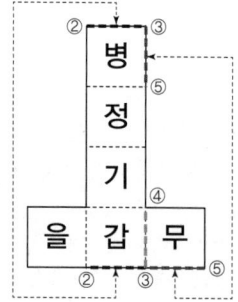

위의 그림에 따라 정답은 ②이다.

02 ③

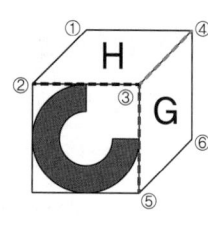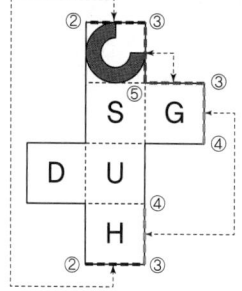

위의 그림에 따라 정답은 ③이다.

03 ①

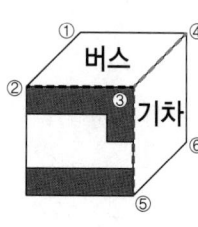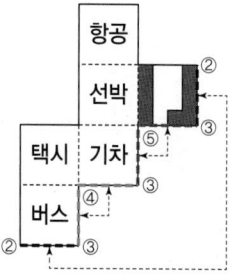

위의 그림에 따라 정답은 ①이다.

04 ①

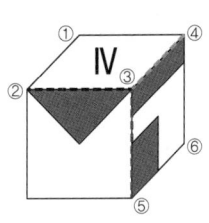 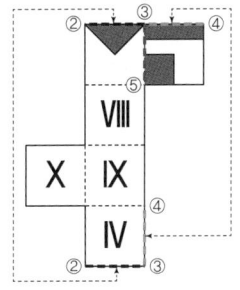

위의 그림에 따라 정답은 ①이다.

05 ③

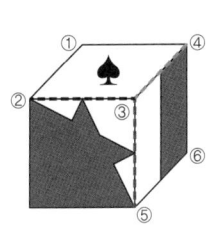 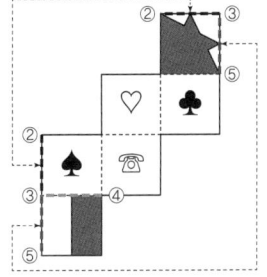

위의 그림에 따라 정답은 ③이다.

06 ②

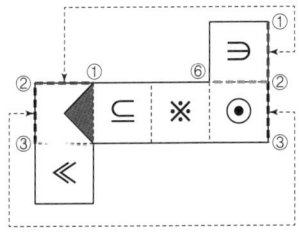 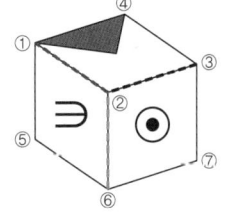

위의 그림에 따라 정답은 ②이다.

07 ①

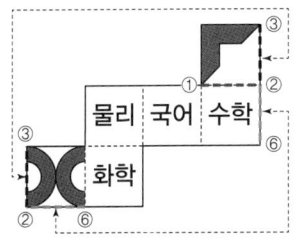 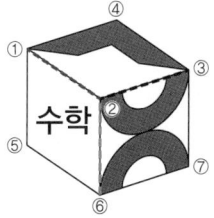

위의 그림에 따라 정답은 ①이다.

08 ④

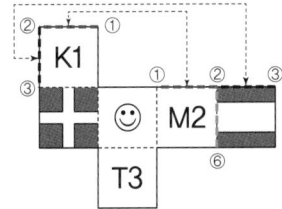 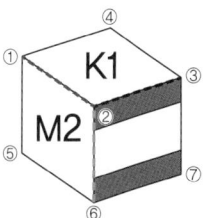

위의 그림에 따라 정답은 ④이다.

09 ④

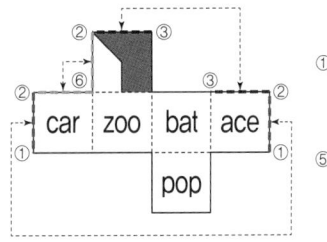 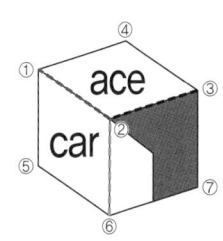

위의 그림에 따라 정답은 ④이다.

10 ④

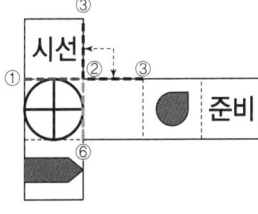 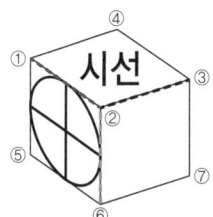

위의 그림에 따라 정답은 ④이다.

11 ①

좌측 열부터 우측으로 개수를 더해 가면,
$6+4+5+8+1+9=33$(개)이다.

12 ③

좌측 열부터 우측으로 층수를 더해 가면,
$5+11+11+9+5+6+2=49$(개)이다.

13 ①

좌측 열부터 우측으로 개수를 더해 가면,
$1+7+4+9+8+3+12=44$(개)이다.

14 ②

좌측 열부터 우측으로 개수를 더해 가면,
1+6+2+10+6+1+14+3+1=44(개)이다.

15 ①

화살표 방향에서 바라보는 방향으로 좌측 열부터 우측으로 층수를 세어보면, 5−4−3−1−2이므로 ①과 일치한다.

16 ④

좌측 열부터 우측으로, 아래층부터 위층으로 빈칸을 찾으면 1열은 1, 4층, 2열은 1, 2, 3, 4층, 3열은 1층, 4열은 3, 4층, 5열은 1, 3, 4, 5층이 빈칸이므로 ④와 일치한다.

17 ④

좌측 열부터 우측으로 층수를 세어 보면,
4−1−4−1−5−1−3이므로 ④와 일치한다.

18 ④

화살표 방향에서 바라보는 방향으로 좌측 열부터 우측으로 층수를 세어보면, 2−1−2−4−5이므로 ④와 일치한다.

파이널 모의고사 4회

지각속도 P. 414

01	①	02	①	03	②	04	①	05	②
06	②	07	②	08	①	09	①	10	①
11	①	12	①	13	①	14	①	15	②
16	②	17	①	18	②	19	②	20	①
21	①	22	①	23	①	24	①	25	①
26	②	27	③	28	②	29	①	30	②

01 ①

02 ①

03 ②

Ħ ħ æ ŋ – ⇲ ⇣ ➶ ⇧

'ŋ = ⬇, 〒 = ⇧'이므로 옳지 않다.

04 ①

05 ②

ŋ Ħ ß æ – ⬇ ⇲ ⥵ ⪰

'æ = ➶, ᄔ = ➤'이므로 옳지 않다.

06 ②

꿟 꿜 꽥 껆 – ⅘ ⅚ ¾ ⅞

'꿜 = ⅕, 꿉 = ⅚'이므로 옳지 않다.

07 ②

낏 껱 끧 꽇 – ⅛ ⅔ ½ ¾

'꽇 = ⅓, 꽥 = ¾'이므로 옳지 않다.

08 ①

09 ①

10 ①

11 ①

12 ①

13 ①

14 ①

15 ②

㊀㋅①㋱-ㄴㅃㅋㅎ

'㋅ = ㄴ, ㊀ = ㅎ'이므로 옳지 않다.

16 ②

♂ ⚖ ♐ ♒ - 헌종 고이 단종 숙종

'♒ = 동천, ♐ = 숙종'이므로 옳지 않다.

17 ①

18 ②

♒ ♓ ♐ ♂ - 미천 고이 단종 헌종

'♒ = 동천, ⚖ = 고이'이므로 옳지 않다.

19 ②

⚖ ♈ ♉ ♐ - 고이 의자 세조 단종

'♐ = 숙종, ♓ = 단종'이므로 옳지 않다.

20 ①

21 ①

22 ①

23 ①

24 ①

25 ①

26 ②

생각의 서랍 중에서 한 개를 열 때는 다른 모든 것을 닫
  1   2   3   4
아 두어야 한다.

27 ③

♟♟♛♛♛♜♜♜♛♛♛♛♟♜♜♛♛♛
  1   2 3   4   5   6 7

28 ②

㊻㊵㊶㊸㊷㊹㊹㊵㊶㊷㊸㊹㊹㊻㊻㊺㊷㊸㊶㊷㊸
         1   2   3   4

29 ①

You are the only one who can create the life you deserve
        1   2 3   4   5

30 ②

齐母龟↑母母黄ⅲ母马甾龟母↑页ⅲ母韦门九母民
  1   2 3   4   5   6   7

파이널 모의고사 4회

언어논리
P. 417

01	③	02	③	03	②	04	②	05	②
06	①	07	④	08	④	09	③	10	③
11	①	12	③	13	②	14	④	15	④
16	②	17	②	18	①	19	⑤	20	④
21	③	22	⑤	23	④	24	④	25	②

01 ③

주어진 글은 물가가 오름세를 거듭하면서 20~30대 청년가구가 겪는 어려움에 대한 글이다. 특히 외식 물가가 많이 오른 점에 대해서 구체적인 수치를 들어 자세하게 소개하고 있고, 이러한 상황에 청년들이 대처하는 방법도 서술하고 있다. 그런데 ㉢의 경우 추석을 앞둔 명절이라는 특수한 상황에서 기름 값을 포함한 물가 상승률을 언급하고 있으므로 전체 흐름과 관계없는 문장이다.

02 ③

[보기]의 '재다'는 '동작이 재빠르다.'라는 의미를 지닌 형용사이다. 이와 유사하게 쓰인 것은 '빠른 행동'에 대한 내용을 담은 ③이다.

> 오답 피하기

① 여러모로 따져 보고 헤아리다.
② 자, 저울 따위의 계기를 이용하여 길이, 너비, 높이, 깊이, 무게, 온도, 속도 따위의 정도를 알아보다.
④ 잘난 척하며 으스대거나 뽐내다.
⑤ 참을성이 모자라 입놀림이 가볍다.

03 ②

'갹출하다', '뾰두라지', '뭉그적거리다', '눈곱'이 표준어이다.
㉠ 갹출하다: 같은 목적을 위하여 여러 사람이 돈을 나누어 내다.
㉡ 뾰두라지/뾰루지: 뾰족하게 부어오른 작은 부스럼.
㉣ 뭉그적거리다: 나아가지 못하고 제자리에서 조금 큰 동작으로 자꾸 게으르게 행동하다.
㉥ 눈곱: 눈에서 나오는 진득진득한 액. 또는 그것이 말라붙은 것.

> 오답 피하기

㉢ 우거넣다 → 욱여넣다: 주위에서 중심으로 함부로 밀어 넣다.
㉤ 마늘쫑 → 마늘종: 마늘의 꽃줄기. 연한 것은 쪄 먹거나 장아찌로 만들어 먹는다.
㉦ 구렛나루 → 구레나룻: 귀밑에서 턱까지 잇따라 난 수염.
㉧ 멀찌거니 → 멀찌가니/멀찌감치: 사이가 꽤 떨어지게.

04 ②

• 조작(造作): 어떤 일을 사실인 듯이 꾸며 만듦. 진짜를 본떠서 가짜를 만듦. 물건을 지어 만듦.
• 조작(操作): 기계나 장치 따위를 다루어 움직임. 작업 등을 잘 처리하여 행함.

'조작'은 한자에 따라 다른 의미를 가지고 있으므로 문맥상 어떤 의미를 가지고 있는지를 바탕으로 구분하여야 한다. ②에서만 '조작(操作)'의 의미를 지니고, ①, ③, ④, ⑤에서는 '조작(造作)'의 의미를 지닌다.

05 ②

'모름지기'는 '사리를 따져 보건대 마땅히. 또는 반드시.'를 의미하는 부사로, '~하여야 한다'와 호응한다. 따라서 ②는 '모름지기 학생은 공부를 열심히 해야 한다.' 정도로 고쳐야 한다.

> 오답 피하기

①, ③ '그다지/여간/별로/차마/결코/전혀' 등은 부정적인 서술어와 호응을 하는 부사어이다. 그 호응 관계를 정리하면 다음과 같다.

> 그다지 ~지 않다. 여간 ~지 않다. 별로 ~지 않다. 차마 ~수 없다. 결코 ~아니다/해서는 안 된다. 전혀 ~없다/아니다.

④ '비록/만약/만일/아무리' 등은 가정을 나타내는 서술어와 호응을 하는 부사어이다. 호응 관계를 정리하면 다음과 같다.

> 비록 ~ㄹ지라도/지만/더라도/어도, 만약/만일 ~다면/더라도, 아무리 ~ㄹ지라도.

⑤ '비단'은 부정어인 '~가 아니다'와 호응하거나 '~A뿐만 아니라 B도' 형태로 호응한다.
예로 '비단 잠을 깬 사람은 나뿐만이 아니었다./우리 사회는 비단 성소수자뿐만 아니라 여성, 외국인, 장애인에 대한 혐오가 만연하다.'를 들 수 있다.

> 참고

• 비교적 호응: 마치/흡사 ~처럼/같이/과 같다.
• 추측적 호응: 아마(틀림없이) ~(으)ㄹ 것이다/~ㄹ는지도

06 ①

'속이 마르다'는 '1) 성격이 꼬장꼬장하다. 2) 생각하는 것이 답답하고 너그럽지 못하다.'의 뜻을 가진 관용구로, 문맥상 쓰임이 적절하지 않다. '마음이 넓고 언행이 대범하다'의 뜻을 가진 '속(이) 트이다'를 써야 한다.

> 오답 피하기
② 속을 주다: 마음속에 있는 것을 숨김없이 드러내 보이다.
③ 속을 떠보다: 남의 마음을 알려고 넘겨짚다.
④ 속이 뒤집히다: 비위가 상하여 욕지기가 날 듯하게 되다. 몹시 아니꼽게 느껴지다.
⑤ 속이 시원하다: 좋은 일이 생기거나 나쁜 일이 없어져서 마음이 상쾌하다.

07 ④
'구설'은 '시비하거나 헐뜯는 말.'을 뜻하는 말로, '남'과 의미상 중복되지 않는다. 따라서 문맥상 바르게 쓰인 문장은 ④이다.

> 오답 피하기
① 전격적 → 전면적: '전격적'은 '번개같이 급작스럽게 들이치는 것.'을 뜻하는 말로, '장관은 개혁안을 전격적으로 발표하였다.'와 같이 사람들이 전혀 알지 못하는 상황, 미리 예상치 못한 상황에 쓰인다. 따라서 문맥상 '일정한 범위 전체에 걸치는 것.'을 뜻하는 '전면적'을 쓰는 것이 적절하다.
② 역임했다 → 지냈다: '역임하다'는 '여러 직위를 두루 거쳐 내다.'를 뜻하는 말로, 하나의 직위에 대해서는 맞지 않다. 따라서 하나의 직위에 대해서는 '지내다'를 쓰는 것이 적절하다.
③ 수여받았다 → 받았다: '수여(授與)'는 '증서, 상장, 훈장 따위를 줌.'을 뜻하므로 받는 입장에서 '수여'를 쓰는 것은 어색하다. 따라서 '받았다'로 간결하게 표현하는 것이 적절하다.
⑤ 사람으로써 → 사람으로서: 문맥상 나라를 사랑하는 사람이라는 자격의 의미로 쓰였으므로 조사 '로서'를 써야 자연스럽다.
• 로서: 지위나 신분 또는 자격을 나타내는 격 조사.
• 로써: 어떤 물건의 재료나 원료를 나타내는 격 조사./어떤 일의 수단이나 도구를 나타내는 격 조사./시간을 셈할 때 셈에 넣는 한계를 나타내거나 어떤 일의 기준이 되는 시간임을 나타내는 격 조사.

08 ④
④는 하나의 의미만을 나타내므로 중의적으로 해석되지 않는 문장이다.

> 오답 피하기
① '-고 있다'가 동작이 진행 중인지, 완료된 것인지 모호하여 중의성을 지닌다.
② 일반적으로 모든 카메라로는 선명하게 찍을 수 없다는 뜻인지, 특수한 카메라가 아닌 보통 카메라로는 선명하게 찍을 수 없다는 뜻인지 모호하여 중의성을 지닌다.
③ 영희를 만난 때가 어제인지, 영희가 미국에서 온 때가 어제인지 모호하여 중의성을 지닌다.
⑤ 파티에 친구들 전원이 참석하지 않은 것인지 일부가 참석하지 않은 것인지 모호하여 중의성을 지닌다.

09 ③
주어진 글에서 말한 전통은 현재의 기준으로 비판하여, '현재 문화 창조에 이바지'할 수 있는 것이며, 더불어 전통이라고 해서 고정불변한 것이라 아니라 우리 스스로가 '찾아내고 창조해야' 하는 것이라고 설명하고 있다. 따라서 정답은 ③이다.

> 오답 피하기
①, ② 과거의 것이라고 모두 전통이 아니라고 했으므로 전통 문화를 바르게 이해한 것으로 보기 어렵다.
④ 전통 문화는 고정불변한 것이 아니라고 했으므로 전통 문화를 바르게 이해한 것으로 보기 어렵다.
⑤ 전통 문화를 객관화하여 바라보아야 한다고는 하였지만, 전통의 개인에 따른 가치 차이와는 크게 관련 없다.

10 ③
주어진 글은 「구운몽」의 일부 내용으로 주인공이 부귀영화를 누렸던 한낱 꿈으로부터 현실로 돌아오는 부분이다. 따라서 '부귀영화란 일시적인 것이어서 그 한때가 지나면 그만임을 비유적으로 이르는 말.'을 뜻하는 ③이 가장 적절하다.

> 오답 피하기
① 미리 준비를 해 놓지 않아서 임박해서야 허둥지둥하게 되는 경우를 비유적으로 이르는 말.
② 일정한 징조가 있으면 그에 따르는 결과가 있기 마련임을 비유적으로 이르는 말.
④ 형편이 이미 기울어 아무리 도와주어도 보람이 없음을 비유적으로 이르는 말./조금의 여유도 없이 버쩍버쩍 없어짐을 비유적으로 이르는 말.
⑤ 잘 아는 일이라도 세심하게 주의를 하라는 말.

11 ①
주어진 글은 '경로 의존성'에 대한 내용이다. 경로 의존성이란 한번 일정한 경로에 의존하기 시작하면 나중에 그 경로가 비효율적이라는 사실을 알고도 여전히 그 경로를 벗어나지 못하는 경향성이라고 했으므로 효율적인 선택을 하지 않고 이미 익숙해진 것을 택함으로써 기존의 습관을 쉽게 바꾸지 않는 경우의 사례를 고르면 된다. [가]는 염색약이 있음에도 불구하고 아프리카 시골 지역에서는 자신의 지위를 드러내기 위해 흰머리를 고수하거나, 다른 여러 나라들이 미터법을 채택함에도 불구하고 미국 고유의 단위법을 고수한다는 내용이고, [다]는 비효율적인 자판 배열을 쓸 이유가 사라졌음에도 불구하고 원래 쓰던 타자기의 알파벳 배열을 그대로 사용하는 경우이다. [라]는 영국이 다른 나라들과는 달리 마차에서 마부의 위치를 그대로 자동차의 운전석 위치로 고수하고 있는 경우로 이 내용들은 제시문을 보충하는 사례로 적절하다.

> 오답 피하기

[나] 백화점 마케팅에 관한 내용으로, 분석을 통해 효율적인 선택을 하였으므로 자료의 내용과는 상반된다.
[마] 인터넷 서점의 매출에 관한 내용으로, 제시된 자료의 내용과는 관련이 없다.
[바] 속담을 이용하여 무슨 일이든 시작이 중요하다는 내용을 설명한 것으로, 제시된 자료와는 크게 관련 없다.

12 ③

아이스크림을 먹는 것은 욕구를 만족시키는 것이므로 접근 요인이며, 살이 찌는 것은 두려운 것이므로 회피 요인에 해당한다.

> 오답 피하기

① '감기 몸살로 아픈 것'과 '병원에 가기 싫은 것' 사이에서 고민하는 것은 '회피–회피' 갈등에 해당한다.
② 비싼 신차는 '새 것을 사용하는 기쁨'이라는 접근 요인과 '비싸다'는 회피 요인이 있고, 싼 중고차는 '싸다'는 접근 요인과 '새 것을 사용하는 기쁨이 없다'는 회피 요인이 있으므로 '이중 접근–회피' 갈등에 해당한다.
④ '국어 강의'와 '영어 강의'를 모두 듣고 싶은 상황이므로 '접근–접근' 갈등에 해당한다.
⑤ '국내여행'과 '해외여행' 중 접근 요인과 회피 요인을 구분할 수 없으므로 제시문의 내용과 관련 없는 사례이다.

13 ②

②의 주제문은 '로봇은 인간의 편의와 복지를 위해 만들어졌다.'이다. '너무 위험한 일'과 '정밀한 작업'은 편의를 위해, '환자를 돌보아 주기도 한다'는 복지를 위해 로봇이 만들어졌음을 알 수 있는 내용이므로 주제문에 대한 뒷받침 문장으로 적절하다.

> 오답 피하기

① 한옥의 지붕 모양으로 맞배, 우진각, 팔작 3가지를 제시한 후 맞배, 우진각만 서술하고 있으므로 글의 완결성이 떨어진다. '팔작 지붕'의 내용이 첨가되어야 한다.
③ '주제에 어긋나는 말'과 '상대방을 고려하지 않는 말투'가 인과의 뜻을 나타내는 '그래서'로 연결되는 것은 자연스럽지 못하며, '주제에 어긋나는 말'로 인해 원활한 의사소통이 일어나지 않는다는 것은 말이 듣는 이에게 심리적 반응을 일으킨다는 주제문과도 긴밀히 연결되지 않는다.
④ 청소년들의 직업관을 바로 세우기 위해 건전한 여가 생활을 적극 장려해야 한다는 주장은 청소년들의 꿈이 연예인이 많다는 내용과 어울리지 않는다.
⑤ '독도는 우리 땅이다.'라는 주제문에 알맞은 근거를 제시한 것이 아니라 주관적인 견해를 나열하여 객관성이 결여되어 있다.

14 ④

필자는 청소년을 하나의 동질적인 집단으로 파악하려는 '청소년주의'로 인해, 청소년들의 개성이 말살되어가고 있는 현실의 문제점을 지적하고, 앞으로 나아가야 할 방향을 제시하고 있다. 따라서 다양성을 인정한다는 내용을 담은 ④가 필자의 견해를 가장 잘 나타내는 표현으로 볼 수 있다.

> 참고

주어진 글의 핵심은 "그래서 청소년주의를 비판하고, 청소년 내부의 다양한 문화들을 찾아나서는 일은 의미가 있다. 이는 다가오는 미래를 위해 지금의 세대가 반드시 해야 할 일인 것이다."이다.

15 ④

주어진 글은 한국인의 명품소비 행태와 그로 인한 결과를 서술한 글이다. 첫 번째 문단은 한국인이 명품에 쓴 돈이 다른 나라에 비해 많다는 통계를 설명하는 내용이므로 이 통계자료를 발표한 기관에 대한 소개가 나오는 [라]가 도입부 다음에 오는 것이 적절하다. [라]의 마지막 부분에는 2025년까지 글로벌 명품 시장의 규모를 전망하고 있으므로 [라] 다음에 국내 명품 시장 규모가 나타나 있는 [나]가 이어지는 것이 적절하다. [나]의 마지막 문장에서 한국의 명품 시장이 연평균 6.7%씩 성장할 것이라고 언급되어 있으므로 그와 관련된 사례인 [가]가 다음에 오는 것이 적절하다. [가]의 마지막 부분에는 명품 매출이 전년 대비 크게 늘었다고 언급했고, [다]의 경우 '이에 따라'로 문장을 시작하고 있다. 그러므로 명품매출이 크게 늘었는데, 그에 따라 명품회사들이 한국에서 벌어들이는 수익이 증가한다고 서술하는 것이 문맥에 맞다. 그러므로 [라] – [나] – [가] – [다]순으로 연결하는 것이 적절하다.

16 ②

[보기]의 내용은 글로벌 빅테크 기업뿐 아니라 국내 대기업들도 로봇사업에 경쟁적으로 뛰어들고 있다는 내용이다. 그러므로 [보기] 뒤에 올 내용은 각 기업들이 개발한 로봇의 사례가 오거나, 경쟁적으로 뛰어드는 이유가 오는 것이 적절하다. ㉡에 이어 로봇사업이 높은 성장성을 가지고 있는 이유를 밝히고 있으므로 [보기]의 내용은 ㉡에 들어가는 것이 가장 적절하다.

> 오답 피하기

① ㉠은 도입부에서 로봇의 사례를 설명하는 문장들 사이에 있으므로 로봇사업과 관련된 내용인 [보기]가 들어가기 적절하지 않다.

③ ⓒ에 이어지는 문장은 전문 서비스 로봇이 로봇산업의 중심이 될 것이라고 언급하면서 서비스 로봇 시장을 강조하는 내용이므로 전체 로봇사업과 관련된 내용인 [보기]가 들어가기 적절하지 않다.
④, ⑤ [보기]의 내용은 로봇시장을 구분해서 설명하고 있는 ②과 ⓒ에 들어가기에 적절하지 않다.

17 ②

비언어적 표현은 눈빛, 제스처, 표정, 자세 등 언어가 아닌 모든 표현을 말한다. 이는 우리 전통가면극에서 많이 사용하는 표현이다.

참고 화법 표현의 종류
• 언어적 표현: 음성, 문자
• 반언어적 표현: 억양, 발음, 성량, 속도, 어조
• 비언어적 표현: 시선, 표정, 몸짓, 자세, 손동작

18 ①

⊙의 '에'는 '다른 사람의 소비에 의해'라는 의미로 앞말이 '원인'의 의미를 지닌 부사어임을 나타내는 격 조사이다. 마찬가지로 ①에 쓰인 '에'도 '바람에 의해'라는 의미로, 앞말이 '원인'의 부사어임을 나타내는 격 조사이다.

오답 피하기
② 앞말이 처소의 부사어임을 나타내는 격 조사.
③ 앞말이 목표나 목적의 대상이 되는 부사어임을 나타내는 격 조사.
④ 앞말이 진행 방향의 부사어임을 나타내는 격 조사.
⑤ 둘 이상의 사물을 같은 자격으로 이어 주는 접속 조사.

19 ⑤

ⓔ의 '이루다'는 '어떤 대상이 일정한 상태나 결과를 생기게 하거나 일으키거나 만들다./뜻한 대로 되게 하다.'의 의미를 가졌다. 문맥상 '구성(構成)했다'로 바꾸는 것은 적절하지 않으므로 '꿈, 기대 따위를 실제로 이루다.'를 뜻하는 '실현(實現)했다'로 바꾸는 것이 적절하다.
• 구성(構成)하다: 몇 가지 부분이나 요소들을 모아서 일정한 전체를 짜 이루다./문학 작품에서 형상화를 위한 여러 요소들을 유기적으로 배열하거나 서술하다./색채와 형태 따위의 요소를 조화롭게 조합하다.

오답 피하기
① ⊙ 방치(放置): 그대로 버려둠.
② ⓒ 인식(認識): 사물을 분별하고 판단해서 아는 일.
③ ⓒ 개발(開發): 새로운 물건을 만들거나 새로운 생각을 내어 놓음.
④ ⓔ 전환(轉換): 다른 방향이나 상태로 바뀌거나 바꿈.

20 ④

주어진 글은 소통의 방법으로 전략적 침묵, 즉 이야기를 할 타이밍을 잘 잡는 것을 강조하는 글이다. 글의 말미에는 전략적 침묵에 관해서 체크해 보아야 할 요소를 서술하고 있다. 전략적 침묵을 잘 활용하기 위해서 꼭 필요한 것 중의 하나는 데이터를 기반으로 한 구체적인 의견을 준비하는 것이다. 그러므로 '구체적인 데이터를 사용하는 구성원보다, 전략적 침묵을 잘 활용하는 구성원이 더 좋은 평가를 받는다.'는 것은 적절하지 않은 내용이다.

오답 피하기
① 세 번째 문단의 '생명이 달린 응급 상황에서는 말할 필요도 없이, 소통에 있어서도 재빠른 피드백은 절대적으로 중요하다.'는 내용을 통해 추론할 수 있다.
② 세 번째 문단의 '그러나 상황에 따라서는 적절한 타이밍에 이야기하는, '전략적 침묵'이라는 소통 기술도 고려해야 한다.'를 통해 추론할 수 있다.
③ 다섯 번째 문단의 '리더가 과도한 업무로 당장에 추가적인 인지 자원을 활용하기 어려운 상태일 때, 의견 제시는 오히려 비효율적인 결과로 이어질 수 있기 때문에 '리더의 마음 상태'도 체크해야 한다.'를 통해 추론할 수 있다.
⑤ 두 번째 문단부터 네 번째 문단의 내용을 통해서 추론할 수 있다.

21 ③

'추수를 마친 농부의 마음은 여유로운데 우리말 사랑 실천에 제 마음은 더욱 바빠지는 가을입니다'에서는 '여유로움'과 '바빠짐'으로 대조를, '우리말 사랑'으로 한글에 대한 관심을 표현하고 있으며, '가을'을 통해 계절을 드러내고 있다.

오답 피하기
① '벼이삭', '추수', '9월'을 통해 '가을'이라는 계절이 드러나지만, 대조를 활용하지 않았으며 한글에 대한 관심을 나타내지도 않았다.
② '국어에 대한 사랑'에서 한글에 대한 관심이 나타나지만, 계절을 나타내는 단어를 찾을 수 없고 대조를 활용하지도 않았다.
④ '한글에 대한 저의 사랑'에서 한글에 대한 관심이 나타나고 '멀어질수록'과 '가까워지는'을 통해 대조를 활용하였으나, 계절을 나타내는 단어를 찾을 수 없다.
⑤ '추수의 계절 가을'에서 계절을 드러내고 있고 '우리말을 더욱 사랑하는 태도'를 통해 한글에 대한 관심을 나타내고 있으나, 대조를 활용하지 않았다.

22 ⑤

주어진 글의 논지는 '일어계 외래어를 될 수 있는 대로 쓰지 않도록 노력해야 한다.'이다. 그러므로 주지에 해당하

는 문장은 ㉣이며, ㉣에서 '근거가 여기에 있다'에 해당하는 내용은 ㉢이므로 ㉢은 ㉣의 근거가 된다. ㉤ 역시 일어계 어휘가 우리 언어생활에 많은 영향을 끼치고 있음을 말하며 논지를 강화하고 있으므로 근거에 해당한다.

오답 피하기
① ㉢의 내용은 일어계 외래어를 많이 사용하게 된 이유가 강요에 의한 것임을 밝히는 문장으로 ㉠과 ㉡에 담긴 외래어의 사용에 따른 긍정적인 면과는 거리가 멀다.
② ㉠과 ㉡은 둘 다 외래어 사용의 긍정적인 면에 대한 서술로 대조적인 관계가 아니다.
③ '재진술'은 같은 내용의 반복을 말한다. 그러나 ㉣은 일어계 외래어에 대한 부정적인 견해를 밝힌 이 글의 논지에 해당하고, ㉠은 여러 가지 어휘를 차용하는 일이 나쁜 일은 아님을 드러낸 문장이므로 두 문장은 대조적인 관계라고 할 수 있다.
④ 이 글의 주지는 ㉣이다.

23 ④
주어진 글은 저작권을 소유권과 '구별', 즉 대조하고 구체적인 예를 들어 설명하는 글이다. 이와 가장 유사한 것은 문학과 춤을 대조하여 설명하고 있는 ④이다.

오답 피하기
① '분석'의 전개 방식이 나타나고 있다.
② '분류'의 전개 방식이 나타나고 있다.
③ '정의'의 전개 방식이 나타나고 있다.
⑤ '유추'의 전개 방식이 나타나고 있다.

24 ④
주어진 글은 '민들레'가 가진 생태적 특성을 말미암아 '덕[인(忍), 강(剛), 예(禮)]'이 있음을 예찬하는 글이다. 표면적으로는 민들레가 단순한 잡초가 아니라 이러한 덕이 있는 꽃임을 알리기 위해 쓴 글로 보이지만, 굳이 사람이 지녀야 할 '덕'으로 민들레의 특성을 정리한 것으로 보아 글쓴이의 의도로 가장 적절한 것은 ④이다.

오답 피하기
① 민들레가 가진 덕 중 하나만을 제시했으므로 글쓴이의 의도를 모두 담았다고 보기 어렵고, 내용을 다룬 것만으로는 의도를 추리했다고 보기 어렵다.
② 표면적인 내용에 해당하는 것으로, 글쓴이의 의도로 보기 어렵다.
③ 민들레 그 자체보다는 민들레를 통해 '덕'을 알리는 글이므로, 직접 심으라고 권하는 글은 아니다.
⑤ 민들레를 통해 인간사의 문제점을 지적했다고 보기는 어렵다. 물론 민들레가 지닌 '덕'을 열거함으로써 사람들이 이러한 덕이 부족함을 역설했다고 추론할 수는 있겠으나, 글의 맥락은 '비판'에 있지 않으므로 적절하지 않은 추리에 해당한다.

↑ 1점 더 올리기
표면적인 글의 내용과 궁극적인 글의 의도를 구분하여 글을 읽어야 한다. 궁극적으로 하나를 골라야 하는 경우 후자가 정답이다.

25 ②
'Ⅱ-2-나'와 관련된 내용이므로 통합하거나 삭제해야 한다. 추가할 이유가 없다.

오답 피하기
① 관련된 통계 자료나 신문 기사 등을 정리하면 현황을 더 잘 보여줄 수 있으므로 옳은 수정 방안이다.
③ 'Ⅱ-2-가'를 통해 볼 때, 저소득층의 문화 활동이 저조한 이유는 두 가지이다. 그런데 이에 대한 대책인 'Ⅱ-3-가'에는 지원금을 높인다는 한 가지 방법만 제시되어 있기 때문에 나머지에 대한 해결책을 추가하여 보완해야 한다.
④ 'Ⅱ-2-나'에서 문화 소외 지역 거주자는 거주지 주변에 문화 시설이 부족하다고 하였으므로 옳은 수정 방안이다.
⑤ 대상을 설정하여 결론을 구체화하였으므로 옳은 수정 방안이다.

파이널 모의고사 4회

자료해석   P.432

01	③	02	④	03	②	04	①	05	①
06	④	07	④	08	④	09	③	10	①
11	④	12	④	13	④	14	①	15	③
16	③	17	④	18	③	19	①	20	②

01 ③
60점 미만의 상대도수 합이 $0.04+0.1=0.14$이므로 60점 이상의 상대도수 합은 $1-0.14=0.86$이다. 60점 이상인 학생 수가 43명이라 했으므로 전체 도수는 $\frac{43}{0.86}=50$(명)이다.

02 ④
작년 소와 돼지 수의 합은 91마리, 소와 돼지 수의 비는 $2x:5x$로 하여 계산하면,
$2x+5x=91$,
$x=13$
따라서 작년 소는 26마리, 돼지는 65마리이다. 올해 돼지 수가 20% 늘어났으므로 $65 \times 1.2 = 65 + 6.5 \times 2 = 78$(마리)이다.

03 ②
2019년 대비 2020년에 영국에 대해서는 자동차용 엔진의 수출액이 감소하였다.

오답 피하기
① 2019년에 자동차용 엔진에서 수출액이 수입액보다 큰 국가는 미국, 영국, 중국으로 3개국이다.
③ 2019년에 미국의 자동차 기계 수출액은 1,523,732천 달러이고, 영국의 자동차 기계 수출액은 160,829천 달러이다. 영국 수출액의 8배는 $160,829 \times 8 = 1,286,632$(천 달러)이므로 미국은 영국의 8배 이상이다.
④ 2020년에 자동차용 엔진으로 인한 적자액은 중국이 $12,900-12,665=235$(천 달러)이고, 영국은 $2,549-1,723=826$(천 달러)이므로 영국이 더 크다.

04 ①
주어진 수열을 보면 ◆♥♥◆이 반복되는 규칙임을 알 수 있다. 4의 배수인 자리에는 항상 ◆이 오기 때문에 40번째에도 ◆가 온다.
따라서 41번째 모양은 ◆ 다음 모양인 ◆ 그리고 42번째와 43번째에는 ♥가 연이어 위치하여야 한다.

05 ①
6년 동안 참여율이 2번째로 높은 해는 2019년이다. 이 해의 전년 대비 참여율의 증가율을 구하면 $\frac{10.2-8.7}{8.7} \times 100 ≒ 17(\%)$이다.

06 ④
24개월 미만의 경우 $6+12+24=42$(개)이며 이 개수가 15%라고 한다면, 36개월 이상 42개월 미만에 해당하는 통조림 개수는 14개이므로 24개월 미만의 통조림 개수의 $\frac{1}{3}$이다. 따라서 $0.15 \div 3 = 0.05$이다.

07 ④
남성 고용자 수 대비 여성 고용자 수 비율을 구해보면,
농업: $(44,451 \div 261,452) \times 100 ≒ 17.0(\%)$
광업: $(120,136 \div 934,324) \times 100 ≒ 12.9(\%)$
제조업: $(206,781 \div 785,512) \times 100 ≒ 26.3(\%)$
숙박업: $(216,023 \div 415,718) \times 100 ≒ 52.0(\%)$
계산하기 전, 각 산업별 여성 고용자 수에 2를 곱해보면 남성 고용자 수를 초과하는 산업은 숙박업만 해당된다는 것을 알 수 있으며, 이를 통해 바로 숙박업이라는 것을 고를 수도 있다.

08 ④
20분 이상 40분 미만의 도수는 12명이므로 상대도수 $A=\frac{12}{50}=0.24$이다. 전체 도수는 50명이고, 40분 이상 60분 미만의 상대도수는 0.36이므로 $B=50 \times 0.36 = 18$(명)이다. 전체 상대도수 1에서 나머지 상대도수를 빼면 80분 이상 100분 미만의 상대도수를 구할 수 있으므로 $C=1-(0.08+0.24+0.36+0.16)=0.16$, $D=1$이다. 그러므로 $(A+B+C+D)=0.24+18+0.16+1=19.4$이다.

09 ③
전체 탈북민 중 같은 해 남성과 여성의 기준량이 되는 것은 동일하게 전체 인원이므로 성별 비율에 대한 비교는 탈북민의 수를 단순 비교하는 것과 같다. 따라서 전체 탈북민 중 여성의 비율이 처음으로 높은 해는 여성의 수가 남성의 수보다 처음으로 더 많아진 2010년이다.

10 ①

이동통신사별 기본료, 통화료, 발신번호 표시요금과 각 항목의 최젓값 간 차이를 구해보면 다음과 같다.

구분	S사	K사	L사
기본료	−	−	+1,000원
통화료	+1,800원	−	+1,000원
발신번호 표시요금	−	+1,000원	+2,000원
합계	+1,800원	+1,000원	+4,000원

L사의 요금이 가장 높고, K사의 요금이 가장 낮다. 따라서 그 요금 차이는 4,000−1,000=3,000(원)임을 알 수 있다.

11 ④

전체 에너지 소비량 중 전력이 차지하는 비율은 $\frac{4,212.2}{22,056.6} \times 100 ≒ 19.1(\%)$이다.

오답 피하기
① 에너지를 가장 많이 소비하는 난방설비는 12,150.1toe를 소비하는 도시가스보일러이다.
② 4,457.2toe를 소비하는 석유보일러보다 많은 에너지를 소비하는 난방설비는 도시가스보일러뿐이다.
③ 석유류와 전력 에너지원은 모든 난방설비에서 소비되고 있음을 알 수 있다.

12 ④

사교육비에서 일반교과가 차지하는 비중이 제일 낮은 집단을 고르면 된다.
중졸이하: $(7.7 ÷ 9.2) \times 100 ≒ 83.7(\%)$
고졸: $(16.6 ÷ 19.9) \times 100 ≒ 83.4(\%)$
대졸: $(25.8 ÷ 32.4) \times 100 ≒ 79.6(\%)$
대학원졸: $(31.3 ÷ 40.8) \times 100 ≒ 76.7(\%)$
따라서 대학원졸이 그 비중이 제일 낮다.

13 ④

통학 시간이 30분 미만인 학생 수가 전체의 40%이므로 전체 학생 수는 $\frac{1+7+16}{0.4}=60$(명)이다. 그러므로 통학 시간이 30분 이상인 학생은 60−24=36(명)이다. 따라서 30분 이상 40분 미만의 계급의 도수는 36−2=34(명)이며, 상대도수는 $\frac{34}{60} ≒ 0.57$이다.

14 ①

한국의 14세 이하 인구인 16.0%에 대한 65세 이상 인구인 13.1%의 비율을 구하면 $\frac{13.1}{16.0} \times 100 ≒ 81.9(\%)$이다.

15 ③

2020년에는 2015년에 비해 인구가 4% 감소했으므로 $4,900 \times 0.96 = 4,704$(만 명)이다.

16 ③

현재 소득 수준에서 가장 높은 비율을 차지하는 취미 생활은 '다'이고, 그 비율은 $\frac{398}{1,094} \times 100 ≒ 36.4(\%)$이다.

17 ④

ⓒ 현재 취미와 소득 향상 후의 취미가 같은 직원들이 각 취미별로 가장 많다.
ⓒ '라' 취미는 다른 취미에 비하여 직원 수의 합계가 상대적으로 작다.

오답 피하기
㉠ 현재 소득 수준에서 '나'를 선택한 사람은 156명, 2배 향상되었을 때 '가'를 선택한 사람은 266명이다. 따라서 266÷156 ≒1.7(배)이므로 2배가 되지 않는다.

18 ③

지니계수의 수치가 0에 가까울수록 더 평등한 소득 분배를 나타낸다고 하였는데, 2005년이 2011년보다 수치가 더 낮으므로 더 평등한 소득 분배 구조를 나타낸다고 볼 수 있다. 따라서 2011년 농촌가구의 소득 분배 구조는 2005년에 비해 더 불평등하다고 볼 수 있다.

19 ①

2013년과 2016년의 계절별 강수량을 비교해 보면 다음과 같다.

(단위: mm)

구분	2013년	2016년	증가량
봄	84.8	263.9	179.1
여름	612.6	855.8	243.2
가을	208.1	275.6	67.5
겨울	104.8	82.7	−22.1

겨울은 마이너스 값(−)이기 때문에 겨울은 증가율이 가장 낮음을 알 수 있다.

$(증가율) = \frac{(증가량)}{(기준)} \times 100$ 이므로,

(단위: mm, %)

구분\연도	2013년	2016년	증가량	증가율
봄	84.8	263.9	179.1	211.2
여름	612.6	855.8	243.2	39.7
가을	208.1	275.6	67.5	32.4

따라서 증가율이 가장 큰 계절은 봄이다.

20 ②

D 지역 복지사업 비용에서
생계비용이 차지하는 비중
$= (3,640 \div 11,253) \times 100 ≒ 32.3(\%)$,
교육 비용이 차지하는 비중
$= (5,125 \div 11,253) \times 100 ≒ 45.5(\%)$이므로 비중의 차이는 $45.5 - 32.3 = 13.2(\%p)$이다.

오답 피하기

① E 지역 복지사업 비용이 2배로 증가하면 $3,596 \times 2 = 7,192$(백만 원)이다. 이 때 복지사업 활성도는 $(7,192 \div 36,582) \times 100 ≒ 19.7(\%)$로 20% 미만이다.

③ 복지시설 1개당 복지시설이 예산이 가장 많은 곳을 구하면 다음과 같다.
A 지역 : $(33,245 \div 16) ≒ 2,078$(백만 원)
B 지역 : $(32,251 \div 21) ≒ 1,536$(백만 원)
C 지역 : $(45,258 \div 25) ≒ 1,810$(백만 원)
D 지역 : $(101,059 \div 52) ≒ 1,943$(백만 원)
E 지역 : $(36,582 \div 19) ≒ 1,925$(백만 원)
따라서 복지시설 1개당 예산이 많은 곳은 A 지역이다.

④ 각 지역의 복지사업 활성도를 구하면 다음과 같다.
A 지역: $(3,332 \div 33,245) \times 100 ≒ 10.0(\%)$
B 지역: $(3,890 \div 32,251) \times 100 ≒ 12.1(\%)$
C 지역: $(7,895 \div 45,258) \times 100 ≒ 17.4(\%)$
D 지역: $(11,253 \div 101,059) \times 100 ≒ 11.1(\%)$
E 지역: $(3,596 \div 36,582) \times 100 ≒ 9.8(\%)$
따라서 E 지역의 복지사업 활성도가 가장 낮다.

파이널 모의고사 5회

공간능력

P. 444

01	①	02	②	03	④	04	②	05	④
06	③	07	④	08	③	09	④	10	③
11	②	12	②	13	③	14	④	15	④
16	④	17	②	18	①				

01 ①

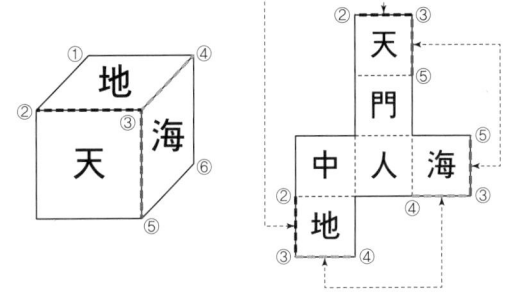

위의 그림에 따라 정답은 ①이다.

02 ②

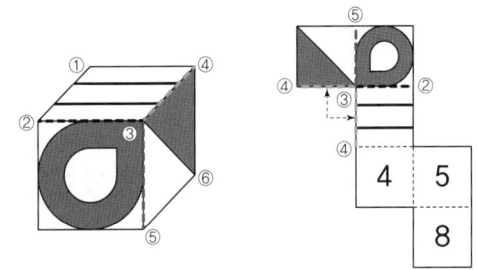

위의 그림에 따라 정답은 ②이다.

03 ④

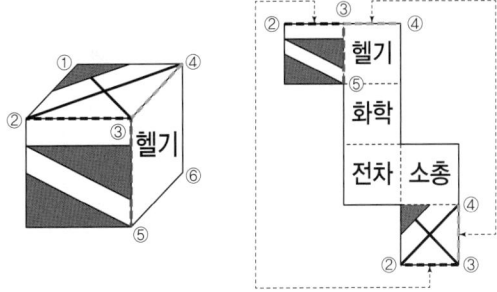

위의 그림에 따라 정답은 ④이다.

04 ②

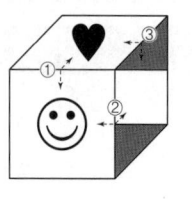 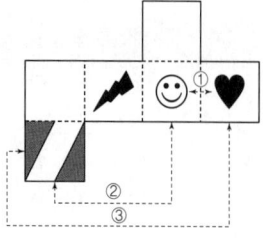

위의 그림에 따라 정답은 ②이다.

05 ④

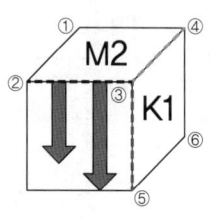 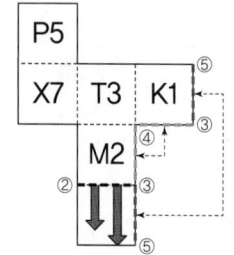

위의 그림에 따라 정답은 ④이다.

06 ③

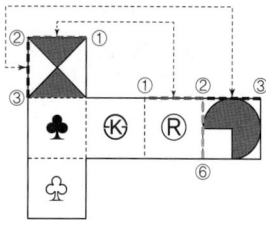 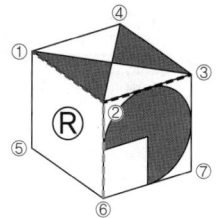

위의 그림에 따라 정답은 ③이다.

07 ④

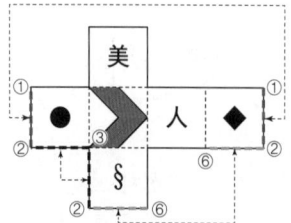 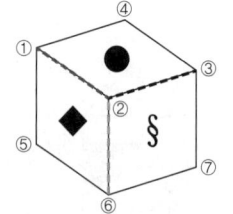

위의 그림에 따라 정답은 ④이다.

08 ③

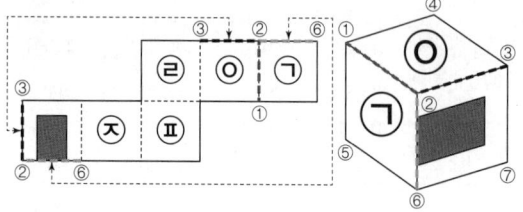

위의 그림에 따라 정답은 ③이다.

09 ④

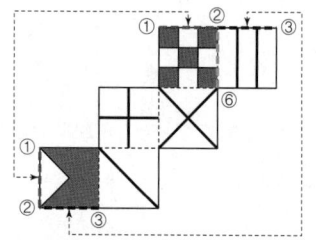 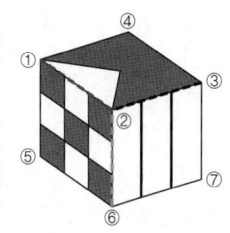

위의 그림에 따라 정답은 ④이다.

10 ③

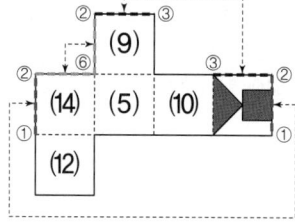 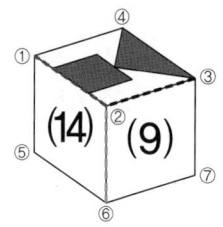

위의 그림에 따라 정답은 ③이다.

11 ②

좌측 열부터 우측으로 개수를 더해 가면,
5+10+3+4+9+3=34(개)이다.

12 ②

좌측 열부터 우측으로 개수를 더해 가면,
19+4+13+7+6+11=60(개)이다.

13 ③

좌측 열부터 우측으로 개수를 더해 가면,
10+6+12+8+6+5+3=50(개)이다.

14 ④
좌측 열부터 우측으로 개수를 더해 가면,
11+5+11+6+8+10+2=53(개)이다.

15 ④
화살표 방향에서 바라보는 방향으로 좌측 열부터 우측으로 층수를 세어보면, 5-3-1-4-1이므로 ④와 일치한다.

16 ④
좌측 열부터 우측으로 층수를 세어 보면,
1-4-5-4-5이므로 ④와 일치한다.

17 ②
좌측 열부터 우측으로 층수를 세어 보면,
1-5-2-1-6-1-3-1이므로 ②와 일치한다.

18 ①
좌측 열부터 우측으로 층수를 세어 보면,
6-1-4-3-1-4-2이므로 ①과 일치한다.

파이널 모의고사 5회

지각속도   P. 454

01	①	02	①	03	①	04	②	05	①
06	②	07	②	08	①	09	①	10	①
11	①	12	①	13	①	14	①	15	①
16	②	17	①	18	②	19	②	20	①
21	①	22	①	23	②	24	①	25	②
26	②	27	②	28	②	29	①	30	③

01 ①

02 ①

03 ①

04 ②
M지역 X지역 U지역 Z지역 - ⌘ ⌘ ⌘ ⌘
'⌘ = Z지역, ⌘ = C지역'이므로 옳지 않다.

05 ①

06 ②
■ ▮ ▪ ⬛ - (協) (金) (休) (名)
'⬛ = (四), ⬤ = (名)'이므로 옳지 않다.

07 ②
△ ◐ ▒ ▰ - (三) (十) (一) (月)
'△ = (大), ▲ = (三)'이므로 옳지 않다.

08 ①

09 ①

10 ①

11 ①

12 ①

13 ①

14 ①

15 ①

16 ②

| ✲☃📖⌛ - æ nj Æ Ï |

'⌛ = ÿ, 📖 = Ï'이므로 옳지 않다.

17 ①

18 ②

| 💻✃☕⚓ - ÿ œ ʰυ É |

'💻 = Ħ, ⌛ = ÿ'이므로 옳지 않다.

19 ②

| 📧✲⌛☺ - Ï æ É DŽ |

'⌛ = ÿ, ✃ - É'이므로 옳지 않다.

20 ①

21 ①

22 ①

23 ②

| 극복 제고 통일 남북 - ⑦⑧ ⑤③ ⑩① ①⑤ |

'통일 = ②⑤, 결정 = ⑩①'이므로 옳지 않다.

24 ①

25 ②

| 해소 정책 제고 통일 - ⑥② ⑧③ ⑤③ ①⑤ |

'통일 = ②⑤, 남북 = ①⑤'이므로 옳지 않다.

26 ②

$$\underline{\triangledown ш ⊃ ∧ △}_1 \underline{▷ ш ⊃ ㅌ ㅌ}_2 \underline{∩ ш ㆍ ㅁ ⋈ ∩ △}_3 \underline{ш ▷ ⌐ ♪ ㅌ ⋈}_4$$
$$\underline{⋈ ш △ ㆍ ∩ ㅁ ш ⋈ ⊲}_5 \underline{ㅁ ш ⊃}_6$$

27 ②

우리는 의지의 객관성의 높은 단계에서 개성이 뚜
$$\underline{}_{1}\underline{}_{2}\underline{}_{3}\underline{}_{4}\underline{}_{5}$$
렷하게 나타나는 것을 볼 수 있다
$$\underline{}_{6}\underline{}_{7}$$

28 ②

$$\underline{(i)(e)(b)(x)(i)(q)(k)(a)(t)(x)(u)(g)(a)(x)(t)(e)(k)(y)(b)(i)(x)(q)}$$
$$1234$$

29 ①

$$\underline{ㅞㅛㅕㅑㅞㅞ}_1\underline{ㅙㅔㅏ}_2\underline{ㅞㅞㅗ}_3\underline{ㅜㅡㅠㅣㅒㅞ}_4\underline{ㅖㅏㅛ}_6$$

30 ③

$$\underline{♧☎♥□♣}_1\underline{♧♠♤}_2\underline{◁◀♡♤}_3\underline{◐◇◉♥}_4\underline{★☎☆}_5$$

파이널 모의고사 5회

언어논리   P. 457

01	⑤	02	②	03	②	04	①	05	①
06	⑤	07	④	08	③	09	③	10	⑤
11	②	12	③	13	③	14	⑤	15	③
16	②	17	③	18	④	19	④	20	④
21	③	22	①	23	④	24	⑤	25	③

01 ⑤

주어진 글은 ㉠ '불러 준 단어'가 무의식의 ㉡ '콤플렉스'를 떠올리게 하여 특정 반응을 일으킨다는 내용의 지문이다. 그러므로 '자라 보고 놀란 경험'이 '솥뚜껑'만 보아도 '자라'를 연상시켜 '놀람'의 반응을 이끌어 낸 ⑤와 그 관계가 가장 유사하다.

오답 피하기
① 마땅히 할 말은 해야 한다는 의미이다.
② 사람의 마음은 알 수 없다는 의미이다.
③ 아무리 비밀리에 한 말이라도 반드시 남의 귀에 들어가게 되므로 아무도 안 듣는 곳에서라도 말조심해야 한다는 의미이다.
④ 아무 관계없이 한 일이 공교롭게도 때가 같아 어떤 관계가 있는 것처럼 의심을 받게 됨을 비유적으로 이르는 속담으로, 한자 성어인 '오비이락(烏飛梨落)'과 동일한 의미이다.

02 ②

'어제'라는 성분 부사어가 서술어 '만났다'만을 수식하고 있으므로 하나의 의미만으로 해석된다. 참고로 '영수는 어제 고향에서 온 친구를 만났다.'라는 문장의 경우 부사어 '어제'가 '온'과 '만났다' 중에서 어느 것을 수식하는지 명확하지 않으므로 이 문장은 중의적 문장이 된다.

오답 피하기
① '그는 진수와 함께 미희를 만났다.'와 '그는 진수와 미희 두 사람을 만났다.'의 두 가지 의미로 해석되는 중의적 문장이다.
③ 관형어 '예쁜' 뒤의 체언 '어머니'와 '옷' 중에서 어느 것을 꾸미는지 모호하여 두 가지 의미로 해석되는 중의적 문장이다.
④ 배와 포도를 합쳐서 두 개인지, 배와 포도 두 개씩인지 모호하여 두 가지 의미로 해석되는 중의적 문장이다.
⑤ '철수의 걸음이 이상하다.'와 '철수가 걸음을 걷는 것 자체가 이상하다.'의 두 가지 의미로 해석되는 중의적 문장이다.

03 ②

[보기]의 '품사'와 '동사'는 상하 관계인 단어이다. '품사'의 한 종류가 '동사'이므로 '품사'가 상위어이고, '동사'는 하위어이다. '신분증' 종류 중 하나로 '운전면허증'이 있으므로 상하 관계이다.

오답 피하기
① '휠체어'에는 '바퀴'가 있으므로 완성품과 구성요소의 관계이다.
③ '컴퓨터'의 구성요소로 'CPU'가 있으므로 완성품과 구성요소의 관계이다.
④ '옷장'은 '가구'의 한 종류이므로 상하 관계이나 [보기]와 순서가 뒤바뀌어 제시되었으므로 같은 관계가 아니다.
⑤ '엘리베이터'와 '에스컬레이터'는 모두 승강기에 속하는, 같은 위상의 관계인 동위 관계이다.

04 ①

'계발'은 '슬기나 재능, 사상 따위를 일깨워 줌.'을 뜻하는 낱말이고, '개발'은 '1) 토지나 천연자원 따위를 유용하게 만듦. 2) 지식이나 재능 따위를 발달하게 함. 3) 산업이나 경제 따위를 발전하게 함. 4) 새로운 물건을 만들거나 새로운 생각을 내어놓음.'을 뜻하는 낱말이다. 따라서 '소질'에 대해서는 '계발'과 '개발' 모두 가능하다.

오답 피하기
② '쌍둥이'가 올바른 표기이며, 복수 표준어로 '쌍동', '쌍생아', '쌍반아'가 있다.
③ '글씨를 되는대로 아무렇게나 써 놓은 모양'을 뜻할 때는 '괴발개발' 혹은 '개발새발'이 적절하다.
④ '봉숭아', '봉선화'가 표준어이다.
⑤ '혼돈'은 '1) 마구 뒤섞여 있어 갈피를 잡을 수 없음. 또는 그런 상태. 2) 하늘과 땅이 아직 나누어지기 전의 상태.'를 뜻하는 낱말이고, '혼동'은 '1) 구별하지 못하고 뒤섞어서 생각함. 2) 서로 뒤섞이어 하나가 됨.'을 뜻하는 낱말이다. '이름'은 구별하지 못한 것이므로 '혼동'이 적절하다.

05 ①

'ㄹ'은 모음 앞에서는 'r'로, 자음 앞이나 어말에서는 'l'로, 'ㄹㄹ'은 'll'로 적는다는 규정에 따라 '별내[별래]'는 'Byeollae'로 표기한다.

오답 피하기
② 'ㄱ, ㄷ, ㅂ'은 모음 앞에서는 'g, d, b'로, 자음 앞이나 어말에서는 'k, t, p'로 적는다는 규정에 따라 '벚꽃[벋꼳]'은 'Beotkkot'으로 표기한다.
③, ④ 자연 지물명, 문화재명, 인공 축조물명은 붙임표(-) 없이 붙여 쓰고 된소리되기는 표기에 반영하지 않으므로 '경복궁[경복꿍]'은 'Gyeongbokgung'으로, '낙동강[낙똥강]'은 'Nakdonggang'으로 표기한다.
⑤ '왕십리'의 '리'는 행정구역명이 아니므로 붙임표를 쓰지 않으며, 음운 변화 중 비음화는 표기에 반영하므로 '왕십리[왕심니]'는 'Wangsimni'로 표기한다.

06 ⑤

'제-'는 '그 숫자에 해당되는 차례'를 뜻하는 접두사로 뒤에 오는 숫자와 항상 붙여 적어야 한다. 제1∨차(원칙), 제1차(허용), 제∨1차(틀림)

오답 피하기

① '만큼'은 용언의 관형사형 뒤에서는 의존 명사로 쓰이므로 앞말과 띄어 써야 한다.
② '대로'는 용언의 관형사형 뒤에서는 의존 명사로 쓰이므로 앞말과 띄어 써야 한다. '것'도 대표적인 의존 명사로 앞말과 띄어 써야 한다.
③ '지'는 시간과 관련이 있을 때는 의존 명사로 쓰이므로 앞말과 띄어 써야 한다. '–째'는 접미사로 앞말과 붙여 써야 한다.
④ '는커녕'은 하나의 보조사로 앞말과 붙여 써야 한다.

참고

다음 접사들은 앞말과 붙여 써야 한다.
–여: 그 수를 넘음 예 백여 개가 있다.
–짜리: 그만한 수나 양, 가치를 가진 것 예 백만 원짜리
–어치: 그 값에 해당하는 분량 예 백 원어치만 사라.
–씩: 그 수량이나 크기로 나뉘거나 되풀이됨 예 열 개씩
–꼴: 그 수량만큼만 해당함 예 100원꼴
–당: 마다 예 마리당 삼천 원
–백: 말씀드리다. 예 주인백

07 ④

'비록'은 '~일지라도' 또는 ~하지만'과 호응하므로 적절한 문장이다.

오답 피하기

① '미리'와 '예비'는 중복된 표현이다. 따라서 '엄마는 아들을 위해 목돈을 예비해 두었다.'라고 쓰는 것이 적절하다.
② '치킨'은 들이킬 수 없다. 그러므로 '치킨을 먹고 콜라를 들이켰다.'가 적절한 표현이다.
③ 유정물, 대표적으로 사람일 경우는 '에게'를 써야한다. 따라서 '우리는 나라에 충성하고, 부모에게 효도해야 한다.'가 적절한 표현이다.
⑤ '자빠지다'는 '뒤로 넘어지다'라는 뜻이므로, '재수 없는 사람은 앞으로 넘어져도 뒤통수가 깨진다.'라고 쓰는 것이 적절하다.

08 ③

'송충이가 갈잎을 먹으면 떨어진다.'는 '솔잎을 먹고 사는 송충이가 갈잎을 먹게 되면 땅에 떨어져 죽게 된다는 뜻으로, 분수에 넘치는 짓을 하면 낭패를 봄을 비유적으로 이르는 말.'의 의미를 지닌 속담이므로 ㉠과 유사한 의미를 나타내고 있다.

오답 피하기

① 제 버릇 개 줄까: 나쁜 버릇은 쉽게 고쳐지지 않는다는 말.
② 핑계 없는 무덤 없다: 무슨 일이든 반드시 핑계는 있다는 말.
④ 양반은 얼어 죽어도 겻불은 안 쬔다: 양반은 아무리 궁하거나 다급한 경우라도 체면을 깎는 짓은 하지 아니한다는 말.
⑤ 수양산 그늘이 강동 팔십 리를 간다: 수양산 그늘진 곳에 아름답기로 유명한 강동 땅 팔십 리가 펼쳐졌다는 뜻으로, 어떤 한 사람이 크게 되면 친척이나 친구들까지 그 덕을 입게 됨을 비유적으로 이르는 말.

09 ③

북곽 선생은 범 앞에서 살아남기 위해 범에게 아첨하는 말을 늘어놓고 있다는 점에서 '아첨하는 말과 알랑거리는 태도'를 뜻하는 '교언영색(巧言令色)'이 부합한다.

오답 피하기

① 견강부회(牽强附會): 이치에 맞지 않는 말을 억지로 끌어 붙여 자기에게 유리하게 함.
② 양두구육(羊頭狗肉): 양의 머리를 걸어 놓고 개고기를 판다는 뜻으로, 겉보기만 그럴듯하게 보이고 속은 변변하지 아니함을 이르는 말.
④ 이실직고(以實直告): 사실 그대로 고함.
⑤ 지록위마(指鹿爲馬): 1) 윗사람을 농락하여 권세를 마음대로 함을 이르는 말. 2) 모순된 것을 끝까지 우겨서 남을 속이려는 짓을 비유적으로 이르는 말.

참고

본문의 핵심 힌트는 "유(儒)는 유(諛)라 하더니 과연 그렇구나." 부분이다. '아첨하다'라는 뜻에 집중했다면 비교적 쉽게 정답을 찾을 수 있다.

10 ⑤

주어진 글은 과거에 불로장생은 실현 불가능한 인간의 염원이었지만, 현재는 인류의 계속된 노력으로 가능성이 있는 일이라고 서술하고 있다. 그러므로 과거와 다른 점은 불로장생을 위한 노력이 의미가 있다는 사실이다.

오답 피하기

① 빈칸 앞의 내용을 보면 과거와 현재가 다른 점이 있다고 서술하고 있으므로 '시대를 불문하고'라는 표현은 적절하지 않다.
② 빈칸 뒤의 내용을 살펴보면 생체 시계를 거꾸로 돌리는 것이 가능하다는 내용이 있으므로 이와 관련된 내용이 언급되어야 한다. '의학 발전의 근간이 되었다'는 표현은 빈칸 뒤의 내용과 연결되지 않는다.
③ 빈칸 뒤의 내용은 노화를 되돌릴 수 있는 가능성이 열렸다는 것이므로 '무병장수'와는 거리가 있다.
④ 빈칸 뒤에 인간 피부 세포 생체시계를 거꾸로 돌릴 수 있는 가능성이 있다는 내용과 약품개발을 통해 현재 가능하다는 내용은 거리가 있다.

11 ②

주어진 글은 서구의 미와 우리나라의 미를 대조하여 설명하는 글이므로 이와 유사한 전개 방식을 사용한 것은 ②이다. ② 역시 도시의 '담'과 시골의 '담'을 대조하여 설명하고 있다. 다만, ②의 경우 시골의 '담'을 '핫바지'에 빗댄다는 점에서 비유의 전개 방식도 사용하고 있다.

오답 피하기
① 곱단이의 외양을 '묘사'하여 내용을 전개하고 있다.
③ 처용가의 아내와 날개의 안해를 같은 유형으로 보고 '비교'의 전개 방식을 사용하고 있다.
④ 작년과 재작년의 통계치를 바탕으로 금년의 교통사고의 수치를 추정하고 있으므로 '귀납 추리'를 사용하여 전개하고 있다.
⑤ 시간의 순서, 즉 '서사'에 따른 전개 방식을 사용하고 있다.

12 ③

주어진 시는 바퀴벌레라는 독특한 소재를 통해 환경 오염의 심각성을 표현한 작품이다. 무분별한 개발로 인해 환경과 생태계가 파괴되는 현실의 문제점을 부각하고 있다. 따라서 이를 낭송해 줄 대상으로는 환경 오염을 초래한 ③이 가장 적절하다.

13 ③

주어진 글은 필자가 윤동주에 대한 추억을 구체화한 부분으로, 필자는 윤동주의 외모와 기상을 주관적으로 회고하고 있으므로 대상을 객관적으로 인식하고 있다는 것은 적절하지 않다.

오답 피하기
①, ②, ⑤ 필자는 자신의 선배이자 정신적 교감의 동반자였던 윤동주에 대한 존경과 아쉬움, 그리움의 정서를 직설적으로 드러내고 있다. 특히 윤동주에 대한 추억을 회고적 정서와 전기적 요소를 통해 드러내고 있다.
④ 윤동주의 외적인 모습을 미화하여 묘사하고 있으며, 윤동주의 내면을 비유를 통해 구체화하고 있다.

14 ⑤

'애매어의 오류'는 동일한 단어가 한 논증에서 맥락마다 서로 다른 의미를 지닐 때 나타나는 오류이다. 김 씨의 성격이 '직선적'이라는 것과 다음 문장의 '직선적'은 서로 의미가 다름에도 이를 연결하여 논하고 있으므로 '애매어의 오류'의 예로 적절하다.

오답 피하기
① '우연의 오류'는 일반적인 원리나 규칙을 우연적인 상황으로 인해 생긴 예외적인 특수한 경우에까지 적용하여 생기는 오류에 해당한다. 하지만 제시된 예시는 결과를 원인으로 봄으로써 생긴 오류이므로 '인과관계의 오류'에 해당한다.
② '결합의 오류'는 집합이 어떤 성질을 가지고 있다는 것을 전제로 그 집합의 각각의 원소들 역시 개별적으로 그 성질을 가지고 있다고 결론 냄으로써 생기는 오류에 해당한다. 하지만 제시된 예시는 전체의 성질을 바탕으로 부분 요소의 특성을 추론하고 있으므로 '분할의 오류'에 해당한다.
③ '분할의 오류'는 '결합의 오류'의 반대로, 각각의 원소가 지닌 특성들이 그 원소들을 결합한 집합 전체에서도 나타난다는 오류에 해당한다. 제시된 예는 그 반대이므로 '결합의 오류'에 해당한다.
④ '논점일탈의 오류'는 주된 논증에서 벗어나는 경우를 이르는데, 제시된 예는 두 유형의 유사한 특성을 바탕으로 나머지도 비슷할 것으로 여겨 잘못된 결론을 도출하는 '잘못된 유추의 오류'에 해당한다.

15 ③

주어진 글은 중국의 드론 및 장비 수출규제의 이유와 수출규제가 국내에 미치는 영향을 서술한 글이다. 그러므로 군에서 드론을 어떻게 쓰는지를 소개한 [다]의 내용은 전체 글의 문맥에 어울리지 않는다.

16 ②

주어진 글은 기후변화로 농가가 겪는 피해에 대해 우리나라와 프랑스의 구체적인 사례를 들어 설명하고, 관련된 정책의 문제점을 지적하는 글이다. 우선 가장 눈여겨봐야 할 부분은 [다]의 '우리나라 상황도 크게 다르지 않다.'는 문장이다. 이 문장 때문에 [다]의 앞에는 다른 나라의 사례인 [라]가 와야 한다. [가]의 경우 농민이 기후변화로 인해 직접적으로 겪는 어려움이 제시되어 있고, [라]는 프랑스 와인생산자들이 겪는 어려움이 나타나 있으므로 [가] 다음에 [라]가 연결되어야 한다. [다]에서는 외국보다 심각한 우리나라의 기후변화가 나타나 있는데, 그럼에도 불구하고 관련 예산은 줄었으므로 대책마련을 촉구하는 [나]가 이어져야 한다. 그러므로 전체 순서는 [가] - [라] - [다] - [나]로 연결되는 것이 적절하다.

17 ③

주어진 글은 마지막 부분에 핵심 내용이 들어 있는 미괄식 구성으로 되어 있다. 마지막 부분인 '은행 잔고에 상관없이 고통은 우리로 하여금 타인의 필요에 보다 주의를 기울이게 하고 우리도 이미 잘 아는 어려움에 처한 사람을 볼 때 도움을 주고자 하기 때문에 이타주의와 영웅주의적 행위를 낳는다.'의 부분을 통해 글의 주제로는 ③이 가장 적절함을 확인할 수 있다.

18 ④

"원자시계로 측정되는 24시간과 지구의 자전 주기 사이에 차이가 생긴다."를 통해 지구의 자전 주기와 원자시계의 24시간이 정확히 일치하지는 않는다는 것을 확인할 수 있다.

> 오답 피하기
① "세계에서 가장 정밀한 시계인 원자시계"를 통해 알 수 있다.
② "원자시계는 원자의 진동수를 기준으로 시간을 측정한다. 똑딱거리는 시계추의 움직임을 세어 시간을 측정하는 것과 유사하다."를 통해 알 수 있다.
③ "원자의 진동은 외부 조건의 변화에 거의 영향을 받지 않기 때문에~"를 통해 알 수 있다.
⑤ "원자시계의 시각에 때때로 1초를 삽입하는 방식으로 지구 자전 주기와의 차이를 조정하는데 그 1초를 윤초라고 한다."를 통해 알 수 있다.

19 ④

마지막 문장인 "기업의 마중물 마케팅이 항상 성공적인 결과를 얻는 것은 아니다."를 통해 이어질 내용으로 '실패'의 사례가 나올 것임을 짐작할 수 있다. ④의 경우에는 이윤 추구 및 마중물 마케팅의 긍정적인 효과를 말하고 있으므로 뒤에 이어질 내용으로 어색하다. 특히 마중물이 "올바른 소비 습관을 들이는 것에 효과적이다."라는 진술은 본문의 내용과 어울리지 않는다. 오히려 '마중물에 현혹되지 않고 필요한 만큼의 물건만을 구매하려는 습관을 들이는 현명한 소비자가 되어야 할 것이다.' 정도의 제언으로 마무리함이 적절하다.

> 오답 피하기
①, ②, ③ 마중물 마케팅의 실패 사례로 적절하다.
⑤ 두 번째 문단의 '성공적인 결과만 얻는 것은 아니다'라는 내용에서 '실패'라는 부분을 가져와 '마중물의 위험'으로 연결 지어 서술하고 있으므로 이어질 수 있는 내용이다.

20 ④

밑줄 친 부분의 전개 방식은 '인과'이다. '인과'는 원인과 결과로 이루어진 방식인데, 밑줄 친 부분에 '인간을 진화의 과정을 거친 동물의 하나로 보는 그는, 공격성은 동물의 가장 기본적인 본능의 하나이기에, 인간에게도 자신의 종족을 향해 공격적인 행동을 하는 생득적인 충동이 있다는 것이다.'에서 '~기에'의 표지로 이유나 원인의 의미를 알 수 있다.

- 인과: 어떤 결과를 가져오게 한 영향 내지 힘, 또는 그러한 힘에 의해 결과적으로 초래된 현상을 중심으로 전개하는 방식

> 오답 피하기
① 비유: 표현하려는 대상을 다른 대상에 빗대어 나타내는 표현 방식으로, 표현하고자 하는 대상에 대해 특별한 의미나 효과를 얻기 위해 일상적·표준적이라고 생각하는 의미와 일반적인 수준의 연상에서부터 벗어나는 방식
②, ⑤ 묘사: 대상의 형태, 색채, 감촉, 향기, 소리 등을 언어로 그림을 그리듯 써 나가는 방식
③ 서사: 사건의 전개나 사물의 변화, 인물의 행동을 시간의 흐름에 따라 서술하는 방식

21 ③

[가]에서는 단어의 의미 변화 유형에 대해 전체적으로 개괄한 후, [나]에서는 의미의 영역이 확장된 예를, [다]에서는 의미의 영역이 축소된 예를, [라]에서는 의미의 영역이 옮겨진 경우에 대해서 개별적으로 자세히 설명하고 있다.

> 오답 피하기
① [나]~[라]는 [가]의 내용을 자세히 설명하고 있으므로 병렬적으로 나열한 것이 맞다. 하지만 [가]는 화제 제시 문단으로 [나]~[라]와 같은 병렬 구조로 보기 어렵다.
② 제시된 글은 설명문으로 '주장'이 드러나지 않는다. 또한 [나]~[라]에서 나온 내용은 [가]의 상술일 뿐 전문가의 의견은 아니다.
④ [나]~[라]는 대등하게 연결된 내용으로 서로를 반박했다고 보기는 어렵다. 다만 [나]의 내용이 '확장'이고, [다]의 내용이 '축소'이기 때문에 [나]와 [다]가 내용상 대조를 이룬다고는 볼 수 있다.
⑤ 제시문의 내용을 요약·정리한 문단은 없다. [라]는 [가]의 내용을 상술했을 뿐, 정리한 문단으로 보기는 어렵다.

22 ①

'한옥 마을 조성을 둘러싼 지역 주민 간의 갈등'은 한옥 마을을 조성하는 과정에서 발생할 수 있지만, '한옥 마을 조성의 필요성'을 강조하기 위한 하위 항목으로 추가하는 것은 바람직하지 않다.

> 오답 피하기
② 한옥 관리 비용이 많이 든다는 내용이 중복되고 있으므로 수정하는 것이 적절하다.
③ ⓒ의 내용은 한옥 마을 조성이 어려운 이유가 아니라 한옥 마을을 조성 및 유지하기 위한 비용 해결법에 해당하는 내용이므로 'Ⅱ-2'의 하위 항목으로 옮겨야 한다.
④ '전통문화 체험 프로그램 개발'은 한옥 마을을 조성하기 위한 방안과는 거리가 멀기 때문에 삭제해야 한다.
⑤ 지방자치단체의 무분별한 개발에 대해 언급된 내용이 없으므로 글의 흐름에 맞지 않다.

23 ④

첫 번째 빈칸 앞에서 전투 훈련이 실시된다고 했는데, 빈칸 뒤에는 시가지 전투 훈련장에 문제가 있다고 표현하고 있다. 그러므로 훈련을 할 때 문제가 되는 내용을 언급하고 있으므로 화제를 전환시키는 접속사인 '그런데', 혹은 역접 접속사인 '그러나'가 들어가는 것이 적절하다. 두 번째 빈칸의 앞 문단에서는 대도시 방어를 위한 훈련장을 찾아보기 힘들다고 언급했고, 잘 되어 있다고 자부하는 서울의 훈련장마저도 시설이 미비하다고 언급하고 있으므로 좋지 않거나 모자라는데 '그것마저도'라는 의미를 가진 '그나마'가 들어가는 것이 적절하다.

24 ③

주어진 글의 첫 번째 문단에서는 컴퓨터의 중앙처리장치인 CPU와 주기억장치를 비교하고 있다. 이어지는 두 번째 문단에서는 CPU에 대한 내용이 설명되어 있고, ㉠ 뒤 이어지는 세 번째 문단에서는 주기억장치에 대한 내용이 설명되어 있으므로 ㉠에는 '어떤 일에 대하여, 앞에서 말한 측면과 다른 측면을 말할 때 쓰는 말.'을 의미하는 '한편'이 들어가야 알맞다. '한편'은 전환의 의미를 나타낸다.

25 ③

두 번째 문단에서 캐싱이 효율적으로 이루어지려면 CPU가 캐시 기억장치에 저장된 데이터를 반복적으로 사용해야 한다는 내용을 확인할 수 있다.

오답 피하기
① 세 번째 문단에서 캐시 기억장치는 하나의 라인에 하나의 블록이 들어갈 수 있도록 설계되어 있다는 내용을 확인할 수 있으므로 적절하지 않다.
② 첫 번째 문단에서 캐시 기억장치는 주기억장치보다 용량이 작고 처리 속도가 빠름을 확인할 수 있으므로 적절하지 않다.
④ 첫 번째 문단에서 캐싱은 주기억장치 데이터의 일부를 캐시 기억장치에 복사해 두고 CPU가 이 데이터를 사용하도록 하는 과정이라는 내용을 확인할 수 있으므로 적절하지 않다.
⑤ 세 번째 문단에서 캐시 기억장치는 '블록(block)' 단위로 데이터가 저장된다는 내용을 확인할 수 있으므로 적절하지 않다.

파이널 모의고사 5회

자료해석   P. 476

01	④	02	①	03	①	04	②	05	③
06	③	07	③	08	②	09	②	10	③
11	②	12	④	13	①	14	②	15	①
16	①	17	④	18	②	19	③	20	①

01 ④

$a_1=4$, $a_2=a_1+1$, $a_3=a_2\times 2$, $a_4=a_3+1$, $a_5=a_4\times 2$ … 식으로 $+1$, $\times 2$가 반복되고 있다. 또한 홀수 번째 항인 4, 10, 22, 46의 경우는 $+6$, $+12$, $+24$, …이므로 7번째 홀수항(13번째 항)을 찾으면, 4, 10, 22, 46, $46+48=94$, $94+96=190$, $190+192=382$이고 14번째 항은 13번째 항에 1을 더한 383이 된다.

02 ①

㉠ 해외 연수 경험이 있고, 동시에 인턴 경험이 있거나 없는 지원자 수를 구하여 보면, $437+8=445$(명)이다. 이 중 합격자 수 $149+0=149$(명)이므로 합격률은 $\frac{149}{445}\times 100\fallingdotseq 33.5(\%)$이다. 해외 연수 경험이 없고, 동시에 인턴 경험이 있거나 없는 지원자 수를 구하여 보면 $13+42=55$(명)이다. 이 중 합격자 수는 $1+5=6$(명)이므로 합격률은 $\frac{6}{55}\times 100\fallingdotseq 10.9(\%)$이다. 따라서 해외 연수 경험이 있는 지원자의 합격률이 더 높다.

오답 피하기
㉡ 인턴 경험이 있는 지원자는 $437+13=450$(명)이며, 이 중 합격자 수는 $149+1=150$(명)이다. 따라서 불합격자 수는 인턴 경험이 있는 지원자 수와 인턴 경험이 있는 합격자 수의 차이이므로 $450-150=300$(명)이다. 즉 불합격자 수는 합격자 수의 2배이므로 3배 이상 많지 않다.
㉢ A기업 공채 전체 지원자 수는 $437+13+8+42=500$(명)이다. 이 중 합격자 수를 합하면 $149+1+0+5=155$(명)이다. 따라서 합격률은 $\frac{155}{500}\times 100=31(\%)$이므로 30% 이하가 아니다.

03 ①

국방예산이 가장 많은 국가는 국방예산이 692십억 원인 러시아이며, 가장 적은 국가는 국방예산이 368십억 원인 한국이다. 두 국가의 국방예산 차이는 $692-368=324$(십억 원)$=3,240$(억 원)이다.

오답 피하기

② 사우디아라비아의 국방예산을 프랑스의 국방예산으로 나누어 백분율을 구해 보면, $\frac{637}{557} \times 100 ≒ 114.4(\%)$이다. 즉 사우디아라비아의 국방예산이 프랑스 국방예산보다 약 14.4% 많다.

③ 영국과 일본의 국방예산 차액은 487−461=26(십억 원)이고, 독일과 일본의 국방 예산 차액은 461−411=50(십억 원)이므로 영국과 일본의 국방예산 차액은 독일과 일본의 국방 예산 차액의 $\frac{26}{50} \times 100 = 52(\%)$이다.

④ 8개국의 국방예산 총액은 692+637+487+461+411+368+559+557=4,172(십억 원)이다. 이 중 한국이 차지하는 비중은 $\frac{368}{4,172} \times 100 ≒ 8.8(\%)$이다.

04 ②

개인관람권은 50,000원이고, 15명 이상 단체는 관람권에 대해 15% 할인해 주므로, 15명이 단체 할인을 받아 관람권을 구매할 경우에 총액은 $15 \times 50,000 \times (1-0.15) = 750,000 \times 0.85 = 637,500$(원)이다. 만약 12명이 각각 개인관람권을 구매할 경우에는 $12 \times 50,000 = 600,000$(원)이 들고, 13명이 각각 개인관람권을 구매할 경우에는 $13 \times 50,000 = 650,000$(원)이 든다. 따라서 13명 이상이면 15% 단체 할인을 받아 관람권을 사는 것이 유리하다.

05 ③

합격률이 80%이므로 불합격률은 20%이다. 즉 불합격자는 전체 지원자 중 20%를 차지하므로, 불합격자 수의 5배를 한 값은 전체 지원자 수이다. 따라서 A학교 출신 지원자 수는 30×5=150(명)이다.

06 ③

주어진 지수 자료만으로는 2021년의 물가 상승폭을 판단할 수 없다.

오답 피하기

① 섬유제품의 지수는 2016년 100을 시작으로 꾸준히 상승하고 있으므로 물가가 꾸준히 상승하고 있다고 할 수 있다.
② 2017년은 가공식품의 물가지수가 전년 대비 2.41 상승하였으므로 다른 해에 비해 가장 많이 증가했다.
④ 2017~2020년 기간 동안 농축수산물을 제외하고 물가지수가 총지수보다 높은 품목은 없다.

07 ③

2019년에는 전년 대비 20,284명이 감소하였고, 2020년에는 전년 대비 18,942명이 감소하였으므로 2019년의 감소 인원이 2020년보다 많다.

오답 피하기

① 각 병사별 봉급은 계급에 상관없이 꾸준히 상승하고 있다.
② 2018년 병장의 봉급은 405,669원으로 최저임금에 30%에 해당한다면 최저임금은 $\frac{405,669}{0.3} ≒ 135$(만 원)이다.
④ 이병: $\frac{408,173-306,130}{306,130} \times 100 ≒ 33.3(\%)$

일병: $\frac{441,728-331,296}{331,296} \times 100 ≒ 33.3(\%)$

상병: $\frac{488,305-366,229}{366,229} \times 100 ≒ 33.3(\%)$

병장: $\frac{540,892-405,669}{405,669} \times 100 ≒ 33.3(\%)$

2019년 모든 병사 봉급은 전년 대비 약 $\frac{1}{3}$만큼 증가하였다.

08 ②

총사용량의 증감 추이는 '감소−감소−증가−증가−감소−증가'이고, ha당 사용량도 '감소−감소−증가−증가−감소−증가'이므로 증감 추이가 동일하다.

오답 피하기

① 2010년 대비 2015년의 농약 총사용량은 20.4−19.5=0.9(천 톤) 감소하였다.
③ 천 톤은 백만 kg이므로 2014년의 경지 면적은 $\frac{19.8}{11.3} ≒ 1.8$(백만 ha)이다.
④ 경지 면적은 $\frac{총사용량}{ha당 사용량}$이므로, 단위와 관계없이 2010년은 $\frac{20.4}{11.2} ≒ 1.82$, 2016년은 $\frac{19.8}{9.3} ≒ 2.13$이므로 경지 면적은 증가하였다.

09 ②

80점 이상~100점 미만 구간의 학생 수가 8명이고 상대도수가 0.16이므로, 1명에 해당하는 상대도수는 0.02이다. 따라서 총 학생 수는 0.02×50=1.00이므로 50명이다. 이 때 ㉠과 ㉡을 합한 값은, ㉠과 ㉡를 제외한 학생 수의 합을 50명에서 뺀 값을 통해 구할 수 있다. 따라서 ㉠과 ㉡을 합한 값은 50−8−15−6−7=14(명)과 동일하다.

10 ③

㉢ 사용시간이 3일이라면, 72시간이 된다.
A코스인 경우 12시간까지 16,000원이고, 나머지 60시간은 6만 원의 금액이 산정된다. 따라서 76,000원이고, B코스인 경우 24시간까지 19,000원이고, 나머

지 48시간을 추가 요금으로 계산하면 62,400원이다. 요금은 총 81,400원이다. 따라서 A코스가 B코스보다 저렴하다.
ⓔ 사용 시간이 54시간이라면,
A코스인 경우 16,000+42,000=58,000(원)이고,
B코스인 경우 19,000+39,000=58,000(원)이므로, 두 코스 가격이 같다.
ⓗ 연장 요금이 A코스, B코스가 모두 1,300원으로 동일할 경우, 18시간 사용 요금을 구하면 다음과 같다.
A코스인 경우 12시간까지 16,000원과 6시간에 대한 추가 요금인 (6×1,300)원을 계산하면 16,000+7,800=23,800(원)이고,
B코스인 경우 24시간까지 19,000원이므로 18시간에 대한 사용 요금은 19,000원만 지불하면 되므로, B코스가 더 저렴하다.
사용 시간이 24시간을 초과한 이후에는 연장 요금이 두 코스가 동일하므로 기본 사용 요금이 24시간까지 19,000원인 B코스가 A코스보다 저렴하다.

오답 피하기
ⓒ 기본 사용 요금의 시간당 단가가 A코스가 비싸다고 해서 무조건 B코스가 A코스보다 유리한 게 아니다. 연장 요금도 꼼꼼히 확인해 보아야 한다.
ⓛ 연장 요금이 싸다는 이유로 A코스가 반드시 저렴한 건 아니다. 기본 사용료도 확인해 보아야 한다.
ⓜ 두 코스의 가격이 동일한 54시간을 초과할 경우 사용 시간이 길어질수록 연장 요금이 저렴한 A코스가 B코스보다 더 저렴하다.

11 ②
9시에 출고해서 다음날 6시 30분까지의 시간은 24시간을 하고도 9시간 30분을 더 운행했다.(총운행시간=33시간 30분)
A코스인 기본요금 16,000원과 12시간을 제외한 나머지 시간인 21시간 30분을 계산하려면 이미 30분을 더 운행하였기 때문에 연장 요금은 시간 단위로만 청구되므로 22시간에 대한 연장 요금을 내야 한다.
따라서 22,000원을 추가로 지불하면 16,000+22,000=38,000(원)을 지불해야 한다.

12 ④
여객 수송분담률=(여객 항공의 수송분담률)+(여객 해운의 수송분담률)이므로, 2017년 여객 해운의 수송분담률은 $100-93.6=6.4(\%)$이다.

13 ①
12번을 통해 ㉠에 들어갈 값은 6.4임을 알 수 있다. 2019년 여객 해운의 수송분담률은 $100-94.3=5.7(\%)$이므로 ㉡은 5.7이다. 따라서 ㉠×㉡=6.4×5.7=36.48이다.

14 ④
세 박물관의 10세 이상 40세 미만의 방문객 수를 구해 보면 다음과 같다.
• 국립 중앙 박물관: $40,000 \times (32+29+20)\% = 40,000 \times 0.81 = 32,400$(명)
• 공주 박물관: $28,000 \times (28+23+20)\% = 28,000 \times 0.71 = 19,880$(명)
• 부여 박물관: $25,000 \times (26+25+35)\% = 25,000 \times 0.86 = 21,500$(명)
10세 이상 40세 미만 방문객이 가장 많은 곳은 국립 중앙 박물관이고 두 번째로 많은 곳은 부여 박물관이다. 따라서 국립 중앙 박물관의 10세 이상 40세 미만의 방문객 수는 부여 박물관의 $\frac{32,400}{21,500} ≒ 1.51$(배)이다.

15 ①
• 국립 중앙 박물관을 방문한 10~19세 방문객 수: $40,000 \times 0.32 = 12,800$(명)
• 공주 박물관을 방문한 10~19세 방문객 수: $28,000 \times 0.28 = 7,840$(명)
따라서 2019년 국립 중앙 박물관을 방문한 10~19세 방문객 수 대비 공주 박물관을 방문한 10~19세 방문객 수의 비율 및 인원수 차를 구하면 다음과 같다.
• 비율: $\frac{7,840}{12,800} \times 100 ≒ 61(\%)$
• 인원수 차: $12,800-7,840=4,960$(명)

16 ①
40~49세의 실업자 수를 x로 할 때, 실업률을 계산하면 다음과 같다.
$\frac{(실업자 수)}{(경제활동인구)} \times 100 = \frac{x}{(4,200+x)} \times 100 = 12(\%)$
$100x=(4,200+x) \times 12$
$88x=50,400$
$x≒572.7$
따라서 40~49세 실업자 수는 약 573명이다.

17 ④

D 업체의 매출은 2016년에 $100 \times 0.25 = 25$(조 원)이고, 2017년에는 $200 \times 0.10 = 20$(조 원)이므로 2017년에는 2016년에 비해
$\frac{(25-20)}{25} \times 100 = \frac{5}{25} \times 100 = 20(\%)$ 감소하였다.

오답 피하기
① 2016년에 스마트폰 시장 규모는 100조 원이고, A 업체의 시장점유율은 40%이므로 2016년의 A 업체의 매출은 $100 \times 0.4 = 40$(조 원)이다. 2017년에 스마트폰 시장 규모는 200조 원이고, A 업체의 시장점유율은 20%이므로 2017년에 A 업체의 매출은 $200 \times 0.2 = 40$(조 원)이다. 따라서 A 업체의 2016년과 2017년의 매출은 동일하다.
② 2016년에 B 업체의 시장점유율은 10%이므로 2016년의 B 업체의 매출은 $100 \times 0.1 = 10$(조 원)이다. 2017년에 B 업체의 시장점유율은 전체 시장점유율에서 다른 3개 업체의 시장점유율을 빼면 구할 수 있으므로 $100-20-40-10=30(\%)$이다. 따라서 2017년의 B 업체의 매출은 $200 \times 0.3 = 60$(조 원)이다. 2017년에 B 업체의 매출은 2016년에 비해 $60 \div 10 = 6$(배)이므로 3배보다 크게 증가하였다.
③ 2016년에 C 업체의 시장점유율은 전체 시장점유율에서 다른 3개 업체의 시장점유율을 빼면 구할 수 있으므로 $100-40-10-25=25(\%)$이며, 매출은 $100 \times 0.25 = 25$(조 원)이다. 2017년에 C 업체의 매출은 $200 \times 0.4 = 80$(조 원)이므로 2016년에 비해 $80 \div 25 = 3.2$(배)이므로 1.6배보다 크게 증가하였다.

18 ②

2015년에 '사무시설' 유형은 21.7억 달러로 예상되므로 전체 에너지 효율화 시장규모에서 차지하는 비중은 $\frac{21.7}{78.5} \times 100 ≒ 27.6(\%)$로 30% 이하이다.

오답 피하기
① 2010년 대비 2011년 '주거시설' 유형의 에너지 효율화 시장 규모는 $\frac{6.4}{5.7} \times 100 ≒ 112.3(\%)$이므로, 2010년에 비해 2011년에 약 12% 증가하였다. 따라서 매년 15% 이상 증가한 것은 아니다.
③ 2016년에 대폭 감소한 뒤 2017년에 대폭 증가하는 등의 변수가 있을 수 있으므로 2015~2020년 동안 '공공시설' 유형의 에너지 효율화 시장 규모가 매년 30% 이상 증가할 것이라고 전망할 수는 없다.
④ 2011년 '산업시설' 유형의 에너지 효율화 시장 규모는 23.9억 달러로 전체 에너지 효율화 시장 규모인 46.0억 달러의 50% 이상이다. 46억 달러의 절반은 23억 달러이므로 50%가 넘는다는 것을 간단히 알 수 있다.

19 ③

총 판매대수에서 자동차의 종류 수를 나누어 자동차 한 종류당 판매대수를 구하면 다음과 같다.
A $= 20,000 \div 10 = 2,000$(대)
B $= 12,000 \div 8 = 1,500$(대)
C $= 6,000 \div 5 = 1,200$(대)
D $= 9,000 \div 6 = 1,500$(대)
따라서 자동차 한 종류당 판매대수가 가장 많은 국가는 A이다.

오답 피하기
①, ② 총 판매대수를 인구 100명당 판매대수로 나눈 후 100을 곱하여 각 국가의 인구를 구하면 다음과 같다.
A $= (20,000 \div 40) \times 100 = 50,000$(명)
B $= (12,000 \div 50) \times 100 = 24,000$(명)
C $= (6,000 \div 25) \times 100 = 24,000$(명)
D $= (9,000 \div 10) \times 100 = 90,000$(명)
따라서 국가 D의 인구가 가장 많고, 국가 B와 C는 인구가 24,000명으로 동일하다.
④ 국가 D의 자동차 한 종류당 판매대수는 $9,000 \div 6 = 1,500$(대)이고, 국가 B는 B $= 12,000 \div 8 = 1,500$(대)이므로 두 국가의 자동차 한 종류당 판매대수는 동일하다.

20 ①

주어진 자료를 통해 A 놀이공원 여자 학생 방문객의 비율은 20%이고, A 놀이공원의 총 매출액이 2,650억 원임을 알 수 있다. 따라서 A 놀이공원의 여자 학생 방문객에 의한 매출액은 2,650억 $\times 0.2 = 530$(억 원)이다.

지각속도

성명

	1회	2회	3회	4회	5회	6회	7회	8회	9회	10회
01	① ②	① ②	① ②	① ②	① ②	① ②	① ②	① ②	① ②	① ②
02	① ②	① ②	① ②	① ②	① ②	① ②	① ②	① ②	① ②	① ②
03	① ②	① ②	① ②	① ②	① ②	① ②	① ②	① ②	① ②	① ②
04	① ②	① ②	① ②	① ②	① ②	① ②	① ②	① ②	① ②	① ②
05	① ②	① ②	① ②	① ②	① ②	① ②	① ②	① ②	① ②	① ②
06	① ②	① ②	① ②	① ②	① ②	① ②	① ②	① ②	① ②	① ②
07	① ②	① ②	① ②	① ②	① ②	① ②	① ②	① ②	① ②	① ②
08	① ②	① ②	① ②	① ②	① ②	① ②	① ②	① ②	① ②	① ②
09	① ②	① ②	① ②	① ②	① ②	① ②	① ②	① ②	① ②	① ②
10	① ②	① ②	① ②	① ②	① ②	① ②	① ②	① ②	① ②	① ②
11	① ②	① ②	① ②	① ②	① ②	① ②	① ②	① ②	① ②	① ②
12	① ②	① ②	① ②	① ②	① ②	① ②	① ②	① ②	① ②	① ②
13	① ②	① ②	① ②	① ②	① ②	① ②	① ②	① ②	① ②	① ②
14	① ②	① ②	① ②	① ②	① ②	① ②	① ②	① ②	① ②	① ②
15	① ②	① ②	① ②	① ②	① ②	① ②	① ②	① ②	① ②	① ②
16	① ②	① ②	① ②	① ②	① ②	① ②	① ②	① ②	① ②	① ②
17	① ②	① ②	① ②	① ②	① ②	① ②	① ②	① ②	① ②	① ②
18	① ②	① ②	① ②	① ②	① ②	① ②	① ②	① ②	① ②	① ②
19	① ②	① ②	① ②	① ②	① ②	① ②	① ②	① ②	① ②	① ②
20	① ②	① ②	① ②	① ②	① ②	① ②	① ②	① ②	① ②	① ②
21	① ②	① ②	① ②	① ②	① ②	① ②	① ②	① ②	① ②	① ②
22	① ②	① ②	① ②	① ②	① ②	① ②	① ②	① ②	① ②	① ②
23	① ②	① ②	① ②	① ②	① ②	① ②	① ②	① ②	① ②	① ②
24	① ②	① ②	① ②	① ②	① ②	① ②	① ②	① ②	① ②	① ②
25	① ②	① ②	① ②	① ②	① ②	① ②	① ②	① ②	① ②	① ②
26	① ② ③ ④	① ② ③ ④	① ② ③ ④	① ② ③ ④	① ② ③ ④	① ② ③ ④	① ② ③ ④	① ② ③ ④	① ② ③ ④	① ② ③ ④
27	① ② ③ ④	① ② ③ ④	① ② ③ ④	① ② ③ ④	① ② ③ ④	① ② ③ ④	① ② ③ ④	① ② ③ ④	① ② ③ ④	① ② ③ ④
28	① ② ③ ④	① ② ③ ④	① ② ③ ④	① ② ③ ④	① ② ③ ④	① ② ③ ④	① ② ③ ④	① ② ③ ④	① ② ③ ④	① ② ③ ④
29	① ② ③ ④	① ② ③ ④	① ② ③ ④	① ② ③ ④	① ② ③ ④	① ② ③ ④	① ② ③ ④	① ② ③ ④	① ② ③ ④	① ② ③ ④
30	① ② ③ ④	① ② ③ ④	① ② ③ ④	① ② ③ ④	① ② ③ ④	① ② ③ ④	① ② ③ ④	① ② ③ ④	① ② ③ ④	① ② ③ ④

파이널 모의고사 1회

성명

공간능력

번호	①	②	③	④
01	①	②	③	④
02	①	②	③	④
03	①	②	③	④
04	①	②	③	④
05	①	②	③	④
06	①	②	③	④
07	①	②	③	④
08	①	②	③	④
09	①	②	③	④
10	①	②	③	④
11	①	②	③	④
12	①	②	③	④
13	①	②	③	④
14	①	②	③	④
15	①	②	③	④
16	①	②	③	④
17	①	②	③	④
18	①	②	③	④

지각속도

번호	①	②	③	④
01	①	②		
02	①	②		
03	①	②		
04	①	②		
05	①	②		
06	①	②		
07	①	②		
08	①	②		
09	①	②		
10	①	②		
11	①	②		
12	①	②		
13	①	②		
14	①	②		
15	①	②		
16	①	②		
17	①	②		
18	①	②		
19	①	②		
20	①	②		
21	①	②		
22	①	②		
23	①	②		
24	①	②		
25	①	②		
26	①	②	③	④
27	①	②	③	④
28	①	②	③	④
29	①	②	③	④
30	①	②	③	④

언어논리

01	①	②	③	④	⑤
02	①	②	③	④	⑤
03	①	②	③	④	⑤
04	①	②	③	④	⑤
05	①	②	③	④	⑤
06	①	②	③	④	⑤
07	①	②	③	④	⑤
08	①	②	③	④	⑤
09	①	②	③	④	⑤
10	①	②	③	④	⑤
11	①	②	③	④	⑤
12	①	②	③	④	⑤
13	①	②	③	④	⑤
14	①	②	③	④	⑤
15	①	②	③	④	⑤
16	①	②	③	④	⑤
17	①	②	③	④	⑤
18	①	②	③	④	⑤
19	①	②	③	④	⑤
20	①	②	③	④	⑤
21	①	②	③	④	⑤
22	①	②	③	④	⑤
23	①	②	③	④	⑤
24	①	②	③	④	⑤
25	①	②	③	④	⑤

자료해석

번호	①	②	③	④
01	①	②	③	④
02	①	②	③	④
03	①	②	③	④
04	①	②	③	④
05	①	②	③	④
06	①	②	③	④
07	①	②	③	④
08	①	②	③	④
09	①	②	③	④
10	①	②	③	④
11	①	②	③	④
12	①	②	③	④
13	①	②	③	④
14	①	②	③	④
15	①	②	③	④
16	①	②	③	④
17	①	②	③	④
18	①	②	③	④
19	①	②	③	④
20	①	②	③	④

파이널 모의고사 2회

성명

공간능력					지각속도					언어논리						자료해석				
01	①	②	③	④	01	①	②			01	①	②	③	④	⑤	01	①	②	③	④
02	①	②	③	④	02	①	②			02	①	②	③	④	⑤	02	①	②	③	④
03	①	②	③	④	03	①	②			03	①	②	③	④	⑤	03	①	②	③	④
04	①	②	③	④	04	①	②			04	①	②	③	④	⑤	04	①	②	③	④
05	①	②	③	④	05	①	②			05	①	②	③	④	⑤	05	①	②	③	④
06	①	②	③	④	06	①	②			06	①	②	③	④	⑤	06	①	②	③	④
07	①	②	③	④	07	①	②			07	①	②	③	④	⑤	07	①	②	③	④
08	①	②	③	④	08	①	②			08	①	②	③	④	⑤	08	①	②	③	④
09	①	②	③	④	09	①	②			09	①	②	③	④	⑤	09	①	②	③	④
10	①	②	③	④	10	①	②			10	①	②	③	④	⑤	10	①	②	③	④
11	①	②	③	④	11	①	②			11	①	②	③	④	⑤	11	①	②	③	④
12	①	②	③	④	12	①	②			12	①	②	③	④	⑤	12	①	②	③	④
13	①	②	③	④	13	①	②			13	①	②	③	④	⑤	13	①	②	③	④
14	①	②	③	④	14	①	②			14	①	②	③	④	⑤	14	①	②	③	④
15	①	②	③	④	15	①	②			15	①	②	③	④	⑤	15	①	②	③	④
16	①	②	③	④	16	①	②			16	①	②	③	④	⑤	16	①	②	③	④
17	①	②	③	④	17	①	②			17	①	②	③	④	⑤	17	①	②	③	④
18	①	②	③	④	18	①	②			18	①	②	③	④	⑤	18	①	②	③	④
					19	①	②			19	①	②	③	④	⑤	19	①	②	③	④
					20	①	②			20	①	②	③	④	⑤	20	①	②	③	④
					21	①	②			21	①	②	③	④	⑤					
					22	①	②			22	①	②	③	④	⑤					
					23	①	②			23	①	②	③	④	⑤					
					24	①	②			24	①	②	③	④	⑤					
					25	①	②			25	①	②	③	④	⑤					
					26	①	②	③	④											
					27	①	②	③	④											
					28	①	②	③	④											
					29	①	②	③	④											
					30	①	②	③	④											

파이널 모의고사 3회

공간능력

문번	답
01	① ② ③ ④
02	① ② ③ ④
03	① ② ③ ④
04	① ② ③ ④
05	① ② ③ ④
06	① ② ③ ④
07	① ② ③ ④
08	① ② ③ ④
09	① ② ③ ④
10	① ② ③ ④
11	① ② ③ ④
12	① ② ③ ④
13	① ② ③ ④
14	① ② ③ ④
15	① ② ③ ④
16	① ② ③ ④
17	① ② ③ ④
18	① ② ③ ④

지각속도

문번	답
01	① ②
02	① ②
03	① ②
04	① ②
05	① ②
06	① ②
07	① ②
08	① ②
09	① ②
10	① ②
11	① ②
12	① ②
13	① ②
14	① ②
15	① ②
16	① ②
17	① ②
18	① ②
19	① ②
20	① ②
21	① ②
22	① ②
23	① ②
24	① ②
25	① ② ③ ④
26	① ② ③ ④
27	① ② ③ ④
28	① ② ③ ④
29	① ② ③ ④
30	① ② ③ ④

언어논리

문번	답
01	① ② ③ ④ ⑤
02	① ② ③ ④ ⑤
03	① ② ③ ④ ⑤
04	① ② ③ ④ ⑤
05	① ② ③ ④ ⑤
06	① ② ③ ④ ⑤
07	① ② ③ ④ ⑤
08	① ② ③ ④ ⑤
09	① ② ③ ④ ⑤
10	① ② ③ ④ ⑤
11	① ② ③ ④ ⑤
12	① ② ③ ④ ⑤
13	① ② ③ ④ ⑤
14	① ② ③ ④ ⑤
15	① ② ③ ④ ⑤
16	① ② ③ ④ ⑤
17	① ② ③ ④ ⑤
18	① ② ③ ④ ⑤
19	① ② ③ ④ ⑤
20	① ② ③ ④ ⑤
21	① ② ③ ④ ⑤
22	① ② ③ ④ ⑤
23	① ② ③ ④ ⑤
24	① ② ③ ④ ⑤
25	① ② ③ ④ ⑤

자료해석

문번	답
01	① ② ③ ④
02	① ② ③ ④
03	① ② ③ ④
04	① ② ③ ④
05	① ② ③ ④
06	① ② ③ ④
07	① ② ③ ④
08	① ② ③ ④
09	① ② ③ ④
10	① ② ③ ④
11	① ② ③ ④
12	① ② ③ ④
13	① ② ③ ④
14	① ② ③ ④
15	① ② ③ ④
16	① ② ③ ④
17	① ② ③ ④
18	① ② ③ ④
19	① ② ③ ④
20	① ② ③ ④

성명

파이널 모의고사 4회

공간능력

01	①	②	③	④
02	①	②	③	④
03	①	②	③	④
04	①	②	③	④
05	①	②	③	④
06	①	②	③	④
07	①	②	③	④
08	①	②	③	④
09	①	②	③	④
10	①	②	③	④
11	①	②	③	④
12	①	②	③	④
13	①	②	③	④
14	①	②	③	④
15	①	②	③	④
16	①	②	③	④
17	①	②	③	④
18	①	②	③	④

지각속도

01	①	②		
02	①	②		
03	①	②		
04	①	②		
05	①	②		
06	①	②		
07	①	②		
08	①	②		
09	①	②		
10	①	②		
11	①	②		
12	①	②		
13	①	②		
14	①	②		
15	①	②		
16	①	②		
17	①	②		
18	①	②		
19	①	②		
20	①	②		
21	①	②		
22	①	②		
23	①	②		
24	①	②		
25	①	②		
26	①	②	③	④
27	①	②	③	④
28	①	②	③	④
29	①	②	③	④
30	①	②	③	④

언어논리

01	①	②	③	④	⑤
02	①	②	③	④	⑤
03	①	②	③	④	⑤
04	①	②	③	④	⑤
05	①	②	③	④	⑤
06	①	②	③	④	⑤
07	①	②	③	④	⑤
08	①	②	③	④	⑤
09	①	②	③	④	⑤
10	①	②	③	④	⑤
11	①	②	③	④	⑤
12	①	②	③	④	⑤
13	①	②	③	④	⑤
14	①	②	③	④	⑤
15	①	②	③	④	⑤
16	①	②	③	④	⑤
17	①	②	③	④	⑤
18	①	②	③	④	⑤
19	①	②	③	④	⑤
20	①	②	③	④	⑤
21	①	②	③	④	⑤
22	①	②	③	④	⑤
23	①	②	③	④	⑤
24	①	②	③	④	⑤
25	①	②	③	④	⑤

자료해석

01	①	②	③	④
02	①	②	③	④
03	①	②	③	④
04	①	②	③	④
05	①	②	③	④
06	①	②	③	④
07	①	②	③	④
08	①	②	③	④
09	①	②	③	④
10	①	②	③	④
11	①	②	③	④
12	①	②	③	④
13	①	②	③	④
14	①	②	③	④
15	①	②	③	④
16	①	②	③	④
17	①	②	③	④
18	①	②	③	④
19	①	②	③	④
20	①	②	③	④

성명

파이널 모의고사 5회

공간능력

번호	1	2	3	4
01	①	②	③	④
02	①	②	③	④
03	①	②	③	④
04	①	②	③	④
05	①	②	③	④
06	①	②	③	④
07	①	②	③	④
08	①	②	③	④
09	①	②	③	④
10	①	②	③	④
11	①	②	③	④
12	①	②	③	④
13	①	②	③	④
14	①	②	③	④
15	①	②	③	④
16	①	②	③	④
17	①	②	③	④
18	①	②	③	④

지각속도

번호	1	2	3	4
01	①	②		
02	①	②		
03	①	②		
04	①	②		
05	①	②		
06	①	②		
07	①	②		
08	①	②		
09	①	②		
10	①	②		
11	①	②		
12	①	②		
13	①	②		
14	①	②		
15	①	②		
16	①	②		
17	①	②		
18	①	②		
19	①	②		
20	①	②		
21	①	②		
22	①	②		
23	①	②		
24	①	②		
25	①	②		
26	①	②	③	④
27	①	②	③	④
28	①	②	③	④
29	①	②	③	④
30	①	②	③	④

언어논리

01	①	②	③	④	⑤
02	①	②	③	④	⑤
03	①	②	③	④	⑤
04	①	②	③	④	⑤
05	①	②	③	④	⑤
06	①	②	③	④	⑤
07	①	②	③	④	⑤
08	①	②	③	④	⑤
09	①	②	③	④	⑤
10	①	②	③	④	⑤
11	①	②	③	④	⑤
12	①	②	③	④	⑤
13	①	②	③	④	⑤
14	①	②	③	④	⑤
15	①	②	③	④	⑤
16	①	②	③	④	⑤
17	①	②	③	④	⑤
18	①	②	③	④	⑤
19	①	②	③	④	⑤
20	①	②	③	④	⑤
21	①	②	③	④	⑤
22	①	②	③	④	⑤
23	①	②	③	④	⑤
24	①	②	③	④	⑤
25	①	②	③	④	⑤

자료해석

번호	1	2	3	4
01	①	②	③	④
02	①	②	③	④
03	①	②	③	④
04	①	②	③	④
05	①	②	③	④
06	①	②	③	④
07	①	②	③	④
08	①	②	③	④
09	①	②	③	④
10	①	②	③	④
11	①	②	③	④
12	①	②	③	④
13	①	②	③	④
14	①	②	③	④
15	①	②	③	④
16	①	②	③	④
17	①	②	③	④
18	①	②	③	④
19	①	②	③	④
20	①	②	③	④

정답과 해설

최신판

에듀윌
학사장교·항공준사관·부사관
통합 기본서

고객의 꿈, 직원의 꿈, 지역사회의 꿈을 실현한다

에듀윌 도서몰
book.eduwill.net
- 부가학습자료 및 정오표: 에듀윌 도서몰 > 도서자료실
- 교재 문의: 에듀윌 도서몰 > 문의하기 > 교재(내용, 출간) / 주문 및 배송